Objektive Hermeneutik in Wissenschaft und Praxis

Reihe herausgegeben von

Thomas Loer, independent, Bergkamen-Overberge, Deutschland

Objektive Hermeneutik in Wissenschaft und Praxis
— in memoriam Ulrich Oevermann (1940–2021) —

Die **Reihe Objektive Hermeneutik in Wissenschaft und Praxis** will Forschern, Studenten und Praktikern anhand von auf je spezifische Datentypen und unterschiedliche Gegenstände bezogenen Einführungen Gelegenheit bieten, sich mit der Objektiven Hermeneutik vertraut zu machen – und zwar auf eine Weise, die neben der Veranschaulichung des konkreten forschungspraktischen Verfahrens auch die methodologische Begründung und ihre Verankerung in einer Theorie der Konstitution ihres Gegenstandes verdeutlicht.

Die materiale Fragestellung ist für das methodische Vorgehen in der Objektiven Hermeneutik zentral, weshalb in die verschiedenen Felder und Facetten ihrer Anwendung mit einer Reihe kompakter, jeweils spezifisch zugeschnittener Lehrbücher eingeführt wird. In ihnen werden materiale Forschungsergebnisse bei gleichzeitiger expliziter Darstellung des Vorgehens dargelegt.

Zugleich wird durch Klärungen der konstitutionstheoretischen und methodologischen Einbettung ein tiefgreifendes Verständnis der Begründung des methodischen Vorgehens ermöglicht.

Jeder Band enthält ein Glossar, in dem die Begriffe der Objektiven Hermeneutik knapp und prägnant erläutert werden; außerdem finden sich in den Büchern jeweils an entsprechender Stelle eingebaut Exkurse, die objekttheoretische Begriffe und Zusammenhänge ebenso erläutern wie für das jeweilige Ausdrucksmaterial spezifische technische Begrifflichkeiten.

Da die Objektive Hermeneutik sich – etwa im Sinne methodischer Supervision aber auch zu Zwecken der Sensibilisierung – auch für die Selbstaufklärung von Praxis der pädagogischen, sozialpädagogischen, therapeutischen bis hin zu beraterischen Professionen bewährt hat, wird, je nach Datentypus und Gegenstandsbezug auch der Aspekt der praktischen Anwendung der Methode in den Bänden der Reihe eine Rolle spielen.

Ulrich Oevermann, der die Objektive Hermeneutik begründete, und über mehr als ein halbes Jahrhundert durch ihre Anwendung permanent weiterentwickelte und konsolidierte, ist diese Reihe gewidmet.

Reihenherausgeber: Dr. phil. Thomas Loer, habilitierter Soziologe, ist Lehrbeauftragter an der International Psychoanalytic University Berlin sowie freiberuflich tätig.

Ute Fischer • Thomas Loer

Deutungsmuster und Habitus rekonstruieren

Das Deutungsmuster der *libertären Selbstbezogenheit* bei Gegnern der Corona-Maßnahmen und korrespondierende Habitus

Ute Fischer
Fachhochschule Dortmund
Dortmund, Deutschland

Thomas Loer
Independent
Bergkamen-Overberge, Deutschland

ISSN 2731-0345   ISSN 2731-0353 (electronic)
Objektive Hermeneutik in Wissenschaft und Praxis
ISBN 978-3-658-49721-7   ISBN 978-3-658-49722-4 (eBook)
https://doi.org/10.1007/978-3-658-49722-4

Die Deutsche Nationalbibliothek verzeichnet diese Publikation in der Deutschen Nationalbibliografie; detaillierte bibliografische Daten sind im Internet über https://portal.dnb.de abrufbar.

Planung/Lektorat: Cori Antonia Mackrodt
Springer VS ist ein Imprint der eingetragenen Gesellschaft Springer Fachmedien Wiesbaden GmbH und ist ein Teil von Springer Nature.
Die Anschrift der Gesellschaft ist: Abraham-Lincoln-Str. 46, 65189 Wiesbaden, Germany

Wenn Sie dieses Produkt entsorgen, geben Sie das Papier bitte zum Recycling.

Vorwort

Die Buchreihe *Objektive Hermeneutik in Wissenschaft und Praxis*, deren dritter
Band hier vorliegt, will anhand von unterschiedlichem Datenmaterial und anhand
unterschiedlicher Gegenstände den Lesern[1] Gelegenheit bieten, sich mit der Objektiven Hermeneutik vertraut zu machen – und zwar auf eine Weise, die neben der
Veranschaulichung des konkreten forschungspraktischen Verfahrens auch die
methodologische Begründung und ihre Verankerung in einer Theorie der Konstitution ihres Gegenstandes verdeutlicht. Der Begründer der Objektiven Hermeneutik,
der 2021 verstorbene Frankfurter Soziologe Ulrich Oevermann, verkörperte Geist,
Sache und Praxis der Objektiven Hermeneutik auf unnachahmliche Weise. Die
Buchreihe *Objektive Hermeneutik in Wissenschaft und Praxis* versteht sich als ein
Moment der Bemühungen, dies fortzuführen, die Fruchtbarkeit der Methode der
Objektiven Hermeneutik in verschiedensten Forschungsfeldern deutlich und auch
die weitere Entwicklung der Methode in Vorgehen und Begrifflichkeit zugänglich
zu machen. Allen Lesern sei es aber empfohlen, sich mit den Schriften Oever-
manns[2] vertraut zu machen und dabei die geistige Anstrengung, die sie abverlangen,
nicht zu scheuen, sondern als Chance zu nutzen, sich mit seinem produktiven Denken auseinanderzusetzen. Zudem sind heute Objektive Hermeneuten und
Wissenschaftler, die objektiv-hermeneutisch forschen, im deutschsprachigen
Raum und auch darüber hinaus in verschiedenen sozial- und kulturwissenschaft-

---

[1]Angesichts der Bedeutung prägnanter Sprache für die Wissenschaft im Allgemeinen, für
eine rekonstruktive Methode im Besonderen werden wir, wenn es, wie beim „essentiellen
Gebrauch oder bei indefinit-unspezifischer Bezugnahme", darum geht, „potentielle Referenz-
entitäten begrifflich [zu] charakterisieren", und wenn dabei „Geschlechtsidentität nicht zu
den begrifflichen Merkmalen [zählt], auf die es ankommt" (Zifonun 2018, S. 50), diese
Geschlechtsidentität auch nicht benennen.

[2]Eine mehrbändige Ausgabe der Schriften Oevermanns ist in Vorbereitung.

lichen Disziplinen auf Lehrstühlen und in verschiedenen akademischen Zusammenhängen zu finden, so dass man die Methode auch in praxi kennenlernen kann.[3]

Die Objektive Hermeneutik, die mittlerweile als eingeführte und bewährte Methode gelten darf, kann ihrer Logik nach nicht die Form eines standardisierten Verfahrens annehmen, ist doch die *Sachangemessenheit des methodischen Vorgehens* ein zentrales Prinzip, das schon bei ihrer Entstehung eine entscheidende Rolle spielte. Die einzelnen Bände dieser Reihe sind diesem zentralen Prinzip verpflichtet und werden von daher eher als Variationen des Themas der Methode Objektiven Hermeneutik erscheinen, als dass sie den jeweils behandelten Datentypus oder den jeweils behandelten Gegenstand einem Methodenschema subsumieren. Gleichwohl soll eine Explikation der Terminologie und eine Exemplifikation des jeweiligen Vorgehens das den Variationen zugrundeliegende Thema kenntlich machen und den Anforderungen an begriffliche Klarheit und Deutlichkeit gerecht werden. Und so gilt auch für diesen Band, dass die methodische Fragestellung (Deutungsmuster und Habitus zu rekonstruieren) anhand des gewählten empirischen Gegenstandes (die Deutungen und Habitus der Gegner der Maßnahmen zur Eindämmung der Corona-Pandemic) entfaltet wird. Den schon im Untertitel zu findenden Terminus, mit dem wir das von uns rekonstruierte Deutungsmuster bezeichnen: *libertäre Selbstbezogenheit*, fanden wir in einer Publikation von Jürgen Habermas (s. dazu die Vorbemerkung und Abschn. 3.2).

Die Entwicklung und Entfaltung einer Methode, in der ein forschendes Vorgehen systematisiert wird, ist ein fortschreitender Prozess, im Laufe dessen die Methode auch zunehmend in einer Methodologie begründet und zugleich die Konstitution ihres Gegenstandes theoretisch aufgeklärt wird – und so ist es nicht verwunderlich, dass im Laufe dieses Prozesses unterschiedliche Termini ausprobiert werden, um die Momente und Aspekte von Methode, Methodologie und Konstitutionstheorie auf den Begriff zu bringen. Für die „Konsolidierung des Methodenansatzes" (Franzmann 2016, S. 9) müssen die Termini nun aber für die Begriffe, die sie bezeichnen, so einstehen, dass sie zugleich verständlich sind und sie angemessen zum Ausdruck bringen. Jeder wissenschaftliche Terminus, der beansprucht, dass der Begriff, den er bezeichnet, an der Sache etwas aufschließt, so dass er die Erkenntnis eines Gegenstands ermöglicht, muss berücksichtigen, dass jeder Begriff nicht nur mit den anderen, sondern auch mit der Sache zusammen-

---

[3] S. etwa die Übersichtskarten über Standorte (https://www.easymapmaker.com/map/7d 7b37267628563c3f56a452284ef5c4) und über Interpretationswerkstätten der Objektiven Hermeneutik (https://www.easymapmaker.com/map/be4019c62b4bbfc49c5cef3fb7177c46; beide zuletzt angesehen am 14. Okt. 2025).

hängt (vgl. Adorno 1973/1982, S. 7). Der hierfür erforderliche Klärungsprozess kann für die Objektive Hermeneutik allerdings auch heute noch keineswegs als abgeschlossen gelten, ja ist u. U. unabschließbar, wird doch unabdingbar in materialer Forschung auch die Methode stets weiter expliziert. Insofern finden sich in diesem Buch einige terminologische Unterschiede zu den Bezugstexten aus Geschichte und Gegenwart der Objektiven Hermeneutik. Diese Unterschiede werden an den entsprechenden Stellen benannt, nicht aber jedesmal thematisiert, wenn Texte, die andere Termini verwenden, zitiert werden.

Darüber hinaus ist bei dem vorliegenden Band zu beachten, dass er, anders als die beiden vorhergehenden Bände, nicht einem spezifischen Datentypus gewidmet ist, sondern sich bestimmten Aspekten des zentralen Gegenstands soziologischen Forschens zuwendet. Praxis ist, so die diesem Buch zugrunde liegende und zu entfaltende Annahme, sowohl durch soziale Deutungsmuster als auch durch soziale Habitusformationen geprägt. Diese nehmen einerseits stets eine spezifische Gestalt an, die sowohl historisch innerhalb von durch sie gekennzeichneten Kollektiven als auch synchron betrachtet zwischen verschiedenen Kollektiven variieren kann. Andererseits aber, so die Annahme weiter, sind sie ein universelles Phänomen, das für Praxis generell konstitutiv ist. Aus beiden Gründen verdienen sie die Aufmerksamkeit der Wissenschaften, die sich mit Handeln und Deuten befassen.

Beide Phänomene, sowohl Deutungsmuster als auch Habitus, haben als Gegenstände der Forschung verschiedentlich Aufmerksamkeit erfahren. Für erstere ist sicherlich ein Aufsatz Oevermanns von 1973 (1973/2001 [DM]) als einschlägiger Ausgangspunkt zu betrachten, für letztere ein Text Pierre Bourdieus, der ursprünglich als Nachwort zu einem kunsthistorischen Werk erschien (1967) und dann in seiner deutschen Übersetzung einen programmatischen Titel erhielt: „Der Habitus als Vermittlung zwischen Struktur und Praxis" (1967/1974). Im vorliegenden Buch wird eine Auseinandersetzung mit diesen Autoren – wie auch mit weiterer Literatur – allerdings im Dienste der Aufgabe stehen, die genannten Phänomene in rekonstruktiver Forschung auf den Begriff zu bringen. Dabei zeigte sich, dass die Riesen, auf deren Schultern wir stehen, aus der Höhe ihrer Perspektive zwar einen erhellenden heuristischen Blick auf unsere Gegenstände zu werfen erlaubten und so deren Erforschung nicht nur ermöglichten, sondern aufs äußerste befruchteten. Zugleich aber wurde deutlich, dass dies noch keine zureichende begriffliche Bestimmung der Gegenstände ‚Deutungsmuster‘ und ‚Habitus‘ erbrachte. Wir hoffen, auf den Schultern dieser Riesen stehend, also von dieser Heuristik ausgehend, mittel unserer empirischen Analysen zu begrifflichen Präzisierungen zu gelangen.

Dass darüber hinaus aufschließende Erkenntnis ermöglicht wird, ist unsere Hoffnung auch bezüglich der hier exemplarisch untersuchten Praxis der Haltungen zu den Corona-Maßnahmen. Worum es dabei geht, wird in den Abschnitten zur

Fragestellung und in dem Kapitel der Fallanalysen jeweils näher erläutert. – Das Abflauen der Corona-Pandemie hat, so könnte man mit Frédéric Keck (2020) sagen, die Krise erkalten lassen. Somit wird die Abkühlung des Gegenstands mittels eines „entfernten Blick" (Lévi-Strauss 1983; vgl. Keck 2020), um sich ihm – wie das für jede wissenschaftliche Forschung unabdingbar ist – unaufgeregt widmen zu können, nicht auf Überraschung stoßen. Gleichwohl wird sich zeigen, dass unsere Ergebnisse auch zeitdiagnostische Implikationen haben, die eine politische Gemeinschaft stets auch mit praktischem Interesse und also als heißen Gegenstand betrachten wird. Dass es uns hier nicht um eine praktische Stellungnahme, sondern um aufschließende Erkenntnis geht, sollte sich allerdings von selbst verstehen.

Im Laufe der Arbeit an diesem Lehrbuch trat immer deutlicher in den Vordergrund, dass Lehren nicht schlicht bedeutet, Wissen zu vermitteln, sondern dass ‚lehren' das Kausativ zu ‚erfahren' ist und damit, wenn es gelingen soll, auch die Bereitschaft zur Anstrengung voraussetzt, die das Machen von Erfahrungen unabdingbar mit sich bringt. Im gelungenen Fall führt Lehre – und damit eben auch ein Lehrbuch – dann zu Bildung: „‚Bildung' wird als eine geistige Anstrengung gedacht, die den Geist selbst verändert. Sie ist mehr und anderes als Erkenntnis, weil sie nicht nur zur Revision von Irrtümern führt und unser Wissen von der Welt verbessert. Vielmehr belehrt sie uns reflexiv über die uns selbst befreiende Kraft von Erkenntnisfortschritten, die zugleich den Charakter von eingreifenden Einsichten haben. Bildungsprozesse sind nicht nur Ergebnisse der Vernunfttätigkeit, sie haben die emanzipatorische Kraft, die dabei gebrauchte Vernunft selbst zu stärken." (Habermas 2024, S. 2).

<table>
<tr><td>Unna, Deutschland</td><td>Ute Fischer</td></tr>
<tr><td>Overberge, Deutschland</td><td>Thomas Loer</td></tr>
<tr><td>den 1. Aug. 2025</td><td></td></tr>
</table>

Vorbemerkung

Die Objektive Hermeneutik ist eine verbreitete Methode in der Soziologie und anderen Sozialwissenschaften. Sie wurde, wie im Vorwort erwähnt, maßgeblich von Ulrich Oevermann[1] entwickelt, von ihm ausgearbeitet, in ihren Anwendungsmöglichkeiten erweitert und stringent entfaltet.[2] Die Bedeutung der materialen Fragestellung[3] für das methodische Vorgehen in der Objektiven Hermeneutik macht es schwierig, wenn nicht gar undurchführbar, in sie in Form einer Gesamtdarstellung einzuführen. Für die Objektive Hermeneutik ist – anders als wir es für standardisierte Methoden kennen – eine gegenstandsbasierte Methodeneinführung angemessen. Will man den also berechtigten vorhandenen Wünschen nach einer entsprechenden Einführung nachkommen und die Sachangemessenheit der

---

[1] Oevermann wurde 1940 geboren und verstarb im Oktober 2021; ein detaillierter akademischer Lebenslauf findet sich in Garz/Kraimer/Riemann 2019, S. 98 ff. (vgl. auch Gärtner 2019, S. 469 f.). Er leitete zum Zeitpunkt der Entwicklung der Objektiven Hermeneutik das Projekt ‚Elternhaus und Schule' am Max-Planck-Institut für Bildungsforschung in Berlin und war seit 1972 bis zu seiner Emiritierung 2008 Professor für Soziologie am Fachbereich Gesellschaftswissenschaften der Johann Wolfgang Goethe-Universität in Frankfurt/M. (zunächst Honorarprofessor, ab 1977 dann Lehrstuhlinhaber).

[2] Zum Theorie- und Forschungsprogramm Oevermanns s. Sutter 1997, eine systematische Einführung in der Perspektive der Autonomie der Kultur bietet Zehentreiter 2001. – Die Schriften Oevermanns müssen nach wie vor der zu bevorzugende Weg zur Objektiven Hermeneutik gelten. Auch können auf größere Leserfreundlichkeit ausgerichtete Einführungen die Beschäftigung mit den materialen und theoretischen Arbeiten, in denen die Objektive Hermeneutik elaboriert wurde und in denen sie sich weiter entfaltet, letztlich nicht ersetzen.

[3] Andreas Wernet verweist zwar zu Recht darauf, dass „die Methode der Objektiven Hermeneutik [...] ‚Fingerübungen' ermöglicht", die „an x-beliebigen Sequenzen, die man irgendwo aufschnappt [...][,] versuchs- und ‚spaßeshalber' kontextfrei" durchgeführt werden können (2021, S. 53), aber er hält zu Recht eben auch fest: „Allerdings lösen solche Fingerübungen nicht das Problem eines sinnvollen Gebrauchs der Methode." (Wernet 2021, S. 54)

Methode integral in ihre Darstellung aufnehmen, so muss man einen anderen Weg gehen und an Beispielen, die aus materialen Forschungen hervorgegangen sind, in die Objektive Hermeneutik einführen. Dies wird in der vorliegenden Reihe mit einer Folge von Einzelbänden, die jeweils solche Beispiele vorstellen und mit dem Rahmen einer expliziten methodologischen Begründung versehen, unternommen. In einem mittlerweile vorliegenden Handbuch zur Methode der Objektiven Hermeneutik (Franzmann et al. 2023a) findet sich in Beiträgen zu einzelnen Datentypen bzw. Forschungsgegenständen ein Überblick.[4]

In den Bänden der Reihe *Objektive Hermeneutik in Wissenschaft und Praxis* nun soll es darum gehen, materiale Forschungsergebnisse bei gleichzeitiger expliziter Darstellung des Vorgehens darzulegen und so in die Grundlagen und Verfahren der Objektiven Hermeneutik einzuführen. Dabei fokussieren sich die Bände entweder – wie die bisher bereits publizierten (Loer 2021 [OHWP Interviews], 2022 [Photographien]) – darauf, bestimmte Datentypen zu analysieren, oder – wie der vorliegende Band – darauf, bestimmte Gegenstände zu rekonstruieren, oder schließlich darauf, wie die Objektive Hermeneutik in bestimmten praktischen Zusammenhängen ihre Wirkung entfalten kann (Ritter i. Vorber.). Es ist klar, dass dabei jeder Band auch Klärungen der konstitutionstheoretischen und methodologischen Einbettung bieten und so ein tiefgreifendes Verständnis der Begründung des methodischen Vorgehens ermöglichen muss. Das setzt bereits bei der Planung einer Forschung an, betrifft die Frage der Fallauswahl, der Selektion der Datentypen und der Erhebung, der spezifischen Fragen der Analyse der jeweiligen Datentypen der hermeneutischen Forschung und führt bis zur besonderen Form der Ergebnisdarstellung und – bei praktischen Fragestellungen wie etwa Beratung – des Transfers der gewonnenen Erkenntnisse in die Praxis. Exemplarische Analysen sollen dabei dem Leser das jeweilige objektiv-hermeneutische Vorgehen konkret deutlich und nachvollziehbar machen. Aus den in systematischen Kapiteln jeweils knapp dargestellten konstitutionstheoretischen und methodologischen Grundlagen der Objektiven Hermeneutik ergeben sich forschungs- und erkenntnislogische Besonderheiten, die mit den unterschiedlichen Ausdrucksmaterialitäten und Protokolltypen, mit den entsprechenden Gegenstandstypen oder schließlich mit den entsprechenden Typen praktischer Problemfelder verbunden sind. Diese werden in den einzelnen Bänden dann entsprechend konkretisiert. Als Moment der Erkenntnisgewinnung durch Strukturgeneralisierung, die als der Zielpunkt der objektiv-

---

[4]Allerdings will das Handbuch nicht „eine allgemeine Einführung mit ausführlicher Begründung der Objektiven Hermeneutik […] bieten" (Franzmann et al. 2023b, S. 11) und lässt einige begriffliche Klärungen (etwa das Verhältnis von Methodologie, Methode und Kunstlehre) vermissen.

hermeneutischen Analysen zu verstehen ist, wird auch die Ergebnisdarstellung begriffen und entsprechend dargelegt.

In dem vorliegenden Band geht es um *Deutungsmuster und Habitus als Gegenstände der Forschung*, wozu begriffliche Vorklärungen, mittels derer der Gegenstand vorläufig konturiert werden soll, erforderlich sind. Es ist nun keineswegs zufällig, dass wir bezüglich des Begriffs der sozialen Deutungsmuster auf Arbeiten des Begründers der Objektiven Hermeneutik, Oevermann, zurückgreifen. Die Methode ist, so wird sich zeigen, für die Erforschung dieses Gegenstands in besonderem Maße geeignet, zielt sie doch auf die Rekonstruktion strukturierter Sinngebilde ab und ist insofern eminent geeignet, deren latente Strukturen aufzuschließen – und als solche latent wirkenden Sinngebilde müssen Deutungsmuster begriffen werden. Das Bemühen Oevermanns, einen angemessenen Begriff des Habitus zu entwickeln und von dem des Deutungsmusters abzugrenzen, hat wenig Niederschlag in publizierten Texten gefunden, gleichwohl gilt das zu Deutungsmustern Gesagte auch hier. Insofern ist die Entscheidung, die mit diesen beiden Begriffen gefassten Phänomene zum Thema des ersten auf einen Gegenstandstypus fokussierten Bandes zu machen, naheliegend.

Der benannte *Gegenstand Deutungsmuster* lässt sich naturgemäß nicht erforschen, ohne dass die Deutungsmuster anhand von Deutungen bestimmter deutungsbedürftiger Probleme rekonstruiert werden – in unserem Fall sind dies die Maßnahmen zur Eindämmung der Corona-Pandemie, die die Welt in den Jahren 2020 bis 2022 im Griff hielt.[5] Allerdings sind weder diese Maßnahmen noch die unterschiedlichen Deutungen dieser Maßnahmen und deren Auswirkungen auf die politische Praxis der Gegenstand des vorliegenden Bandes. Hierzu hätte ein umfangreiches, kontrastives Forschungsdesign entwickelt und eine entsprechende Forschung durchgeführt werden müssen, die sowohl Gegner wie Befürworter der Maßnahmen als auch innerhalb dieser Gruppierungen verschiedene Dimensionen kontrastiv umfasst hätte. Da es hier aber vorrangig um die *Rekonstruktion von Deutungsmustern* und die *Klärung des Begriffs ‚Deutungsmuster‘* geht, beschränken wir uns auf wenige Fälle von Gegnern der Maßnahmen, wobei das rekonstruierte Deutungsmuster – dies sei ohne den Anspruch zu erheben, hier eine erschöpfende Erforschung der bei Maßnahmengegnern wirksamen Deutungsmuster vorzulegen, gesagt – sich doch als erstaunlich konsistent und als erklärungskräftig auch bezüglich von Ergebnissen anderer Forscher sowie von Primärerfahrungen erweist. Erst am Ende unserer Bemühungen um die Bestimmung des

---

[5] Dass das wirkende Deutungsmuster auch die Deutungen bezüglich anderer deutungsbedürftiger Probleme hervorbringt, lässt sich allerdings auch zeigen, steht hier aber nicht im Fokus.

rekonstruierten Deutungsmusters ist es uns gelungen, es auch mit einer treffenden Bezeichnung auf den Begriff zu bringen: *libertäre Selbstbezogenheit*. Diese Bezeichnung haben wir einer Ausführung von Jürgen Habermas entnommen, der sie allerdings rein deskriptiv verwendet (Habermas 2022, S. 109; s. Abschn. 3.2)

Der benannte *Gegenstand ‚Habitus'* bzw. *‚Habitusformation'*[6] lässt sich anhand der Haltung zu praktischen Problemen rekonstruieren; solche stellen etwa das Verfassen eines Buches oder eines Offenen Briefes oder auch die Teilnahme an einem Forschungsgespräch dar. Der Habitus einer Person, dies wird in diesem Buch genauer dargestellt werden, stellt gleichsam die Haltung dieser Person zur Welt überhaupt dar. Habitus bilden sich nun im Prozess der Sozialisation, die sich stets innerhalb bestimmter Kollektivitäten – Milieu,[7] Region,[8] Klasse[9] – vollzieht, die als „Trägergruppe" (Lepsius 1986/1990, S. 35) einer spezifischen Habitusformation bestimmt werden können. Zur Erforschung der jeweiligen „Trägergruppe" hätte ein umfangreiches, kontrastives Forschungsdesign entwickelt und eine entsprechende Forschung durchgeführt werden müssen, die sowohl Kollektivitäten gleicher wie unterschiedlicher Habitusformationen als auch innerhalb dieser jeweiligen Kollektivitäten Gruppierungen verschiedenen Dimensionen kontrastiv umfasst hätte. Da es hier aber vorrangig um die *Rekonstruktion von Habitus* und die *Klärung des Begriffs ‚Habitus'* geht, beschränken wir uns auch in dieser Hinsicht auf wenige Fälle, wobei es für die gewählte Fragestellung von Interesse ist, den jeweils rekonstruierten Habitus auf das rekonstruierte Deutungsmuster zu beziehen, um im Zuge der Erschließung der sachlichen Beziehung die begriffliche Abgrenzung beider zu klären.

---

[6] Zur Unterscheidung der beiden Termini s. Abschn. 1.3 u. Kap. 4.

[7] Vgl. etwa Grathoff 1989/1995, Allert 1993, Böcker/Neuendorff/Rüßler 1998, Schallberger 2003.

[8] Vgl. Loer 2007 [Region].

[9] Vgl. Bourdieu 1974/1981.

Inhaltsverzeichnis

Einleitung 1

1.1 Zur Bezeichnung und zum Entstehungskontext der Objektiven Hermeneutik

Der Terminus ‚Objektive Hermeneutik' bezeichnet, so kann man in einem ersten Zugriff sagen,[1] ein *wissenschaftliches* Verfahren der Deutung und Auslegung,[2] durch dessen Anwendung jeder Forscher, unabhängig von seiner subjektiven Einschätzung, zu denselben Ergebnissen gelangt (s. u. den Abschnitt *Validität, Reliabilität, Objektivität*). Mit dieser Bestimmung stellt sich die Frage, was denn gedeutet und ausgelegt wird, also worauf das Verfahren sich als sein Gegenstand bezieht. Ziehen wir Max Webers notorische Definition der Soziologie heran:

> „Soziologie (im hier verstandenen Sinn dieses sehr vieldeutig gebrauchten Wortes) soll heißen: eine Wissenschaft, welche soziales Handeln deutend verstehen und dadurch in seinem Ablauf und seinen Wirkungen ursächlich erklären will. ‚Handeln' soll dabei ein menschliches Verhalten (einerlei ob äußeres oder innerliches Tun, Unterlassen oder Dulden) heißen, wenn und insofern als der [Handelnde] oder die Handelnden mit ihm einen *subjektiven Sinn* verbinden. ‚Soziales' Handeln aber soll ein solches Handeln heißen, welches seinem von dem oder den Handelnden GEMEINTEN SINN nach auf das Verhalten ANDERER bezogen wird und daran in seinem Ablauf orientiert ist." (1922/1985c, S. 1; gesperrt i. Orig.; kursiv von uns, UF/TL)

---

[1] Zur näheren Herleitung dieses Verständnisses s. Loer 2021 [OHWP Interviews], S. 1.

[2] Dies entspricht der Wortbedeutung von ἑρμηνεύειν, also erklären, auslegen, verdolmetschen, übersetzen (Gemoll 1954/1979 , S. 329).

© Der/die Autor(en), exklusiv lizenziert an Springer Fachmedien Wiesbaden GmbH, ein Teil von Springer Nature 2025
U. Fischer, T. Loer, *Deutungsmuster und Habitus rekonstruieren*, Objektive Hermeneutik in Wissenschaft und Praxis,
https://doi.org/10.1007/978-3-658-49722-4_1

Wenn ausgehend von der Bestimmung Webers, *Handeln* sei *mit subjektivem Sinn verbundenes menschliches Verhalten*, Handeln gedeutet und ausgelegt werden sollte, so wäre der von den Handelnden gemeinte Sinn, eben der subjektive Sinn, Gegenstand dieses Deutens und Auslegens, eine entsprechende Hermeneutik müsste sich also darauf beziehen. Anders als Weber (und andere Handlungstheorien) geht die Objektive Hermeneutik – in ihrer Konstitutionstheorie – davon aus, dass Handeln regelgeleitet ist und der mit ihm verbundene *Sinn* entsprechend *objektiv durch Regeln konstituiert* ist – und zwar durch „die interaktionsstrukturinhärenten Regeln verschiedenen Typs (syntaktische Regeln, pragmatische Regeln, Regeln der Sequenzierung von Interaktionen, Regeln der Verteilung von Redebeiträgen, usf.)" (Oevermann et al. 1979 [Methodologie], S. 370).[3] Dieser objektive Sinn ist Gegenstand des Deutens und Auslegens. Insofern meint die Bezeichnung ‚Objektive Hermeneutik' also: ‚Methode zur Analyse des objektiven Sinns':

> „Wir nennen" das „Interpretationsverfahren [...], das zur Aufschlüsselung dieser Realität [objektiver Bedeutungsmöglichkeiten] benötigt wird", „‚objektive Hermeneutik', weil wir damit verdeutlichen wollen, daß es ausschließlich um die sorgfältige, extensive Auslegung der objektiven Bedeutung von Interaktionstexten [...] geht, und dieses Verfahren des rekonstruierenden Textverstehens mit einem verstehenden Nachvollzug innerpsychischer Prozesse bei der Interpretation von Befragungsergebnissen oder von durch projektive Tests erzeugten Antworten nichts zu tun hat." (Oevermann et al. 1979 [Methodologie], S. 381)[4] „Das für viele in diesem Zusammenhang befremdliche Beiwort ‚objektiv' soll besagen, daß sowohl der Gegenstand, auf den sich die Methode richtet, als auch das Verfahren der Geltungsüberprüfung denselben Objektivitätsanspruch stellen, wie er erkenntnistheoretisch in den Naturwissenschaften üblich ist." (Leber und Oevermann 1994, S. 384)

Für die in dem vorliegenden Band behandelten Gegenstände ‚Deutungsmuster' und ‚Habitus' drängt sich eine solche Methode nun folglich geradezu auf, operieren doch Deutunsmuster, wie wir sehen werden, als „tacit knowing" (Polanyi 1966/1983, S. 1–25), also als etwas, das nicht – zumindest nicht unmittelbar – subjek-

---

[3] Wir müssen hier – und nicht nur hier, sondern immer wieder, wie sich zeigen wird – einen Vorgriff machen auf Begriffe, die erst im Laufe der weiteren Ausführungen expliziert werden.

[4] An der zweiten Stelle der Auslassungspunkte in diesem Zitat haben wir den probematischen Terminus des „latenten Sinns von Interaktionen" weggelassen – s. hierzu zum Begriff des latenten Sinns bzw. der latenten Sinnstruktur das Glossar – S. auch: „Gegenstand dieser Methode, die man vorläufig deshalb als ‚objektive Hermeneutik' bezeichnen könnte, ist die Explikation und Rekonstruktion der objektiven Bedeutung protokollierbarer Symbolketten, nicht der Nachvollzug der psychischen Prozesse ihrer Produktion" (Oevermann et al. 1976 [Beobachtungen], S. 287).

tiv verfügbar ist und folglich mittels standardisierter Fragebögen nicht erfasst werden kann. Ebensowenig kann es durch „kommunikative Validierung", in welcher die „Ergebnisse der Forschung [...] den Untersuchten mit dem Ziel vorgelegt [werden], dass sie von ihnen hinsichtlich ihrer Gültigkeit bewertet werden" (Steinke 2000, S. 320), beurteilt werden. Auch der Habitus muss, so wird sich zeigen, als Haltung des Handelnden begriffen werden, die objektiv, und „ohne daß dieser es merkte, seine anscheinend noch so einzigartigen kreativen Taten ausrichtet und leitet" (Bourdieu 1967/1974, S. 132; Übers. korr., vgl. 1967, S. 142), was folglich ebenfalls nicht schlicht abgefragt werden kann.

Die Methode der Objektiven Hermeneutik hatte ihren *Ursprung in einem Forschungsproblem* und wurde aus dem *Prinzip der Sachhaltigkeit* geboren.[5] Der subjektiv gemeinte Sinn *kann* etwa bei der Erforschung kindlicher Äußerungen, „die z. B. die Differenz zwischen Meta- und Objektsprache" beinhalten (Oevermann 1995 [Vorwort], S. X), nicht die Quelle für die Bedeutung der protokollierten und zu analysierenden Äußerungen sein; darin ist zugleich ein entscheidendes Charakteristikum der Methode begründet, das oben bereits benannt wurde: der Ausgang vom objektiven Sinn. Erst wenn man eine „eigenlogische Realitätsebene von objektiven Bedeutungen" (Oevermann 1995 [Vorwort], S. X) annimmt, lässt sich auch das unabhängige Operieren von Phänomenen wie Deutungsmustern und Habitus überhaupt erst in den Blick nehmen. Insofern verschränkt sich bei unserem Gegenstand die notwendige Annahme, subjektiv nicht verfügbaren Sinns mit dem Erfordernis seiner Rekonstruktion mit einer sachangemessenen Methode wie eben der Objektiven Hermeneutik.

1.2   Zu einigen konstitutionstheoretischen und methodologischen Grundlagen

In einer Einführung über die Entwicklung einer Methodenschule unterscheidet Andreas Franzmann fünf Phasen (2016, S. 8–11). Die fünfte Phase der Entwicklung sieht er dadurch gekennzeichnet, dass sie „Eingang in den Kanon einer Disziplin" gefunden hat „und zum Bestandteil der Normal Science" geworden ist. Ob man dies von der Objektiven Hermeneutik sagen kann, sei dahingestellt. Allerdings ist unbestritten, dass die Objektive Hermeneutik die vierte Phase erreicht hat: Sie hat

---

[5]Zum Entstehungskontext s. ausführlich: Oevermann 1995 [Vorwort], S. IX f.; vgl. auch Franzmann 2016.

„sich vom ursprünglichen Entstehungszusammenhang" gelöst, eine „erste Konsolidierung des Methodenansatzes" ist festzustellen und ihr „Ansatz [wurde] in andere fachliche und berufliche Zusammenhänge hinein[getragen]" (Franzmann 2016, S. 9). Gleichwohl scheint es doch sinnvoll, zumindest knapp an die konstitutionstheoretischen und methodologischen Grundlagen der Objektiven Hermeneutik zu erinnern – auch wenn die „Erfahrung zeigt, daß es [...] für die Verständigung wenig förderlich ist, die zentralen Konzepte der ‚objektiven Hermeneutik' auf der Stufe der Allgemeinheit, der sie am Ende zuzurechnen sind, einzuführen" (Oevermann et al. 1979 [Methodologie], S. 354). Die mittlerweile recht elaborierte Begrifflichkeit bedarf auch deshalb dieser Erinnerung, weil die Tatsache, dass andere Methoden, die konstitutionstheoretisch anders ausgewiesen sind oder keine eigene Konstitutionstheorie ausgearbeitet haben, einzelne Konzepte, wie etwa das der Sequenzanalyse, übernehmen, ihnen aber eine ganz andere Ausrichtung geben, was immer wieder zu Missverständnissen führt.

Im Vorwort wurde darauf hingewiesen, dass sich in diesem Buch einige terminologische Unterschiede zu den Bezugstexten aus Geschichte und Gegenwart der Objektiven Hermeneutik finden; die Unterschiede zu Texten, die andere Termini verwenden, werden an den entsprechenden Stellen benannt, aber sie werden nicht jedesmal thematisiert, wenn in Zitaten andere Termini auftauchen.

1.2.1 Zum Problem des Verstehens

Bei objektiv-hermeneutischen Analysen geht es um das Verstehen von Handeln. Hier kann und soll nicht die lange Geschichte des Verstehens als wissenschaftlicher Begriff, beginnend mit seiner Etablierung als „Grundbegriff einer Erkenntnistheorie der sog. Geisteswissenschaften" durch Johann Gustav Droysen und Wilhelm Dilthey (Apel 2001, Sp. 918), dargelegt werden.[6] Im Laufe unserer Analysen wird

---

[6] Auch auf die notorische Erklären/Verstehen-Debatte gehen wir hier nicht ein – s. dazu: von Wright 1971, Apel 1978, 1979, Jarvie 1970/1978 – dazu Winch 1970/1978, Greshoff/Kneer/ Schneider 2008. Max Weber, der als Begründer der sogenannten Verstehenden Soziologie gilt, für den aber der „Nachvollzug des das Handeln orientierenden subjektiv gemeinten Sinns, also der Intentionen des Handelnden" für das Handlungsverstehen entscheidend war (Meuser 1994), hat gleichwohl zwischen Verstehen und Erklären keinen Gegensatz gesehen. Auch hat vor zwei Jahrzehnten Manfred Bierwisch aus dieser Debatte die Luft herausgelassen, indem er auf die schlichte sprachliche Beziehung zwischen ‚erklären' und ‚verstehen' hinwies und nüchtern feststellte, dass gemäß der üblichen Redeweise „*erklären* einfach das kausative Verb zu *verstehen*" sei (2002, S. 153; kursiv i. Orig.) – eben gemäß der Redewendung: „Versteh' ich nicht; erklär' 'mal!".

das Problem des Verstehens als forschungspraktisches Problem auftauchen und zu lösen sein. Hier sollen deshalb nur einige allgemeine Aspekte thematisiert werden, die für die Verstehensprozesse im Rahmen der Objektiven Hermeneutik zentral sind. Häufig handelt es sich bei dem Handeln der von uns zu untersuchenden Praxis um Sprechhandeln. Dass Sprechen als Handeln zu verstehen ist, ist entscheidend für den objektiv-hermeneutischen Zugang zu sprachlichen Ausdrucksgestalten. Durch die von John Austin (1955/1962) und John R. Searle (1969/1983a, b, 1979/1999) entwickelte Sprechakttheorie wurde die pragmatische Dimension des Sprechens in den Vordergrund gerückt. Etwa ein Versprechen zu verstehen – also zu verstehen, dass mittels einer Äußerung ein Versprechen vollzogen wird, und zugleich zu verstehen, was damit versprochen wird –, bedeutet zunächst einmal, das implizite Urteil zu fällen, dass die entsprechende Äußerung den pragmatischen Erfüllungsbedinungen[7] für Versprechen genügt, dass also der Sprecher glaubhaft versichert eine in seiner Macht stehende künftige Handlung zu einem bestimmten Zeitpunkt auszuführen und sich daran bindet.[8] – Wenn A zu B sagt: „Ich verspreche dir, dass ich dir das geliehene Buch bis Ende der Woche zurückgebe.", so bindet er sich damit und nimmt allfällige Sanktionen für den Fall in Kauf, dass er die Rückgabe des Buches an B nicht bis spätestens Sonntagabend vollzieht. Wenn wir die genannte Äußerung so deuten – sei es intuitiv und implizit, sei es methodisch und explizit –, haben wir sie als Versprechen verstanden – und zwar entweder praktisch oder wissenschaftlich.

Damit sehen wir, dass zwischen dem (meist intuitiv erfolgenden) praktischen und dem (in expliziten Schlüssen erfolgenden) wissenschaftlichen Verstehen *keine erkenntnislogische Differenz* besteht: beide beziehen sich auf diejenigen Regeln – hier neben den sprachlichen auf die pragmatischen Regeln des Versprechens –, die auch in der Hervorbringung der zu verstehenden Handlung wirken. Allerdings besteht zwischen dem praktischen und dem wissenschaftlichen Verstehen *eine handlungslogische Differenz*: In der Praxis reagieren wir direkt auf die zu verstehende Handlung – hier etwa, indem wir das Versprechen annehmen – und stehen dabei in der Regel auch unter Handlungsdruck, müssen uns entscheiden; in der Wissenschaft hingegen können wir uns die Handlung müßig vor Augen führen und festhalten, müssen nicht entscheiden, sondern können handlungsentlastet Schritt für Schritt ihre Bedeutung explizieren.

---

[7]Zu diesem Terminus s. zuerst Oevermann 1981/2023 [Fallrek], S. 53–56.

[8]S. zum Versprechen auch: Oevermann 2008/2016 [Abschiedsvorlesung], S. 59–63.

Es sei hier noch darauf hingewiesen, dass, wenn die objektive, regelkonstituierte Bedeutung der Gegenstand des Verstehens ist, dies von Webers Vorgabe, es ginge beim Verstehen des Handelns um den „subjektiven Sinn" (s. o.) abweicht. Webers Verständnis kommt allerdings unserem Alltagsverständnis des Verstehens entgegen:

> „Die Umgangssprache und das umgangssprachlich eingekleidete Denken enthalten [...] ein ‚intentionalistisches' Vorurteil, unterschieben Intentionen, wo zunächst nur Bedeutungen vorliegen, und verführen auf diese Weise zu einem Denken, das Handlungsabläufe als Schuld und Verantwortung Personen zurechnet." (Oevermann et al. 1979 [Methodologie], S. 358)

Das methodische Verstehen zielt demgegenüber, wie gesagt, darauf ab, die objektive Bedeutung einer Handlung zu rekonstruieren, zunächst unabhängig davon, ob der Handelnde diese Bedeutung subjektiv gemeint hat; oftmals finden wir hier sogar eine – explizierbare – Diskrepanz vor. Die Erforschung dieser Diskrepanz kann auf eine lange Denktradition zurückblicken. So unterscheidet bereits Hegel bzgl. der „öffentliche[n] Meinung" zwischen „ihrem konkreten Bewußtsein und Äußerung" und „ihrer wesentlichen Grundlage, die, mehr oder weniger getrübt, in jenes Konkrete nur scheint." (1821/1970, S. 485 [§ 318]). Darauf bezieht sich auch Adorno im Hinblick auf „Meinungsforschung" und Ideologie (1957/1979, S. 215), welche insbesondere für die Erforschung von Deutungsmustern, die ja in diesem Band im Zentrum stehen, aufschlussreich sein kann. Dass wir häufig Beispiele „des für die soziologisch Analyse immer interessanten Falles der Diskrepanz zwischen Intention und Wirkungen oder Bedeutung, eines Falles von ‚unanticipated consequences of action'" vorfinden (Oevermann et al. 1979 [Methodologie], S. 360; vgl. Merton 1936; Loer 2017 [Latenz]), heißt allerdings nicht, dass die Objektive Hermeneutik nur systematisch verzerrte Kommunikationen[9] untersuchen könnte oder, wie etwa Andreas Wernet meint, dass „[e]ine Fallrekonstruktion [...] die Beobachtung eines solchen Passungsproblems voraus[setzt]" (2021, S. 45) und dass, wenn „eine solche Differenz nicht vor[liegt], [...] sich auch keine Fallbesonderung rekonstruieren" lässt (2021, S. 45).[10] Zwar gilt:

---

[9] Hier ist zu beachten, dass bei systematisch verzerrter Kommunikation nicht, wie Jürgen Habermas, der diesen Begriff einführte, behauptet, „die Geltungsbasis der Rede versehrt ist" (1974/1984, S. 253); vielmehr ist „die Verzerrtheit einer Kommunikation eine Funktion des Verhältnisses der subjektiv intentionalen Repräsentation eines Sprechers zur objektiven Bedeutung seines Interaktionstextes" (Oevermann et al. 1979 [Methodologie], S. 372).

[10] Eine solche Auffassung leistet dem – vor allem von Jo Reichertz verbreiteten – Missverständnis Vorschub, dass die Objektive Hermeneutik „die interaktiven Leistungen der handelnden Subjekte bei den Analysen vernachlässige" (Reichertz 1981/1995, S. 228) und grundsätzlich davon ausgehe, dass „die Menschen [sich] über ihr Handeln [...] täuschen" (Reichertz 1988, S. 219).

„Generell wird man annehmen können, daß Menschen nur in Ausnahmefällen in der Lage sind, auf der Ebene von latenten Sinnstrukturen Bedeutungszusammenhänge zu entschlüsseln, die erst nach langwierigen und recht komplizierten praktischen Schlüsseln [Tippfehler; gemeint: Schlüssen] und unter der Bedingung der Handlungsentlastetheit und Nicht-Betroffenheit expliziert werden können." (Oevermann et al. 1979 [Methodologie], S. 366) „Die vollständige Koinzidenz der intentionalen Repräsentanz mit der latenten Sinnstruktur[11] der Interaktion ist prinzipiell möglich, aber sie stellt den idealen Grenzfall der vollständig aufgeklärten Kommunikation in der Einstellung der Selbstreflexion dar." (Oevermann et al. 1979 [Methodologie], S. 380)

Aber auch wenn eine Passung, ein Ausbleiben der genannten Diskrepanz empirisch selten vorkommt und schon aufgrund des Handlungsdrucks in der Praxis strukturell unwahrscheinlich ist, so wäre doch auch ein solcher Fall rekonstruierbar und auch seine Besonderheit bestimmbar – und bestünde sie darin, dass sie mit dem Allgemeinen zur vollständigen Deckung käme.

1.2.2   Ausdrucksgestalt – Protokoll und Text

Wenn wissenschaftliches Verstehen einer Handlung voraussetzt, dass wir uns die Handlung müßig vor Augen führen und festhalten, bedarf es zur Analyse dieser Handlung deren Objektivierung in einer Ausdrucksgestalt. Handeln per se ist flüchtig, und was flüchtig ist, können wir uns eben nicht müßig vor Augen führen. Auf ein Versprechen können wir nur unmittelbar praktisch reagieren – etwa indem wir es annehmen oder ablehnen –, aber wir können es nicht methodisch analysieren, wenn wir keine Objektivierung davon haben; und sei es minimal ein Erinnerungsprotokoll.

„Das Gesamt an Daten, in denen sich die erfahrbare Welt der Sozial-, Geistes- und Kulturwissenschaften präsentiert und streng methodisch – im Unterschied zu: praktisch – zugänglich wird, in denen also die sinnstrukturierte menschliche Praxis in allen ihren Ausprägungen erforschbar wird, fällt in die *Kategorie der Ausdrucksgestalt*.

Unter dem Gesichtspunkt der Strukturierung von Sinn und Bedeutung, also dessen, was sie symbolisieren, werden Ausdrucksgestalten als *Texte* behandelt. Für Texte gilt entsprechend, daß sie – wie die Bedeutungs- und Sinnstrukturen, deren Zusammenhang sie herstellen – als solche der sinnlichen Wahrnehmung verschlossen sind und nur ‚gelesen' werden können. Unter diesen methodologisch erweiterten Text-

---

[11] Hiersei auf eine erforderliche terminologische Klärung hingewiesen: s. den *Exkurs zur Unterscheidung von objektiver Bedeutung und objektivem Sinn* in Loer 2021 [Interviews], S. 94–96 – vgl. Loer 2016 [objektiv/latent] u. 2017 [Latenz].

begriff fallen selbstverständlich nicht nur die schriftsprachlichen Texte der Literaturwissenschaften, sondern alle Ausdrucksgestalten menschlicher Praxis bis hin zu
Landschaften, Erinnerungen und Dingen der materialen Alltagskultur.

Unter dem Gesichtspunkt ihrer ausdrucksmaterialen, überdauernden Objektivierung werden diese Texte als *Protokolle* behandelt. Dabei kann es sich um gegenständliche Objektivierungen in Produkten, um hinterlassene Spuren, um Aufzeichnungen
vermittels technischer Vorrichtungen, um intendierte Beschreibungen, um institutionelle Protokolle oder um künstlerische oder sonstige bewußte Gestaltungen handeln,
und die Ausdrucksmaterialität kann sprachlich oder in irgendeinem anderen Medium
der Spurenfixierung oder der Gestaltung vorliegen. Protokolle, als die ausdrucksmateriale Seite von Ausdrucksgestalten, lassen sich selbstverständlich sinnlich wahrnehmen."
(Oevermann 1996/2004 [Manifest], S. 103 f.; i. Orig. Unterstrichenes hier kursiv)

Die Objektivierungen von Handeln – wie etwa mündliche oder schriftliche sprachliche Äußerungen, Photographien, Artefakte etc. – werden also deshalb als Ausdrucksgestalt bezeichnet, weil in ihnen mit der Bedeutung des Handelns die
Lebenspraxis des Handelnden zum Ausdruck kommt. Diese Bedeutung ist der Aspekt des Textes, den wir in der methodischen Analyse anhand der sinnlich als Protokoll vorliegenden Ausdrucksgestalt rekonstruieren.[12]

1.2.3   Erzeugungs- bzw. Eröffnungsparameter: Regeln

Die Objektive Hermeneutik geht in ihrer Konstitutionstheorie davon aus, dass Handeln regelgeleitet ist und der mit ihm verbundene, sich in Ausdrucksgestalten
niederschlagende Sinn entsprechend objektiv durch Regeln konstituiert ist. – Der
Gegenstand der Sozialwissenschaften im Allgemeinen und der Soziologie im Besonderen ist Handeln. *Handeln* ist, anders als Verhalten,[13] das durch genetische
Programme gesteuert und damit letztlich – bei aller Komplexität – naturgesetzlich
determiniert ist, *regelgeleitet.* Das bedeutet zunächst einmal, dass den Handelnden

---

[12] Einige Autoren engen den Begriff der Ausdrucksgestalt auf solche Objektivationen des
Handelns ein, in denen die Praxis *sich zum Ausdruck bringt* (etwa Zehentreiter 2008, s. dazu
Loer 2015 [AG]) und schließen solche aus, in denen die Praxis (lediglich) *zum Ausdruck
kommt* (etwa Wenzl und Wernet 2015, auch Wernet 2021, S. 18, s. dazu Loer 2015 [Diskurs]).

[13] Die Äquivokation im Wort ‚Verhalten' nötigt zu einer Klarstellung: Hier ist *Verhalten im
engeren Sinne* gemeint, das eben durch genetische Programmierung und erlernte „patterns of
[…] behavior" (Count 1970/1973, S. 4) hervorgebracht wird; dieses unterscheidet sich von
Handeln. Beide sind aber *Verhalten im weiteren Sinne,* worunter generell das (Re-) Agieren
eines Lebewesens überhaupt in einer Situation gemeint ist. Insofern ist Handeln regelgeleitetes Verhalten (i. w. S.).

von den ihr Handeln bestimmenden – nicht determinierenden – Regeln *Handlungsmöglichkeiten eröffnet* werden.[14] Regeln im Allgemeinen verknüpfen Handlungssequenzen miteinander, indem sie zum einen Anschlussoptionen eröffnen und zum anderen die Konsequenzen festlegen, die eine jeweilige Auswahl aus diesen Optionen bedeutet. Dies lässt sich am einfachsten am Beispiel der Begrüßung[15] zeigen. Ein Reisender in einem Zugabteil etwa, der von einem zugestiegenen Passagier begrüßt wird, hat nur zwei Möglichkeiten: entweder (a) zurückzugrüßen oder (b) die Grußerwiderung zu unterlassen. Bevor der Begrüßte noch seine Wahl trifft, also bevor er noch im handelnden Vollzug eine der eröffneten Optionen praktisch realisiert, liegt bereits deren Konsequenz fest – insofern kann er diese Konsequenz in seinem Entscheiden für eine der Optionen berücksichtigen; ob er sie sich aber bewusst macht oder nicht: sie liegt fest.

Wenn also nun etwa der Reisende, der von dem neuen Passagier begrüßt wird, zurückgrüßt, so nimmt er damit unweigerlich, ob er will oder nicht, das Angebot an, den Handlungsraum der Reise als gemeinsamen zu betrachten. Damit muss er, wenn er zum Beispiel gerade ein Buch liest, gewärtig sein, von dem Mitreisenden, durch ein Gespräch etwa, an der weiteren Lektüre gehindert zu werden, und es ist an ihm, dem ersten Reisenden, sich diesem Ansinnen aktiv zu entziehen, wenn er in Ruhe weiter lesen will. Sollte er aber nicht zurückgrüßen, so weist er damit das Angebot, den Handlungsraum der Reise praktisch als gemeinsamen zu realisieren, zurück. In diesem Falle müsste der Zugestiegene, sollte er ein Interesse an einem gemeinsamen Gespräch haben, seinerseits aktiv werden und einen neuen Versuch starten, um doch noch die Reise beider zu einer gemeinsamen werden zu lassen.

Man sieht an diesem Beispiel, wie Regeln Optionen eröffnen und zugleich festlegen, was diese Optionen *bedeuten*, indem sie verbindlich Folgen mit diesen Optionen verknüpfen.[16] Darüber hinaus können wir uns hier noch einmal die Bedeutung der adjektivischen Bestimmung ‚objektiv‘ im Namen der Methode deutlich machen: Man sieht, dass die eröffneten Optionen und ihre Bedeutungen von der Absicht der Handelnden, also von ihren subjektiven Intentionen unabhängig sind und vielmehr *objektiv* durch Regeln konstituiert werden. So verhält es sich mit allem Handeln.

---

[14] Vgl. hierzu Loer 2008 [Norm], S. 165–168.

[15] Zur ausführlichen Analyse der Begrüßung als solcher s. Oevermann 1983 [Sache] u. Loer 2021 [Reziprozität], S. 6–31.

[16] Oevermann spricht diesbezüglich von dem „Parameter I von Erzeugungsregeln" (2000 [Fallrek], S. 90, Fn. 18) oder auch vom ‚algorithmischen Erzeugungsparameter‘ (2003 [Normativität], S. 192).

1.2.4   Auswahl- bzw. Entscheidungsparameter: Fallstruktur

Zugleich sieht man an dem Beispiel, dass der

> „tatsächliche Ablauf der Praxis-Sequenz [...] durch einen weiteren Parameter bestimmt [ist], der die tatsächliche *Auswahl aus den durch Sequenzregeln eröffneten Möglichkeiten, also die ‚Entscheidung' trifft.* Dieser Parameter besteht aus dem Ensemble von Dispositionsfaktoren, die die Entscheidung einer konkreten Lebenspraxis, sei es einer Person, Gemeinschaft, Gruppe, Organisation, Regierung oder was auch immer beeinflussen: also aus den Faktoren, die die traditionelle handlungs- oder systemtheoretisch argumentierende Sozialwissenschaft als Motivationen, Wertorientierungen, Einstellungen, Weltbilder, Habitusformationen, Normen, Mentalitäten, Charakterstrukturen, Bewußtseinsstrukturen, unbewußte Wünsche u. a. schon immer thematisiert hat. Ich fasse das Ensemble dieser Faktoren, das in einer bestimmten Valenz die Entscheidungen einer konkreten Lebenspraxis auf wiedererkennbare, prägnante Weise systematisch strukturiert, als *Fallstruktur* zusammen." (Oevermann 2000 [Fallrek], S. 65; kursiv i. Orig.)

In diesen „Auswahlparameter" (Oevermann 2003 [Normativität], S. 193)[17] gehen in unserem Beispiel der Begrüßung etwa Höflichkeitsnormen ein, denen der Begrüßte folgt, aber auch vielleicht eine habituelle Zugewandtheit zu anderen oder eine habituelle Neugier auf andere Personen u. ä. Der Habitus, den wir in unseren Fallanalysen rekonstruieren, ist also Moment dieses Parameters.

Um nun die Fallstruktur, die „die Entscheidungen einer konkreten Lebenspraxis auf wiedererkennbare, prägnante Weise systematisch strukturiert", methodisch rekonstruieren zu können, muss, wie oben bereits erwähnt, das Entscheiden, also das Handeln der Lebenspraxis sich objektivieren; wir bedürfen der Protokolle des Handelns:

> „Die Grenze der methodisch kontrollierten Erkenntnis in der sinnstrukturierten Welt ist prinzipiell abgesteckt durch das Kriterium der Protokollierung. Ausschließlich über Protokolle ist uns *methodisch* die soziale Wirklichkeit zugänglich." (Oevermann 1991 [GenStrukt], S. 302; kursiv i. Orig.)

In Protokollen drückt sich das Handeln der Lebenspraxis, also der reale Prozess des Entscheidens der Lebenspraxis angesicht der ihr eröffneten Handlungsoptionen

---

[17] Oevermann spricht diesbezüglich von dem „Parameter II von Auswahlprinzipien" (Oevermann 2000 [Fallrek], S. 90, Fn. 18).

aus. Angesichts eröffneter Optiononen – und solche liegen stets vor – können wir nicht umhin, uns zu entscheiden; mit Paul Watzlawick[18] können wir formulieren: wir können uns nicht *nicht* entscheiden (vgl. Oevermann 1985 [Identform], S. 466), also: wir können nicht *nicht* handeln.

1.2.5   Sequenzanalyse

Die Sequenzanalyse[19] stellt die methodische Inanspruchnahme der konstitutionstheoretisch entfalteten Begriffe des Erzeugungsparameters und des Auswahlparameters dar. In der Sequenzanalyse müssen die – durch in der zu untersuchenden Praxis geltende Regeln konstituierten – Optionen entworfen und die realisierte Option zu diesen in Relation gesetzt werden, um die Bedeutung dieser Auswahl bestimmen zu können. Die Sequenzanalyse ist also konstitutionstheoretisch und methodologisch begründet. Durch sie wird das Gegenstandskonstitutivum, nämlich die durch das Zusammenspiel von Erzeugungsparameter und Auswahlparameter gestifteten Sequentialität, methodisch gewürdigt und ins Werk gesetzt. Die Sequenzanalyse bildet also das in der Sequentialität konstituierte Aufeinanderfolgen ab, indem sie auf der Folie der eröffneten Handlungsoptionen die *Systematik der von der untersuchten Praxis getroffenen Auswahlen* von Optionen, nämlich die *Fallstrukturgesetzlichkeit*, rekonstruiert.

Eine Handlungssituation ist, wie angedeutet, für eine bestimmte Lebenspraxis immer auch ein Handlungsproblem,[20] für das eine Lösung, eine Frage, auf die eine Antwort gefunden werden muss – minimal muss eine Antwort auf die Frage gefunden werden, welche der eröffneten Optionen ergriffen werden soll. Methodisch bedeutet dies, dass jede Handlung die Lösung eines Handlungsproblems darstellt und

---

[18] Vgl. das „metacommunicational axiom of the pragmatics of communication […]: *one cannot* not *communicate.*" (Watzlawick et al. 1967, S. 51; kursiv i. Orig.)

[19] Vgl. Oevermann 2000 [Fallrek], S. 64–79, 89–97, Loer 2018 [Sqa] – In der interpretativen Sozialforschung ist der Terminus mittlerweile weit verbreitet (vgl. Maiwald 2005); häufig wird darunter allerdings schlicht ein Nacheinander in der Betrachtung von Protokollsegmenten verstanden, ohne dass diese in eine entsprechend methodologisch begründete Analyse mündete.

[20] ‚Handlungsproblem' verwenden wir analytisch im Sinne der Bedeutung „das Vorgelegte, Aufgabe, Streitfrage". Da sich πρόβλημα (próblema) aus προβάλλω (probálló) herleitet, was „vorwerfen, hinwerfen; im bes. a. vorhalten, entgegenstellen b. vorlegen (eine Frage, Aufgabe)" bedeutet (Gemoll 1954/1979, S. 630), bezeichnet ‚Handlungsproblem' schlicht jedwede Situation, mit der ein Handelnder konfrontiert ist, unabhängig davon, ob er selbst dies als Problem oder gar als Krise begreift.

man folglich in der Analyse einer Handlung das Handlungsproblem rekonstruieren muss, zu dem sie als eine Lösung ergriffen bzw. entworfen und ergriffen wurde. Im amerikanischen ‚Bible Belt', also in den vom evangelikalen Protestantismus geprägten südöstlichen Staaten der U.S.A., findet man häufig große Plakate, die den Slogan propagieren: „Jesus is the Answer!" Die Frage, die Scherzbolde des öfteren zu diesem Slogan hinzufügten: „What was the question?", stellt in diesem Sinne die Grundfrage allen soziologischen Forschens dar. Wenn der Forscher sich nun diese Frage stellt – „If Jesus is the answer – what was the question?" – darf er sich dabei nicht mit den manifesten Antworten begnügen: „Temporarily ignoring the[…] explicit purposes, […] directs attention toward another range of consequences" (Merton 1949/1968, S. 118); dies erlaubt es zu erkennen, dass die untersuchte Handlung u. U. die Antwort auf eine latente Frage darstellt.

Genauso stellt jede Handlung ihrerseits eine Frage dar, auf die eine Antwort gefunden werden muss, weshalb der Entwurf der möglichen Antworten im Sinne der regeleröffneten Anschlussoptionen ein entscheidender sequenzanalytischer Schritt ist für die Rekonstruktion des objektiven Sinns der untersuchten Handlungskette.

1.2.6   Gültigkeit (Validität), Zuverlässigkeit (Reliabilität), Objektivität

Gültigkeit (Validität), Zuverlässigkeit (Reliabilität) und Objektivität, die als die entscheidenden Gütekriterien wissenschaftlicher Forschung vor allem in den standardisierten Methoden eine große Rolle spielen, können recht verstanden durchaus als allgemeine wissenschaftliche Gütekriterien gelten. Allerdings bedarf es im Rahmen einer fallrekonstruktiven Forschung, die als sachangemessene Methode von ihrem Gegenstand ihren Ausgang nimmt, eines besonderen Verständnis' dieser Kriterien.

„G[ültigkeit] (engl. validity) ist das Ausmaß, in dem die Schlussfolgerungen aus einer wissenschaftlichen Beobachtung zutreffend (gültig) sind." (Leutner 2002 [G], S. 209) – Was bedeutet das für ein fallrekonstruktives Verfahren wie die Objektive Hermeneutik? Oevermann hält hierzu fest, dass das „Problem der objektiven Gültigkeit der Interpretation von Sequenzstellen mit Bezug auf das gegebene Protokoll" „in Wirklichkeit entgegen verbreiteten Auffassungen immer ganz einfach zu lösen[…]" ist (Oevermann 2013 [Erfahrungswiss], S. 78). Dies werden wir im Laufe unserer konkreten Erforschung von Datenmaterial sehen. Warum ist das so? Wir beziehen uns bei der Bedeutungsrekonstruktion auf die geltenden Regeln, die die Bedeutung des Handelns, das wir untersuchen, konstituieren. Diese Regeln werden in einfachen Operationen in Anschlag gebracht, die etwaige Abweichungen von ihnen unmittelbar deutlich werden lassen. Ziehen wir unser Beispiel des Versprechens heran: „Ich verspreche dir, dass ich dir das geliehene Buch bis Ende der Woche zurückgebe." und überlegen nun einmal, in welchen Kontext die Äußerung nicht passen würde. Wenn z. B. der Sprecher unmittelbar nach der Äußerung zu einer mehrwöchigen Fernreise aufbrechen würde, so wäre das Verspechen von vornherein objektiv unecht (für eine gelingende Täuschung müsste dies also verschwiegen werden). Es zeigt sich also, dass zu einem Versprechen die Erfüllungsbedingung gehört, dass derjenige, der das Versprechen abgibt, die entsprechende Handlung auch ausführen kann.

Geht es bei den „Schlussfolgerungen" (Leutner) nicht lediglich um die Rekonstruktion der Bedeutung einer Handlung, sondern um die Rekonstruktion einer Fallstruktur, so haben wir drei Dimensionen der Gültigkeit zu berücksichtigen. (a) Einerseits stellt sich die Frage, *ob in dem Datenmaterial, dass wir heranziehen, tatsächlich ein Fall von X, also ein Fall unseres Gegenstandes zum Ausdruck kommt.* Wenn unser Gegenstand etwa die Familie ist, so stellt sich die Frage, ob diese Praxis in einem Gespräch auf dem Jahrmarkt (vgl. Abschn. 1.3) überhaupt zum Ausdruck kommt. Insofern muss im Vorfeld des Heranziehens von Datenmaterial diese Frage möglichst sorgfältig erwogen werden – auch wenn sie erst im Laufe der Analyse definitiv beantwortet werden kann. – (b) Sodann stellt sich die Frage, *ob der Fall in der untersuchten Ausdrucksgestalt gültig zum Ausdruck kommt.* Hierzu lässt sich mit Oevermann festhalten:

> „Jede Ausdrucksgestalt, d. h. auch: jedes Protokoll weist eine objektive Gültigkeitsrelation bzw. eine objektive Relation der Authentizität zur protokollierten Wirklichkeit in mindestens einer Hinsicht notwendig auf. Wäre es in jeder Hinsicht ungültig, dann stünden wir vor der Aporie, über eine Kontrastfolie der Gültigkeit nicht mehr verfügen zu können und mithin das Ungültigkeitsurteil nicht mehr fundieren zu können. Zwar kann [es sein, dass] eine Ausdrucksgestalt in formaler Hinsicht nicht wohlgeformt […] [ist], wie eine falsche Gleichung, aber selbst dann stellt sich noch die Frage, was sich gültig in der Motiviertheit dieser Nicht-Wohlgeformtheit ausdrückt. Eine Ausdrucksgestalt drückt also zumindest objektiv gültig das Scheitern oder Misslingen aus. Anders wären wir ja nicht in der Lage, das Scheitern als Scheitern zu erkennen." (Oevermann 2004 [Objektivität], S. 332 f.)

Schließlich (c) stellt sich die Frage, *ob eine durchgeführte Rekonstruktion die Fallstruktur gültig auf den Begriff gebracht* hat. In diesem Sinne bemisst sich die Gültigkeit der Rekonstruktion der Fallstruktur an der Möglichkeit der Falsifikation und am Scheitern der gezielten Falsifikationsversuche. Als ein Aspekt dieser Dimension der Gültigkeit stellt sich die Frage, *ob in diesem besonderen Fall* unseres Gegenstandes, der also die Gültigkeit im Sinne von (a) erfüllt, *die Totalität unseres Gegenstandes zum Ausdruck kommt.* Da „jede rekonstruierte Fallstruktur eine je konkrete Variante einer einbettenden, übergeordneten Fallstrukturgesetzlichkeit dar[stellt] und [...] über sie eine allgemeine Erkenntnis" liefert (Oevermann 1996/2004 [Manifest], S. 16), bringt eine genügend genaue und explizite Analyse des besonderen Falles den Gegenstand in seiner Allgemeinheit auf den Begriff. Da es kein standardisiertes Kriterium dafür geben kann, ob die Analyse genügend genau und explizit ist, ist hier, um eine größere Sicherheit zu erlangen, eine Auswahl von Fällen, die in gegenstandsrelevanten Dimensionen kontrastieren, sehr hilfreich (s. u. zur kontrastiven Fallauswahl).

„Die Z[uverlässigkeit] (engl. reliability) ist das Ausmaß, in dem ein wissenschaftliches Ergebnis reproduzierbar ist, und zwar unter Konstanthaltung theoretisch relevanter und unter Variation theoretisch irrelvanter Bedingungen" (Leutner 2002 [Z], S. 720) Zuverlässig ist ein Ergebnis in der rekonstruktiven Forschung dann, wenn es unabhängig von dem konkreten Forscher reproduzierbar ist – also wenn etwa verschiedene Forscher, die denselben Gegenstand erforschen, in ihren Analysen zu denselben Ergebnissen gelangen; man könnte auch sagen: in ihren Interpretationen zu denselben Ergebnissen gelangen. Hier ist aber bezüglich des Begriffs der Interpretation eine wichtige Kärung angebracht. In der Objektiven Hermeneutik spielt dieser ja, wie wir in Zitaten schon sehen konnten, durchaus eine Rolle. Unseres Erachtens wäre es sinnvoll, den Terminus ‚Interpretation' zu vermeiden.[21]

Zu Begriff und Terminus der Interpretation
Unter Interpretation wird häufig eine praktische Rezeption von Kunst und Literatur oder eine musikalische Interpretation verstanden. Mit einem solchen Verständnis von ‚Interpretation' würde aber der Begriff einer wissenschaftlichen Untersuchung verfehlt.

Interpretation in den darstellenden Künsten: In der Musik und in den anderen darstellenden Künsten (Drama; Tanz; Lyrik dort, wo sie als mündliche Rezitationskunst auftritt) ist mit dem Begriff der Interpretation gefasst, was aufgrund des spezifischen Ausdruckmaterials dieser Künste für diese konstitutiv ist. Die Werke dieser Künste können nur angemessen rezipiert werden, wenn sie sich in der Zeit entfalten, wozu es eben der Darstellung bedarf. Jede Aufführung stellt eine spezifische Interpretation dar, die durch ihre je spezifische Sichtweise je spezifische objektive Möglichkeiten des Werks realisiert und so das Werk in je spezifischer Weise erfahrbar macht. Verschiedene

---

[21] Dessen ungeachtet werden wir den Terminus in Zitaten beibehalten und nicht jedesmal auf die nötige Vorsicht hinweisen.

Interpretationen können einander ausschließen und gleichwohl jeweils dem Werk auf angemessene Weise zu seiner Realisierung verhelfen. Man könnte mit einer Formulierung Ferdinand Zehentreiters sagen: Das „Werk existiert" in den darstellenden Künsten erst „in der unendlichen Totalität seiner interpretatorischen Durchquerungen" (2019, S. 250).

Interpretation als praktische Rezeption: Bei der praktischen Rezeption von Kunst und Literatur vollziehen verschiedene Rezipienten praktisch unterschiedliche Lektüren, ja dies mag für denselben Rezipienten zu verschiedenen Zeiten gelten; diese unterschiedlichen Lektüren sind allerdings nicht vom Werk sondern von der Auffassung des Rezipienten abhängig: *Pro captu lectoris habent sua fata libelli* (Terentianus Maurus).[22] Insofern sollte man u. E. den Terminus ‚Interpretation' für den erstgenannten Begriff der „interpretatorischen Durchquerungen" mittels verschiedener Aufführungen in den darstellenden Künsten reservieren.[23]

Interpretation in der Wissenschaft? Wissenschaftliche Untersuchungen sind qua Wissenschaft zukunftsoffen, da stets falsifizierbar. Die Falsifikation des Ergebnisses einer wissenschaftlichen Untersuchung aber ist nicht eine weitere ‚interpretatorische Durchquerung' des Datenmaterials, die der ersten Untersuchung hinzugefügt wird und der alle weiteren wissenschaftlichen Untersuchungen sich anfügen, um so die „unendliche Totalität" des Gegenstands in einem unabschließbaren Prozess zu realisieren. Wissenschaft hat vielmehr zur Aufgabe, den Gegenstand auf den Begriff zu bringen, und Falsifikationen müssen das Falsifizierte als Falsches und in seiner Falschheit Erklärbares aufnehmen – man könnte sagen, die falsifizierende Untersuchung muss die falszifizierte in sich hineinholen und überholen.[24] Demgegenüber muss die eine Interpretation (i. S. v. Aufführung) von Beethovens Appassio-

---

[22] Je nach dem Fassungskraft des Lesers haben Büchlein ihre Schicksale.

[23] Die Wortbestandteile „inter" und „pretation", welch Letzteres möglicherweise von der proto-indoeuropäischen Wurzel „*per" abstammt (s. https://www.etymonline.com/search?q=*per-, N° 5; zuletzt angesehen am 15. Okt. 2025), sprechen dafür: Es tritt jemand dazwischen (inter), der das Werk überreicht (*per). – Vgl. hierzu des näheren Loer 2021 [Zehentreiter], S. 442 f.

[24] Vgl. das kumulative Moment im für den wissenschaftlichen Fortschritt zentralen Prozess der „error-elimination" (Popper 1972/1989, S. 168, passim).

nata etwa nun die andere keineswegs in sich aufnehmen, geschweige denn, sie gar überholen – zugleich ist Interpretation hier aber eben unabdingbar für die Werkerfahrung.

Dass wir vorschlagen, beim methodischen Verstehen nicht von Interpretation, sondern von wissenschaftlicher Untersuchung oder auch von Analyse zu sprechen, heißt nun nicht, dass wir die Subjektivität des Forschers ausblenden. Für den Zugang zum Gegenstand und für das Entdecken und Aufschließen von Lesarten ist diese unabdingbar (vgl. Franzmann 2008; Loer 2008 [Urszenen]; Franzmann und Bauder 2024) und im Prozess der Überprüfung der Untersuchungsergebnisse bringt sie die „kühnen Hypothesen […], die neue Beobachtungsgebiete aufschließen" (Popper 1972/1984, S. 369), hervor. Es ist aber festzuhalten, dass diese neuen kühnen Hypothesen, an die Stelle der bisherigen Ergebnisse zu treten haben. Es geht eben nicht darum, den Gegenstand in einem unendlichen Prozess durch eine Vielzahl einander gleichrangiger im jeweiligen Forschersubjekt gründender Interpretationen zu entfalten, sondern darum, die notwendigerweise in der Subjektivität gründenden „Erfahrungen zur Theorie zu sublimieren" (Adorno und von Haselberg 1965, S. 495), also den Gegenstand auf den Begriff zu bringen.

Der Anspruch in der Objektiven Hermeneutik ist es also, in dem Sinne zuverlässig zu sein, dass unterschiedliche Forscher, die dasselbe Material analysieren, zu demselben Begriff ihres Gegenstands gelangen.

„‚Objektiv' bedeutet in *ontologischer* Hinsicht: zum Gegenstand, Sachverhalt oder Objekt (lat. Obiectum, Gegenstand) gehörig, vom Objekt herrührend; in *gnoseologischer* Hinsicht: das Objekt frei von subjektiven Vorurteilen und Wertungen darstellen (in diesem Sinne O[bjektivität] als *Gütekriterium*); in *wissenschaftsethischer* Hinsicht: eine Einstellung des Forschers, welche dazu führen soll, bloß subjektive auf einen Gegenstand bezogene Vorstellungen als solche zu erkennen, um diesen in allgemeingültigen Urteilen darstellen zu können." (Acham 2002, S. 390; kursiv i. Orig.). Oben haben wir gesehen, dass die Objektive Hermeneutik aus der hier ‚ontologisch' genannten, besser aber als konstitutionstheoretisch zu bezeichnenden Hinsicht ihren Namen bezog: Es sind die durch Regeln konstituierten objektiven Bedeutungen, auf die ihre Analysen sich richten. In welchem Sinne aber wird in der Methode der Objektiven Hermeneutik das Gütekriterium der Objektivität erfüllt? Wir sehen dabei gleich, dass die gnoseologische, also erkenntnistheoretische Hinsicht mit der von Karl Acham ‚wissenschaftsethisch' genannten Hinsicht, die man besser als die des wissenschaftlichen Habitus bezeichnet, eng zusammenhängt. Denn da es sich bei der Annahme, man könne sich einem Gegenstand „frei von subjektiven Vorurteilen und Wertungen" nähern, selbst um ein Vorurteil handelt, bedarf es einer Haltung der Desinteressiertheit die den Wissenschaftler dazu bringt, seine Vorurteile zu reflektieren und methodisch explizit am Datenmaterial zu kontrollieren. Das hat etwa Robert King Merton deutlich herausgearbeitet: „Science [...] includes disinterestedness as a basic institutional element." (1942/1973, S. 275). Institutionell ist die erforderliche Desinteressiertheit, weil sie mit dem öffentlichen Charakter wissenschaftlicher Forschung in der community of scientists zusammenhängt: „The demand for disinterestedness has a firm basis in the public and testable character of science"; „scientific research is under the exacting scrutiny of fellow experts." (Merton 1942/1973, S. 276). Das Moment der *Desinteressiertheit* ist nun mit dem des subjektiv fundierten *Forschungsinteresses* zusammenzudenken. Damit geht die forschungspsychologische Schwierigkeit einher, der untersuchten Praxis gegenüber eine gewisse „Unverschämtheit" (Wernet 2021, S. 36) aufzubringen. Wie dies zu realisieren ist, werden wir noch sehen; die Kunstlehre der Objektiven Hermeneutik hilft dabei.

1.2.7 Konstitutionstheorie und Methodologie, Methode, Kunstlehre

Aufgabe der *Konstitutionstheorie* ist es, zu klären, wie der jeweilige Gegenstand der Forschung konstituiert ist; dass objektiv-hermeneutisches Forschen sich auf die regelkonstituierte objektive Bedeutung richtet gehört dazu. Dem Prinzip der Sachangemessenheit folgend werden wir letzteres hier nicht vorab abstrakt, sondern am konkreten Gegenstand erläutern. Für ersteres aber lässt sich im allgemeinen Sinne festhalten, dass der Gegenstand der Sozialwissenschaften, nämlich menschliche Praxis, durch Regeln konstituiert ist und dass diese Regeln, wie oben bereits dargelegt, Handlungsoptionen eröffnen. Die Handelnden können nicht umhin, sich zwischen diesen Optionen zu entscheiden, und indem sie dies tun, schließen sie zugleich die nicht gewählten Optionen aus und beschließen so eine Offenheit, womit zugleich neue Handlungsoptionen regelgemäß eröffnet werden. Mit dem Zurückgrüßen in dem obigen Beispiel des Grüßens im Zug, wird die Option des Nicht-Zurückgrüßens ausgeschlossen, wird also die Offenheit zwischen Zurückgrüßen und Nicht-Zurückgrüßen geschlossen, und werden neue Handlungsoptionen, wie etwa ein Gespräch über das Wetter oder andere Aktualitäten, ein Schweigen, ein sich Gebäck Anbieten u. ä., eröffnet.

In einer Karikatur hat Steven Appleby dieses Verhältnis von Schließung und Öffnung sehr anschaulich dargestellt (Abb. 1.1).

Abb. 1.1 KARIKATUR APPLEBY „NORMALES LEBEN". (© Steven Appleby/Ruth Keen, zuerst erschienen in: F.A.Z., [2001])

Zu seiner Erforschung bedarf der Gegenstand ‚menschliche Praxis' nun einer Methode, die dieser Konstitution als Abfolge der Eröffnung und Beschließung von Handlungsoptionen Rechnung trägt. Um diese Methode zu begründen, bedarf es einer *Methodologie.* Die Methodologie der Objektiven Hermeneutik arbeitet heraus, wie in der Erforschung des Gegenstands ‚Praxis' der Sequentialität, die in der genannten Abfolge gegeben ist, Rechnung getragen werden kann; damit begründet die Methodologie ein zentrales Moment der *Methode* der Objektiven Hermeneutik: die Sequenzanalyse. In dieser nämlich folgt man der realen Abfolge der Eröffnung und Beschließung von Handlungsoptionen und greift nicht etwa ans Ende eines Handlungsablaufs um seinen Beginn zu verstehen. Was dies genauer bedeutet, werden wir ebenfalls noch sehen.

Um der Methode nun in der konkreten Forschung forschungspraktisch zu folgen, bedarf es einer Forscherhaltung, zu der es, wie oben erwähnt, etwa gehört, die eigene Erfahrung für die Analyse fruchtbar zu machen, ohne jedoch die eigenen Vorurteile zu reproduzieren, und zu der es auch gehört, bei der Analyse eines Textes nur Lesarten gelten zu lassen, die bezüglich des Textes unabweisbar sind (s. nächster Abschnitt) und nicht Zusatzannahmen an ihn heranzutragen.[25] Hierzu versammelt die *Kunstlehre* der Objektiven Hermeneutik[26] verschiedene Prinzipien, deren Befolgung die forschungspraktische Realisierung des methodischen Vorgehens erleichtert, indem sie forschungspsychologische Hemmnisse zu überwinden und forschungsökonomische Herausforderungen zu meistern erlaubt. Die Kunstlehre dient also der forschungspraktischen Realisierung des methodischen Vorgehens. Auch hierfür werden wir in den konkreten Analysen weitere Ausführungen machen.

---

[25] Dies zu vermeiden, dient etwa das (Kunstlehre-) Prinzip der Sparsamkeit; vgl.: Leber/Oevermann 1994, S. 228 f. (vgl. Glossar).

[26] Anschließend an das Verständnis „der vorkritischen Hermeneutik" als „ars interpretandi" (Frank 1977, S. 12) und an Schleiermachers Verständnis von Hermeneutik als Kunstlehre (1838/1977, S. 81, passim) oder Technik (vgl. Szondi 1962/1967, S. 9) findet sich da und dort in der Literatur das Missverständnis, die *Methode* der Objektiven Hermeneutik *sei* eine *Kunstlehre* (vgl. etwa Wagner 1999, S. 43; Wernet 2021, S. 37 – mit Verweis auf Oevermann et al. 1979 [Methodologie], S. 391 f.; dort allerdings ist die Rede von den „*praktischen Verfahren* der objektiven Hermeneutik *als Kunstlehre*"; kursiv von uns, UF/TL). – Die hier dargelegte Differenzierung ist auch bei Oevermann nicht explizit zu finden, so lässt er etwa die Ebene der Methode aus, wenn er festhält, es sei der „Anspruch der objektiven Hermeneutik, sowohl eine allgemeine Methodologie der Erfahrungswissenschaften von der sinnstrukturierten Welt zu sein als auch auf der Ebene der Kunstlehre forschungspraktische Auswertungsverfahren für die Gesamtheit von Datentypen in diesen Wissenschaften zu bieten." (2013 [Erfahrungswiss], S. 98).

1.2.8 Lesart

Wenn wir eine Ausdrucksgestalt analysieren, beispielsweise eine sprachliche Äußerung, so fragen wir uns, in welche verschiedenen Kontexte sie regelgemäß passen könnte. Die verschiedenen Kontextbedingungen für die Äußerung, die wir den verschiedenen passenden Kontexten entnehmen, konstituieren verschiedene Lesarten. Eine Lesart stellt so „die Verbindung zwischen Äußerung und einer die Äußerung pragmatisch erfüllenden Kontextbedingung" dar (Oevermann et al. 1979 [Methodologie], S. 415). Ziehen wir ein notorisches Beispiel aus der Literatur der Objektiven Hermeneutik heran (Oevermann 1981/2023 [Strukturgen], S. 51); jemand sagt:

„Mutti, wann krieg ich denn endlich mal was zu essen. Ich hab so Hunger."

Zu dieser Äußerung lassen sich verschiedene Geschichten erzählen, die sich letztlich mit Oevermann auf drei passende Kontexttypen bringen lassen:

„1.Die Äußerung hätte ein kleines Kind zu einer Zeit machen können, zu der es normalerweise Essen gibt, oder nachdem es schon mehrere Male um Essen gebeten hatte.
2.Ein berufstätiger Ehemann, der – wie hierzulande in bestimmten Schichten [in den 1970er Jahren] sehr verbreitet – seine Frau mit ‚Mutti' adressiert, sitzt nach seiner Rückkehr von der Arbeit seit längerem am Küchentisch oder kommt aus der Wohnstube vom Fernsehen ins Eßzimmer.
3.Ein krankes, älteres Kind ruft aus seinem Schlafzimmer die Mutter." (Oevermann 1981/2023 [Strukturgen], S. 53)

Die drei Lesarten, die sich hier ergeben, sind eben die: (ad 1) Die Äußerung bedeutet, dass ein noch nicht selbständiges Kind die fällige Speisung anmahnt. – (ad 2) Die Äußerung bedeutet, dass eine eheliche Autorität einen qua Beziehungsdefinition legitimierten Anspruch auf Verköstigung erhebt. – (ad 3) Die Äußerung bedeutet, dass eine vorübergehend hilfsbedürftige Person um die fällige Hilfe bei der Versorgung bittet. Diese drei Lesarten sind mit dem Text kompatibel und sie sind naheliegend. Folgende andere Lesarten sind entweder nicht mit dem Text kompatibel: (*4) Der Chef der mit ‚Mutti' adressierten Person wünscht höflich, eine Scheibe Wurst zu erhalten. Oder sie sind nicht naheliegend: ((*)5) Ein einen Migranten simulierender Kritiker ihrer Flüchtlingspolitik adressiert die ehemalige Bundeskanzlerin Angela Merkel auf einer Pressekonferenz.

Lesarten sind also danach zu unterscheiden, in welchem Verhältnis sie zur zu analysierenden Ausdrucksgestalt stehen. Eine der beiden wichtigen Unterscheidungen bezieht sich darauf, ob eine Lesart mit der Ausdrucksgestalt *kompatibel* oder *nicht kompatibel* ist. Dabei können die Lesarten, die wie die Lesart *4 nicht mit der Ausdrucksgestalt kompatibel sind, relativ einfach ausgeschieden werden – wenn sie denn im Zuge der Analyse überhaupt auftauchen.[27] Die zweite Unterscheidung bezieht sich darauf, ob die Lesart bezüglich der Ausdrucksgestalt *unabweisbar* sind[28] oder *nicht*. Dabei sind diejenigen Lesarten, die wie die Lesart (*)5 mit der Ausdrucksgestalt kompatibel, aber in Bezug auf sie nicht unabweisbar sind, für die Analyse problematisch. „Diese Lesarten, für die gilt, dass sie der ‚Fall sein können, aber nicht sein müssen', sind im Sinne des […] Wörtlichkeitsprinzips unbedingt zu vermeiden" (Oevermann 2013 [Erfahrungswiss], S. 96).

1.2.9   Verschiedene Datentypen

Der Terminus ‚Lesart' scheint nahezulegen, dass die Objektive Hermeneutik v. a. oder gar nur sprachliche Daten zur Grundlage ihrer Rekonstruktionsarbeit macht. Nun ist zwar die „Sprache als das ausgezeichnete System von Regeln und Elementen der Symbolisierung und des Ausdrucks anzusehen, das überhaupt erst die Konstitution von Bedeutungsfunktionen naturgeschichtlich gesehen ermöglicht und damit die voll ausgebildete sinnstrukturierte soziale Handlung allererst in die Welt treten lässt", aber gleichzeitig gilt: „Sprache ist […] eine Ausdrucksmaterialität unter mehreren." (Oevermann 1986 [Kontroversen], S. 46) Aus Letzterem folgt, dass auch in nicht-sprachlichem Ausdrucksmaterial Bedeutung objektiviert werden kann; aus ersterem, „daß prinzipiell jeder vorsprachlich realisierte Ausdruck in seiner objektiven Bedeutungsstruktur versprachlicht werden kann." (Oevermann 1986 [Kontroversen], S. 46)[29]

Entsprechend widmen einige Einzelbände der Reihe *Objektive Hermeneutik in Wissenschaft und Praxis* sich jeweils verschiedene Datentypen, die sich eben einerseits (I) nach dem Ausdruckmaterial unterscheiden lassen (hier nur eine unvollständige Nennung): *Audioaufzeichnungen; Videoaufzeichnungen; schriftliche Dokumente,*

---

[27] Dies ist nicht mit dem oben angeführten methodischer Schritt der Analyse zu verwechseln, gezielt nicht passende Kontexte aufzurufen; dabei geht es nicht um das Auffinden von Lesarten, sondern um das Eingrenzen des Raums möglicher Lesarten.

[28] Oevermann spricht hier häufig von ‚erzwungenen Lesarten' (u. a. Oevermann 2013 [Erfahrungswiss], S. 96); dieser auch bei anderen Autoren der Objektiven Hermeneutik zu findende Terminus ist u. E. irreführend – zur Begründung s.: Loer 2018 [Lesarten] – dort wird allerdings statt von unabweisbaren von indizierten Lesarten gesprochen; der nun (vgl. Loer 2025 [MethKunstSoz], S. 4) gefundene Terminus trifft die Sache aber besser.

[29] Vgl. Das „principle of expressibility": „Whatever can be meant can be said" (Searle 1969/1983a, S. 19).

auch: Partituren, Genogramme, Statistiken, Fragebögen, E-Mails, Chats; *Bilddokumente*, auch: Photographien, Luftbilder, Landkarten, Entwurfszeichnungen, technische Zeichnungen (Bauskizzen), Gemälde, …; *Artefakte*, auch: Skulptur, Kleidung, …

Andererseits (II) können Datentypen nach Protokollierungskontexten bestimmt werden:

(a) *naturwüchsige Protokolle*, „ungewollte Spuren, Symptome und Indizien, die ein Dritter als Protokolle eines Verborgenen behandeln kann" (Oevermann 1997 [werkimmanent], S. 14); diese entsprechen den „Überresten" in der Historik Johann Gustav Droysens: „alles und jedes, was die Spur von Menschengeist und Menschenhand an sich trägt, [kann] von der Forschung als Material herangezogen werden" (1882/1960, S. 38). Es handelt sich um „unobtrusive measures", also physische Spuren (Bouchard 1976, S. 399, vgl. Oevermann 1997 [werkimmanent], S. 14) einer ‚*naturwüchsigen Wirklichkeit*‘ (Oevermann 2000 [Fallrek], S. 87). So können wir, wenn jemand etwa am Strand entlanggeht und im Sand dabei eine Spur hinterlässt, ohne sich dessen im geringsten bewusst zu sein, aus dieser Spur sein Handeln rekonstruieren, können sehen, dass er etwa den Spülsaum vermied oder dass er ihn aufsuchte etc.

(b) *edierte Protokolle*: „Im Falle edierter Texte ist die protokollierende Handlung geplant und bewußt im Protokoll bzw. seiner Rahmung indiziert." (Oevermann 1997 [werkimmanent], S. 14) Sofern sie repräsentativen Charakters und an eine Öffentlichkeit und öffentliche Nachwelt gerichtet sind, entsprechen dem bei Droysen die „Denkmäler" (1882/1960, S. 50–61). „Texte werden zu sehr verschiedenen Zwecken und in sehr verschiedenen Funktionszusammenhängen ediert: u. a. [α] zur Archivierung wichtiger Ereignisse und Personen für künftige Generationen; [β] zur verbindlichen und rechtlich folgenreichen Beglaubigung von Entscheidungen und Sachverhalten; [γ] zur Vermittlung von Einsichten, Techniken, Problemlösungen, Überzeugungen, Nachrichten, etc.; [δ] zur Verehrung und Anbetung von sakralisierten Gegenständen und zum Gedenken an sinnstiftende Vorgänge und Sachverhalte; [ϵ] zur interpersonalen Kommunikation unter Bedingungen raumzeitlicher Trennung zwischen den Kommunikanten; [ζ] zur Unterhaltung und zum ästhetischen Genuß; [η] als Ausdruck um seiner selbst willen." (Oevermann 1997 [werkimmanent], S. 15; griech. Buchstaben hinzugefügt hinzugefügt, UF/TL)

(c) *erhobene Protokolle*: Hier handelt es sich um „Protokolle auf der Basis technischer Aufzeichnungen einer protokollierten Handlungspraxis. Ohne solche Protokolle würde die protokollierte Wirklichkeit bestenfalls nur noch in der Erinnerung oder in unbeabsichtigten Spuren, Symptomen oder Indizien aufbewahrt sein." (Oevermann 1997 [werkimmanent], S. 14) Innerhalb dieser Kategorie ist noch relevant, ob die technische Aufzeichnung etwa (i) zu *Forschungszwecken*[30] oder (ii) von der aufgezeichneten Praxis *selbst* oder (iii) von *Dritten* angefertigt wurde. Bei (ii) gehören sie dann in der Regel zu den edierten Protokollen (vgl. Oevermann 2000 [Fallrek], S. 83).

Bei all diesen Protokollen ist eine weitere Unterscheidung zu berücksichtigen: die zwischen *protokollierter Handlung* und *Protokollierung* bzw. *Protokollierungshandlung* (welche allerdings immer mitprotokolliert wird). Bei (ad a) den naturwüchsigen Protokollen erfolgt die Protokollierung oftmals durch ein Protokollierungsereignis – so etwa ‚protokollierten‘ die Lava und die Asche des Vesuv das Handeln der flüchtenden oder schutzsuchenden Einwohner von Pompeji;[31] bei (ad b) den edierten Protokollen fällt die Protokollierungshandlung mit der Editionshandlung zusammen und bei (ad c) erhobenen Protokollen, die nicht von der aufgezeichneten Praxis selbst angefertigt wurden, ist das Protokollierungshandeln entweder (ad i) Forscherhandeln oder (ad iii) etwa das Handeln eines beauftragten Photographen oder eines Kontrolleurs (z. B. mittels Überwachungskameras). Die Protokollierung ist Teil der Pragmatischen Rahmung des protokollierten Handens und als solche bei der Analyse entsprechend zu berücksichtigen; dies wird insbesondere bei der Analyse eines Buches und bei der eines offenen Briefes in diesem Band eine Rolle spielen.

Sowohl der Unterscheidung I wie der Unterscheidung II muss Rechnung getragen werden – auch wenn beide Unterscheidungen interferieren und sich keine eindeutige typologische Liste erstellen lässt.

In dem vorliegenden Band geht es neben der Analyse von Forschungsgesprächen auch um die Analyse eines Buches sowie eines Briefes (Offener Brief, Leserbrief), bei denen noch zu bestimmen ist, zu welchen der oben unterschiedenen Protokollen diese Daten zählen und ob die protokollierte Praxis naturwüchsig oder veranstaltet ist.

---

[30] Das zu Erhebungen evozierte, für diese veranstaltete Handeln kann man dann gegenüber der naturwüchsigen als eine ‚*veranstaltete Wirklichkeit*‘ bezeichnen. – Die Bezeichnung „inszenierte protokollierte Wirklichkeit" (Oevermann 2000 [Fallrek], S. 87) erscheint uns irreführend, da u. U. auch die Praxis selbst, die untersucht werden soll, sich (unabhängig von einer Erhebung) gewissermaßen naturwüchsig inszeniert (vgl. Oevermann 2000 [Fallrek], S. 77).

[31] S. etwa: https://www.swr.de/wissen/1721403088032%2Cpompeji-opfer-des-vulkanausbruch-vesuv-versteinert-100~_v-16x9@2dL_-6c42aff4e68b43c7868c3240d3eb-fa29867457da.jpg; zuletzt angesehen am 15. Okt. 2025.

1.2.10 Zum Begriff der Lebenspraxis

Der Begriff der Lebenspraxis hat in der Konstitutionstheorie der Objektiven Hermeneutik einen zentralen Stellenwert und ist generell für die Bestimmung des Gegenstands der Soziologie zentral, da er alle Handlungsinstanzen, seien dies einzelne Personen, Familien oder etwa das Parlament eines Nationalstaats, abdeckt: „Eine Lebenspraxis entfaltet, sehr allgemein gesprochen, jede autonom handlungsfähige, gesellschaftliche Instanz, ob nun Person oder höher aggregiertes System." (Oevermann 1985 [Identform], S. 465) Im folgenden werden die Momente dieses Begriffs skizziert.

Entscheiden und Selbstrechtfertigung

Handeln ist Gegenstand soziologischer Forschung. Oben wurde es als Auswahl aus durch Regeln eröffneten Handlungsoptionen konzipiert. Aber wie ist dieser Gegenstand nun konstituiert? Handeln ist menschliches Verhalten[32] und unterscheidet sich von nicht-menschlichem Verhalten. Dieses ist durch genetische Programmierung sowie aufgrund von Prägung durch Umwelteinflüsse determiniert – auch wenn es in dieser Determination bei einigen Tieren, etwa bei Rabenvögeln oder bei Menschenaffen, ein hohes Maß an Flexibilität gibt. Menschliches Verhalten hingegen ist von dieser biologischen Determination weitgehend befreit. Menschliches Verhalten ist Handeln einer Lebenspraxis. Der Begriff der Lebenspraxis fasst eine Handlungsinstanz mit Entscheidungsmitte, sei sie individuell oder kollektiv. Die Lebenspraxis wählt in dem oben dargelegten Sinne aus regeleröffneten Optionen eine Entscheidungsmöglichkeit aus (vgl. Oevermann 2000 [Fallrek]: 68–83). Somit ist der Begriff der Lebenspraxis die Grundlage für ein angemessenes Verständnis des Handelns und der Emergenz sozialer Strukturen. Zugleich ist er damit methodologische Grundlage für die rekonstruktive Methode der Sequenzanalyse. Entscheidendes Kennzeichen der Lebenspraxis ist die Dialektik von *Entscheiden und Selbstrechtfertigung*.[33] Diese Dialektik kommt durch zwei Momente als kulturbildende Kraft in die Welt: Einerseits durch die Instinktreduktion (Gehlen 1940/1986, S. 26, passim), die eine evolutionsbiologische Ursache der Menschwerdung darstellt und die den Entwurf von Handlungsalternativen, also die Konstruktion hypothetischer Welten *notwendig* werden lässt (vgl. Loer 2021 [Reziprozität], S. 146–159); und andererseits durch die Evolution der Sprache (als positives

---

[32] Hier Verhalten im weiteren Sinne – s. o., S. 5, Fn. 13.

[33] Vgl. Oevermann 1993 [Subjektivität], S. 178 ff.; 2000 [Fallrek], S. 130 ff.; Oevermann spricht allerdings missverständlich von *Entscheidungszwang und Begründungsverpflichtung*.

Komplement zur Instinktreduktion), die die Konstruktion hypothetischer Welten *möglich* werden lässt (vgl. Oevermann 1986 [Kontroversen], S. 46 f. u. 2000 [TheoriePraxis], S. 411 f.). Durch die Sprache ist es dem Handelnden möglich, zwischen Vergangenheit, Gegenwart und Zukunft zu unterscheiden und damit auch sich vorzustellen, was gewesen sein könnte sowie was zukünftig sein könnte. Auf diesem Weg treten Alternativen in den Entscheidungshorizont des Menschen, weshalb man ihn auch treffend als *animal decernens* bezeichnen kann.[34]

Erst wenn ich im Prinzip für mein Handeln hypothetische Alternativen entwerfen kann, bin ich in der Lage, mich zu entscheiden. Dies ist nur eine andere Formulierung dafür, dass ich im Prinzip bei jedem Entscheiden mich hätte auch anders entscheiden können – auch wenn ich mich im Entscheiden einem Zwang, ja vielleicht roher Gewalt beugte, bleibe ich es, der sich entscheidet. Was bedeutet das für das grundlegend in Reziprozität fundierte, immer schon soziale Handeln (vgl. Loer 2021 [Reziprozität], S. 141–159)? Wenn – sprachlich konstituiert – hypothetische Welten konstruierbar sind, stellt sich sofort die Frage: *Warum* hat der Handelnde so und nicht anders gehandelt? Und damit in einem für sich selbst: Wer bin ich, der ich ja auch hätte ein Anderer sein können? – Diese Fragen stellen sich mit jeder meiner Handlungen, mit jedem Entscheiden. Damit kann ich nicht umhin, mir Rechenschaft abzugeben über mein Tun – unabhängig davon, wie diese Rechenschaft inhaltlich gefüllt ist. Selbst in dem Grenzfall[35] also, dass ich mich als jemand begreife, der nicht entscheidet, sondern Stimmen folgt oder der Verkörperung eines Totems oder Griffel Gottes ist, liegt in der inhaltlichen Ablehnung der Notwendigkeit einer Selbstrechtfertigung strukturell eine Selbstrechtfertigung meines Tuns vor.

Wenn nämlich hypothetisch entworfen werden kann, dass ich auch anders hätte entscheiden können, so ist die Tatsache, dass ich mich so und nicht anders entschieden habe, Ausdruck meiner selbst. Was meine Entscheidung bedeutet, tritt mir durch die Antworten der anderen entgegen. Sie beantworten den Ausdruck meiner selbst und so werde ich als dieser bestimmte Handelnde praktisch begriffen. In diesem Ausdruck meiner selbst begreife ich mich dann ebenfalls als dieser bestimmte Handelnde. In einem Angemessenheitsurteil befinde ich meine Handlung als stimmig oder eben nicht. – Max Weber erfasst diesen Aspekt, wenn er von dem „all-

---

[34] Der Terminus eignet sich für diesen Begriff deswegen so gut, weil ‚decerno‘ sowohl die Seite des Entscheidens trifft als auch in gewissem Maße die Seite des Begründens mit umfasst (vgl. Georges 1913–18/2002, S. 16.243, 16.248 ff; Menge 1978, S. 152).

[35] Es ist analytisch gesehen ein Grenzfall, auch wenn wir davon ausgehen müssen, dass er historisch zumindest in nicht wenigen Gesellschaften den Normalfall bildete.

gemeinen Tatbestand des Bedürfnisses […] jeder Lebenschance überhaupt[…] nach Selbstrechtfertigung" spricht (1922/1985, S. 549). Der von uns von Weber übernommene, anstelle von Oevermanns ‚Begründungsverpflichtung' verwendete Terminus ‚Selbstrechtfertigung' bringt dieses Moment sehr genau auf den Begriff, da er zum einen (qua Genitivus subiectivus) deutlich werden lässt, dass derjenige, dessen Entscheidung zu rechtfertigen ist, selbst diese Rechtfertigung vollzieht. Zum anderen bringt er (qua Genitivus obiectivus) zum Ausdruck, dass mit der Rechtfertigung der Entscheidung die Entscheidungsinstanz als ganze selbst gerechtfertigt wird: Jede Entscheidung begründet letztlich das Selbst des Handelnden und gründet in ihm.

Diese Selbstrechtfertigung müssen wir uns nun nicht als bewusste und explizite Rechtfertigung vor einem Publikum vorstellen; vielmehr wird sie nur aktualisiert, wenn eine Begründung erforderlich ist – sei es, weil wir aufgrund von ihren unvorhergesehenen Folgen (vgl. Merton 1936) bezüglich der vollzogenen Entscheidung selbst unsicher werden, sei es, weil unser Handeln scheitert, oder, weil jemand durch unser Handeln irritiert ist und es infrage stellt. Dann müssen wir unser Handeln im Lichte der Selbstrechtfertigung deuten.

Nehmen wir an, ein Autofahrer X hält sich gewohnheitsmäßig nicht an Verkehrsregeln wie etwa streckenbezogenen Geschwindigkeitsbeschränkungen oder Überholverbote, wenn sie sich nicht aus der Örtlichkeit zweifelsfrei ergeben, und folgt etwa nicht dem § 5, Abs. 4a StVO, dem gemäß beim Überholen und Wiedereinordnen zu blinken ist. Nehmen wir weiter an, dass nun ein Freund Y, den er einmal im Auto mitnimmt, davon irritiert ist und ihn daraufhin befragt. Der Fahrer könnte nun einerseits (A) erläutern, dass er ja die Gefahr selbst einschätzen könne und die Überholten ja sehen würden, wenn er überholt bzw. wieder einschert, so dass die Befolgung der Regeln überflüssig sei; andererseits (B) könnte er zum besten geben, dass er grundsätzlich Verkehrsregeln nicht für befolgenswert hält, da in Deutschland eine Überregulierung bestehe.

Wir sehen also: wenn wir zu einer expliziten Deutung aufgerufen sind, muss diese Konsistenzansprüchen genügen, um zu überzeugen. Wenn der Fahrer aus dem Beispiel einmal A und einmal B als Begründung angeben würde, verlöre er seine Glaubwürdigkeit. Noch stärker wäre dieser Verlust an Glaubwürdigkeit, wenn er in einer weiteren Situation ein vergleichbares Handeln mit einer Begründung C versehen würde – etwa wenn er einem Mercedes-Fahrer, der bei der Ausfahrt aus dem Kreisverkehr nicht blinkt und dadurch die Einfahrt des Fahrers X verzögert, vorhielte, der glaube wohl, für Mercedes-Fahrer gelte die StVO nicht. Diese Begründung würde der zuvor gegebenen Begründung A widersprechen. Damit werden seine Begründungen inkonsistent – allerdings ohne dass er sich selbst zwingend als inkonsistent wahrnehmen muss. Da jede Lebenspraxis einerseits unabweislich unter dem Anspruch der Selbstrechtfertigung steht, die impliziert, dass „Entscheidungen mit Anspruch auf Vernünftigkeit getroffen werden müssen", andererseits aber zugleich dafür „ausreichende Rechtfertigungsargumente nicht immer zur Verfügung stehen" (Oevermann 1985 [Identform], S. 466), muss sie einen Weg finden, *für sich selbst* gleichwohl Konsistenz herzustellen. – An dieser Stelle deutet sich an, welche Funktion Deutungsmuster im Prozess des Entscheidens und der Selbstrechtfertigung besitzen. Sie bilden sich gerade an solchen Stellen aus, an denen zur Selbstrechtfertigung keine hinreichenden Argumente zur Verfügung stehen. Deutungsmuster erfüllen somit den Zweck, Konsistenz herzustellen. Wie komplex dieser Vorgang ist und wie sich in den Deutungsmustern Widersprüchlichkeiten finden, mit denen Inkonsistenzen für den Deutenden aufgehoben werden, ist gerade Gegenstand unserer begrifflichen Klärungsarbeit. Im folgenden Abschnitt wird dies heuristisch weiter entfaltet (1.3), in den Fallrekonstruktionen empirisch rekonstruiert (3.2, 3.3, 3.4, 3.5) und in einem Kapitel zum Begriff ausgearbeitet (4) werden.

Das hier erörterte Moment der *Selbstrechtfertigung* alles Tuns ist ebenso *konstitutiv für die Gattung Homo* wie das Moment des *Entscheidens*. Jenes konstitutive Moment nimmt nun in jeder *spezifischen Kultur* eine je *spezifische, teils vom Stand der verfügbaren sachlichen Lösungen abhängige, meist aber normative Form* an. Analytisch sind diese beiden Ebenen zu trennen: auf der *konstitutiven Ebene* haben wir es neben der *Unumgänglichkeit des Entscheidens* mit *struktureller Selbstrechtfertigung* zu tun; auf der *empirischen Ebene* einer je spezifischen Kultur drückt sich in bestimmten inhaltlichen Erwartungen eine je *kulturspezifische Begründungsverpflichtung* aus. Aus der konstitutiven Verschränkung von *Entscheiden* und *Selbstrechtfertigung* ergibt sich erst angesichts einer Diskrepanz des Handelns zu kulturellen Erwartungen eine *Begründungsverpflichtung*.[36]

Ziehen wir zur Erläuterung noch einmal das Beispiel der Person X heran, die etwa die Straße (nicht vorschriftsmäßig) unweit einer Ampelkreuzung überquert (und auch dafür auf Nachfrage als Selbstrechtfertigung anführte, dass die Befolgung der Regeln aufgrund selbständiger Gefahreinschätzung überflüssig sei). Nun könnte der Freund Y sie mit der normativen Erwartung der Einhaltung einer Ordnung um der Geltung dieser Ordnung willen konfrontieren – bewehrt mit dem Argument, dass eine generalisierte Normabweichung („wenn das alle machen wür-

---

[36] Wir können zu diesem Aspekt hier nicht mehr als diese Andeutungen machen. Die Relation von konstitutiver Selbstrechtfertigung und kulturspezifischer Begründung ist durchaus noch aufzuklären – Voraussetzung dafür ist aber deren von uns hier in Anschlag gebrachte analytische Unterscheidung.

den") die Auflösung dieser Ordnung zur Folge haben könnte (vgl. Loer 2008 [Norm], S. 171–174), oder mit dem Argument des Vorbildcharakters von erwachsenen Verkehrsteilnehmern. Sodann würde nicht nur eine Selbstrechtfertigung der Person X nachgefragt, in der lediglich die *Passung* zwischen deren Selbstverständnis und der Einschätzung des Tuns herausgestellt würde, sondern eine *Begründung* ihres Tuns gegenüber einer normativ konstituierten Gemeinschaft verlangt, müsste sie doch über die Artikulation des Selbstverständnis' hinaus normative Argumente für ihr Tun vorbringen.

Krise und Routine
Deutungskrisen und Routinen

Nun müssen wir nicht nur angesichts der Frage „Wer bin ich, der ich ja auch hätte ein Anderer sein können?" eine Deutung für unser Tun entwickeln. Vielmehr müssen wir generell die Gegenstände, mit denen wir konfrontiert werden, deuten. Insbesondere gilt dies für Gegenstände, mit denen wir im Wortsinne konfrontiert werden, die uns also vor den Kopf stoßen.[37] Diese Konfrontation stellt eine Form der von Oevermann so bezeichneten „traumatische Krise" dar: „Die traumatische Krise, in der wir von einem unerwarteten Ereignis oder Zustand überrascht werden, sei es schmerzhaft oder ekstatisch und glückhaft." (2008/2016 [Abschiedsvorlesung], S. 63). Es handelt sich hier allererst um eine Deutungskrise: Ein unerwartetes Ereignis oder ein unerwarteter Zustand überrascht uns und wir müssen zunächst die Frage beantworten: Was ist hier los? Wir können nicht nicht deuten.[38] Bewährte Deutungen sorgen nun dafür, dass wir uns nicht permanent diese Frage stellen müssen. Ein sprechendes Beispiel für die Lösung einer Deutungskrise mittels einer bewährten Deutung kann man in Anlehnung an ein Beispiel Oevermanns[39] bilden: Wenn der ängstlichere der beiden in einem ehelichen Schlafzim-

---

[37] Konfrontation von „con = cum + frons/[mit +] Stirn-, Vorderseite, Außenseite" (Kytzler und Redemund 1992/2002, S. 357).

[38] Hier tut sich die Frage auf, ob die Systematik der drei Krisentypen: (1) *traumatische Krise*, (2) *Krise durch Muße*, (3) *Entscheidungskrise*, die Oevermann entfaltet (2008/2020 [Abschiedsvorlesung], S. 63 ff.) vollständig ist. Die traumatische Krise erscheint doch zunächst (1.a) als eine Deutungskrise in obigem Sinne (*Was ist hier los?*), die dann (1.b) in eine Entscheidungskrise (*Was werde ich hier tun?*) übergeht. Dann wäre das Verhältnis der Krisen Typ 1.b und Typ 3 zu klären. Diese Fragen können von uns aber hier nicht bearbeitet werden.

[39] „Stellen Sie sich bitte vor, der eine der beiden in einem ehelichen Schlafzimmer vereinigten Partner, der ängstlichere von beiden, wacht nachts erschreckt auf und weckt beunruhigt den anderen mit den Worten: ‚Da ist doch etwas' und der andere, der weniger ängstliche und optimistischere antwortet darauf, um seinen Schlaf fortsetzen zu können, mit ‚Nein, da ist nichts'." (Oevermann 2000 [Farbe], S. 435).

mer vereinigten Partner aufwachend sich mit einem ungewöhnlichen Geräusch konfrontiert sieht und beunruhigt den anderen mit den Worten weckt: „Da ist etwas!", so kann es vorkommen, dass der andere eine bewährte Deutung dagegen setzt: „Das ist der im Wind klappernde Fensterladen." Damit wird ein beunruhigendes Deutungsproblem stillgestellt. – Es kann allerdings durch bewährte Deutungen auch ein glückhaftes Deutungsproblem stillgestellt werden. Dies geschieht etwa dort, wo für das Kennenlernen von individuellen Gestalten, etwa von Gedichten, das zu schnelle „Verstehen" der Botschaft ein wirkliches Verstehen verhindert.[40]

Wie das Beispiel zeigte, muss das, was für den einen eine manifeste Deutungskrise darstellt, für den anderen, der über eine bewährte Deutung verfügt, keineswegs eine sein. Wir müssen also differenzieren:

> „Die Krise ist [...] der Möglichkeit nach eine Funktion sowohl 1) der Gattungsausstattung, 2) der Geschichtlichkeit der sprachlich kodierten Wissensentwicklung, 3) der Kulturspezifizität der Wissens- und Sprachentwicklung, 4) des individuellen Entwicklungsstandes in der Ontogenese und 5) des individuellen Bildungsgrades." (Oevermann 2008/2016 [Abschiedsvorlesung], S. 54, Fn. 6)

Wie ist das zu verstehen? Latent, also der Möglichkeit nach, ist auch für denjenigen, der keine manifeste Deutungskrise erlebt, eine solche vorhanden, denn er kann eine „Krise durch Muße" (Oevermann 2008/2020 [Abschiedsvorlesung], S. 63) herbeiführen – etwa, indem er den Gegenstand bzw. die Situation müßig betrachtet, also wie Lehrer Bömmel sagt: „Da stelle mer uns janz dumm." (Spoerl 1933/1973, S. 28)[41] Dies ist Moment der Gattungsausstattung (1), da wir aufgrund der Sprachfähigkeit mögliche Welten entwerfen und gegebene Welten infrage stellen können. Je nachdem, ob für die Deutung bestimmter Phänomene historisch (2) und kulturspezifisch (3) bereits eine sprachlich formulierte Deutung vorliegt, kann sich die Krisenhaftigkeit der Konfrontation mit einem Phänomen ebenso unterscheiden wie nach dem Stand der individuellen Entwicklung (4) – etwa welche Form eines Verständnis' für Kausalität vorliegt (vgl. Piaget 1926/1978, S. 207–227; 1927, S. 292–307) – oder nach der individuellen Bildung (5) – etwa, ob man über ein Verständnis des menschlichen Stoffwechsels verfügt, das erlaubt, den Zusammenhang zwischen Intervallen der Nahrungsaufnahme und Hungergefühl zu verstehen.

---

[40] Vgl. Andresen 1992/1999; für die erforderliche Offenheit, das erforderliche Zurücktreten von bewährten Deutungen bei unternehmerischen Entscheidungen s. Werner/Loer 2009/2025, S. TBD.

[41] S. die Szene in dem Film *Die Feuerzangenbowle* (1944; Regie: Helmut Weiss): https://www.youtube.com/watch?v=Iiyu9SeNTuA (zuletzt angesehen am 30. Juli 2024).

Woher stammen nun die bewährten Deutungen, die für die routinierte Bewältigung von Deutungskrisen zur Verfügung stehen und bewirken, dass die analytisch bestimmbaren Deutungskrisen nicht manifest als Krise erlebt werden? Sie müssen als ihrerseits aus Deutungskrisen hervorgegangen begriffen werden, denn angesichts sich aufdrängender Krisen müssen, wenn keine zur Verfügung stehen, neue Deutungen entworfen werden. Lässt sich die Deutungskrise damit nicht nur ad hoc, sondern auch bei Wiederkehren lösen, bewähren sich die Deutungen. Werden sie zudem im Prozess der Bewährung mit bereits bewährten Deutungen integriert, bilden sich Deutungs*muster* heraus, die dann, wie wir noch sehen werden, erforderliche Deutungen generieren.

Analytisch betrachtet gehen also Krisen nicht nur naturgemäß ihrer Lösung voraus, sondern auch der Routine – anders, als wir es im Alltag erfahren, wo wir die meisten uns begegnenden Gegenstände und Situationen immer schon routiniert gedeutet haben und insofern die Krise als Ausnahme begreifen, die die Routine unterbricht.

Handlungskrisen und -routinen

Handeln bedeutet, sich für eine aus Regeln, den Eröffnungsparametern, eröffneten Optionen zu entscheiden (vgl. oben). Auch dies erfolgt im Alltag normalerweise routiniert. So haben wir für den Weg zur Arbeit in der Regel Routinen ausgebildet, von denen wir nur aufgrund von Veränderungen der äußeren Bedingungen – etwa einer Baustelle, die wir umfahren müssen – abweichen. Dass wir uns zwischen verschiedenen Wegen *entscheiden*, bleibt also latent. Wenn uns nun die Notwendigkeit des Entscheidens – sei es durch äußere Umstände, sei es durch explizites Infrage-Stellen – bewusst wird, wir also gezwungen sind, gegebene Handlungsoptionen abzuwägen oder eben sogar neue zu entwerfen, geraten wir in eine manifeste Handlungskrise.[42] Eine solche, eine „genuine Entscheidungssituation" liegt dann vor, wenn eine Lebenspraxis über eine Routine für die zu treffende Auswahl aus den Handlungsoptionen „nicht verfügt, die Entscheidung also ins Ungewisse hinein, ohne explizite Begründbarkeit getroffen werden muß, der Anspruch auf Begründbarkeit aber dennoch aufrechterhalten werden muß." (Oevermann 2008/2016 [Abschiedsvorlesung], S. 64) Finden wir für die Entscheidungskrise eine Lösung und stellt sie nicht nur eine ad hoc-Lösung dar, sondern bewährt sich bei wiederkehrenden Entscheidungssituationen gleichen Typs, so kann diese Lösung als Handlungsweise mit bereits bewährten Handlungsweisen integriert werden, so

---

[42] Das Wort ‚Krise' leitet sich ja vom griech. ‚κρίσις' ab, das „Streit, Entscheidung, Urteil" bedeutet (Kytzler/Redemund/Ebert 2001/2002, S. 534).

dass sich eine Haltung gegenüber der Welt herausbildet: der Habitus, der dann, wie wir noch sehen werden, erforderliche Praktiken generiert.

Bewährung

Wenn Deutungen und Handlungsweisen sich bewähren, so ist dabei zwar stets auch der Bezug zum Handelnden, zu seinem Selbstverständnis und zu seiner Haltung zur Welt enthalten, systematisch im Vordergrund steht aber die Bewährung der Lösungen in Bezug auf das sachliche Deutungs- bzw. Handlungsproblem. Die Deutung des nächtlichen Geräuschs als vom Wind verursachtes Klappern bewährt sich, wenn damit dauerhaft oder doch in der überwiegenden Mehrzahl der Fälle das entspannte Weiterschlafen ohne dramatische Folgen ermöglicht wird – so bildet sich eine Deutungsroutine aus. Der regelmäßig eingeschlagene Weg zur Arbeit bewährt sich, wenn er zeit- und kostenökonomisch rational ist und für den Handelnden eine angenehme Fahrt darstellt – so bildet sich eine Handlungsroutine aus. Dieser Aspekt von Bewährung ist zu unterscheiden von dem umfassenderen Begriff der Bewährung, wie er im Zusammenhang mit der Bewährungsdynamik ausgearbeitet wurde:

> „Wegen des grundsätzlich gegebenen Bewußtseins von der Endlichkeit der Praxis – in ihren iterativen Einbettungen von der kleinsten Sequenzstelle bis zur gesamten Lebensspanne – liegt unhintergehbar das *Bewährungsproblem* der offenen Zukunft und einer darauf bezogenen nicht stillstellbaren Unsicherheit, also die Permanenz der potentiellen Krise vor; radikalisiert in der Antezipation des Todes, dramatisch in der Entscheidungskrise und praktisch unbemerkt in der unpraktischen Explikation der Sequenzanalyse von Routinehandlungen." (Oevermann 1995 [Religiosität], S. 63; kursiv i. Orig.)

Dort geht es darum, dass das Subjekt *sich selbst* in verschiedenen Bewährungsdimensionen und untererschiedlichen Bewährungsfeldern (vgl. Fischer 2009 [Sinnstiftung], S. 38–44) bewährt, dass es ihm also „gelingt [...], angesichts vervielfältigter Handlungsmöglichkeiten und Deutungsangebote, einen zu seiner Person und seinem Habitus stimmigen Lebensentwurf zu entwickeln und dabei unter neuen Anforderungen und Möglichkeiten über den Lebenslauf eine Kohärenz des Selbst" hervorzubringen (Fischer 2009 [Sinnstiftung], S. 63). Gleichwohl hängt der Aspekt der Bewährung der Lösungen von Deutungs- bzw. Handlungsproblemen mit der Bewährung des Subjekts zusammen, da ja außer, dass die Lösungen sich in der Sachdimension bewähren, sie auch zu dem „stimmigen Lebensentwurf" stimmig passen müssen, der seinerseits kollektiv verbürgt sein muss in einer Gemeinschaft (vgl. Oevermann 1995 [Religiosität], S. 63).

1.3   Gegenstandstheoretische Heuristik

Die Gegenstände Deutungsmuster und Habitus, die wir in dem vorliegenden Band rekonstruieren und auf den Begriff bringen wollen, sind in der Soziologie immer wieder thematisch und ihre Analyse hat immer wieder einmal eine Konjunktur erfahren.[43] Gleichwohl lässt sich nicht sagen, dass sie bisher theoretisch befriedigend prägnant bestimmt worden seien.[44] Aus diesem Grunde können wir den Fallanalysen, in denen die Rekonstruktion von Deutungsmustern und Habitus dargestellt wird, nicht eine Explikation der gegenstandstheoretischen Grundlagen voranstellen. Allerdings liegen in Ausführungen Pierre Bourdieus (insbesondere zum Begriff des Habitus) und Ulrich Oevermanns (insbesondere zum Begriff des Deutungsmusters) sowie in Arbeiten aus dem Umfeld des Letztgenannten Vorschläge für eine theoretische Bestimmung der Gegenstände vor, die für die weitere empirisch gesättigte Begriffsbildung grundlegend sind und diese auf fruchtbare Weise anleiten können. Insofern werden wir diese Vorschläge in diesem Abschnitt als heuristisches Instrumentarium darstellen. Eine Abgrenzung zu konkurrierenden Vorschlägen werden wir an dieser Stelle nicht vornehmen.[45] Sofern sie zur begrifflichen Klärung beiträgt, erfolgt sie dort, wo wir aufgrund unserer Analysen anstreben, von der Heuristik zum Begriff zu gelangen (Kap. 4).

> **Zum Verständnis von Gegenstand, Begriff und Terminus – und Thema**
> Wenn wir hier Deutungsmuster und Habitus als unsere Gegenstände bezeichnen, dann verwenden wir den Terminus ‚Gegenstand' nicht alltagssprachlich – etwa im Sinne von Thema. Vielmehr bezeichnen wir damit den-

---

[43] So etwa in den 1990er-Jahren das Deutungsmuster – vgl. etwa Lüders 1991, Meuser/Sackmann 1992a, Lüders/Meuser 1997.

[44] Was Christian Lüders vor über 30 Jahren zum Begriff des Deutungsmusters schrieb, gilt nach wie vor: Weder gibt es einen als verbindlich anerkannten Bezugsautor (wir haben Lüders sehr saloppe Formulierung übersetzt), „noch läßt sich so etwas wie ein konsistenter Diskurs zu diesem Konzpt identifizieren." (1991, S. 377). Allerdings trifft dies unseres Erachtens auch für den Begriff der Habitus zu – obwohl es dort, wie wir mit Lüders nach wie vor annehmen können, einen als verbindlich anerkannten Bezugsautor gibt, nämlich Pierre Bourdieu; dass gleichwohl auch hier von einem konsistenten Diskurs nicht gesprochen werden kann, liegt nicht zuletzt an diesem Bezugsautor, wie wir noch sehen werden.

[45] Zum „Deutungsmuster im Vergleich zu anderen Typen der Repräsentanz von Welt im kollektiven Bewußtsein" s. auch Oevermann 2001 [DM Akt], S. 42–51.

jenigen *Gegenstand*, auf den sich unser Erkenntnisbemühen richtet und den wir folglich auf den *Begriff* bringen wollen. Das Wort, mit dem wir den Begriff bezeichnen, ist der *Terminus*.

Anlass und Hauptthema unseres Buches ist eine Einführung in das *methodische Vorgehen* bei der Rekonstruktion von Deutungsmustern und Habitus. Um dies zu zeigen, bedarf es empirischen Materials, an dem wir spezifische Deutungsmuster und Habitus bestimmen können – wir haben uns für Fälle aus dem Feld der Gegner der Corona-Maßnahmen entschieden; d. h. unser *empirische Gegenstand*, also das worauf sich unser empirisches Erkenntnisbemühen richtet, sind die spezifischen Deutungsmuster und Habitus von Gegnern der Corona-Maßnahmen. Wir wollen versuchen, diese auf den Begriff zu bringen – und haben ja bereits im Untertitel für den Gegenstand des spezifischen Deutungsmusters von Gegnern der Corona-Maßnahmen einen Terminus preisgegeben, mit dem wir den Begriff, auf den wir diesen Gegenstand durch unsere Analyse bringen konnten, bezeichnen: *libertäre Selbstbezogenheit*. Da wir aber bei unserem Bemühen, wie soeben angeführt, nicht auf eine etablierte begriffliche Bestimmung der Gegenstände Deutungsmuster und Habitus überhaupt zurückgreifen konnten – anders als es etwa für den Gegenstand Unterricht[46] gilt –, mussten wir diese zugleich auch zum Gegenstand eines theoretischen Erkenntnisbemühens machen; d. h. unser *theoretische Gegenstand*, also das worauf sich unser theoretisches Erkenntnisbemühen richtet, sind Deutungsmuster und Habitus überhaupt. Für diese liegt zwar ein Terminus jeweils vor – nämlich der Terminus ‚Deutungsmuster‘ und der Terminus ‚Habitus‘. Welcher Begriff aber mit diesem Terminus bezeichnet wird, ist, wie wir in diesem heuristischen Unterkapitel sehen werden, noch keineswegs ausgemacht.

In unserem Buch haben wir es also mit drei verschiedenen *Themen* zu tun (s. auch Kap. 5): (1) das methodische Thema: Wie rekonstruiert man Deutungsmuster und Habitus? (2) das empirische Thema: Welche Deutungsmuster und Habitus finden sich bei Gegner der Corona-Maßnahmen und was lässt sich daraus für den Zustand unserer Gesellschaft schließen? (3) das theoretische Thema: Wie lassen sich die Gegenstände Deutungsmuster und Habitus überhaupt auf den Begriff bringen?

---

[46] Johannes Twardella bereitet einen Band zu dieser Reihe vor, der eine Einführung in die Rekonstruktion von Unterricht geben soll.

Wir widmen uns den Gegenständen Deutungsmuster und Habitus hier im Forschungsfeld der Haltungen zu den Maßnahmen, die angesichts der Corona-Pandemie ergriffen wurden. Dabei beschränken wir uns auf Gegner der Maßnahmen und versuchen zu rekonstruieren, welche Deutungsmuster den Einlässen dieser Gegner zugrunde liegen. Weiterhin interessiert uns die Frage, ob diesen Deutungsmustern ein spezifischer Habitus korrespondiert.

1.3.1   Zum Begriff des Deutungsmusters

Der Begriff des Deutungsmusters, wie wir ihn hier vorläufig entfalten, geht, wie in der Vorbemerkung und im Vorwort bereits erwähnt, auf Oevermann zurück. Er knüpft systematisierend an Arbeiten von M. Rainer Lepsius (etwa: 1963/1990) an, welcher sich seinerseits wiederum auf den Begriff der gedachten Ordnung von Emerich K. Francis (1957, S. 100–106) bezieht. Für diesen ist das „Leitbild der gedachten Ordnung […] ein postulierter Begriff, der nicht der unmittelbaren Anschauung entnommen" ist, sondern „der Erklärung direkt beobachtbarer Erscheinungen" dient (1957, S. 100). Wir werden sehen, dass mit dem Begriff des Deutungsmusters ebenfalls eine rekonstruierbare Struktur erfasst wird, die ‚beobachtbare Erscheinungen' wie etwa Urteile erklärbar macht. Der Begriff des Deutungsmusters wird so allerdings nicht lediglich als „ein postulierter Begriff" verstanden; vielmehr wird beansprucht, mit ihm ein real wirkendes Gebilde zu erfassen.[47]

> Das Forschungsproblem, angesichts dessen Oevermann sich genötigt sah, den Begriff des Deutungsmusters zu entwerfen, bestand darin, „Erziehungsziele und -stile von Eltern in ihrer Verzahnung mit allgemeineren Wertorientierungen zu erfassen" und die „hinter diesen […] stehenden Strukturierungen zur Geltung zu bringen, die wie implizite Theorien sowohl den inneren Zusammenhang zwischen den einzelnen, zu Konfigurationen zusammenfaßbaren Meßgrößen motivierten als auch wie selbstverständlich die beobachtbare sozialisatorische Praxis so bestimmten, daß diese ‚innere Notwendigkeit' nicht einmal mehr abfragbar zu Bewußtsein kam." (Oevermann 2001 [DM Akt], S. 35 f.)

---

[47] Neben den einschlägigen Veröffentlichungen von Oevermann (v. a. 1973/2001 [DM], 2001 [DM Akt]) greifen wir in unserer Darstellung auch auf Notizen Oevermanns wie auf Ausführungen, die er in Lehrveranstaltungen machte, zurück; insbesondere etwa auf Notizen aus einer Diskussion über Deutungsmuster und Habitusformationen vom 25. Apr. 1991, an der einer der Autoren dieses Buches, T. Loer, beteiligt war (Oevermann et al. 1991 [DM, HF]); wir übernehmen einige Aussagen der Diskussion zum Teil wörtlich, zum Teil formulieren wir sie aber auch um und präzisieren sie; dadurch ist der Nachweis einzelner Zitate nicht möglich. Die geistige Urheberschaft des hier heuristisch entworfenen Begriffs ist so zwar nicht eindeutig zuzuordnen; es sollte aber klar sein, dass Oevermanns Entwurf nicht nur seinen Kern hervorgebracht hat, sondern auch für die Entfaltung entscheidend ist.

Damit sind bereits zwei Strukturmomente der Deutungsmuster benannt, die für ihre begriffliche Bestimmung zentral sind. Die erste der „Grundannahmen des Deutungsmuster-Ansatzes", die Oevermann anführt, lautet: „daß das Alltagswissen nicht eine Sammlung oder ein Agglomerat von Einzelerfahrungen darstellt, sondern ‚analog' zu wissenschaftlichen Theorien organisiert ist" (Oevermann 1973/2001 [DM], S. 10). Um diese Annahme zu verstehen, muss das zugrundeliegende Verständnis von Theorien erläutert werden.

Zum Verständnis von Theorien
Wir ziehen zur Veranschaulichung das Beispiel einer Gegenstandstheorie heran, und zwar das der Theorie der Familie (vgl. zusammenfassend: Oevermann 2008/2016 [Abschiedsvorlesung], S. 100–106). Wenn wir „wesentliche Strukturprinzipien der Familie in unserer Gesellschaft" (Wernet 2019, S. 62)[48] benennen, so gehört zu diesen (A) zum einen die „Strukturgesetzlichkeit der ödipalen Triade", die aus den drei Dyaden Mutter/Vater, Mutter/Kind und Vater/Kind besteht, bei denen (a) „es sich jeweils um diffuse Sozialbeziehungen handelt",[49] die (b) „wesentlich auf der Anerkennung der für sie konstitutiven Körper- bzw. Leibbasis" beruhen, die (c) „dadurch gekennzeichnet [sind], daß sie von ihrer Initialisierung an grundsätzlich unbefristet" sind, in denen (d) „eine Vertrauensbildung [herrscht], die auf Vollzug und Bedingungslosigkeit beruht" und in denen (e) „eine generalisierte, robuste affektive Bindung [besteht], die vergleichsweise krisenfest ist" (Oevermann 2014 [Sozialisationsprozesse], S. 42–44). (B) Zum anderen ist die Familie entlang einer Macht-Hierarchie-Achse (Parsons 1954, S. 103) bzw. einer Asymmetrie[50] zwischen dem Elternpaar einerseits, den Kindern

---

[48] Dass das vollständige Strukturmodell der Familie die Heptade von drei Generationen umfasst, lassen wir hier außen vor (s. dazu Oevermann 2001 [GeneratBez], S. 101 f.; Oevermann 2008/2016 [Abschiedsvorlesung], S. 104; Funcke und Hildenbrand 2018, S. 197 f.).

[49] Zu der Unterscheidung zwischen diffusen und spezifischen Sozialbeziehungen s. den Exkurs in Abschn. 3.4.

[50] Kai-Olaf Maiwald macht deutlich, dass schon die „Verwendung der gesellschaftlich geltenden Anredeform [sc.: Mama/Papa, darauf] verweist […], dass das Kind von Anfang an mit Repräsentanzen von Asymmetrie konfrontiert ist" (2020, S. 231 f.). Demgegenüber versucht eine wechselseitig gleiche Anrede von Eltern und Kindern etwa mit dem Vornamen, wie sie in sich selbst als modern verstehenden Familien durchaus anzutreffen ist, Asymmetrie zu verbergen.

andererseits organisiert. Aus diesen Strukturprinzipien lässt sich das familiale Handeln, d. h. das Handeln der Familienangehörigen *qua* Familienangehörigen erklären. In der Analyse der folgenden Interaktionssequenz: *A: Schau mal, ein X! – B: Schön. – A: Kann ich einen haben? – C: Wozu das denn? – A: B, bitte! – B: Lass uns erstmal weitergucken, was es hier noch alles gibt. – A: Ich will aber nichts anderes. Ich will X haben. – C: Nun kommt weiter.* veranschaulicht Andreas Wernet (2019, S. 61, 67), dass eben aufgrund der „Strukturprinzipien der Familie" diese Sequenz ein familiales Gespräch darstellt, das wir auch sofort als ein solches identifizieren; aufgrund der Theorie der Familie (vgl. auch Allert 1998) können wir das Handeln der Gesprächsteilnehmer, also das spezifische Bitten von A, die Antworten von B und (mit Einschränkung, s. dazu Wernets Analyse) die Interventionen von C *qua* familiales Handeln erklären und somit verstehen, dass es durch bestimmte generative Strukturen hervorgebracht wurde. So erlauben es Theorien, die Welt kognitiv zu erfassen und explizit zu erschließen.

Dabei gilt für Theorien einerseits die „Maxime größtmöglicher Explizitheit", weshalb sie ein möglichst hohes Niveau der begrifflichen Explikation aufweisen; zudem ist andererseits festzuhalten, dass „Erfahrungsinhalte erst dann zu wissenschaftlichen Theorien artikuliert worden sind, wenn sie über die Konstatierung von Sachverhalten hinaus deren gesetzmäßige Erklärung, also Gründe für etwas explizieren, deren Geltung methodisch überprüft worden ist." (Oevermann 2001 [DM Akt], S. 75, Fn. 28;[51] vgl. Oevermann 1973/2001 [DM]; 11 f.)

Wenn sie also „wie implizite Theorien verselbständigt operieren" (Oevermann 2001 [DM Akt], S. 38), so können wir mittels Deutungsmustern Situationen und Ereignisse, mit denen wir konfrontiert sind, deuten. Dabei ist Deuten letztlich ein implizites Erklären, nämlich eine implizite Rückführung eines Ereignisses auf bestimmte generative Strukturen. Deutungsmuster unterscheiden sich in dieser Hinsicht also *graduell* von Theorien, indem sie *erkenntnislogisch* ein niedrigeres Niveau der begrifflichen Explikation aufweisen. Das bedeutet, dass Deutungsmuster, obwohl auch sie die „kognitive[...] Erfassung der Welt" (Oevermann 2001 [DM Akt], S. 40) erlauben, im Gegensatz zu explizit formulierten Theorien im Sta-

---

[51] Auf diese Fußnote beziehen wir uns auch im nachfolgenden Absatz.

tus eines „tacit knowing" (Polanyi 1966/1983, S. 1–25) latent bleiben. Wir zitieren hier Polanyi wörtlich und sprechen nicht, wie es meist geschieht, von ‚tacit knowledge', um klar zu machen, dass es nicht um verfestigte Wissensbestände, sondern um ein stilles *Regel*wissen geht, um ein stilles Gewusst-wie.[52] Da sie still sind, sind diese Regeln und die Argumentationsstrukturen, in denen sie sich ausdrücken, nicht abfragbar, sondern bringen systematisch Meinungen, Einstellungen usw. eines deutenden Subjekts hervor und bewirken, dass das Handlungssubjekt „ein systematisches Urteil über die Angemessenheit eines konkreten Handelns abgeben kann" (Oevermann 1973/2001 [DM], S. 7). Auf diese Weise strukturieren Deutungsmuster „die soziale, je lebensweltspezifische Orientierung der Alltagspraxis" (Oevermann 2001 [DM Akt], S. 72). Darin unterscheiden sie sich *typologisch* von Theorien, denn während Deutungsmuster eben die Funktion haben, der Praxis Orientierung zu geben, sind Theorien *handlungslogisch* unpraktisch.

Neben der genannten Grundannahme, dass Deutungsmuster wie implizite Theorien „ihre je eigene ‚Logik', ihre je eigenen Kriterien der ‚Vernünftigkeit' und ‚Gültigkeit' [haben], denen ein systematisches Urteil über ‚Abweichung' korreliert" (Oevermann 1973/2001 [DM], S. 5), hält Oevermann noch eine zweite fest: „Soziale Deutungsmuster sind funktional immer auf eine Systematik von objektiven Handlungsproblemen bezogen, die deutungsbedürftig sind." (Oevermann 1973/2001 [DM], S. 5) Als Beispiele nennt Oevermann die Probleme „der Aufrechterhaltung von Gerechtigkeit, der Bewährung angesichts der Endlichkeit des Lebens, der Geschlechtsdifferenz und ihrer Folgen, der Bewältigung existentieller Krisen verschiedenster Art, der Sozialisation des Nachwuchses, der Sicherung des nackten Lebens, der Lösung von Beziehungskonflikten, der Alternative von Krieg und Frieden, usf." (2001 [DM Akt], S. 38) Dabei sind die objektiven Handlungsprobleme[53] zwar als objektive rekonstruierbar, treten der Praxis aber immer schon (oder immer erst) als gedeutete Handlungsprobleme entgegen.[54] So ist die „Sozialisation des Nachwuchses" ein objektives Handlungsproblem, dem die Systematik

---

[52] S. Polanyi 1966/1983, S. 7. – In diesem Sinne sagt Oevermann, der allerdings den Ausdruck ‚tacit knowledge' verwendet, dass dieses „faktisch im Handeln *operiert*, obwohl es nicht bewußt repräsentiert ist" (2001 [DM Akt], S. 41; Kursivierung hinzugefügt).

[53] ‚Handlungsproblem' verwenden wir analytisch im Sinne der Bedeutung „das Vorgelegte, Aufgabe, Streitfrage". Da sich προβλημα aus προβαλλω herleitet, was „vorwerfen, hinwerfen; im bes. a. vorhalten, entgegenstellen b. vorlegen (eine Frage, Aufgabe)" bedeutet (Gemoll 1954/1979, S. 630), bezeichnet ‚Handlungsproblem' schlicht jedwede Situation, mit der ein Handelnder konfrontiert ist, unabhängig davon, ob er selbst dies als Problem oder gar als Krise begreift.

[54] Insofern spricht Oevermann von einer „Zirkularität", die „sich nur in einer Art Spiralmodell der historisch-genetischen Analyse auflösen" lässt (1973/2001 [DM], S. 5).

der kulturellen Reproduktion und generationalen Transmission als rekonstruierbarer konstitutiver Kern innewohnt; einer jeweiligen konkreten Praxis erscheint dies aber immer schon als Handlungsproblem der Erziehung, Handlungsproblem des Aufziehens, Handlungsproblem der Bildung, Handlungsproblem der Befähigung zu sozialem Miteinander etc. Insofern müsste man Oevermanns Formulierung spezifizieren, indem man sagt, dass Deutungsmuster immer auf die *Deutungsbedürftigkeit* von Handlungsproblemen bezogen sind.

Die beiden Grundannahmen zusammenfassend hält Oevermann folgende Bestimmung fest: „Deutungsmuster sind also krisenbewältigende Routinen, die sich in langer Bewährung eingeschliffen haben und wie implizite Theorien verselbständigt operieren, ohne das[s] jeweils ihre Geltung neu bedacht werden muß." (Oevermann 2001 [DM Akt], S. 38)

Wie ist es nun genauer zu verstehen, dass Deutungsmuster ihren Ursprung in Deutungsproblemen haben? Jede Praxis ist mit Handlungsproblemen konfrontiert, deren Lösung voraussetzt, dass sie auf eine bestimmte Weise gedeutet werden, weshalb Handlungsprobleme immer auch Deutungsprobleme darstellen. Die für die Entstehung von kollektiven sozialen Deutungsmustern relevanten Handlungsprobleme werden durch gesellschaftliche Strukturkonflikte konstituiert, wobei jene wie diese „aber immer erst als in den Begriffen des Deutungsmusters interpretierte das Handeln der Subjekte bestimmen." (Neuendorff und Sabel 1978, S. 842) So muss zum Beispiel jede politische Gemeinschaft sich materiell reproduzieren und folglich normativ regeln, wie die Beiträge der Angehörigen dieser Gemeinschaft zu ihrer Reproduktion erfolgen sollen. Dass dabei unterschiedliche Deutungen eine Rolle spielen, hat etwa Max Weber am Beispiel des Akkordlohns gezeigt (1920/1986, S. 44 f.). Und in der Logik der Arbeitsgesellschaft sind viele Aspekte der Zugehörigkeit über das Erwerbseinkommen vermittelt, weshalb andere Einkommensformen wie die Grundsicherung, als substitutiv und als baldmöglichst (wieder) durch eigenes Erwerbseinkommen abzulösen gelten. Da jede Gemeinschaft sich auch generativ (sexuell) und sozial (kulturell) reproduzieren muss (Fischer 2009 [Sinnstiftung], S. 39 f.; 2019 [Kohäsion]), besteht hier ein Konflikt zur Sozialisation (vgl. Fischer 2009 [Sinnstiftung], S. 284–290; Liebermann 2015, S. 80–83). Wenn Familien als der primäre und daher entscheidende Ort der Sozialisation gelten, müssen diese einerseits Zeit und Energie für die Erwirtschaftung von Erwerbseinkommen aufbringen, andererseits aber Zeit und Energie für die Aufgabe der Sozialisation zur Verfügung haben. Dieses Handlungsproblem muss in jeder Familie bearbeitet werden. Entsprechend bedarf es der Deutung dieser Situation: so kann durch ein traditionelles Deutungsmuster eine familieninterne Arbeitsteilung legitimiert werden (die Frau zu Hause bei den Kindern, der Mann in der Arbeitswelt); durch ein modernes Deutungsmuster die Sozialisation als gesellschaftliche Aufgabe gedeutet und in expertisierte Kinderbetreuung ausgelagert werden (die Eltern in der Arbeitswelt, die Kinder in der Betreuungseinrichtung);[55] durch ein egalitäre Deutungsmuster eine familiäre Aufgabenverteilung derart legitimiert werden, dass Mann und Frau beide reduziert arbeiten und sich entsprechend Zeit für die Kinderbetreuung nehmen können; usw. In der Positionierung zu Handlungsproblemen muss man zugleich sowohl den eigenen Interessen[56] gerecht werden, wie auch dem Gemeinwohl Geltung tragen. Wie man dies tut, muss zugleich unter Beachtung von Rationalitätsstandards und geltenden Normen gerechtfertigt werden – sei es implizit vor sich selbst, sei es im Krisenfall explizit vor anderen. Diese Unumgänglichkeit der Selbstrechtfertigung bedeutet, dass die eigene Deutung für den Deutenden nach allgemeinen Maßstäben wie etwa denen der Konsistenz[57] stimmig erscheinen muss, denn offensichtlich inkonsistente Aussagen zu vertreten, wäre eine Bekundung von Irrationalität. Zugleich könnte eine im Sinne ihrer Rationalität vollständig konsistente Weltdeutung die Verfolgung der eigenen Interessen beeinträchtigen. Deutungsmuster dienen nun dazu „angesichts [...] der immer naturwüchsig gegebenen Interessiertheit e[iner] Lebenspraxis" für diese widersprüchliche Deutungen gerade dann als konsistent erscheinen zu lassen, wenn die Aufgabe dieser (oder einer dieser) widersprüchlichen Deutungen den eigenen Interessen zuwiderliefe (vgl. Oevermann et al. 1991 [DM, HF], S. 1b f.) Das, was jemandes Interesse ist, hängt dabei von dessen Selbstverständnis, also wiederum von einer Deutung (s. Fn. 11), ab. Insofern hält Hartmut Neuendorff bezüglich der begrifflichen Bestimmung von Interesse zu Recht fest, dass „zunächst der subjektive Konstitutionsprozeß in seiner eigenen Struktur wie in seinem objektiven Vermitteltsein systematisch erforscht werden" muss (1973, S. 152).

---

[55] Vgl. den von Liebermann und Muijsson rekonstruierten Fall, demgemäß Kinder „nicht vorrangig Eltern, sondern Beschäftiger bzw. Beschäftigung" brauchen (2020, S. 74).

[56] Dass „das Privatinteresse selbst schon ein gesellschaftlich bestimmtes Interesse ist", hat bekanntlich Marx herausgestellt. „Es ist das Interesse der Privaten; aber dessen Inhalt, wie Form und Mittel der Verwirklichung, durch von allen unabhängige gesellschaftliche Bedingungen gegeben." (1857–58/o.J., S. 74) – Marx thematisiert in diesem Zusammenhang zwar, dass das Interesse „nur innerhalb der von der Gesellschaft gesetzten Bedingungen und mit den von ihr gegebenen Mitteln erreicht werden kann; also an die Reproduktion dieser Bedingungen und Mittel gebunden ist" (ebd.); wie allerdings insbesondere der *Inhalt* des Interesses gesellschaftlich vermittelt ist, bleibt durchaus offen und ist ein Gegenstand der Theorie kultureller Deutungsmuster.

[57] Konsistenz im Sinne des strengen gedanklichen Zusammenhangs und der Widerspruchslosigkeit (vgl. Duden 2001 [FWB], S. 439; vgl. Parsons Rede von „Hobbes' iron consistency" – 1949/1964, S. 97, Fn.).

Neuendorff hat in der Auseinandersetzung mit dem Deutungsmusteransatz hierfür einen Weg gesehen,[58] der den entscheidenden Aspekt berücksichtigt, dass die Eigeninteressen der Subjekte grundlegend durch Deutungen geformt sind, die ihrerseits eben in Deutungsmustern gründen. Unter Interessen können einerseits „sozialpsychologisch deskriptiv jeweils die Strebungen verstanden werden, die – auf einer Kombination von objektiven Handlungsbedingungen und deren subjektiven Deutungen basierend – das Handeln langfristig ausrichten und bestimmen" (Oevermann 2001 [DM Akt], S. 44). „Schärfer soziologisch gefaßt werden unter Interessen jene Strebungen verstanden, die bei plausibel unterstellbarer Handlungsrationalität das Handeln von Menschen unter gegebenen objektiven Lebensbedingungen bestimmen sollten." (Oevermann 2001 [DM Akt], S. 44 f.). Unabhängig davon bleibt klärungsbedürftig, *wie* Deutungsmuster etwa „an der subjektiven Vermittlung objektiver Interessenlagen maßgeblich beteiligt" sind (Oevermann 2001 [DM Akt], S. 45).

Angenommen werden muss, dass Deutungsmuster dies leisten, indem sie Deutungen für deutungsbedürftige Situationen und Ereignisse hervorbringen und insofern also die Funktion der „Generierung maßgeblicher Alltagsdeutungen" (Oevermann 2001 [DM Akt], S. 72) haben. Da sie somit „in der Alltagspraxis unmittelbar praktische Funktionen der Orientierung und der Strukturierung des Unklaren und Problematischen zu erfüllen" haben, „müssen sie die Widersprüche dieser Alltagspraxis […] in sich aufnehmen", was dazu führt dass „Inkonsistenzen […] für Deutungsmuster geradezu endemisch und typisch" sind (Oevermann 2001 [DM Akt], S. 67). Zugleich enthalten „Deutungsmuster […] Konzepte bzw. Deutungen, in deren Geltungshorizont für die handelnden Subjekte die implizite Interpretation von Welt, die ihrer Praxis deutend und strukturierend zugrunde liegt, wie selbstverständlich als stimmig und konsistent unterstellt werden kann." (Oevermann 2001 [DM Akt], S. 68) So handelt die Praxis stets „wie selbstverständlich unter der Prämisse", dies „begründet, d. h. widerspruchsfrei und konsistent, also vernünftig" zu tun (Oevermann 2001 [DM Akt], S. 68). Oevermann geht im Hinblick auf diese Funktion von Deutungsmustern davon aus, dass sie „Schlüsselkonzepte" und „Prinzipien" enthalten, „in deren Licht diejenigen, die einem Deutungsmuster wie selbstverständlich anhängen, ihre durchaus unter anderen Gesichtspunkten inkonsistenten Argumentations- und Urteilsbasen als konsistent eingerichtet haben und gültig übernehmen und beibehalten können." (Oevermann 2001 [DM Akt],

---

[58] Vgl. die Publikationen von Neuendorff und seinen Co-Autoren Böcker, Härtel, Matthiesen und Sabel im Literaturverzeichnis.

S. 67) Ob und wie diese Konzeption zur Klärung des Begriffs des Deutungsmusters beiträgt, werden wir in den Fallanalysen (Kap. 3) sehen und in Kap. 4 ausarbeiten.

Wir können also die folgenden *sechs entscheidenden heuristischen Merkmale des Deutungsmusterbegriffs* festhalten:

1. Deutungsmuster sind *erkenntnislogisch wie Theorien* als Argumentationszusammenhänge strukturiert; das rechtfertigt überhaupt erst die Rede von Deutungs*mustern*.
2. Deutungsmuster operieren als *‚tacit knowing‘*, sind also den Handelnden in der Regel *nicht bewusst*, auch wenn sie im Prinzip der Reflexion zugänglich sind.[59]
3. Deutungsmuster reagieren auf deutungsbedürftige *Handlungsprobleme*.
4. Deutungsmuster *strukturieren* „die soziale, je lebensweltspezifische *Orientierung der Alltagspraxis*" (Oevermann 2001 [DM Akt], S. 72; kursiv von uns, UF/ TL), sind also *handlungslogisch in praktische Zusammenhänge eingebunden*.
5. Deutungsmuster *bringen Deutungen hervor*, die „innerhalb der individuellen Lebenspraxis" gemäß eines von ihnen ebenfalls generierten Urteils als angemessen gelten (Oevermann 2001 [DM Akt], S. 74).
6. Aufgrund der Tatsache, dass Deutungsmuster (anders als ebenfalls Widerspruchsfreiheit beanspruchende Theorien) unter dem Druck stehen, Deutungen zu zeitigen, die der Alltagspraxis Orientierung bieten, „müssen sie die Widersprüche dieser Alltagspraxis zugleich nach dem Prinzip der Stimmigkeit interpretieren" (Oevermann 2001 [DM Akt], S. 67), wodurch sie die nicht vermeidbaren und vom analysierenden Dritten als solche feststellbaren *Inkonsistenzen* für „diejenigen, die einem Deutungsmuster wie selbstverständlich anhängen" zugleich *als konsistent erscheinen lassen* (Oevermann 2001 [DM Akt], S. 67).

Bezüglich der diesem Buch zugrunde liegenden empirischen Forschung, lassen sich die heuristischen Merkmale des Deutungsmusterbegriffs folgendermaßen konkretisieren: Wenn etwa Uwe Vormbusch danach fragt, „welche Formen des guten Lebens im Rahmen der Corona-Proteste zumindest implizit vertreten werden" (2022), so fragt er letztlich nach Deutungsmustern, die Deutungen für die mit der Pandemie wie mit den zu ihrer Bewältigung ergriffenen Maßnahmen einhergehende Krise (des näheren s. hierzu Abschn. 3.1) hervorbringen (5). Die Angehörigen der mit der Krise konfrontierten Gemeinschaft müssen Deutungen ent-

---

[59] Es handelt sich also um etwas, das Freud zunächst als *deskriptiv unbewusst* bezeichnete (1923/1967, S. 240); später nannte er es dann *vorbewusst*; dies ist zu unterscheiden von dem Verdrängten, also dem dynamisch Unbewussten (1923/1967, S. 241).

wickeln, mit denen sie sich angesichts der unklaren und andauernd problematischen Situation orientieren, und Weisen finden, mit der gesteigerten
Widersprüchlichkeit umzugehen (6). Dabei werden sie auf Deutungsmuster
zurückgreifen, die helfen, ihre Alltagspraxis zu strukturieren (4) und argumentative
Positionen zu ihr zu entwickeln (1), ohne dass jene zugrundeliegenden Muster
ihnen notwendigerweise bewusst werden (2). Wenn der Forscher diese Deutungsmuster rekonstruiert, so wird dabei u. U. für ihn auch erkennbar, an der Deutung
welcher Handlungsprobleme sie sich gebildet haben (3). – Diese Aspekte darzulegen dienen unsere Fallanalysen.

1.3.2 Zum Begriff des Habitus bzw. der Habitusformation

Der Terminus ‚Habitus‘ stammt aus dem Lateinischen und bedeutet ‚Haltung‘,
‚Stellung‘.[60] Mit dem Begriff des Habitus bzw. der Habitusformation wird eine
komplexe Grundhaltung zur Welt gefasst, die wie Deutungsmuster latent bleibt.
Wir verwenden die Termini ‚Habitus‘ und ‚Habitusformation‘ in dem Sinne, dass
beide die gleiche Bedeutung haben, also den gleichen Begriff bezeichnen, aber
einen unterschiedlichen Sinn, also den Begriff in unterschiedlicher Hinsicht thematisieren. Von *Habitus* sprechen wir, wenn der Blick auf die *Grundhaltung eines
konkreten Subjekts* gerichtet ist; von *Habitusformation*[61] sprechen wir dann, wenn
der Blick auf die *vom konkreten Subjekt ablösbare Systematik dieser Grundhaltung*
gerichtet ist – in dem Sinne spricht Oevermann von einer „Art Enkulturation in
eine Habitusformation" (Oevermann 1996 [profess], S. 120). Auch Bourdieu, der
als der entscheidende Bezugsautor für den Begriff des Habitus[62] in der Soziologie gelten muss, begreift den Habitus als eine der Reflexion nicht zugängliche
Form der Handlungsbestimmung. Dies wird etwa dort deutlich, wo er dieser
Form der Handlungsbestimmung die explizite Befolgung einer „Partitur" gegen-

---

[60] Davon abgeleitet kann ‚habitus‘ auch ‚Aussehen‘, ‚Gestalt; ‚Äußeres‘, ‚Tracht‘; ‚Verhalten‘, ‚Zustand‘ und ‚Lage‘ bedeuten (Stowasser et al. 1979/1998, S. 231).

[61] In der deutschen Übersetzung Bourdieuscher Texte ist des öfteren von ‚Habitusformen‘ die
Rede (etwa Bourdieu 1972/1979a, S. 128 u. passim, Bourdieu 1980/1993, S. 98 u. passim).
Allerdings dient diese Formulierung offensichtlich lediglich der Vermeidung der Pluralform
von ‚Habitus‘, die gleich geschrieben wird wie die Singularform; im Original heißt es hingegen jeweils schlicht ‚les habitus‘ bzw. ‚des habitus‘.

[62] Sandra Rademacher und Andreas Wernet nennen Bourdieu „seinen prominenten Apo-
logeten." (2014, S. 160).

überstellt.[63] Als „praxisleitende fundamentale Formen der Krisenbewältigung"
(Oevermann et al. 1991 [DM, HF], S. 3b) gehen Habitus in Entscheidungen eines
Handlungssubjekts[64] systematisch prägend ein. Anders als Deutungsmuster, die
ihren Ursprung in der Deutungsbedürftigkeit von Handlungsproblemen haben,
haben Habitusformationen ihren Ursprung in der Lösungsbedürftigkeit von Handlungsproblemen, und zwar von solchen Handlungsproblemen, die durch gesellschaftliche Strukturkonflikte konstituiert werden, und für die eine praktische Lösung zu entwickeln unabweisbar ist. In der Regel bilden sie sich in sozialisatorisch
bedeutsamen Krisen – etwa der Adoleszenzkrise, aber auch bereits in der frühen
Sozialisation, wo als plausibel vorgelebte Haltungen als selbstverständlich angenommen werden[65] –, indem Krisenlösungen entwickelt werden. Wenn diese sich

---

[63] Bourdieu will dort nachweisen, dass die (strukturale) Ethnologie von ihren Informanten in
die Irre geleitet wird, da diese v. a. diejenigen Fälle einer Praxis – hier von Heiraten – anführen, in denen man „aus jeder Handlung die Ausführung einer Partitur machen muß", weil
„man sich nicht auf die geregelte Improvisation der orchestrierten Habitus verlassen kann"
(1972/1979a, S. 118; Übers. korrig.; vgl. 1972/2000a, S. 151). Nicht den Regeln, die die
Ethnologie rekonstruiert, so Bourdieu, werde in den „gewöhnlichen Heiraten [...], die schon
durch ihre Häufigkeit in die Bedeutungslosigkeit des Nicht-Markierten und in die Banalität
des Alltäglichen verwiesen werden" (1972/1979a, S. 111; Übers. korrig.; vgl. 1972/2000a,
S. 151), gefolgt, sondern den Habitus. – Dadurch dass Bourdieu den Begriff der Regel letztlich auf den einer Vorschrift, einer expliziten Norm reduziert (1985/1992, S. 85; vgl.
1972/1979a, S. 90 f. u. 120azw. 1972/2000a, S. 120 u. 160), welcher bewusst gefolgt wird,
verfehlt er allerdings den Begriff der Regelbefolgung der strukturalistischen Ethnologie.
Indem er ihn zugleich in Anspruch nimmt („l'improvisation réglée"), wird seine Begriffsbestimmung unscharf. – Aufschlussreich für Bourdieus verkürztes Regelverständnis ist eine
Stelle, an der er sich zustimmend auf Marx' Formulierung bezieht, das Gewohnheitsrecht
werde – anders als das Gesetzesrecht – zum größten Teil aufgrund eines blinden und unbewussten Instinkts befolgt (Marx 1974, S. 335): Bourdieu blendet bei seiner Bezugnahme
(Bourdieu und Yamamoto 1989/1994, S. 171) nämlich aus, dass Marx dort von der „custo-
mary *rule*" spricht (Kursivier. hinzugefügt).

[64] Die Bourdieusche Abweisung des Subjektbegriffs, den er mithilfe des Konzepts des Habitus zugunsten des Begriffs der Akteure („agents") ausschließen möchte (Bourdieu und Yamamoto 1989/1994, S. 173), diskutieren wir hier nicht weiter. Es bleibt bei Bourdieu offen,
worin beide Begriffe sich für ihn unterscheiden – außer, dass der Subjektbegiff auf die Tradition der Subjektphilosophie verweist und häufig handlungstheoretisch verkürzt verwendet wird.

[65] Dabei geht es, wie Bourdieu betont, nicht um die „pädagogische Arbeit des Einprägens"
(1980/1993, S. 188), sondern um eine „Disposition, die mit der Ersterziehung eingeprägt und
von der Gruppe ständig abgefordert und verstärkt wird, die in Körperhaltungen und -ver-
beugungen (in der Art, wie man sich hält oder dreinblickt, wie man spricht, ißt oder geht)
ebenso enthalten ist wie in den Automatismen von Sprache und Denken" (1980/1993,
S. 190). Vgl.: „Denn die Sozialisierung des Einzelnen erfolgt nicht nur durch autoritative

bewähren, formen sie sich als Grundhaltungen aus, die dann in sämtliche Entscheidungen des Handelnden prägend eingehen. Wir können also folgendes festhalten: Im Vergleich dazu, dass Deutungsmuster in (deutungsbedürftigen) Handlungsproblemen gründen und bewährte Lösungen für die Deutungsbedürftigkeit des Handlungsproblems darstellen, stellen Habitusformationen bewährte praktische Lösungen für (immer schon gedeutete) Handlungsprobleme als Haltung auf Dauer.

So mussten etwa die Angehörigen der Kohorte der zwischen etwa 1927 und 1933 Geborenen[66] nach der Niederlage des nationalsozialistischen Deutschlands eine Haltung zu ihrer Erfahrung im sogenannten Dritten Reich entwickeln. Da sie einerseits ihre Jugend in einem Land verbrachten, in dessen Namen maßlose Verbrechen begangen wurden, sind sie *moralisch* kompromittiert, andererseits aber waren sie zu der Zeit in einem Alter, in dem sie *politisch* noch keine Verantwortung übernehmen konnten. Dies stellt ein Handlungsproblem dar, da es um den praktischen Umgang mit dieser Positionierung geht. Durch dieses Problem, dadurch, dass der Umbruch in ihre Adoleszenz fällt,[67] partizipiert die Geburtskohorte an „gemeinsamen Schicksalen" (Mannheim 1928/1964, S. 542), wodurch ein Generationszusammenhang konstituiert wird: kein Angehöriger dieser Generation kommt umhin, sich zu diesem Problem zu verhalten und, was über Mannheim hinausgehend entscheidend ist: dieses Sich-Verhalten kann nicht an die Lösungen der vorhergehenden Generation anknüpfen (vgl. hierzu Fietze 2009, S. 172–176). Nun gibt es verschiedene mögliche Haltungen, die die Generation, die notgedrungen an dieser „historisch-aktuellen Problematik orientiert ist" (Mannheim 1928/1964, S. 544), entwickeln kann; eine davon ist eine Haltung, die sich als Habitusformation der Halbbildung bestimmen lässt (vgl. Loer 1996 [Halbbildung],

---

Unterweisung, sondern schöpft ebenso und noch viel mehr aus der unmittelbaren Anschauung der tatsächlichen sozialen Vorgänge, in die das Individuum hineingestellt ist." (Francis 1957, S. 105) – Ähnlich Sumner über die Sitten, mit denen er den Gegenstand begrifflich tzu fassen versucht: „The most important fact about the mores is their dominion over the individual. Arising he knows not whence or how, they meet his opening mind in earliest childhood, give him his outfit of ideas, faiths, and tastes, and lead him into prescribed mental processes. They bring to him codes of action, standards, and rules of ethics. They have a model of the man-as-he-should-be to which they mold him, in spite of himself and without his knowledge." (Sumner 1906, S. 173 f.).

[66] Dieses Beispiel geht zurück auf Fallanalysen zur Kunstrezeption – s. Loer 1996 [Halbbildung], S. 196–248 u. 1999 [Zwischengen].

[67] Vgl. die systematisch verdichtete Darstellung zur Bedeutung der Adoleszenskrise für die Konstitution einer Generation in Oevermann 2005 [Trad], S. 25–27.

insbes. 316–321). Dieser Habitus lässt keine „lebendige Erfahrung" (Adorno 1970/1982, S. 183) und damit in Bezug auf die eigene Vergangenheit auch keine lebendige Erinnerung zu. Diese Grundhaltung derjenigen, die sie als eine Lösung des generationenspezifischen Handlungsproblems entwickelten,[68] führt dazu, dass sie generell Gegenstände möglicher lebendiger Erfahrung, zum Beispiel Kunstwerke, auf Distanz bringen, etwa durch Subsumtion unter vorgegebene Kategorien, ja, dass sie bei jedweder Entscheidung die Gefahr der moralischen Kompromittierung geradezu zwanghaft vermeiden. Daran zeigt sich, dass es sich hier um eine allgemeine *Haltung* zur Welt – eben einen Habitus – handelt und nicht lediglich um eine spezifische Deutung der eigenen Jugend. – Die hier rekonstruierte und in ihrer Genese analysierte Habitusformation kann natürlich auch aus anderen, etwa milieuspezifischen, Handlungsproblemen hervorgehen und somit mit anderen sozialen Lagerungen einhergehen. Anders als bei der Lebensstilforschung (s. etwa Schulze 1992/1997) und auch anders als bei Bourdieus Versuch, „Varianten des kleinbürgerlichen Geschmacks" zu bestimmen, wobei er statistisch Geschmacksvorlieben mit der sozialen Lage verknüpft (1979/1983, S. 531–540), muss man aber rekonstruktiv verfahren, wenn man Genese und Struktur der fraglichen Habitusformation aus dem zugrundeliegenden Handlungsproblem erklären will.

Um zu klären, inwiefern ‚Habitus' als theoretischer Begriff in der Realität eine Sache aufschließt, ist es erforderlich, den Gegenstand unverstellt vor sich zu bringen. Dies soll im Ausgang von unseren Fallanalysen geschehen. Da die Begriffe des Habitus und der Gewohnheit etymologisch eng zusammenhängen, kann es im Vorfeld hilfreich sein, diesem Zusammenhang nachzugehen. Dies gilt umsomehr als der wichtige Bezugsautor Bourdieu bei seiner begrifflichen Bestimmung auch von der Gewohnheit ausgeht. Bei dem ersten, grundlegenden Aufsatz, in dem er den Begriff systematisch einführt (1967; 1967/1974), handelt es sich um das Nachwort zur französischen Ausgabe eines zunächst auf Englisch erschienenen Buches des Kunsthistorikers Ernst Panofsky (1951); die Übersetzung ins Französische (Panofsky 1951/1967) hat Bourdieu selbst angefertigt. An der ersten Stelle, an der Bourdieu dort den Begriff des Habitus verwendet, heißt es, es gehe darum, „die Kollektivität im Herzen sogar der Individualität zu entdecken in Form der Kultur –

---

[68] Eine solche hier angedeutete Rekonstruktion kann füllen, was Bourdieu zu Generationskonflikten schreibt (1980/1993, S. 116 f., Fn. 2), aber nirgends rekonstruktiv einlöst. Einen interessanten Ansatz hierzu bietet Fietze, die Generationskonflikte als „Ausdruck [...] von kulturellen Kämpfen um die maßgebliche Situationsdeutung der Gesellschaft, durch deren Ausgang entscheidende Weichen für die Ausrichtung der weiteren gesellschaftlichen Entwicklung gestellt werden", begreift (Fietze 2009, S. 20 f.).

im subjektiven Sinne von *cultivation* oder von *Bildung* – oder, um die Sprache zu sprechen, die Erwin Panofsky verwendet, des *Habitus* durch welchen der Schöpfer an seiner Kollektivität und seinem Zeitalter teilhat" (Bourdieu 1967/1974, S. 132; Übers. korrigiert; statt Anführungszeichen hier kursiviert wie im frz. Orig.).[69] Bei Panofsky ist an den Stellen, auf die Bourdieu sich hier bezieht, stets die Rede von „habitude mentale" (Panofsky 1951/1967, S. 83, 97 u. 120),[70] was er korrekt aus dem englischen „mental habit" (Panofsky 1951, S. 21, 36 u. 68) übersetzt hat.

Fragt man nun zunächst nach der Bedeutung von ,habit', also von ,Gewohnheit', so ist eine erste Definition aufschlussreich, die Charles Camic referiert,[71] und die gleich zu einer wichtigen Differenzierung führt: „habit" generally denominates a more or less self-actuating disposition or tendency to engage in a previously adopted or acquired form of action" (Camic 1986, S. 1044). Gewohnheit in diesem Verständnis ist repetitiv und bringt die Form des Handelns hervor. Dies kann zunächst nur für bekannte Situationen gelten, denn nur für diese kann die ,form of action', verstanden als deskriptive Kategorie,[72] vorab auf irgendeine Weise erworben worden sein. Im Modell regelgeleiteten Handelns der Objektiven Hermeneutik (s. Abschn. 1.2) bedeutet Gewohnheit, aus den konkreten, durch Regeln eröffneten Optionen in einer bestimmten, bekannten Situation stets eine bestimmte konkrete Möglichkeit zu selegieren.[73] – Wenn es nun aber nicht lediglich um individuelle

---

[69] „de découvrir la collectivité au cœur même de l'individualité sous la forme de la culture – au sens subjective de *cultivation* ou de *Bildung* – ou, pour parler le langage qu'emploie M. Erwin Panofsky, de *l'habitus* par lequel le créateur participe de sa collectivité et de son époque" (Bourdieu 1967/1974, S. 132; kursiv i. Orig.).

[70] Gleichwohl sind diese Stellen im Sachregister der französischen Ausgabe unter ,habitus' aufgeführt; die englische Ausgabe enthält kein Sachregister. Thomas Frangenberg hält im Nachwort zur deutschen Übersetzung von Panofskys Buch (1951/1989) fest: „die Übersetzung von ,mental habit' als ,Denkgewohnheit' scheint den Sinn von Panofskys Terminus, der auf S. 18 ein ,überstrapaziertes Schlagwort' genannt wird, eher zu treffen als der in der Panofskyrezeption häufig verwandte und inhaltlich wesentlich stärker belastete Begriff des ,mentalen Habitus'" (Frangenberg 1989, S. 117 f.) – Im Original heißt es über „mental habit", dies sein ein „overworked cliché" (Panofsky 1951, S. 21), was Bourdieu mit „cliché usé" übersetzt (Panofsky 1951/1967, S. 83).

[71] Auf den sehr informativen, historisch fundierten Essay von Charles Camic, der methodisch sorgfältig ein Stück Begriffsgeschichte der Soziologie leistet (Camic 1986), sei hier auch generell verwiesen.

[72] In dem Sinne „that forms of action that are frequently practiced tend over time to become habitual." (Camic 1986, S. 1044, Fn. 2).

[73] Sandra Rademacher und Andreas Wernet halten dazu fest: „bereichsspezifische Präferenzen könnten hinreichend als Gewohnheiten und Konventionen beschrieben werden. Bereichsübergreifende Phänomene erzwingen demgegenüber die Annahme einer strukturellen Generativität." (2014, S. 164).

Gewohnheiten gehen soll, die mehr oder weniger zufällig eine gewisse statistische Häufigkeit aufweisen, sondern eben darum, „die Kollektivität im Herzen sogar der Individualität zu entdecken", so muss der Begriff erweitert werden. Die selegierten Optionen in verschiedenen konkreten Handlungssituationen, unter denen auch solche sein können, die dem handelnden Subjekt unbekannt sind, bilden nun, wenn man sie jeweils auf den je durch Regeln gegebenen Möglichkeiten abbildet, ein spezifisches Muster: ‚form of action' so verstanden, bedeutet eine Systematik der Selektion. Da „eingelebte Gewohnheit" (Weber 1922/1985c, S. 12) sich nicht auf systematische Auswahlen aus strukturell neuen Handlungsoptionen beziehen kann, kann, was dieser Systematik zugrundeliegt, nicht als bloße Gewohnheit verstanden werden.

> „At every turn we find new evidence that the mores can make anything right. What they do is that they cover a usage in dress, language, behavior, manners, etc., with the mantle of current custom, and give it regulation and limits within which it becomes unquestionable. The limit is generally a limit of toleration." (Sumner 1906, S. 521)

Sumner (vgl. Fn. 65) verknüpft hier Gewohnheit mit Sitten, die Handeln als Gewohnheit erscheinen lassen, aber darüber hinaus Vorschriften und Grenzen setzen, die auch Selektion aus neuen Optionen als unstrittig erscheinen lassen. In Anlehnung hieran könnten wir von Sitten reden. Vor dem Hintergrund des Erklärungsproblems, das mit der Selektion aus Optionen gesetzt ist, die dem handelnden Subjekt unbekannt sind, ist plausibel, dass auch Bourdieu es nicht bei dem Terminus ‚habitude' bzw. ‚habit' belassen konnte, wenn er die Struktur auf den Begriff bringen wollte, die diese Systematik hervorbringt.[74]

Was sind nun die Momente, die nach Bourdieu den Habitus kennzeichnen?

> „Es geht darum „die Kollektivität im Herzen sogar der Individualität zu entdecken in Form der Kultur – im subjektiven Sinne von *cultivation* oder von *Bildung* – oder, um die Sprache zu sprechen, die Erwin Panofsky verwendet, des *Habitus* durch welchen der Schöpfer an seiner Kollektivität und seinem Zeitalter teilhat und, ohne daß er es merkt, seine anscheinend einzigartigsten schöpferischen Handlungen orientiert und führt."" (Bourdieu 1967/1974, S. 132; Übers. korrigiert; Kursivier. statt Anführungsz. aus dem frz. Orig. übernommen; s. o., Fn. 23)

---

[74] Bereits Marcel Mauss hatte die Verwendung des lateinischen Terminus ‚habitus' gegenüber den Termini ‚Gewohnheit', ‚Hexis', ‚das Erworbene' und ‚Fähigkeit' damit gerechtfertigt, dass, was der Habitus hervorbringt, als „Werk der individuellen und kollektiven praktischen Vernunft" zu verstehen und darin nicht „nur die Seele und ihre Fähigkeiten der Wiederholung" zu sehen ist (Mauss 1935/1975, S. 202 f.; 1935/1960, S. 368 f.).

Die Habitus begreift Bourdieu als „Systeme dauerhafter *Dispositionen*“ (1972/1979c, S. 165; kursiv i. Orig.; 1972/2000c, S. 256), wobei er hervorhebt, dass das „Wort ‚Disposition‘ [...] in besonderem Maße geeignet [erscheint], das auszudrücken, was der Begriff des Habitus (definiert als System von Dispositionen) umfasst/wiedergewinnt:[75] [...] das *Resultat einer organisierenden Aktion*[76] [...]; es benennt im weiteren eine *Seinsweise*, einen *habituellen Zustand* (besonders des Körpers) und vor allem eine *Prädisposition*, eine *Tendenz*, einen *Hang* oder eine *Neigung*.“ (Bourdieu 1972/1979c, S. 446, Anm. 39; kursiv i. Orig., Übers. korr., s. 1972/2000c, S. 393, Fn. 39)

Woher kommen diese Dispositionen? Woher kommen die Habitus? – Bourdieu verweist darauf, dass ‚habitus‘ das Partizip Perfekt Passiv von ‚habere‘ ist und also bezeichnet, was erworben worden ist (Bourdieu und Yamamoto 1989/1994, S. 170). Insofern seien die Habitus determiniert „durch die vergangenen Bedingungen der Produktion ihres Erzeugungsprinzips“ (Bourdieu 1972/1979c, S. 165; 1972/2000c, S. 257). Hier wie auch an anderen Stellen, an denen Bourdieu die Genese der Habitus thematisiert, zeigt sich ein Determinismus, dessen Wirksamkeit behauptet, dessen Mechanismus aber nicht erklärt wird.[77] Wenn es hier und auch später immer wieder heißt, „unterschiedliche Existenzbedingungen [worunter Existenzbedingungen von Milieus oder von Klassen oder Klassenfraktionen verstanden werden] *produzieren* unterschiedliche Habitus, Systeme von generativen Schemata“ (Bourdieu 1979/1983, S. 278; Kursivier. hinzugefügt; Übers. korr., s. 1979, S. 190), so stellt sich die Frage, wie diese ‚Produktion‘ vonstatten geht.

An manchen Stellen spricht Bourdieu von der „Interiorisierung der Exteriorität“ (1980/1993, S. 102), was eine Behauptung, allenfalls eine Beschreibung, aber keine begriffliche Bestimmung ist. Auch die Rede von der „Inkorporierung der objektiven Strukturen“ (Bourdieu 1989/1998b, S. 41; s. a.: 1972/1979c, S. 195)[78]

---

[75] Im Original heißt es „recouvre“, was sowohl „umfasst“ (von recouvrir) als auch „wiedergewinnt“ (von recouvrer) bedeuten kann; letzteres lässt durchblicken, dass Bourdieu hier in argumentativer Auseinandersetzung mit der strukturalen Anthropologie von Lévi-Strauss steht und mit dem Habitusbegriff eine Erklärungskraft wiedergewonnen sieht, die er in Lévi-Strauss’ „Strukturrealismus“ (1972/1979c, S. 164) verlorengegangen glaubt.

[76] In einem Wörterbuch wird für diese Bedeutung von ‚disposition‘ angeführt: „Anordnung der Zimmer eines Appartements.“ (Robert 1973, S. 315; eigene Übers.).

[77] Nicht zufällig ist an einer Stelle, wo eine Explikation der Hervorbringung zu erfolgen hätte, von einem ‚alchemistischen Prozess‘ (Bourdieu 1979/1983, S. 281; 1979, S. 192) die Rede.

[78] Die Rede von der Inkorporation versteht Bourdieu an manchen Stellen (s. insbes.: 1972/1979c, S. 185–202, 1972/2000c, S. 285–300) wörtlich und verwendet dann auch – als eine spezifische Erscheinungsform des Habitus – den Begriff der Hexis (s.: „ἕξις ἡ“: 1. „das Halten, Besitz“; 2 „a. körperlich: Haltung, Beschaffenheit, Zustand. b. seelisch: Fähigkeit, Fertigkeit, Eigenschaft“ – Gemoll 1954/1979, S. 289). Allerdings: „Die Be-

führt nicht wirklich weiter, da sich an den zentralen Stellen keine Rekonstruktion des Prozesses dieser (körperlichen) Hineinnahme der (äußeren) Strukturen findet. Die „Beziehung zwischen Klasse und Praxis" (Bourdieu 1979/1983, S. 193 f.) wie generell zwischen bestimmten sozialen Existenzbedingungen und den Praktiken[79] derjenigen, die diesen Existenzbedingungen entstammen, werden statistisch gewonnen und der Habitus soll der Erklärung des statistischen Zusammenhangs dienen. Eine Rekonstruktion dieses Zusammenhangs findet sich allerdings nicht.

Es finden sich bei Bourdieu durchaus Stellen, in denen der Begriff des Habitus als Erklärung für konkrete soziale Phänomene angeführt wird – dies ist besonders in seiner Studie über die „feinen Unterschiede" (1979, 1979/1983) der Fall, insbesondere, wo etwa der „Hysteresis-Effekt des Habitus"[80] erklären soll, warum „einem veränderten Stand des Titel-Marktes [gemeint ist die Relevanz akademischer Titel für Chancen am Arbeitsmarkt] noch die Wahrnehmungs- und Bewertungsmuster appliziert werden, die einem früheren Stand der objektiven Chancen der Einschätzung entsprachen" (Bourdieu 1979/1983, S. 238). Allerdings fin-

---

griffe des Habitus, des Ethos und der Hexis [...] werden von Bourdieu häufig synonym oder überlappend gebraucht." (Rehbein und Saalmann 2014, S. 114) – Ein anschauliches Beispiel für die Differenz zwischen einem Lebensstil, den man sich (anders, als es bei Bourdieu erscheint) bewusst aneignen kann, und der köperlichen Erscheinungsform des Habitus, der Hexis, erlebte ich (TL) vor etwa zwanzig Jahren in Atlanta. In einem Vorortzug saß mir gegenüber eine junge Afroamerikanerin von äußerst eleganter Erscheinung, erwählter Kleidung und dazu stimmigem, ausgesucht kostbarem Schmuck; sie stieg an derselben Station aus wie ich und als sie vor mir die Treppe vom Bahnsteig hinunterging, bot ihr Gang, ihre ganze körperliche Erscheinung einen Anblick, der das genaue Gegenteil von dem war, was man erwartet hätte, etwa die „Verkörperung" eines „Ehrgefühls" (Bourdieu, vgl. Holder 2014, S. 125). Es war nicht der aufrechte, gemessene Gang eines homme d'honneur, sondern der gebeugte, unsichere und ungelenke Gang eines unfreien Menschen.

[79] Hier sei noch auf ein Problem bei der Übersetzung von Texten Bourdieus hingewiesen: ‚Praxis' bedeutet einerseits konkret „Geschäft, Unternehmung, Verrichtung" (Gemoll 1954/1979, S. 626) mit dem Fokus auf „Tat" (ebd.) und damit Entscheidung, die eine Entscheidungsmitte beinhaltet; andererseits bedeutet ‚Praxis' abstrakt „Handlungsweise" (ebd.). Letztere bezeichnen wir im Deutschen normalerweise als Praktik. Im Französischen lässt sich nun sprachlich nicht so ohne Weiteres eine Unterscheidung zwischen Praxis und Praktik machen; beides heißt ‚la pratique'. Wo von Bourdieus Praxis-Begriff ausgegangen wird, findet sich oftmals eine Verkürzung von Praxis auf Praktik. So wird z. B. in Frank Hillebrandts „Soziologie der Praxis" (vgl. 2009, S. 19–90) zwar der Terminus ‚Praxis' verwendet, der Begriff der Praxis aber auf den Aspekt der Handlungsweise reduziert.

[80] „Der Habitus ‚hinkt' [...] den äußeren Entwicklungen immer etwas hinterher, zeigt eine verspätete Anpassung und verrät auch dadurch seine Herkunft." (Suderland 2014, S. 127).

det man keine Rekonstruktion[81] einer Struktur des Habitus, aus der das zu erklärende Phänomen hervorgegangen ist, und damit auch keine begriffliche Explikation, sondern lediglich Behauptungen eines Zusammenhangs und Deskriptionen,[82] die eine Erklärung suggerieren. In solchen Momenten ist man geneigt, Maurice Godelier zuzustimmen, der einmal in einer Diskussion in den 1980er-Jahren an der Frankfurter Universität, nach dem Bourdieuschen Begriff gefragt, antwortete: „Habitus" is a way of talking latin, but not a way of explaining anything."[83]

Gleichwohl ist Bourdieus Anspruch, mit dem Begriff des Habitus das theoretische Problem der „Vermittlung zwischen Struktur und Praxis" zu lösen, wenn auch bisher unabgegolten, als fruchtbar zu betrachten und sein Ausgang von Panofsky liefert einen Weg zur Erforschung einer Lösung. Jedes Handeln objektiviert sich in Ausdrucksgestalten, die Ergebnis einer „method of procedure" (Panofsky 1951, S. 28) sind, welche Panofsky mit einem Ausdruck, den er der Scholastik selbst entlieh (1951, S. 27), als „modus operandi" (Panofsky 1951, S. 27, 28), also als Art und Weise des Tätigseins bezeichnete. Entsprechend muss jede Objektivation des Handelns – auch wenn sie nicht als künstlerisches Werk auftritt – als „opus operatum" (Bourdieu 1967/1974, S. 151; 1972/1979a, S. 78, 1972/2000c, S. 221 u. passim, 1972/1979c, S. 179 u. passim; 1980/1993, S. 64 u. passim), also als aus der Tätigkeit hervorgegangenes Werk, betrachtet werden. Um den *modus operandi*, also den Habitus zu rekonstruieren, müssen nun die *opus operata* auf die in ihnen objektivierte Logik ihrer Hervorbringung hin untersucht werden. Die Sequenzanalyse der Objektiven Hermeneutik bietet hierfür den geeigneten Weg, wird doch in ihr die Systematik der Selektionen, die zu dem *opus operatum* geführt haben und sich in ihm niederschlagen, rekonstruiert.

Bourdieu konzipiert die hier thematische Generativität des Habitus analog zu Noam Chomskys Grammatiktheorie (Bourdieu 1967/1974, S. 142, 155), in der die generative Grammatik als „ein System von Regeln […], die iteriert werden können, um eine unbegrenzt große Zahl von Strukturen zu erzeugen" (Chomsky 1965/1972, S. 29), verstanden wird. Später bezeichnet Bourdieu den Habitus entsprechend auch als „Erzeugungsformel" (1980/1993, S. 28, 1980/1993, S. 26).

---

[81] Bzgl. des Habitus spricht Bourdieu auch stets von Konstruktion – wo an einer Stelle in der deutschen Übersetzung von „rekonstruieren" die Rede ist (1979/1983, S. 206, Fn. 29) heißt es im Orignial „restituer" (1979, S. 135, Fn. 29); es geht Bourdieu also letztlich um eine theoretische Konstruktion, die die Erklärungslücke überbrücken kann.

[82] S. den Abschnitt zur „Hysterese des Habitus" in Kap. 4.

[83] Vgl. dazu auch: „Mit dem Begriff Schülerhabitus erfolgt eine Benennung, ohne dass geklärt ist, was damit eigentlich benannt ist." (Rademacher und Wernet 2014, S. 180) und: „Der Habitusbegriff fügt dem Verständnis der Phänomene der sozialen Welt nichts hinzu." (Rademacher und Wernet 2014, S. 160).

Dabei bleibt allerdings unberücksichtigt, dass es bei Chomsky darum geht, zu zeigen, wie eine generative Grammatik abstrakt Sprachereignisse (Sätze etwa) als Optionen hervorbringt bzw. darum, zu zeigen, aufgrund welcher generativer Regeln ein Sprachereignis als von einer bestimmten Grammatik generiert bestimmt werden kann. Ein konkretes Sprachereignis jedoch (eine Äußerung) wird durch einen Sprecher hervorgebracht, indem dieser unter (mehr oder weniger intuitiver) Befolgung der grammatischen Regeln aus den so eröffneten Optionen eine auswählt. Es sind also die Regeln der Grammatik als Erzeugungs- bzw. Eröffnungsparameter zu unterscheiden von der Fallstruktur des Sprechers als Auswahl- bzw. Entscheidungsparameter (s. die entsprechenden Absätze in Abschn. 1.2). Erst mittels dieser Unterscheidung lässt sich, wie wir in Kap. 4 sehen werden, die Schwierigkeit der Generativität des Habitus letztlich lösen und lässt sich vermeiden, ihn als ein das Handeln determinierenden Vermittler von der sozialen Struktur produziert zu begreifen.

Bei allen Schwierigkeiten einer begrifflichen Bestimmung des Habitus können wir ausgehend von dem bisher Ausgeführten die folgenden *sechs entscheidenden heuristischen Merkmale des Habitusbegriffs* festhalten:

1. Habitusformationen wirken *handlungslogisch wie Sitten*, deren Vorschriften das Handeln ‚gehorcht' (Bourdieu 1967, S. 158).[84]
2. Habitus operieren als den Handelnden selbstverständliche Haltungen, sind ihnen also in der Regel *nicht bewusst*, und der Reflexion nur sehr schwer zugänglich.[85]
3. Habitus werden „vor allem in den ontogenetischen *Krisen* der milieugebundenen Sozialisation erworben" (Oevermann 2001 [DM Akt], S. 46; Kursivierung hinzugefügt).
4. Habitus *sind lebenspraxisbestimmend* (Oevermann 2001 [DM Akt], S. 46); sie orientierten und leiten selbst die „anscheinend einzigartigsten schöpferischen Handlungen." (Bourdieu 1967/1974, S. 132; Übers. korrigiert)
5. Habitusformationen erlauben es „alle charakteristischen [...] *Handlungen* einer Kultur zu *erzeugen* – und nur diese." (Bourdieu 1967/1974, S. 143; Übers. korr.; Kursivier. hinzugefügt)[86]

---

[84] Die Übersetzung von „obéissant" mit „folgend" (Bourdieu 1967/1974, S. 149), schwächt diese Bedeutung ab.

[85] Habitusformationen haben „eine hohe Chance der automatisch erfolgenden Reproduktion" (Oevermann 2001 [DM Akt], S. 47); Habitus arbeiten „jenseits von Bewußtsein und diskursivem Denken" (Bourdieu 1979/1983, S. 730).

[86] Ils „permettent *d'engendrer* toutes [...] les *actions* caractéristique d'une culture, et celles-là seulement." (Bourdieu 1967, S. 152; Kursivier. hinzugefügt).

6. Folglich schlagen sich Habitusformationen als *modi operandi* in den von ihnen
   hervorgebrachten Handlungsobjektivationen, den *opus operata*, nieder und
   können aus diesen als deren Erklärungen rekonstruiert werden.

Bezüglich der diesem Buch zugrunde liegenden empirischen Forschung, lassen
sich die heuristischen Merkmale des Habitusbegriffs folgendermaßen konkretisieren: Oben wurde angedeutet, dass es die Bewältigung von Krisen ist, mit denen das
Subjekt in seiner Sozialisation auf für eine Kollektivität (obiges Beispiel: Generation) typische Weise konfrontiert wird, in denen die Grundhaltung, die der Habitus
dann darstellt, ausgeformt wird. Demnach wäre es auf den ersten Blick nicht zu erwarten, dass den Deutungsmustern der Gegner der Corona-Maßnahmen ein spezifischer Habitus korrespondiert, da diese ja nicht aus einem spezifischen Milieu,
einer Generation oder einer sonst abgrenzbaren Kollektivität[87] stammten: „In ihrem
Ursprung – in ihrer Sozialstruktur und ihren politischen Einstellungen – sind die
Querdenker_innen [sic!] heterogen." (Frei und Nachtwey 2021a, S. 2; vgl. Frei und
Nachtwey 2021b, S. 17) Wenn es sich bereits bei der spezifischen Gruppe der
selbsternannten Querdenker nicht um eine spezifische Kollektivität handelt, die
durch eine spezifische Habitusformation gekennzeichnet ist, dann spricht wenig
dafür, dass dies allgemein bei den Gegnern der Corona-Maßnahmen zutrifft.[88] Die
Annahme, dass Habitusformationen in Relation zu spezifischen sozialen Kollektiv-
gebilden, wie etwa Milieus (was in der Literatur zu Habitus sehr häufig angenommen wird), Generationen, Klassen (dies vertritt v. a. Pierre Bourdieu) und so weiter
stehen, steht also quer zu unserer Fallauswahl. Bei dieser war das Hauptkriterium
die Gegnerschaft zu den Maßnahmen zur Bekämpfung der Corona-Pandemie –
und zwar weil es dort, so die Vermutung im Ausgang der Forschungen, eine er-
klärungsbedürftige Einheitlichkeit von inkonsistenten Deutungen gab. Insofern
versuchen wir, wenn wir die mit den rekonstruierten Deutungsmustern korrespon-
dierenden Habitusformationen untersuchen, den je fallspezifischen Habitus zu re-

---

[87] Bourdieu spricht diesbezüglich von einheitlichen Positionen in einem sozialen Raum, bei
denen zu erwarten wäre, dass der Habitus der Inhaber dieser Positionen dazu in Korrespon-
denz stehen würde (vgl. hierzu 1989/1998a, S. 29).

[88] Dennoch konnten wir in den Fallanalysen Habitus rekonstruieren, die in je eigener Weise
mit den Deutungsmustern korrespondieren. Auch wenn deren ontogenetische Genese ohne
weitere biografische Daten nicht zu entschlüsseln sind und somit im Rahmen der vorliegenden Einführung nicht empirisch aufgeklärt werden kann, ob und inwiefern die „Kon-
ditionierungen, [...] mit einer bestimmten Klasse von Existenzbedingungen verknüpft sind,
[...] die Habitus" erzeugen (Bourdieu 1980/1993, S. 98; Kursivier. getilgt; Übers. korr., vgl.
Bourdieu 1980, S. 88), so zeigen sich doch aufschlussreiche Wechselwirkungen.

konstruieren. Dabei spielt die spezifische Haltung gegenüber der mit der Pandemie wie mit den zu ihrer Bewältigung ergriffenen Maßnahmen einhergehende Krise (des näheren s. hierzu Abschn. 3.1) eine besondere Rolle. Die Beziehung zu den Deutungsmustern dürfte dann besonders aufschlussreich sein, wenn es zutrifft, dass Habitus handlungslogisch wie eine Sittenlehre wirken (1). Allerdings ist davon auszugehen, dass der jeweilige Habitus auch die Haltungen zu anderen Handlungsroblemen (etwa zum Forschungsgespräch) systematisch prägt (5) und auch hierfür „lebenspraxisbestimmend" ist (4). Zu zeigen ist also in den Fallanalysen, wie diese Haltung, die den untersuchten Personen ja nicht bewusst ist (2), aus den erhobenen und vorgefundenen Protokollen von deren Handeln rekonstruiert werden kann (6). Hingegen ist, wie bereits gesagt, nicht zu erwarten, dass wir zu dem die Genese betreffenden heuristischen Merkmal (3) des Habitus hier eine weitere Klärung erreichen.

1.3.3 Zur Abgrenzung von Habitus und Deutungsmuster

Bisher sind wir ohne weitere Begründung davon ausgegangen, dass es sich bei Deutungsmuster und Habitus um unterschiedliche Gegenstände handelt. Dabei wurden allerdings Schwierigkeiten der begrifflichen Abgrenzung deutlich. So sei auch vor Darstellung unserer Fallanalysen darauf hingewiesen, dass diese Differenz keineswegs allenthalben geteilt wird oder gar als gesichertes Verständnis gilt. Im Gegenteil: häufig scheint es nicht einmal ein Bewusstsein für die Problematik der Abgrenzung von Deutungsmustern und Habitus zu geben – das gilt sowohl für Autoren, die sich explizit um die methodische Erfassung von Habitus bemühen,[89]

---

[89] So heißt es etwa bei Rolf-Torsten Kramer, der mit der „sequenzanalytischen Habitusrekonstruktion" eine sogenannte „neue Methode der Habitushermeneutik" zu entwickeln versucht: „Die ‚Habitushermeneutik' zielt auf eine letztlich typologische Analyse von Wahrnehmungs-, Denk- und Handlungsmustern von Gruppen (aber auch einzelnen Personen)" (2017, S. 245). „Habitus als implizites Wissen" (Kramer 2017, S. 252) heißt es entsprechend auch im Titel des Abschnitts, der dazu dienen soll, „das Gegenstandskonzept selbst – also das Konzept des Habitus – etwas genauer zu konturieren." (Kramer 2017, S. 251) Und er begreift Habitus letztlich als ‚impliziten Wissensbestand' (S. 256 u. passim), also eher dem Bereich des Deutungsmusters zugehörig, auch wenn es ihm andererseits – mit der dokumentarischen Methode – um „eine methodische Konzentration auf den a-theoretischen Sinngehalt" geht.

als auch, wie wir gesehen haben, für den entscheidenden Bezugsautor Bourdieu, der etwa ohne nähere Unterscheidung von einem „bestimmten System[...] von Denk-, Wahrnehmungs- und Handlungsschemata" (Bourdieu 1967/1974, S. 153)[90] spricht.[91] Deutlich wird die Nichtunterscheidung im Begriff des Habitus auch in einem Diagramm, in dem zwar die Aspekte „System der Erzeugungsschemata von klassifizierbaren Praktiken und Werken" und „System der Wahrnehmungs- und Bewertungsschemata (‚der Geschmack‘)" (Bourdieu 1979/1983, S. 280) unterschieden werden, aber eben als Aspekte des Habitus. Unseres Erachtens wären hier drei bzw. vier unterschiedliche und eigenlogische Strukturebenen zu unterscheiden: der *Habitus* als *Erzeugungsprinzip* von Handlungen, die ihrerseits in Werken (Ausdrucksgestalten) zum Ausdruck kommen, *Deutungsmuster* als *generatives Wahrnehmungs- und Deutungsschema* und schließlich *Geschmack* als *ästhetisches Bewertungsschema*; hinzu käme noch *Moral* als *normatives Bewertungsschema*.

Auch Oevermann, dessen Überlegungen für eine begriffliche Differenzierung und damit eine begriffliche Bestimmung zu unterscheidender Gegenstände für uns sehr wichtig sind (s. o. und Kap. 4), nähert beide gleichwohl stark einander an: „Habitusformationen und Deutungsmuster unterscheiden sich also strukturell kaum. Der Unterschied zwischen ihnen ist insofern eher als gradueller anzusetzen auf einem Kontinuum der Tiefe der biographisch-ontogenetischen Verankerung, mit der der Grad des Automatismus in ihrer Operationsweise variiert und entsprechend die Chance ihrer biographischen Veränderung durch neue Erfahrungen." (2001 [DM Akt], S. 46 f.)

Wir werden hier die begriffliche Unterscheidung nicht weiter ausführen, sondern haben uns, gemäß der Aufgabe dieses Unterkapitels, damit beschieden, heuristische Aspekte der Begriffe zu benennen, um für unsere Fallanalysen die Linse scharf zu stellen. Die empirische Untersuchung anhand der Gegnerschaft zu den Maßnahmen zur Eindämmung der Corona-Pandemie dient – neben der Einführung

---

[90] „certain système de schèmes de pensée, de perception et d'action" (Bourdieu 1967, S. 162) – s. auch: „Denk-, Wahrnehmungs- und Handlungsmuster, die der Urheber seiner Zugehörigkeit zu einer Gesellschaft, einer Epoche und einer Klasse verdankt." (Bourdieu 1967/1974, S. 154; Übers. korr. – „des schèmes de pensée, de perception et d'action que le créateur doit à son appartenance à une société, une époque et une classe" – Bourdieu 1967, S. 162).

[91] Vgl. hierzu auch Matthiesen 1989, der allerdings beim Habitus nicht von Rekonstruktion, sondern von „Habituskonstruktion" spricht, da er mit einigem Recht diagnostiziert, „daß Bourdieu resolut für einen *strukturalen Konstruktivismus* optierte" (Matthiesen 1989, S. 238; kurisv i. Orig.).

in die Rekonstruktion von Deutungsmustern und Habitus und dem Gewinn von Einsichten bezüglich der spezifischen Deutungsmuster und Habitus von Gegnern der Corona- Maßnahmen – entsprechend dazu, die hier aufgeworfenen begrifflichen Heuristiken zu untermauern, zu spezifizieren oder zu verwerfen. Dies mündet schließlich (Kap. 4) in einer theoretischen Klärung der Begriffe ‚Deutungsmuster‘ und ‚Habitus‘.

Methodisches Vorgehen

Das Datenmaterial, das in diesem Band der exemplarischen Einführung in die objektiv-hermeneutische Rekonstruktion von Deutungsmustern und Habitus dient, stammt aus den Forschungen von Ute Fischer. Mehrere Lehrforschungsprojekte und ein Projekt im Rahmen fachhochschulinterner Forschungsförderung zum gesellschaftlichen Zusammenhalt haben sich unter anderem mit Gegnern der Corona-Maßnahmen beschäftigt. In dieser Forschung ging es darum zu verstehen, wodurch es zu der schon bald nach Beginn des ersten Lockdowns im März 2020 entstandenen Lagerbildung zwischen Befürwortern und Gegnern der Maßnahmen kam. Nun sind Meinungsunterschiede zwischen politischen Positionen in einer Demokratie nichts Ungewöhnliches, sie können Ausweis einer funktionierenden politischen Öffentlichkeit sein, die sich durch offen ausgetragenen Meinungsstreit auszeichnet. Doch waren sowohl die Härte der Fronten als auch ihre Beschaffenheit erstaunlich und insofern erklärungsbedürftig, als die Trennlinie häufig quer durch Familien und Freundeskreise verlief und mit einer Emotionalität besetzt war, die rationale Argumentation unmöglich werden ließ. Soziologisch interessant daran sind mehrere Aspekte: Offenbar handelt es sich bei den „Lagern" nicht um milieu-, bildungsstand- oder auch statusspezifische Gebilde, da sie quer zu bestehenden sozialen Gruppen stehen. So fragt es sich, durch welche Deutungen sie denn verbunden sind, in welchen Mustern diese wurzeln und inwiefern sie in Zusammenhang mit dem Habitus des Einzelnen stehen. Zudem sind vor allem die Gegner in ihrer Ablehnung nicht nur einzelner Maßnahmen, sondern des gegenwärtigen Zustands des politischen Systems bzw. des politischen Prozesses der Entscheidungsfindung allgemein ein interessanter Gradmesser für möglichlicherweise bestehende demokratische Defizite oder sogar Gründe für eine abnehmende Bin-

© Der/die Autor(en), exklusiv lizenziert an Springer Fachmedien Wiesbaden GmbH, ein Teil von Springer Nature 2025
U. Fischer, T. Loer, *Deutungsmuster und Habitus rekonstruieren*, Objektive Hermeneutik in Wissenschaft und Praxis,
https://doi.org/10.1007/978-3-658-49722-4_2

dung an das Gemeinwesen. Beide Phänomene – Defizite im politischen Prozess sowie in der Gemeinwohlbindung – sind aber alarmierende Entwicklungen von gesellschaftlicher Tragweite, so dass ihre Erkundung auch hilfreiche Hinweise auf notwendige Reformen geben kann.

2.1　Forschungsplanung

Bei jeder Forschung drängt sich zunächst eine *Frage* in den Fokus des *Interesses*, die dann auf der Grundlage der *Kenntnisnahme von bereits bestehenden Erkenntnissen* zu einer *vorläufigen Fragestellung* entfaltet wird. Zu den bestehenden Erkenntnissen gehören selbstverständlich auch theoretische:

> „Die Theoriebildung, die sich an einem Fall vollzieht, ist immer schon eingebunden und vorstrukturiert durch vorangegangene Theoriebildungen, ohne die ein Zugriff auf den Fall unmöglich wäre. Die Vorstellung eines atheoretischen Zugangs ist naiv. Und sie wäre ja angesichts des Anspruchs auf eine theoriebildende Forschung insofern auch absurd, als ein ‚erster‘, ‚theoriefreier‘ Zugriff zu Theorien führen würde, die, wollte man weiter atheoretisch forschen, vergessen oder entsorgt werden müssten. Umgekehrt müsste der Anspruch eines atheoretischen empirischen Zugriffs logisch den Verzicht auf Theoriebildung in Kauf nehmen. Theoriebildung kann also nur verstanden werden als Theorie*weiter*- oder *um*bildung." (Wernet 2019, S. 80; kursiv i. Orig.)

Häufig ist es auch ein äußerer *Anlass*, der den Forscher bewegt,[1] einer ihn schon länger – latent oder immer wieder auch manifest – beschäftigenden Frage systematisch nachzugehen. Bei den hier vorliegenden Fällen war es eine *theoretische Frage*, die sich aus der Klärungsbedürftigkeit des Begriffs des Deutungsmusters und des Begriffs des Habitus ergab. Begriffe und Theorien dienen aber ja in den Wirklichkeitswissenschaften dazu, empirische Phänomene aufzuschließen und zu erklären, insofern kann eine theoretische Frage nicht abstrakt bearbeitet werden, sondern muss sich in konkreter empirischer Forschung klären. Wie oben gesagt, haben wir dies anhand des konkreten Phänomens der Proteste oder – weniger öffentlich ausgetragen – der Ablehnung der Maßnahmen zur Eindämmung der Pandemie in Angriff genommen. Dort trat nämlich – insbesondere bei den hier vorliegenden Fällen – die *empirische Frage* auf, wie es zu der konkret beobachtbaren

---

[1] Dass an dieser Stelle die Subjektivität des Forschers eine systematische Rolle spielt, liegt auf der Hand, wenn auch die systematische Klärung dieser Frage noch aussteht. Ansätze hierzu finden sich in Franzmann 2008 u. 2012 und in Loer 2008 [Urszenen]; s. auch: Franzmann/Bauder 2024.

Frontenbildung entlang der Maßnahmen zum Schutz vor der Verbreitung der Pandemie kommt; diese Frage ergab sich ihrerseits aus einem schon länger bestehenden Interesse an Zustand und Entwicklung des gesellschaftlichen Zusammenhalts und der Gemeinwohlbindung.

Die *Fragen*, um die es in den hier verfolgten Forschungsinteressen geht, lassen sich zum einen theoretisch aus dem Interesse an der Klärung der Begriffe ableiten (siehe Abschn. 1.3). Hier interessiert uns, aus welchen Deutungsmustern sich die in der Empirie aufzufindenden Deutungen zu den Corona-Maßnahmen generieren und wie diese Muster des Deutens in der Lage sind, Orientierungen für die Praxis zu bieten. Denn erst im konkreten deutungsbedürftigen Handlungsproblem – hier also den die Krise auslösenden neuartigen Herausforderungen durch die Pandemie –, läßt sich das theoretische Konzept des Deutungsmusters aufschlüsseln und die Funktion von Deutungsmustern für die Lebenspraxis aufklären. Dabei ist zu berücksichtigen, welche Deutungsprobleme sich in den Deutungsmustern widerspiegeln. Zum anderen sind diese Deutungsmuster, wie sie im empirischen Forschungsfeld der Maßnahmen-Gegner rekonstruierbar werden, dazu geeignet, nicht nur das theoretische Konzept zu präzisieren, sondern bezogen auf das Forschungsfeld auch die vermuteten Defizite des demokratischen Prozesses und der vorhandenden Gemeinwohlbindung zu entschlüsseln. Fragen, die sich hier stellen, sind etwa: Welche Auffassungen von Demokratie und Gemeinschaft, von Eigeninteresse und Gemeinwohlbindung zeigen sich in den Deutungen und auf welche Deutungsmuster gehen sie zurück? Welche Art von Widersprüchen spiegelt sich in den Deutungsmustern wider, die sich auf die Qualität des gegenwärtigen demokratischen Prozesses ebenso beziehen wie auf die (verletzten) Interessen der Maßnahmen-Gegner. Welche Deutungen zu zentralen Fundamenten der Demokratie – Freiheit, Solidarität, Gleichheit, Verantwortung, Rechtsstaatlichkeit – finden sich? Wie steht es um das Vertrauen in die politischen Institutionen und Verantwortungsträger sowie in Medien und Wissenschaft?

Diese inhaltlichen Fragen können nicht unabhängig davon beantwortet werden, wie die Haltungen der Forschungssubjekte – also ihr Habitus – zu verstehen sind. Wir suchen auf der theoretischen Seite Klärungen zum Begriff des Habitus sowie seines Zusammenhangs zu Deutungsmustern. Gehen mit gleichem Habitus auch gleiche Deutungsmuster einher, oder können gleiche Muster der Deutung von unterschiedlichen Habitus generiert werden, oder kann der gleiche Habitus zu unterschiedlichen Deutungsmustern führen?

Als *bereits bestehende Erkenntnisse*, die zur Beantwortung dieser Fragen beitragen können, darf vor allem die Literatur zu Deutungsmustern und Habitusformationen gelten, die, sofern sie heuristisch relevant ist, im Abschn. 1.3, sofern sie zur begrifflichen Klärung beiträgt, im Kap. 4 behandelt wird. Außerdem, wenn auch hier nicht im Zentrum, sind die Forschungergebnisse zu der Corona-Krise, dem Umgang mit den Maßnahmen u. ä., darauf zu prüfen, ob sie etwa zum Verständnis von Deutungsmustern und Habitusformationen beitragen. Die für die Bestimmung der Handlungs- und Deutungsprobleme hilfreiche Literatur wird in dem entsprechenden Abschnitt (3.1) behandelt. Es findet sich allerdings in den ersten Jahren verständlicherweise wenig empirische Forschung, Publikationen bis ins Jahr 2022 beruhen weitgehend „auf Alltagsbeobachtungen und theoretischen Zuspitzungen" wie René Tuma (2022, S. 78) in einer Sammelrezension festhält. Die neben standardisierten und ethnografischen zu findenden empirischen Untersuchungen haben es meist bei qualitativen Inhaltsanalysen belassen, die allenfalls – wie beim Team um Oliver Nachtwey in Basel (vgl. bspw. Frei und Nachtwey 2021a, S 17; Nachtwey et al. 2020, S. 59) um sequenzanalytische Auswertungen ergänzt werden (ohne diese allerdings explizit darzustellen). Die Rekonstruktion von Deutungen der untersuchten Maßnahmen-Kritiker gibt dabei Hinweise auf Bewältigungsstrategien der Krise durch rationalistische Deutungen, etwa in Bezug auf geforderte Widerspruchsfreiheit der Maßnahmen, ihrer Verhältnismäßigkeit und der Sicherung der Meinungsfreiheit (Schäfer und Frei 2021, S. 395 ff.). Die rekonstruierten Deutungen werden in ihrer Funktion der Beherrschbarkeit der unübersichtlichen Situation durch die Pandemie sowie der Sinnzuschreibung der Ereignisse zur Orientierung dargestellt. So instruktiv diese Deutungsinhalte sind, so wenig werden sie in ihrer Genese aus Deutungsmustern hergeleitet. Eher vermutet als rekonstruiert werden die Funktionen der gefundenen Deutungen – vor allem auf der rhetorischen Ebene der gefundenen „formalen Pathetik" (ebd., S. 404 f.) – im Hinblick auf eine „Vergemeinschaftung der Protestbewegung" (ebd., S. 408).

Wir können nun folgende *vorläufige Fragestellungen* formulieren:

Wie werden die Handlungsprobleme, die sowohl die Pandemie selbst als auch die Maßnahmen zu ihrer Bewältigung aufwerfen, gedeutet? Aus welchen Deutungsmustern werden die Deutungen generiert? Auf welche inneren Widersprüche verweisen sie? Welche Haltungen zeigen sich in der Art der Krisendeutung und -bewältigung? In welchem Verhältnis stehen Haltung und Deutung zueinander? Und welche Erkenntnisse lassen sich im empirischen Feld der Maßnahmen-Kritik für die Präzisierung der Begriffe Deutungsmuster und Habitus gewinnen? Welches Demokratieverständnis und damit welches Selbstverständnis als Bürger kommt zum Ausdruck und welche Auswirkungen auf den Zusammenhalt der Gesellschaft hat dies?

In einem nächsten Schritt wären nun die für die Bearbeitung dieser Fragestellungen a prima vista *relevanten Dimensionen* des aus dieser Fragestellung sich ergebenden *Forschungsgegenstands* zu bestimmen und auf deren Grundlage ein *dimensionaler Auswahlrahmen* zu entwerfen. Mithilfe eines solchen Auswahlrahmens können mögliche Fälle von solchem hier im Fokus stehenden Handeln ausgewählt werden. Hierbei empfiehlt es sich in Form einer *kontrastiven* – und idealiter *sequenziellen* – *Fallauswahl*, die Pole der relevanten Dimensionen mit Untersuchungsfällen zu belegen, um so den Raum der möglichen Typen abzudecken. Da im Zentrum dieses Buches das methodische Vorgehen bei der Rekonstruktion von Deutungsmustern und Habitus steht, seien diese Schritte hier nur abgekürzt angedeutet.

Unsere *Forschungsgegenstände* sind (A) Deutungsmuster, (B) Habitus und (C) der ‚Umgang mit der Corona-Krise als Ausdruck des Selbstverständnisses als Bürger‘.

Für den ersten Forschungsgegenstand (A) lassen sich zunächst v. a. folgende, den Gegenstand der Deutung betreffende Dimensionen vorläufig bestimmen: (A. D1) *Lagerung im sozialen Raum* mit den Polen (A.D1.a) privat und (A.D1.b) öffentlich; (A.D2) *Lagerung im Raum der praktischen Wertung* mit den Polen (A. D2.a) sachlich und (A.D2.b) (moralisch- oder politisch-) praktisch; schließlich (A.D3) *Dringlichkeit der Deutung* mit den Polen (A.D3.a) routiniert und (A.D3.b) krisenhaft; des weiteren wäre die Dimension (A.D4) *Explizitheit der Deutungen* mit den Polen (A.D4.a) implizit und (A.D4.b) explizit für die Klärung des Begriffs des Deutungsmusters von Interesse. – Unsere Fälle sind in den ersten drei Dimensionen an dem jeweils zweitgenannten Pol (b) angesiedelt. Allerdings gibt es in den Forschungsgesprächen durchaus auch Deutungen zu anderen Polen. Eine weiterführende Studie hätte hierzu gleichwohl klare Kontrastfälle zu erheben. In der Dimension (A.D4) liegen kontrastive Fälle vor (s. zu den Fällen die Fallanalysen in Kap. 3).

Für den Forschungsgegenstand des Habitus (B) wären – in Relation zu der Analyse des Forschungsgegenstands ‚Deutungsmuster‘ – zunächst folgende Dimensionen zu berücksichtigen: (B.D1) *praktischer Umgang mit dem Deutungsproblem* mit den Polen (B.D1.a) abwartend und (B.D1.b) eingreifend; (B.D2) *Relation des Subjekts zur Welt* mit den Polen (B.D2.a) Dominanz der Welt (Akkomodationsorientierung) und (B.D1.b) Dominanz des Subjekts (Assimilationsorientierung). – Hier sind – wie wir sehen werden – unsere Fälle durchaus kontrastiv; dies wurde bei der Auswahl der hier präsentierten Fälle berücksichtigt, ergab sich in der genaueren Bestimmung aber erst aus den Analysen selbst.[2]

Für den Forschungsgegenstand ‚Umgang mit der Corona-Krise als Ausdruck des Selbstverständnisses als Bürger‘ (C) kommen viele Dimensionen in Betracht – im Prinzip alle, die auch bei repräsentativen Studien zu politischen Themen eine

---

[2] Dies ist der Grund, warum bei einem größer angelegten Forschungsprojekt die Fallauswahl selbst, wie oben angeführt, sequenziell erfolgen sollte.

Rolle spielen und sich in Darstellungen zur Sozialstruktur finden (s. als ein Beispiel Geißler 1992/2008). Es ist klar, dass ein solch ausschöpfendes Vorgehen wenig zielführend ist. Insofern ist von dem Gegenstand selbst auszugehen. So ist eine erste Dimension (C.D1) die *Haltung zu den Maßnahmen* der staatlichen Instanzen mit den Polen (C.D1.a) zustimmend und (C.D1.b) ablehnend; sodann wäre die Dimension (C.D2) *fachspezifische Kenntnisse* (indiziert durch den *Bildungsgrad*) aufschlussreich – mit den Polen (C.D2.a) gut informiert und (C.D2.b) kenntnisarm; auch eine *Milieubindung* lässt sich im Forschungsstand als Dimension erkennen (z. B. Nachtwey et al. 2020) in einem breiten Spektrum von einer (C.D3.a) bürgerlich-liberalen Orientierung über eine (C.D3.b) linksalternative/esoterische Orientierung bis hin zu einer (C.D3.c) Orientierung an Verschwörungserzählungen. Zudem erscheint eine weitere Dimension interessant aufgrund des früh zur Corona-Zeit beobachtbaren Phänomens einer Neupolitisierung, die in Teilen auch zur Radikalisierung führte: die Dimension der politischen Aktivität (C.D4.a) bereits vor dem Beginn der Pandemie und (C.D4.b) erst infolge der Maßnahmen. Interessant erscheint diese Dimension insofern, als die Proteste zu Beginn des ersten Lockdowns den Kreis der Personen, die ihr Misstrauen gegenüber den staatlichen Institutionen und Verfahrensformen der Demokratie zum Ausdruck brachten, z. B. in den Pegida-Demonstrationen, um weitere Personengruppen zu erweitern schienen und dabei v. a. auch zuvor wenig bis gar nicht politisch aktive Kreise hinzukamen; die Proteste wirkten also Misstrauen steigernd. Angesichts der Tatsache, dass medial stärker männliche Aktivisten in die Öffentlichkeit traten, erschien es aufschlussreich, neben (C.D5.a) männlichen auch (C.D5.b) weibliche Gesprächspartner auszuwählen. Damit verbunden war die Überlegung, dass es möglicherweise gerade hinsichtlich der Politisierungs- und Radikalisierungswirkung der Maßnahmen nach Geschlechtszugehörigkeit unterschiedliche Deutungen zum Demokratie- und Selbstverständnis als Bürger und Habitus geben könnte. – Unsere Fälle bewegen sich hier in der ersten Dimension am ablehnenden Pol (b),[3] in der zweiten Dimension am Pol der gut Informierten (a). In der dritten Dimension haben wir versucht, auf den ersten Blick hin möglichst wenig extreme (verschwörungsideologisch gefärbte) Orientierungen, also eher die bürgerliche Mitte zu finden. Motiviert war diese Auswahl aus der Überlegung, demokratiekritische Deutungsmuster und Haltungen zu rekonstruieren, die ernst-

---

[3] Bezüglich des zustimmenden Pols halten Silke Beck und Julian Nardmann fest: „die deutsche Reaktion zeichnet sich durch ihre Konsensorientierung und relativ hohe Zustimmung zum Lockdown aus." (Beck und Nardmann 2021, S. 188) Weitere Forschung hätte dies zu überprüfen – so könnte hier auch ein anderes Deutungsmuster im Spiel und die „Konsensorientierung" Ausfluss einer gewissen Obrigkeitsstaatlichkeit sein.

zunehmenden Reformbedarf aufzeigen könnten. In der vierten Dimension interessierten uns aus demselben Grund gerade solche Personen, die durch die Maßnahmen neu politisiert wurden, und schließlich sollten unter den Fällen sowohl Männer als auch Frauen vertreten sein. Bezüglich des Demokratieverständnisses und des Selbstverständnisses als Bürger wäre, vor dem Hintergrund der beobachtbaren Unterschiede des Protestes gegen die Corona-Maßnahmen sicher auch die Dimension (C.D6) *Ost/West* von Interesse. Diese haben wir allerdings, da es primär um die Rekonstruktion von Deutungsmustern und Habitus geht, sowie aus forschungsökonomischen Gründen zunächst nicht berücksichtigt; weitere Forschung müsste dies dringend in Angriff nehmen.[4]

Die hier präsentierten Fallanalysen stammen aus einem größeren Sample an Dokumenten, die im Rahmen der Lehrforschung und Forschungswerkstatt von Ute Fischer analysiert wurden. Basierend auf Forschungsstand und Ausgangsbeobachtungen wurde dort die Auswahl passender Dokumente anhand des theoretischen Samplings nach Glaser und Strauss (1967) gestaltet. Dabei wurde zunächst bewusst auf die Erhebung von Forschungsgesprächen verzichtet, weil die Gegner der Corona-Maßnahmen bereits Ausdrucksgestalten verschiedener Formen bereithalten. Die bereits vorhandenen Dokumente sind insofern besser geeignete Materialien, als ihre Urheber in ihnen selbstständig und originär Deutungen hervorgebracht haben und sie nicht – wie aus zweiter Hand – erst im Forschungsgespräch produziert werden (siehe auch Oevermann 2001 [DM Akt], S. 62). Es ist sogar anzunehmen, dass sich Gesprächspartner auf diejenigen Inhalte der im Projekt untersuchten Dokumente beziehen, die jeweils einen hohen Verbreitungsgrad aufweisen. Zur Vertiefung der dadurch gewonnenen Ergebnisse wurden in einer zweiten Forschungsphase zusätzlich fünf Forschungsgespräche erhoben.

Für den Einstieg in die empirische Analyse wurde als erstes ein zu dem Zeitpunkt aktuelles Dokument aus der Gründungsgruppe von Querdenken 711 ausgewählt: der Aufruf zur Demonstration am Ostersamstag 2021 in Stuttgart; es handelt sich um ein Video von 2:03 Minuten Länge. Bei der Analyse wurden auch nichtsprachliche Äußerungen berücksichtigt, wofür Bild- und Situationsbeschreibungen vorgenommen wurden. In dieser Auftaktanalyse wurden zentrale Muster der Ausdeutung von Rechtsstaatlichkeit rekonstruiert, die sich auch im Forschungsstand fanden. Die hohe Emotionalität und der propagandistische Charakter des Beitrags legten als Kontrast – gemäß dem theoretischen Sampling – zum einen Dokumente nahe, die, auf den ersten Blick, einen sachlichen Charakter zeigten sowie für die

---

[4] Bei der Überprüfung von Gemeinsamkeit und Differenz zwischen Ost und West wären etwa auch solche Überlegungen wie der „Versuch, ‚Querdenken' in die Tradition von 1989 zu stellen" (Panreck et al. 2021, S. 108), zu berücksichtigen.

Frage der Handlungsmotivation auch Reden von neupolitisierten Personen auf Demonstrationen. Dabei wurde zudem auf Unterschiede im Alter, im Bildungsgrad sowie im Beruf geachtet. Auch der Verbreitungsgrad, z. B. gemessen an Verlinkungen und Rückbezügen, war ein wichtiges Kriterium für die Auswahl sowie das Abdecken spezifischer Felder des Diskurses, etwa Formen der journalistischen Berichterstattung.

Daher wurde weiteres Datenmaterial in Selbstdarstellungen der Querdenken-Bewegung und weniger organisierten Maßnahmen-Gegnern in Videos bzw. TV-Beiträgen, offenen Briefen, journalistischen Beiträgen und weiteren Arten der Meinungsäußerung wie Social Media-Posts gesucht. In dieser ersten Forschungsphase entstand ein Korpus von zwölf Fallanalysen aus einem Spektrum von unterschiedlich stark engagierten und in die Proteste involvierten Personen bzw. Gruppen. Die Forschungsgespräche wurden später mit dem Ziel erhoben, einzelne Aspekte zu vertiefen. So wurden etwa, in der Annahme, dass Bildung vor verdrehten Weltwahrnehmungen schützt (C.D2.a), akademisch gebildete Gesprächspartner ausgewählt – auch um dem verunglimpfenden Stereotyp der Maßnahmen-Gegner als „Aluhüte" (Thießen 2023) zu begegnen. Die Gesprächspartner unterscheiden sich zudem nach Geschlecht, Alter, religiöser Verankerung und politischer Ausrichtung, um der in der Forschung festgestellten Heterogenität der Gegnerschaft gerecht zu werden.

Die Auswahl der vier hier präsentierten Falldarstellungen erfolgte nach dem Prinzip, das breite Feld der Maßnahmen-Gegner möglichst kontrastiv aufzuspannen und damit exemplarisch, aber doch in seiner Breite zu erfassen. Vor allem sollten populären Vorurteilen gegenüber der Gegnerschaft begegnet werden, z. B. die esoterische oder auch rechtsgerichtete Ausprägung oder gar ein geringes Bildungsniveau (C.D2.a). Die Wahl fiel daher zunächst auf ein Buch, das in der Gruppe der Maßnahmen-Gegner stark rezipiert und auch von einem Gesprächspartner empfohlen wurde.[5] Da die Autorin[6] Politikwissenschaftlerin ist, sind hier prägnant explizierte, gut recherchierte und mit Anspruch auf Rationalität formulierte Argumente zu erwarten (A.D4.b), aus denen sich Deutungen rekonstruieren lassen. Kontrastiert wird das eher programmatische Werk durch das Dokument

---

[5] Auch bei dem publizierten und stark rezipierten Text geht es allerdings nicht um explizite und manifest verfügbare Deutungen, sondern um latente Deutungsmuster, die eben auch expliziten Diskursen zugrundeliegen. Insofern ist die Entgegensetzung von (wissenssoziologischen) Deutungsmusteranalysen „in (milieuübergreifend verbreiteten) Diskursen" und (strukturalistischen) Deutungsmusteranalysen „auf lebensweltlicher Ebene" (Bögelein und Vetter 2019b, S. 29) künstlich.

[6] Zu Ulrike Guérot als Person s.: https://www.ulrike-guerot.de/ueber-mich/biografie; zuletzt angesehen am 16. Okt. 2025.

eines promovierten und inzwischen pensionierten Richters,[7] das für sich eine fachkundige, juristische Argumentation beansprucht und entsprechend häufig in der Bewegung der Gegner verbreitet und verlinkt wurde. Sein hoher Verbreitungsgrad ist ein Indikator für ein über den einzelnen Fall hinaus typisches Deutungsmuster. Die beiden weiteren Fälle stammen aus den Forschungsgesprächen, die im Frühjahr und Sommer 2022 stattfanden; sie stellen eine 50-jährige Pädagogin[8] einem 60-jährigen Ingenieur und Parteipolitiker[9] gegenüber.

2.2 Feldzugang

Da wir nun wissen, welche Dimensionen unseres Forschungsfeldes wir im ersten Schritt abdecken möchten und dass wir relevante Daten mittels bereits edierter Texte, also vorliegender Veröffentlichungen, ebenso wie Forschungsgespräche mit Maßnahmen-Gegner nutzen wollen, betrifft die Frage des Feldzugangs nur letztere. Die edierten Texte, wie auch andere Dokumente (etwa Youtube-Videos, Medienberichte, Talkshow-Auftritte) liegen bereits vor. Für den Zugang zu Maßnahmen-Gegnern wurden in diesem Fall persönlichen Empfehlungen gefolgt (vgl. aber u.). Jemand aus dem eigenen Bekanntenkreis kennt jemanden, der sich eignet. Dabei war nicht immer Bereitschaft zu einem Gespräch über die eigene Haltung zu den Corona-Maßnahmen vorhanden, so dass mehrere Anläufe nötig waren. Die teilweise vorhandene Zurückhaltung von Maßnahmen-Gegnern ist ihrerseits zu analysieren, brachte sie doch oft einen Vorbehalt gegenüber der „Mainstream-Wissenschaft" zum Ausdruck. Insofern zeigt demgegenüber eine

---

[7] Es handelt sich um Manfred Kölsch, geb. 1940, der vierzig Jahre lang Richter war, „unter anderem am Landgericht Trier" und der „laut einem Medienbericht 1986 als Vorstand des ‚Arbeits- und Förderkreises für Waldorfpädagogik Trier'" das Bundesverdienstkreuz erhalten hatte (BZ, https://www.berliner-zeitung.de/news/wegen-corona-massnahmen-ehemaliger-richter-gibt-bundesverdienstkreuz-zurueck-li.157801; zuletzt angesehen am 16. Okt. 2025).

[8] Frau Milena Reinhold, wie wir sie anonymisierend genannt haben, ist 1973 im Rheinland geboren, hat Lehramt für Primarstufe im Siegerland studiert und verschiedene Arbeitsstellen im Ruhrgebiet, z. T. als Selbstständige innegehabt. Als ältestes von sechs Kindern lebt sie allein in einer Großstadt im Ruhrgebiet.

[9] Herr Holger Zunder wurde 1964 geboren (und ist inzwischen verstorben), er lebt zum Zeitpunkt des Interviews verheiratet mit fünf Kindern im Siegerland. Der gelernte Metallarbeiter mit Master-Abschluss leitet seit über 30 Jahren ein Unternehmen und besitzt verschiedene Patente, akademische Titel und unternehmerische Auszeichnungen. – Weitere Angaben (etwa zur Parteizugehörigkeit) werden aus Gründen der Anonymisierung nicht angeführt.

vorhandene Bereitschaft zu einem Forschungsgespräch ein zumindest nicht grundsätzliches Misstrauen in Forschung.

2.3   Datenerhebung

Zu den einzelnen Aspekten der Datenerhebung werden wir bei den Fallanalysen Bemerkungen machen. Gleichwohl seien einige allgemeine Bemerkungen zur Frage der Datenerhebung eingeschoben.

Die „Verfahren der Datenerhebung" lassen sich „nach dem sozialen Arrangement, das sich mit ihnen verbindet, und den Techniken der Protokollierung (einschließlich der Notation) unterscheiden" (Oevermann 2004 [Objektivität], S. 334)

Bei jeder Datenerhebung ist die *technische Qualität* sehr wichtig. Sie erspart einen großen Aufwand bei der Analyse, müssen doch nicht immer wieder Deutungen gegen Unsicherheit bei der Erhebung (Konjekturen von aufgezeichneten Äußerungen etwa) abgewägt werden.

Das *soziale Arrangement der Erhebung* ist nicht minder wichtig: Es muss einerseits das Interesse an der ausgewählten Praxis als dieser besonderen deutlich werden, andererseits zugleich die Neutralität gegenüber dem Forschungsthema und die Anonymität der zu untersuchenden Praxis glaubwürdig vermittelt werden. Der Forscher handelt also in glaubwürdig bekundetem Interesse an dem, was er von der zu untersuchenden Praxis zu erfahren vermutet, dies aber rollenförmig und nicht als ganze Person. Dies bedeutet auch, dass unabhängig von der realen eigenen Einstellung des Forschers zur Thematik im Austausch mit der zu untersuchenden Praxis ein freundliches Interesse an deren Einstellung deutlich vermittelt werden muss. Zugleich muss die Legitimität der Ansprache und Forschung durch Erläuterung der Forschungseinbettung deutlich werden. Dies Letztere bedeutet nicht, der zu untersuchenden Praxis die eigene Forschungsfrage plausibel zu machen und sie – was einen typischen Anfängerfehler darstellt – gewissermaßen als Forscherkollegen zu behandeln. Vielmehr geht es hier um die Einbettung der Forschung in die Bemühungen um wissenschaftliche Erkenntnisgewinnung; am einfachsten ist dies, wenn der Forscher sich als Mitglied einer Forschungseinrichtung zu erkennen geben kann. Zur Neutralität und Anonymität gehört des Weiteren, dass Forscher und Forschungssubjekt nicht persönlich miteinander bekannt sind, da nur so sichtbar gewährleistet ist, dass aus den Erkenntnissen keine praktischen Folgen für das Forschungssubjekt entstehen. Auch hier findet sich häufig ein Anfängerfehler: dass man – sei es aus Bequemlichkeit, sei es um einen besseren Rapport zum Gesprächspartner zu haben – Bekannte, gar Freunde und Verwandte darum bittet, ihre Praxis beforschen zu dürfen. Dies kann zu erheblichen Verwerfungen in der Forschung führen: so in der Erhebung, wird doch häufig dann nur zum Zwecke der Aufzeichnung etwas vorgeführt, was der Forscher bereits kennt, womit die aufgezeichnete Praxis eine zu Unergiebigkeit führende Künstlichkeit erhält. Es kann aber auch für die zukünftige gemeinsame Praxis Folgen haben und zu einem störenden Ungleichgewicht führen, da der Forscher durch die Fallrekonstruktion über das Forschungssubjekt tiefere Einblicke erlangt, als es diesem über den Forscher möglich ist. Da dies in der Erhebungssituation antizipiert wird, führt es ebenfalls zu Einschränkungen der Offenheit des Gesprächs.

Bereits für die Erhebung nun muss man sich die *Handlungsprobleme*, mit denen die zu beforschende Praxis im Hinblick auf die Fragestellung konfrontiert ist, vorab klarmachen. Handeln ist Problemlösen und in der Betrachtung der Probleme, die man in seinem Handeln löst, in der Art und Weise, in der man es tut, bringen sich in ihrer Systematik ein Deutungsmuster und ein Habitus zum Ausdruck, welche wir erforschen wollen. Insofern ist es aufschlussreich, Handlungen zu erheben, die eine Auseinandersetzung mit für die Forschungsfrage relevanten Handlungsproblemen darstellen. Wenn es gelingt, eine möglichst naturwüchsige und nicht (zu Erhebungszwecken) veranstaltete Praxis zu protokollieren, ist die Wahrscheinlichkeit, dass die verkörperte Haltung statt bloßer inszenierter Deutungen zum Ausdruck kommt, sehr viel höher als eben bei einer veranstalteten Praxis.

2.4 Datenaufbereitung

Praxis, die im weitesten Sinne unser Gegenstand ist, tritt in Form von Handeln auf, das sich in je aktuellen Handlungsabläufen vollzieht. Damit ist ein wesentlicher Aspekt des Gegenstandes implizit benannt: seine Flüchtigkeit.[10] Zum einen (a) ist Handlung als Vollzug wie jedes in der Zeit ablaufende Ereignis flüchtig; zum anderen (b) ist zu berücksichtigen, dass Handeln, anders als Verhalten im engeren Sinne des tierischen Verhaltens (vgl. Loer 2021 [Reziprozität], S. 143–159), nicht kausal durch Naturgesetze[11] determiniert ist – so ist Handeln, selbst ceteris paribus,

---

[10] Es gehören zwar auch die Ergebnisse des jeweiligen Handelns zur Praxis – so gehört etwa das niedergelegte Urteil zur Praxis eines Gerichtsverfahrens –, aber streng betrachtet ist das Ergebnis ohne den Vollzug, der sich in ihm objektiviert, nicht bestimmbar – das Urteil also nicht ohne das Verfahren, das in ihm resultiert. Wir müssen, wenn wir vom Ergebnis unseren Ausgang nehmen, den Vollzug als seine ratio essendi stets mitanalysieren (und sei es aus dem Urteil selbst).

[11] Hier sei zur Abkürzung ein einfaches Verständnis zugrundegelegt, das Erwin Schrödinger wie folgt formuliert: „Als Naturgesetz nun bezeichnen wir doch wohl nichts anderes als eine mit genügender Sicherheit festgestellte Regelmäßigkeit im Erscheinungsablauf, sofern sie

auch nicht reproduzierbar. Die Flüchtigkeit ist also eine doppelte: Weil Handlungen (b) eine je spezifische Geschichte haben und in systematischem Sinne ein je Besonderes sind, können wir sie nur anhand der Spuren, die sie hinterlassen, methodisch untersuchen. Wenn diese Spuren aber, wie es z. B. für Audioaufzeichnungen gilt, die Flüchtigkeit der Praxis als in der Zeit ablaufendes Ereignis (a) teilen, so müssen wir diese Spuren aufbereiten, sie gewissermaßen stillstellen. Bei Audiodaten gelingt uns dies durch Verschriftung, d. h. dadurch, dass wir Phoneme und anderes akustisch Wahrnehmbares in Grapheme und andere lesbare Zeichen transformieren. Einen guten knappen Überblick über das, was bei der Notation, dort ‚Transkription‘[12] genannt, zu beachten ist, geben Sabine Kowal und Danel C. O'Connell (2000). Sie unterscheiden bezüglich des akustisch Wahrnehmbaren (i) „verbale Merkmale": „die geäußerten Wortfolgen", (ii) „prosodische Merkmale": die „lautliche Gestaltung" der geäußerten Wortfolgen und (iii) „parasprachliche Merkmale": „redebegleitendes nichtsprachliches Verhalten"[13] („wie Lachen oder Räuspern") (Kowal und O'Connell 2000, S. 438). Wichtig ist ihre Bemerkung: „Die Auswahl der zu transkribierenden [sc.: zu notierenden] Verhaltensmerkmale (verbale, prosodische, parasprachliche und außersprachliche) […] wird immer von der Zielsetzung und Fragestellung eines spezifischen Forschungsprojekts bestimmt." (Kowal und O'Connell 2000, S. 439). Dieses Verschriftungsprinzip schützt davor, dass „mit erheblichem Aufwand viel mehr transkribiert [d. i.: verschriftet] [wird], als analysiert" (Kowal und O'Connell 2000, S. 443) werden kann und muss. Da ja grundsätzlich die Tonaufzeichnung als Grundlage für eine allfällige Korrektur der Verschriftung zur Verfügung steht, kann darauf vertraut werden, dass Unstimmigkeiten der Verschriftung in der Analyse bemerkt werden. Gleichwohl ist es hilfreich, worauf auch Kai-Olaf Maiwald hinweist (2023, S. 135), dass die Forscher selbst die Verschriftung vornehmen; zeitökonomisch angemessener ist die mittels einer Spracherkennungssoftware erstellte Verschriftung, die vom Forscher sorgfältig geprüft wird. Wichtig ist natürlich, dass die Verschriftung einheitlichen Notationsregeln folgt; die hier im Anhang wiedergegebenen und von uns verwendeten haben sich weitgehend bewährt.

---

als notwendig im Sinne des oben genannten Postulats [sc.: „daß ein jeder Naturvorgang absolut und quantitativ determiniert ist mindestens durch die Gesamtheit der Umstände oder physischen Bedingungen bei seinem Eintreten", was „wohl auch als Kausalitätsprinzip bezeichnet wird"] gedacht wird." (Schrödinger 1922/1997, S. 10).

[12] ‚Transkription‘ bezeichnet wörtlich das Übertragen aus einer Schrift (etwa Handschrift) in eine andere (etwa Maschinenschrift).

[13] Wo Kowal und O'Connell von Verhalten sprechen, ist dies i. w. S. zu verstehen, geht es doch der Sache nach stets um Handeln.

2.5   Datenauswertung

2.5.1   Pragmatische Rahmung und Fallbestimmung

Bevor die Daten, welche auch immer, analysiert werden können, ist zu bestimmen, in welchem pragmatischen Rahmen sie erhoben wurden. Dieser Rahmen hat – ob gewollt oder ungewollt, ob bewusst oder unbewusst – Einfluss auf das Handeln, das er rahmt und das sich in den Daten ausdrückt. Die Vorstellung, man könne Daten sammeln, die durch die Erhebung unbeeinflusst bleiben, ist illusionär. Insofern ist, wie oben bereits dargelegt, die Protokollierung, meist als Protokollierungshandlung,[14] immer Teil der Pragmatischen Rahmung, so der Terminus technicus der Objektiven Hermeneutik, des Protokolls. Zwar kann man gedankenexperimentell den „complete observer"[15] entwerfen: „The complete observer role is illustrated by systematic eavesdropping" (Gold 1958, S. 222), aber diese Situation ist eine Ausnahme von der Normalsituation.[16] Sicherlich ist es hilfreich, den Effekt der Erhebung auf die Handlung und das von ihr anzufertigende Protokoll zu minimieren (vgl. Adler und Adler 1994, S. 382) und auch eine vorgängige Reflexion auf das eigene Auftreten (vgl. Fontana und Frey 1994, S. 367), die Geschlechterbeziehung (Fontana und Frey 1994, S. 369 f.), Statusrelation etc. ist, wenn der Forscher selbst in Erscheinung tritt, grundsätzlich durchaus empfehlenswert; entscheidend ist es aber, die *Pragmatische Rahmung* und damit die Effekte, die sie auf die zu protokollierende Handlung haben kann, *vor der Analyse zu explizieren* und *in der Analyse zu berücksichtigen.* Dabei ist der objektive, regelförmige Einfluss der Rahmung zu explizieren, denn auch wenn sich im Handeln dieser Einfluss nicht zeigt oder wenn die Pragmatische Rahmung durch die Handelnden umgedeutet wird, ist dies eine jeweils zu erklärende Antwort auf diese Rahmung. – Insofern stellt sich für uns etwa die Frage, um was für eine Pragmatische Rahmung es sich bei der Publikation eines Buches oder eines offenen Briefes generell bzw. in unserem spezifischen Fall handelt und welche rahmenden Effekte ein Forschungs-

---

[14] Manchmal handelt es sich um ein Protokollierungsereignis (s. o., Abschn. 1.2).

[15] Vgl. die von Raymond L. Gold diskutierten vier Forscherrollen: „These range from the complete participant at one extreme to the complete observer at the other. Between these, but nearer the former, is the participant-as-observer; nearer the latter is the observer-as-participant." (1958, S. 217)

[16] „Es ist heute die allgemein akzeptierte Meinung, daß die Gegenwart des Anthropologen" – oder eben generell des Sozialforschers – „einen mehr oder weniger störenden Faktor darstellt, der die existierende Situation modifiziert." (Chiozzi 1984, S. 506) Diese „Meinung" stellt eine begründete Annahme dar.

gespräch auf das in ihm Geäußerte hat – anders formuliert: was für ein Typus von Datenmaterial ein Buch, ein offener Brief oder ein Forschungsgespräch ist.[17]

Die Spezifizierung dieser Überlegungen für die hier herangezogenen Fälle bzw. die entsprechenden Datentypen werden wir bei den Fallanalysen vornehmen.

Die *Fallbestimmung*, also die Beantwortung der Frage ‚*Im Hinblick auf einen Fall wovon will ich das Datenmaterial untersuchen?*‘,[18] ergibt sich aus der Forschungsfrage und ist einerseits (a) wichtig, um die Analyse zu fokussieren, andererseits – und das ist die methodisch wesentliche Funktion – (b) liefert sie das Kriterium dafür, was als fallspezifisches Kontextwissen zu gelten hat. In jedem Datenmaterial kommen Fälle unterschiedlichster Art zum Ausdruck. Ziehen wir als Beispiel das Buch heran, so lässt es sich im Hinblick auf einen Fall von publizistischem Handeln untersuchen, als Fall von Selbstdarstellung, je nach Inhalt als Fall von künstlerischem Handeln, von intellektuellem Handeln und so weiter. Erst wenn man sich anhand der Fragestellung auf einen Fall festlegt, läuft man nicht Gefahr, (a) in seiner Analyse auszufern oder (b) lediglich bekanntes Wissen über den Fall zu reproduzieren. Letzteres träte nämlich ein, wenn fallspezifisches Kontextwissen verwendet würde, um Lesarten, die mit dem Text kompatibel sind, auszuschließen. Argumente der Form: ‚Wir wissen doch (aus unserem vorgängigen fallspezifischem Wissen), dass die Lesart x, obwohl sie mit dem Text kompatibel ist, nicht zutreffen kann‘, sind methodisch ausgeschlossen. Um solche Argumente aber zu identifizieren, müssen wir bestimmen können, was als fallspezifisches Wissen gelten muss; und das können wir nur, wenn wir als Kriterium bestimmt haben, welchen Fall wir untersuchen wollen. Wir werden noch sehen, wie sich das in der Analyse konkret auswirkt.

2.5.2 Sequentialität der Datenauswertung

Sequentialität des analytischen Vorgehens

Das methodische Totalitätsprinzip darf nicht als Auftrag zur vollständigen Exhaustion des Datenmaterials missverstanden werden; es bezieht sich vielmehr auf die

---

[17] Es geht also nicht lediglich darum, „einen allgemeinen Wissensstand [z. B.] über Medienberichterstattungen" zu kennen (Keller und Truschkat 2014, S. 310), vielmehr gilt es zu rekonstruieren, was für eine Pragmatische Rahmung damit – etwa mit einer Buchpublikation, einem offenen Brief (s. u.) oder einer Internetpublikationen (vgl. Loer 2023 [Videos], S. 376 f.) – gesetzt ist und welche Möglichkeiten für den so gerahmten Text damit eröffnet, welche ausgeschlossen werden; zum Forschungsgespräch s. Loer 2021 [OHWP Interviews], S. 50 ff.

[18] Manchmal heißt in der objektiv-hermeneutischen Literatur an dieser Stelle mit einer vieldeutigen und von daher missverständlichen Formulierung „Was ist der Fall?".

für die Analyse jeweils ausgewählten Aspekte des Datenmaterials.[19] Die Analyse verfährt also in umfangslogischem Sinne gegenüber dem Material selektiv. Das muss aber wohlbegründet geschehen. Über die Auswahl der zu analysierenden Stellen im Datenmaterial werden wir weiter unten während der exemplarischen Analysen weitere Ausführungen machen; hier zunächst nur ein Überblick über Schritte der Analyse – wobei darauf zu achten ist, dass die hier explizit aufgelisteten Schritte nicht immer streng voneinander geschieden werden können und müssen und insofern eher Momente der Analyse darstellen. Sie bieten eine Art Merkpunkte dafür, auf die Vollständigkeit der Analyse zu achten:

(1) Wie bereits gesagt *beginnen wir die Analyse mit der datentypenspezifischen Eröffnung*. Diese allgemeine Formulierung wählen wir hier, weil wir nicht lediglich einen Datentypus heranziehen. Beim Datentypus ‚Forschungsgespräch' startet die Analyse mit dem Beginn der Aufzeichnung (vgl. Loer 2021 [Interviews], S. 54), beim Datentypus ‚Photographie' startet die Analyse mit einem nach konkreter Bildgestalt, Fragestellung und Fallbestimmung spezifisch zu bestimmenden Aspekt (vgl. Loer 2022 [Photographien], S. 61, 67 f., 90 f., 115 f.), bei einem Buch etwa (s. u., Abschn. 3.2) gehen wir von außen nach innen vor und beginnen mit dem Buchdeckel, der gewissermaßen das Antlitz des Buches darstellt, und widmen uns dann der inneren Gliederung in Kapitel oder Abschnitte, worin die innere Logik der Gesamtkonzeption der Gedankenentfaltung deutlich werden sollte; dies kann cum grano salis ebenfalls zur Eröffnung zählen.[20] Häufig lässt sich in der Analyse dieser datenmaterialspezifischen Eröffnung bereits eine erste Fallstrukturhypothese[21] bilden.

(2) Sollte dies nicht möglich sein, wird eine weitere *thematisch einschlägige Stelle bzw. ein thematisch einschlägiger Aspekt* ausgewählt, dessen Analyse die Bildung einer ersten Fallstrukturhypothese erlaubt. Dies kann eben eine entsprechende Stelle in einem Forschungsgespräch sein, der thematische Kernabschnitt eines Buches, ein von der Fragestellung her als besonders relevant anzusehender Aspekt eines Bildes usw.

---

[19] „Welches Protokoll auch immer analysiert wird – für den zur Sequenzanalyse ausgewählten Protokollabschnitt gilt grundsätzlich, daß darin alles, das heißt jede noch so kleine und unscheinbare Partikel, in die Sequenzanalyse einbezogen und als sinnlogisch motiviert bestimmt werden muß." (Oevermann 2000 [Fallrek], S. 100).

[20] Hier zeigt sich, worauf soeben hingewiesen wurde: dass die aufgelisteten Schritte je fall-, datentypen- und datenmaterialspezifisch verstanden und in Anschlag gebracht werden müssen. – Bei einem Buch können, wie wir unten sehen werden, noch andere der Eröffnung dienende Aspekte hinzukommen.

[21] Wernet zeigt in einem Aufsatz anschaulich, wie man zu einer Fallstrukturhypothese kommt (2019).

(3) Dann werden im nächsten Schritt Stellen ausgewählt, die erwarten lassen, dass diese Fallstrukturhypothese *angereichert und präzisiert* werden kann; hierzu wird das komplette Datenmaterial auf solche Stellen hin durchgesehen. Dies muss von der ersten Fallstrukturhypothese ausgehen und ist insofern abhängig von der Fragestellung und der Fallbestimmung. – Wenn wir es mit der Rekonstruktion generativer Strukturen zu tun haben, wie es sowohl bei Deutungsmustern wie auch bei Habitus der Fall ist, so sollten in diesem Schritt der Anreicherung der Fallstrukturhypothese Derivate dieser Strukturen – hier also Deutungen und Handlungen – aufgesucht und geprüft werden, inwiefern diese tatsächlich als von den Strukturen hervorgebracht bestimmt werden können. Dabei werden Stellen nach dem Kriterium ausgesucht, inwiefern sie als ihre Hervorbringungen die rekonstruierte Struktur exemplifizieren. Dieser Schritt dient weder dazu, die Rekonstruktion allererst durchzuführen, noch dazu, die Triftigkeit der Rekonstruktion zu beweisen. Vielmehr geht es um *überprüfende Veranschaulichung der rekonstruierten Struktur.*

(4) Nach der Anreicherung und Präzisierung der Fallstrukturhypothese wird dann nach Aspekten gesucht, die geeignet sind, *die Hypothese zu falsifizieren.*[22] Hierzu wird, wie im vorhergehenden Schritt, das komplette Protokoll durchgesehen, diesmal auf falsifikatorische Aspekte hin. Dabei ist festzuhalten, dass erst eine besonders prägnante sowie riskante und scheiterungsfähige Fallstrukturhypothese es erlaubt, diesen Schritt zu vollziehen: Erst wenn man weiß, was man mit guten, ja mit besten Gründen behauptet, ist man in der Lage zu formulieren, was diese Behauptung zu Fall bringen könnte.

Es ergibt sich hier das forschungspsychologische Problem, dass man von der Gültigkeit der Fallstrukturhypothese, die man ja in sorgfältiger Analyse gewonnen hat, *überzeugt* sein und *zugleich* nach der stärksten Möglichkeit suchen muss, sie zu *widerlegen.* Das aber ist Moment allen wissenschaftlichen Handelns, muss man darin doch stets begründet Behauptungen generieren, von denen man zutiefst überzeugt ist, da man sie ja sonst gar nicht aufstellen würde, und zugleich gerade diese, für gültig gehaltenen Behauptungen aufs Schärfste kritisieren – andere, für nicht gültig gehaltene Behauptungen zu kritisieren wäre, als würde man einen Strohmann aufbauen, den abzufackeln dann

---

[22] Wernet beschränkt Falsifikation auf die Frage der Bewährung von gesetzeswissenschaftlichen Theorien (2019, S. 82 f.); dies ist u. E. eine unnötige Einschränkung. Die Wissenschaftlichkeit objektiv-hermeneutischer Forschung bringt es mit sich, dass Fallstrukturhypothesen mit Gründen kritisiert werden können; dies aber bedeutet, dass diese Hypothesen auch falsifiziert werden können.

ein leichtes ist, aber eben auch weder andauernde Wärme noch gesicherte Erkenntnis bringt.[23]

(a) Misslingt ein ernsthafter Falsifikationsversuch, so kann man mit großer Sicherheit von der Gültigkeit der Hypothese ausgehen – natürlich immer im Rahmen des Fallibilismus, der besagt, dass jegliche wissenschaftliche Erkenntnis vorläufig ist Für die Darstellung bedeutet dies, dass die unwiderlegte Fallstrukturhypothese angeführt werden kann (und muss); ob dass Misslingen ihrer Widerlegung darzustellen ist, hängt von dem Publiktionsziel ab.[24]

(b) Gelingt der Falsifikationsversuch, so muss die *Rekonstruktion der Fallstrukturhypothese überprüft* werden und

(b.i) falls aufgedeckt werden kann, dass die zunächst gewonnene Hypothese fälschlich aufgestellt wurde, muss die neue, ihr widersprechende Fallstrukturhypothese etabliert werden Für die Darstellung bedeutet dies, dass die nun gültige Fallstrukturhypothese angeführt werden kann (und muss); ob ihre Geburt aus der Widerlegung einer vorhergehenden darzustellen ist, hängt von dem Publiktionsziel ab (vgl. Fn. 24);

(b.ii) falls hingegen gezeigt werden kann, dass die Hypothese zu Recht aufgestellt wurde, muss eine *übergreifende Fallstruktur rekonstruiert* werden, die die beiden widersprechenden Fallstrukturhypothesen zu integrieren vermag Für die Darstellung bedeutet dies, dass die nun gültige, übergreifende Fallstrukturhypothese[25] angeführt werden kann (und muss); ob der Weg zu ihrer Gewinnung darzustellen ist, hängt von dem Publiktionsziel ab (vgl. Fn. 24).[26]

---

[23] Die Lösung dieses forschungspsychologischen Problems wird unterstützt durch eine Maxime der Kunstlehre (s. Glossar), nämlich diejenige, die Analyse in Gruppen von Forschern durchzuführen, da so die Rollen von Proponent und Opponent im Falsifikationsprozess von verschiedenen Personen eingenommen werden können.

[24] Wenn etwa – wie hier – das methodische Vorgehen Thema ist, gehört es zur Darstellung; wenn die gegenstandsbezogene Erkenntnis das Thema ist, reicht in der Regel der Verweis auf den durchgeführten und misslungenen Falsifikationsversuch.

[25] In einem solchen Fall führt der Versuch der Falsifizierung in der Regel zum Aufdecken einer im Fall bestehenden Widersprüchlichkeit, was, wie wir sehen werden, gerade für die Rekonstruktion von Deutungsmustern instruktiv sein kann und entsprechend nachvollziehbar dargestellt werden sollte.

[26] Um unverständigen Vorwürfen, mit dem Postulat einer übergreifenden Fallstruktur würde einem „Identitätszwang" das Wort geredet, zu begegnen, sei auf den unüberbrückbaren Hiatus zwischen Praxis und Begriff hingewiesen (vgl. hierzu: Adorno 1966/1982, S. 24). Wenn also eine übergreifende Fallstrukturhypothese die widersprechenden, gleichwohl als gültig erwiesenen Fallstrukturhypothesen konkret auf den Begriff bringt, so ist damit die Praxis nicht dem Begriff subsumiert, ist sie nicht identifiziert, vielmehr wird dergestalt gerade die Lebendigkeit der Praxis authentisch begrifflich zum Ausdruck gebracht.

(5) Je nach Fragestellung und Fall besteht ein weiterer Schritt darin, der *Genese* der *Fallstrukturgesetzlichkeit* nachzuspüren, die *Bildungsgeschichte des Falles* aufzudecken. Für unseren Gegenstand, nämlich Deutungsmuster und Habitusformation, muss dazu in der Regel weiteres Material erhoben werden: Da man die Fallstruktur rekonstruiert hat, kann man Hypothesen über ihre Genese aufstellen und diese gezielt an geeignetem Material überprüfen. Insbesondere dieser Schritt kann von uns aufgrund der Ausrichtung des vorliegenden Buches auf die Rekonstruktion von Deutungsmustern und Habitus und aufgrund des verfügbaren Datenmaterials zu den behandelten Fällen nur knapp angerissen werden; dies geschieht exemplarisch im ersten Fall. Eine umfangreichere Studie hätte diesen Schritt ausführlich zu gehen. – An die Stelle dieses Schrittes tritt in den weiteren Fällen die Darstellung *zusammenfassende Erkenntnisse* zu Deutungsmuster und Habitus des jeweiligen Falles (im ersten Fall erfolgt dies ebenfalls in diesem Schritt).[27]

(6) Benennung, ggf. Explikation *weitergehender Fragen.*

Kontrastive und sequenzielle Rekrutierung von Fällen

Nachdem ein erster, voraussichtlich besonders aussagekräftiger Fall ausgewählt und analysiert wurde und eine tragfähige Fallstrukturhypothese entwickelt und überprüft werden konnte, muss, wie oben dargestellt, als nächster Fall einer ausgewählt werden, der a prima vista in einer Dimension, die entweder vorab als relevant entworfen wurde oder sich im Laufe der Analyse des ersten Falles als relevant erwiesen hat, zum ersten in Kontrast steht. Dann schreitet man in den Dimensionen weiter voran, um über deren kontrastive Besetzung die Welt des Gegenstandes auszuschreiten. Diesen Prozess der kontrastiven – und idealiter sequenziellen – Fallauswahl hat auf der Grundlage unserer Konzeptualisierung Kathy Vanderjack (Chicago) im Rahmen eines Beratungsprojekts der Firma toca (Chicago)[28] folgendermaßen veranschaulicht (Abb. 2.1):

Da hier nicht das Anfertigen von Studien im Fokus steht, sondern die Rekonstruktion von Deutungsmustern und Habitus, werden wir das Heranziehen weiterer Fälle unten nur knapp skizzieren, nicht ausführlich darstellen.

---

[27] Man sieht hier erneut, dass, wie oben erwähnt, die hier explizit aufgelisteten Schritte eher Momente der Analyse darstellen und eine Art Merkpunkte dafür bieten, auf die Vollständigkeit der Analyse zu achten. Sie sind jeweils der Fragestellung und dem konkretem Material anzupassen.

[28] S.: http://www.toca.com.

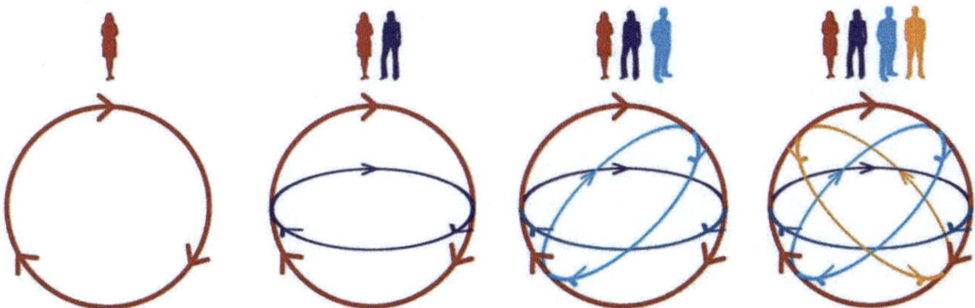

Abb. 2.1 Kontrastive Fallrekrutierung. (Graphic courtesy of TOCA Chicago (Kathy Vanderjack) 2014)

2.5.3 Sequenzanalyse[29]

Wir haben oben bereits deutlich gemacht, dass die Sequenzanalyse die methodische Inanspruchnahme der konstitutionstheoretischen Begriffe des Erzeugungsparameters und des Auswahlparameters darstellt und nicht schlicht ein Nacheinander in der Betrachtung von Protokollsegmenten. Die Sequenzanalyse hat die im Material gegebenen Optionen zu entwerfen und die realisierte Option zu diesen in Relation zu setzen, um die Bedeutung dieser Auswahl bestimmen zu können. Sie ist also konstitutionstheoretisch und methodologisch begründet, und zwar in der Explikation der durch das Zusammenspiel von Erzeugungsparameter und Auswahlparameter gestifteten Sequentialität. Die Sequenzanalyse bildet das in der Sequentialität konstituierte Aufeinanderfolgen ab, indem sie auf der Folie der eröffneten Handlungsoptionen die *Systematik der von der untersuchten Praxis getroffenen Auswahlen* von Optionen: die *Fallstrukturgesetzlichkeit*, rekonstruiert.

Da Handeln als regelgeleitetes Verhalten auf spezifische Weise sequenziell abläuft: nicht lediglich trivialerweise im Sinne eines bloß temporalen Nacheinanders, stellt es eine durch bedeutungserzeugende Regeln konstituierte *sinnlogische Abfolge* dar. In der Realität des Handelns entfaltet dieses sich zukunftsoffen in eine Folge von Handlungen. In unserer Analyse müssen wir dieser Offenheit Rechnung tragen. Dazu müssen wir berücksichtigen, dass im Handeln einerseits an jeder Sequenzstelle durch bedeutungserzeugende Regeln Anschlussoptionen eröffnet werden und andererseits die handelnde Praxis nun gemäß ihren lebensgeschicht-

---

[29] Zu dem folgenden vgl. insbes. Oevermann 2013 [Erfahrungswiss], S. 74–79.

lich gebildeten Dispositionen aus diesen Optionen eine bestimmte auswählt, sie somit realisiert; alle anderen Optionen hingegen werden dadurch ausgeschlossen. In die Sequenzanalyse wird dies hineingenommen, indem einerseits die jeweils eröffneten Optionen expliziert und andererseits auf deren Folie die tatsächlich vollzogenen, also realisierten Möglichkeiten, bestimmt werden. Im Fortschreiten wird das bis dahin rekonstruierte Fallwissen als innerer Kontext in die Analyse hineingenommen, wodurch die Erschließung „einer wiedererkennbaren Fallstruktur, d. h. einer Art Identitätsformel der jeweiligen Lebenspraxis als Ergebnis ihres bisherigen Bildungsprozesses" (Oevermann 2013 [Erfahrungswiss], S. 75) erfolgt und die Kumulativität der Analyse gesichert wird. „Zentral und eigentlicher Gegenstand der objektiv hermeneutischen Sequenzanalyse ist also im Sinne einer Fallrekonstruktion die Fallstruktur einer Lebenspraxis." (Oevermann 2013 [Erfahrungswiss], S. 75) Dabei folgen wir dem „Prinzip, nichts zu erschließen, was nicht im Material selbst klar nachweisbar markiert ist, also keine noch so ‚gebildeten‘ Zuschreibungen vorzunehmen, von denen gilt, dass sie der Fall sein können, aber nicht müssen." (Oevermann 2013 [Erfahrungswiss], S. 78) Die objektive Gültigkeit der methodischen Deutung ist dabei, wie wir sehen werden, kein ernstzunehmendes Problem (s. o., Abschn. 1.2), da die Geltung anhand von einfachen, von den in der analysierten Praxis geltenden Regeln und Prinzipien ausgehende Operationen wie etwa der Kontextvariation überprüft werden kann. Schwieriger ist es für den ungeübten Forscher diejenigen Lesarten zu vermeiden, „die zwar im Prinzip mit einem gegebenen Protokoll kompatibel sind, dabei aber nur das Kriterium erfüllen, dass sie die Fallstruktur treffen können, aber nicht müssen. [...] Davon sind die Lesarten bzw. Interpretationsketten scharf abzugrenzen, die im zu analysierenden Protokoll nachweisbar markiert sind und sich zwingend daraus ableiten lassen, so dass für sie das Kriterium erfüllt ist, dass sie entweder nicht der Fall sein können oder – noch viel besser – der Fall sein müssen" (Oevermann 2013 [Erfahrungswiss], S. 78).

Wir haben oben (Abschn. 1.2) darauf hingewiesen, dass die Sequenzanalyse das in der Sequentialität konstituierte Aufeinanderfolgen abbildet, indem sie auf der Folie der eröffneten Handlungsoptionen die *Systematik der von der untersuchten Praxis getroffenen Auswahlen* von Optionen: die *Fallstrukturgesetzlichkeit*, rekonstruiert. Hierzu werden an der im Fokus der Analyse stehenden Sequenzstelle, unter in Anspruchnahme der für die untersuchte Praxis geltenden Regeln, gedankenexperimentell die möglichen Anschlüsse entworfen. Das geschieht einmal retrospektiv: auf welche mögliche vorhergehende Handlung kann die in Rede stehende Handlung antworten? und zum anderen prospektiv: welche Handlungsoptionen werden durch die in Rede stehende Handlung eröffnet? Auf der Folie der möglichen Anschlüsse werden die vom Fall gewählten Anschlüsse abgebildet und in ihrer Bedeutung festgehalten.[30] Dies geschieht zunächst (1) durch das Erzählen von „Geschichten über möglichst vielfältige, kontrastierende Situationen, die konsistent zu einer Äußerung passen, ihre Geltungsbedingungen pragmatisch erfüllen" (Oevermann 1983 [Sache], S. 236). Sodann (2) „werden diese erzählten Geschichten, die implizite gedankenexperimentelle Konstruktionen darstellen, explizit auf ihre gemeinsamen Struktureigenschaften hin verallgemeinert" (Oevermann 1983 [Sache], S. 236 f.). Schließlich (3) „werden diese allgemeinen Struktureigenschaften mit den konkreten Äußerungsbedingungen verglichen, in denen die analysierte Äußerung gefallen ist." (Oevermann 1983 [Sache], S. 237). „Dieser Dreischritt ist von grundlegender Bedeutung für die Interpretationstechnik der Objektiven Hermeneutik." (Wernet 2000/2009, S. 39).

Ebenso wird mit den anschließenden Sequenzstellen verfahren. Im Aufeinanderfolgen der Auswahlen tritt so eine bestimmbare Systematik hervor, eben die Fallstrukturgesetzlichkeit. In unseren Fallanalysen wird dieses abstrakte Modell konkretisiert werden.

---

[30] Ohne hier näher auf das Problem der Erklärung der Entstehung des Neuen eingehen zu können (vgl. Oevermann 1991 [GenStrukt]), sei darauf verwiesen, dass die Sequenzanalyse auch diejenigen Handlungsoptionen berücksichtigt und objektiv herausarbeiten kann, die in der Situation neu entstehen. Wenn nämlich die von der Lebenspraxis gewählte Option aufgrund der geltenden Regeln nicht vorab eröffnet wurde und folglich in der Analyse nicht vorab entworfen werden kann, so kann es sein, dass die gewählte Option im Zuge ihrer Wahl als neue Option überhaupt erst hervorgebracht wurde. Dieses Neue ist aus der Perspektive des Alten zunächst nur negativ zu bestimmen: als Abweichung. Es muss sich erst bewähren und wenn es sich bewährt, erweist es sich u. U. als Überwindung des Alten (s. hierzu am Beispiel der politischen Innovation der Volkssouveränität in der Französischen Revolution: Loer 2010 [HomoOec]: min. 24–32; dazu von Kleist 1878/1982, S. 320 f.; vgl. Kutzner 1997).

Fallanalysen 3

In diesem Kapitel werden wir vier Fälle darstellen. Dabei wird auffallen, dass die Form der Darstellung hinsichtlich der Argumentationsweise, der Art und des Umfangs der Beiziehung weiterer Literatur, der Explizitheit und der Verdichtung der Sequenzanalysen keineswegs einheitlich ist. Dies hängt neben den Unterschieden im Datentypus auch an einem Unterschied im Schreibstil und in der Darstellungspraxis des jeweils verantwortlichen Autors. Allerdings haben sich die Unterschiede im Laufe permanenter wechselseitiger Überarbeitung merklich nivelliert. Hier wäre auch ein Wort über die Funktion von Verweisen auf Hintergrundliteratur (etwa Abschn. 3.2 zur Gewissheit) zu verlieren. Diese Verweise ersetzen nicht die sprachliche Analyse und die Verantwortung der Autoren für die Begriffsbildung. Wir beanspruchen mit unseren Begriffen, Wirklichkeit aufzuschließen, man könnte auch bildlich sagen, weit in die Welt hinauszuschauen. Es wäre nun aber ignorant, zu verbergen, dass wir deshalb so weit gucken können, weil wir auf den Schultern von Riesen stehen (vgl. Merton 1965/1989). Diese Riesen zu nennen, wenn wir uns ihrer bewusst sind, ist nicht mehr als redlich – und erlaubt zudem dem Leser, der Lust verspürt, sich auf das Abenteuer des Geistes (vgl. Gamm 2022) einzulassen, die Klettertour hinauf auf die Schultern nachzuvollziehen. Wir haben uns entschieden, hier nicht eine vereinheitlichende Endredaktion vorzunehmen, da unterschiedliche Weisen der Durchführung und Darstellung von Analysen der Stringenz des objektiv-hermeneutischen Forschens keinen Abbruch tun, was dem Leser auf diese Weise auch vor Augen geführt wird.

© Der/die Autor(en), exklusiv lizenziert an Springer Fachmedien
Wiesbaden GmbH, ein Teil von Springer Nature 2025
U. Fischer, T. Loer, *Deutungsmuster und Habitus rekonstruieren*, Objektive
Hermeneutik in Wissenschaft und Praxis,
https://doi.org/10.1007/978-3-658-49722-4_3

3.1 Bestimmung der Handlungs- und Deutungsprobleme

> „Eine Seuche also, deren Erscheinungsbild (Symptome, Mortalität) in eine Kultur einbricht, ohne daß zumal in jüngster Vergangenheit schon gleich schwere Seuchen vorangezogen sind, ist […] imstande […] sehr rapiden, radikalen und magisierbaren sozialen Wandel zu inaugurieren." (Clausen 1994, S. 54)

In diesem Abschnitt zur Vorbereitung der Fallanalysen geht es um eine Bestimmung der Deutungs- und Handlungsprobleme, die sich aus dem Auftreten des Erregers SARS-CoV-2 allgemein für die politisch Verantwortlichen und für die von deren Handeln Betroffenen ergaben. Es geht also nicht um die Darstellung der Fakten und der Entwicklung der Pandemie. Dazu ist mittlerweile reichlich Literatur vorhanden und mit der Darlegung von Malte Thießen (2021) findet sich auch recht früh bereits eine historischen Einordnung.

„Die ‚innere Logik' sozialer Deutungsmuster […] läßt sich mit größerer Sicherheit erst in Kenntnis des Zusammenhangs von Interpretation und Interpretiertem, d. h. in Kenntnis des objektiven Kontextes der handlungsrelevanten Anwendung von sozialen Deutungen rekonstruieren." (Oevermann 1973/2001 [DM], S. 22). Insofern müssen wir, um Deutungen, die sich in unserem Material finden, auf ein spezifisches Deutungsmuster zurückführen zu können, das in ihnen Gedeutete, hier verstanden als das Deutungsproblem,[1] vorab und unabhängig von den zu untersuchenden Deutungen bestimmen.

3.1.1 Handlungsprobleme

> „Die Corona-Pandemie hat die Regierungen und Gesellschaften dieser Welt in den Jahren 2020/21 vor gesundheitspolitische Herausforderungen gestellt, für die es seit der Spanischen Grippe der Jahre 1918 bis 1920 nichts Vergleichbares gegeben hat." (Münch 2021, S. 411)

Die Herausforderungen, von denen Richard Münch hier spricht, betrafen zum einen (a) die politischen Entscheidungsträger (neben den Regierungen natürlich vor allem auch die Legislative), zum anderen (b) aber auch die betroffenen Bürger der betroffenen Staaten – und dies in doppelter Hinsicht: jene waren (b.1) von SARS-CoV-2 mit Krankheit oder gar mit dem Tod bedroht und mussten anderer-

---

[1] Des näheren zur Problematik der Bezeichnung ‚Gedeutetes' s. Kap. 4.

seits (b.2) mit den Maßnahmen, die die politischen Instanzen trafen, umgehen, die vor allem erhebliche Einschränkungen des normalen Alltags mit sich brachten.

(a) Herausforderungen für die politischen Entscheidungsträger

Bezüglich der Herausforderungen, denen die Politik sich angesichts „eine[r] ganz neue[n] Schadensqualität" (Clausen 1994, S. 54; Kursivier. getilgt) stellen muss, lassen sich folgendermaßen „Form und Objekt der politischen Intervention unterscheiden [...]: zum einen handelt es sich [um] Interventionen, die direkt auf die Eindämmung des Virus zielen (*targeting the virus*). Diesen können idealtypisch eine Gruppe von Interventionen gegenübergestellt werden, die gesellschaftliche Praktiken und individuelles Verhalten adressieren, um die Einhaltung von politischen Regelungen (*compliance*) sicherzustellen." (Beck und Nardmann 2021, S. 199; kursiv i. Orig.) Das heißt, es mussten Maßnahmen zur direkten Bekämpfung des Virus (etwa Impfungen) und zur Sicherung der Krankenversorgung getroffen werden, sowie solche zur Verhinderung seiner weiteren Verbreitung (etwa Kontaktbeschränkungen) unter Berücksichtigung von deren Folgen. Dabei ist die „exponentiell wachsende Zahl der Ansteckbaren, der gleichzeitig lebenden Gattungswesen" ebenso zu berücksichtigen wie „die Verknüpfung der Bevölkerungszentren" (Clausen 1994, S. 56; Kursivier. getilgt), d. h. auch eine zwischenstaatliche Abstimmung ist erforderlich. All dies hatte selbstverständlich auf legale Weise, das heißt unter Einhaltung der demokratischen Verfahrensregeln, sowie auf legitime Weise, das heißt unter Perspektive der möglichen Rechtfertigung gegenüber dem Volkssouverän zu erfolgen – letzteres v. a. auch im Hinblick darauf, dass letztlich nur als legitim erachtete Maßnahmen auch auf die erforderliche Akzeptanz stoßen. Dabei geht es nicht darum, vor unpopulären Maßnahmen zurückzuschrecken und „möglichst allen Wünschen aller Bürger zu entsprechen, sondern [darum,] den Menschen auch etwas zuzumuten. Umfragen sind [...] schlechte Entscheidungshilfen, denn sie sind nur rückwärtsgewandte Stimmungsbilder. [...] Eine Führungsaufgabe der Politik besteht darin, eine klare Vorstellung von der Zukunft zu entwickeln und dafür anfänglich auch gegen die Mehrheit einzustehen. Sie muss man gewinnen." (Schäuble 2024, S. 621)

Wie überhaupt beim Handeln kann es inbesondere in Krisensituationen keine eindeutigen Kriterien für richtig und falsch geben, da eine Krise dadurch gekennzeichnet ist, dass eine an der eingerichteten Rationalität bemessbare Lösung gerade nicht vorliegt. Was kann dann aber der Maßstab für die Legitimität der Entscheidungen sein? Handeln ist stets ein Entscheiden in eine offene Zukunft hinein (s. Abschn. 1.2), aber angesichts einer solchen Lage gilt dies nochmals gesteigert. Politisches Handeln wäre nun unverantwortlich, würde es nicht von einer maximal möglichen sachlichen Durchdringung der Problematik – und das heißt angesichts des Stands der Wissenschaft immer auch: eine maximal möglichen wissenschaftlichen Aufklärung der Problematik – ausgehen. Allerdings hebt Caspar Hirschi zu Recht hervor: „Die Zahlen mögen sein, wie sie wollen, sie geben in einer komplexen Krise nie vor, was zu tun ist. [...] Es geht primär um Werte und nicht um Wissen, weil materielle und immaterielle Güter – vom Schutz des Lebens über das Verhindern von Elend und das Recht auf Bildung bis zur Wahrung der Generationengerechtigkeit – gegeneinander abgewogen werden müssen. Gleichzeitig kann die Überzeugung nur provisorischen Charakter haben, denn die Werteprioritäten sind an Annahmen gebunden, die durch den Pandemieverlauf laufend widerlegt werden können." (2021, S. 178)

Diese Unsicherheit einerseits zu bearbeiten – etwa indem man alles verfügbare Wissen heranzieht[2] –, andererseits aber dem „provisorischen Charakter"[3] durch entsprechende Verfahren Rechnung zu tragen – und das alles unter dem extremen Zeitdruck des Pandemieverlaufs –, waren die zentralen Herausforderungen. Dabei galt es Abwägungen vorzunehmen, bei denen ein Erfolg immer nur um den Preis von Verlusten erreicht werden konnte.

„Zu etwas Besonderem wurde Corona nicht wegen eines speziellen Virus oder einer weltweiten Verbreitung, sondern wegen der weitgehenden Maßnahmen. Nie zuvor befand sich eine ganze Gesellschaft im Pausenmodus. 2020/21 hat die Weltpolitik daher ebenso verändert wie unseren Alltag. Wir haben uns auf eine wirtschaftliche Talfahrt gemacht mit hohen Kosten für sehr viele Menschen. Für all diese Einschnitte war nicht das Virus verantwortlich. Wir haben uns entschieden, möglichst viele Menschen zu retten und nicht mehr all jene ‚Kollateralschäden' unter den Alten und Vorerkrankten zu

---

[2] Das führte zum Teil zu Eindrücken, die Silke Beck und Julian Nardmann wie folgt formulieren: „Die deutsche Politik richtet sich an wissenschaftlichen Vorgaben wie Inzidenzen aus. Sie verfolgt das übergeordnete, von Wissenschaft vorgegebene Ziel, die Infektionskurve unter Kontrolle zu halten. Eines der zentralen Standbeine der deutschen Strategie wird die Nachvollziehbarkeit der Infektionsketten, die möglich ist, solange die Fallzahlen niedrig sind. Niedrige Fallzahlen, so die Gleichung, erlauben höhere Freiheitsgrade. In dieser Konstellation werden nicht nur Fallzahlen, sondern auch die Notwendigkeit und der Erfolg von politischen Maßnahmen durch Wissenschaft definiert, überprüft und evaluiert. Zusammenfassend lässt sich festhalten, dass die deutsche Politik den wissenschaftlichen Deutungsrahmen – Kontrolle der Infektionskurve – relativ unhinterfragt übernimmt und sowohl die durch Wissenschaft definierten Zielwerte als auch die Maßnahmen zur Kontrolle umsetzt." (2021, S. 193).

[3] Dass dieser provisorische Charakter auch in the long run nicht aufgehoben werden kann, betont Hans Blumenberg: „Der Unsicherheitsbereich wissenschaftlicher Aussagen mag noch so schmal werden, er wird nie ganz verschwinden, und auf ihn wird gesetzt werden, wo Theorie der Praxis unzumutbar und unerträglich erscheint. Das praktische Postulat steht seit Kant gegen den überwältigenden Determinismus der Welt möglicher wissenschaftlicher Objekte." (1971/1981, S. 128).

akzeptieren, die lange Zeit mit gewissem Gleichmut hingenommen wurden. Nicht das Virus bestimmte also den Verlauf der Pandemie, sondern unsere Gesellschaft. Fragen zur Verhältnismäßigkeit des Infektionsschutzes wurden in den Jahren 2020/21 nicht allein mit medizinischen Erkenntnissen begründet, sondern häufiger noch mit sozialen Werten und politischen Ordnungsvorstellungen. Zwar war das Primat des Politischen in der Pandemie für viele frustrierend. Dass in endlosen Sitzungen der Bund-Länder-Konferenz virologische Expertise nicht immer eine zentrale Rolle spielte, machte mitunter fassungslos. Allerdings ist Corona auch in dieser Hinsicht ein Normalfall: Das Primat des Politischen ist in allen Pandemien der Moderne jener Modus gewesen, in dem Gesellschaften ihr Überleben organisierten." (Thießen 2021, S. 189 f.)[4]

Aus dem Art. 2, Abs. 2 des Grundgesetzes leitet sich einerseits die Schutzpflicht des Staates gegenüber seinen Bürgern ab (Satz 1),[5] andererseits aber zugleich die Pflicht, in die Freiheit der Person nicht einzugreifen (Satz 2).[6] Diese dilemmatische Situation ist – zumal in Krisen – keine Ausnahme; vielmehr sieht sich jeder in Verantwortung stehende Politiker dieser Herausforderung gegenüber.[7]

---

[4] Dass diese Einschätzung nicht unwidersprochen blieb, zeigt das Zitat in Fußnote 2 – allerdings halten die dort zitierten Autoren auch fest: „Festzuhalten ist zudem, dass beide Gremien sowohl das Verhältnis von Wissenschaft und Politik (sowie die Entscheidungsfindung innerhalb der Politik), als auch ihre eigene gesellschaftliche Rolle reflektieren. Der Ethikrat macht direkt deutlich, dass von der Wissenschaft keine ‚eindeutigen Handlungsempfehlungen für das politische System' verlangt werden dürfe. Die Delegation politischer Entscheidungen an die Wissenschaft widerspreche der demokratischen Legitimation und ersetze politische Beratungen nicht. Ein ähnliches Bild zeichnet sich bei der Leopoldina ab, auch wenn das Verhältnis von Wissenschaft und Politik in den ersten zwei Stellungnahmen nicht explizit erwähnt wird. Spätestens mit der dritten Stellungnahme ändert sich dies. Ab diesem Zeitpunkt wird klar formuliert, dass Wissenschaft nicht die Aufgaben der Politik übernehmen könne." (Beck und Nardmann 2021, S. 202) Wir werden dort, wo einzelne Maßnahmen in unserem Material eine Rolle spielen, darauf eingehen.

[5] „Jeder hat das Recht auf Leben und körperliche Unversehrtheit."

[6] „Die Freiheit der Person ist unverletzlich."

[7] Exemplarisch hat dies Helmut Schmidt angesichts seiner Entscheidung bei der Entführung des Arbeitgeberpräsidenten Hanns Martin Schleyer zum Ausdruck gebracht: Er sagte am 20. Oktober 1977 im Bundestag: „Wer weiß, dass er so oder so, trotz allen Bemühens, mit Versäumnis und Schuld belastet sein wird, wie immer er handelt, der wird von sich selbst nicht sagen wollen, er habe alles getan und alles sei richtig gewesen. Er wird nicht versuchen, Schuld und Versäumnis den anderen zuzuschieben; denn er weiß: Die anderen stehen vor der gleichen unausweichlichen Verstrickung. Wohl aber wird er sagen dürfen: Dieses und dieses haben wir entschieden, jenes und jenes haben wir aus diesen oder jenen Gründen unterlassen. Alles dies haben wir zu verantworten." (zit. n. Probst 2017, S. 2).

(b) Herausforderungen für die Bürger

Zum einen (b.1.) waren, wie oben bereits angemerkt, letztlich alle Menschen durch den Erreger SARS-CoV-2 mit Krankheit oder gar mit dem Tod bedroht.[8] Wie bei vielen Erkrankungen reichen die Auswirkungen bei COVID-19 von einem asymptomatischem über einen milden bis zu einem schweren Verlauf (vgl. Tenzer und Collin 2021, S. 1 f.), so dass man mit entsprechenden Einschränkungen des normalen Lebens von unterschiedlicher Dauer (vgl. Tenzer und Collin 2021, S. 4) bis hin zum Tod[9] rechnen muss – sei es bei sich selbst, sei es bei nahestehenden Personen.

Zum anderen (b.2) war die ganze Bevölkerung von den Folgen der Maßnahmen betroffen: „Maßnahmen zur Reduzierung persönlicher Kontakte im öffentlichen Raum waren […] ein Eingriff in die Grundrechte." (Thießen 2021, S. 90). „Die Corona-Pandemie markiert die entscheidendste Krise der demokratischen Staaten und Gesellschaften seit dem Zweiten Weltkrieg. Von erheblichen Grundrechtseingriffen über die strapazierte Funktionsfähigkeit der politischen Institutionen bis hin zu immensen wirtschaftlichen und sozialen Folgeschäden stellt sie unser Gemeinwesen auf eine vorher nicht gekannte Probe. Gleichzeitig macht die Krise bestehende Herausforderungen des demokratischen Systems mit besonderer Deutlichkeit sichtbar." (Friedrich-Ebert-Stiftung 2021). Die „implizit bezeugte Bereitschaft zum politischen Zusammenleben" (Habermas 2021, S. 19), der jede demokratische Staatsform bedarf, wird in der Krise explizit gefordert.

Da die Politik einerseits der wissenschaftlichen Expertise bedurfte, andererseits die wissenschaftlichen Forschungen überwiegend prognostischen Charakter hatten und damit sehr unsicher waren, gab es stets sehr unterschiedliche Einschätzungen über die zielführenden Maßnahmen (vgl. Münch 2021, S. 412 f.).[10] Zudem drohte

---

[8] „Weil in der Bevölkerung weltweit keinerlei Immunität gegen SARS-CoV-2 bestand, konnte sich das hochansteckende Virus sehr rasch über den Erdball verbreiten und Erkrankungen – COVID-19 – verursachen, die in vielen Fällen einen schweren Krankheitsverlauf hatten oder sogar tödlich waren. Am 11. März 2020 hat die WHO das COVID-19-Geschehen zur Pandemie erklärt." (https://www.rki.de/SharedDocs/FAQs/DE/COVID-19-Pandemie/FAQ-Liste-COVID-19-Pandemie.html#entry_16871530; zuletzt angesehen am 16. Okt. 2025).

[9] „Ein kleiner Teil der Betroffenen wird so schwer krank (circa 5 %), dass er auf die Intensivstation kommt und künstlich beatmet werden muss. Schlimmstenfalls entwickeln sich ein Lungenversagen und weitere Komplikationen. Gerade für alte Menschen und Patienten mit schweren Vorerkrankungen ein lebensgefährlicher Zustand, der auch trotz aller intensivmedizinischen Maßnahmen zum Tode führen kann. Covid-19 verläuft öfter tödlich als die Grippe." (Tenzer und Collin 2021, S. 2).

[10] „For a dynamic and complex problem such as coronavirus, we always want more information, but we have to deal with what we have. This isn't an academic research project. It's real life, in real time. In the face of severe uncertainty, we can't delay action waiting for more evidence or brush off catastrophic risks on grounds that it's irrational to take drastic countermeasures." (Crane 2020b; s. auch Crane 2020a).

die „Gefahr der rasanten Schadensvermehrung" (Hirschi 2021, S. 171). „Darum kam es […] auf schnelles Eingreifen mit massiver Hebelwirkung an." (Hirschi 2021, S. 172). Die „Grundfeste moderner Gesellschaften sind erschüttert worden. […] Politiker taten das Undenkbare und fuhren zugunsten des Gemeinwohls das öffentliche und wirtschaftliche Leben herunter. Sie verstießen damit gegen Wählerinteressen wie auch gegen wirtschaftliche Interessen und zwar unter extremer Ungewissheit, ob die Maßnahmen des Lockdowns tatsächlich notwendig waren." (Adloff 2020, S. 145). Die Verhältnismäßigkeit der Maßnahmen war einerseits in der akuten Krise kaum zu bewerten, andererseits musste diese aber gelöst werden. Dies gibt (α) dem Handlungsproblem der Achtung und Befolgung der Gesetze und staatlichen Maßnahmen, vor das jeder Bürger eines Staates dauerhaft gestellt ist, eine besondere Virulenz – insbesondere aufgrund der Massivität der Eingriffe, die weitere drängende Handlungsprobleme aufwarfen: (β) den Umgang mit Einschränkungen im persönlichen Verkehr,[11] (γ) die sehr viele betreffenden wirtschaftlichen Herausforderungen,[12] (δ) die Einschränkungen bei der Ausübung der Berufstätigkeit,[13] (ε) die alltagspraktische Bewältigung der Einschränkungen etwa in Familien mit Schulkindern, die nach Schulschließungen zu Hause bleiben und mit entsprechenden digitalen Möglichkeiten der Unterrichtsteilnahme versorgt werden mussten,[14] (η) die Herausforderung der Versorgung und Durchführung erforderlicher Verrichtungen angesichts der Schließung bzw. starken Einschränkung von Unternehmen, Ämtern und anderen Organisationen mit Publikumsverkehr[15] und vieles mehr.

Viele standen nun nicht nur vor einzelnen, sondern vor einem Syndrom verschiedener der hier genannten und u. U. weiterer Herausforderungen, wobei zudem die Möglichkeiten zu deren Bewältigung sehr ungleich verteilt waren. Diese prak-

---

[11] „Denn in Krisenzeiten steigt das Bedürfnis nach Kontakten mit Familie und Freunden. Dramatische Szenen spielten sich beispielsweise an den Eingangstüren zu Alters- und Pflegeheimen ab, an denen besorgte Kinder und Enkelkinder als potenzielle Seuchentreiber zurückgewiesen wurden. Die Kontaktbeschränkungen standen also im besonders scharfen Kontrast zu menschlichen Grundbedürfnissen." (Thießen 2021, S. 90).

[12] S. hierzu etwa: Dany-Knedlik/Däges 2020, Grömling/Hentze/Schäfer 2022.

[13] Zu Recht weist Lars Clausen darauf hin, „daß die allgegenwärtige Zerbrecherin der Schutzschranken einfach die arbeitsteilige Fahrlässigkeit ist" (1994, S. 57; Kursivier. getilgt).

[14] S. hierzu etwa: Bujard et al. 2021.

[15] Vgl. die anschauliche Schilderung vergleichbarer Herausforderungen bei der Spanischen Grippe (Panreck et al. 2021, S. 95–97) – wo aber hinzukam, dass keine zentralen „Strukturen und Maßnahmen zur Bekämpfung der Seuche existierten" (Panreck et al. 2021, S. 96).

tischen Folgen der Maßnahmen gepaart mit dem nicht präzise zu lösenden Streit-
punkt ihrer Verhältnismäßigkeit forcierten einen mit Dauer der Pandemie steigen-
den Unmut über die politischen Entscheidungen, den demokratischen Verlauf ihres
Zustandekommens und die tangierten normativen Werte, die auf unterschiedliche
Weise in Widerspruch gerieten, wie etwa zwischen Freiheitsrechten und Schutz der
Gesundheit. Dabei verlangte auch die immer prekäre Ausbalancierung zwischen
Eigeninteresse und Gemeinwohlbindung eine stetige Bearbeitung, die Deutungen
der Situation und der Herausforderungen erforderte, die, so die sich aus dem bisher
Ausgeführten ergebende Annahme, jeweils durch Deutungsmuster generiert wer-
den. Hier zu einer kollektiv tragfähigen Lösung zu gelangen, beschreibt die Größe
der Herausforderung und führt zum Thema der mit den genannten Handlungsproblemen verbundenen Deutungsprobleme.

3.1.2 Deutungsprobleme

„es gibt keine administrative Erzeugung von Sinn." (Habermas 1973, S. 99)

Mit objektiven Handlungsproblemen sieht sich die Praxis, wie wir oben
(Abschn. 1.3) gesehen haben, stets in einer spezifischen Deutung konfrontiert.
Wenn die Praxis nun angesichts bisher unbekannter, überwältigender Umstände
einem neuen Handlungsproblem gegenübersteht, so kann sie nicht umhin, dazu
eine Deutung zu entwickeln: Um was für ein Handlungsproblem handelt es sich für
uns? Indem wir so fragen, fragen wir nicht nach der objektiven Bedeutung des
Handlungsproblems, sondern nach dem Sinn, den es in Bezug auf uns hat.

Ziehen wir die o.g. Handlungsprobleme heran, so können wir folgende
Deutungsprobleme festhalten, die durch die Coronapandemie für die Betroffenen
aufgeworfen werden.

Bezüglich der individuellen Bedrohung durch die Pandemie „reaktivieren sich
die ältesten, schwerst institutionalisierbaren Menschheitsprobleme: Schmerz und
unverhoffter Tod." (Clausen 1994, S.55; Kursivier. getilgt). Damit ist ein
fundamentales Deutungsproblem aufgerufen, das sich in religiösem Kontext als
Theodizee-Problem darstellt, mit Weber allgemeiner formuliert: das „Problem[…]
der Weltunvollkommenheit" (1922/1985c, S. 318). Hier geht es um „individuelle
Theodizee des persönlichen Einzelschicksals" (Weber 1922/1985c, S. 302), also
um die Frage, warum (gerade) mir dieses Leid widerfährt. Religiöse Antworten auf
diese Frage sind angesichts der Säkularisierung unserer Gesellschaft nicht als do-
minant zu erwarten, aber ausgehend von Weber lässt sich annehmen, „dass auch
säkulare Lebensformen der Theodizee nicht entgehen, weil auch sie (individuelle)

Antworten angesichts der Inkongruenz von Schicksal und Verdienst brauchen." (Gärtner 2011, S. 274).

Bezüglich der mit den Maßnahmen verbundenen Handlungsprobleme können wir von folgenden Deutungsproblemen ausgehen. Im Vordergrund steht die Spannung zwischen einerseits der Loyalität gegenüber dem Staat sowie der Zustimmung zu dessen Bemühen möglichst viele Menschen zu retten, also der Solidarität mit den Mitmenschen und der damit einhergehenden Akzeptanz der Freiheitseinschränkungen, und andererseits dem Beharren auf der uneingeschränkten Ausübung der Freiheitsrechte. Wenn Silke Beck und Julian Nardmann feststellen, dass „die deutsche Reaktion sich durch ihre Konsensorientierung und relativ hohe Zustimmung zum Lockdown aus[zeichnet]" (2021, S. 188), so könnte dies mit einer aufgeklärt-demokratischen Deutung politischen Handelns einhergehen aber auch mit einer obrigkeitsstaatlichen Orientierung. Darüber hinaus spielt natürlich auch die Einschätzung der Angemessenheit der Maßnahmen eine Rolle, wie schwierig diese Einschätzung angesichts der akuten Krise auch sein mag. Wer etwa von der grundsätzlichen Unangemessenheit der Maßnahmen ausgeht, muss die Exekutive entweder für unfähig oder für angstgetrieben halten oder gar davon ausgehen, dass etwas anderes im Schilde geführt wird (vgl. Fischer 2022 [Brennglas], Min. 28:30). Diese Spannung in der Deutung der Maßnahmen betrifft auch alle weiteren oben angeführten Handlungsprobleme und macht den Kern des Deutungsproblems angesichts der Pandemie aus.

Auf diese hier dargelegten Handlungs- und Deutungsprobleme beziehen sich die Fälle, die in den folgenden Unterkapiteln analysiert werden.

3.2   Fallanalyse 1

3.2.1   Analyse der Pragmatischen Rahmung

Beim ersten Fall haben wir es mit einem in Form eines Buches publizierten Text zu tun. Damit liegt ein ediertes Protokoll[16] vor, zu dem wir in der Einleitung festhielten, dass „die protokollierende Handlung geplant und bewußt im Protokoll bzw. seiner Rahmung indiziert" ist (Oevermann 1997 [werkimmanent], S. 14). Ein Buch ist über einen Verlag und den Buchhandel an eine Öffentlichkeit und öffentliche Nachwelt gerichtet; von den „Funktionszusammenhängen", denen es ange-

---

[16] S. die Glosse *Ausdrucksgestalt, edierte.*

hören kann, sind folgende am wahrscheinlichsten: „zur Vermittlung von Einsichten, Techniken, Problemlösungen, Überzeugungen, Nachrichten, etc.; […] zur interpersonalen Kommunikation unter Bedingungen raumzeitlicher Trennung zwischen den Kommunikanten; zur Unterhaltung und zum ästhetischen Genuß" (Oevermann 1997 [werkimmanent], S. 15). Da bei den edierten Protokollen die Protokollierungshandlung mit der Editionshandlung zusammenfällt, stellt sich für die Bestimmung der Pragmatischen Rahmung die Frage, was die Edition eines Buches bedeutet.[17] Der Autor des Buches – und die an seiner Publikation Beteiligten – nehmen objektiv in Anspruch, dass das im Buch Dargestellte von Interesse für ein allgemeines Publikum ist, das zunächst nur aufgrund der Sprache, in der das Buch verfasst ist, begrenzt ist. Das Buch muss also etwa Informationen (z. B. über technische Zusammenhänge, historisch relevante Ereignisse, zivilisatorische Errungenschaften), Erkenntnisse (z. B. über naturwissenschaftliche Sachverhalte, soziale Phänomene etc.) oder praktische Stellungnahmen (z. B. eine Denkschrift bezogen auf politisch relevante Sachverhalte) oder Appelle (z. B. ein Pamphlet) enthalten oder ein sprachkünstlerisches Werk darstellen bzw. spachkünstlerische oder bildliche Werke enthalten, die jeweils von Bedeutung für das erreichbare Publikum sind. Diesen objektiv erhobenen Anspruch gilt es bei der Analyse zu berücksichtigen. – Auch, wenn quantitativ betrachtet viele Bücher veröffentlicht werden, die diesem Anspruch nicht gerecht werden, würde ein Verfehlen des regelkonstituierten objektiven Anspruchs ein Erklärungsproblem darstellen. Bei einem Buch ist zudem zu berücksichtigen, dass das Publikum anonym bleibt und somit auf das Dargestellte nur sehr vermittelt reagieren kann, so dass der Text in besonderem Maße den Charakter eines edierten Protokolls erfüllen und somit unterstellt werden muss, dass von dem Autor des Textes jedes Detail für die Publikation geprüft wurde.[18]

---

[17] Hier bezieht sich Edition auf Protokolle generell und meint nicht die spezifische (Buch-) Herausgabe.

[18] Vgl.: „Die geschriebene Sprache zwingt durch die Abwesenheit des Kommunikationspartners und die fehlende Situationshilfe zu maximaler Ausgestaltung der sprachlichen Äußerung." (Nerius 2007, S, 25).

3.2.2 Analyse des Buchtextes[19]

(1) Analyse der datentypenspezifischen Eröffnung
Da es sich bei Deutungsmustern um Strukturen mit einer „inneren Logik" (Oevermann 1973/2001 [DM], S. 5 u. ö.) handelt, ist zu erwarten, dass diese dort, wo es um die Begründung der eigenen Position in einer expliziten Darstellung geht, besonders deutlich wird. Insofern analysieren wir hier ein Buch (Guérot 2022), das nicht nur in einem Forschungsgespräch zu unserem Thema mit dem Hinweis: „der Text versammelt alle Überlegungen einer Wissenschaftlerin, die auf Ihre Fragen eingehen", empfohlen wurde, sondern aus dem in den Forschungsgesprächen immer wieder implizit Versatzstücke auftauchen oder auf das auch explizit Bezug genommen wird. Es ist also anzunehmen, dass in dem Buch Deutungen eine Systematisierung erfahren und so die die Deutungen generierenden Deutungsmuster unvermeidlicherweise deutlich werden. Da es sich bei einem Buch zudem um einen edierten Text handelt, der folglich mit dem Anspruch auf Konsistenz und Stimmigkeit auftritt (Oevermann 1997 [werkimmanent], S. 5), ist zu erwarten, dass die „interne[…] Konsistenz, die es deutungsmusterspezifisch zu rekonstruieren gilt", hier besonders deutlich wird. Insofern dürften wir dort elaborierte Begründungen finden, die in Forschungsgesprächen eher als internalisierte Elemente (vgl. Honegger 1978, S. 31) und weniger ausgefeilt auftauchen.[20]

Auf die Diskussion um das Buch und seine Autorin[21] werden wir hier nicht eingehen, da es ja um die Rekonstruktion des in dem Buch zum Ausdruck kommenden Deutungsmusters geht. Literatur zu dem Buch würde von uns insofern nur herangezogen, wenn sie unsere Analyse eränzen oder vertiefen könnte oder aber

---

[19] Es sei daran erinnert, dass der Textbegriff der Objektiven Hermeneutik nicht auf schriftsprachliche Ausdrucksgestalten beschränkt ist, sondern „alle Ausdrucksgestalten menschlicher Praxis bis hin zu Landschaften, Erinnerungen und Dingen der materialen Alltagskultur" umfasst (Oevermann 1996/2004 [Manifest], S. 104).

[20] Andreas Franzmann argumentiert mit einigem Recht umgekehrt: „Texte, die hochgradig ediert sind, […] sind [zur Rekonstruktion von Deutungsmustern] weniger geeignet, weil in ihnen eine Korrektur jede spontane Formulierung, die auf den Prozess der Erzeugung von Deutungen rückschließen ließe, bereits getilgt hat. Deshalb sind auch durchgestaltete Artikel oder Buchkapitel gar nicht so gut geeignet" (2007/2018, S. 197; allerdings rekonstruiert Franzmann selbst Deutungsmuster aus veröffentlichten Texten; s. 2003a, 2004). Vor diesem Hintergrund und dem der oben angeführten Überlegungen sind Inkonsistenzen und deren Bearbeitung, so sie sich in edierten Texten finden, umso aussagekräftiger.

[21] Für die Plagiatsvorwürfe s. die Dokumentation in Gysi 2024.

eine konkurrierende Deutung bieten würde, mit der wir uns dann auseinandersetzen würden. Alles drei ist, soweit wir die Literatur sichten konnten, nicht der Fall.

Wir gehen bei der Analyse des Buches in mehreren Schritten vor. Zunächst von außen nach innen, also als erstes ziehen wir, wie wir oben (s. Kap. 2) bereits angedeutet haben, den *Buchdeckel* heran, der ja sozusagen das Gesicht des Buches darstellt, wie es dem potenziellen Leser in Schaufenstern oder in Anzeigen entgegentritt. Mit dem Buchdeckel eröffnet der Autor eines Buches die Interaktion mit dem Leser, wobei, wie oben ausgeführt, zu berücksichtigen ist, dass das Publikum anonym bleibt und auf das Dargestellte nur sehr vermittelt reagieren kann. – Sodann wird die grobe Abfolge gemäß der *inneren Gliederung* in Kapitel oder Abschnitte analysiert, da so die innere Logik der Gesamtkonzeption der Gedankenentfaltung deutlich werden sollte. – Da das Buch ein *Motto* und eine *Widmung* enthält, die ebenfalls als (erweiterte) Eröffnung gelten müssen, werden diese als nächstes untersucht. – Schließlich werden *kontrastiv ausgewählte Stellen* aus dem Fließtext herangezogen; die Begründung für die herangezogenen Stellen erfolgt je dort.

Analyse des Buchdeckels

Die graphische Gestaltung des Buchdeckels[22] ist relativ schlicht mit weißer, in Großbuchstaben in serifenloser, statischer Schrift vor blauem Hintergrund, was eine nüchterne, sachliche Darstellung erwarten lässt. Zwei weitere Gestaltungsmerkmale treten auf: zum einen die funktionale und erneut für Sachlichkeit sprechende unterschiedliche Schriftgröße bei Haupt- und Untertitel und Autoren- und Verlagsnamen, wobei letzterer vertikal von unten nach oben zu lesen ist, was, wie man auf der Internetseite des Verlags[23] überprüfen kann, die Bücher des Verlags auszeichnet und, da nicht der Verlag unser Fall ist, hier vernachlässigt werden kann; zum anderen die farbliche Gestaltung des Haupttitels, die dessen vier Worte von hinten nach vorn treten lässt, was dem Gehalt des Titels eine spezifische Lesart gibt (s. u.).

WER SCHWEIGT, STIMMT ZU

Dieser Satz muss als Sprichwort gelesen werden, das als der Rechtsgrundsatz ‚Qui tacet consentire videtur‘ (‚Wer schweigt, wird als zustimmend angesehen‘) auch in

---

22 Eine Abbildung findet sich auf der Seite des Verlags: https://westendverlag.de/Wer-schweigt-stimmt-zu/1574; zuletzt angesehen am 18. Febr. 2025 – der dort zu sehende Aufkleber gehört nicht zu dem von uns analysierten Text.

23 https://westendverlag.de/BUECHER-THEMEN/Gesellschaft/; zuletzt angesehen am 18. Febr. 2025.

unsere Zivilprozessordnung Eingang gefunden hat (§ 138, Abs. 3); in bestimmten Fällen wird das gegenteilige Sprichwort ‚Qui tacet consentire non videtur' angewandt. Dieses gilt als der eigentliche Rechtsgrundsatz, von dem der andere die Ausnahme darstellt. In beiden Varianten kommt zum Ausdruck, dass eben auch Schweigen auf eine Ansprache hin strukturell eine Antwort darstellt, die einer inhaltlichen Deutung – in die eine oder andere Richtung – bedarf. Was bringt die hier gewählte Variante als Buchtitel nun zum Ausdruck? Relevant ist diese Äußerung nur, wenn es angesichts einer Frage Schweigende gibt. Da zudem ja beide Varianten prinzipiell möglich sind, ist es unwahrscheinlich, dass lediglich eine Tatsachenbehauptung aufgestellt wird (LA.1).[24] Eher ist davon auszugehen, dass ein praktisches Interesse an der gewählten Variante besteht. In einer alltäglichen Kommunikation geäußert, würde der Sprecher damit zugleich die Zustimmung feststellen und in praktisch folgenreichem Vollzug festhalten, dass sie „als zugestanden anzusehen" ist (ZPO § 138, Abs. 3) (LA.2.a) – oder aber er würde einen Appell zum Ausdruck bringen, das Schweigen zu brechen und die Zustimmung zu verweigern (LA.2.b). Als Buchtitel nun ist die Lesart 2.a unwahrscheinlich, da ja ein Buchtitel nicht eine Entscheidung aktuell vollziehen kann; einen Appell hingegen kann ein Buch an seine Leser richten, wobei zu erwarten ist, dass dieser explizit begründet wird, da sonst eine entsprechende Parole ausreichen würde. Der Titel enthält so die Aufforderung an die Schweigenden, nicht (länger) zu schweigen und damit zuzustimmen. Die farbliche Gestaltung unterstreicht dies, tritt doch gewissermaßen der Schweigende, der sich im Hintergrund hält, farblich mit diesem fast verschmilzt, zunehmend hervor. So wird deutlich gemacht, dass das Schweigen nur vermeintlich unsichtbar macht, tatsächlich aber Wirkungen zeitigt. Eine Spannung ergibt sich daraus, dass der Autorenname (wie auch der Untertitel, dazu gleich) ebenfalls weiß gedruckt ist und damit, wenn auch aufgrund kleinerer Schrifttype weniger aufdringlich, im Vordergrund steht, also auf der Raumebene der Zustimmung; wir finden hier somit einerseits die Logik der Zustimmung durch Schweigen vor, andererseits die Logik, dass der Autor sich als nicht schweigend präsentiert.

▶ Dass die grafische Gestaltung der Schrift (zusammen mit ihrem Hintergrund, vor dem sie erscheint) als Moment der Ausdrucksgestalt relevant ist, drängt sich hier auf (vgl. auch Loer 2023 [Videos], S. 379).[25] Die Geltungsbasis der Lesarten sind stets Angemessenheitsurteile, also – teils implizite, teils explizite – Urteile darüber, welche Bedeutung bestimmte graphische oder generell bild-

---

[24] LA steht für Lesart.

[25] Nicht immer ist dies der Fall, auch nicht bei allen edierten Texten; es ergibt sich je fallspezifisch – manchmal auch erst während der Analyse und muss dann ggf. nachgeholt werden.

liche Gestaltungen haben. Wenn es bei der Lesartenbildung zu Strittigkeiten kommt, muss das jeweilige Angemessenheitsurteil expliziert und u. U. geklärt werden, worin es gründet.[26]

Der Titel gibt nun aber noch nicht eindeutig preis, wovon das Buch handelt; neben einem Appell (LA.2.b) könnte eben auch der Rechtsgrundsatz selbst Gegenstand des Buches sein (LA.1.a) oder es könnten die Auswirkungen eines faktisch auf dem Grundsatz beruhenden Handelns erörtert werden (LA.1.b). Es ist also in sich logisch, dass ein Untertitel den Haupttitel erläutert.

ÜBER DEN ZUSTAND \...[27]

Der Untertitel hebt an mit der Bestimmung des Gegenstands des Buches. Wenn wir, wie methodisch angemessen, als inneren Kontext (s. Kap. 2) mit heranziehen was die Analyse des Titels ergeben hat, so ist klar, dass es um einen Zustand gehen muss, für den die Zustimmung der Schweigenden (möglicherweise der schweigenden Mehrheit) relevant ist. Das kann nur Regelungen betreffen, die für eine bestimmte Gemeinschaft von allgemeinem Interesse sind. Mit einer sachlichen Bestimmung, wie z. B. „Über den Zustand der Demokratie in Deutschland", könnte angedeutet werden, dass etwa die direkte Demokratie mit der parlamentarischen verglichen werden soll. Damit wäre die Lesart 1.b zutreffend. – Mussten wir angesichts des Hauptitels allein eher von einer praktischen Stellungnahme in Form eines Appells ausgehen, so ist nun eher eine sachliche Darstellung zu vermuten.

.../ UNSERER \...

Die Benennung der Gemeinschaft, um die es geht, und die Vereinnahmung des Lesers als ihr ebenso angehörend wie der Autor, lassen erwarten, dass, wenn es um

---

[26] Eine methodologische Grundlage für die Analyse bildlicher Ausdrucksformen hat etwa Max Imdahl bzgl. ikonischer Relationen mit seiner Ikonik zu entwickeln begonnen (vgl. Imdahl 1994); eine weitergehende Explikation der Gesetzmäßigkeiten des bildlichen und graphischen Ausdrucksmaterials stellt nach wie vor ein Desiderat dar. Auch wenn es im Bereich der künstlerischen Lehre naturgemäß Ausarbeitungen zu den Gesetzmäßigkeiten des bildnerischen Gestaltens gibt – exemplarisch etwa die Schriften von Johannes Itten (1913–19/1990, 1930/1980, 1961/1987) oder auch zeitgenössisch von Michael Becker (2010) –, steht eine systematische Ausarbeitung von Ansätzen wie dem des Ophtalmologen Philippe Lanthony (2006) noch aus.

[27] „\..." markiert hier, dass der Satz oder auch Absatz noch weitergeht; „.../" markiert hier, dass der Absatz bereits begonnen hat; „[...]" markiert eine (vorläufige) Auslassung – etwa, um zunächst zusammengehörige Satzteile zu analysieren.

eine Bestandsaufnahme geht, diese eher besorgt als nüchtern ausfallen wird. – Damit schwingt das Pendel wieder in die Richtung der praktischen Stellungnahme.

…/ ZEIT \…

Nun wird das Themenfeld weit aufgespannt – es geht nicht um eine bestimmte (politische) Gemeinschaft, sondern um die gegenwärtige Lage der Menschheit überhaupt (s. stilbildend Karl Jaspers' Buch: „Die geistige Situation der Zeit" – 1931/1949; s. auch Habermas 1979a, b), wobei die Besorgtheit erhalten bleibt, da durch den Possessivartikel (anders als durch den nüchternen bestimmten Artikel bei Jaspers) eine Identifikation mit der „Zeit" stattfindet. Die zu vermutende Grundthese des Buches enthält zwei Aspekte: (Th.1) In unserer Zeit wird sehr viel geschwiegen und das zeitigt Folgen; (Th.2) die Folgen sind bedenklich.

…/ UND DARÜBER, \…

Der Untertitel beschränkt sich nun nicht auf das bisher Explizierte, sondern schließt einen Satz an, der auf das Vorgängige bezug nimmt – es könnte etwa heißen: „und darüber, wie wir ihn ändern können". Indem eine Satzkonstruktion folgt, ist zu erwarten, dass ein Sich-Verhalten zu dem Zustand thematisch ist; dies würde zu der praktischen Positionierung (Th.2) passen.

…/ WIE WIR LEBEN WOLLEN

Die bereits thematische Gemeinschaft wird durch das Pronomen aufgenommen, aber die Beziehung zum „Zustand" ist undeutlich, da das „UND" sich nicht von selbst erschließt – vielmehr „erlaubt das Und alles mit allem zu verbinden und ist darum ohnmächtig zum Meisterschuß." (Adorno 1962, S. 280). Somit ist der Leser strukturell genötigt, die inhaltliche Bezugnahme selbst vorzunehmen. Auf dem Titelblatt ist der Untertitel nicht vollständig in Großbuchstaben, gesetzt, sondern nutzt die im Normalfall zweiregistrige Schrift des Deutschen. Außerdem steht nach „Zeit" ein Punkt und das folgende „Und" beginnt mit einem Großbuchstaben. Damit wirkt der zweite Teil wie eine eigenständige Ergänzung, eine, die beinah vergessen worden wäre; da wir es mit einem edierten Text zu tun haben, erscheint die Ergänzung damit aber als besonders wichtig: „Darauf kommt es an!", wird damit gesagt. Durch die Differenz zwischen der Ist-Beschreibung des Zustands und der Willensäußerung wird, ohne dass es ausgesprochen würde, suggeriert, dass beides in Spannung, wenn nicht im Gegensatz steht – „das Und [wirkt] als verschluckte Pointe" (Adorno): „Und wie wir in Wahrheit leben wollen" (Th.2). –

Rein sachlich müsste es nämlich schlicht heißen: ‚Und wie wir leben' (Th.1). Es geht also um eine Spannung zwischen Sein und Wollen, die aber nicht in Übernahme einer praktischen Verantwortung durch die Wir-Gemeinschaft handelnd aufgelöst werden soll; vielmehr wird sie lediglich beklagt. Dabei stellt sich die Frage, wie der Autor für das Kollektiv sprechen kann, wodurch er hierzu legitimiert ist. Anders als für die Analyse oder Darstellung des Zustandes (Th.1), wofür ihn analytische Fähigkeiten, theoretische und methodische Kenntnisse befähigen, bedarf es für die stellvertretende Willensäußerung (Th.2) einer praktischen Legitimation, die der Autor hier in Anspruch nimmt. – Dies wäre wiederum anders, wenn es hieße „und wie wir leben sollten". Dann würde der Autor als Intellektueller einen Vorschlag in die öffentliche Debatte einbringen, der diese von einer praktischen Position aus argumentativ zu beeinflussen suchen würde (vgl. Oevermann 2003 [Intellektuelle]).

ULRIKE GUÉROT

Ulrike Guérot war zum Zeitpunkt der Veröffentlichung des Buches, wie wir ihrer eigenen Internetseite[28] entnehmen können, „Professorin für Politikwissenschaft und designierte Ko-Direktorin des Europazentrums Centre Ernst Robert Curtius, (CERC), an der Rheinischen Friedrich-Wilhelms-Universität Bonn", verfügt also qua Beruf über die als erforderlich erwähnten analytischen Fähigkeiten und theoretischen und methodischen Kenntnisse. Offensichtlich hat sie hier aber nicht ein wissenschaftliches Fachbuch oder ein Sachbuch vorgelegt, sondern eine praktische Stellungnahme, die handlungslogisch nicht in einer fachlichen Befähigung zur argumentativen Darstellung gründen kann. Was aber legitimiert Guérot[29] dazu, nicht nur wie ein Intellektueller im eigenen Namen eine praktische Stellungnahme abzugeben und in die Debatte einzuspeisen, sondern dies für eine Gemeinschaft zu tun? Auf ihrer Internetseite erfahren wir noch, dass sie „seit März 2014 Gründerin und Direktorin des European Democracy Labs, e.V., Berlin" ist; dort ist jedoch über eine Eigenermächtigung als Intellektuelle hinaus keine Legitimation erkennbar.

---

[28] https://www.ulrike-guerot.de/ueber-mich/biografie; zuletzt angesehen am 26. Okt. 2025. Guérot ist mittlerweile gekündigt worden (Kissler 2023); ihre Klage gegen die Kündigung wurde abgewiesen (https://www.spiegel.de/panorama/bildung/ulrike-guerot-gericht-in-bonn-erklaert-kuendigung-von-politologin-fuer-rechtmaessig-a-f858576a-72f2-450c-b3c3-c45c47318c95; zuletzt angesehen am 26. Okt. 2025). – Namen können nicht aus sprachlichen Regeln erschlossen, sondern müssen gewissermaßen in einem Lexikon nachgeschlagen werden.

[29] Da es bei der Analyse eines Buches um den Autor als Autor geht, bezeichnen wir ihn ab hier mit dem (Familien-) Namen ohne Namenszusatz.

Guérot maßt sich also eine Führungsrolle, mindestens eine Sprecherrolle für eine angebbare Gemeinschaft, an.

Auch bezüglich der Haltung, die die Autorin[30] hier an den Tag legt, können wir ein Oszillieren des Pendels zwischen dem Scheitelpunkt einer sachlichen Analyse und Darstellung (was den o. g. ersten Aspekt der Grundthese des Buches beträfe) einerseits und dem Scheitelpunkt einer praktischen Positionierung (was den o. g. zweiten Aspekt der Grundthese des Buches beträfe) andererseits feststellen. Angesichts der Kohärenzanforderung eines edierten Protokolls, das als solches explizite Argumentationen erwarten lässt (vgl. o. den Abschnitt ‚Zur Analyse der datentypenspezifischen Eröffnung‘), müssen wir uns fragen, worin nun die Ruheposition des Pendels besteht, in der es sich für die Autorin befinden muss. Das Oszillieren des Pendels, um im Bild zu bleiben, wird nicht manifest gestaltet, was der Fall wäre, wenn explizit der Schluss vom Sein auf ein Sollen formuliert und vertreten würde – etwa mit einer Anmerkung wie „Einerseits wollen wir analysieren, was Sache ist, andererseits aber auch Stellung beziehen…“. Eine vergleichbare Kautel findet sich aber hier nicht und so liegt das Oszillieren auf der latenten Ebene und bleibt der Autorin offensichtlich verborgen. Wie oben in der Einleitung zum Begriff des Deutungsmusters ausgeführt wurde, findet sich hier eine latente Inkohärenz, und wenn wir nach der Ruheposition des Pendels fragen, so fragen wir nach dem Schlüsselkonzept des Deutungsmusters (vgl. o. Abschn. 1.3).

Über diese erste Vermutung bzgl. des Deutungsmusters hinaus kann auf Grundlage der bisherigen Bedeutungsrekonstruktion auch bereits eine erste Fallstrukturhypothese bzgl. des Habitus der Autorin formuliert werden: Wir finden hier einerseits eine Selbstüberhöhung, die sich darin ausdrückt, dass praktische Führung beansprucht wird, ohne dafür bereits legitimiert zu sein, aber eben auch ohne im Sinne einer (Selbst-) Charismatisierung „mit Bezug auf eine Krise, die entweder anschaulich überzeugend vorliegt oder erfolgreich eingeredet wird, ein Versprechen auf Krisenlösung überzeugend“ zu vermitteln (Oevermann 1991 [GenStrukt], S. 331) – denn weder wird die Krise klar dargelegt, noch ein Versprechen auf Krisenlösung. Andererseits findet sich ein mit einer vermeintlich sachlichen Zurückhaltung einhergehendes vorgeblich bescheidenes Auftreten (H_1).[31] Diese in-

---

[30] Auch wenn es weiterhin um die Position des Autors geht, für deren begriffliche Charakterisierung es auf das Merkmal der Geschlechtsidentität nicht ankommt (vgl. Zifonun 2018, S. 50), und nicht um die konkrete Person von Ulrike Guérot, verwenden wir ab hier die konkretisierende feminine Form, da eine Beibehaltung der abstrakten Redeweise angesichts der weiblichen Person der Autorin künstlich erscheinen würde.

[31] Die mit dem Buchstaben ‚H‘ und Nummernindizes markierten Handlungen werden wir in der Zusammenfassung (s. u.) wieder aufnehmen.

teressante Diskrepanz zeugt von einer Haltung, Zudem findet sich an Stelle einer praktischen Verantwortungsübernahme ein Beklagen (H$_2$). Das bescheidene Gebaren wird aber wiederum durch ein tendenziell besserwisserisches Auftreten konterkariert, das eine Mahnung gegen ein Unheil andeutet, ein Unheil das droht, falls die Schweigenden ihre Stimme nicht erheben. Wenn wir diese hier genannten Handlungen auf eine Handlungsregel bringen wollen, so kann erstere etwa lauten: ‚Angesichts von Problemen halte dich sachlich zurück und inszeniere dich als bescheiden!‘ (HR$_1$);[32] und letztere: ‚Angesichts von Missständen nimm nicht praktisch Stellung, sondern beklage sie!‘ (HR$_2$)

> Im Laufe unserer Analysen stießen wir darauf, dass Handlungen, die wir in den Protokollen der untersuchten Fälle objektiviert fanden, sich auf Handlungsregeln bringen lassen – diese Handlungsregeln sind Moment des Auswahl- bzw. Entscheidungsparameters (s. Abschn. 1.2), also des „modus operandi" (Panofsky, s. Abschn. 1.3), die die Handlungen als „opus operata" (Bourdieu, s. Abschn. 1.3) hervorbringen. – Inwiefern diese Handlungsregeln Moment des Habitus sind, ist weiter aufzuklären.

Die Haltung, die sich in diesen Handlungsregeln realisiert, soll zur Verdeutlichung mit der eines Rebellen und eines Revolutionärs einerseits, eines Intellektuellen andererseits kontrastiert werden.

> ***Zu den Handlungstypen*** Rebell, Revolutionär *und* Intellektueller
> Der *Rebell* und der *Revolutionär* beziehen sich beide in ihrem Handeln auf eine höhere materiale Vernünftigkeit; dabei begreift ersterer dies als Rückgriff auf eine vorgängige, letzterer es als Vorgriff auf eine erst noch zu verwirklichende höhere materiale Vernünftigkeit. Beide nehmen dabei die reklamierte Vernünftigkeit praktisch in Anspruch, trauen sich, in die offene Zukunft hinein zu handeln, und vertrauen darauf, dass die visierte Vernünftigkeit sich realisieren wird. In dieser Hinsicht ist sowohl der Rebell als

---

[32] Die mit den Buchstaben ‚HR‘ und Nummernindizes markierten Handlungsregeln werden wir in der Zusammenfassung (s. u.) wieder aufnehmen.

auch der Revolutionär freimütig und unbekümmert um die aktuelle Begründung seines Tuns. Freimut ist dabei zu verstehen als „eine Haltung zur Krise, die nicht alte Handlungsmuster fortschreibt, sondern sich der Neuerung öffnet" (vgl. Loer 2006 [UnterHab], S. 28–33; hier, S. 33). Rebell und Revolutionär unterscheiden sich nur hinsichtlich der Quelle der Vernünftigkeit, auf die sie sich berufen.

Zum *Intellektuellen* ist festzuhalten, dass er „sein Charisma durch die Logik des besseren Argumentes und die Rhetorik der Suggestivität ausübt und stiftet" und sich an eine „Öffentlichkeit [...] richtet," die „durch die Logik des besseren Argumentes konstituiert sein und sich an deren Geltungskriterien verpflichtend binden" muss (Oevermann 2003 [Intellektuelle], S. 30); für die „Macht des Geistes" die der Intellektuelle ausübt, ist dabei „konstitutiv [...], daß sie auf alle anderen Mittel der Beeinflussung oder Interessendurchsetzung und Positionserzwingung verzichtet." (Oevermann 2003 [Intellektuelle], S. 30 f.). Zudem übt der Intellektuelle, anders als der Wissenschaftler, praktische Kritik: „Praktische Kritik, d. h. die in die Praxis selbst eingelassene Befolgung der Logik des besseren Argumentes, bezieht sich immer auf eine im Namen einer wie explizit auch immer vorliegenden Konzeption des guten Lebens vorgetragene und gerechtfertigte Kritik der bestehenden Lebensverhältnisse und ist als solche gepaart mit dem Bemühen um ihre praktische Verbesserung." (Oevermann 2003 [Intellektuelle], S. 44 f.). Was Jürgen Habermas 1979 festhielt, gilt heute nach wie vor, wenn nicht mit besonderer Dringlichkeit: „Nicht obsolet geworden ist die Aufgabe von Intellektuellen, auf Sprünge, Entwicklungstendenzen, Gefahren, auf kritische Augenblicke mit Parteinahme und Sachlichkeit, mit Sensibilität und Unbestechlichkeit zu reagieren." (Habermas 1979c, S. 9)

Eine Haltung des Freimuts wie beim Rebellen und beim Revolutionär findet sich bei Guérot nicht. Es ist eher das Gegenteil der Fall: durch ihre vorsichtige Andeutung im Untertitel wird eine Begründung als erforderlich suggeriert – ohne dass sie aber offensiv vorgetragen würde – und es findet keine aufgeschlossene Öffnung gegenüber einer Neuerung statt, die aber im Titel zugleich als erforderlich (i. S. v.: so kann es nicht weitergehen) angedeutet wird. – Auch das Moment der rhetorischen Suggestivität, die beim Intellektuellen im Dienste der Logik des besseren Arguments steht, finden wir in der Gestaltung des Buchdeckels nicht – obwohl dieser als Gesicht des Buches ja gerade im Hinblick auf Suggestivität herausragen müsste. Ebenso kommt das Argument (Der Zustand ist unhaltbar, die schweigende Mehrheit, die zustimmt, könnte ihn ändern, und das muss geschehen) keineswegs

suggestiv stimmig, sondern eher verdreht daher und muss vom Leser mühsam erschlossen werden. Ein praktische Positionierung schließlich im Namen einer
„Konzeption des guten Lebens" findet sich allenfalls ex negativo (so kann es nicht
weitergehen); und eine klare „Parteinahme" können wir bei Guérot ebensowenig
feststellen wie wir bei ihren unentschiedenen Formulierungen „Sensibilität und
Unbestechlichkeit" erwarten dürfen.

Insofern können wir die Haltung der Autorin als eine *Unentschiedenheit zwischen praktischer Verhuschtheit und pharisäerhafter Selbstüberhöhung* bezeichnen.

▶ Die Fallstrukturhypothese, die hier entworfen wird, erscheint als hochspekula-
tiv und riskant. Dies ist gewollt und als Moment der Fallstrukturrekonstruktion
unabdingbar, denn nur deutlich konturierte Hypothesen sind gehaltvoll und
können informativ scheitern.

Analyse der Gliederung

> Vorbemerkung / Teil I Wo wir stehen / Teil II Was passiert ist / Teil III Was wir
> jetzt machen / Schlussbemerkung / Danksagung [S. 7][33]

Die Vorbemerkung wird vermutlich das Anliegen des Buches einordnen in einen
etwaigen Diskussionszusammenhang; dass das Buch mit einer (bescheiden so genannten) Schlussbemerkung endet, überrascht; man würde einen Appell erwarten Auch hier zeigt sich also eine Unentschiedenheit zwischen Analyse der Lage
einerseits und praktischer Stellungnahme mit Verantwortungsübernahme andererseits. Dass die drei (Haupt-) Teile auch nüchtern so genannt werden, stellt ebenfalls
eine tradierte Form der Sachlichkeit dar. Die inhaltliche Benennung der Teile soll
nun genauer betrachtet werden.

Der erste Teil, „Wo wir stehen", lässt eine Bestandsaufnahme in der Entwicklung einer Gemeinschaft erwarten, der die Autorin angehört und für die sie spricht;
wenn wir den Titel und Untertitel des Buches als inneren Kontext heranziehen, ist
klar, dass es sich bei der fraglichen Gemeinschaft um die Menschheit handeln
muss. Damit wird ein Anspruch erhoben, der dem von Karl Jaspers, der „auf den
Grund der Wirklichkeit dringen [wollte], in der wir sind" (1931/1949, S. 6),
vergleichbar ist. Diesen Anspruch stellte Jürgen Habermas bereits für 1979 mit

---

[33] Seitenzahlen in eckigen Klammern nach den zu analysierenden Sequenzstellen beziehen
sich in diesem Unterkapitel auf Guérot 2022.

Recht infrage: „wer wollte noch in der Schlüsselattitüde des großen Philosophen auftreten?" (1979c, S. 7) Wir haben es hier also erneut mit einer Selbstüberhöhung zu tun; unter Umständen versteht die Autorin selbst dies allerdings als Bescheidenheit i. S. v.: „Schaun wir erst einmal, wo wir so stehen". Das aber würde bedeuten, dass sie den inneren Kontext ausblendet, also den Anspruch des Titels („Zustand unserer Zeit") zurücknimmt, der sich dann seinerseits als Ausdruck von Prätention erwiese.

Die inhaltliche Bezeichnung des zweiten Teils, „Was passiert ist", ist mehrdeutig: Was passiert ist, kann die Voraussetzung dafür sein, dass „wir" dort stehen, „wo wir stehen" (LA.1) So könnte man etwa sagen: ‚wir haben einen Weg genommen, der zum Gipfel führte, auf dem wir jetzt stehen'. Was passiert ist, kann auf dem Weg dorthin passiert sein (LA.2); man könnte sagen: ‚auf dem Weg zum Gipfel haben wir Steinböcke beobachtet'. Von der Abfolge her müsste, was passiert ist, allerdings etwas sein, was in den Stand der Dinge eingetreten ist, wobei es dann allerdings diesen nicht verändert hätte (LA.3) – wie etwa wenn man sagte: ‚wir stehen auf dem Gipfel und ein Gewitter zog auf'. Man kann hier aber bereits an der Schwierigkeit, das rechte Tempus zu wählen, sehen, dass diese Lesart unstimmig ist, weshalb wir sie zunächst ausschließen. Die Lesart 2 können wir zunächst ebenfalls ausschließen, denn sie würde nicht einen eigenen Teil rechtfertigen. Die Lesart 1 ergäbe Sinn, wenn es hieße: ‚Wie es soweit kam'; demgegenüber klingt die gewählte Bezeichnung nüchtern. In der Abfolge und Benennung der Teile I und II können wir somit ein Bemühen sehen, sachlich zu erscheinen. Dem fügt sich die Benennung von Teil III mit ihrer nüchternen Deklaration: „Was wir jetzt machen". Das widerspricht allerdings dem herausgearbeiteten Appell-Charakter und vermeidet im Deskriptiv-Bleiben wieder die Übernahme von praktischer Verantwortung.

Die Diskrepanz zwischen einer praktischen Selbstüberhöhung und einer sachlichen Bescheidenheit, die wir oben konstatierten, bestätigt sich hier. Wenn wir uns fragen, wie beides zusammengeht, so können wir nunmehr vermuten, dass die objektiv rekonstruierbare Selbstüberhöhung für die Autorin latent bleibt und sie sich eher als sachlich bescheiden auftretend wahrnimmt.

Analyse des Mottos

Wie oben bereits erwähnt, finden sich in dem vorliegenden Buch ein Motto und eine Widmung, die ebenfalls als Momente der Eröffnung zu analysieren sind. Hätte die Autorin auf Motto und Widmung verzichtet, würde das das Bemühen um Nüchternheit, das wir in der Gliederung fanden, unterstützen. Das *Motto* müsste nun ein auf Sachlichkeit zielender „Satz mit einer bestimmten zusammenfassenden

Aussage" sein, der dem „Buch [...] zur Kennzeichnung des Inhalts oder der Absicht, die der Verfasser verfolgt, vorangestellt wird".[34]

„Und doch \... [S. 5]

Das Motto ist, wie häufig, ein Zitat; die Konjunktion „Und", mit der es beginnt, schließt an etwas Gesagtes, aber hier nicht Wiedergegebenes an,[35] und durch den Adversativ-Junktor „doch" kommt zum Ausdruck, dass das, was nicht genannt wird, dem, was nun folgt, widerspricht. Die Äußerung ‚Und doch leben wir fröhlich und vergnügt', würde etwa implizieren, dass Bedingungen herrschen, die erwarten lassen, dass ein fröhliches und vergnügtes Leben ausgeschlossen ist; widerspenstig und dadurch, dass mit der Konjunktion regelwidrigerweise ein neuer Satz begonnen wurde, auftrumpfend, richtet sie sich gegen widrige Bedingungen.[36] – Welche können dies sein? Vom inneren Kontext, also von den bisher analysierten vorhergehenden Stellen her, müssen wir davon ausgehen, dass der „Zustand unserer Zeit", zu dem die schweigende Zustimmung gehört, die widrigen Bedingungen darstellt, gegen die sich im Motto gerichtet wird. Dieser Bedingungen ungeachtet wird nun etwas behauptet oder getan.

…/ kann nichts auf der Welt \...

So grundsätzlich wie die – nicht genannten – widrigen Bedingungen sind, so grundsätzlich ist das, was behauptet wird. Damit wird beidem großes Gewicht zugeschrieben und widrige Bedingungen und trotziges Dagegenhalten verstärken sich gegenseitig – etwa: ‚Es geschah das Schlimmste – und doch kann es uns Christen den Glauben an ein besseres Jenseits nicht nehmen, da nichts auf der Welt es kann.'

…/ dem Menschen \...

Die Grundsätzlichkeit wird noch gesteigert, da mit „Mensch" im Singular eine Bestimmung der Gattung angesprochen wird – etwa: ‚Es geschah das Schlimmste – und doch kann nichts dem Menschen die unsterbliche Seele nehmen'. Hierbei handelt es sich um eine von fundamentaler Glaubensgewissheit getragene Aussage.

---

[34] Der Abkürzung halber ziehen wir hier auf eine Wörterbuchbestimmung heran: https://www.duden.de/rechtschreibung/Motto; zuletzt angesehen am 26. Okt. 2025.

[35] Die Großschreibung und fehlende Auslassungszeichen zeigen an, dass im Zitat nicht etwa ein Teilsatz ausgelassen wurde.

[36] Nicht umsonst wird die Äußerung, die Galileo Galilei beim Verlassen des Inquisitionsgerichts, vor dem er der kopernikanischen Lehre abgeschworen hatte, getan haben soll: „Tamen si movetur!", häufig mit „Und sie bewegt sich doch!" übersetzt.

Aber auch wenn es sich bei dem Motto nicht um eine religiöse Aussage handeln sollte, wird darin doch fundamentale Gewissheit in Anspruch genommen.

> …/ das Gefühl nehmen, \…

Dass es nun nicht um eine Sache oder eine Eigenschaft des Menschen geht, sondern um sein diesbezügliches Gefühl, überrascht und klingt nach Trotz und mangelndem Realismus: ‚Es geschah das Schlimmste – und doch kann nichts dem Menschen das Gefühl nehmen, alles werde gut.'

> …/ dass er zur Freiheit geboren ist." \…

Das Gefühl, um das es hier geht, kann handlungsmächtig werden; weshalb auf den ersten Blick doch der praktisch werdende Widerspruchsgeist angesprochen ist. Allerdings geschieht dies sehr vermittelt, denn die Gewissheit eines *Gefühls*, zur Freiheit geboren zu sein, führt entschieden weniger zum Widerstand, als wenn behauptet würde, dass Freiheit konstitutiv für den Menschen ist. Durch das gewählte Motto wird erneut eine Ambivalenz deutlich zwischen einer klaren Positionierung, wie es etwa in der Äußerung „L'homme *est* né libre" von Jean-Jacques Rousseau zum Ausdruck kommt,[37] und einer verhuschten Zurückhaltung, wie sie sich eben in der hier zitierten Äußerung „se *sentir* né pour la liberté" (Weil 1934/2018, S. 57; kursiv von uns, UF/TL)[38] zeigt. Der Mensch ergreift in der im Motto formulierten Vorstellung nicht seine Freiheit und realisiert so, was schon als wirklich unterstellt wird, sondern er *fühlt* lediglich, dass er für die Freiheit geboren ist; dies aber ist durchaus damit vereinbar, statt sie zu ergreifen, darum zu bitten, dass ihm die Freiheit gegeben werde.[39] Es reproduziert sich hier die Unentschiedenheit zwischen

---

[37] „Der Mensch ist frei geboren." – Vgl. auch: „Wir sind geboren, um frei zu sein" (Ton Steine Scherben: Wir müssen hier raus! – https://genius.com/Ton-steine-scherben-wir-mussen-hier-raus-lyrics; zuletzt angesehen am 26. Okt. 2025).

[38] Das Orignialzitat lautet: „Et pourtant rien au monde ne peut empêcher l'homme de se sentir né pour la liberté." (Weil 1934/2018, S. 57).

[39] Dies erinnert nicht von ungefähr an die Inschrift über dem Reichstagsgebäude: „Dem deutschen Volke". Dass diese Inschrift beibehalten wurde, obwohl in dem Gebäude das Parlament, also letztlich der Volkssouverän zu Hause ist, drückt ein gebrochenes Demokratieverständnis aus. Der Dativ dieser Inschrift bedeutet ja, dass hier nicht das Volk als Souverän in seiner Freiheit ein Gebäude in Besitz genommen hat, sondern dass es ihm gegeben wurde, dass also das Volk eine Instanz über sich anerkennt. Es ist sozusagen der in Unziale gegossene Ausweis der Obrigkeitsstaatlichkeit. (Vgl. Oevermann 2010 [DGS-Vortrag], S. 12, Liebermann 2005, S. 135 f.) – Wir werden darauf zurückkommen müssen.

praktisch entschiedener Positionierung und zum Klagen berechtigendem Gefühl, wodurch erstere als bloße Prätention kenntlich wird.

>   .../ (Simone Weil)

Da die Bedeutung von Namen sich nicht aus sprachlichen Regeln ergibt, sondern einem lexikalischen Eintrag – sei es in wörtlichem, sei es in übertragenem Sinne – zu entnehmen ist (vgl. Fn. 28), ziehen wir hier eine entsprechende Quelle heran: Simone Weil, *1909 (Paris), +1943 (Ashford), „stammte aus jüd. Familie [...]; arbeitete in der Résistance mit. Nach ihrer Flucht 1942 lebte sie zunächst in den USA, später in Großbritannien. [...] Ihre radikale Sozialphilosophie und ihre Kritik des Fortschritts zielen auf die Überwindung der ‚Entwurzelung' der Arbeiter und Bauern sowie auf die Humanisierung der Arbeit durch ‚Einwurzelung' in eine weder kapitalist. noch sozialist. Gesellschaftsordnung, die in der von Gott gestifteten Ordnung verankert ist und den ‚Bedürfnissen der Seele' nach Ordnung, Freiheit, Verantwortung, Gleichheit, Privat- und Kollektiveigentum entspricht. Grundlegend für das gesamte Denken W.s ist ihre Mystik, zentrales Thema ist die Liebe Gottes." (Brockhaus 1996–23, S. 674) – Dass ein Zitat von Simone Weil zum Motto gewählt wurde, bringt über die Bedeutung des Zitierten selbst hinaus zum Ausdruck, dass die Autorin sich in einer Tradition radikaler Sozialkritik verortet, die mystisch fundiert ist. Die Betonung der Versachlichung, die zu erwarten war, erfolgt also nicht; vielmehr wird eine praktische Überzeugung (in der Ambivalenz, die wir herausgearbeitet haben) exponiert. Außerdem ist mit mit dem Bezug auf Simone Weil das Schicksal der Verfolgung und der Todesgefahr aufgerufen, so dass eine Positionierung auf Seiten der unschuldig Verfolgten angedeutet wird.

Analyse der Widmung

Dem Motto folgt eine *Widmung*. Bücher werden in der Regel Personen gewidmet, die materiell (etwa Mäzene) oder geistig (etwa geistige Förderer des Autors) zum Entstehen des Buches beigetragen haben.

>   ► In Bezug auf das Folgende sei eine Anmerkung zur Komplexität der Analyse einerseits, zur Kompliziertheit der Darstellung andererseits erlaubt. Letzteres meint die subjektiv empfundene Schwierigkeit der Darstellung, aber u. U. auch ihre unnötige Umständlichkeit; diese letztere ist natürlich zu vermeiden. Ist nun aber die zu analysierende Sache komplex, also vielschichtig, so muss deren Analyse diese Vielschichtigkeit würdigen und in sich aufnehmen. Wenn nun aus

Furcht, dass die Darstellung der Analyse kompliziert erscheinen könnte, versucht würde, die sachlich erforderliche Komplexität zu vermeiden, so wäre dies eine Kapitulation der Analyse vor der Vielschichtigkeit der Welt. Eine solche Kapitulation würde auch den Leser nicht ernstnehmen, da ihm damit eine nicht aufschlussreiche Vereinfachung untergeschoben würde. In diesem Sinne sei der Leser ermuntert, sich – auch etwa um den Preis einer wiederholten Lektüre entsprechender Abschnitte – um der Erkenntnis willen der Komplexität von Sache und Analyse zu öffnen.

>   „Für alle, \... [S. 5]

Das Komma zeigt an, dass der Summativ-Artikel durch einen Relativsatz spezifiziert und damit die (vermutlich große) Anzahl an Personen, denen das Buch gewidmet wird, näher bestimmt werden wird; gleichwohl bleibt die Widmung ungewöhnlicherweise unpersönlich...

>   .../ die nicht so leben können, \...

Statt einer Widmung erfolgt nun ein Akt der okkupatorischen Stellvertretung, mit dem für eine (große) Gesamtheit eingetreten wird. Nimmt man den inneren Kontext des Haupttitels hinzu, so beansprucht die Autorin, für eine unbestimmte Anzahl negativ Privilegierter zu sprechen. Allerdings gibt es eine Spannung zu dem „wir" des Titels, denn es bleibt unklar, ob „alle", für die zu sprechen hier beansprucht wird, Teil des „wir" aus dem Untertitel sind. Mit „so" als Teil einer Vergleichs-Junktion wird die Frage aufgeworfen, womit hier verglichen wird; möglich wäre: (1) ‚wie sie wollen', (2) ‚wie es angemessen wäre', (3) ‚wie andere'. Dabei würden folgende Lesarten aufgerufen: „alle, die..." sind in ihrer Freiheit beschnitten und werden daran gehindert, sich selbst zu bestimmen (LA.1); „alle, die..." sind gezwungen, anders zu leben, als es einem als geltend unterstellen Modell gemäß ist (LA.2); „alle, die..." sind gezwungen, anders zu leben als eine – als Vorbild unterstellte – Vergleichsgruppe (LA.3).

>   .../ wie wir \...

Die Lesart 3 trifft hier zu, wobei die Vergleichsgruppe spezifiziert wird als eine Kollektivität, der Autorin und Leser angehören; dieses „wir" tauchte bereits einmal im Untertitel auf. Es gibt also ein Kollektiv A, dem Autorin und Leser angehören, über das (a) in dem Buch herausgearbeitet werden soll, wie es leben will (Untertitel), und das (b) auf eine Weise lebt, wie Angehörige einer (deskriptiv mit „alle, die…" bezeichneten) Gruppe B nicht leben können (Beginn der Widmung). Somit haben wir drei Weisen des Lebens: eine Weise wie A leben will (LW.A.k),[40] eine Weise wie A lebt (LW.A.j) und eine Weise wie die Angehörigen von B leben (LW.B.j); dabei ist LW.B.j $\neq$ LW.A.j, und zwar so, dass die Angehörigen von B gern auf die LW.A.j-Weise leben würden (LW.B.k). Wir haben also zwei Weisen wie A bzw. B leben *wollen*: (LW.A.k) bzw. (LW.B.k), und zwei Weisen, wie A bzw. B tatsächlich leben LW.A.j und LW.B.j.

BEZ.1: LW.A.j $\neq$ LW.A.k $\rightarrow$ A möchte von LW.A.j nach LW.A.k gelangen (D_1)[41]
BEZ.2: LW.B.j $\neq$ LW.A.j $\rightarrow$ LW.B.k = LW.A.j $\rightarrow$ B möchte von LW.B.j nach LW.A.j
  gelangen[42] (D_2)

Für das Kollektiv A, dem Autorin und Leser angehören, ist also die Lebensweise LW.A.k erstrebenswert. Für die Angehörigen der Gruppe B wird dagegen die Lebensweise LW.A.j, von der A sich verabschieden möchte, als erstrebenswert unterstellt.

Hierfür wäre folgendes ein Beispiel: Im Westen leben „wir" (A) in relativem Wohlstand, während im sogenannten globalen Süden die mit „alle, die…" (B) Bezeichneten ausgebeutet werden. Den Ausgebeuteten müsste dann ein Weg aus der miserablen Situation LW.B.j gewiesen werden, wobei unterstellt wird, dass dies LW.A.j ist bzw. dass LW.A.j für sie zumindest erstrebenswert ist.

Die beiden Beziehungen zwischen den Lebensweisen geraten erst dadurch in einen praktischen Widerspruch, dass die Autorin als Angehörige des Kollektivs A spricht, also die Lebensweise LW.A.j verlassen möchte und *zugleich* beansprucht, für die Angehörigen der Gruppe B zu sprechen, also die Lebensweise LW.A.j für erstrebenswert deklariert. – Ließe sich dieser Widerspruch auflösen, wenn „können" im Sinne von „nicht mehr aushalten" verstanden wird? Wir müssten die Beziehungen der Lebensweisen dann wie folgt darstellen:

---

[40] LW = Lebensweise; A bzw. B: Bezug zum Kollektiv A bzw. zur Gruppe B; k = künftig (erwünscht); j = jetzig; BEZ = Beziehung.

[41] Die mit ‚D' und Nummernindizes markierten Deutungen bzw. die mit ‚H' und Nummernindizes markierten Handlungen und die mit ‚DR' bzw. die mit ‚HR' und Nummernindizes markierten Handlungsregeln und Nummernindizes markierten Deutungsregeln werden wir in der Zusammenfassung (s. u.) wieder aufnehmen. Die Numerierung der Deutungen bzw. Handlungen und damit der Deutungs- bzw. Handlungsregeln haben sich im Laufe der Analyse ergeben und erfolgt deshalb nicht unbedingt in der Reihenfolge ihres Auftauchens in der Darstellung.

[42] Wie das Verhältnis von LW.B.j zu LW.A.k ist, bleibt offen.

BEZ.1: LW.A.j ≠ LW.A.k ➜ A möchte von LW.A.j nach LW.A.k gelangen

BEZ.3: LW.B.j = LW.A.j ➜ LW.B.k ≠ LW.A.j (=LW.B.j) ➜ B muss von LW.B.j (=LW.A.j) weg gelangen

Für das Kollektiv A, dem Autorin und Leser angehören, ist auch in diesem Verständnis also die Lebensweise LW.A.k erstrebenswert, für die Angehörigen der Gruppe B wird dagegen die Lebensweise LW.A.j, von der A sich verabschieden möchte, als (unbedingt) zu verlassen unterstellt. Würden die Angehörigen der Gruppe B nun nicht nur weg müssen von LW.B.j (=LW.A.j), sondern hin wollen zu LW.A.k, bildeten BEZ.1 und BEZ.3 auch dann keinen Widerspruch, wenn, wie es der Fall ist, die Autorin für A und für B spräche. Allerdings stellt sich dann die Frage, warum entweder (i) dasselbe zweimal gesagt wird – nämlich falls gälte A = B – oder (ii) falls gälte B ⊆ A, warum einmal das Hin-Wollen zu der Lebensweise LW.A.k für alle A und einmal das Nicht-mehr-Aushaltenkönnen der Lebensweise LW.A.j für eine Teilmenge von A, nämlich B, herausgestellt wird.

Gälte (iii) BEZ.2 und zugleich B ⊆ A, so könnte dies durch Folgendes veranschaulicht werden: Deutschland ist ein reiches Land, aber nicht allen (eben den Angehörigen von B nicht) stehen die Theater offen. Den Betroffenen soll das Buch zeigen, wie ihnen die Tür zu Bildung und Kultur geöffnet werden kann und wie sie zu entsprechenden finanziellen Mitteln kommen können. In dieser Lesart unterstellt die Widmung eine starke innergesellschaftliche Inkonsistenz: Ein privilegiertes „wir" (A) lebt in Wohlstand (LW.A.j), eine Gruppe der Benachteiligten (die mit „alle, die…" Bezeichneten, also B), wäre von den Privilegien des „wir" ausgeschlossen (LW.B.j). – Warum aber dann A von LW.A.j zu LW.A.k wollen sollte, ist nicht deutlich.

Wenn das „Können" sich auf eine Fähigkeit qua fehlender Voraussetzung (fehlendes Geld, fehlende Macht etc.) bezöge, käme in der Widmung die Solidarität der Autorin mit der benachteiligten Gruppe (B) zum Ausdruck, für die sie sich trotz eigener Privilegien (LW.A.j) einsetzt. – Allerdings tritt Solidarität hier in einem paternalistischen und klischeehaften Gewand auf und wirkt, ohne die Übernahme der praktischen Verantwortung, verlogen, wenn wir den Untertitel des Buches berücksichtigen.

Des weiteren findet sich bei (iii) ein logischer Widerspruch, wenn gesagt wird, dass die Angehörigen der Gruppe B zwar auf die Weise LW.B.j (=LW.A.j) leben, aber nicht auf die Weise LW.B.j (=LW.A.j) leben können. Dieser Widerspruch würde erst durch eine Dynamik aufgehoben, die enthalten wäre, wenn es hieße: „Für alle, die nicht *mehr* so leben können …". – Schließlich (iv) würde den Anforderungen an einen edierten Text, das Darzustellende in expliziter Argumentation bzw. in suggestiver Gestaltung darzubieten, nicht gerecht. – Wir müssen also entweder einen logischen oder einen praktischen Widerspruch feststellen.

…/ jetzt leben"

Da diese Ergänzung in Bezug auf das bereits Gesagte redundant ist, stellt sich die Frage, was darin zum Ausdruck kommt. Es wird durch das Zeitadverb implizit ein Gegensatz aufgerufen zwischen der Gegenwart („jetzt") und einer anderen Zeit (einst) und damit auf einen hypothetischen Zustand des Andersseins Bezug genommen, der einmal war oder einmal sein wird. Da „wollen" sich auf die Zukunft richtet, geht es um einen künftigen Zustand (selbst wenn restaurativ ein früherer wieder hergestellt werden soll).

Warum die mit „alle, die…" bezeichnete Gruppe (B) nicht so leben kann, wie das mit „wir" bezeichnete Kollektiv (A) jetzt lebt, wird nicht ausgesprochen. Ein denkbarer Grund wäre, wie bereits angedeutet, dass „wir" die Ressourcen so ausbeuten (LW.A.j), dass für „alle, die…" nichts übrigbleibt (LW.B.j). Wenn „wir" nun so leben wollen, dass es auch für „alle, die…" (LW.A.k) reicht, dann passt dies, wie bereits oben in der formalen Zuordnung gesehen, nicht zusammen. Denn wenn „wir" anders leben (LW.A.k), sollen „alle, die [jetzt] nicht so leben können", dann so leben „wie wir jetzt leben" (LW.B.k = LW.A.j)? – Neben die Selbsternennung als Vertreter des „wir" tritt eine Selbsternennung als Advokat der mit „alle, die …" Bezeichneten (H_3). Die Handlungsregel, auf die dieses Handeln gebracht werden kann, kann folgendermaßen lauten: ‚Wann immer du eine Gruppe als unwissend und mutlos einschätzt, trete (auch ungefragt) als für sie plädierender Anwalt auf!' (HR_3) Zugleich bleiben diese Selbsternennungen aber unpraktisch, insofern sie in ihren praktischen Folgen nicht verantwortlich durchdachte und charismatisch in Anspruch genommene Positionsbestimmungen darstellen. Es liegt also wiederum eher ein Beklagen (H_2) als eine praktische Stellungnahme vor. – Auf der Ebene des Habitus können wir also erneut eine Unentschiedenheit zwischen praktisch entschiedener Positionierung und einem praktisch zurückhaltenden Klagen feststellen.

Können wir nun bereits einen Mechanismus bestimmen, der die Inkonsistenz, die wir oben festgestellt haben zwischen der Vorstellung der Lebensweise LW.A.j als (durch A) zu überwindender einerseits, als (durch B) anzustrebender andererseits als konsistent erscheinen lässt? Gemäß der heuristischen Annahme Oevermanns (s. Abschn. 1.3) müssten wir hier ein Schlüsselkonzept und Prinzipien identifizieren, die die Funktion haben, „für die handelnden Subjekte die implizite Interpretation von Welt, die ihrer Praxis deutend und strukturierend zugrunde liegt, wie selbstverständlich als stimmig und konsistent" (Oevermann 2001 [DM Akt], S. 68) erscheinen zu lassen. Die Haltung, mit der dieses Schlüsselkonzept und diese Prinzipien korrespondieren, haben wir soeben benannt. Was aber wären sie als diejenige generative Struktur, die zu einer Konsistenz der inkonsistenten Deutungen führt? – Wenn man die Vorstellung zugrundelegt, ein gutes Leben wäre eines, dessen Maßstab in jedem selbst liegt und in dem diese Moral sich unmittelbar, etwa ohne auf Kompromisse angewiesen zu sein, realisiert, so gäbe es keinen Widerspruch zwischen der Auszeichnung einer bestimmten Lebensweise (etwa LW.A.j) als zugleich (für die einen: B) erstrebenswert und (für die anderen: A) nicht erstrebenswert. Allerdings bleibt diese Vorstellung unpraktisch abstrakt, denn es handelt sich darum, dass jeder machen können soll, was er will,[43] womit das wechselseitige Aufeinander-angewiesen-Sein ausgeblendet und Reziprozität annulliert wird.[44] Dieses Schlüsselkonzept lässt sich mit dem Terminus *monadische Autonomie* auf den Begriff bringen.

> **Zum Terminus** monadische Autonomie *als Bezeichnung des Schlüsselkonzepts*
>
> Mit dem Terminus *Monade* bezeichnet Gottfried Wilhelm Leibniz die Substanz lebender Entitäten. Monaden sind „immateriell und haben keine Ausdehnung, sie sind gleichsam ‚metaphysische Punkte' und als Substanzen auf natürliche Weise weder herstellbar noch zerstörbar. Ihrer Zahl nach sind sie unendlich und wegen der ‚identitas indiscernibilium' [sc.: Identität des Ununterscheidbaren] alle voneinander verschieden." (Poser 1984, S. 118).„Die M.n spiegeln – [...] jede unter einem anderen Gesichtspunkt – das ganze Universum." (Poser 1984, S. 119; Kursivier. getilgt)
>
> Nach Leibniz ist bezüglich der Monade von „einem inneren Streben (‚appetition') [auszugehen], das die M. von Perzeption zu Perzeption nach einem inneren Prinzip gesetzmäßig fortschreiten läßt" (Poser 1984, S. 118; Kursivier. getilgt). Da es uns nur um einen treffenden Terminus für den Begriff geht, müssen wir hier die philosophischen Implikationen der Leibnizschen Monadologie[45] nicht entfalten. Für die Monaden ist jeglicher Bezug auf ein

---

[43] S. den Abschnitt zur „Souveränitätsfiktion" in Kap. 5.

[44] Es sei hier darauf hingewiesen, dass ‚annullieren' ‚für ungültig erklären' (Duden 2001 [UWB], Lemma ‚annullieren'), wörtlich: ‚auf Null setzen' bedeutet.

[45] Poser bezieht sich hier auf folgende Stelle bei Leibniz: „Die Aktion des inneren Prinzips, die den Wechsel oder den Übergang von einer Wahrnehmung zu einer anderen bewirkt, kann appetition (inneres Streben) genannt werden. Es ist wahr, dass das Verlangen (l'appétit)

Äußeres nur Ausfluss des inneren Prinzips und eine Bindung zwischen Monaden ist somit ausgeschlossen. Die Deutung, die wir hier analysiert haben, impliziert eben gerade, dass Autonomie bedeute, ohne Rücksicht auf Bindungen „nach einem inneren Prinzip gesetzmäßig fort[zu]schreiten". Insofern kann man in Anlehnung an eine Formulierung von Freud sagen: die ganze verworrene und schwer darstellbare Deutung wird durch die Annahme dieses Schlüsselkonzepts der *monadischen Autonomie* verständlich.[46] Bei dem Schlüsselkonzept der *monadischen Autonomie* geht es allerdings um Deutung von Autonomie, nicht um die praktische Befolgung eines solchen ‚inneren Prinzips'; in dem Fall würde man von Souveränität im Sinne Batailles[47] sprechen.

Wenn, wie wir noch weiter sehen werden, eine Beeinflussung von außen, ein wirklicher Austausch (etwa von Argumenten) ausgeschlossen wird, so zeigt sich die gewählte Bezeichnung hierfür ebenfalls zutreffend, da Monaden „keinerlei Fenster [haben], durch die etwas eintreten oder durch die etwas sie verlassen könnte." (Leibniz 1714/2013, S. 9; eigene Übers.)[48]

Mit der Widmung stilisiert die Autorin sich einerseits als Retterin, die einen Ausweg weisen wird aus dem Leid, was sie andererseits aber praktisch nicht tut. Wir unterstellen dabei, dass „jetzt" eine negative Situation vorliegt, aus der ein Ausweg gesucht wird.

Noch einmal zurück zu der Lesart von „nicht so leben können" als ‚es nicht aushalten, so zu leben'. Der logische Widerspruch des Zugleichs von „nicht so leben

---

nicht immer die ganze Wahrnehmung erreichen kann, zu der es strebt, aber es erhält immer etwas und erreicht neue Wahrnehmungen" (Leibniz 1714/2013, S. 12; gesperrt i. Orig.; eigene Übers.) „L'Action du principe interne qvi fait le changement ou le passage d'une perception à une autre, peut etre appellée appetition. Il est vray qve l'appétit ne sauroit tousjours parvenir entièrement à toute la perception ou il tend, mais il en obtient tousjours qvelqve chose et parvient à des perceptions nouuelles." (Leibniz 1714/2013, S. 12; gesperrt i. Orig.).

[46] Es zeigt sich hier auch eine analoge Vorgehensweise zur rekonstruktiven Vorgehensweise Freuds bei der Entschlüsselung von psychischen Phänomenen, etwa von Fehlleistungen (vgl. Freud 1936/1981; Zit. S. 254).

[47] „Allein der, dessen Wahl im Augenblick nur vom Gutdünken abhängt, ist souverän." (Bataille 1956/1978, S. 47) „Souveränität kommt allein demjenigen zu, der prinzipiell alles negiert, was die Autonomie seiner Entscheidungen einschränkt." (Bataille 1956/1978, S. 48) Hierbei geht es um Handeln, also darum, dass jemand *praktisch* negiert, „was die Autonomie seiner Entscheidungen einschränkt" – und nicht lediglich in dem Sinne, dass er es (kontrafaktisch) leugnet.

[48] „Les Monades n'ont point de fenêtres, par les qvelles qvelqve chose y puisse entrer ou sortir." (Leibniz 1714/2013, S. 9).

können" und „so leben" stellt eine Inkonsistenz dar, die eskamotiert würde durch die Unterstellung, dass „alle, die …" (B) stumm Leidende sind, die schweigend unter uns (A) leben, aber nicht gesehen werden und folglich nur formal zum „wir" gehören, es aber nicht mitgestalten. – Wenn wir den inneren Kontext des Titels heranziehen, so ist diese Lesart zwar nicht unabweisbar, aber doch mit dem Text kompatibel. Das Deutungsmuster, das die Inkonsistenz subjektiv heilt, bringt eine (Selbst-)Deutung der (an LW.B.j = LW.A.j) Leidenden als sowieso Zu-kurz-Gekommenen hervor, ohne dass klar würde, worin dieses Zu-kurz-gekommen-Sein besteht – außer eben darin, dass sie nicht so leben können wie sie wollen (s. o.). Aus dem Schlüsselkonzept *monadische Autonomie* lässt sich nun ein Prinzip ableiten, mithilfe dessen die „inkonsistenten Argumentations- und Urteilsbasen als konsistent" (Oevermann 2001 [DM Akt], S. 67) erfahren werden können. Eine erste Formulierung dieses Prinzips (Prz$_a$)[49] könnte lauten: *eine Lebenspraxis ist dann autonom, wenn sie ihre Entscheidungen eigenmächtig treffen kann.*

Halten wir noch einmal knapp fest: Die *Fallstrukturhypothese* bezüglich des *Habitus* lautet: *Unentschiedenheit zwischen praktischer Positionierung und einem praktisch zurückhaltenden Klagen bei gleichzeitiger Anmaßung einer paternalistischen advokatorischen Position.* Dies können wir auf die Maxime bringen: ‚Wenn ich ein Problem sehe, nehme ich unaufgefordert eine advokatorische Haltung ein und beklage den Zustand, ohne aber praktisch verantwortlich für eine Änderung einzutreten.' Die auf diese Maxime gebrachte Haltung ähnelt dem, was „Georg Simmel als ‚sterile Aufgeregtheit' zu bezeichnen pflegte […]: eine ins Leere verlaufende ‚Romantik des intellektuell Interessanten' ohne alles sachliche Verantwortungsgefühl" (Weber 1919/1980, S. 545 f.; Kapitälchen getilgt). Zugleich aber ist es mehr, tritt die Autorin doch mit einer Geste des Sehers und des Advokaten auf (deren Komplement, wie wir noch sehen werden, die Unwissenden und Mutlosen sind), so dass man die Haltung, über die Formulierung Simmels resp. Webers hinausgehend, als eine *leerlaufende Selbstcharismatisierung* bezeichnen muss. Die entsprechende Maxime kann wie folgt lauten: *Im Zweifel vertrete ich angesichts eines Problems unaufgefordert meine Meinung (auch advokatorisch) und beklage ggf. den ihr nicht entsprechenden Zustand, ohne aber praktisch verantwortlich für eine Änderung einzutreten.* Aus dieser Maxime lassen sich Handlungsregeln – zwei haben wir oben bereits zwei genannt – ableiten, auf die ihrerseits bestimmte Handlungen zurückgeführt werden können.

---

[49] Auch auf die mit den Buchstaben ‚Prz' und Buchstabenindizes markierten Prinzipien werden wir in der Zusammenfassung (s. u.) wieder zurückkommen.

Das Verhältnis von Handlungen (H), Handlungsregeln (HR) und Maxime des Habitus, das wir hier thematisieren, wäre näher zu untersuchen. Wir verwenden hier Maxime im praktischen Sinne und bezeichnen mit ihr eine rekonstruierbare „handlungsleitende Regel" (Bubner und Dierse 1980, Sp. 943); in diesem Sinne hat Blaise Pascal von den (guten) Maximen gesagt, sie seien in der Welt und man komme nicht umhin, sie anzuwenden.[50] Auf eine solche höchste unausgesprochene Regel, der im Zweifel ohne Willen und Bewusstsein gefolgt wird (vgl. Loer 1996 [Halbbildung], S. 310–312), lässt sich, so unsere Annahme, der Habitus bringen.[51] Da ‚Maxime' sich von dem Mittellateinischen (maxima [regula] = höchste [Regel]) herleitet, ist mit ihr eine höchste „handlungsleitende Regel" bezeichnet. Darin kommt schon zum Ausdruck, dass es neben dieser höchsten weitere Regeln gibt, die eben als Derivate der Maxime gelten müssen. In den Formulierungen haben wir diesen Derivat-Charakter versucht dadurch deutlich zu machen, dass wir die abgeleiteten Handlungsregeln als Imperativ formulierten, während die Maxime als Aussage formuliert ist.

Die *Fallstrukturhypothese* bezüglich des *Deutungsmusters* lautet: Der Mensch ist ein Wesen, dem es zukommt gemäß eigenem Maßstab und ohne auf Kompromisse angewiesen zu sein ein gutes Leben zu führen. Das zugehörige Schlüsselkonzept haben wir mit dem Terminus *monadische Autonomie* bezeichnet. Als normative Komponente (s. o. Abschn. 1.3) enthält dieses Deutungsmuster die Forderung, jeder solle ein solches Leben führen können. Insofern können wir es mit der Bezeichnung *libertäre Selbstbezogenheit* auf den Begriff bringen.

▶ Die Bezeichnung für das Deutungsmuster haben wir, wie bereits in der Vorbemerkung erwähnt, erst am Ende unserer Bemühungen um die Benennung des rekonstruierten Deutungsmusters gefunden. Dies ist ein durchaus normaler Prozess des Forschens, insbesondere des rekonstruktiven Forschens, dem es, anders als subsumtionslogischen Verfahren, nicht darum geht, einen Gegenstand einem Begriff zuzuordnen, also jenen diesem zu subsumieren, sondern im Gegenteil: im empirischen Aufschließen eines Gegenstands diesen auf den Be-

---

[50] „Toutes les bonnes maximes sont dans le monde; on ne manque qu'à les appliquer." – 1897/1976, S. 155 (Nr. 380–540).

[51] Davon sind etwa ausgesprochene Maximen – wie die von Herrn Zunder in unserem vierten Fall – zu unterscheiden.

griff zu bringen. Dabei ist es in der Regel so, dass die begriffliche Bestimmung des Gegenstands sukzessive reichhaltiger und prägnanter wird, so dass man schließlich eine den Begriff treffende und verdichtend zum Ausdruck bringende Bezeichnung findet. Bei diesem letzten Schritt haben wir uns im Zuge der Arbeit an diesem Buch zugestandenermaßen schwer getan, galt es doch, eine Bezeichnung zu finden, in der auch die Unterscheidung zwischen dem rekonstruierten Deutungsmuster und seinem Schlüsselkonzept genügend klar zum Ausdruck kommt. Die schließlich von uns gewählte Bezeichnung entstammt einer Formulierung von Jürgen Habermas, der in einem Aufsatz über deliberative Demokratie von der „libertären Selbstbezogenheit ausgeflippter Verschwörungstheoretiker, die ihre subjektiven Freiheitsrechte gegen eine imaginäre Unterdrückung durch einen angeblich nur scheindemokratischen Rechtsstaat verteidigen", spricht (2022c, S. 109). Habermas verwendet die Bezeichnung allerdings rein deskriptiv und offensichtlich in einem wertenden Zusammenhang; bei uns hingegen dient sie dazu, die begriffliche Bestimmung des rekonstruierten Deutungsmusters zum Ausdruck zu bringen.

(2) Analyse einer thematisch einschlägigen Stelle zur Bildung einer ersten Fallstrukturhypothese
Wie im Kap. 2 zum methodischen Vorgehen ausgeführt, ist dieser Schritt nur erforderlich, wenn in der Analyse der datenspezifischen Eröffnung keine Fallstrukturhypothese gebildet werden konnte. In unserem Fall kann dieser Schritt entfallen, denn wir konnten bereits eine aussagekräftige erste Fallstrukturhypothese bilden. Da diese aber nicht an thematisch einschlägigen Stellen gewonnen wurde, werden wir solche noch heranziehen müssen. – Hier sehen wir, dass die Unterscheidung der einzelnen Schritte nicht schematisch-formal zu verstehen ist, sondern eher als eine Merkliste, die hilft, nichts auszulassen, was relevant sein könnte.

(3) Anreicherung und Präzisierung der Fallstrukturhypothese
Aufgabe dieses Schrittes ist es beim gegenwärtigen Stand der Analyse nun, die Rekonstruktion der Fallstruktur zu präzisieren – bezüglich des Habitus ist da die weitere Eröffnung bzw. das Voranschreiten im Buch entscheidend, bezüglich des Deutungsmusters werden wir uns, wie gesagt, dann thematisch einschlägigen Stellen widmen.

Die Analyse des Vorworts zur vierten Auflage lassen wir zunächst aus, da nicht speziell diese Auflage die Argumentation entfaltete; im Vorwort ist von Änderungen nur bezüglich einer Seite die Rede, was natürlich dort zu berücksichtigen wäre.

Als nächstes wenden wir uns der Vorbemerkung (S. 13–24) zu, die, so ist zu erwarten, das Buch in relevante Kontexte einordnen wird.

Vorbemerkung [S. 13]

Dass die Vorbemerkung eines Buches der systematischen Einordnung des Buches
in relevante Kontexte dient, lässt sich an der klassischen Vorbemerkung Max Webers zu seiner Schrift „Die protestantische Ethik und der Geist des Kapitalismus" (1920/1986, S. 6) erkennen. Dort entwirft er den universalhistorischen
Rationalisierungsprozess in seinen unterschiedlichen Facetten als Erklärungsproblem, dessen Lösung dann in den folgenden Kapiteln der Arbeit entfaltet wird.
Im Vergleich dazu dienen Vorworte dazu, den Anlass der Entstehung eines Buches
zu erläutern und es in für die Sache nicht wesentlichen Kontexten zu verorten. – Insofern ist eine Vorbemerkung in der Regel bereits Teil des Buches, ein Vorwort
steht dem voran, was sich des öfteren auch darin ausdrückt, dass das Vorwort mit
lateinischen, das eigentliche Buch mit arabischen Ziffern paginiert ist; zudem
stammt das Vorwort auch manches Mal von einem anderen Autor.
Dem Text der Vorbemerkung ist ein Motto vorangestellt.

»Wir \…

Erneut taucht – wiederum in einem Zitat – ein Kollektivsubjekt in der ersten Person
Plural auf; es muss gemäß der Relevanzregel damit erneut das „Wir" des Unter-
titels wie das der Widmung aufgerufen werden, weshalb damit zu rechnen ist, dass
nun eine Aussage über das Wie des Lebens dieses Kollektivs erfolgt, sei es der aktuelle (LW.A.j), sei es der willentlich angestrebte Zustand (LW.A.k.).

…/ sind nicht \…

Zunächst wird das Kollektiv offensichtlich genauer bestimmt – und zwar, indem
ihm eine Eigenschaft abgesprochen (‚Wir sind nicht reich') oder eine negative
Stellungnahme abgegeben (‚Wir sind nicht gewillt, weiterhin zu schweigen') wird.
Wenn wir unsere bisherige Analyse berücksichtigen, so verwundert es nicht, dass
statt einer positiven Positionsbestimmung zunächst eine negative erfolgt; damit
macht man sich – in beiden erwogenen Varianten – von dem, wovon die Abgrenzung erfolgt, abhängig.

…/ auf der Welt. \…

In dieser fundamentalen Aussage spricht sich das „Wir" das Dasein ab – dabei begibt es sich in einen performativen Widerspruch, da es ja zugleich spricht. Dieser
Widerspruch wird nur dann vermieden, wenn es einen Ort außerhalb der Welt gibt,

von dem aus es spricht. Das ist säkular nicht denkbar (anders, wenn es „Erde" hieße, dann könnte man sich etwa im Weltraum befinden). Also muss es ein imaginierter Ort sein, der sich fundamental von der Welt unterscheidet. – Wenn wir vorgreifend das Originalzitat heranziehen, das sich in dem Prosagedicht „Délires I" aus dem Band „Une Saison en Enfer" des französischen Dichters Arthur Rimbaud findet (Rimbaud 1873/1982, S. 290), so haben wir dort so einen imaginierten, einen fiktiven Ort, nämlich die Hölle, wo sich der Sprecher, eine der törichten Jungfrauen (vgl. Bibel 1980/1985, S. 1422; Mt. 25, 1–13), befindet. Wenn wir eine nicht-fiktive Realität unterstellen, wird also vom Sprecher imaginiert, er sei – obwohl er auf der Welt sein muss, um diese Imagination vornehmen zu können – nicht *wirklich* auf der Welt, was einerseits eine Abwendung von der Welt[52] und andererseits ein Nicht-wahrgenommen-Werden durch diese[53] impliziert. – Wenn wir versuchen, zu bestimmen, was das Gemeinsame des (1) „Wir", für das herausgestellt werden soll, wie es (wirklich) leben will (Untertitel), des (2) „Wir", das lebt, wie nicht alle leben können (Widmung), und des (3) „Wir", das nun nicht wirklich auf der Welt ist (Motto Vorbemerkung), so finden wir es in einem Zugleich von Prätention der Bedeutsamkeit einerseits und Unbestimmtheit der Position andererseits.

> …/ Das wahre Leben \…

Das wahre Leben ist gegenüber dem routinehaft dahinfließenden oberflächlichen Alltag dasjenige, wo die Lebenspraxis zu sich selbst kommt. Wenn die Seite der Bedeutsamkeit betont würde, müsste es heißen: ‚Das wahre Leben findet bei uns statt.' – Wenn die Seite der Ortlosigkeit zum Ausdruck käme, müsste es heißen: ‚Das wahre Leben findet nicht bei uns statt.'

> …/ ist abwesend.«

Damit wird das „wahre Leben" als gar nicht präsent verortet. Das kann nur heißen, dass es dadurch, dass das „Wir" nicht auf der Welt ist, gar kein wahres Leben gibt. Entweder leben also diejenigen, die auf der Welt sind, ein unwahres, entfremdetes Leben oder aber „Wir" ist allumfassend, also der Zustand unserer Zeit ist so, dass niemand auf der Welt ist, niemand ein wahres Leben lebt. Dies letztere würde in

---

[52] Vgl. etwa: „Ich bin gestorben dem Weltgewimmel" (Rückert 1821/2002, S. 88550).

[53] Vgl. etwa: „Sie mag wohl glauben, ich sei gestorben." (Rückert 1821/2002, S. 88550).

das bisher Rekonstruierte insofern passen, als eine fundamentale Klage ausgesprochen wird, ohne dass eine praktische Positionierung vorgenommen, ein
Lösungsvorschlag gemacht wird. – Unsere Zeit ist die Hölle.

> Rimbaud, Une saison d'enfer, Délires, I

Es findet sich in der Quellenangabe des Mottos eine Verfälschung des Rim-
baudschen Titels, der im Original lautet: „Une Saison *en* Enfer" (Rimbaud
1873/1982, S. 264; Kursivier. hinzugefügt) also „Eine Zeit *in* der Hölle" (Rimbaud
1873/1982, S. 265; Kursivier. hinzugefügt) – und eben nicht, wie hier, „Eine Zeit
der Hölle", was die ganze gegenwärtige Zeit als Hölle[54] prädiziert. – Auch das Zitat
selbst wurde verändert, heißt es doch im Original: „La vraie vie est absente. Nous
ne sommes pas au monde." (Rimbaud 1873/1982, S. 290). In dieser Reihenfolge ist
der zweite Satz gewissermaßen die Erläuterung des ersten und impliziert damit,
dass das wahre Leben auf der Welt bzw. der Erde[55] (und nicht in der Hölle) stattfindet. Im Motto bei Guérot wird durch die umgekehrte Reihenfolge behauptet,
dass das wahre Leben überhaupt abwesend sei, und zwar als Folge der Tatsache,
dass „Wir" nicht auf der Welt seien. – Wieder finden wir die Prätention abgrund-
tiefen Klagens und der Weigerung, eine Positionierung einzunehmen, von der aus
das Klagen praktisch gewendet und die Überwindung eines haltlosen Zustands in
Angriff genommen werden könnte.

▶ Dass wir hier das Originalzitat heranziehen, dient nicht einer quellenkritischen
   Überprüfung, und es geht hier auch nicht um Plagiatsvorwürfe, denen Guérot
   sich stellen muss (s. o.); vielmehr lässt sich durch den Vergleich des Originals
   mit dem als Zitat angeführten Text eine Systematik bei der Auswahl des Zitats
   und dem Umgang mit dem zitierten Text erkennen. Wir betrachten also das
   Handeln und gewinnen Erkenntnis über die habituelle Disposition.

> Als am 16. März \...

Eine Vorbemerkung dient, wie gesagt, der systematischen Einordnung des Buches
in relevante Kontexte. Da diese hier mit einem konkreten Datum beginnt, ist offensichtlich ein bestimmtes, mit dem Datum verbundenes Ereignis für das im Buch zu

---

[54] „saison d'enfer" ließe sich – analog zu ‚saison d'hiver' = ‚Winterzeit' – als ‚Höllenzeit'
übersetzen.

[55] Das Nomen ‚monde' kann im Französischen sowohl ‚Welt' wie auch ‚Erde' bedeuten (Robert 1973, S. 680), was die Entgegensetzung plausibler machen würde. In der von uns herangezogenen Ausgabe heißt es entsprechend auch: „Wir sind nicht [...] auf Erden." (Rimbaud
1873/1982, S. 291).

Entfaltende relevant – entweder, weil es zentral dafür ist, oder, weil es exemplarisch die zu behandelnde Thematik aufzeigt. – Ein Buch ist, anders als ein Zeitschriftenartikel oder ein Blog-Beitrag, schon aufgrund des größeren Aufwands, der für seine Ausarbeitung wie seine Herstellung erforderlich ist, nicht auf eine kurzfristige und kurzzeitige Rezeption angelegt; deshalb fällt auf, dass kein Jahr genannt wird. Damit muss es sich um ein für das anonyme Lesepublikum und damit allgemein, auch Jahre nach dem Erscheinen des Buches noch bekanntes Datum handeln – etwa „Als am 11. September die Flugzeuge ins World Trade Center rasten …", oder: „Als am 1. September Deutschland Polen überfiel …". Für den 16. März lässt sich ein solch markantes Ereignis nicht finden;[56] entsprechend richtet sich das Buch offenbar nur an Experten des betreffenden Ereignisfeldes – dies gilt auch unabhängig davon, ob das Ereignis nun in seiner Relevanz dargestellt wird, denn dies müsste ja auch geschehen, wenn das Jahr mitgenannt worden wäre.

…/ der erste Lockdown in Österreich verhängt wurde, \…

Bestimmter Artikel und englischsprachiger Fachausdruck machen deutlich, dass es sich hier um ein bekanntes Ereignis – und zwar das erste einer bekannten Reihe von Ereignissen – handelt. Ausgangssperren hat es in Österreich etwa 1945 unter der Besatzung durch die Alliierten gegeben,[57] wobei in den englisch und den amerikanisch besetzten Gebieten sicher auch der Ausdruck ‚lockdown‘ dafür verwendet wurde.

Was könnte es nun für Gründe für eine Ausgangssperre, die ja einen massiven Eingriff in die Rechte der betroffenen Bürger darstellt, geben? Die erwähnte Notlage der (Nachkriegs-)Besatzung wäre ebenso ein historisch möglicher Fall wie Krieg selbst sowie Aufstände oder verbrecherische oder terroristische Notlagen, zudem etwa der Störfall in einem Atomkraftwerk, Naturkatastrophen oder Epidemien. Der Sinn von Ausgangssperren in solchen Notlagen wäre es, Betroffene zu schützen (Störfall, Naturkatastrophe) bzw. Betroffene zu isolieren, um andere vor ihnen zu schützen (Aufstand, Infizierte bei Epidemien). Es zeigt sich schon bei der

---

[56] (A) „Als am 16. März die *HMS Driver* als erstes Dampfschiff zu einer Weltumrundung aufbrach…" – (B) „Als am 16. März Victor Hugo *Notre Dame de Paris* veröffentlichte…" – (C) „Als am 16. März der Vertrag von Turin geschlossen wurde…" – (D) „Als am 16. März der der Sportverein *Mainz 05* gegründet wurde…" – Das alles sind Beispiele, deren zugehörige Jahreszahl – außer beim letzten, wo sie erschlossen werden kann – wohl nur Experten des jeweiligen Ereignisfeldes präsent ist (A: 1942; B: 1831; C: 1816; D: 1905).

[57] Vgl.: https://www.tannheimertal.com/online-magazin/ein-rueckblick/; zuletzt angesehen am 16. Febr. 2023.

Auflistung, dass es sich hier um politische Entscheidungen handelt, die immer umstritten sein werden, auch schon deshalb, weil niemals alle davon betroffen und schon gar nicht alle gleichermaßen Nutznießer davon sind. Insofern haben die meisten Staaten auch Vorkehrungen getroffen, um hier vorschnelle und willkürliche Maßnahmen zu vermeiden – etwa indem Ausgangssperren nur per Gesetz zugelassen werden.

Die hier thematische Ausgangssperre wird nun zunächst nicht näher genannt und muss den Lesern als spezifische bekannt sein; insofern zeigt sich erneut, dass sich das Buch an Eingeweihte richtet (s. o.). – Welche Ausgangssperre könnte nun gemeint sein? Angesichts des Publikationsdatums des Buches (2022) können wir sicher unterstellen, dass die Corona-Pandemie für alle Leser präsent ist. Da die bisher von uns analysierte Eröffnung des Buches eine umfassende Thematik erwarten lässt, wird der hier angeführte Lockdown im Rahmen der Corona-Pandemie sicherlich exemplarischen Charakter haben. – Festzuhalten ist nun auch die Passiv-Konstruktion; die Aktion der österreichischen Exekutive wird damit als anonymes Geschehen dargestellt.

…/ wurde \…

Entsprechend dem bisher Rekonstruierten wird nun eine bedeutsame Folge oder ein bedeutsames gleichzeitig stattfindendes Ereignis thematisiert werden.

…/ ich \…

Die Autorin setzt sich hier selbst an die Stelle des Bedeutsamen, was die Struktur der Selbstüberhöhung reproduziert – hier allerdings nicht in Gestalt der praktischen Selbstüberhöhung, sondern der unscheinbaren Selbstverständlichkeit. Wenn allerdings nun Auswirkungen des Lockdowns, die die Autorin auf exemplarische Weise betrafen, angeführt würden, wäre die Bedeutsamkeit in diesem Beispielcharakter begründet (etwa: ‚…wurde ich – wie viele – von der Plötzlichkeit der Maßnahme überrascht und hatte nicht genug Lebensmittel eingekauft‘).

…/ sehr stutzig. \…

Stutzig wird man, wenn einen etwas erstaunt und zwar weil es bedenklich ist – es handelt sich also um eine Relation zwischen Ereignis und Wahrnehmung vor dem Hintergrund einer anderen (möglicherweise zunächst latenten), durch das Ereignis irritierten, aber nicht erschütterten Erwartung. Wenn man etwa sagt: ‚Als der Dieb mir die Brieftasche zurückgab, wurde ich stutzig.', so ist man darüber erstaunt und zugleich skeptisch, ob der Inhalt der Brieftasche vollständig ist bzw. ob der Dieb nicht damit einen anderen Zweck verfolgt – etwa die Erschleichung des Vertrauens, um später einen größeren Coup landen zu können. Wir können also schließen, dass die Autorin angesichts der Lage, auf die die Exekutive mit der Maßnahme des Lockdowns reagierte, eine andere Maßnahme erwartet hatte und dass sie die getroffene Maßnahme für bedenklich hält und vermutet, dass sie aus einem anderen als dem vorgegebenen Grunde erfolgte.[58] Damit, dass sie das hier thematisiert – zumal mit der Intensivierung durch „sehr" –, stellt die Autorin sich als Subjekt einer höheren Einsicht dar, das die verborgenen Absichten wenn nicht durchschaut, so doch erahnt. Würde sie – wie oben versuchsweise formuliert – sagen: ,… wurde ich – wie viele (oder gar: wie alle) – sehr stutzig', so würden die Vielen (oder alle) die höhere Einsicht teilen und sie würde sich als exemplarisch für die Skeptiker darstellen. Es wird also hier minimal eine zweipolige Relation aufgerufen: (Pol I) die Exekutive, die eine Maßnahme (X) ergreift und dafür einen Zweck (A) vorgibt, und (Pol II) die (exemplarisch) einsichtige Autorin, die vermutet, dass X einem anderen Zweck (B) dient; es könnte aber auch eine dreipolige Relation thematisch sein, bei der noch (Pol III) diejenigen, die der Täuschung erliegen, hinzukommen.

▶ Wir führen die Überlegung dazu, was ,stutzig werden' bedeutet hier abkürzend direkt ein; sie beruht letztlich auf Geschichten, die zu möglichen Kontexten erzählt werden (vgl. Kap. 2), in denen jemand sagt, er sei stutzig geworden. Das dann angeführte Beispiel[59] nimmt eine der Geschichten auf und dient hier zur Veranschaulichung.

Nunmehr wäre es schlüssig, wenn einerseits die Erwartung als Begründung für das Stutzen und andererseits der Verdacht, der sich aus der enttäuschten Erwartung speist, angeführt würden.

---

[58] Wie wir oben (Abschn. 3.1) ausführten, muss, wer von Unangemessenheit der Maßnahmen ausgeht, die Exekutive entweder für (a) unfähig oder (b) für angstgetrieben halten oder eben (c) davon ausgehen, dass etwas anderes im Schilde geführt wird (vgl. Fischer 2022 [Brennglas]: min. 28:30). Die Formulierung „wurde ich sehr stutzig" zeigt, dass hier letzteres unterstellt wird.

[59] Ein weiteres wäre: „Als mein eher geiziger und nicht gerade mitarbeiterfreundliche Chef mich zum Essen einlud, wurde ich stutzig." – Es ist klar, dass man hier Hintergedanken vermutet.

…/ Noch war \…

Es wird eine Ausgangslage (A.t1) herangezogen, die sich verändert zu einer anderen Lage (A'.t2); das, was passierte (HdE)[60] – vom inneren Kontext her müssen wir annehmen: der verordnete Lockdown –, nahm die Veränderung vorweg: ‚Noch war der Pausengong nicht ertönt (A.t1), da rannten die Schüler schon auf den Schulhof (HdE), als ob Pause (A'.t2) wäre.' Eigentlich gilt A' ==> HdE, also dem Pausenbeginn folgt das Rennen auf den Schulhof; aber HdE wird verfrüht ausgeführt: A ==> HdE.

 …/ – obgleich \…

Der Gedankenstrich markiert einen Einschub, der mit einer konzessiven Konjunktion eingeleitet wird und somit einen Einspruch gegen die Deutung von HdE (Lockdown) als verfrüht einleitet: ‚Noch war – obgleich die Turmuhr (B.t1) schon geschlagen hatte – die Pausenklingel nicht ertönt (A.t1), da rannten die Schüler schon auf den Schulhof, als ob die Pause (A'.t2) eingeläutet wäre.' Eigentlich gilt A' ==> HdE, aber HdE wird verfrüht ausgeführt, in dem Sinne, dass B ==> HdE gesetzt wird; die Schüler ersetzen also A' durch B, das Einläuten der Pause durch das Schlagen der Turmuhr. Der Sprecher aber hält an der Differenz von B und A' fest, so dass er HdE, also das auf den Pausenhof Rennen der Schüler, für verfrüht hält.

 …/ die Bilder von Bergamo schrecklich waren und die Partys in den Clubs von
 Ischgl sich als Superspreading-Events erwiesen hatten – \…

Der Einspruch gegen die Deutung des Lockdowns als verfrüht („Noch war") wird mit zwei Ereignissen geführt: (E.a) „die Bilder von Bergamo [waren] schrecklich" und (E.b) die „Superspreading-Events" der „Partys in den Clubs von Ischgl". Die Autorin unterstellt – vermutlich mit Recht (s. das folgende Zitat), dass ihre aktuellen Leser über dieses Wissen verfügen. Ob dies für künftige Leser ebenso gilt, ist fraglich. Da nun, wie gesagt (s. o.) ein Buch, anders als ein Zeitschriftenartikel oder ein Blog-Beitrag, eher auf eine langfristige Rezeption angelegt ist, ließe sich vermuten, dass Guérot das Buch tatsächlich aus Blog-Beiträgen erstellt hat, was dann erneut für eine Selbstüberhöhung sprechen würde, da sie auf die Weise, wie

---

[60] HdE = Handlungsereignis.

sie schreibt, der Aktualität des Blog-Beitrags eins-zu-eins eine langfristige Geltung zusprechen würde.[61]

▶ Für das methodische Vorgehen ist festzuhalten, dass wir, da wir es hier mit historischen Individualitäten zu tun haben, wie bei Namen, Lexikonwissen bemühen müssen. Da die Eigennamen nicht per Regelwissen erschließbar sind, ziehen wir hier Wissen um den äußeren Kontext heran.

Zu Ereignis a lässt sich festhalten: „Kaum jemand, der nicht weiß was gemeint ist, wenn ‚die Bilder aus Bergamo' erwähnt werden – gern im Plural, dabei war es von Anfang an nur ein Bild: Das Handyfoto vom 18. April 2020 zeigt einen Konvoi von Militärlastern. Insgesamt neun Fahrzeuge fahren hintereinander eine Straße entlang, die durch ein Wohngebiet führt. Aufgenommen wurde das Bild von dem damals 28-jährigen Flugbegleiter Emanuele di Terlizzi. Vom Balkon aus hatte er die nächtliche Aktion erfasst. […] Die LKW transportierten Leichen." Man „beschloss […] die sofortige Einäscherung der an COVID Verstorbenen. Normalerweise werden in Italien aber nur die Hälfte aller Verstorbenen eingeäschert. Deshalb reichten die Kapazitäten des Krematoriums in Bergamo nicht aus und die Leichen mussten in umliegende Orte transportiert werden." (Metzdorf 2021) – Zu Ereignis b: „Die österreichische Gemeinde [Ischgl] gilt als einer der Hauptverbreitungsorte des Virus in Europa. In der Bar ‚Kitzloch' hatten sich Anfang des Jahres Hunderte infiziert und dann das Virus in ihre Heimat gebracht." (ntv 2020).

Beide Ereignisse (B.t1) sprechen also dafür, dass das Infektionsgeschehen durchaus einen Umfang erreicht hatte, der ein Handeln (HdE) erforderte;[62] deshalb kann der Einschub auch als Einspruch formuliert werden. Aber wie in dem Beispiel mit den in die Pause rennenden Schülern der Sprecher deren Handeln nicht für angemessen hält, da ja das Ereignis A' noch nicht eingetreten ist, hält die Autorin das Handeln HdE, die Verhängung des Lockdowns, offensichtlich nicht für angemessen. Dies wird noch verstärkt durch das Verständnis, das indirekt zum Ausdruck gebracht wird durch die Qualifizierung der Bilder als schrecklich. Ähnlich wäre es, wenn es in unserem Beispiel hieße: ‚obgleich die Turmuhr (B.t1) schon

---

[61] Anders verhält es sich, wenn die Überzeitlichkeit von Blog-Beiträgen sachlich gegeben ist und sie für eine Buchfassung entsprechend von der Schlacke der Zeitgebundenheit befreit werden – ein gelungenes Beispiel hierfür ist etwa Liebermann 2015.

[62] „Vom 13. März bis zum 22. April stellten die Behörden die Region dann unter Quarantäne. Weil bereits früher Coronafälle aus der Region bekannt geworden waren, wird der Zeitpunkt der Maßnahmen als zu spät massiv kritisiert." (ntv 2020).

verlockend geschlagen hatte'; dies würde ein Verständnis für das Handeln der Schüler bekunden, ohne es gutzuheißen. – Die Autorin müsste nun das Ereignis benennen, das in ihrer Sicht das Handeln als angemessen qualifizieren würde – im Beispiel das Ertönen der Pausenklingel. Was könnte das hier sein? Wir haben oben (Abschn. 3.1) ausgeführt, dass es in Krisensituationen keine eindeutigen Kriterien für richtiges Handeln geben kann, da eine Krise dadurch gekennzeichnet ist, dass eine an der eingerichteten Rationalität bemessbare Lösung gerade nicht vorliegt. – Insofern ist das Pausenbeispiel hier nicht übertragbar, da es dabei eine eingerichtete Regel gibt (A' ==> HdE), der die Schüler nicht folgen. Die Autorin behandelt aber die Krisensituation so, als gebe es auch hier eine klare Regel, der das Handeln der Exekutive zu folgen hätte – eine Regel, der gemäß die Verhängung eines Lockdowns erst bei später vorliegenden eindeutigen Kriterien ausgelöst würde.

> …/ für die gesamte Bevölkerung keine reale, konkrete Gefahr in Sicht. \…

Auslösekriterium für die Verhängung eines Lockdowns sind also aus Sicht der Autorin nicht bereits die schrecklichen „Bilder von Bergamo" und die „Superspreading-Events" von Ischgl (auch wenn sie dafür, diese Ereignisse als Kriterium zu nehmen, Verständnis aufbringen könnte), sondern die Tatsache dass „für die gesamte Bevölkerung" eine „reale, konkrete Gefahr in Sicht" ist. Was könnte nun eine „reale, konkrete Gefahr" „für die gesamte Bevölkerung" darstellen? Eindeutig wäre dies wohl nur im Falle eines massiven atomaren Angriffs oder einer massiven Naturkatastrophe wie das Einschlagen eines sehr großen Meteoriten gegeben. Alle anderen Formen von Gefahr als „reale, konkrete Gefahr" „für die gesamte Bevölkerung" zu sehen („in Sicht") ist notwendigerweise eine Einschätzungsfrage und kann somit die hier suggerierte Klarheit als eindeutiges Kriterium nicht erfüllen. – Einschätzungsfragen werden zu Entscheidungsfragen umdeklariert, die eindeutig beantwortet werden können. Politisches Handeln wird hier also nicht verstanden als angewiesen auf Interessen- und Meinungsstreit, bei dem „gesellschaftliches Handeln unter dem ‚Zwang der Rücksichtnahme auf andere Akteure' steht" (Rohe 1978/1994, S. 63). Stattdessen geht die Autorin davon aus, dass politisches Handeln nach eindeutigen Kriterien zu erfolgen hat und ebensolche eindeutigen Lösungen hervorbringt. Dies überträgt die Vorstellung *monadischer Autonomie*, die wir als Schlüsselkonzept des Deutungsmusters der *libertären Selbstbezogenheit*, dem Guérot folgt, bestimmt haben, auf das politische Handeln. Sie vertritt damit ein dezisionistisches Politikverständnis. „Dem d[ezisionistische]n Modell zufolge ist die Rolle des Fachmannes von der des Politikers scharf getrennt. Dessen dezidierten, rational nicht begründbaren Entscheidungen über zentrale Ziele stellt der Fachmann lediglich Informationen und Technologien für eine rationale Mittelwahl zur wirksamen Durchsetzung dieser Ziele zur Verfügung." (Laatz 1994, S. 446). Die Wirksamkeit des Deutungsmusters ist umso frappanter, als wir es hier ja mit einer Politikwissenschaftlerin zu tun haben, von der als Expertin man einen Politikbegriff erwarten muss, der die Rekonstruktion objektiver Strukturen des Politischen – wie Rohe etwa sie benennt – in sich aufnimmt. Zugleich lässt sich feststellen, dass wiederum keine klare Positionierung erfolgt, sondern sich ein Hin und Her zwischen Verständnis für die Handelnden und Verurteilen ihres Tuns findet und lediglich eine unbewiesene Behauptung aufgestellt, eine Meinung kundgetan wird, ohne dass eine für ein Fachbuch zwingend notwendige und auch für intellektuelles Räsonnement erforderliche Begründung gegeben würde (D_3).

Wir haben bei der Äußerungssequenz nun allerdings das Wörtlichkeitsprinzip (s. Glossar) verletzt und analysiert, was die Autorin wohl gemeint hat (wie man, das Principle of Charity – s. u., Fn. 63 – zu hilfe nehmend, schließen kann). Wörtlich sagt sie allerdings, dass – entgegen den Ereignissen, die sie in ihrem Einschub erwähnt – für *niemanden* eine „reale konkrete Gefahr in Sicht war". Dies wird sofort deutlich, wenn man den Satz so umstellt, dass er das vermutlich Gemeinte auch tatsächlich sagt: ‚Noch war [...] keine reale, konkrete Gefahr für die gesamte Bevölkerung in Sicht.' Dieser Satz lässt zu, dass für eine Teilgruppe der Bevölkerung eine „reale, konkrete Gefahr [...] in Sicht" war – die im Buch zu findende Formulierung schließt das aus. Mit dieser latenten Bedeutung ihrer Aussage wird deutlich, dass die Autorin unbewusst offensichtlich auch die Toten von Bergamo und die Infizierten von Ischgl kontrafaktisch nicht als gefährdet ansieht. – Wie lässt sich erklären, dass ihr diese Fehlleistung unterläuft? Objektiv ist es eine Missachtung des Leidens der Betroffenen, was subjektiv allenfalls ‚geheilt' werden könnte, wenn Leiden grundsätzlich als selbst zu verantworten, ja selbstverschuldet gedeutet würde. Eine solche Deutung wiederum würde von dem bereits herausgearbeiteten Deutungsmuster der *libertären Selbstbezogenheit* mit dem Schlüsselkonzept der *monadischen Autonomie* generiert werden können. Hier zeigt sich die Macht des Deutungsmusters und seine Unabhängigkeit von der Intention der Deutenden, denn zu unterstellen, Guérot hätte diese Deutung intendiert, müsste ihr einen manifesten massiven Zynismus unterstellen. Dies würde die Vermutung einer fallspezifische Besonderheit darstellen, die aber als „Annahme[...] über die Motivierung einer Äußerung methodisch erst dann legitim [ist], wenn eine andere, fallunspezifische Motivierungslinie nicht gefunden werden kann." (Oevermann et al. 1979 [Methodologie], S. 419; vgl. Glosse ‚Sparsamkeitsregel') Als „fallunspezifische Motivierungslinie" bietet sich hier das genannte Deutungsmuster an.

…/ Sicher war es richtig, vorsichtig zu sein angesichts einer Gefahr, die noch niemand wirklich einschätzen konnte. \…

Wieder wird Verständlichkeit des Handelns konzediert – ohne dass Handelnde genannt würden – und dieses Verständnis sachlich begründet mit dem Bezug auf die Offenheit der Entscheidungssituation in einer Krise. Damit wird explizit doch anerkannt, dass es sich um eine Einschätzungsfrage handelte, auf die eine eindeutige Antwort nicht möglich ist. Erstaunlich ist, dass der Satz mit einem Punkt endet, denn die Konzession mit ‚Sicher gilt x' lässt ein ‚aber y' erwarten. Dass die Konzession von x mit einem Punkt beendet wird, ist wie eine gewichtige Atempause in der mündlichen Rede und gibt so der Aussage ein besonderes Gewicht, das der konträren Aussage, die folgen wird, ihrerseits eine besondere Bedeutsamkeit verleiht.

…/ Aber \…

Dass mit der adversativen Konjunktion nicht ein nebengeordneter, sondern ein neuer Satz eingeleitet wird, beide Sätze also für sich stehen, macht aus der Entfaltung des Gedankens im Fluss der Sätze ein unvermitteltes Gegenüberstellen der koordinierten konträren Aussagen. Es fragt sich, welche Einschränkung nun folgen könnte. Da zum einen konzediert wird, eine Haltung der Vorsicht sei richtig gewesen, kann ohne Widerspruch zu dem bisher Vorgebrachten (etwa das einleitend erwähnte Stutzen angesichts der Maßnahme) nicht zugestanden werden, dass der Lockdown aus dieser Haltung angeordnet wurde. Zum anderen kommt durch die Abgrenzung der Sätze zum Ausdruck, dass – wie immer der Lockdown von der Autorin eingeschätzt wird – die Konzedierung des Vorsichtig-Seins als richtig, dem unverbunden gegenübersteht.

…/ ein Lockdown ist keine Vorsicht, \…

Wenn ‚Vorsicht' „gesteigerte Aufmerksamkeit, Besonnenheit bei Gefahr oder in bestimmten Situationen" (Müller 1985, S. 734) bedeutet, so kann „ein Lockdown […] keine Vorsicht" *sein*. Gemeint ist natürlich,[63] dass ein Lockdown kein Ausweis

---

[63] Im Alltag würden wir das *Gemeinte* sofort entsprechend verstehen, da wir dort dem „principle of charity" (vgl. Wilson 1959, S. 532, Davidson 1974/2001, S. 197) folgen und Nachsicht bzgl. der Genauigkeit des Ausdrucks üben. In der methodischen Analyse aber folgen wir dem Prinzip der Wörtlichkeit, da es um die Rekonstruktion der objektiven Bedeutung des *Gesagten* geht. – Fälschlicherweise wird in einem Handbuch Objektive Hermeneutik das alltagspraktische „Principle of Charity" der Sparsamkeitsregel gleichgesetzt (o. V. 2023, S. 31).

von Vorsicht sei. Was bedeutet nun aber diese metonymische[64] Verkürzung des Gemeinten im Gesagten? Bilden wir einige vergleichbare Beispiele: ‚Sicher ist es gut, mutig zu sein. Aber ein Kopfsprung von der Klippe in unbekanntes Gewässer ist kein Mut.‘ – ‚Sicher ist es richtig, auch Dieben gegenüber edelmütig zu sein. Aber die Überlassung geraubten Guts ist kein Edelmut.‘ – Gemeinsam ist diesen beiden Beispielen und der zu analysierenden Äußerung, die Entschiedenheit und Eindringlichkeit der Aussage. Dies wird deutlich, wenn man sie mit den sprachlich expliziten Formulierungen vergleicht: ‚Sicher ist es gut, mutig zu sein. Aber ein Kopfsprung von der Klippe in unbekanntes Gewässer ist kein Ausweis von Mut.‘ – ‚Sicher ist es richtig, auch Dieben gegenüber edelmütig zu sein. Aber die Überlassung geraubten Guts ist kein Ausweis von Edelmut.‘ – ‚Sicher ist es richtig, vorsichtig zu sein. Aber ein Lockdown ist kein Ausweis von Vorsicht.‘ Diese Formulierungen sind durch ihre Explizitheit weniger apodiktisch. – Da der Satz nicht abgeschlossen ist, darf eine Erläuterung erwartet werden: ‚Sicher ist es gut, mutig zu sein. Aber ein Kopfsprung von der Klippe in unbekanntes Gewässer ist kein Mut, denn es ist die Gefahr eines tödlichen Unfalls gegeben.‘ – Eine weniger argumentative Variante wäre: ‚Sicher ist es gut, mutig zu sein. Aber ein Kopfsprung von der Klippe in unbekanntes Gewässer ist kein Mut, sondern Übermut.‘, wodurch die Entschiedenheit der Behauptung gesteigert würde.

…/ sondern eine drakonische Maßnahme, \…

‚Drakonische Strenge‘ ist sprichwörtlich, da die Gesetze, die „Drakon, athenischer Aristokrat, den 621 v. Chr. der Adel beauftragte, das Gewohnheitsrecht aufzuschreiben", verfasste, von großer Härte waren und „als mit Blut geschrieben" bezeichnet wurden (Lamer et al. 1933, S. 64). Indem der „Vorsicht" „eine drakonische Maßnahme" gegenübergestellt wird, wird nicht lediglich eine Übersteigerung der Vorsicht behauptet (wie in obigem Beispiel der Übermut eine Übersteigerung von Mut ist), sondern eine offenkundige Unverhältnismäßigkeit und Gewaltsamkeit. Damit wird aber die Konzession, dass Vorsicht aufgrund einer unübersichtlichen Lage angemessen ist, stark abgeschwächt, da zum Ausdruck gebracht wird, dass die Schwelle angemessener Maßnahmen weit überschritten wurde. Der Text verfährt jedoch nicht argumentativ, sondern bietet eine bloße Auflistung von Behauptungen. Eine „drakonische Maßnahme" dient mit ihrer Strenge in der Regel

---

[64] Die Metonymie ist ein „Mittel der uneigentl. Ausdrucksweise (Tropus)" bei dem eine „Ersetzung des eigentl. gemeinten Wortes (verbum proprium) durch ein anderes, das in einer geistigen oder sachl. Beziehung zu ihm steht", erfolgt (Glück 1993, S. 389). Das verbum proprium wäre hier also ‚Ausweis von Vorsicht‘, der Tropus ‚Vorsicht‘.

vor allem der Abschreckung. Wovor sollte ein Lockdown abschrecken können? –
Hinter der Deutung der Autorin scheint eine Auffassung zu stehen, die Politik als
willkürliche Machtausübung, als im Wortsinne eigenmächtiges Handeln ansieht (D_4).

> …/ die vor allem Angst \…

Entsprechend unserer Analyse spricht die Autorin aus, was das Ergebnis willkürlicher Machtausübung ist: die Verbreitung von Angst.

> …/ schürt. \…

Allerdings unterstellt sie darüber hinaus, dass diese Angst nicht eine unbeabsichtigte Nebenfolge darstellt, sondern von den Entscheidungsträgern beabsichtigt wurde. Da ein Interesse der Regierung daran, die Bevölkerung in Angst
zu versetzen, weder auf der Hand liegt, noch benannt wird, wird hier deutlich, dass
ein unterschwelliger Verdacht gegenüber den politischen Entscheidern gehegt
wird. Dass diese nicht benannt werden – was eine Überprüfung der Behauptungen
unmöglich macht – lässt sie als diffuse Macht erscheinen. Diese Deutung lässt sich
erklären aus dem rekonstruierten Deutungsmuster der *libertären Selbstbezogenheit*: Wenn nämlich jeder macht, was er will, so muss (a) jede politische Maßnahme
als Willkür erscheinen[65] und (b) jede politische Maßnahme, da sie unweigerlich in
das Handeln der Bürger eingreift, als Einschränkung gedeutet werden. Wenn diese
Einschränkung durch ein Ziel legitimiert wird, das über die Wahrung der individualistisch verengt verstandenen Freiheit des Einzelnen hinausgeht, wie dies etwa
für das Ziel der solidarischen Wahrung bzw. Beförderung des Gemeinwohls der
Fall wäre, wie würde dann eine Deutung dieser Legitimierung aussehen, die von
dem rekonstruierten Deutungsmuster generiert wird? Letztlich könnte diese Legitimierung nur so gedeutet werden, dass die politischen Entscheider die willkürlichen Einschränkungen damit ideologisch rationalisieren. Zu einem deutungsbedürftigen Problem werden Einschränkungen des Einzelnen, die durch politisches Handeln stets zu gewärtigen sind, das im Dienste des Gemeinwohls erfolgt,
erst dann, wenn sie spürbar das Alltagshandeln berühren; sonst bleiben sie sub-the-

---

[65] Ob dies auch solche Maßnahmen betrifft, die der eigenen Ansicht, dem eigenen Willen entsprechen, ist noch nicht ausgemacht; jedenfalls erscheinen sie nicht als willkürlich in dem
pejorativen Sinne eines „ohne Rücksicht auf andere nur den eigenen Wünschen und Interessen" folgenden Handelns (Müller 1985, S. 757).

matisch, da ja jeder machen kann was er will, also auch die Politiker. Wenn die Einschränkungen nun aber, wie eben die Corona-Maßnahmen, in den Alltag eingreifen, werden sie als die eigene (als Freiheit verstandene) Willkür einschränkende
fremde Willkür wahrgenommen (D_4) – wobei erstere dann nicht mehr abstrakt zugestanden wird. Daraus resultiert auch eine Kompromisslosigkeit, da ja Willkür
gegen Willkür steht. In Anlehnung an die lakonische Bestimmung von Populismus
durch Cas Mudde[66] und zugleich in Abgrenzung zu ihr könnte man hier von einer
*liberalistischen Deutung einer demokratischen Orientierung am Gemeinwohl als
illiberal* sprechen.[67]

> …/ Auch jenes »*Nous sommes en guerre contre un virus*« – »Wir sind im Krieg
> gegen ein Virus« – \…

Mit dem Fokus-Adverb ‚auch‘ wird das Folgende zu einer Erweiterung des zuvor
Gesagten; es ist zu erwarten, dass etwas genannt wird, das ebenfalls Angst schürte.
Damit wird der zunächst unterschwellig erhobene Verdacht einer gezielten Politik
der Angsterzeugung weiter untermauert. Das Demonstrativpronomen, hier quasi
als Artikel (für das dann folgende Zitat) gebraucht, weist auf ein Bekanntes, hier
auf eine bekannte Aussage hin. Dies zeigt wieder, dass das Buch sich an Eingeweihte richtet (s. o.). Die Tatsache, dass dies wie selbstverständlich geschieht, deutet darauf hin, dass es an der Fähigkeit mangelt, die Perspektive anderer zu übernehmen. Dies passt zu dem rekonstruierten Deutungsmuster: Jemand, für den
Autonomie und Reziprozität einander bedingen, würde wie selbstverständlich zur
Wahrung seiner Autonomie die Position des Anderen berücksichtigen und davon
ausgehen, dass dieser dies ebenfalls tut. Für jemanden aber, in dessen Deutungen
monadische Autonomie als Normalform von Autonomie eingeht, muss letztlich
jeder die gleiche Sichtweise haben – und zwar die eigene.[68] Dies lässt sich als Verantwortungsumkehr bezeichnen (s.u.).

---

[66] Diese lautet: „populism is an illiberal democratic response to undemocratic liberalism.“
(Mudde 2015).

[67] Katharina Hoppe stellt mit Recht fest, dass dabei „Freiheit als Abwesenheit jeglicher Notwendigkeit vorausgesetzt wird“ (Hoppe 2021).

[68] Man könnte meinen, dazu passen würde auch, dass jeder seine eigene Sichtweise hat, dies
aber keinen stört. Da allerdings die Perpektivenübernahme ausgeschlossen ist, kann eine andere Sichtweise als die eigene nur als ein Fehler gedeutet werden – u. U. verursacht durch
Manipulation.

Zugleich unterstreicht Guérot damit, dass sie im Original zitiert, auf abstrakte Weise ihre wissenschaftliche Glaubwürdigkeit, ohne dass sie dazu konkret argumentieren müsste. – Die angeführte Aussage nun: „*Nous sommes en guerre contre un virus*", ist nicht so geläufig, wie es etwa historisch bedeutsame Aussagen sind.[69] Zudem ist sie, wie die Recherche ergab, so nicht gefallen; allerdings hat der französische Präsident Emmanuel Macron am 16. März 2020 in einer Rede gesagt : „Nous sommes en guerre, en guerre sanitaire certes." und in der Rede mehrfach wiederholt: „Nous sommes en guerre."[70] Wenn ein Land sich im Krieg befindet, ist der Ausnahmezustand normal und alle Anstrengungen müssen sich darauf richten, diesen Krieg zu beenden und mit der Beendigung die Bedingungen für ein friedliches Leben der Nation wiederherzustellen. Entsprechend wird zur Einheit und zur Zurückstellung der Partialinteressen aufgerufen. Nun hat in Frankreich aufgrund der Konstitution der Volkssouveränität als Legitimationsprinzip in der Französischen Revolution diese Rhetorik der Nation[71] einen anderen, einen „normaleren" Status als etwa in Deutschland. Gleichwohl stellt gerade aufgrund der Besonderheit des Kriegszustands dessen Beschwörung in Fragen des Gesundheitswesens eine besondere Dramatisierung (vgl. Benedetti 2022) dar. Zugleich aber ist die metaphorische Verwendung offensichtlich, so dass Angst als Folge der Dramatisierung nicht zwingend ist und die Unterstellung, dass Macron Angst schüren wolle, ihrerseits dramatisierend.

…/ schien mir \…

Wir sahen oben, wo die Autorin sagt, sie sei stutzig geworden, dass sie sich auf ihre persönliche Erwartung und Einschätzung bezieht. Hier nun führt sie erneut statt eines Arguments mit Anspruch auf Begründbarkeit einen persönlichen Eindruck

---

[69] Etwa „Seit 5:45 Uhr wird jetzt zurückgeschossen!" aus Hitlers Rede im Reichstag am 1. Sept. 1939 oder „Das tritt nach meiner Kenntnis … ist das sofort … unverzüglich" von Günter Schabowski am 9. Nov. 1989. Besonders markant ist jenes „Paris vaut bien une messe" („Paris ist eine Messe wert"), das Heinrich von Navarra geäußert haben soll, als er am 25. Juli 1593 erneut zum Katholizismus konvertierte, um König von Frankreich werden zu können; vor wenigen Jahren warb etwa die Verkehrsgesellschaft der französischen Hauptstad RATP mit dem Slogan „Paris vaut bien un billet" („Paris ist eine Fahrkarte wert").

[70] (https://www.lemonde.fr/politique/article/2020/03/16/nous-sommes-en-guerre-retrouvez-le-discours-de-macron-pour-lutter-contre-le-coronavirus_6033314_823448.html; zuletzt angesehen am 26. Okt. 2025) – „Wir sind im Krieg, im Gesundheitskrieg, sicher." „Wir sind im Krieg."

[71] Entsprechend begann Macron die Rede auch mit den Worten „Françaises, Français, mes chers compatriotes." – „Französinnen, Franzosen, meine geehrten Mitpatrioten." (s. Fn. 70).

an. Damit geht sie Einwänden wie dem soeben formulierten, sie selbst dramatisiere, aus dem Weg und entzieht sich der Beweispflicht.

> …/ ähnlich unangemessen und übertrieben und \…

Nun wird die Unterstellung des Schürens von Angst wieder relativiert zu Unangemessenheit und Übertriebenheit, was zudem als lediglich persönlicher Eindruck qualifiziert wird. Wir finden also erneut das Changieren zwischen steilen Behauptungen und der Verweigerung einer klaren, argumentativ auszuweisenden Positionierung.

> …/ eine wenig hilfreiche Stimmung hervorzurufen.

Die Relativierung wird weitergeführt: von der Unterstellung einer Absicht, Angst zu schüren, zur Empfindung einer nachlässig als Folge in Kauf genommenen „wenig hilfreiche[n] Stimmung". Die Wirksamkeit der Maßnahme des Lockdowns wird hier nicht direkt bewertet, sondern die (vermeintlich) hervorgerufene Stimmung wird als unerwünschte Folge deklariert. Dabei wird ironisch ein Understatement angedeutet, sagen wir doch etwas sei ‚wenig hilfreich' nur, wenn es tatsächlich kontraproduktiv ist.[72] Es wird aber nicht benannt, wofür die Stimmung kontraproduktiv ist.

Die nun unmittelbar anschließende Stelle ist insofern von Interesse, als dort eine der Maßnahmen konkret angesprochen wird. Wir stellen jetzt die Feinanalyse nur dort dar, wo sich eine Erweiterung oder Modifikation (oder gar Falsifikation) unserer bisherigen Ergebnisse ergibt.

> In diesen ersten Märztagen 2020, als man in Österreich eine Stunde legal joggen durfte, fand ich mich einmal am Donaukanal in Wien, weit und breit allein auf weiter Flur, auf einer Parkbank, den Kopf wie Diogenes gen Frühlingssonne gerichtet, als vier bewaffnete Polizisten mich baten, den öffentlichen Raum zu räumen. \… [S. 13 f.]

In einer szenischen Erinnerung stellt die Autorin eine kuriose Erfahrung im Lockdown im März 2020 in Österreich dar. Dabei wird eine für sich genommen tatsächlich absurde Situation vorgestellt. Allerdings wird einerseits ausgeblendet, dass es sich um den Fall einer Gesetzesanwendung handelt und Gesetze eben nicht Einzel-

---

[72] ‚Dass du in der Verhandlung unseren finanziellen Engpass erwähnt hast, war wenig hilfreich.' – ‚Die Kinder hatten doch eh schon Angst, im fremden Haus zu schlafen; dass du als Gute-Nacht-Geschichte eine Gespenstergeschichte erzählt hast, war wenig hilfreich.'

fälle, sondern Typen von Situationen normieren.[73] Insofern bleibt den Polizisten als
Vertretern des Vollzugsorgans nichts anderes übrig, als dem Gesetz Geltung zu verschaffen – auch wenn sie dabei, wie es für jedes Handeln gilt, Handlungsspiel-
räume haben, was die Art und Weise der Umsetzung angeht. Um unerwünschte
Nebeneffekte eines allgemeinen Gesetzes zu vermeiden, müsste es eine Spezi-
fikation enthalten, die gleichwohl ebenfalls allgemein gefasst sein müsste (etwa
„Einzelpersonen sind hiervon ausgenommen"). Angesichts der Krisenhaftigkeit
der pandemischen Lage und dem Erfordernis schnell Maßnahmen zu ergreifen,
könnte man mit einem wohlwollenden Blick auf die Politik und unterstellend, dass
sie dem Gemeinwohl zu dienen versucht, Verständnis für die Unterlassung der Aufnahme einer Ausnahmebestimmung aufbringen.[74] Des weiteren ist die Darstellung
gezielt tendenziös, denn dass die Polizisten zu viert auftreten und dass sie be-
waffnet sind, hat mit der konkreten Situation nichts zu tun. Gemäß der Relevanzregel[75] muss der Leser aber davon ausgehen, dass die Überzahl bewaffneter Polizisten durch die geschilderte Situation bedingt ist; damit wird die oben erwähnte „drakonische Maßnahme" aufgerufen. Gesteigert wird dies noch durch das Gegenbild
des bedürfnislosen, lauteren Philosophen Diogenes, der von den Mächtigen nichts
erbittet, als dass sie die Sonne auf ihn scheinen lassen.[76] Wie sollte eine solche

---

[73] Im Grundgesetz der Bundesrepublik Deutschland heißt es insbesondere: „Soweit nach diesem Grundgesetz ein Grundrecht durch Gesetz oder auf Grund eines Gesetzes eingeschränkt
werden kann, muß das Gesetz allgemein und nicht nur für den Einzelfall gelten." (GG
Art. 19, Abs. 1) Diese gilt auch für Maßnahmegesetze, „die aus einer bestimmten Situation
erwachsen sind und zu ihr in einem überschaubaren und logisch vollziehbaren Verhältnis stehen." Maßnahmegesetze sind „zumeist abstrakt gefaßt und deswegen genereller Natur, sie
betreffen aktuell typische Gruppen und Lagen, nicht eine einzigartige Erscheinung als solche." (Schneider 1975, Sp. 1545) Auch für diese gilt: „Das rechtsstaatl. G. enthält begriffl.
eine *Rechtsregel* (Rechts*norm*), d. h. eine Aussage, die für eine unbestimmte Vielzahl von
Fällen getroffen wird." (Schneider 1975, Sp. 1545 f.; kursiv i. Orig.).

[74] Dass „man in Österreich eine Stunde legal joggen durfte", ist ja vermutlich bereits eine
Ausnahmeregelung des allgemeinen Verbots der Zusammenkunft.

[75] Die Relevanzregel, der wir in unserem Sprachverständnis wie selbstverständlich folgen,
besagt, dass jede Handlung, also auch jede Äußerung in einer bestimmten Situation zunächst
objektiv beansprucht, relevant für die Situation zu sein; vgl. den Exkurs zur Relevanzregel in
Loer 2021 [OHWP Interviews], S. 64.

[76] Mit dem Verweis auf die Sonne ist hier der bekanntere Diogenes von Sinope aufgerufen,
der von etwa 412 bis 323 v. Chr. lebte; er „steigerte den Begriff der sokratischen Selbst-
genügsamkeit zur inneren Askese, die, jeder verfeinerten Lebensart abhold, äußerste Be-
dürfnislosigkeit zur Pflicht machte [...]. Auf D. beziehen sich die Anekdoten vom Philosophen, der in einer Tonne wohnte, der Alexander den Großen, als dieser ihn besuchte und
eine Bitte zu erfüllen versprach, bat, aus der Sonne zu gehen" (Schischkoff 1978/1982,
S. 132).

einzelne Person eine Gefahr darstellen, der nur mit einer Überzahl bewaffneter Polizisten begegnet werden kann? Dass Guérot das Vorgehen der Polizisten nicht als gesetzlich geregelt, sondern quasi als – absurde – Willkür begreift, passt zu dem rekonstruierten Deutungsmuster der *libertären Selbstbezogenheit* und der von ihm generierten Deutung von Politik als dezisionistischer Praxis (s. o.).

> …/ Der Vorfall war so bizarr, dass ich ab da der Überzeugung war, dass ein Großteil der Gesellschaft kollektiv in eine Übersprungshandlung getreten ist. \…

Auffällig ist, dass hier von einem einzelnen „Vorfall", einem einzelnen Erlebnis eine Überzeugung bzgl. des Zustands der Gesellschaft gewonnen wird. Was kann einen solchen Schluss rechtfertigen? Letztlich muss die Überzeugung auf anderem Wege gewonnen worden und bereits latent vorhanden sein, so dass sie durch den „Vorfall" bestätigt und manifest wird. Im „Vorfall" wird dann auch *nur* das gesehen, was die Überzeugung bestätigt.[77] Was besagt nun die gewonnene Überzeugung, „dass ein Großteil der Gesellschaft kollektiv in eine Übersprungshandlung getreten ist"? „Übersprungshandlung" ist eine Bezeichnung aus der Tierpsychologie „für solche Bewegungen, die dem gerade ausgelösten Instinktverhalten nicht zugehören und den Eindruck eines ‚irrelevanten Verhaltens' erwecken. […] Man nimmt an, daß es zu solchen Ü. bei überstarker Erregung kommt, deren *Entladung* (im Sinne einer *Triebentladung* […]) aus situativen oder andere Gründen nicht vollständig erfolgen kann. Die Energie ‚überspringt' dann auf andere, im Organismus festgelegte neuronale Erregungsmuster und lädt sie bis zu deren teilweiser Aktivierung auf." (Drever und Fröhlich 1968/1977, S. 304; kursiv i. Orig.). Mit dieser Bestimmung ist klar, dass der Ausdruck hier nur metaphorisch gemeint sein kann und besagen soll, „dass ein Großteil der Gesellschaft" aufgrund von „überstarker Erregung" ein rational nicht erklärliches Verhalten zeigt. Eine andere Erklärungsmöglichkeit – etwa Überfürsorglichkeit, womit zugestanden würde, dass dem Handeln eine Haltung der Fürsorge zugrundeliegt, die (lediglich) überzogen ausagiert würde – wird nicht erwogen. Es zeigt sich also auch darin einerseits strukturell die Wirkung des Deutungsmusters, das durch Erfahrung nicht erschüttert wird, und andererseits inhaltlich die Dominanz der *monadischen Autonomie*, da alle, die nicht ihr gemäß handeln, als von pathologischen Impulsen getrieben angesehen werden.

---

[77] Diese Form der Wahrnehmungsverengung wird auch durch Prozesse in der Informationsbeschaffung befördert, da „sich durch das Internet Echokammern und Filterblasen gebildet haben, in denen fast nur noch Menschen miteinander kommunizieren, die ähnliche Überzeugungen und Einstellungen haben" (Butter 2018, S. 181; s. dazu zusammenfassend und mit weiteren Hinweisen: Butter 2018, S. 191–210).

> …/ Viele trugen etwa noch im eigenen Auto Masken. Alle drängten unter Panik in einen Zug, der immer schneller an Fahrt aufnahm. Es war der Zug der Coronamaßnahmen. \…

Durch die Metapher des Zuges und dem Heraufbeschwören einer „Panik" gestaltet Guérot das Bild eines Kontrollverlustes, einer Verselbstständigung der Maßnahmen zu einer unaufhaltbaren Fahrt. Allerdings ist das Bild, geanauer betrachtet, unstimmig. (1) Wenn Menschen in Panik in einen Zug drängen, so versuchen sie sich vor einer Gefahr zu retten, die den Ort des Bahnhofs bedroht – Hier ist der Zug die Rettung. (2) Wenn ein Zug immer schneller Fahrt aufnimmt, so hat dies tendenziell etwas Bedrohliches, da ein Abbremsen und kontrolliertes Anhalten immer schwieriger wird. – Hier ist der Zug die Gefahr. Stimmig wird das Bild nur durch Zusatzannahmen: wenn die Gefahr in (1) eine vermeintliche, nur von ‚allen, die in Panik in den Zug drängen' für eine solche gehalten wird; und wenn die Gefahr in (2) die wirkliche ist. Da dies aber nicht gestaltet oder gar explizit formuliert wird, geht die Autorin davon aus, dass der Leser entsprechend ergänzt; es wird also erneut mit einem Leser gerechnet, der die gleiche Sicht der Dinge hat, wie die Autorin.

> …/ Wer, wie ich, nicht in diesen Zug eingestiegen ist, hat das Zeitgeschehen von einer anderen Warte aus beobachtet und ist heute von der Gesellschaft entfremdet. \…

Nunmehr stilisiert Guérot sich als Besserwisser und, im Kontrast zu der übersteigerten Angst („Panik") der Passagiere, als eine der Mutigen, die ob ihres Mutes nun das wirkliche Geschehen erkennen können. Darin drückt sich die Logik aus, dass nur derjeinige, der den Maßnahmen nicht folgt, sehen kann, was wirklich geschieht. Damit werden die staatlichen Maßnahmen als ein Verblendungszusammenhang stilisiert, dem man nicht mehr entkommen kann, sobald man in ihm steckt. Die Behauptung der antagonistischen Stellung der Wissenden zur Gesellschaft, die zur Entfemdung gesteigert wird, mündet in die Gegenüberstellung einer In-Group der Sehenden, die außerhalb der Gesellschaft steht, und der anderen, die dem Widersinn Folge leisten.

Allerdings enthält die Metapher des abfahrenden Zuges noch einen weiteren Aspekt: Die Autorin bleibt allein zurück auf dem Bahnsteig, das Kollektiv (der Gläubigen) wird ihr entrissen. So wird sie zwar heldenhaft isoliert, bleibt aber eben allein zurück. Die Leerstelle einer Vergemeinschaftung wird hier bildlich veranschaulicht, die ihren Bedarf an einer neuen Einbindung latent, aber doch drastisch in Szene setzt.

Wir ziehen nun zur weiteren Veranschaulichung des Rekonstruierten eine passende Stelle vom Ende des Buches heran.

▶ Wir springen hier im Text, verlassen also dessen Sequenzialität. Dies dient nicht dazu, eine Lesart zu bestätigen oder zu widerlegen, sondern entweder – was hier der Fall ist – dazu, eine Rekonstruktion anzureichern, oder dazu, eine Falsifikation zu versuchen (dazu s. u.). Die Stelle, zu der ‚gesprungen‘ wurde, ist ihrerseits dann wieder gemäß den methodischen Vorgaben unabhängig zu analysieren.

Dort heißt es in der „Danksagung“:

> Ich bin wahrlich nicht die Einzige, geschweige denn Wichtigste oder Prominenteste gewesen, die im März 2020 nicht in den Maßnahmen-Zug eingestiegen ist und die das Corona-Geschehen von einer anderen Warte aus beobachtet hat. Im Zuge einer beispiellosen sozialen Rekonstruktion habe ich – wie viele – meinen Freundeskreis beinah komplett ausgetauscht. Mit alten Freundinnen vom SPIEGEL oder der ZEIT oder Bekannten aus dem politischen Raum, einflussreichen Stiftungen oder universitären Kolleg:innen war kaum eine Diskussion mehr zu führen oder ein sachliches Argument zu machen, Freundschaften haben sich entzweit.
>
> Stattdessen kamen neue Freund:innen in mein Leben, eine Vielzahl von Personen, die sich aufgrund der polarisierten Corona-Diskussion als *like-minded* gesucht und gefunden haben. [S. 139]

Indem sie die Metapher vom „Maßnahmen-Zug“ wieder aufnimmt, veranschaulicht Guérot, wie stark für sie die Entfremdung ist. Die Umgestaltung ihres Freundeskreises, den sie „beinah komplett ausgetauscht“ hat, macht deutlich, dass für sie Freundschaften durch Gleichgesinntheit gestiftet werden. Man muss annehmen, dass dies auch für ihre vorherigen Freundschaften gilt, und dass also Diskussionen nur auf der Basis von Gleichgesinntheit geführt werden können, also kaum grundlegende Fragen tangieren dürfen.[78] Da die Gemeinschaft sich als nicht „like-minded“ erwiesen hat, muss sie verblendet sein (s. u. zur Verantwortungsumkehr). Die Autorin muss sich also, um nicht allein zu bleiben, eine neue Gemeinschaft suchen. Die (verlorene) Beziehung zu den vermeintlich Like-minded und die Beziehung zu den neuen, wirklich Like-minded nehmen bei Guérot die Stelle einer politischen Vergemeinschaftung ein; in einer solchen wäre aber eben

---

[78] „Dabei geht es nicht in erster Linie um Vertrauen. [...] Vielmehr geht es um Misstrauen, denn das verbindet eine neue Gemeinschaft von Gleichgesinnten.“ (Fischer 2023 [polarisiert], S. 28).

nicht like-mindedness, sondern Diskussionsbereitschaft im Interessenstreit vorrangiges Kriterium.

> Das Gegenmodell zur als monadisch verstandenen Autonomie kann man wie folgt kennzeichnen: „Denn erst durch die Fähigkeit und Bereitschaft des Menschen, Verantwortung zu übernehmen, wird Freiheit von einem abstrakten Begriff zu einem Handlungsraum für persönliche und gesellschaftliche Entwicklung." (Hilgert 2024). Es zeigt sich an dieser Stelle, dass es nicht von außen an das Material herangetragen worden ist, sondern sich immanent als notwendig erweist. Auch diejenigen, die Freiheit als verabsolutiert, in Hilgerts Sinne als abstrakt deuten – eine Deutung, die von dem rekonstruierten Deutungsmuster der *libertären Selbstbezogenheit* generiert wird –, können letztlich nicht umhin, sich auf eine Gemeinschaft zu beziehen, für die sie – und sei es noch so implizit – auch Verantwortung übernehmen und als in die eingebunden sie sich begreifen; auch wenn dies für sie nur als Gemeinschaft Gleichgesinnter denkbar ist.

Es liegt hier offensichtlich ein spezifisches Passungsverhältnis zwischen dem Deutungsmuster *libertäre Selbstbezogenheit* und einer Haltung zur Welt vor, die sich einerseits in dem, was wir leerlaufende Selbstcharismatisierung nannten (mit dem Schwanken zwischen praktischer Positionierung und praktisch zurückhaltendem Klagen bei gleichzeitiger Anmaßung einer paternalistischen advokatorischen Position) und andererseits in der Verweigerung einer Anerkennung differenter Perspektiven als different ausdrückt. Diese Haltung lässt sich auf folgende Regel bringen: ‚Wann immer eine Weltsicht von meiner abweicht, so streite nicht für diese (meine) und nimm jene (andere) gar nicht zur Kenntnis, da jene falsch und diese stets richtig ist';[79] allenfalls ist die Dominanz der anderen Weltsicht zu beklagen. Diese Regel impliziert weitere: ‚Wenn eine Meinung von deiner abweicht, ignoriere sie als ignorant – entweder, indem du dich von ihren Vertreten abwendest (Austausch des Freundeskreises) oder indem du, falls dies nicht möglich ist, deren Ignoranz beklagst'; diese Haltung erscheint oftmals als die eines Queru-

---

[79] Eine analoge Haltung schreibt Tolstoi Napoleon zu: „Man merkte deutlich, daß es für Napoleon die Möglichkeit, einen Fehler zu begehen, in seinem Gewissen schon lange nicht mehr gab und daß seiner Ansicht nach alles, was er tat, gut war, und nicht etwa deshalb, weil es mit der allgemeinen Vorstellung von Gut und Böse übereinstimmte, sondern einfach nur darum, weil er es war, der es getan hatte." (Tolstoi 1868/1988, S. 852).

lanten.[80] ‚Wann immer Strittigkeit auftaucht, vertrete deine Position selbstbewusst, aber ohne dich praktisch verantwortlich zu positionieren'.

> Die *Handlungsregel*, die wir hier bestimmt haben, lautet: ‚ Wann immer eine Weltsicht von meiner abweicht, so streite nicht für diese (meine) und nimm jene (andere) gar nicht zur Kenntnis!'; diese impliziert zugleich eine *Deutungsregel*: ‚Wann immer eine Weltsicht von meiner abweicht, ist jene falsch und diese stets richtig'. Diese Deutungsregel wird von dem rekonstruierten Deutungsmuster der *libertären Selbstbezogenheit* generiert. Das Zusammenspiel von Handlungs- und Deutungsregel bringt hier sehr prägnant das Passungsverhältnis zwischen Habitus und Deutunsgmuster zum Ausdruck, ja, man könnte sagen, es besteht eine Kopplung zwischen Habitus und Deutungsmuster. – Dieser Aspekt wird unten in dem Abschnitt über die Relation von Deutungsmuster und Habitus nochmals aufgegriffen.

Bzgl. des dritten Teils des Buches („Was wir jetzt machen") lässt sich die Analyse nach den bisher dargestellten Ergebnissen leicht selbst durchführen,[81] weshalb wir sie hier nicht explizit darstellen. In ihm findet sich eine unsystematisch Sammlung von stereotypen Gedanken und Verweisen auf andere Autoren. Bereits bei oberflächlicher Lektüre zeigt sich die Vorurteilshaftigkeit des Textes. Allerdings wäre es wenig aufschlussreich, dies lediglich zu diagnostizieren. Vielmehr muss gefragt werden, was die Relevanz- bzw. Gültigkeitskriterien für die von Guérot dort angeführten Überlegungen sind. Mögliche Kriterien bleiben der Gesamtargumentation äußerlich. Um nur ein Beispiel anzuführen: Guérot beschäftigt sich über mehrere Abschnitte mit dem, was sie die „Agenda der »Human Augmentation«" (S. 103) nennt. Fragt man sich, welche Relevanz die Beschäftigung damit im Zusammenhang des Buches hat, so lässt sich als Kriterium für die Beschäftigung damit letztlich nur bestimmen, dass sie Ausfluss der Weltsicht der Autorin sind und sie unterstützen. – Die Like-minded werden es verstehen…

Auch weitere Passagen zeugen von einem Zugleich von Selbstgewissheit und praktischer Unentschiedenheit, so dass wir den Habitus als mit *abgeschotteter Gewissheit*[82] einhergehende *Selbstcharismatisierung* bezeichnen können. Das

---

[80] Querulant vom lateinischen Wort für beklagen: queri.

[81] Hier könnte das Vorgehen durch die Leser selbst erprobt werden.

[82] Für die Gewissheit s.: „Die *Gewißheit* ist es, worin der Nerv des Glaubens liegt; dabei begegnet uns aber sogleich ein weiterer Unterschied: wir unterscheiden von der Gewißheit

Moment der abgeschotteten Gewissheit in dieser Haltung ist, so kann man es mit einem Terminus Gottfried Wilhelm Leibniz' treffend zum Ausdruck bringen, auf eine Art *harmonie préétablie* angewiesen, bei der eine *like-mindedness* vorausgesetzt werden kann.

> Auch wenn sich in einem philosophischen Wörterbuch fälschlich der Ausdruck ‚prästabilisierte Harmonie' findet (Schischkoff 1978/1982, S. 554), so lautet der philosophische Fachterminus doch tatsächlich ‚prästabilierte Harmonie'. „Prästabilierte Harmonie (lat. *praestabilire* ‚im Voraus feststellen'), vorherbestimmte Einheit, von Leibniz (fr. *harmonie préétablie*) zuerst in einem Artikel des *Journal des Savants* vom 4. und 9. April 1696 geb. Ausdruck zur Lösung des Leib-Seele-Problems, das er […] an dem von Geulincx erdachten Beispiel von den beiden gleichgehenden Uhren erläutert: ‚Man denke sich zwei Uhren, die miteinander vollkommen übereinstimmen. Das kann nun auf drei Weisen geschehen: denn erstens kann es auf einem wechselseitigen Einfluß beruhen, den sie aufeinander ausüben, zweitens darauf, daß beständig jemand auf sie acht gibt, drittens aber auf ihrer eigenen Genauigkeit … Die dritte Art wird die sein, die beiden Uhren von Anfang an mit so großer Kunst und Geschicklichkeit anzufertigen, daß man in der Folge ihrer Übereinstimmung sicher sein kann. Dis ist nun der Weg der pr[ästabilierten] H[armonie]. […]' [Leibniz 1696/1880, S. 500–501]" (Hoffmeister 1955, S. 290–291; kursiv i. Orig., Fettdruck getilgt; vgl. auch Belaval 1974) Somit kann man in Bezug auf die Monaden festhalten: „Daß die in den isolierten M[onade]n unabhängig ablaufenden Perzeptionsfolgen […] aufeinander abgestimmt sind […], garantiert das Prinzip der *Prästabilierten Harmonie.*" (Poser 1984, S. 119; kursiv i. Orig.)

---

noch die *Wahrheit*. Wir wissen sehr wohl, daß vieles für *gewiß* gewußt worden ist und gewußt wird, was darum doch nicht wahr ist. Die Menschen haben lange genug es für *gewiß* gewußt, […] um das triviale Beispiel anzuführen, daß die Sonne um die Erde läuft […]. Daß diese Gewißheit ausgesprochen und behauptet werde, wird zugestanden; ein Mensch mag ganz wohl noch sagen: ich weiß etwas gewiß, ich glaube, es ist wahr. Allein zugleich ist eben damit jedem anderen zugestanden, dasselbe zu sagen; denn ein jeder ist Ich, jeder weiß, jeder weiß gewiß. Dies unumgängliche Zugeständnis aber drückt aus, daß dies Wissen, Gewißwissen, dies Abstrakte den verschiedensten, entgegengesetztesten Inhalt haben kann, und die Bewährung des Inhalts soll eben in dieser Versicherung des Gewißwissens, des Glaubens liegen. […] Ewig steht der bloßen Gewißheit die Wahrheit gegenüber, und über die Wahrheit entscheidet die Gewißheit, unmittelbares Wissen, Glaube nicht." (Hegel 1829/1982, S. 370; kursiv i. Orig.).

Wenn diese prästabilierte Harmonie, von der wir hier bezüglich der *like-minded* ausgehen müssen, nun aber durch ein krisenhaftes Ereignis erschüttert wird, so drängt sich die Erfahrung der Differenz von bisher als *like-minded* wahrgenommenen Positionen auf. Eine *Haltung unerschütterlicher Gewissheit* würde nun dazu führen, die eigene Position praktisch verantwortlich zu vertreten und mit den Vertretern anderer argumentativ für ihre Richtigkeit zu streiten. Eine *Haltung abgeschotteter Gewissheit* hingegen führt dazu, dass versucht wird, einerseits (a) die zerrüttete Abschottung durch Abgrenzung gegen andere zu erneuern und andererseits (b) der Gewissheit eine „Evidenz durch ein kollektives Verbürgtsein" (Oevermann 1995 [Religion], S. 65) zu verschaffen, denn „die Bewährung des Inhalts" kann sonst nur in der „Versicherung des Gewißwissens, des Glaubens liegen" (Hegel, s. o., Fn. 6464). Genau dieses beide findet sich bei Guérot zuhauf, wenn sie Andersdenkende abwertet als diejenigen, die nicht sehen, dass der Kaiser nackt ist etc. und sich zugleich der *like-minded* versichert.[83] – Diese neue Zugehörigkeit stiftet auch eine emotionale Einbindung – so formuliert es Guérot selbst pathetisch, wenn sie all denen dankt, die sie „emotional und intellektuell durch die spukigen letzten Monate getragen" haben. Die kollektive Evidenzsicherung erzeugt eine Art intellektueller Heimat, das Gefühl von Verstandenwerden und emotionaler Geborgenheit. – Dem steht die entfremdete Welt entgegen, die voller Menschen ist, die einen nicht mehr verstehen, denen man nicht mehr trauen, ja mit denen man nicht einmal mehr sprechen kann – da eben die prästabilierte Harmonie mit ihnen sich als Fiktion erwiesen hat.

---

[83] So kommt Guérot etwa in der Danksagung auf eine Gruppe zu sprechen (www.7Argumente.de), die es sich zur Aufgabe gemacht hat, die wissenschaftliche Aufarbeitung und „*Gegendarstellung zum dominanten Corona-Narrativ*" (S. 141) zu verfolgen, ohne zu bemerken, dass sie damit zumindest in Spannung zu ihrem Misstrauen in die Wissenschaften gerät, deren Rolle in der Pandemie im zweiten Teil des Buches kritisiert wird (S. 62–91). Sie trägt dem insofern Rechnung, als die „*wissenschaftliche Aufarbeitung*" außerhalb des „*institutionalisierten Wissenschaftsbetriebs*" erfolgen soll; hier gilt, was Johannes Pantenburg und Benedikt Sepp feststellen: „Dem unidirektionalen Misstrauen entspricht also auf der anderen Seite ein Vertrauensvorschuss für heterodoxe Positionen." (2021, S. 479) – Allerdings steht Guérots Misstrauen in den Wissenschaftsbetrieb, das aus der Befürwortung der genannten Gruppierung, die sich u. a. im Aufruf zu finanzieller Unterstützung zeigt, folgt, im – nichtthematisierten – Widerspruch, dass Guérot als Professorin für Europapolitik der Rheinischen Friedrich-Wilhelms-Universität Bonn seit Herbst 2021 selbst zu diesem Wissenschaftsbetrieb gehört. Wegen Plagiatsvorwürfen hatte die Universität Guérot im Februar 2023 gekündigt, wogegen Guérot Klage eingereicht hat (s. die Dokumentation in Gysi 2024) und in welcher Sache das Landesarbeitsgericht Köln mittlerweile einen Vergleich vorschlagen will (s. dpa 2025).

Da wir es sowohl bei dem rekonstruierten Deutungsmuster wie auch bei dem rekonstruierten Habitus mit generativen Strukturen zu tun haben, ist es, wie in Kap. 2 bereits dargelegt, zur weitere Anreicherung der Fallstrukturhypothese hilfreich, Deutungen und Handlungen aufzusuchen und zu prüfen, inwiefern diese als von den Strukturen hervorgebracht bestimmt werden können. Wir springen hier und suchen die Stellen danach aus, inwiefern sie als ihre Hervorbringungen die rekonstruierte Struktur exemplifizieren; insofern haben die Stellen weder die Funktion, die Rekonstruktion allererst durchzuführen, noch die, die Triftigkeit der Rekonstruktion zu beweisen. Vielmehr geht es um *überprüfende Veranschaulichung der rekonstruierten Struktur.*

Wir beginnen mit dem *Vorwort zur vierten Auflage*: [S. 9]

> Direkt in der ersten Woche ist dieses Buch auf Platz 8 der Spiegel-Bestsellerliste eingestiegen, das freut mich natürlich sehr!

Diese Freude könnte in dem Sinne sachlich motiviert sein, dass Guérot der Ansicht ist, das Buch könne durch seine Verbreitung vielen helfen, die seine wertvollen Inhalte zur Kenntnis nehmen. Hierin kommt einerseits das von uns rekonstruierte Moment der Selbstgewissheit zum Ausdruck. Zugleich wird mit dem Verweis auf den Platz auf der Bestsellerliste, die einen quantitativen Beleg für hohe Anerkennung bietet, deutlich, dass die Autorin auf die kollektive Verbürgung der Evidenz ihrer Überzeugungen angewiesen ist. Dies kann fraglos als vom rekonstruierten Habitus der leerlaufenden Selbstcharismatisierung mit abgeschotteter Gewissheit bestimmt werden.

> Ziel des Essays ist es, eine breite gesellschaftliche Debatte über die Verformungen von Demokratie und Gesellschaft in Gang zu bringen, die sich während der Corona-Pandemie entwickelt haben und die es jetzt zu diskutieren gilt.

Der nächste Satz zeigt, dass die „breite gesellschaftliche Debatte" offensichtlich nicht als offener Austausch über die Einschätzungen der Corona-Maßnahmen gedacht ist, sondern über deren negative Folgen. Diese Einschätzung nimmt sie vorweg durch die Deklarierung als „Verformung".[84] Letztlich ist damit ein großes Ziel benannt: die Instandsetzung der Demokratie und der Gesellschaft, das aus einer

---

[84] Wenn sich etwas verformt (ein Geländer, eine Metallkonstruktion), ist damit meist ein Funktionsverlust verbunden; demnach haben in dieser Deutung Demokratie und gleich auch die ganze Gesellschaft an Funktionsfähigkeit und Qualität eingebüßt.

vorab eingenommenen Position angestrebt wird. Auch dies: die Vermeidung des offenen Austauschs, die Abgrenzung (negative Folgen), die vorgängige Einnahme der Gegenposition (Deklarierung als „Verformung"), ist Ausfluss des rekonstruierten Habitus der abgeschotteten Gewissheit und geht zugleich mit der Deutung von Politik als dezisionistischer Praxis einher. – Hier liegt also eine Passung von Habitus und Deutungsmuster vor, die gleichwohl analytisch zu unterscheiden sind.

> [...] Es gibt also viel zu besprechen – und vor allem zu heilen – nach Monaten der gruppenspezifischen Ausgrenzung (um nicht zu sagen Entrechtung) von Ungeimpften, gegen die aufgrund einer zementierten Deutungshoheit mit Blick auf das Pandemiegeschehen Kritik kaum erlaubt war: Es gab Kündigungen kritischer Menschen im Gesundheitswesen, im Journalismus oder der Wissenschaft. Eine ganz und gar ungewöhnliche, wenn nicht ungehörige Tatsache für eine Demokratie! [S. 9 f.]

Spricht der erste Satzteil noch für eine Dialogorientierung, so schlägt im Einschub die Voreinstellung durch. Es ist demnach etwas krank, das geheilt werden muss. „Besprechen" kann somit nur heißen: Übernahme der eigenen Position – alles andere wird nicht als eine andere mögliche, womöglich gar argumentativ ausweisbare Position konzipiert, sondern als krank. Das ist Ausweis der Orientierung an den *like-minded*, die zur Ausgrenzung und Abwertung der *different-minded* führt. Inhaltlich vollzieht sich diese Abwertung durch das Gegenteil: So wird ‚ungeimpft' auf der Basis, Opfer von Ausgrenzung und Entrechtung zu sein, zur Identitätskategorie. Faktisch handelt es sich ausschließlich um eine auf gesetzlicher Basis ausgesprochene und als Ausnahme formulierte Einschränkung von Zugangsrechten während einer begrenzten Zeit. In der überzogenen Verallgemeinerung als „Entrechtung" kommt das rekonstruierte Muster der paternalistischen advokatorischen Position (s. o.) zum Ausdruck.

> [...] In der Hoffnung also, dass durch die kleinen Korrekturen die Steine – oder für einige: die Brocken – aus dem Weg geräumt sind, die ihnen den Zugang zu diesem Essay verstellt haben, freue ich mich auf eine breite, ehrliche, freudige, respektvolle, offene Diskussion! Die irritierenden Unterstellungen zeigen indes, wie wichtig diese Diskussion ist, wenn sich die unheilvollen Prognosen über den Zustand unserer Demokratie nicht bewahrheiten sollen. Wir müssen wieder lernen, einander zuzuhören, ohne Anfeindungen miteinander zu reden und respektvoll zu streiten. Es gibt überall, auch im Diskurs, viel zu heilen nach zwei Jahren Corona. [S. 12]

Nach den vorhergehenden Ausgrenzungen, die hier gemildert werden,[85] muss man diesen letzten Absatz des Vorworts als Cliché werten – und somit als ein Ausfluss der Orientierung an *like-mindedness* statt an konstruktiver Auseinandersetzung.

Was die Inhalte der Kritik von Guérot an der Corona-Politik angeht, so seien hier einige Punkte angeführt, die deutlich machen, dass es deren Funktion ist, aus einer Haltung der abgeschotteten Gewissheit sich der *like-mindedness* zu vergewissern.

Guérot teilt u. a. das verbreitete Argument, dass die Maßnahmen schwerwiegendere Folgen hätten als die Krankheit selbst (S. 19),[86] woraus sich eine *Unverhältnismäßigkeit* ergibt. Dabei bezieht sie sich auf die Gesamtheit der Bevölkerung, ohne das Einzelschicksal zu leugnen. Belege jedoch bleibt sie schuldig,[87] auch wenn sie auf Studien verweist (S. 17); diese werden jedoch nicht dargestellt, sondern angerufen. Dieser Darstellungsstil macht deutlich, dass es nicht um argumentative Überzeugung von Lesern, die eine andere Einschätzung haben, geht; dies lässt sich als durch die Haltung der *abgeschotteten Gewissheit* hervorgebracht bestimmen.

Guérot geht davon aus, dass die Impfungen ein weder für Eigenschutz noch für Fremdschutz sinnvolles Mittel waren, weshalb etwa der Vorwurf fehlender Solidarität, der gegen Impfverweigerer erhoben wurde, nicht trage (S. 61), womit alle vom *Impfstatus* abgeleiteten Maßnahmen letztlich unzulässige Einschränkungen, ja Freiheitsberaubung darstellten. Daten zur Untermauerung ihrer Behauptung werden aber lediglich in folgender Form vorgebracht: „nach offiziellen Zahlen des RKI"[88] oder: „Auch auf der WHO-Webseite war zu lesen" (S. 61; Fn. 10), was dem

---

[85] In den hier ausgelassenen Sätzen rechtfertigt Guérot den „*Sound*" des Buches, dessen erste Auflage – u. a. von Armin Nassehi auf Twitter (s. https://www.zeit.de/2022/25/ulrike-guerot-impfskeptiker-wladimir-putin-politik; zuletzt angesehen am 26. Okt. 2025) – als „faschistoid" bezeichnet worden war. Zwar nimmt sie Korrekturen vor, will sie aber ledigliche als Beseitigung der Hindernisse auf dem Weg zur Lektüre ihres Essays verstanden wissen, nicht als inhaltliche Umorientierung.

[86] Wenn in diesem Unterkapitel Seitenzahlen ohne weitere Angaben angeführt werden, beziehen sie sich auf Guérot 2022.

[87] So bezieht sie sich immer wieder auf persönliche Einschätzungen: „Nichts davon schien mir einen gesellschaftlichen Ausnahmezustand in nie dagewesener Weise über zwei lange Jahre zu rechtfertigen" (S. 14).

[88] „Das Robert Koch-Institut (RKI) ist ein Bundesinstitut im Geschäftsbereich des Bundesministeriums für Gesundheit. Das RKI ist die zentrale Einrichtung der Bundesregierung auf dem Gebiet der Krankheitsüberwachung und -prävention und damit auch die zentrale Einrichtung des Bundes auf dem Gebiet der anwendungs- und maßnahmenorientierten biomedizinischen Forschung." (https://www.rki.de/DE/Content/Institut/institut_node.html; zuletzt angesehen am 26. Okt. 2025).

bereits festgestellten Darstellungsstil entspricht und als vom rekonstruierten Deutungsmuster hervorgebrachte Deutung verstanden werden muss.

Des weiteren unterstellt Guérot *versteckte Motive* bei der Exekutive, der Legislative, der Wirtschaft und sogar bei der Judikative. So solle durch Aufrechterhaltung des Corona-Narrativs gegen alle Beweise seiner Unrichtigkeit der Gesichtsverlust abgewendet werden (S. 22, 27). Weiterhin behauptet Guérot, ohne dies weiter auszuführen, es gehe perspektivisch um Machtergreifung (S. 83). Dabei werden Ross und Reiter nicht genannt, sondern das Agieren anonymer Mächte suggeriert:

> War die Linke immer bereit, gegen den militärisch-industriellen Komplex zu kämpfen, so obsiegt der digital-biometrisch-finanzkapitalistische Komplex einfach dadurch, dass man ihn nicht sehen kann (keine brutalen Kriegsbilder, sondern stilles Leid der Vereinzelten); und sowieso alle in ihm gefangen sind wie in einem Fischernetz, mit ihren Smartphones, auf denen demnächst das digitale Zentralbankgeld direkt ankommt. [S. 86]

Guérot zieht hier „den militärisch-industriellen Komplex" als Vergleich heran, vor dem der US-Präsident Dwight Eisenhower am 17. Jan. 1961 in seiner „Farewell Address" warnte[89] und das auf Ausführungen von C. Wright Mills zurückgeht,[90] der allerdings selbst bereits weniger eine distanzierte Analyse vorlegte als Behauptungen aufstellte[91] und diese gar in Richtung von suggestiven Verdächtigungen überschritt.[92] In der Bundesrepublik gehörte der Verweis auf den ‚militärisch-industriellen Komplex' zum Vokabular von linker Kritik und Friedensforschung.[93] Dieser Hintergrund dient Guérot aber offensichtlich nur als Anrufungshorizont, ohne dass seine Konkretion eine Rolle spielte. Die Verknüpfung mit anderen, sachlich unzusammenhängenden dystopischen Bildern, die nur dadurch zusammengehalten werden, dass einer anonymen Macht (wie an anderer Stelle dem Diskurs, s. u.) Okkupationsabsichten unterstellt werden, zeigt erneut, dass es Guérot um die

---

[89] (https://www.c-span.org/video/?15026-1/president-dwight-eisenhower-farewell-address: Min. 8:48; zuletzt angesehen am 11. Okt. 2023).

[90] Vgl. das Kapitel „The Military Ascendancy" in Mills 1956, S. 198–224.

[91] The „warlords have gotten their way […] They are now more powerful than they have ever been in the history of the American elite; […] they are now operating in a nation whose elite and whose underlying population have accepted what can only be called a military definition of reality." (Mills 1956, S. 198).

[92] Vgl.: „What is being promulgated and reinforced is the military metaphysics – the cast of mind that defines international reality as basically military. The publicists of the military ascendancy need not really work to indoctrinate with this metaphysics those who count: they have already accepted it." (Mills 1956, S. 222).

[93] Vgl. etwa Brzoska 1989.

Sicherstellung eines wie mit Signalwörtern hergestellten Einverständnisses geht. Für solche Signalwörter und Signalwort-Kompilationen lassen sich viele Beispiele finden.[94] – Blicken wir noch kurz auf die folgende Passage:

> Verknüpft werden also – um nur ganz schnell darüber zu fliegen – in einem ersten Schritt das Handy mit dem Körper (digitaler Impfpass). In einem zweiten Schritt dann Geld, Handy und Körper, zum Beispiel durch das geplante digitale Zentralbankgeld, also die Abschaffung von Bargeld. Das Einkommen kommt demnächst direkt aufs Handy und wird wohl – ein kleines Zuckerstückchen für die bittere Medizin muss sein – an ein bedingungsloses Grundeinkommen, gekoppelt. Die Linke jubelt schon, denn wenn der soziale Flurschaden (Inflation, Geschäftesterben, Bildungsverlierer:innen [sic]) der Pandemie-Bekämpfungsmaßnahmen erst sichtbar wird, steht – simsalabim – das universal basic income als prompte politische Antwort schon parat, um den sozialen Protest zu verhindern. Und schließlich sollen – das ist durchaus in Planung, aber noch Zukunftsmusik – Geld, Handy und Körper mit der Mensch-Maschine verknüpft werden, die die Menschen über Brain-Computer-Interfaces (BCI), also Implantate, direkt untereinander vernetzt [S. 101 f.].

Was etwa den Diskurs über ein Bedingungsloses Grundeinkommen angeht, so erweist Guérot sich hier als völlig uninformiert.[95] Daraus ergibt sich erneut, dass es auf Triftigkeit von Argumenten und Schlüssigkeit von Argumentationen nicht ankommt; vielmehr zieht Guérot heran, was als Auslöser für die Zustimmung der *like-minded* dienen kann.

> Der gesamte offizielle Wissenschaftsbetrieb hat sich weggeduckt. Die *freie* Wissenschaft öffentlich verteidigt hat weder die DFG noch der DAAD noch irgendeine andere der ansonsten honorigen deutschen Wissenschaftsinstitutionen. Kein Wort, das [sic] in ganz Europa kritische Virolog:innen [sic], darunter Nobelpreisträger:innen [sic], von Beginn der Krise an vom Diskurs aussortiert wurden wie die Erbsen bei Aschenputtel: die Guten ins Töpfchen, die Schlechten ins Kröpfchen. Diejenigen Professor:innen, die zu Corona öffentlich gesprochen haben, haben sich fast unisono nicht kritisch, sondern maßnahmen-legitimierend geäußert. Als Expert:innen [sic] mit medialem Gewicht und professoraler

---

[94] Unter anderem: „Das perfide [sic] an dem heute sich ankündigenden Totalitarismus ist, dass er auf Samtpfötchen daherkommt" (S. 90). – „Anstatt in einer posthumanen Gesellschaft zu landen, in der der Mensch nicht mehr das Epizentrum des Planeten und Geld nicht mehr die Messgröße für Erfolg ist, könnte das Pandemiegeschehen den Weg in einen technologiegetriebenen Transhumanismus ebnen, den letzten großen Traum eines sinnentleerten, dafür aber autoritären Kapitalismus und die größte kapitalistische Einverleibung ever, seit Karl Polanyi 1944 seine *Great Transformation* geschrieben hat." (S. 99; kursiv i. Orig.).
[95] Vgl. Liebermann 2012a, 2014, 2015.

> Autorität haben sie also ein geltendes Narrativ zementiert und mithin systemverstärkend gewirkt: Wo alles erlaubt, ja, Gebot ist im Namen der »Lebensrettung«, muss auch alles rechtfertigt [sic] werden können! [S. 42 f.]

Hier diagnostiziert Guérot ein Versagen des institutionalisierten Wissenschaftsbetriebs. Allerdings besteht dessen Versagen offenbar nicht darin, die Wissenschaftlichkeit aufgegeben zu haben, sondern die – aus Sicht Guérots – falsche Wertposition vertreten zu haben. So verwundert es nicht, dass Guérot ihrerseits auch hier Unterstellungen äußert statt Analysen durchzuführen und begriffliche Klärungen herbeizuführen.[96] Das Deutungsmuster, das wir rekonstruieren konnten, unterstellt auch dem Wissenschaftler eine feststehende praktische Position, obwohl für diesen die zentrale Praxisform die „methodische Kritik in herrschaftsfreiem Diskurs (Logik des besseren Arguments und Suggestivität der sinnlichen Präsenz)" ist (Oevermann 2005 [Beruf], S. 29). Dazu passt die Suggestion einer verschwörungstheoretische Funktion des Diskurses, bleibt doch die Subjektstellung unklar in folgendem Satz: „das[s] in ganz Europa kritische Virolog:innen [sic], darunter Nobelpreisträger:innen [sic], von Beginn der Krise an vom Diskurs aussortiert wurden wie die Erbsen bei Aschenputtel". Dies kann zweierlei bedeuten: Entweder hat der Diskurs die ‚kritischen Wissenschaftler' aussortiert oder jemand Unbestimmtes hat sie vom Diskurs aussortiert. Im beiden Fällen ist der Urheber nicht dingfest zu machen und daher auch nicht kritisierbar – sei es, dass es sich bei ihm um ein Abstraktum handelt (der „Diskurs"), sei es, dass wegen der Passivkonstruktion das Subjekt vollständig opak bleibt.

Zudem zeigt sich auch hier wieder die manichäische Trennung von Gut und Böse, die den gesamten Text durchzieht: hier taucht sie als Gegensatz von ‚offiziellem Wissenschaftsbetrieb' und *‚freier* Wissenschaft' auf. So ordnet Guérot mit dem Bild aus dem Märchen ‚Aschenputtel' die Wissenschaftler in Gut und Schlecht ein, wobei sie zum bloßen Objekt der Sortierung herabsinken; und die Bezeichnung der „deutschen Wissenschaftsinstitutionen" als ‚ansonsten honorig' mit dem der gehobenen Sprache entstammenden Adjektiv für ‚ehrenhaft' stellt eine ironische Herabwürdigung dar. Dass Guerot zum Zeitpunkt der Veröffentlichung ihres Buches selbst Angehörige des kritisierten Wissenschaftsbetriebs war, wird von ihr hier nicht reflektiert; dies ist ein weiterer Ausdruck des monadischen Denkens.

---

[96] Nicht umsonst heißt es bei Max Weber: „Ich erbiete mich, an den Werken unserer Historiker den Nachweis zu führen, daß, wo immer der Mann der Wissenschaft mit seinem eigenen Werturteil kommt, das volle Verstehen der Tatsachen a u f h ö r t." (1919/1985, S. 602; gesperrt i. Orig.).

Zurück zu der *anderen Warte*, von der aus dieser Text geschrieben ist. Von dieser Warte aus besehen stehen die Demokratien in ganz Europa – inklusive der EU selbst – an einem kritischen Kipppunkt. Zwei Jahre haben die politischen Systeme aufgrund der Coronamaßnahmen [sic!] gleichsam den Atem anhalten müssen und sind jetzt kurz vor dem Kollaps, wie jemand, der zu lange unter Wasser taucht. Eine ganze Gesellschaft befindet sich in einem nie gekannten gesellschaftlichen Erregungszustand, eine Demonstration jagt die andere. Doch wenn (politische) Systeme einmal kippen, dann kippen sie. Eine Lawine fängt am Berghang keiner mehr auf und wir sind schon längst auf abschüssiger Piste. Mir wird mulmig, wenn ich beobachte, wie sehr wir unsere Rechtsordnung schon verdreht und die Freiheit schon verspielt haben, gefangen in einem »Bann der Gegenwart«, [Fn.: „Diesen großartigen Begriff verdanke ich meinem geschätzten Kollegen an der Universität Bonn, Johannes Lehmann."] der uns den Blick dafür verstellt, wie groß die gesellschaftlichen Kollateralschäden und die rechtlichen Verformungen unserer Demokratien schon sind. [S. 16 f.]

Von einer Politikwissenschaftlerin – zumal mit dem Schwerpunkt ‚Europapolitik' – würde man eine Analyse des dramatisch gezeichneten Zustands der „Demokratien in ganz Europa" erwarten. Es wird stattdessen, wie wir es nun schon kennen, indem und wie über den „Erregungszustand" gesprochen wird, ein „Erregungszustand" erzeugt. Der Vergleich eines ‚(politischen) Systems' mit einer Lawine blendet die Differenz zwischen Natur und Kultur aus und zeigt erneut die Deutung von Handeln als willkürlich, ja als durch nicht humane Mächte und Gewalten initiiert und automatischen Folgen zeitigend.

Zuvor war über Monate die Kommunikation zwischen Maßnahmenbefürworter:innen und Gegner:innen längst gerissen. Die einen haben eine scheinbare (aber medial konstruierte) Mehrheit, die Wahrheit und die Moral sowieso. Die anderen sind uneinsichtig, Störenfriede und tendenziell gefährlich. Die einen haben Angst vor Corona, die anderen vor Existenzverlust oder vor der Erosion der Demokratie. Doch nur die erste Angst ist offiziell autorisiert. Die anderen Ängste werden zwar geäußert, aber weggewischt. Gefangen im »Bann der Gegenwart« reichte der Blick der Gesellschaft nur bis zur nächsten Infektionszahl.

Die einen haben die offiziellen Medien gelesen und ihren Expert:innen [sic] zugehört. Die anderen, eine Minderheit, hat in sogenannten alternativen, eigentlich aber oppositionellen Medien andere Dinge gelesen und anderen Personen, Autor:innen [sic] oder Expert:innen [sic] zugehört. Innerhalb von zwei Jahren haben sich so zwei Paralleluniversen entwickelt. Eine Mehrheit weigert sich, vom *rechten Glauben* abzufallen, kann oder will nicht wahrhaben, dass sie sich möglicherweise hat täuschen lassen: über die Schwere der Pandemie, die Wirkung der Impfung oder ihre Nebenwirkungen (»*War etwa nicht alles richtig und notwendig?*«). Die Empirie aber erhärtet heute eher die Argumente der Maßnahmen-

> Kritiker:innen [sic], vor allem, dass die Impfung nicht hält, was BioNTech oder die
> Politik versprochen haben, und die Maßnahmen – wie Lockdowns – überzogen
> beziehungsweise weitgehend wirkungslos waren. [S. 28]

Auch hier wird ein manichäisches Bild entworfen und der Intention nach unterstellt, dass ein anonymer Prozess die Front herstellt. Allerdings bleibt es erneut bei einer Suggestion, denn wörtlich genommen sagt Guérot, dass es sich faktisch so verhält. Implizit, aber für *like-minded* offensichtlich, nimmt sie hier die Perspektive der Maßnahmenbefürworter ein und lässt diese die Maßnahmengegner mit Schimpfwörtern („uneinsichtig, Störenfriede und tendenziell gefährlich") abwerten, die damit gleichsam als Opfer des Establishments erscheinen. Die „Paralleluniversen", die Guérot hier scheinbar beklagt, passen genau zu ihrer Haltung, der das, was sie scheinbar kritisiert, sehr entgegenkommt. Auch wenn sie es ‚einer Mehrheit' zuschreibt, so ist doch aufschlussreich, dass sie „vom *rechten Glauben*" spricht, was zeigt, dass es nicht um Argumente geht, sondern um Gewissheit. Wenn wir die triftige Bestimmung des Glaubens durch den Philosophen Henri-Frédéric Amiel heranziehen: „Der Glaube ist eine Magnetisierung, welcher man sich hingibt und welche eine Sicherheit ohne Beweise gibt",[97] so wird deutlich, dass dies genau die Haltung ist, die Guérot an den Tag legt – etwa auch an der obenstehenden Stelle, wo sie ohne Beleg behauptet, dass ‚die Empirie' den Maßnahmen-Kritikern Recht gebe. Auch diese Handlung wird von dem von uns rekonstruierten Habitus der *abgeschotteten Gewissheit* hervorgebracht.

Festgehalten sei, dass es hier nicht darum geht, einzelne Punkte der Kritik an den Corona-Maßnahmen, die Guérot anführt, zurückzuweisen oder zu bestätigen. Vielmehr geht es darum, zu erklären, warum sie abstruse und unbelegte Behauptungen in einem Atemzug anführt mit zutreffender (aber ebenfalls unbelegter) Kritik (wie etwa am Paternalismus des Staates).[98]

---

[97] „La foi est une magnétisation à laquelle on s'abandonne et qui donne une certitude sans preuve." (Henri-Frédéric Amiel – Journal intime, le 11 avril 1873; https://www.mon-poeme. fr/citations-foi-2/; zuletzt angesehen am 31. Aug. 2023).

[98] Wenn Guérot vom „Staatsgehorsam eines paternalistischen Staates" spricht, in den „die Linke […] geführt" wurde (S. 52), so ist die Bildung des Neologismus interessant. Der Grundform ‚Gehorsam' wird als Bestimmungsform ‚Staat' hinzugefügt; im Deutschen gibt es nur ein Kompositum mit der Grundform ‚Gehorsam', und zwar ‚Kadavergehorsam' nach der Ordensregel der Jesuiten („sich von Gott und den Vorgesetzten leiten zu lassen ‚perinde ac si cadaver essent' – ‚als seien sie ein Leichnam'" (Drosdowski 1997, S. 319). Bei Guérot bleibt unklar, ob der Staat das Subjekt des Gehorsams ist oder der Adressat, dem gegenüber Gehorsam geübt wird. Verständlich ist dieses Kompositum aus einer Haltung der Gewissheit, dass die Maßnahmenbefolger dem Staat blinden Gehorsam (dies der Anklang an Kadavergehorsam) leisten.

Was Guérot selbst vollzieht, beklagt sie bei dem Umgang von Maßnahmen-Befürwortern mit Maßnahmen-Gegnern (etwa wenn diese als „Covidioten" beschimpft werden, was Guérot als Vereindeutigung von Gut und Böse „in fast mittelalterlicher Weise" bezeichnet); auch damit verhindert sie einen Dialog, den sie zugleich anmahnt. Man könnte hier – in Anlehnung an den Begriff der ‚Täter-Opfer-Umkehr' oder der ‚Schuldumkehr' – von ‚Verantwortungsumkehr' sprechen.

Der Begriff der Verantwortungsumkehr lehnt sich an den der Schuldumkehr an; dieser geht zurück auf den englischen Begriff des ‚Blaming the victim', zu dem der Psychologe William Ryan 1971 die klassische Studie vorgelegt hat (1971/2010). Dort heißt es zu den Schritten der Schuldumkehr: „First, identify a social problem. Second, study those affected by the problem and discover in what ways they are different from the rest of us as a consequence of deprivation and injustice. Third, define the differences as the cause of the social problem itself." (Ryan 1971/2010, S. 16)

In analoger Form schreibt Guérot den anderen die Verantwortung für den Kommunikationsabbruch zu, für den sie selbst durch ihre Verweigerung die Verantwortung trägt: Zunächst wird mangelnde Kommunikation als Problem identifiziert; dann wird festgestellt, dass die, die von diesem Problem affiziert sind, sich von dem, was Guérot für die normale Sicht hält, unterscheiden; schließlich wird dieser Unterschied zum Grund für die mangelnde Kommunikation erklärt.

Dieses Ausblenden der eigenen Widersprüchlichkeit zugunsten der Absicherung ihrer Gewissheit ist immer wieder zu finden. Angesichts der hermetischen Argumentation und der Polarisierung in Gut/Böse sowie der Verantwortungsumkehr seitens Guérots ist ein Dialog kaum möglich.

In der Schlussbemerkung wird eine schon zuvor begonnene Liste von allen möglichen Maßnahmen weiter fortgesetzt, um zu fordernde Rücktritte und Neuwahlen ergänzt, um eine echte Energiewende, slow food, Gemeinwohlökonomie etc. Zuversichtlich ist die Autorin, „dass sich freies Denken […] neue Orte und Bahnen sucht" (Gründung eigener Universitäten für die, die an den offiziellen Universitäten nicht mehr frei forschen dürfen, Gründung oppositioneller Medien) (S. 132). Allein die Privilegierten und Profiteure des neuen Systems (des autoritären Kapitalismus) stehen einem solchen Wechsel entgegen. Und abschließend:

> Möge jetzt alles geschehen, damit die Kollateralschäden nicht zur größten
> Katastrophe der Menschheit im 21. Jahrhundert werden; und zum Anbruch einer
> neuen Zeit – schlichtweg, weil wir für unser Schweigen bestraft werden! [S. 138]

Prophetisch gesprochen, katastrophisch untermalt, liefert sie hier ein Potpourri wohlfeiler Ideen und Wünsche. – Dieses Sammelsurium dient offensichtlich dazu, für die Evidenz ihrer Überzeugungen, die sie in abgeschotteter Gewissheit hat, eine kollektive Verbürgung zu erlangen – auch indem sie hier ihre Bezugskollektivität („wir") insgesamt, sich selbst also eingeschlossen, zum Opfer stilisiert. Damit wird eine oben bei seiner Analyse nicht entworfene Lesart des Titels aufgeworfen: die Autorin zählt sich selbst zu denjenigen, die Schweigen, hinzu; ihr Essay ist der Versuch, der Strafe für das Schweigen zu entgehen. Damit stellt sie sich selbst innerhalb der Gemeinschaft derjenigen, die ‚nicht in den Zug eingestiegen sind‘, noch einmal heraus, bricht sie (als nahezu einzige) doch das Schweigen.

> Im Nebel obskurer oder gar falscher Zahlen, Prognosen und Panikmache – wie
> viel wird getestet, wie viele sind falschpositiv, wer wird als Corona-Patient:in im
> Krankenhaus gezählt, wie viele davon sind geimpft? – hat sich ein politisches
> System zum Jahresende 2021 völlig verrannt. Jeder, der wollte, konnte das sehen.
> Politisch aber musste die Pandemie (noch) um jeden Preis weitergeführt werden,
> weil man nicht zugeben konnte oder durfte, dass sich Expert:innen und
> Politiker:innen in den letzten Monaten grandios geirrt hatten. [S. 28 f.]

Wie an vielen Stellen des Buches wird hier eine Metapher verwendet, die damit erklärt werden kann, dass so (emotional-appellativ und mit Signalworten) die *like-minded* angerufen werden. Die Satzelemente sind aneinandergereiht ohne inhaltlich ein stimmiges Bild und damit eine tragfähige Metapher zu formen: Im „Nebel" von „Prognosen", im „Nebel" von „Panikmache" sind kein stimmiges Bild. Diese Unstimmigkeit wird zugunsten einer Steigerung des stakkatohaften Tons durch die Aufzählung in Kauf genommen (noch dazu mit der verstärkenden Alliteration „Prognosen und Panikmache"). Zudem liegt hier auch inhaltlich eine unbegründete Behauptung vor. Es wird dem ‚politischen System‘ ein Motiv unterstellt, es wolle die Menschen in Panik versetzen. Die entpersonalisierte Schuldzuschreibung in verallgemeinernder Übertreibung entlastet von der Konkretion der Argumentation. So bleibt auch die – inhaltlich aus medizinischer Sicht nachvollziehbare – Kritik an den Messungen (vgl. Streeck et al. 2020) bei der Aufzählung von unkommentierten und unbegründeten Schlagworten stehen, die erneut die *like-minded* als bereits Überzeugte ansprechen.

Dabei werden die *like-minded* zugleich als die Gutwilligen („Jeder, der wollte, konnte das sehen.") und Mutigen (diejenigen, die sich der „Panikmache" entziehen und nicht in den Zug steigen) ausgezeichnet. Hier klingt die ebenfalls an vielen Stellen aufzufindende Selbststilisierung als heldenhaft an. Darin ist zugleich wieder die Polarisierung von Gut und Böse (wir Sehenden gegen die Anderen) aufgerufen, wodurch die Argumentation hermetisch wird, da jedes Gegenargument als ‚von der falschen Seite' disqualifiziert und so ohne weitere inhaltliche Begründung abgewiesen werden kann.

Der letzte Satz des obigen Zitats attestiert der Politik und ihren Experten Feigheit vor der Wahrheit, Unaufrichtigkeit und eine politische Schwäche, Konsequenzen zu ziehen aus einer offensichtlich zu treffenden Einsicht. Das ‚grandiose Irren' der Verantwortlichen erscheint als nicht fraglich und wird – statt nachgewiesen zu werden – durch das Stilmittel des Oxymorons verspottet. Dass aus der Datenlage auch andere Schlüsse als rational gelten konnten, wird hier von vornherein ausgeschlossen (hermetischer Zirkelschluss). Insofern stellt Guérots Streitschrift nicht die in der Vorbemerkung angekündigte Einladung zu offenem Dialog dar, sondern einen Standpunkt mit klaren Gut-Böse und Richtig-Falsch Verteilungen. – Auch dies erweist sich als durch den rekonstruierten Habitus generiert. Ein Eingehen auf Inhalte erscheint so als nicht erforderlich, da diese als *different-minded*, wie man sagen könnte, ausreichend disqualifiziert sind.

> Als noch Anfang Januar 2022 von der österreichischen Regierung FFP-2 Maske im Freien (!) verlangt wurde, machten prompt alle mit. Mit welchen Mitteln soll man gegen so eine kollektive Zwangsstörung vorgehen? [S. 65]

Aus der Perspektive der Besserwissenden wird die Unsinnigkeit der ergriffenen Maßnahme als Prämisse unterstellt, woraus sich die Frage ergibt, wie es zum Befolgen dieser Maßnahme kam. Da sie als nicht rational begründbar vorausgesetzt werden, gleicht das Befolgen einem blinden Gehorsam. In der Formulierung „machten prompt alle mit" erscheinen die gesetzestreuen Staatsbürger als willenlos, zumindest aber als unmündig. Mit der anschließenden rhetorischen Frage wird suggeriert, dass im Fall dieser schweren Störung, die alle betrifft, nichts zu machen sei. Sie gibt die Gesellschaft verloren. Dies passt zu dem oben analysierten Motto von Rimbaud (s. o.) und verstärkt wiederum abgeschottete Selbstgewissheit. Guérots Polemik bedarf der Annahme der Unverhältnismäßigkeit, weshalb Rhetorik wichtig, der Inhalt und die sprachliche Stimmigkeit letztlich unwichtig sind und widersprechende Positionen lediglich clichéhaft – eben wiederum als Signal-wörter[99] – angeführt werden.

Die Streitschrift aus der Warte von (Besser-)Wissenden, die hier vorliegt, führt die „anderen" despektierlich als irrational Handelnde vor. Ein Dialog wäre nur dann möglich, wenn die andere Seite, die Mehrheit der Unwissenden, die Prä-missen der (Besser-)Wissenden teilen würde. Dann aber wäre ein Dialog auch nicht mehr nötig, denn aus der Warte ergibt sich die hier vorgestellte Einordnung der Maßnahmen und der Verantwortlichen von selbst. Der einzige Zweck eines sol-chen Dialogs wäre also, den Unwissenden die Augen zu öffnen. Eine Bereitschaft, den anderen zuzuhören, sich möglichweise über die Prämisse und die inhärente Rationalität oder Irrationalität auszutauschen, ist nicht erkennbar, was aus der Hal-tung der *abgeschotteten Gewissheit* erklärbar ist.

(4) Versuch der Falsifizierung der Fallstrukturhypothese
Von der klaren Bestimmung einer Fallstrukturhypothese hängt es ab, ob sich Falsi-fikatoren benennen lassen. Diese müssen unter Berücksichtigung des Daten-materials gedankenexperimentell konstruiert und dann in ihm gesucht werden. In unserem Fall müssten wir – bezüglich des Deutungsmusters – im Material Deutun-gen (DM.F) finden, die nicht von dem rekonstruierten Deutungsmuster *libertärer Selbstbezogenheit* mit dem Schlüsselkonzept *monadische Autonomie* hervor-gebracht worden sein können. In bezug auf das Verständnis des Politischen würde dies etwa bedeuten, dass Interessendivergenz und Meinungsstreit als konstitutiv angesehen würden (DM.F.a) und in bezug auf die Verortung individuellen Han-delns, dass dieses als konstitutiv auf andere bezogen angesehen würde (DM.F.b). Sodann müssten wir – in bezug auf den Habitus – Handlungen (Hab.F) finden, in denen sich entweder eine entschlossene verantwortliche Positionierung zeigt (Hab.F.a) oder eine deliberative Haltung gegenüber Andersdenkenden (Hab.F.b) oder schließlich eine entschiedene praktische Stellungnahme (Hab.F.c); all dies könnte nicht Ausfluss der rekonstruierten Habitus sein. – Textstellen, die Kandida-ten für eine Falsifikation sind, sollen nun analysiert werden.

Zunächst wenden wir uns einer Stelle zu, in der explizit ein Verständnis des Politischen geäußert wird, das a prima vista pluralistisch ist (DM.F.a).

> Wer immer glaubt, \...

Da ‚wer' hier kein Fragepronomen ist – sonst müsste das Verb unmittelbar folgen –, sondern ein Kollektiv-Relativ (Weinrich 1993, S. 775), können wir erwarten, dass,

---

[99] Etwa: Wir wollen ‚wieder eine Gesellschaft von mündigen Bürgern werden'.

unter Nutzung „der paradigmatischen Opposition von w-Wörtern und d-Wörtern" (Eisenberg 1999/2001, S. 219; Fettdruck getilgt) eine allgemeine Behauptung der Form „wer …, der" erfolgt. Ein notorisches Beispiel ist etwa das Sprichwort: „Wer einmal lügt, dem glaubt man nicht." – Was könnte nun hier angeschlossen werden? Möglich wäre etwa eine Umkehrung in Anlehnung an das genannte Sprichwort: „(A) Wer immer glaubt, [(X) was man ihm sagt,] (B) den belügt man leicht." Oder auch eine religiöse Aussage folgender Art: „(A) Wer immer glaubt, (X) dass Jesus ihn rettet, (B) der ist gerettet." Das Frequenz-Adverb ‚immer' schränkt die Aussage darauf ein, dass X zu jeder Zeit geglaubt wird; wer X also nur manchmal oder selten oder gar nie glaubt, für den trifft nicht zu, was in (B) ausgesagt wird.

Nun könnte der Einwand erhoben werden, dass es logisch nicht ausgeschlossen ist, dass B sowohl für diejenigen gilt, die *immer* X glauben, als auch für diejenigen, die *manchmal* X glauben – so gilt etwa die Behauptung B in dem Satz: „(A) Wer immer raucht, (B) der wird irgendwann sterben.", auch für diejenigen die manchmal rauchen sowie sogar für diejenigen, die niemals rauchen. Aber aufgrund der Relevanzregel ist zu erwarten, dass hier eine *differenzierende* Behauptung aufgestellt wird, die eben *nur* für diejenigen gilt, die *immer* X glauben – so unterstellen wir eben in dem Raucher-Beispiel, dass gesagt werden soll, dass wer immer raucht, irgendwann *daran* sterben wird.

>…/ es gäbe eine letzte und unumstößliche Gewissheit \\…

Hier haben wir es mit einer Existenzaussage (∃ x mit x = letzte und unumstößliche Gewissheit) zu tun, die im Konjunktiv[100] steht. Dieser indiziert, dass die Autorin davon ausgeht, dass die Existenzaussage falsch ist, was man daran sehen kann, dass sich sagen lässt: ‚Wer immer glaubt, es gibt eine letzte und unumstößliche Gewissheit, der hat Recht.' – nicht aber: ‚Wer immer glaubt, es gebe eine letzte und unumstößliche Gewissheit, der hat Recht.'[101] Die Autorin teilt also nicht die

---

[100] Wir vernachlässigen, dass es hier eigentlich der indirektive Konjunktiv ‚gebe' sein müsste; seine Verwechslung mit dem restriktiven Konjunktiv ‚gäbe' ist durchaus nicht unüblich – selbst bezüglich eines so sprachbewussten Autors wie Elias Canetti hält Harald Weinrich fest, dass man damit „rechnen [könne], daß hier entweder der Autor oder der Setzer von der Form *gebe* in die eigentlich nicht normgerechte Nebenform *gäbe* ‚abgerutscht' ist." (1993, S. 263; kursiv i. Orig.).

[101] „Der KonjI ist in daß-Komplementsätzen nicht an die indirekte Rede, sondern an Nichtfaktivität gebunden. Bei […] Verben mit einer faktiven und einer nichtfaktiven Variante [sc.: wozu ‚glauben' zählt] zeigt er an, daß die nichtfaktive gemeint ist." (Eisenberg 1999/2001, S. 118; Fettdruck getilgt).

Existenzaussage, so dass etwa folgende Fortführung zu erwarten ist: ‚Wer immer glaubt, es gebe eine letzte und unumstößliche Gewissheit, der irrt.' Allerdings fragt sich nun, was es bedeutet, dass die Aussage eingeschränkt wird. Wenn es keine „letzte und unumstößliche Gewissheit" gibt, so irrt auch der, der nur manchmal glaubt, es gebe sie. Um dies weiter aufzuschließen, fragen wir uns, um was es sich denn bei „Gewissheit" handelt. Gewissheit ist – im Gegensatz zur Wahrheit – stets subjektiv;[102] insofern unterliegt, wer glaubt, es *gebe* eine Gewissheit – gar eine „letzte und unumstößliche Gewissheit" –, tatsächlich einem Irrtum; Gewissheit kann man nur (subjektiv) *haben*.[103] Da die Autorin ihre Aussage aber einschränkt, müssen wir annehmen, dass sie latent von einem Verständnis von Gewissheit ausgeht, das erlaubt, manchmal doch an die Existenz ‚einer letzten und unumstößlichen Gewissheit' zu glauben. Wie aber ist das zu verstehen? ‚Manchmal glaubt Herr Müller nicht, dass es eine letzte und unumstößliche Gewissheit gibt und manchmal glaubt Herr Müller, dass es eine letzte und unumstößliche Gewissheit gibt.' – Wenn es hieße: ‚Wer *auch* immer glaubt, es gebe eine letzte und unumstößliche Gewissheit …', sähe die Sache anders aus, denn mit der Adverb-Kombination würde der unspezifische Verweis auf ein Kollektiv unterstrichen – i. S. v.: ‚Ausnahmslos jeder, der glaubt …' Dies trifft hier aber nicht zu; diese Bedeutung kann nur dann unter ausschließlicher Verwendung des Temporaladverbs ‚immer', also gewissermaßen elliptisch, hervorgebracht werden, wenn seine zeitliche Bedeutung auf andere Weise ausgeschlossen werden kann – etwa: ‚Wer immer heute glaubt, …', ‚Wer immer dir glaubt, …'.

Die Aussage ‚Wer glaubt, es gebe eine letzte und unumstößliche Gewissheit' ist genauso stimmig wie die Aussage ‚wer auch immer glaubt, es gebe eine letzte und unumstößliche Gewissheit'. Beide Aussagen gehen davon aus, dass es grundsätzlich keine „letzte und unumstößliche Gewissheit" geben kann; die letzte Formulierung betont nur die Ausnahmslosigkeit des Kollektivs, für das dies gilt. Im Alltag würde man deshalb gemäß dem „priciple of charity" (vgl. Wilson 1959, S. 532, Davidson 1974/2001, S. 197)[104] davon ausgehen, dass „immer" hier nicht als Temporaladverb *gemeint* ist. Gemäß dem Prinzip der Wörtlichkeit (s. Glossar) sind wir aber gehalten danach zu fragen, was in dem *Gesagten* zum Ausdruck kommt. Dadurch, dass einerseits zugelassen wird, dass man *manchmal* „glaubt, es gäbe eine letzte und unumstößliche Gewissheit" (als Gegensatz zu demjenigen, der „immer glaubt, es gäbe eine letzte und unumstößliche Gewissheit"), andererseits

---

[102] Zur Gewissheit s. Hegel 1829/1982, S. 370; vgl. o. Fn. 82.

[103] Man kann allenfalls sagen: ‚Dass Frau Meier mich gestern empfohlen hat, *gibt mir* die Gewissheit, dass sie meine Leistung schätzt.'

[104] S. Fn. 63 sowie die Glosse *Prinzip der extensiven Sinnauslegung*.

aber durch den Konjunktiv zum Ausdruck gebracht wird, dass der Glaube an „eine letzte und unumstößliche Gewissheit" *grundsätzlich* nicht möglich ist, entsteht eine Inkonsistenz. Es stellt sich nun die Frage, welche Prinzipien in der Lage sind, der Autorin diese Inkonsistenzen als konsistent erscheinen zu lassen. Wenn wir annehmen, dass für die Autorin latent und unbefragt eine Unterscheidung zwischen zwei Kollektiven gilt, die wie selbstverständlich mitläuft in ihrer Weltdeutung: ein Wir-Kollektiv, dem sie selbst angehört, und ein Ihr-Kollektiv oder Sie-Kollektiv, dann ließe dies die inkonsistente Äußerung als konsistent erscheinen. Für das Ihr- oder Sie-Kollektiv gälte dann, dass diejenigen, die ihm angehören, immer glauben, „es gäbe eine letzte und unumstößliche Gewissheit" – und damit *grundsätzlich* falsch liegen, was in dem Konjunktiv zum Ausdruck kommt. Für das Wir-Kollektiv gälte dann hingegen, dass sie *manchmal* doch über „eine letzte und unumstößliche Gewissheit" verfügen. Wird die Aussage so aufgeteilt auf zwei mitgedacht unterschiedliche Kollektive, löst sich die Inkonsistenz auf – hier bestätigt sich also die oben durchgeführte Analyse der Widmung („Für alle, die …").

......./ als Ziel allen Denkens, \…

Die Gewissheit, die es nicht geben kann, liegt nun nicht etwa dem Denken voraus, wie man annehmen könnte, sie ist nicht etwas, auf dem alles Denken aufruht, sondern umgekehrt. Dass „eine letzte und unumstößliche Gewissheit" nicht „Ziel allen Denkens" sein kann, ist in der Wissenschaft Konsens, in der – auf verschiedene Weise ausgelegt und mit wenigen Abweichungen – heute der Fallibilismus als selbstverständlich gilt. Dessen grundlegender Aspekt, den Karl R. Popper wie folgt auf den Punkt brachte: „There is no guarantee against error." (1972/1989, S. 41), darf zudem als Konsens im Alltag gelten. Die Frage ist, was darin zum Ausdruck kommt, dass hier eine solche Selbstverständlichkeit ausgesprochen wird – was ist die Relevanz dieser Aussage? Offensichtlich wird dem Ihr- oder Sie-Kollektiv unterstellt, dass es der absurden Annahme unterliegt, es könne immer durch Denken zur Gewissheit gelangen. Damit wird dieses Kollektiv zumindest als weltfremd, wo nicht als dumm dargestellt und damit – sofern kein Beleg dafür erbracht würde – letztlich beleidigt.

......./ von der aus man die »richtige Entscheidung« \…

Wie muss man sich den hier dargestellten Prozess denken? Es wird (1) gedacht, Ziel dieses (wie allen) Denkens ist (2) „eine letzte und unumstößliche Gewissheit", von der aus (3) richtige Entscheidungen getroffen werden. Damit wird dem Ihr- oder Sie-Kollektiv eine rationalistisch-technokratische Vorstellung von Politik unterstellt, gemäß welcher Denken zu richtigen Entscheidungen führt. Durch die Anführungszeichen wird allerdings markiert, dass es keine gewiss richtigen Entscheidungen geben kann. Da (politische) Entscheidungen stets „unter dem ‚Zwang der Rücksichtnahme auf andere Akteure'" stehen (Rohe 1978/1994, S. 63) und zudem *qua* Entscheidungen ins Offene hinein erfolgen und sich erst bewähren müssen, anerkennt die Autorin hier nun offensichtlich – anders als oben – die Logik des politischen Handelns.

> …/ für laufende Geschehnisse ableiten könne, \\…

Hiermit wird die Logik der (politischen) Entscheidung noch hervorgehoben, indem der Prozesscharakter unterstrichen wird. Da man die richtige Entscheidung aufgrund der Offenheit von Entscheidungsprozessen grundsätzlich nicht aus rationalen Prämissen ableiten kann, könnte man dieser Betonung auch eine Einschränkung entnehmen: Wenn man aus den laufenden Geschehnissen heraustritt, kann man u. U. doch richtige Entscheidungen ableiten. Dies ist für ex-post Betrachtungen, die die Bewährung einer Entscheidung berücksichtigen können, zutreffend; dazu dienen etwa nachträgliche Evaluationen von getroffenen Entscheidungen. Bei einem Heraustreten aus den Geschehnissen während diese noch laufen allerdings, kann trotz der Distanz eine richtige Entscheidung nicht abgeleitet werden.[105]

> …/ spricht sich letztendlich gegen die Demokratie aus, \\…

Hier wird nun der Pluralismus vertreten: Demokratie einerseits und die Ableitung von Entscheidungen aus durch rationales Denken gewonnener Gewissheit andererseits vertragen sich nicht. Dies gilt erst recht, wenn die Entscheidungen von dieser Gewissheit aus, die als Gewissheit ja immer letztlich subjektiv bleibt (vgl. Fn. 82), als richtig deklariert werden. Mit dem rekonstruierten Deutungsmuster scheint das nicht vereinbar: Aus der Annahme, der Mensch sei ein Wesen, dem es zukommt gemäß eigenem Maßstab und ohne auf Kompromisse angewiesen zu sein ein gutes Leben zu führen (s. o S. 13), lässt sich eine manifeste Vertretung des demokratischen Pluralismus jedenfalls nicht herleiten. Gleichwohl wird hier, wie gesagt, ein Pluralismus vertreten. Haben wir damit die Hypothese bezüglich des re-

---

[105] Dies ist etwa das Problem, das professionalisierte Berater bearbeiten müssen, die den Beratungsnehmern aus ihrer externen Perspektive zwar Aspekte zur Wahrnehmung bringen können, die diese als praktisch Involvierte nicht ohne weiteres sehen; aber die Berater können den Beratungsnehmern die Entscheidung eben nicht abnehmen (vgl. hierzu Liebermann und Loer 2010b).

konstruierten Deutungsmusters falsifiziert? Bevor wir diesen Schluss ziehen, müssen wir noch folgende Überlegung anstellen: Eine manifeste Vertretung des demokratischen Pluralismus wäre mit dem rekonstruierten Deutungsmuster vereinbar und könnte gar aus ihm hervorgebracht werden, wenn darunter, also unter demokratischem Pluralismus, *nicht die Notwendigkeit politischer Kompromisse verstanden würde, sondern das Vermeiden jeglicher einschränkenden Festlegung.* Wir müssen uns also zur Überprüfung dem Demokratieverständnis zuwenden.

> .../ denn diese beruht gerade auf dem Austausch ungleicher Meinungen beziehungsweise »Gewissheiten«. [Absatz] \...

In der Begründung dafür, dass die Ableitung einer richtigen Entscheidung aus einer durch Denken gewonnenen Gewissheit antidemokratisch sei, wird nun folgendes Demokratieverständnis ausgesprochen: Demokratie „beruht [...] auf dem Austausch ungleicher Meinungen beziehungsweise »Gewissheiten«" (D_{6a}). Dabei stellt sich allerdings die Frage, wie dieser Austausch zu einer Entscheidung führen kann. Dieses Demokratieverständnis ist durchaus mit dem bisher rekonstruierten Deutungsmuster der *libertären Selbstbezogenheit* kompatibel.

> .../ Es wäre schön, \...

Die Autorin schließt nun einen Wunsch an (‚Es wäre schön, du könntest auf dem Weg zur Arbeit den Brief einwerfen, dann müsste ich nicht extra zur Post.' – ‚Es wäre schön, wenn es heute nicht regnen würde, dann könnten wir im Park picknicken.'), der sich auf den demokratischen Umgang miteinander beziehen muss. Dass keine entsprechende Positionierung erfolgt – sondern eben lediglich ein Wunsch geäußert wird – bestätigt die Fallstrukturhypothese bezüglich des Habitus, dass Guérot unentschieden zwischen praktischer Positionierung und einem praktisch zurückhaltenden Klagen schwankt (s. o.).

> .../ wenn man sich auch in Corona-Zeiten daran erinnert hätte, dass die Dinge selten so eindeutig sind, wie sie scheinen. \...

In dem irrealen Wunsch werden die Auswirkungen auf die Gegenwart in den Vordergrund gestellt – wie etwa bei den folgenden Sätzen: ‚Es wäre schön, wenn Eva den Apfel nicht genommen hätte (dann würden wir noch im Paradies leben).' – ‚Es wäre schön, wenn Russland die Ukraine nicht angegriffen hätte (dann bräuchten wir keine Waffen zu liefern).' – Dies wird besonders deutlich, wenn man sie mit folgenden Beispielen konfrontiert: ‚Es wäre schön gewesen, wenn Eva den Apfel nicht genommen hätte (dann hätte sie das Paradies nicht verlassen müssen).' – ‚Es wäre schön gewesen, wenn Russland die Ukraine nicht angegriffen hätte (dann wäre Mariupol nicht zerstört worden).' Hier läge das gewünschte Ergebnis in der Vergangenheit. – Dass „man" sich in Corona-Zeiten nicht daran erinnert hat, „dass die Dinge selten so eindeutig sind, wie sie scheinen", hat Auswirkungen auf die Gegenwart. Es wird aber weder ausgesprochen, welche Auswirkungen dies sind, noch wird klar, in welchen anderen Zeiten man sich durchaus daran erinnert hat. Dies zusammengenommen suggeriert, dass da ein verhüllter, nur angedeuteter Akteur („man"),[106] speziell in der Corona-Zeit ausgehend von für letztlich und unumstößlich gehaltenen Gewissheiten für richtig gehaltene Entscheidungen getroffen hat, die all dies mitnichten waren. Guérot suggeriert so, dass die Entscheider nicht abgewogen und sich der Offenheit der Krisenbewältigung durch Diskussion möglicher Alternativen gestellt hätten, und unterstellt damit ein direktives, diktatorisches Entscheiden. Da diese Unterstellung nicht zutrifft, liegt hier Übertreibung, Vereinfachung und Stilisierung vor, wodurch Guérot die Entschiedungsträger diffamiert. Alles wird aber wieder nur angedeutet, so dass die Autorin darauf vertraut, dass die eingeweihten Leser (s. o.) die Aussagen schon passend ergänzen werden.

> …/ Und dass der Umgang mit der Wahrheit beziehungsweise die Uneindeutigkeit der von uns wahrgenommenen Wirklichkeit von Platons Höhlengleichnis (wer sieht eigentlich was?) bis zu Alice im Wunderland eines der großen philosophischen Themen der europäischen Geistesgeschichte ist. [S. 74 f.]

Das großgeschriebene „Und" markiert den folgenden Satz als ein eine eigenständige Ergänzung, eine, die so als besonders wichtig erscheint: Etwas Selbstverständliches, Notorisches wurde vergessen. – Die Schwierigkeit von Politik, angesichts der durch die Offenheit der Zukunft notorischen Unsicherheit entscheiden zu müssen, wird zu einem generalisierten Zweifel erweitert. Dabei wird Platons Höhlengleichnis wie eine Chiffre für „den Umgang mit der Wahrheit" herangezogen; es geht dort darum, dass die Menschen zwar Schatten sehen und jemand, der einen Weg zur Wahrnehmung der wirklichen, die Schatten werfenden Gegenstände fände, zunächst „ganz verwirrt sein" (Platon 1990, S. 559; VII, 515d) würde. Letztlich begründet Plato mit diesem Gleichnis die Verpflichtung der Philosophen, die die Wahrheit und das Gute sehen können, den Staat zu leiten. „Alice's Adventures in Wonderland" ist nun ein auch von Philosophen vielfach gedeutetes

---

[106] Das neutrale Pronomen *man* verweist auf eine von konkret angebbaren Subjekten abgelöste Gültigkeit, zugleich ist es aber wegen „seiner vergleichsweise undeutlichen Konturen [...] besonders für verhüllende, verschleiernde oder sonstwie konturenverwischende Rede geeignet." (Weinrich 1993, S. 101).

Werk, zu allererst aber doch ein Kinderbuch, in dem es nicht um Wahrnehmung von Wirklichkeit, sondern um deren Fingierung geht. Insofern wird mit dem Verweis auf diese beiden Texte nicht ein Argument prägnant untermauert, sondern ein Halbwissen evoziert, dessen genaue Deutung wiederum dem Leser überlassen wird. Dies kann nur im Vertrauen darauf geschehen, dass er, als Eingeweihter, es schon richtig deuten wird. – Dass hier etwas als selbstverständlich vorausgesetzt wird, stellt diejenigen, die mit „man" bezeichnet werden, als besonders unverständig dar – was allerdings auf die Autorin zurückfällt, da sie nur andeutet, was als selbstverständlich herausgestellt wird. Und zwar unpräzise und letztlich falsch.

Ziehen wir noch eine weitere Stelle heran (S. 75 f.), in der explizit das Verständnis von Politik dargestellt wird:

> Genau deshalb[107] dürfen wissenschaftliche Erkenntnisse nicht als unverrückbare Wahrheiten gelesen werden, sondern immer nur als zu interpretierende Möglichkeiten, \...

Der Gegensatz, der hier aufgemacht wird, suggeriert, der geteilte Falsifikationismus der Wissenschaft: es gibt keine „unverrückbaren Wahrheiten" (s. o.), impliziere einen Relativismus: alle Erkenntnisse seien nur „zu interpretierende Möglichkeiten". Wenn wir hier der Empfehlung von Thomas Nagel folgen, „die Frage aufzuwerfen, ob eine allgemeine Behauptung über Wahrheit oder Bedeutung auf sich selbst zutrifft" (Nagel 1997/1999, S. 25), so sehen wir, dass die relativistische Behauptung selbst eben keine Gründe für sich anführen kann.

> .../ als Grundlage für politische Schlussfolgerungen und Entscheidungen. \...

Hier wird nun die Eigenlogik der Politik gegenüber der Wissenschaft hervorgehoben; allerdings ist dies in den unterschiedlichen Handlungslogiken der beiden Bereiche, nicht aber in einem Relativismus des Wissens begründet. Nun wäre es aufschlussreich, Guérot würde den Bereich des Politischen nicht nur in Abgrenzung zur (relativistisch reduzierten) Wissenschaft, sondern positiv bestimmen.

> .../ Originär politisch aber ist \...

Genau eine solche positive Bestimmung folgt nun, auch wenn sie der vorhergehenden Bestimmung adversativ entgegengesetzt wird. Was könnte dies sein?

---

[107] „Nein, Denken, das hat die Wissenschaft nicht getan. Das ist auch nicht ihre originäre Aufgabe."

(a) ‚Originär politisch aber ist es (angesichts der Unsicherheit wissenschaftlicher Erkenntnisse), abgewogene Entscheidungen zu treffen.‘ – Dieser Satz ist in sich unstimmig, da das entgegensetzende „aber" nicht motiviert ist: *Gerade* angesichts der Unsicherheit wissenschaftlicher Erkenntnisse muss die Politik abgewogene Entscheidungen treffen.

(b) ‚Originär politisch aber ist es (angesichts der Unsicherheit wissenschaftlicher Erkenntnisse), eindeutige Entscheidungen zu treffen.‘ – Dieser Satz liefe auf einen Dezisionismus hinaus, der nicht nur Politik auf willkürliche Entscheidung begrenzen (s. o.), sondern die Qualität von Politik gerade in ihrer Entschiedenheit sehen würde.

(c) ‚Originär politisch [...] ist es (angesichts der Unsicherheit wissenschaftlicher Erkenntnisse), abgewogene Entscheidungen zu treffen.‘ – Wenn wir das „aber" weglassen wäre die Äußerung – ganz im Sinne des unter (a) formulierten – konsistent.

Sehen wir, welche Möglichkeit Guérot wählt:

   …/ das *Trotzdem*, \…

Dies ist die Variante b der oben genannten Möglichkeiten, also ein dezisionistisches Verständnis von Politik, welches zu dem rekonstruierten Deutungsmuster passt. Das dezisionistische Verständnis wird mit der Verabsolutierung des „Trotzdem" durch Substantivierung und Kursivierung nochmals gesteigert.

   …/ nämlich \…

Wann verwenden wir nämlich? ‚Das Vieh des Bauern, nämlich Rinder, Schweine und Pferde, wurde auf die Weide getrieben.‘ – ‚Das Wort des Propheten, nämlich, dass es nur einen Gott gebe, ist zweifellos gültig.‘ – ‚Der Satz des Pythagoras, nämlich, dass in allen ebenen rechtwinkligen Dreiecken die Summe der Flächeninhalte der Kathetenquadrate gleich dem Flächeninhalt des Hypotenusenquadrates ist, hat mich in meiner Schulzeit verfolgt.‘ Es wird durch die Konjunktion ‚nämlich‘ gewissermaßen eine erläuternde Explikation eingeleitet.[108] Durch was könnte nun das „Trotzdem" erläuternd expliziert werden? Im Sinne der zitierten Definition

---

[108] Die Konjunktion ‚nämlich‘ „drückt völlige Gleichstellung zweier Begriffe aus" und „stellt durch Aufführung alles Besonderen dieses dem Allgemeinen gleich" (Heyse 1838/1972, S. 890; Nummern und Sperrung getilgt).

des dezisionistischen Modells (s. o.), könnte es etwa heißen: „nämlich das dezidierte, rational nicht begründbare Entscheiden".

▶ Wenn wir hier (teils in den Fußnoten) Bestimmungen aus entsprechenden Nachschlagewerken anführen, so dient dies sowohl der Veranschaulichung als auch der abkürzenden Darlegung wie schließlich dem Hinweis darauf, dass die sprachlichen Urteile der Angemessenheit, die wir für unsere Analyse nutzen, durchaus auch bereits expliziert und nachschlagbar festgehalten wurden, so dass wir uns damit gewissermaßen davor schützen, einer Ideosynkrasie zu erliegen, dem auch das Prinzip der diskursiven Analyse (s. Glossar) in der Kunstlehre der Objektiven Hermeneutik dient.

.../ eine Entscheidung \...

Wir finden im Anschluss an die Konjunktion genau die erwartete Erläuterung, die etwa wie folgt fortgesetzt werden könnte: ‚trotz des Mangels an rationaler Begründbarkeit dezidiert zu treffen'.

.../ oder \...

Da hier eine Erläuterung begonnen wurde, dürfen wir erwarten, dass mit dem Selektiv-Junktor „oder" hier nicht eine binäre Wahl (i. S. v. ‚oder aber'), sondern eine offene Wahl (i. S. v. ‚oder auch') eröffnet wird – etwa: ‚eine Entscheidung oder eine Bestimmung trotz des Mangels an rationaler Begründbarkeit dezidiert zu treffen'.

.../ Abwägung zu verantworten, \...

Nun folgt aber ein Moment einer der dezisionistischen entgegengesetzte Auffassung von Politik, die sowohl die Offenheit des Entscheidungsprozesses als auch dessen in Abwägung realisierter Rationalität berücksichtigt, wie die erforderliche praktische, verantwortliche Positionierung. Dass diese beiden entgegengesetzten Auffassungen von Politik unverbunden nebeneinanderstehen, spricht dafür, dass ihre Inkohärenz nicht bemerkt wird.

.../ und zwar unabhängig von Zahlenwerk, \...

Es erfolgt sogleich eine Gegenbewegung: Was in die Abwägung eingehen sollte – eben auch „Zahlenwerk" – davon soll sie sich nicht abhängig machen.

...../ wenn sie gewollt ist. [S. 75 f.]

Hier mündet die Gedankenbewegung wieder in der dezisionistischen Politikauffassung. – Beide angeführten Sequenzen haben damit nicht zur Falsifizierung des rekonstruierten Deutungsmusters der *libertären Selbstbezogenheit* und seinem Schlüsselkonzept der *monadischen Autonomie* geführt, sondern sie nochmals bestätigt.

Was ist das Deutungsmuster, das diese Inkohärenz kohärent erscheinen lässt? Das Schlüsselkonzept *monadische Autonomie* wäre insofern in der Lage, die inkohärenten Politikauffassungen als kohärent erscheinen zu lassen, da es nicht nur einem dezisionistischen Verständnis zugrundeliegt, sondern auch die „Abwägung" legitimieren kann, wenn diese als eine bloße zur Kenntnisnahme unterschiedlicher Positionen konzipiert wird. Dass dies bei Guérot der Fall ist, haben wir oben gesehen, wo „besprechen" als Übernahme der eigenen Position verstanden wurde. Die Prinzipien, die aus dem Schlüsselkonzept der *monadischen Autonomie* hervorgehen, und die diese widersprüchlichen Konzeptualisierungen erklären können, lassen sich wie folgt formulieren: *Autonom handelt, wer unabhängig von jeglichen rationalen Erwägungen und reziproken Abhängigkeiten seine Entscheidung trifft* – dies entspricht dem oben bereits bestimmten Prinzip (Prz$_a$); politisch angemessen handelt folglich, wer i.S.v. Prinzip Prz$_a$ autonom handelt und Deliberation als folgenloses bloßes Nebeneinanderstellen konkurrierender Auffassungen begreift, was einem Prinzip entspricht, das sich wie folgt formulieren lässt: *Sich auf eine reziproke Beziehung einzulassen, bedeutet eine Einschränkung von Autonomie* (Prz$_b$). – Der Falsifikationsversuch führt hier außer zur Bestätigung des rekonstruierten Deutungsmusters zur genaueren Bestimmung der Prinzipien, die durch das Schlüsselkonzept des Deutungsmusters generiert werden. Diese Prinzipien sind, so konnten wir hier zeigen, in der Lage, die vorhandenen Inkonsistenzen als konsistent erscheinen zu lassen – genau darin besteht ihre Funktion. Sie überblenden den vorhandenen Widerspruch, so dass er der Lebenspraxis (hier Guérot) nicht sichtbar wird.

In bezug auf den Habitus suchen wir nun nach Haltungen, in denen sich eine entschlossene verantwortliche Positionierung (Hab.F.a), eine deliberative Haltung gegenüber Andersdenkenden (Hab.F.b) oder eine entschiedene praktische Stellungnahme (Hab.F.c) zeigt.

Für den ersten Falsifikator könnte folgende Stelle stehen (S. 129):

> [...] der Wert von Grundrechten muss neu im Bewusstsein der Menschen verankert
> werden. \...

Unabhängig von der Frage, ob das Erfordernis, für das Guérot hier einsteht, besteht, kann man sagen, dass sie eine entschlossene Forderung stellt. Wenn in einer
Demokratie den Bürgern der „Wert von Grundrechten" nicht bewusst ist, so kann
dies dazu führen, dass sie deren Aufrechterhaltung und Verteidigung nicht die erforderliche Aufmerksamkeit widmen. Der ehemalige Bundespräsident Joachim
Gauck als jemand, der Grundrechte und Demokratie in seinem Leben erst spät genießen konnte, betonte ihren Wert wie folgt:

> „Wo ich jetzt lebe [...] möchte ich sein, aber ich kann immerfort auch gehen. Wo ich
> jetzt lebe, habe ich Grundrechte, garantiert durch die Verfassung: Gewissensfreiheit,
> Glaubensfreiheit, Meinungsfreiheit, die Freiheit der Berufswahl, Versammlungsfrei-
> heit, Forschungs- und Veröffentlichungsfreiheit. Wo ich jetzt lebe, gründen Menschen
> von sich aus Vereine, Bürgerinitiativen, Gewerkschaften und Parteien und über-
> nehmen Verantwortung in ihnen. Kritik, Diskurs und Dissens gelten als Normalfall
> der politischen Kultur und nicht als politisch-ideologische Diversion, Untergrund-
> tätigkeit oder politische Straftat. Wo ich jetzt lebe, existiert die Herrschaft des Rechts,
> notfalls kann ich meine Rechte auch einklagen. Es gibt den freien Markt, aber auch
> ein soziales Netzwerk – wer bedürftig ist, erfährt Unterstützung. Und seit mehr als
> sechzig Jahren hat dieses Land kein anderes überfallen, es lebt mit allen Nachbarn im
> Frieden." (Gauck 2009, S. 331)

Dieses Bewusstsein ist denjenigen, die in der Bundesrepublik aufgewachsen sind
u.U. abhandengekommen, so dass in der Forderung von Guérot eine klare staats-
bürgerliche Haltung zum Ausdruck kommt. – Wie könnte nun das Bewusstmachen
des Werts der Grundrechte erfolgen? Letztlich erfordert dies intellektuelles Engagement – wie es eben in Stellungnahmen von Joachim Gauck[109] zum Ausdruck
kommt –, so dass Guérot hier ihrer Forderung unmittelbar nachkommen oder aber
Vorschläge für ein intellektuelles Eingreifen erwägen könnte. Ein weiteres Bemühen könnte in politischer Bildungsarbeit bestehen – wie sie etwa das Reichs-
banner Schwarz-Rot-Gold anbietet[110] –; Guérot könnte hier entsprechende Hinweise geben oder Vorschläge machen.

---

[109] Vgl. etwa seine Ausführungen zur Freiheit (2012) und zur Toleranz (2019).

[110] S.: https://www.reichsbanner.de/reichsbanner-heute/bildungsarbeit; zuletzt angesehen am
27. Okt. 2025.

.../ Der allererste Grundsatz dafür \...

Das überrascht, sind doch die Grundrechte selbst Grundsätze, an die eben lediglich erinnert werden müsste. Es scheint, als wolle Guérot eine Meta-Debatte führen, was allerdings ihrem Ziel der Bewussmachung des Werts der Grundrechte zuwiderlaufen würde. Dabei changiert sie zwischen einem Bemühen um Entschiedenheit („allererste") und einer eben abgehobener Diskussion (wenn es einen ‚allerersten Grundsatz' gibt, so dürften noch mehrere folgen).

.../ müsste sein, \...

Der Konjunktiv bestätigt die Vermutung der Meta-Debatte und steht nun gerade nicht für ein entschiedenes Eintreten, sondern für ein vorsichtiges Erwägen.

.../ dass niemand, \...

Wenn es hier hieße: ‚dass alle' – etwa: ‚dass alle, die in unserem Land leben, berücksichtigt werden', so würde voraussichtlich noch einmal betont, dass alle Bürger und alle Einwohner des Landes angesprochen werden müssen, dass also entsprechend klare Darlegungen zu erfolgen hätten. Die umgekehrte Formulierung unterstellt, dass momentan einzelne Personen oder Gruppen nicht angesprochen werden. Eine entschlossene verantwortliche Positionierung würde darauf hinwirken, alle mitzunehmen, und nicht beklagen, dass dies bisher nicht der Fall ist.

.../ aber auch niemand, \...

Die Adversation zusammen mit dem Fokus-Adverb „auch" richtet sich gegen die Vermutung, mit „niemand" könne nicht X gemeint sein – wie etwa in der Formulierung ‚dass Franz, aber auch Peter' unterstellt wird, man könne annehmen, dass Peter nicht mitgemeint sei. Indem aber X = „niemand" ist und so das „niemand" verstärkt wird, erscheint diese Formulierung – wie die Betonung, es sei der „allererste Grundsatz" – wie eine bloße Geste der Engagiertheit.

.../ von der Teilhabe am Diskurs ausgegrenzt wird [...][S. 129]

A prima vista könnte dieser „Grundsatz" nun als Ausdruck einer deliberativen Haltung gegenüber Andersdenkenden erscheinen und wäre damit ein Kandidat für den zweiten Falsifikator (Hab.F.b); faktisch wird hier allerdings mit Vehemenz etwas gefordert, das in der bundesrepublikanischen Öffentlichkeit realisiert ist, denn trotz Tendenzen zur Reproduktion sozialer Ungleichheit durch den Diskurs in den öffentlichen Medien (s. hierzu Fraser 2007 u. die Beiträge in Jäckel 2008) kann von einer Ausgrenzung von der Teilhabe am Diskurs nicht die Rede sein. Neben der

Vervielfältigung der Möglichkeiten zur öffentlichen Meinungsäußerung[111] durch das Internet und die sogenannten sozialen Medien besteht auch Rechtsschutz gegen eine Ausgrenzung.[112] Wir müssen also schließen, dass es sich um eine leere Geste der Entschiedenheit und der Deliberation handelt, nicht aber um den Vollzug derselben.[113] Vgl. hierzu oben die Ausführungen zur Verantwortungsumkehr.

Als ein Kandidat für eine entschiedene praktische Stellungnahme und damit für den Falsifkator Hab.F.c könnte folgende Stelle gelten (S. 129 f.):

> Kurzfristig muss die Impfpflicht – europaweit – verhindert, dann müssen alle Maßnahmen mit sofortiger Wirkung beendet und so das politische System vor seiner autoritären Schließung bewahrt werden. [...] Aber die [Seitenwechsel] gesellschaftlichen Reparaturarbeiten müssen mit Hochdruck in Angriff genommen werden. Zu diesen Reparaturarbeiten zählen, in loser und unsystematischer Reihenfolge, als Erstes das Gegenarbeiten gegen die para-autoritären Tendenzen und die Erziehung zum blinden Gehorsam unserer Kinder und Jugendlichen, die sowieso die großen Verlierer der Krise sind, obgleich eine Gesellschaft auf sie immer besonders zu achten hat. Anknüpfend an das Zitat von Arno Gruen im ersten Teil, dass das Festklammern an Autorität zum Lebensgrundsatz wird, wenn man ein solches Verhalten früh genug buchstäblich eingeimpft bekommt, müssen Kinder und Jugendliche dringend wieder in die Lebensfreude und die Freiheit entlassen werden, wenn ihre Einstellung zu Autorität nicht prägend für das politische System werden soll, in dem Moment, wo aus diesen Alterskohorten die Funktionseliten von übermorgen werden. Zweitens muss es internationale Konsequenzen haben, wenn sich, wie es scheint, die ‚Laborthese‘ über die gezielte

---

[111] „Die Arenen der Öffentlichkeit sind im Prinzip offen für alle gesellschaftlichen Bereiche, neben Politik und Wirtschaft natürlich auch für Wissenschaft, Kultur etc. Deren Experten und Intellektuelle sind einem Druck auf Kommuniqué- und Agitationsmuster ihrer Darstellung weniger ausgesetzt, und das gleiche gilt für Journalisten" „[...] sie sind Teil von Professionen und Netzwerken, in denen Diskursqualitäten Kriterien für die Zuweisung von Reputation und Geltung darstellen." (Neidhardt 1998, S. 492).

[112] „[...] durch Etablierung eines offenen Kommunikationsfeldes [...] kann sich im Austausch von Fragen und Anregungen, Kritik und Forderungen, Selbstdarstellungen und Rechtfertigungen das gesellschaftliche Informationsniveau entwickeln, das Bürgern rationale Wahlen und den Herrschaftsträgern akzeptanzfähige Entscheidungen ermöglicht. Das Bundesverfassungsgericht hat diese Funktionsbestimmung einer freien Öffentlichkeit in einer Reihe von Grundsatzentscheidungen – zum Beipiel über das *Grundrecht* der freien Meinungsäußerung (1958) und die Sicherung von Meinungsvielfalt im Rundfunksystem (1981) – verbindlich gemacht." (Neidhardt 1998, S. 488; kursiv i. Orig.).

[113] Dazu gehörte auch ein Moment von Solidarität als Komplement zur Freiheit – vgl. zur deliberativen Demokratie: „Der Verfassungsstaat fällt nicht vom Himmel, sondern wird von verfassunggebenden Versammlungen in einem notwendigerweise *solidarischen Geist* gegründet, von dem sich auch etwas in diesem Staat und mit ihm *verstetigen muss*." (Habermas 2022c, S. 91; kursiv i. Orig.).

> Arbeit an dem Virus in Wuhan bewahrheitet und – schlimmer noch – der Chef der amerikanischen Gesundheitsbehörde Anthony Fauci dies von Anfang an gewusst und dissimuliert hat, wie amerikanische E-Mail-Korrespondenzen es nahelegen. Drittens – wir springen vom Globalen ins juristische Detail – müssen während der Coronakrise *en catimini* durchgeführte Änderungen oder ausgreifende Erweiterungen etwa der Befugnisse des Verfassungsschutzes, dessen neue Zuständigkeit […] [S. 129 f.; kursiv i. Orig.]

Wir müssen diese Stelle hier nicht en détail analysieren, zeigt sich doch schon auf den ersten Blick, dass die entschiedene praktische Stellungnahme sofort verpufft, da ihr unmittelbar abstrakte Forderungen und Verdächtigungen folgen, die die Frage aufwerfen und unbeantwortet lassen, was denn nun zu geschehen hätte.

▶ Es sei hier festgehalten, dass es bei der Konfrontation von objektbezogenen Deutungen des Falles mit konkurrierenden Deutungen nicht darum geht, diese konkurrierenden Deutungen von außen, abgeleitet aus einem normativen Modell etwa, heranzutragen. Vielmehr müssen – im Sinne immanenter Kritik (vgl. Krückeberg 1976) – die impliziten Voraussetzungen, die die Deutungen selbst enthalten, expliziert und mit ihnen konfrontiert werden. So wird hier das Modell von Demokratie, mit dem Guérots Dezisionismus konfrontiert wird, nicht etwa aus einer normativen Parteinahme für die Demokratie abgeleitet; vielmehr werden in ihm eben die *Konstitutionsbedingungen politischer Gemeinschaft in der Moderne* gefasst, also dass „die Idee politischer Gemeinschaft […] überhaupt erst den Grund wie die Möglichkeit von Demokratie bildet: als ein gemeinsames Unternehmen von Bürgern, die sich über ihre unterschiedlichen politischen Überzeugungen und Interessen hinweg […] zu einer solchen Gemeinschaft zusammenschließen." (Volkmann 2025, S. 17). Guérot muss dieses Modell implizit teilen, denn sie will ja gleichsam die Demokratie retten. Volkmann hält nun mit Recht fest: „Auf der anderen Seite braucht es aber ein Bild von Demokratie, das sich dem realen Erscheinungsbild gegenüberstellen und anhand dessen sich dieses zuallererst beurteilen lässt." (2025, S. 18). Und zugleich macht er deutlich: „Es kann dies nur ein idealisierendes Bild sein, das das alte demokratische Versprechen auch unter veränderten Realisierungsbedingungen immer wieder sichtbar macht: dass jeder Bürger mit seiner Stimme gehört wird und diese wichtig ist, dass die Bürger in ihrer Gesamtheit sich mit dem, was sie politisch für richtig halten, in den politischen Entscheidungen wiederfinden können, und dass sie sich gerade darin als politische Gemeinschaft wissen und wollen." (Volkmann 2025, S. 18). Die Demokratie bedarf also konstitutiv zugleich des Prinzips ‚one man one vote' wie der politischen Gemeinschaft als solidarischer Vergemeinschaftung (vgl. Fn. 111). Insofern entnehmen wir den Maßstab, an dem wir Guérots Demokratieverständnis messen, seinen eigenen Voraussetzungen.

Wir können also festhalten, dass die Versuche der Falsifikation misslungen sind; die Fallstrukturhypothese mit dem rekonstruierten Deutungsmuster und dem rekonstruierten Habitus muss bis auf weiteres als zutreffend angenommen werden. Selbstverständlich unterliegt diese Rekonstruktion grundsätzlich dem fallibilistischen Vorbehalt – jegliche wissenschaftliche Erkenntnis ist vorläufig.

▶ Dieser letzte Punkt sei hier noch einmal explizit festgehalten. Max Weber schrieb zu Recht: „Wissenschaftlich aber überholt zu werden, ist […] nicht nur unser aller Schicksal, sondern unser aller Zweck. Wir können nicht arbeiten, ohne zu hoffen, daß andere weiter kommen werden als wir." (1919/1985, S. 593). Und in ähnlicher Weise äußerte sich Karl R. Popper: „Should anybody think of scientific method […] as a way of justifying scientific results, he will […] be disappointed. A scientific result cannot be justified. It can only be criticized" (1961/1989, S. 265). „All work in science is work directed towards the growth of objective knowledge. We are workers who are adding to the growth of objective knowledge as masons work on a cathedral. Our work is fallible, like all human work. We constantly make mistakes, and there are objective standards of which we may fall short – standards of truth, of content, of validity, and other standards." (1967/1989, S. 121) – Der Anspruch auf wissenschaftliche Objektivität muss stets zugleich aufrechterhalten werden mit der Einsicht, dass unsere Erkenntnisse grundsätzlich falsifiziert werden können; Popper fasst das lakonisch so: „There is no guarantee against error." (1970/1989, S. 41). Das bedeutet aber, dass wir die Falsifizierbarkeit aber auch ermöglichen, ja – wie hier versucht – anstreben müssen, um wenigstens ein wenig dazu beizutragen, dass das objektive Wissen über unsere Welt anwächst.

(5) Zu den zusammenfassenden Erkenntnissen und zur Genese der Fallstrukturgesetzlichkeit[114]

Zusammenfassende Erkenntnisse zum Deutungsmuster

Mit folgender Skizze versuchen wir nun, eine verdichtende Zusammenfassung der Erkenntnisse zum rekonstruierten Deutungsmuster der libertären Selbst-

---

[114] In Kap. 2 haben wir bereits darauf hingewiesen, dass aufgrund der Ausrichtung des vorliegenden Buches auf die Rekonstruktion von Deutungsmustern und Habitus deren *Genese* nur hier beim ersten Fall knapp exemplarisch angerissen wird. An die Stelle dieses sonst durchzuführenden Schrittes tritt in den weiteren Fällen (und vor der Skizze zur Genese in diesem ersten Fall) die Darstellung *zusammenfassende Erkenntnisse* zu Deutungsmuster und Habitus des jeweiligen Falles.

bezogenheit zu veranschaulichen. Dabei interessieren uns besonders die Inkonsistenzen zwischen Deutungen (symbolisiert durch einen Blitz). Während sich die Deutungen (D) als aus Regeln (DR) generiert betrachten lassen, erscheinen die inkonsistenten Deutungen im Lichte der Prinzipien (Prz), die sich aus dem Schlüsselkonzept des Deutungsmusters (SK) ergeben, als konsistent. Dies soll nun anhand einer schematischen Darstellung (Abb. 3.1) nochmals systematisch erläutert werden.

Im Zuge der Analyse haben wir zunächst im analysierten Text Deutungen (D) vorgefunden, die wir auf Deutungsregeln (DR) bringen konnten. Bei der Bestimmung der Deutungen haben wir zwischen ihnen Inkonsistenzen festgestellt, was im

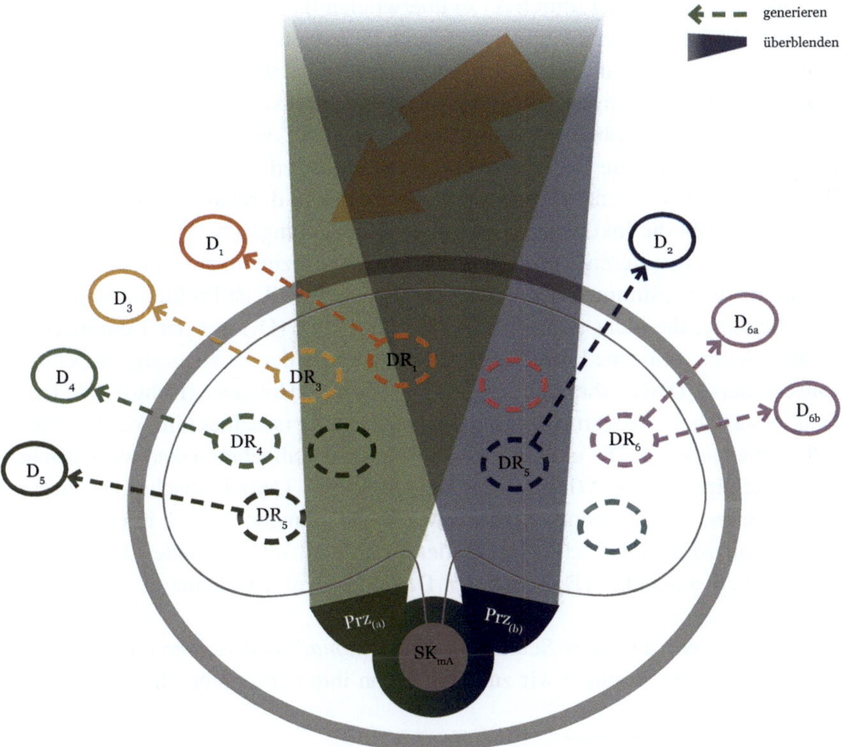

Abb. 3.1 Schematische Darstellung des Deutungsmusters der *libertären Selbstbezogenheit* mit dem Schlüsselkonzept der *monadischen Autonomie* im Fall Guérot (Erläuterung der Siglen im Text) (Idee: T. Loer/U. Fischer; Umsetzung: Nadine Roskamp (Dortmund))

Schema durch einen Blitz oberhalb des Ovals dargestellt ist. Die Inkonsistenzen fielen der Textautorin offensichtlich nicht auf, denn sie ließ keinerlei Bearbeitung derselben erkennen. Deshalb haben wir nach einem Zusammenhang zwischen den Deutungen bzw. den sie generierenden Deutungsregeln gesucht, der zugleich erklärte, dass die Inkonsistenzen nicht gesehen wurden. Diesen Zusammenhang fanden wir in dem Schlüsselkonzept (SK) der *monadischen Autonomie*, aus dem Prinzipien (Prz) hervorgehen, die die Inkonsistenz zwischen den Deutungen als konsistent erscheinen lassen – im Schema durch das Abblenden des die Inkonsistenzen darstellenden Blitzes symbolisiert.

Im Folgenden stellen wir den Gesamtzusammenhang sprachlich ausführlicher dar. In einer Rekonstruktion der komplexen Struktur der Widmung (s. o. Abschnitt (1)) konnten wir einerseits die Vorstellung identifizieren, die aktuelle Lebensweise LW.A.j sei (durch A) zu überwinden (D_1), andererseits aber die Vorstellung, die Lebensweise LW.A.j sei (durch B) anzustreben (D_2); dass beide Deutungen zu vertreten von außen betrachtet inkonsistent ist, liegt auf der Hand. Auch wenn man die Deutungen auf Deutungsregeln zurückführt – ‚Wann immer die Lebensweise Einschränkungen impliziert, muss sie verlassen werden.‘ (DR_1) bzw. ‚Wann immer die Lebensweise Einschränkungen impliziert, muss eine andere angestrebt werden.‘ (DR_2) –, welche ihrerseits durchaus als konsistent erscheinen, bleibt die Inkonsistenz zwischen den Deutungen bestehen.

Ähnlich bei weiteren Deutungen, die wir identifizieren, mit ihren Deutungsregeln, die wir bestimmen konnten: die Deutung ‚Politik ist Problemlösung durch Entscheidung, die nicht argumentbasiert sein muss.‘ (D_3) mit der Deutungsregel ‚Wann immer politische Entscheidungen anstehen, bedarf es eines eigenmächtigen Entscheiders.‘ (DR_3), die Deutung ‚Die in Corona-Hotspots (Ischgl) Infizierten sind selber schuld.‘ (D_5) mit der Deutungsregel ‚Jeder ist seines Glückes Schmied.‘ (DR_5), die Deutung ‚Die einschränkenden Corona-Maßnahmen sind willkürlicher, eigenmächtiger Zwang.‘ (D_4) mit der Deutungsregel ‚Demokratische Orientierung am Gemeinwohl ist illiberal.‘ (DR_4), sowie die Deutungen ‚Politik impliziert Austausch von Meinungen.‘ (D_{6a}) und ‚der Essay soll eine Debatte über Corona-Maßnahmen anregen.‘ (D_{6b}) mit der Deutungsregel ‚Audiatur et altera pars.‘ (DR_6).[115]

Nachdem wir aber das Schlüsselkonzept *monadische Autonomie* (SK_{mA}) rekonstruiert haben, konnten wir zudem die von ihm hervorgebrachte Prinzipien –

---

[115] Wir haben hier zwei Deutungen auf eine Deutungsregel, nämlich ‚Auch der andere Teil werde gehört‘, zurückgeführt; dies ist ein Ergebnis der empirischen Analyse, das zugleich die Generativität der Deutungsregeln zeigt. Eine Deutungsregel kann durchaus mehrere Deutungen hervorbringen.

‚eine Lebenspraxis ist dann autonom, wenn sie ihre Entscheidungen eigenmächtig treffen kann' (Prz$_a$) und ‚Sich auf eine reziproke Beziehung einzulassen, bedeutet eine Einschränkung von Autonomie' (Prz$_b$) – bestimmen. Im Zuge dessen ließ sich zeigen, dass im Lichte dieser Prinzipien ein Zusammenhang unter den Deutungsregeln und ein nun konsistent erscheinender Zusammenhang zwischen den Deutungen wahrnehmbar sind, womit die Inkonsistenzen, die durch die Analyse aufgedeckt wurden, verschwinden. Aufschlussreich ist dabei, dass die beiden Prinzipien sich folgendermaßen zueinander verhalten: In Anlehnung an Frege kann man sagen, sie haben die gleiche Bedeutung, stellen aber unterschiedliche Hinsichten dar (mit Frege: einen unterschiedlichen Sinn – Frege 1892, S. 26). Das erste Prinzip (Prz$_a$) akzentuiert deutlich die Seite der Autonomie, wohingegen das zweite Prinzip (Prz$_b$) ebenso deutlich die Vorstellung einer Reziprozitätsverpflichtung zurückweist. – Die Deutungsregeln sind offensichtlich mit den Prinzipien und dem Schlüsselkonzept kompatibel, können aus ihm abgeleitet werden, ohne allerdings zwingend aus ihm hervorzugehen. Das Schlüsselkonzept eröffnet vielmehr einen Raum möglicher Deutungsregeln. Die rekonstruierten Deutungsregeln stellen insofern Auswahlen aus dem durch das Schlüsselkonzept eröffneten Optionenraum (symbolisiert durch die die Deutungsregeln enthaltende Fläche) dar. Ihr systematischer Zusammenhang wird durch die aus dem Schlüsselkonzept hervorgehenden Prinzipien gebildet. Das Musterhafte des Deutungsmusters ist folglich Ausfluss dieses Zusammenspiels von Schlüsselkonzept, Prinzipien und Deutungsregeln. Damit können wir festhalten, dass das erste der in Abschn. 1.3 herausgearbeiteten heuristische Merkmale[116] erfüllt ist; das entsprechende Deutungsmuster haben wir auf den Begriff der *libertären Selbstbezogenheit* gebracht. Aber nicht nur das erste, sondern auch das zweite bis fünfte Merkmal[117] können als im Zuge dieser Analyse als zutreffend erwiesen gelten. Das zur Erklärung der Tatsache, dass die Inkonsistenzen der Autorin konsistent erscheinen, rekonstruierte Schlüsselkonzept mit seinen Prinzipien schließlich zeigt, dass auch das sechste Merkmal[118] als zutreffend gelten muss. – Gleichwohl gilt es, diese Momente weiter aufzuschließen, um den Begriff des Deutungsmusters prägnanter zu fassen – dies soll im Kap. 4 geschehen.

---

[116] (1) Deutungsmuster sind *erkenntnislogisch wie Theorien* als Argumentationszusammenhänge strukturiert.

[117] (2) Deutungsmuster operieren als ‚tacit knowing'. / (3) Deutungsmuster reagieren auf deutungsbedürftige *Handlungsprobleme*. / (4) Deutungsmuster strukturieren und orientieren die Alltagspraxis. / (5) Deutungsmuster *bringen für die* individuelle Lebenspraxis angemessene *Deutungen hervor*.

[118] (6) Deutungsmuster lassen *Inkonsistenzen als konsistent erscheinen*.

Zusammenfassende Erkenntnisse zum Habitus

Mit folgender Skizze (Abb. 3.2) versuchen wir nun eine verdichtende Zusammenfassung der Erkenntnisse zum Habitus zu veranschaulichen. In der Analyse
haben wir in sich durchaus konsistente Handlungen (H) auf Handlungsregeln (HR)

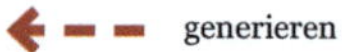

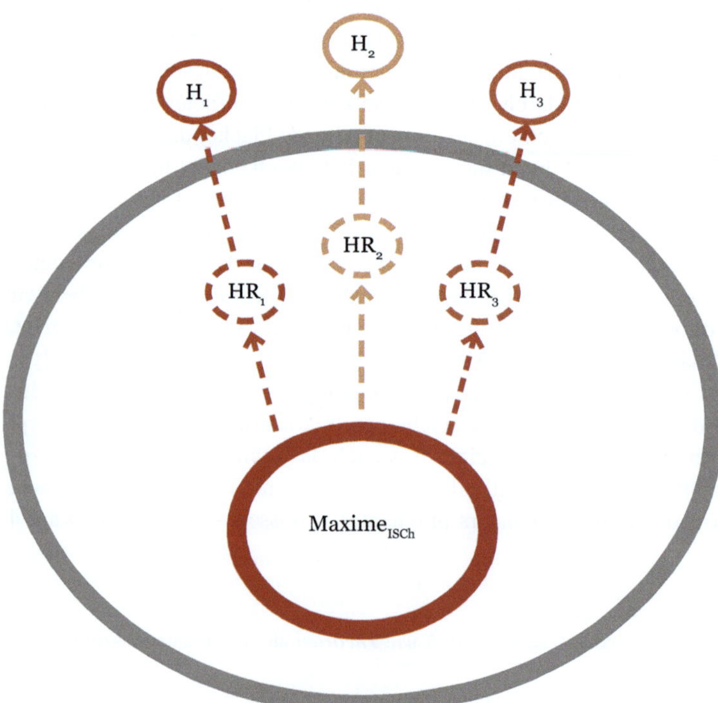

Abb. 3.2 Schematische Darstellung des Habitus der *leerlaufenden, mit abgeschotteter Gewissheit einhergehenden Selbstcharismatisierung* (Fall Guérot) (Erläuterung der Siglen im
Text) (Idee: T. Loer/U. Fischer; Umsetzung: Nadine Roskamp (Dortmund))

gebracht, die ihrerseits auf eine Maxime[119] zurückgeführt werden können. Dies soll nun anhand einer schematischen Darstellung nochmals systematisch erläutert werden.

Wir ziehen hier exemplarisch drei Handlungen heran (s. o.): ‚advokatorisches Reden' (H$_3$), ‚Beklagen des Zustands' (H$_2$) sowie ‚verhuschte Praxis' (H$_1$). Die entsprechenden Handlungsregeln lassen sich in etwa wie folgt formulieren: ‚Wann immer du eine Gruppe als unwissend und mutlos einschätzt, trete (auch ungefragt) als für sie plädierender Anwalt auf!' (HR$_3$) – ‚Wenn eine Meinung von deiner abweicht, ignoriere sie als ignorant – entweder, indem du dich von ihren Vertreten abwendest (Austausch des Freundeskreises) oder indem du, falls dies nicht möglich ist, deren Ignoranz beklagst!' (HR$_2$) – ‚Wann immer Strittigkeit auftaucht, vermeide es dich praktisch verantwortlich zu positionieren!' (HR$_1$). Alle diese Handlungsregeln lassen sich auf eine Maxime zurückführen, der wir folgende Formulierung geben können: ‚Im Zweifel vertrete ich angesichts eines Problems unaufgefordert meine Meinung (auch advokatorisch) und beklage ggf. den ihr nicht entsprechenden Zustand, ohne aber für eine Änderung entschieden praktisch verantwortlich Stellung zu nehmen.' (Maxime$_{lSCh}$) Zu dem auf diese Maxime zu bringenden Habitus einer *leerlaufenden Selbstcharismatisierung* gehört eine *damit einhergehende Haltung abgeschotteter Gewissheit*. Diese letztere sorgt dafür, dass ein Scheitern des der Maxime folgenden Handelns keine Folgen für den Habitus hat. –

Zusammenfassende Erkenntnisse zur Relation von Deutungsmuster und Habitus

Wir haben oben ein spezifisches Passungsverhältnis zwischen dem Deutungsmuster der *libertären Selbstbezogenheit* und dem Habitus der *leerlaufenden Selbstcharismatisierung* (mit dem Schwanken zwischen praktischer Positionierung und praktisch zurückhaltendem Klagen bei gleichzeitiger Anmaßung einer paternalistischen advokatorischen Position), wozu eine Haltung *abgeschotteter Gewissheit* gehört, festgestellt. Die Deutung jeglicher Handlungspraxis als *monadisch autonom* stützt diese Haltung, steht gewissermaßen in deren Dienst, wie umgekehrt das Deutungsmuster der *libertären Selbstbezogenheit* durch den genannten Habitus stabilisiert wird. Umgangssprachlich (und etwas verkürzt) ausgedrückt: Wer stets unterstellt, jeder sei seines Glückes Schmied, braucht andere nicht an sich heran-

---

[119] Wie oben gesagt, verwenden wir Maxime im praktischen Sinne und bezeichnen mit ihr eine rekonstruierbare höchste „handlungsleitende Regel" (Bubner und Dierse 1980, Sp. 943), der im Zweifel ohne Willen und Bewusstsein gefolgt wird (vgl. Loer 1996 [Halbbildung], S. 310–312). Sie ist gewissermaßen der Begriff, auf den der Habitus jeweils gebracht wurde, expliziert als Regel.

zulassen, und wer nichts an sich heranlässt, dessen Deutung aller Handelnden als voneinander unabhängig wird nicht erschüttert. – Hier liegt also nicht lediglich eine Passung von Habitus und Deutungsmuster, sondern, wie wir oben anhnd des Zusammenspiels einer Handlungs- mit einer Deutungsregel bereits thematisiert haben, eine wechselseitige Stabilisierung vor. Dass und inwiefern Deutungsmuster und Habitus gleichwohl analytisch zu unterscheiden sind, werden wir nach dem Durchgang durch die weiteren Fallanalysen wieder aufgreifen.

Zur Genese des Deutungsmusters

Beim *Deutungsmuster* ist bezüglich der *Genese der Fallstrukturgesetzlichkeit* zu unterscheiden zwischen der *Genese des Deutungsmusters* selbst und der *Übernahme des Deutungsmusters* durch den Fall, an dem es rekonstruiert wurde. Deutungsmuster bilden sich, wie in Abschn. 1.3 angezeigt, aufgrund von und als Antwort auf gesellschaftliche Deutungsprobleme in einer Deutungsgemeinschaft; dabei können sie Ergebnis unterschiedlicher Prozesse sein.

Um die *Genese* des Deutungsmusters der *libertären Selbstbezogenheit* mit dem Schlüsselkonzept der *monadischen Autonomie* aufzuklären, wäre es erforderlich, die Geschichte der Deutungsprobleme und ihrer Lösungen in der politischen Gemeinschaft der Bundesrepublik Deutschland aufzusuchen.[120] Dabei müsste u. U. die Debatte um den deutschen Sonderweg aufgenommen werden, was hier nicht möglich ist.[121] Es soll nur exemplarisch darauf hingewiesen werden, wie das Deutungsmuster im Feld des Politischen wirkte: Paul Levi, Sozialdemokrat und ehemals Vorsitzender der Kommunistischen Partei Deutschlands schrieb 1926: „Demokratie

---

[120] Claudia Honegger weist ebenfalls darauf hin, dass es „einer historisch-genetischen Analyse" bedürfe und „nach Ausgangskonstellationen und objektiven Handlungsproblemen" zu suchen sei, auf die Deutungsmuster (Honegger spricht hier von „Elementen") „einst antworteten und von denen sie sich abgelöst haben." (2001, S. 119) Allerdings vermengt sie die Rekonstruktion des Deutungsmusters (samt seines Schlüsselkonzepts, das bei ihr zwar als ‚gleichbleibender strukturierender Kern' [S. 119] auftaucht, aber nicht systematisch bestimmt wird) mit der Analyse der Genese. Am Fall bestimmt sie „verschiedene motivierende Elemente", die dann einer „rekonstruktiven Deutungsmusteranalyse unterzogen werden müßten" (2001, S. 118), unter der sie eben die Analyse der Genese versteht. Inwiefern die „Weltanschuungsinterpretation" (Honegger 2001, S. 132; mit Bezug auf Mannheim 1923/1964), die Honegger vor allem heranzieht, um die „Wandlungen von Theorien" und die „Konkurrenz von weltauslegenden Deutungssystemen" zu berücksichtigen, zur Rekonstruktion der Genese von Deutungsmustern beitragen kann, bleibt ebenso unklar wie der Begriff der Weltanschauung selbst (vgl. Thomé 2004).

[121] S. hierzu: Oevermann 1990 [Sonderweg], Franzmann 2003b, Winkler 1981, 2000a, b u. 2021.

und Republik kennen nur zwei Dinge: eine Regierung, die regiert, und ein Parlament, dem die Regierung verantwortlich ist ... Regierung und Parlament müssen sich frei, offen und unabhängig gegenüberstehen: ihre Auseinandersetzung, unter Umständen ihr Kampf, ist das Leben der demokratischen Republik." (Levi 1926; zit. n. Winkler 2000b, S. 643). Indem Levi hier Parlament und Regierung als voneinander unabhängig begreift, denkt er, so deutet Heinrich August Winkler zu Recht, „in den Kategorien der konstitutionellen Monarchie" (ebd.). Zugleich finden wir dort das von uns rekonstruierte Deutungsmuster, schreibt Levi doch sowohl dem Parlament als auch der Regierung eine voneinander unabhängige, eben monadische Autonomie zu. An der Geburtsstätte der Demokratie in Deutschland findet sich also ein Deutungsmuster, dass die Inkohärenz zwischen der Staatsform des demokratischen Parlamentarismus' und der obrigkeitsstaatlichen Monarchie verschwinden lässt. Ob es sich hierbei lediglich um eine Homologie zwischen Deutungsmustern handelt oder ob das von uns am Fall Guérot rekonstruierte Deutungsmuster mit dem in der Weimarer Republik bereits zu findenden Deutungsmuster genetisch zusammenhängt, kann hier nicht detailliert untersucht werden. Eine Skizze mag an dieser Stelle genügen und zu weiterer Forschung anregen.

> **Zum Zusammenhang des Deutungsmusters der libertären Selbstbezogenheit *und seines Schlüsselkonzepts der* monadischen Autonomie *mit dem Deutschen Sonderweg*[122]**
>
> Leonard Krieger hat zwei in der deutschen Geschichte wirksame unterschiedliche Vorstellungen von Freiheit in ihrer Verbindung rekonstruiert: „The juxtaposition – indeed, even the connection – of one conception of liberty that could be realized only within the authoritarian state and of another that could be realized only in an absolute realm beyond all states" (Krieger 1957, S. ix; vgl. Winkler 2021, S. 22). Beide, so muss man wohl sagen, gründen auf einem Begriff der monadischen Autonomie und lassen sich u. a. auf Fichtes Begriff der absoluten Freiheit zurückführen: einerseits wird im Obrigkeitsstaat der Handelnde entlastet und der Souverän kann eben souverän entscheiden;[123] andererseits kann im „absoluten Reich jenseits aller Staa-

---

[122] Claudia Honegger hält zu Recht fest, dass „eine historisch-genetische Analyse" dem „wechselseitigen Verhältnis von Strukturbedingungen, Handlungsproblemen und Deutungsmustern […] gerecht werden" muß (1978, S. 22); diesem Anspruch kann unser kleiner Exkurs selbstverständlich nicht genügen. Gleichwohl soll in ihm angedeutet werden, wie vorzugehen wäre.

[123] S.: „Seul est souverain celui dont, à l'instant, le choix dépend seulement du ‚bon plaisir'." (Bataille 1956, S. 16) – „Allein der, dessen Wahl im Augenblick nur vom Gutdünken abhängt, ist souverän." (Bataille 1956/1978, S. 47).

ten" der Idee nach dem Handeln nichts entgegenstehen.[124] Beides sind damit Konzepte von Freiheit, die die „Bezogenheit" (Gauck 2012, S. 29, passim) und damit Verantwortung für die Gemeinschaft ausschließen.

Wie gesagt geht dies in der Geschichte des deutschen Verständnis' von (politischer) Autonomie auf Johann Gottlieb Fichte zurück. Die bei ihm wie folgt zusammengefasste Konzeption des Ich: „Das Ich setzt ursprünglich schlechthin sein eigenes Seyn." (Fichte 1794/1971, S. 98), formuliert Dieter Henrich so: „Das Ich setzt schlechthin sich selbst." (1966/1982, S. 70) Das bringt eben bereits das Moment des Monadischen zum Ausdruck. In der Übertragung dieser Vorstellung von Autonomie auf das Politische findet sich nun einerseits ein zur freien Persönlichkeit erzogenes, mit einem Minimum an ziviler Freiheit ausgestattetes Individuum, das andererseits durch die organische Einheit der Nation in einen quasi göttlich geordneten Staatskörper gesetzt ist (Krieger 1957, S. 178).[125] Dieser sorgt für die Harmonisierung der Individuen zur Vermeidung von Spannungen, die sich aus der Begegnung des individualisierten Geistes mit der kollektiven politischen Realität ergibt (Krieger 1957, S. 177). – Wenn nun der Staat diese Aufgabe nicht mehr erfüllt, sondern stattdessen gar in das „modicum of civil liberty" eingreift, so muss dies zu einem Protest führen, der aber nicht sachgebunden für eine konkrete bürgerliche Freiheit einsteht, sondern sich abstrakt gegen jegliche Einschränkung verwahrt.

Dieses Verständnis von Autonomie und diese Konzeption des Verhältnisses von individueller Freiheit und politischer Einheit muss als Antwort auf die Problematik der Befreiung und der nationalen Einigung verstanden werden. Diese Problematik beruhte auf dem „Ausbleiben[…] der politisch-

---

[124] S.: „La souveraineté appartient seulement à celui qui oppose cette négation de principe à ce qui limite l'autonomie de ses décisions." (Bataille 1956, S. 16) – „Souveränität kommt allein demjenigen zu, der prinzipiell alles negiert, was die Autonomie seiner Entscheidungen einschränkt." (Bataille 1956/1978, S. 48).

[125] Vgl.: „Fichte thought in terms of two kinds of rights, the fundamental right (*Urrecht*) and the compulsory right (*Zwangsrecht*) which enforced the observation of one's fundamental right by other men" (Krieger 1957, S. 184; s. Fichte 1796/1991, S. 110–147). Die „fundamental proposition of natural law – everyone must limit his freedom so as to permit the freedom of others" (Krieger 1957, S. 183) folgt also nicht aus reziproker Anerkennung der Individuen; Fichte bemühte sich vielmehr sogleich zu zeigen, „that the authority of this social relationship was merely ‚hypothetical' – that is, it could not be absolutely grounded in the nature of man." Der erforderliche Respekt muss vielmehr an eine dritte Partei übertragen werden, von der er erzwungen werden kann „– that is, to the state." (Krieger 1957, S. 183 f.).

enund kulturellen Revolution nach dem Muster der großen Französischen, in der sich eine schon konstituierte bürgerliche Gesellschaft mit einer schon etablierten kapitalistischen Produktionsweise einen demokratisch verfaßten bürgerlichen Staat schafft, der als notwendig demokratisch verfaßter Nationalstaat in säkularisierter Legitimation politischer Herrschaft die Volkssouveränität etabliert und darin die Selbst-Regierung dieses Souveräns über sich selbst." (Oevermann [Gewalt] 1998, S. 118)[126] Die Schaffung des Nationalstaats in Deutschland geschah nämlich nicht durch das Erkämpfen einer – immer mit Verantwortung für das Gemeinwesen verbundenen – politischen Freiheit. „Napoleon als letzter Vertreter der aktuellen Frz. Revolution [...] als Befreier (verkörpert in der Überbringung des Code civile und des Code Napoleon [sic], also des bürgerlichen Rechts, sowie der Abschaffung der Feudalrechte) und als Fremdherrscher (verkörpert im Sieg von Jena und Auerstedt von 1806 [...] und in der daran anschließenden frz. Okkupation Preußens bis 1813) [...] wurde von einer eben nicht bürgerlichen, sondern adeligen Befreiungsbewegung als Fremdherrscher erfolgreich hinausgeworfen, bevor er als Befreier, d. h. in der Revolutionierung des absolutistischen Staates mit vorbürgerlichem Rechtssystem[,] hineingelassen worden war." (Oevermann [Gewalt] 1998, S. 118) Es war eine lange soziale und politische Geschichte der deutschen Länder, die in diese Konstellation mündet; in diese geht zentral das Zugleich der Fürsten als Souveräne ihrer Länder einerseits und als Aristokraten gegenüber dem Reich andererseits ein. Zudem geht sie mit einer langen intellektuellen Geschichte einher, die zumindest bis auf Luther zurückgeht und Autonomie abstrakt als Freiheit von Beschränkungen, garantiert durch die Obrigkeit begreift. Durch die Reformen, die die Revolution in Deutschland ersetzten (vgl. Langewiesche 1979/1994, S. 182–191), „entstand jedoch keine einheitliche egalitäre Staatsbürgergesellschaft. Denn der Adel konnte jenen Teil seiner privilegierten rechtlichen Stellung behaupten, und er behielt seine besondere soziale und wirtschaftliche Position. [...] In Deutschland konnte der Adel [...] zur nor-

---

[126] „Der deutschen Revolution von 1848/1849 *fehlte* eine sozial einheitliche *Trägerschicht* mit mehrheitlich anerkanntem Programm. Es gab vielmehr konkurrierende Zielsetzungen, die durch die gemeinsame Forderung nach dem deutschen Nationalstaat nur unzureichend überbrückt werden konnten. [...] Diese schroffe Polarisierung, die aus den unterschiedlichen gesellschaftlichen Erwartungsmodellen [sc. konstitutionelle Monarchie vs. Republik] hervorging, erwies sich trotz der gemeinsamen nationalen Zielsetzungen als unüberbrückbar. Sie trug deshalb wesentlich zum Scheitern der Revolution bei." (Langewiesche 1979/1994, S. 192 f.; kursiv i. Orig.).

> mativen Bezugsgruppe für einen Teil des deutschen Bürgertums werden, das adlige Lebensweisen und Wertmaßstäbe zu übernehmen suchte." (Langewiesche 1979/1994, S. 182) Damit wurde auch das Verständnis von Freiheit nicht mit konkreter Verantwortung und Solidarität (unter Bürgern) verbunden, sondern blieb abstrakt.
>
> Mit dieser Negation des Zusammenhangs von Freiheit und Verantwortung wird in einer solchen Deutung der sozialen Beziehungen zugleich Reziprozität als die fundamentale Regel der Sozialität negiert.[127]

Um die *Übernahme* des Deutungsmusters durch den Fall aufzuklären, bedürfte es der Erhebungen weiterer Daten, in denen seine Bildungsgeschichte zum Ausdruck käme. Dass die *Übernahme* des Deutungsmusters gesondert betrachtet werden muss, ergibt sich ja schon daraus, dass wir kaum einen Automatismus annehmen können, der dazu führen müsste, dass alle Angehörigen der politischen Gemeinschaft Deutschlands das rekonstruierte Deutungsmuster teilen. Hier ist das Problem der Wirkmächtigkeit von Deutungsmustern angesprochen mit der Frage nach dem Verhältnis von Determination, aktiver Anverwandlung und Transformation von Deutungsmustern; dies kann im Rahmen unserer Einführung in die *Rekonstruktion* von Deutungsmustern nicht behandelt werden. Es müsste hier also das Milieu untersucht werden, in dem Guérot aufgewachsen ist, ebenso wie die Lagerung ihrer Generation, zudem müsste ein biografisches Forschungsgespräch mit Guérot geführt werden, in dem insbesondere die Phase der Adoleszenz[128] sowie ihre akademische Sozialisation zu thematisieren wären. Dies kann im Rahmen dieser Einführung nicht geleistet werden. Deshalb werden wir, wie oben (Kap. 2) bereits gesagt, bei den folgenden Fällen auch auf Ausführungen zur Genese des Deutungsmusters verzichten.

---

[127] Dass die Annullierung von Reziprozität als ein zentrales Moment der nationalsozialistischen Vernichtungspraxis (s. Loer 2023 [Annulliert] mit diesem a-politischen Deutungsmuster zusammenhängt, ist naheliegend; dem wäre weiter nachzugehen.

[128] „Für die Generationenbildung selbst ist aber die Phase der Adoleszenz entscheidend, in der die im Herkunftsmilieu erworbenen Deutungsmuster reflexiv werden und dadurch hinterfragt und universalisiert werden können. Die Adoleszenten müssen Antworten für ein gelungenes Leben entwickeln, in die sie einerseits die mit ihrem Herkunftsmilieu verbundenen Haltungen und Deutungen integrieren und diese andererseits im Diskurs mit den für die eigene Generation wichtigen gesellschaftlichen Themen bearbeiten." (Gärtner 2008, S. 2397).

Zur Genese des Habitus

Auch beim *Habitus* ist zu unterscheiden zwischen der *Genese der Habitusformation* selbst und der *Bildung des Habitus* durch den Fall, an dem er rekonstruiert wurde. Habitusformationen bilden sich, wie in Abschn. 1.3 gezeigt, in einer Gemeinschaft aufgrund von gesellschaftlichen Handlungsproblemen, bei deren Lösung sie sich bewähren; dabei können sie Ergebnis unterschiedlicher Prozesse sein.

Für die Rekonstruktion der *Genese der Habitusformation* müssten die Gemeinschaften, denen der Fall angehört, als Trägergemeinschaften der Habitusformation – etwa das Milieu, die Region (vgl. Loer 2007 [Region]), die Generation (vgl. Loer 1999 [Zwischengen], Oevermann 2001 [GeneratBez], Gärtner 2006, 2008) – im Hinblick auf die Handlungsprobleme, aufgrund von denen sich die Habitusformation, als deren Lösung, ausbildete, untersucht werden.

Für die Rekonstruktion der *Bildung des Habitus* durch den Fall bedürfte es, wie für die Übernahme des Deutungsmusters, weiterer Daten, insbesondere solcher, in denen sich Aufschlüsse über die Sozialisation fänden. Auch dies können wir im Rahmen dieser Einführung nicht leisten. Neben einer Genogramm-Analyse (s. Hildenbrand 1999, 2005, 2018), mit deren Hilfe die familiale Konstellation zu bestimmen wäre, in der die Sozialisation stattfindet, müsste hier ebenso ein biografisches Forschungsgespräch geführt werden, in dem nun die „vier große[n] Ablösungskrisen",[129] insbesondere die Adoleszenzkrise[130] zu thematisieren wären. Denn diese sind es, in der die sich bildende Biografie bewähren muss und in der sie folglich ihre Haltung zur Welt ausbildet und in der die *Enkulturation in die Habitusformation* (vgl. Oevermann 1996 [profess], S. 120) zu verorten ist. Bei den folgenden Fällen verzichten wir demgemäß auch auf Ausführungen zur Genese des Habitus bzw. der Habitusformation.

(6) Überlegungen zu weitergehende Fragen
Neben den noch offenen Fragen zur Genese der Fallstrukturgesetzlichkeit wäre es aufschlussreich, Fälle aus den verschiedenen Freundeskreisen von Guérot: denjenigen vor der Corona-Krise, von denen sie sich in dieser Krise getrennt hat, und

---

[129] „1. Die mit der Geburt erfolgende Ablösung aus der primärsymbiotischen Phase der Schwangerschaft, ihrerseits eine Phase verschärfter Krisenbewältigung; / 2. Die Ablösung aus der sozialen Mutter-Kind-Symbiose in die manifeste Lebensform der ödipalen Triade / 3. Die Ablösung aus der familialen ödipalen Triade in die Latenzphase und die schulische peer-group / 4. Die Ablösung aus der Adoleszenzphase am Ende des Moratoriums der Adoleszenzkrisenbewältigung." (Oevermann 2009 [Biographie], S. 41).

[130] Vgl. die systematisch verdichtete Darstellung dazu in Oevermann 2005 [Trad], S. 25–27.

denjenigen, die sie durch ihr Agieren in der Krise neu gefunden hat, zu untersuchen. Hier wäre es aufschlussreich, zu sehen, ob in den unterschiedlichen Einschätzungen der Corona-Maßnahmen, der zu dem Wechsel der Freundeskreise führte, unterschiedliche Deutungsmuster und ggf. auch Habitusformationen zum Ausdruck kommen, oder ob den unterschiedlichen Einschätzungen möglicherweise dasselbe Deutungsmuster zugrunde liegt. Denn es erscheint zumindest a prima vista unwahrscheinlich, dass Guérot ihr Deutungsmuster verändert hat. Damit bestünde die Möglichkeit, dass sie bis zum Zeitpunkt, wo durch die Corona-Krise die unterschiedlichen Einschätzungen es erschütterten, sie davon ausging, dass auch ihre früheren Freunde *like-minded* waren. Diese Täuschung – und ihre Ent-Täuschung – aufzuklären, könnte weitere interessante Erkenntnisse über die Wirksamkeit und Verbreitung des rekonstruierten Deutungsmusters erbringen.

Darüber hinaus scheint Guérot einen Trend zu repräsentieren: „Am Nachlassen, in einigen Ländern fast schon am Versiegen dieser *rationalisierenden Kraft* der öffentlichen Auseinandersetzungen bemisst sich die politische Regression, in deren Sog seit dem Ende des vergangenen Jahrhunderts fast alle Demokratien des Westens geraten sind." (Habermas 2022c, S. 27 f.; kursiv i. Orig.) – Auch darauf, wie das rekonstruierte Deutungsmuster das Nachlassen der rationalisierenden Kraft der öffentlichen Auseinandersetzung befördert und wie es seinerseits dadurch bestärkt wird, wäre in weitergehender Forschung einzugehen.

3.3   Fallanalyse 2[131]

Wir haben in der ersten Fallanalyse bereits darauf hingewiesen, dass dort wo es um die Begründung der eigenen Position in einer expliziten Darstellung geht, die „innere[…] Logik" (Oevermann 1973/2001 [DM], S. 5 u. ö.) der Deutungsmuster besonders deutlich wird. Hier analysieren wir nun einen Offenen Brief,[132] der (wie ein Buch) eine elaborierte Darlegung erwarten lässt[133] und zudem (anders als ein Buch)

---

[131] Wir danken Marie Dazert, Jessica Klinowski, Sina Levenig, Jonas Schmeinck und Melissa Schaub, die an einer ersten Analyse des Falles beteiligt waren.

[132] https://www.achgut.com/artikel/das_freie_subjekt_ist_aufgehoben_warum_ich_mein_bundesverdienstkreuz_zurueckgebe; zuletzt angesehen am 27. Okt. 2023.

[133] Bei Offenen Briefen gilt: „ein Briefautor geht immer ein gewisses Wagnis damit ein, da er sich mit einer Krisendiagnose öffentlich exponiert, andere angreift und dadurch selbst angreifbar wird. Die Krisendiagnose muss daher gut begründet sein und gut vorgetragen werden, damit sie die nötige Gefolgschaft und Glaubwürdigkeit erhält und ihr impliziter Appell an die institutionelle Verantwortung der adressierten Person nicht verhallt." (Franzmann 2023, S. 175 f.).

in der Regel einen Appell und damit eine praktische Stellungnahme darstellt und somit deutlicher eine Haltung zum Ausdruck bringt. Insofern stellt diese Auswahl eine Kontrastierung zum ersten Fall dar. Zum einen kann erwartet werden, dass anders als bei Guérots Buch, durch den Appell-Charakter des Offenen Briefes keine unpraktische Haltung eingenommen werden kann. Zugleich muss ähnlich wie im Buch von Guérot, aber anders als bei den folgenden Fallanalysen von Forschungsgesprächen, eine explizite Begründung gegeben werden. Hier interessiert uns insbesondere die Deutung von Autonomie im Vergleich zum ersten Fall: bleibt sie hier ebenfalls monadisch oder wird die Vorstellung von Autonomie inhaltlich elaboriert und ihre reziproke Struktur deutlich?

Wir gehen bei der Analyse des Briefes in mehreren Schritten vor. Zunächst müssen wir die Pragmatische Rahmung eines Briefes im Allgemeinen und eines Offenen Briefes im Besonderen bestimmen. Sodann müssen wir die Adressierungshandlung analysieren und können schließlich der Sequenzialität des Briefes selbst folgen.

3.3.1 Analyse der Pragmatischen Rahmung[134]

„Bei einem Brief handelt es sich stets um einen von einem Autor gestalteten, edierten Text, der im Rahmen einer bestehenden Interaktion oder als Versuch zu deren Eröffnung erzeugt wird und von einem Absender an einen Empfänger gesendet wird." (Franzmann 2023, S. 151)[135] Dabei ist zunächst zu fragen, was den Brief von der Normalform der Kommunikation unter Anwesenden unterscheidet. Bei dieser befinden die Personen „sich im selben Raum zur selben Zeit", weshalb die geteilt Praxis-Raum-Zeitlichkeit unmittelbar gewiss und somit klar ist, wer mit wem kommuniziert. „Da solche Evidenzen in der brieflichen Kommunikation fehlen, müssen sie expliziert werden." (Franzmann 2023, S. 157) Es muss also im Brief markiert werden, (a) an wen er sich richtet, (b) wer der Autor ist, (c) zu welchem Zeitpunkt er die Äußerung getätigt hat und (d) wo er sich zu dem Zeitpunkt befand. Deshalb werden Briefe (a) adressiert und lassen (b) den Absender erkennen, werden (c) datiert und tragen (d) eine Ortsangabe. Insofern ermöglicht der Brief mittels der Schriftsprachlichkeit „die Aufnahme oder Fortsetzung einer direkten Interaktion ohne Mittelspersonen (Boten, Abgesandte) unter der Bedingung

---

[134] Wir stützen uns hier zur Abkürzung im wesentlichen auf den einschlägigen Handbuchartikel von Andreas Franzmann (2023; vgl. auch Franzmann 2003a, S. 236–239).

[135] Zur Geschichte des Briefes und seine geistesgeschichtliche Einbettung s. Kreb 2024, S. 23–38.

der Abwesenheit und räumlichen Trennung der Akteure." (Franzmann 2023, S. 157) Mit der Schriftsprachlichkeit entsteht darüber hinaus „die Option, dass sich der Text von seinem Autor und der Situation seiner Entstehung ablöst und auf Dauer gestellt verfügbar wird [...], was eine größere editorische Kontrolle von Wortlaut und Inhalt erlaubt und erwarten lässt." (Franzmann 2023, S. 158) – Wir können also davon ausgehen, dass der Autor eines Briefes die Formulierungen genau erwogen hat und wir insofern eine elaborierte und prägnante Darlegung vorfinden.

„Für öffentliche Briefe gelten strukturelle Besonderheiten, die man bei der Analyse beachten muss. Offene Briefe werden für die Publikation in einer Zeitung" (Franzmann 2023, S. 175) oder in einem anderen Medium geschrieben. Insofern haben wir zunächst zu fragen: „Was bedeutet es, dass der Brief in dieser Zeitung [resp. in diesem Medium] publiziert wurde? An welches Publikum richtet sich das Organ?" (Franzmann 2023, S. 175)

Unser Text wurde auf der Plattform „achgut.com" publiziert; die Analyse dieser Plattform können wir hier nur abgekürzt wiedergeben. Wir fragen zunächst, was für ein Medium eine Internet-Plattform ist. Texte, die auf einer *Internet-Plattform* veröffentlicht werden, sind *weltweit zugänglich*. Damit nimmt der Autor objektiv in Anspruch, dass sein briefliches Anliegen von Interesse für ein allgemeines, ja universales Publikum ist – allerdings wird dieses aufgrund der Sprache faktisch auf die des Deutschen Mächtigen eingeschränkt; gleichwohl bleibt der Anspruch enorm hoch. Die Internet-Plattform „achgut.com" wird von einer gleichnamigen Firma in Augsburg betrieben, wobei „achgut" als Akronym für „Achse des Guten" steht. Die Internet-Seite erhebt in einer Selbstaussage folgenden Anspruch: „die Autoren der Achse des Guten lassen sich nicht darin beirren, mit unabhängigem Denken dem Mainstream der Angepassten etwas entgegenzusetzen."[136] Damit ist zu erwarten, dass die Leserschaft dieser Plattform sich ebenfalls als im Denken unabhängig und als unangepasst begreift. Wenn dies besonders herausgestellt wird, muss die gängige Medienlandschaft als in einer etwa von der Regierung gelenkten Presse bestehend wahrgenommen werden.

▶ Um die Haltung des Briefautors herauszuarbeiten ist es hier methodisch wichtig, die objektive Bedeutung des Auftretens der Plattform mit der Realität abzugleichen. Wenn die Medienlandschaft in Deutschland tatsächlich „gleichgeschaltet" wäre, wie unter Maßnahmen-Gegnern oft behauptet wird, dann wäre in der genutzten Plattform eine wichtige aufklärerische und demokratieförderliche Praxis zu erkennen und der Autor träte als Patriot im Sinne Alexej

---

[136] https://www.achgut.com/seite/achgut_impressum; zuletzt angesehen am 8. Aug. 2023.

Nawalnys (2024) auf. Kann man aber begründet annehmen, dass hier eine Fehlinformation vorliegt und die Presse in Deutschland unabhängig und vielfältig ist, dann findet auf dieser Plattform eine Art Selbststigmatisierung und zugleich Beanspruchung einer widerständigen Sonderposition statt und die Haltung des Autors kommt einer Selbstüberhöhung gleich.

Was gilt für Offene Briefe weiter? „Solche Briefe rücken […] ein prekäres Thema ins Blickfeld der Öffentlichkeit" (Franzmann 2023, S. 175) – und zwar ein Thema, das „für das Gemeinwesen insgesamt oder wenigstens für weite Teile der Öffentlichkeit bedeutsam sein [muss]. Es geht um allgemeine Belange des Staates oder der Gesellschaft, und es reicht auch nicht aus, dass einer Einzelperson ein Unrecht geschehen ist. Es muss sich um Verfehlungen, Unterlassungen, Untätigkeit handeln, die auf strukturelle Missstände hindeuten. Der Anlass muss auf etwas Generalisierbares hinweisen." (Franzmann 2023, S. 176) Zudem „erzwingen sie eine persönliche Reaktion, weil sie ein Thema persönlich machen und vor den Augen der Öffentlichkeit einem Amtsträger vortragen." (Franzmann 2023, S. 175) Wenn nun der Adressat eine für das Gemeinwesen als ganzes bedeutsame Position inne hätte (a), müsste der Brief bei der Veröffentlichung auf der soeben charakterisierten Plattform damit eingeleitet werden, dass andere Medien sich weigerten, ihn zu veröffentlichen (a.α). Andernfalls wäre zu erwarten, dass der Offene Brief sich an die Betreiber der Plattform selbst richtet und nur für die Leserschaft dieses Organs von Interesse wäre (b). Läge (a) ohne die Implikation (a.α) vor, müssten wir davon ausgehen, dass der Autor des Briefes – kontrafaktisch – wie die Plattform selbst sich als eine Art Widerstandskämpfer gegen den Mainstream versteht.

Da die Geltungskraft eines Offenen Briefes „sich alleine aus dem Anliegen, das vorgetragen wird, sowie der Qualität der Argumentation" rechtfertigt (Franzmann 2023, S. 176), können wir erwarten, dass letztere sehr explizit und elaboriert ist. Wir werden also die Haltung der Selbstmarginalisierung bei gleichzeitiger Selbstüberhöhung, sollte sie vorliegen, auch aus dem Schreiben selbst rekonstruieren können. Bevor wir uns dem zuwenden, soll noch die redaktionelle Rahmung auf die erwartete Implikation (a.α) hin geprüft werden.

> „Das freie Subjekt ist aufgehoben" – Warum ich mein Bundesverdienstkreuz
> zurückgebe

Die Überschrift lässt erwarten, dass der Adressat eine offizielle staatliche Stelle ist, was in diesem Fall der Bundespräsident sein muss, der den Verdienstorden der

Bundesrepublik Deutschland verleiht.[137] Selbst wenn die Überreichung durch ein ausführendes Organ erfolgt sein sollte, ist der Bundespräsident der – auch durch eine entsprechende Urkunde ausgewiesene[138] – Verleiher. Die Überschrift bietet zunächst ein Zitat, von dem man annehmen muss, dass es aus dem Brief stammt; dies wird aber dadurch konterkariert, dass die Überschrift im zweiten Teil suggeriert, der Autor des Briefes spreche hier selbst und zitiere seinerseits eine andere Quelle. Damit wird der Charakter des Offenen Briefes unterstrichen.

> Dr. Manfred Kölsch war 40 Jahre lang Richter. Der promovierte Jurist ist entsetzt über die Aushebelung unserer Verfassung: „Der Bürger wird pauschal als Gefährder angesehen. Dadurch wird ein Spaltvirus in die Gesellschaft getragen". Jetzt schrieb er an den Bundespräsidenten und gibt sein Bundesverdienstkreuz aus Protest zurück. Achgut.com dokumentiert sein Schreiben, weil die ausführliche Argumentation es wert ist, für die Zukunft festgehalten zu werden.

Die redaktionelle Einleitung lässt nicht erkennen, dass der Autor den Brief zuvor bei einem anerkannten Medium als Offenen Brief publizieren wollte. Zugleich wird der Brief als Dokument gerahmt, so dass sich die Frage stellt, ob es sich um einen Offenen Brief im eigentlichen Sinne handelt. Allerdings muss der Autor, der nicht eine Person des öffentlichen Lebens oder eine Person der Zeitgeschichte ist, deren Urheberrecht eingeschränkt wäre, sein Einverständnis zur Veröffentlichung gegeben haben, was dem Schreiben dann doch – wie ja schon durch die Überschrift nahegelegt – den Charakter eines Offenen Briefes gibt. Insofern gilt der o. g. Schluss, dass der Autor des Briefes sich als eine Art Widerstandskämpfer gegen den Mainstream versteht.

3.3.2 Analyse des Brieftextes

(1) Analyse der datentypenspezifischen Eröffnung

Als erstes schauen wir uns die konkrete Gestaltung des Briefes an, sofern sie in der Verantwortung des Autors liegt; gemäß dem Prinzip der Kontextfreiheit

---

[137] „Der Verdienstorden der Bundesrepublik Deutschland wird vom Bundespräsidenten verliehen und kann als Zeichen der allgemeinen Anerkennung in Form eines Ordenszeichens getragen werden." (Statut des „Verdienstordens der Bundesrepublik Deutschland", Art. 1).

[138] „Alle Beliehenen erhalten eine Urkunde mit der Unterschrift des Bundespräsidenten." (Statut des „Verdienstordens der Bundesrepublik Deutschland", Art. 7, Abs. 1, Satz 1).

(s. Glossar) blenden wir hier nun die Informationen aus der redaktionellen Einbettung aus.

Manfred Kölsch, Trier, den 15.05.2021

Zunächst finden wir einen Briefkopf mit dem Namen des Absenders, Orts- und Datumsangabe, ganz, wie es den o. g. Erfordernissen der „Kommunikation unter Abwesenden" (Franzmann 2023, S. 152) entspricht. Der Name ist nicht allgemein bekannt, so dass eine redaktionelle Erläuterung, die wir oben nur eingeschränkt herangezogen haben, erforderlich ist. Ort und Datum sind *a prima vista* auch nicht durch herausgehobene Ereignisse markiert; dass es ein Samstag ist, an dem der Brief geschrieben wurde, ist für den Autor nicht relevant, sonst hätte er es erwähnt. Gleichwohl legt dies nahe, dass der Brief nicht *qua* Amt verfasst wurde.

Herrn

Es folgt die (Wiederholung der) Adressierung auf dem Schreiben selbst, was angesichts der Tatsache, dass es sich um einen Offenen Brief handelt, der sich an einen Amtsträger richtet,[139] eine für die (nicht adressierten) Leser wichtige Information beinhaltet.

Bundespräsidenten Frank-Walter Steinmeier

Dass die Adressierung, die sonst den auch in dem „Ratgeber für Anschriften und Anreden" des Bundesministerium des Innern (2010, S. 28) festgehaltenen Gepflogenheiten entspricht, den akademischen Titel auslässt, spricht für eine Fokussierung auf die politische Funktion, für die dieser eben nicht relevant ist.

Bundespräsidialamt
Spreeweg 1
10557 Berlin

Dass die Adresse auf dem Briefbogen wiederholt wird, könnte auch für die Verwendung eines Briefumschlags mit Sichtfenster, wie er „fast ausschließlich in Ge-

---

[139] „Öffentliche Briefe adressieren normalerweise [...] zumeist Amtsträger und Repräsentanten von Institutionen, und unterstellen, dass es ein Thema gibt, welches in die Zuständigkeit und Verantwortlichkeit dieser Amtsträger fällt oder fallen sollte, und das nicht hinreichend wahrgenommen oder bearbeitet wird." (Franzmann 2023, S. 176).

schäftsbriefen genutzt" wird (Franzmann 2023, S. 161), sprechen, was den formellen Charakter des Schreibens unterstreicht.

> Sehr geehrter Herr Bundespräsident,

Auch hier wird die Funktion adressiert und die Anrede entspricht dem formellen Schriftverkehr. Dass nicht auf die für staatliche Stellen empfohlene Anrede[140] zurückgegriffen wird, spricht, wie bereits der Verzicht auf den akademischen Titel, dafür, dass der Autor sich hier als Bürger des Gemeinwesens an seinen Präsidenten richtet. Dabei sind verschiedene Anlässe möglich: Wünschen, Bitten, Beschwerden, Fragen und Anregungen.[141]

Die Eröffnung des Schreibens enthält alle Elemente eines Offenen Briefes, der in der Haltung des Staatsbürgers verfasst wurde. Sie lässt erwarten, dass ein „für das Gemeinwesen insgesamt" bedeutsames Thema angesprochen und an den Bundespräsidenten appelliert wird, zu intervenieren.

(2) Analyse einer thematisch einschlägigen Stelle zur Bildung einer ersten Fallstrukturhypothese

Da bei einem Brief zu erwarten ist, dass Anlass und Thema des Schreibens zu Beginn eingerichtet werden, fahren wir in der Analyse mit dem unmittelbar auf die Anrede folgenden Text fort.

> mein heutiges Schreiben an Sie \...[142]

Indem das Schreiben mit einem (zeitlichen) Index versehen wird, wird es als eines in einer Reihe wiederkehrender Vorgänge markiert – so wie es etwa bei: ‚mein heutiges Frühstück war …‘, ‚mein heutiges Seminar behandelt das Thema …‘, ‚meine heutige Kolumne beschäftigt sich mit …‘. – Daraus lässt sich schließen, dass der Autor sich öfter an den Bundespräsidenten wendet (H_1).[143] Dies könnte in seiner

---

[140] „*Hochverehrter Herr Bundespräsident* oder *Sehr verehrter Herr Bundespräsident*" (BMI 2010, S. 28; Hervorhbg. i. Orig.).

[141] https://www.bundespraesident.de/DE/amt-und-aufgaben/aufgaben-in-deutschland/amtliche-funktionen/amtliche-funktionen_node.html; zuletzt angesehen am 27. Okt.i 2025.

[142] „\..." markiert hier, dass der Absatz noch weitergeht; „.../" markiert hier, dass der Absatz bereits begonnen hat; „[…]" markiert eine (vorläufige) Auslassung – etwa, um zunächst zusammengehörige Satzteile zu analysieren.

[143] Hier – wie schon im ersten Fall – markieren wir Handlungen und an weiteren Stellen auch Deutungen, die in der Zusammenfassung wieder aufgegriffen werden für eine Verdichtung der Erkenntnisse.

Funktion begründet sein – etwa als Mitarbeiter des Bundespräsidialamtes. Etwas anders wäre es gelagert, wenn hier ein Bürger Bürgernähe der Politik so verstünde, dass er sich als Bürger, der seine Verantwortung als Bürger sehr ernst nimmt, um die Geschicke des Gemeinwesens kümmert, indem er engen Kontakt zu seinen politischen Vertretern sucht. Die Handlungsregel, die diese Handlung (H_1) hervorgebracht hat, können wir wie folgt formulieren: ‚Bei auffälligen Missständen in der Gesellschaft verlange vom höchstrangigen Vertreter Abhilfe!' (HR_1) Sich des öfteren mit Anliegen, Fragen und Anregungen an den höchsten Repräsentanten des Staates – statt an die zuständigen Behörden – zu wenden, legt allerdings den Verdacht einer Selbstüberschätzung nahe.

> …/ ist begleitet \…

Dasjenig, was begleitet wird ist die Hauptsache, das, was begleitet, spielt eine Nebenrolle. Wenn etwa ‚die heutigen Regenfälle von Gewittern begleitet' werden, so gab es an anderen Tagen auch schon Regenfälle und diese sind auch das heutige Hauptwetterereignis, aber es treten zudem Gewitter auf, die allerdings nicht sehr ausgeprägt sein dürften. Nun kann das „Schreiben" sich auf den dinglich vorliegenden Brief oder auf den Akt des Schreibens beziehen. Letzterer könnte etwa von Gefühlen begleitet sein. Für ersteres hingegen lässt sich kein gängiges Beispiel finden – eher umgekehrt sprechen wir, wenn eine Hauptsache (etwa Werbematerial oder ein Vertrag) versandt wird, von ‚Begleitschreiben'; dieses erläutert die Sendung oder stellt eine Art Einleitung dar. – Schauen wir zunächst das zu erwartende von- (oder durch-) Adjunkt der erweiterten Passivkonstruktion an.

> …/ von dem […] Bundesverdienstkreuz. \…

Das Bundesverdienstkreuz „wird verliehen für Leistungen, die im Bereich der politischen, der wirtschaftlich-sozialen und der geistigen Arbeit dem Wiederaufbau des Vaterlandes dienten und soll eine Auszeichnung all derer bedeuten, deren Wirken zum friedlichen Aufstieg der Bundesrepublik Deutschland beiträgt." (Bundespräsidialamt 2017, S. 18). Dass es durch die Formulierung zu einer Nebensache erklärt wird, entwertet es – allerdings könnte die Funktion dieser logischen Umkehr, die zur Irritation führt, auch in einer ironischen Brechung bestehen. So könnte etwa ein wohlhabender Großvater in Form eines Understatements seinem Enkel schreiben: ‚Dieses Schreiben ist begleitet vom Schlüssel zu dem Porsche, den Dir zum bestandenen Abitur zu schenken ich mir erlaube.' In angemessener Gewichtung von Hauptsache (Bundesverdienstkreuz) und Begleitschreiben müsste es demgegenüber heißen: anbei …, diesem Schreiben liegt … bei, mit diesem Schreiben sende ich … zurück. Was hätte sich verändert? Dem Schreiben käme als

Begleitschreiben eine Nebenrolle zu. Zwar spricht für die Ironie-Lesart, dass die sprachliche Umkehr mit einer sachlichen einhergeht: dem Bundespräsidenten, der das Bundesverdienstkreuz verleiht, wird eines zugeschickt. Doch sollte sie sich nicht erhärten, müssen wir schließen, dass der Autor – im Sinne der oben bereits vermuteten Selbstüberschätzung – sich und seinem Schreiben großes Gewicht verleiht. Ziehen wir nun den vollständigen Satz heran.

.../ von dem mir vor vielen Jahren verliehenen Bundesverdienstkreuz. \...

Der Autor des Briefes hat sich also entsprechende Verdienste erworben, was bestätigt, dass er, wie oben vermutet, seine Verantwortung als Bürger sehr ernst nimmt und sich um die Geschicke des Gemeinwesens kümmert. Was kann nun der Grund sein, dass er das ihm verliehene Bundesverdienstkreuz zurückgibt? Dass er es reparieren lassen möchte, ist wohl auszuschließen. Die Rückgabe einer Auszeichnung kann entweder dadurch motiviert sein, dass der Inhaber sich ihrer nicht mehr als würdig begreift (Mv.a) – so könnte etwa ein des Plagiats Verdächtigter auf den ihm verliehenen akademischen Titel verzichten, auch wenn es keine Handhabe gibt, ihm diesen zu entziehen –; oder dadurch, dass er die verleihende Instanz für unwürdig hält (Mv.b) – etwa weil sie durch ihr Verhalten nach Einschätzung des Inhabers die Würde des Ordens beschädigt. Im ersten Fall handelte es sich um die gesteigerte Anerkennung der verleihenden Instanz und einen Akt der Bescheidenheit. Im zweiten Fall müsste der den Orden Zurückgebende eine höhere Instanz in Anspruch nehmen – etwa eine moralische Überzeugung. Angesichts der Bedeutsamkeit der verleihenden Instanz würde dies erneut für eine Selbstüberhöhung sprechen. Andernfalls müsste ein extremes Vergehen vorliegen, auf das der Absender in gesteigerter Weise durch den offenen Brief aufmerksam machen will. Dann nähme er seine Verantwortung als Bürger sehr ernst im Sinne seiner demokratischen Pflicht, die Ordnungsmäßigkeit des politischen Geschehens zu beobachten und Kritik offen zu äußern zum Wohle des Gemeinwesens.

Dadurch dass betont wird, dass die Verleihung lange zurückliegt, wird der Auszeichnung selbst und damit zugleich der Rückgabe stärkere Bedeutung zugewiesen: Es muss ein bedeutendes aktuelles Ereignis gegeben haben, dass die Rückgabe auslöste.

Das Bundesverdienstkreuz ist bis Ende 2024 mehr als 260.000-mal,[144] allein in der Dekade von 2012 bis 2022 14.901-mal verliehen worden.[145] Die Häufigkeit der

---

[144] https://www.bundespraesident.de/DE/Amt-und-Aufgaben/Orden-und-Ehrungen/Verdienstorden/verdienstorden-node.html; zuletzt angesehen am 27. Okt. 2025.

[145] https://www.bundespraesident.de/DE/Amt-und-Aufgaben/Orden-und-Ehrungen/Verdienstorden/Statistik/statistik-der-ordensverleihungen-node.html; zuletzt angesehen am 8. Aug. 2023.

Auszeichnung schmälert nicht die Bedeutung, die deren Rückgabe hat. Diese wird auch durch das gehobene Sprachniveau der förmlichen Ausdrucksweise unterstrichen.

>   …/ Dieses \…

Das Demonstrativ-Pronomen (oder der Demonstrativ-Artikel) verweist auf „Bundesverdienstkreuz" im vorhergehenden Satz, welches damit nochmals betont wird. Die oben festgehaltene Irritation, dass das Bundesverdienstkreuz in begleitender Rolle eingeführt wird, zugleich aber doch eigentlich der Hauptbestandteil der Sendung ist, bleibt erhalten. Auf der einen Seite entleiht das Schreiben seine Bedeutsamkeit der Bedeutsamkeit des Verdienstordens, auf der anderen Seite beansprucht es Bedeutsamkeit aus sich heraus.

>   …/ gebe ich zurück \…

Hier wird deutlich, dass gegenüber dem ersten Satz die Haupt- und Nebenrolle getauscht wird und das Verdienstkreuz und seine Rückgabe im Vordergrund stehen. Eine sachliche Alternative stellt die Formulierung ‚Hiermit gebe ich es zurück‘ dar.

Vergleicht man die gewählte mit der alternativen Formulierung ‚Dieses sende ich zurück‘, so zeigt sich, dass es dem Autor auf genau diese Handlung der Rückgabe als Gegenakt der Verleihung ankommt – und nicht lediglich auf den ausführenden Akt der (Zurück-)Sendung (was ja auch nicht korrekt wäre, ist dem Autor das Verdienstkreuz vermutlich nicht postalisch übermittelt worden). – Da kein Satzzeichen steht, ist davon auszugehen, dass eine Erläuterung folgt, die allerdings nicht die Form eines Nebensatzes haben kann, sondern mit einer Präposition angeschlossen werden muss. Dabei ist eine Begründung naheliegend, die entweder eine Veranlassung (‚aus Ärger über …‘) oder einen Zweck (‚in der Absicht …‘, ‚in der Hoffnung …‘, ‚mit dem Ziel …‘) angeben könnte. Der Autor empfindet also seine Handlung der Rückgabe als begründungspflichtig und es ist ihm ein Anliegen, sie plausibel zu machen; dies passt zu der gewählten Textform des Offenen Briefes.

>   …/ aus Protest gegen \…

Mit der Begründung der Handlung als „Protest" ist klar, dass es sich um das oben als zweites genannte Motiv (Mv.b) handeln muss. Die Instanz des Bundespräsidenten oder der Staat, für den er repräsentativ steht, muss in den Augen des Autors ihre bzw. seine Würde verloren haben, so dass nur die Rückgabe der Ehrung ihn selbst vor demselben Verlust schützt. Das kann nun keine leichte Verfehlung, etwa eine in den Augen des Autors falsche Steuerpolitik o. ä. sein, sondern muss sich entweder um einen Frevel des Bundespräsidenten selbst oder eine grundlegende Fehlentwicklung des Staates handeln, etwa eine Zuwiderhandlung gegen verfassungsgemäß verbürgte Freiheits- oder Gleichheitsrechte.

Die Kritik an einer solchen Verfehlung als fundamental muss auf einer festen Überzeugung von entsprechenden Maßstäben ruhen. So könnte etwa die gegen massive öffentliche Proteste erfolgte Verabschiedung des Gesetzes zur Reform der Justiz durch die Knesseth in Israel (vgl. Esser 2023) dazu führen, dass Bürger aus Protest allfällige Orden zurückgeben. Etwas aus Protest zu tun, ist ein stärkerer Ausdruck des Missfallens, als lediglich Kritik zu äußern oder etwas abzulehnen; gleichwohl handelt es sich noch um einen moderaten Akt, der noch, anders als Verweigerung, Widerstand oder gar Emigration, auf die Überzeugungskraft von Argumenten baut. Diese Argumente müssen nun entfaltet werden, damit der Anspruch auf innere Konsistenz eines Offenen Briefes eingelöst wird.

> …/ die von den staatlichen Organen […] ergriffenen Maßnahmen \…

In förmlicher Ausdrucksweise, juristisch fachsprachlich formuliert wird nun nicht, wie erwartet, eine fundamentale Fehlentwicklung thematisiert, sondern konkrete „Maßnahmen". Indem diese als Grund genannt werden, müssen sie also aus Sicht des Autors strukturell einem grundlegenden Fehlverhalten entsprechen, um die Rückgabe des Bundesverdienstkreuzes und den Offenen Brief zu rechtfertigen. Die Maßnahmen, die in der Auslassung spezifiziert werden, erhalten damit eine fundamentale Bedeutung. Die ihr zugrundeliegende Überzeugung als Maßstab seines Urteil muss Kölsch[146] folgend entfalten. So ist zu erwarten, dass sich an der Begründung bereits zentrale Deutungsmuster zeigen werden. Hier entfällt das oben als erste Begründung für die Rückgabe genannte Fehlverhalten des Bundespräsidenten selbst.

Auffallend ist an der gewählten fachsprachlichen Formulierung, dass sie eine Benennung konkreter Verantwortlicher vermeidet, wie es alternativ möglich gewesen wäre durch z. B.: ‚Protest gegen die Regierungsbeschlüsse'. Entgegen dieser genaueren Lesart lassen „staatliche Organe" ein kaffkaeskes Bedrohungsszenario entstehen, in dem Bürgern diffusen autoritären Strukturen unkontrollierbar unterworfen sind. Wo keine Verantwortlichen genannt werden, kann aber auch keine Überprüfung der Vorwürfe – z. B. durch den Adressaten – stattfinden, mögliche

---

[146] Da es hier bei der Analyse eines offenen Briefes um den Autor geht, bezeichnen wir ihn mit dem (Familien-) Namen ohne Namenszusatz.

Verursacher können nicht zur Rechenschaft gezogen werden. Obwohl ein Offener Brief eine Reaktion des Adressaten erzwingt, ist jenem aber durch die Diffusität des behaupteten Missstandes die Gelegenheit dazu gleichzeitig entzogen. So nimmt der Brief die Form eines *pragmatischen Paradoxons* an. Im Folgenden nun müsste diese Diffusität aufgehoben und der Inhalt der Maßnahmen konkretisiert werden.

> …/ die von den staatlichen Organen zur angeblichen Bekämpfung des Coronavirus SARS-CoV-2 ergriffenen Maßnahmen.

Folgerichtig werden (in der zuvor von uns ausgelassenen Passage) die „Maßnahmen" spezifiziert, die der Autor als grundlegendes Fehlverhalten einordnet. Wie Kölsch diese nun einführt, ist aufschlussreich. Indem er sie als solche zur „angeblichen Bekämpfung des Coronavirus" bezeichnet, wird der Wahrheitsgehalt der Motivation der zugrundeliegenden Beschlüsse angezweifelt. Die „staatlichen Organe" werden damit der Lüge bezichtigt (D_{2a}).[147] Anhand der möglichen Alternativformulierung ‚zur Bekämpfung des Coronavirus … ergriffenen Maßnahmen', in der das „angeblich" weggelassen wäre, zeigt sich, dass nicht die Maßnahmen im Zentrum seines moralischen Urteils stehen, sondern das vermutete zugrundeliegende wahrhaftige Motiv. Die „staatlichen Organe" verfolgen, so der Autor, einen anderen, als den angegebenen Zweck.

Als Fallstrukturhypothese zum *Habitus* des Autors war oben eine Tendenz zur *Selbstüberhöhung* festgestellt worden. An dieser Stelle nun kann diese Fallstrukturhypothese erweitert werden. Er zeigt sich hier *durchblickerhaft*, indem er für sich selbst Wahrhaftigkeit beansprucht, die er den kritisierten „staatlichen Organen" abspricht. So präsentiert sich Kölsch zu Beginn seines Briefes als derjenige, der ein moralisches Urteil über staatliches Handeln fällt – und zwar nicht indem er die Maßnahmen begründet kritisiert, sondern indem er die Glaubwürdigkeit der staatlichen Entscheidungen anzweifelt. Lägen für solche Zweifel triftige Gründe vor, wäre dies eine ernstzunehmende und Besorgnis erregende Fehlentwicklung, die auch den Offenen Brief als Appell begründen würde. Im weiteren Verlauf des Briefes müsste der Autor nun einen Nachweis für sein Urteil liefern sowie die bisher nur diffus eingeführten Verantwortlichen konkretisieren.

---

[147] Die mit ‚D' und Nummernindizes markierten Deutungen und die mit ‚DR' und Nummernindizes markierten Deutungsregeln werden wir in der Zusammenfassung (s. u.) wieder aufnehmen. Die Numerierung der Deutungen (D_n) und damit der Deutungsregeln (DR_n) haben sich im Laufe der Analyse ergeben und erfolgt deshalb nicht unbedingt in der Reihenfolge ihres Auftauchens in der Darstellung.

Da der auf den Eingangssatz folgende Abschnitt erste inhaltliche Aussagen präsentiert, die einen solchen Nachweis liefern könnten, wird er für die Fallstrukturrekonstruktion hier zur Eingangssequenz hinzu genommen.

> …/ Diese Maßnahmen sind einmalig in der Geschichte der Bundesrepublik Deutschland. Weil sie unverhältnismäßig und in diesem Ausmaß nicht erforderlich sind, verstoßen sie gegen das Rechtsstaatsprinzip.

Statt der erwarteten Begründung des Lügenvorwurfs und der Nennung von Verantwortlichen, beginnt der unmittelbar auf den Eingangssatz folgende Abschnitt mit der historischen Einordnung der Maßnahmen. Die Einmaligkeit von Maßnahmen, zumal wenn sie eine neuartige Herausforderung betreffen, sind weder überraschend noch sagen sie etwas über ihre Güte und Angemessenheit aus. Diese Einschätzung liefert der nachfolgende Satz. Hier zieht der Autor als Maßstab die Verhältnismäßigkeit der Maßnahmen heran. Dieser ist in folgendem Sinne geeignet: „Alle wesentlichen Entscheidungen des Staates bedürfen einer gesetzlichen Grundlage. Dies ist nicht nur eine formale Voraussetzung. Über die Wahrung der Grundrechte hinaus muß die vom Gesetz vorgesehene Maßnahme dem Grundsatz der Verhältnismäßigkeit entsprechen. Sie muß einem legitimen Staatsziel dienen und geeignet sein, dieses Ziel zu erreichen. Ferner muß die Maßnahme erforderlich sein. Genügt ein milderes als das vorgesehene Mittel, um das Ziel zu erreichen, so ist die strengere Maßnahme nicht erforderlich. Schließlich muß die Regelung, die der Gesetzgeber vorsieht, auch dem Betroffenen zumutbar sein." (Benda 1997, S. 477 f.) Kölsch scheint sich auf genau diesen Sachverhalt zu beziehen. An dieser Stelle konstatiert er zunächst die seiner Ansicht nach nicht vorhandene Verhältnismäßigkeit (D_1). Eine Begründung fehlt noch.

> …/ Spätestens mit der Verabschiedung des § 28b IfSG wurde mit Hilfe der Ministerpräsidenten der Länder der Föderalismus zu Grabe getragen \…

Nun folgt nicht ein sachhaltiger (medizinisch, sozial oder politisch begründeter) Beleg für die Einschätzung der Unverhältnismäßigkeit der Maßnahmen – diese bleibt als reine Behauptung bestehen –, sondern der Autor widmet sich lediglich dem formal-rechtlichen Rahmen des Inkrafttretens einer auf die Schutzmaßnahmen bezogenen Neufassung des Infektionsschutzgesetztes. Im besagten Infektionsschutzgesetz[148] werden Maßnahmen wie Maskenpflicht, Testnachweise und Rege-

---

[148] Konkret handelt es sich hier um das Gesetz, das in Langfassung heißt: „§ 28b Bundesweit einheitliche Schutzmaßnahmen zur Verhinderung der Verbreitung der Coronavirus-Krankheit-2019 (COVID-19) bei besonderem Infektionsgeschehen, Verordnungsermächtigung"

lungen zur Durchführung von Präsenzunterricht in Schulen „Unabhängig von einer durch den Deutschen Bundestag nach § 5 Absatz 1 Satz 1 festgestellten epidemischen Lage von nationaler Tragweite" verordnet. Sie werden in der zum Zeitpunkt des Briefes gültigen Fassung des § 28b an die sogenannte „Sieben-Tage-Inzidenz" gekoppelt. Die Bundesregierung kann durch diese Verordnung ohne Zustimmung des Bundestages und des Bundesrates entscheiden. Sowohl die Legislative des Bundes wie die Länder werden damit umgangen. Zudem – so die Begründung des Autors an späterer Stelle des Briefes – wird ein Organ der Exekutive in Gestalt des Robert Koch-Instituts (RKI) als Bundesinstitut zum Maßgeber der Inzidenzen, da diese von der Anzahl von Testungen abhängig sind. Diese Kopplung kann als Verstoß gegen die Gewaltenteilung angesehen werden.

▶ Methodisch ist es hier geboten (s. Glossen *Sequenzanalyse* und *Prinzip der Sequenzialität* – Wernet 2000/2009, S. 27 ff.) nicht zu einer inhaltlich passenden Stelle im Dokument zu springen, etwa um die oben erwähnten Zusatzinformationen über das Handeln des RKI hinzuzuziehen. Vielmehr gilt es zu rekonstruieren, was es bedeutet, dass Kölsch an dieser frühen Stelle im Brief seine Behauptung zunächst unbegründet stehen lässt und statt einer Begründung eine polemische Darstellung seiner Sicht auf die Folgen für die Demokratie vornimmt.

Anstatt diese juristische Argumentation, zu der er Kraft seiner beruflichen Qualifikation fähig ist und die er an späterer Stelle auch vornimmt, vorzulegen, greift Kölsch zu einer Metapher: „zu Grabe Tragen" nennt man im Wortsinn die Tätigkeit der Sargträger beim Gang zur Grabstelle. Man hat ein konkretes Bild vor Augen. Damit wird die Aussage emotionalisiert. Diese Beerdigungssituation wird üblicherweise von Trauer begleitet. Die Stimmung ist gedrückt. Im Kontext des Offenen Briefes behauptet der Autor hier, dass mit dem Verabschieden des Gesetzes ein endgültiger Abschied vom Föderalismus vorgenommen worden sei.

Sachlich und in Kontrast zur Behauptung von Kölsch lässt sich festhalten, dass der Föderalismus weiter fortbesteht.[149] Denn offensichtlich besteht die Gewalten-

---

(https://www.gesetze-im-internet.de/ifsg/__28b.html; zuletzt angesehen am 27. Okt. 2025). Zum Zeitpunkt des Briefes galt eine vorherige Fassung mit Änderung vom 4.5.2021 (siehe: https://www.buzer.de/gesetz/2148/al147874-0.htm; zuletzt angesehen am 27. Okt. 2025).

[149] Vgl.: „Zunächst einmal kann von ‚der' Exekutive und ‚dem' Ausnahmezustand im Föderalismus keine Rede sein. Seuchenbekämpfung ist in Deutschland seit jeher Ländersache, selbst nach dem Kompetenzzuwachs für die Bundesregierung durch die Erweiterung des Infektionsschutzgesetzes seit März 2020 und auch nach der ‚Bundesnotbremse' ein gutes Jahr später. Insofern stechen bei den Eindämmungsmaßnahmen große regionale Unterschiede hervor." (Thießen 2021, S. 73).

teilung fort, in der es definierte, gesetzlich geregelte Ausnahmen gibt wie Notverordnungen, zu denen mit dem genannten Infektionsschutzgesetz nun eine weitere hinzugekommen ist. Keineswegs also ist der Föderalismus in Gänze abgeschafft worden. Die getroffene Aussage stellt damit eine unbelegte und in der Verallgemeinerung sachlich falsche Behauptung dar. Sie ist angesichts der Sachlage eine verallgemeinernde Übertreibung.

Dass dies mit „Hilfe der Ministerpräsidenten der Länder geschieht", ist doppelt verbildlicht, denn sie sind einerseits Sargträger („mit Hilfe") und andererseits selbst entmachtet (begraben als Ministerpräsidenten in ihrer eigenen Entscheidungsbefugnis), denn erst durch den Föderalismus haben sie Einfluss auf die Bundespolitik sowie Entscheidungsmacht im eigenen Bundesland.

Die mögliche Alternative ‚wurde der Föderalismus stark eingeschränkt', wäre demgegenüber sachlicher, nicht emotionalisiert durch die Metapher gewesen. Da der Jurist Kölsch diese Differenzen kennt und sich der Übertreibung bewusst gewesen sein muss, hat die Wortwahl auch eine manifeste Funktion. Wenn es keine inhaltliche ist, also die der sachlichen Begründung seiner Kritik, muss es eine rhetorische sein. Die Rhetorik – etwa auch die Verwendung emotionalisierender Bilder – wird hier nicht zweckgerichtet eingesetzt, um die Suggestivität der sachlichen Argumentation zu stärken, sondern um ohne Sachbezug die eigene Position stärker erscheinen zu lassen; so bringt der Offene Brief hier nicht Sorge um das Gemeinwesen zum Ausdruck, sondern eine Anklage gegen die staatlichen Organe. Damit bestätigt sich die oben formulierte Hypothese zum Habitus der *Selbstüberhöhung*, die sich hier zeigt in Form einer *Selbststilisierung als Kämpfer gegen die vermeintlich verfassungbrechenden staatlichen Organe* (D$_{2b}$).

> …/ und der durch Art. 19 Abs. 4 GG garantierte individuelle Rechtsschutz gegen diese Maßnahmen aufgehoben. In der praktischen Durchführung dieser Maßnahmen steht die Gewaltenteilung nur noch auf dem Papier.

Wieder zurück im juristisch sachlichen Ausdruck kritisiert Kölsch einen weiteren Verfassungsbruch. Der angesprochene Artikel besagt: „Wird jemand durch die öffentliche Gewalt in seinen Rechten verletzt, so steht ihm der Rechtsweg offen. Soweit eine andere Zuständigkeit nicht begründet ist, ist der ordentliche Rechtsweg gegeben." (Art. 19 Abs. 4 GG) Kölsch behauptet, der Rechtsweg sei geschlossen und daher der „individuelle Rechtsschutz aufgehoben". Faktisch war jederzeit eine Klage gegen die Maßnahmen möglich, was auch in Anspruch genommen wurde,[150] unter anderem durch die FDP als eine der ersten Parteien, die gegen die

---

[150] Siehe etwa hier: https://www.aerzteblatt.de/nachrichten/123268/Zahlreiche-Eilantraege-und-Klagen-in-Karlsruhe-gegen-Bundesnotbremse oder hier: https://www.bundesverfas-

sogenannte Bundesnotbremse klagte. Die durch Übertreibung gekennzeichnete erste Kritik am Beseitigen des Föderalismus sowie die durch Falschbehauptung begründete zweite Kritik am aufgehobenen individuellen Rechtsschutz führt der Autor zusammen zu einem Ende der verfassungsrechtlich gewährten Gewaltenteilung in der politischen Praxis der Exekutive („nur noch auf dem Papier"). Als inkonsistent erweist sich die angebotene Argumentation nicht nur durch die fehlende sachliche Begründung der Kritik, sondern auch dadurch, dass der kritisierte fehlende Rechtsschutz keinen föderalistischen Bezug hat und daher wie eine weitere Klage angehängt wird auf Kosten einer sachlichen Passung.

Was kommt nun darin zum Ausdruck, dass Kölsch diese Unstimmigkeit in Kauf nimmt und eine Kritik vornimmt, die einer sachlichen Grundlage entbehrt? Dem muss ein Deutungsmuster zugrunde liegen, das seinen juristischen Sachverstand überlagert. Welches könnte es sein? Als jemand, dem einst das Bundesverdienstkreuz verliehen wurde, zeigte er sich – zumindest damals – in starker Gemeinwohlbindung, also als engagierter Bürger (D_4). Diese Möglichkeit der Selbst-Deutung von Kölsch hatten wir eingangs bereits erwogen im Zusammenhang mit seinem Bürgerverständnis, das sich in wiederholten Briefen an den Bundespräsidenten ausdrückt und damit einer Selbstüberschätzung nicht entbehrt. Vor diesem Hintergrund, dass Kölsch den Bürger als selbstverständlich engagiert und unbedingt in seiner Autonomie zu achten deutet, wird jede Form von Beschränkung – z. B. wie im Fall der Corona-Maßnhmen – als Eingriff in die Autonomie wahrgenommen. Das offensichtlich vorhandene Engagement entspringt also vermutlich einer selbstgesetzten Maxime[151] und wird nur so lange aufrechterhalten, wie es eine offizielle Anerkennung erfährt. In der übersteigerten emotionalen Kritik an der Neufassung des Infektionsschutzgesetzes drückt sich die Empörung über die nicht mehr gegebene prästabilierte Harmonie[152] zwischen dem engagierten Bürger und dem Staat aus, was als Misstrauen in seine Gemeinwohlbindung und Leistungsbereitschaft gedeutet wird. Somit lässt sich auch hier das Deutungsmuster der *libertären Selbstbezogenheit* mit dem Schlüsselkonzept der *monadischen Autonomie*, das wir bei Guérot gefunden haben, feststellen. Es

---

sungsgericht.de/SharedDocs/Entscheidungen/DE/2022/05/rk20220511_1bvr082821.html; zuletzt angesehen am 27. Okt. 2025.

[151] Anders als im Sinne der Maxime des Habitus (s. u., Fn. 119) ist Maxime hier dem Sinne gebraucht, wie Immnuel Kant sie in der ‚Metaphysik der Sitten' bestimmt: „das subjektive Prinzip zu handeln, was sich das Subjekt selbst zur Regel macht (wie es nämlich handeln will):" (1797–98/1977, S. 332; AB 26).

[152] Zu diesem philosophischen Terminus s. o. den Kasten in Abschn. 3.2.

wird auch von Kölsch sehr grundsätzlich jede Art von staatlichen Einschränkungen als Angriff auf die Autonomie erlebt und interpretiert. Das Deutungsmuster bringt die Deutungen hervor, in denen der Bürger als jenseits und unabhängig von staatlichen Verordnungen stehend erscheint. Es liegt damit der Verdacht nahe, dass die Gemeinwohlbindung, die Kölsch vermeintlich aufrichtig engagiert zeigt (Bundesverdienstkreuz), einen fiktiven Charakter hat. Dass es eine Fiktion ist, bleibt solange unentdeckt, wie eine prästabilierte Harmonie zwischen ihm als Bürger und dem Staat bzw. zwischen ihm als autonomer Person und dem Gemeinwesen zu bestehen scheint. In dem Moment, in dem das Gemeinwesen die Autonomie einzuschränken droht, zerfällt die Fiktion und die Einschränkung wird nicht zugunsten des Gemeinwesens, sondern zulasten seiner individuellen Handlungsfreiheit interpretiert und bekämpft. Die *fiktive Gemeinwohlbindung*, die der Grund für das Inkaufnehmen der Unstimmigkeit seiner Argumentation ist, lässt sich zurückführen auf die habituelle Selbstüberschätzung. Die Gemeinwohlbindung ist fiktiv, weil das Handeln nicht im Dienste des Gemeinwohls, sondern zur Selbstbestätigung erfolgt. Die Deutung der Maßnahmen als unverhältnismäßig und damit ihre Ablehnung kaschiert diese Fiktivität.

Die nächsten Zeilen innerhalb dieses Abschnittes ziehen wir nun heran, um diese Rekonstruktion zu bestätigen oder zu widerlegen.

▶ **Zur abduktiven Erschließung des Deutungsmusters** Hier zeigt sich die Logik des abduktiven Vorgehens der Rekonstruktion: Indem eine Nicht-Passung in der argumentativen Darstellung von Kölsch zum Ausdruck kommt, suchen wir nach einem Deutungsmuster, das für den Autor diese Unstimmigkeit aufhebt, in dessen Lichte also kein Widerspruch besteht. Dieses muss rekonstruktiv gewonnen werden. Es liegt hier „die schwache Version [...] der Abduktion" (Oevermann o. J. [1998] [Abduktion2], S. 30) im Sinne von Charles S. Peirce vor:

> „The form of inference, therefore, is this:
> The surprising fact, C, is observed;
> But if A were true, C would be a matter of course,
> Hence, there is reason to suspect that A is true.
> Thus, A cannot be abductively inferred, or if you prefer the expression, cannot be
> abductively conjectured until its entire content is already present in the premiss,
> ‚If A were true, C would be a matter of course.'" (Peirce 1903/1973, S. 254).

Überraschenderweise haben wir festgestellt, dass (C) die Argumentation eine Unstimmigkeit aufweist; wenn es nun wahr wäre, dass (A) das rekonstruierte Deutungsmuster der *libertären Selbstbezogenheit* mit dem Schlüsselkonzept der *monadischen Autonomie* hier wirksam ist, wäre C eine Selbstverständlichkeit oder doch zumindest plausibilisiert, folglich gibt es Gründe anzunehmen, dass A gilt und Kölsch dem genannten Deutungsmuster anhängt. (Vgl. u. Abschn. 3.5)

Nach dieser ‚abduktiven Mutmaßung' der Wirksamkeit des Deutungsmusters muss diese auf ihre Tragfähigkeit, also Erklärungskraft für den folgenden Text geprüft werden.[153] Sollte sich das rekonstruierte Deutungsmuster nicht als tragfähig erweisen, wird die Rekonstruktion korrigiert oder muss verworfen werden. Dieses Vorgehen ist vergleichbar mit der Arbeit des Kriminalisten am Tatort: Dieser fragt sich, mit welcher Theorie (= Verdacht) über den Täter der Tathergang in sich schlüssig wird, was Ablauf der Tat und Motivlage des Täters angeht. Kommen neue Indizien hinzu, passen diese entweder zur gefundenen Theorie oder die Theorie muss korrigiert oder verworfen und eine neue gefunden werden.

> In meiner fast 40-jährigen Tätigkeit als Richter wäre ich nie auf den Gedanken gekommen – ich hätte es für unmöglich gehalten und als Verschwörungstheorie abgetan –, dass ein Virus unsere Verfassungsarchitektur aus den Angeln heben könnte.

Zunächst betont Kölsch seine berufsfachliche Qualifiziertheit für juristische Aussagen. Im Vergleich zur möglichen Alternative, diesen Satz ohne den Hinweis auf die Dauer seiner Berufspraxis zu formulieren, liegt damit eine Betonung vor. Sie erfüllt hier die Funktion, Autorität durch Qualifikation an die Stelle einer überzeugenden Argumentation zu setzen. Neben der Fachexpertise wird damit aber auch seine dauerhafte – eben fast 40 Jahre während – Bindung an die Richtertätigkeit hervorgehoben. Als Richter steht er in einem Dienstverhältnis zum Staat, das der Rechtsprechung verpflichtet ist. Hier begegnet uns wiederum die oben rekonstruierte Haltung einer fiktiven Gemeinwohlbindung nicht nur als engagierter Bürger, sondern auch in seiner Berufsrolle – eben in einem hier noch harmonischen Verhältnis zur Autonomie des Bürgers. Lassen wir zunächst den Einschub innerhalb der Gedankenstriche beiseite, spricht er aus seiner qualifizierten Erfahrung über seine Normalitätsannahme („nie auf den Gedanken gekommen"), dass nicht ein Virus als Gefahr für die Demokratie erscheinen würde. In der Aussage wird eine dreifache Metapher verwendet: 1. Ein Virus wird hier zum eigenständigen Akteur stilisiert, kann aber nicht im eigentlichen Wortsinn „hebeln". Indem es sich bei einem Virus um einen Krankheitserreger handelt, wird ihm damit eine

---

[153] Hier zeigt sich dass die im Kap. 2 angeführten Schritte der Analyse – wie dort bereits festgestellt – nicht immer streng voneinander geschieden werden können und insofern eher Momente der Analyse darstellen.

geheimnisvolle Macht zugeschrieben. 2. Die Architektur der Verfassung ist eine bildliche Abstraktion. Alternativ hätte Kölsch schreiben können: ‚Logik oder Struktur der Verfassung‘, was ebenso abstrakt, aber sachlich gewesen wäre. Gereicht hätte für seine Aussage aber auch ‚die Verfassung‘, was die Aussage weniger stark mit Bedeutung aufgeladen hätte. Und schließlich 3. kann eine Architektur von etwas nicht aus den Angeln gehoben werden. Diese Metapher funktioniert nicht, da das Bild von in Angeln schwingenden Bauteilen wie Türen und Fenstern abgeleitet ist, was im übertragenden Sinn weder für eine Architektur von etwas möglich ist, noch für die Verfassung als solche ein passendes Bild abgibt. Aus den Angeln heben funktioniert im übertragenen Sinn mit: ‚die Welt aus den Angeln heben‘ und hat dort eine weitreichende Bedeutung im Sinne einer fundamentalen, emotional aufgeladenen Erschütterung. Insofern ist die Aussage des Satzes um den Preis der Unstimmigkeit mehrfach symbolisch wie emotional überhöht. Auch diese Inkonsistenz nimmt der Autor des Briefes in Kauf. In dieser Inkaufnahme bestätigt sich das oben ‚abduktiv gemutmaßte‘ Deutungsmuster der *libertären Selbstbezogenheit* mit dem Schlüsselkonzept der *monadischen Autonomie*, denn Kölsch zeigt sich mit der Betonung seiner jahrzehntelangen Richtertätigkeit zwar an das Gemeinwesen gebunden, aber in Form einer prästabilierten Harmonie (D_3). Denn sachlich liegt hier keine Begründung der Unverhältnismäßigkeit vor. So bleibt sie propagiert. In dem Moment, in dem die Harmonie zwischen seiner Autonomie und dem Gemeinwesen seinem Erleben nach aufgekündigt wird (Unverhältnismäßigkeit), erfährt er eine Kränkung im Sinne einer erlittenen Undankbarkeit (im Sinne von: ‚da habe ich mich all die Jahre gekümmert, und nun weicht ihr von der geteilten Auffassung ab‘). So lassen die Prinzipien, die das Schlüsselkonzept der *monadischen Autonomie* generiert,[154] für ihn seine in sich unbegründete und sachlich unpassende Deutung stimmig erscheinen, was ihm aber nicht zugänglich ist und daher latent bleibt. Die Unstimmigkeit seiner Deutung von Autonomie wird an dieser Stelle erkennbar, sobald man in Rechnung stellt, dass nicht das Virus selbst handelt, sondern eine – hier wiederum unbenannte – Macht, die Entscheidungen bzgl. der Viruseindämmung trifft.

Nehmen wir den Einschub innerhalb der Gedankenstriche hinzu, betont Kölsch erneut seine Normalitätsannahme: eine solche Macht eines Virus hätte er „für unmöglich gehalten und als Verschwörungstheorie abgetan“. Seine Überzeugung zeigt sich hier nochmals unvereinbar mit einem Demokratieverständnis, das jen-

---

[154]Die Formulierung der Prinzipien, die sich aus der Rekonstruktion ergeben, findet sich unten im zusammenfassenden Abschnitt 5.

seits einer harmonischen Passung durch Interessenkonflikte oder Einschränkungen aufgrund einer Solidaritätsverpflichtung getragen ist. Dabei stellen seine hier verwendeten zwei Gedankenexperimente eine Steigerung dar, die bis zu abstrusen Erklärungen reicht. Indem er die „Verschwörungstheorie" als Negativfolie einführt, grenzt er sich an dieser frühen Stelle des Briefes vom Verdacht ab, selbst verschwörungsmythisch zu argumentieren. Für diese Abgrenzung kann es zwei Triebfedern geben. Zum einen kann ein Sprecher damit die Logik und den Wahrheitsanspruch der eigenen Argumentation zu untermauern suchen. Zum anderen zeigt die Forschung über Verschwörungstheorien, dass zu ihrer inneren Logik gehört, das Verschwörungsdenken gerade der anderen Seite zuzuschreiben (Butter 2018, S. 45) und sich damit selbst einem Verdächtigungsszenario zu entziehen. Da bis hierhin bereits mehrere Stellen mit Behauptungen analysiert wurden, die einer sachhaltigen Überprüfung nicht standhalten, liegt die zweite Funktion der Abgrenzung nahe: Kölsch baut den Verdacht gegenüber der Gegenseite (,staatliche Organe') aus.

Wir können hier festhalten, dass sich seine habituelle Selbstüberhöhung zur *Überheblichkeit* steigert, indem Kölsch sein Wissen über das der Gegenseite stellt und sie nunmehr nicht nur der Lüge bezichtigt, sondern auch der Verschwörung. Dem staatlichen Handeln unterstellt er damit niedere moralische Motive und erhebt sich selbst über die andere Seite. Die inhaltlichen Begründungen, die zur Beweisführung seiner Beschuldigungen zu erwarten waren, fehlen bisher. Für die Präzisierung, Anreicherung und Falsifizierung der Fallstrukturhypothese sind daher im Folgenden Stellen zu suchen, die am ehesten solche Begründungen liefern können.

(3) Anreicherung und Präzisierung der Fallstrukturhypothese
Im Sinne des methodischen Prinzips der Sequenzialität wird das Dokument – sei es die Verschriftung eines Forschungsgesprächs wie in den folgenden Fällen oder ein edierter Text wie im vorangegangenen und in diesem Fall – nach der Analyse der Eröffnung in der gegebenen Reihenfolge, Zeile für Zeile gelesen, bis eine Stelle auftaucht, die es erlaubt, die bisherigen Ergebnisse (Fallstrukturhypothese im Hinblick auf den Habitus und auf die Deutungsmuster) entweder zu präzisieren oder zu erweitern. In einem weiteren Schritt wird dann nach Stellen zur Falsifizierung gesucht (siehe Abschnitt 4). Für die vorliegende Analyse des Offenen Briefes lassen sich dafür, liest man ihn weiter, so viele Stellen finden, dass die Herausforderung in einer sinnvollen Auswahl besteht.

Da bereits der nächste Abschnitt explizit verspricht, die bisher fehlende Begründung der bisherigen Behauptungen zu liefern, bietet er sich zur Vertiefung an.

> Ich will Ihnen die Begründung für meine Behauptungen, die von zahlreichen Fachleuten geteilt werden, nicht vorenthalten.

Kölsch beginnt mit der Ankündigung einer Aufklärung. Mit ihr bringt er zum Ausdruck, dass er seine bisherigen Ausführungen selbst als Behauptungen ohne Begründung ansieht und die Notwendigkeit der Beweisführung erkennt. Mit dem Satzbeginn „Ich will" setzt er sich selbst ins Zentrum der Entscheidung, beharrt gemäß dem rekonstruierten Habitus der Selbstüberhöhung auf seiner Entscheidungsmacht, als könne er sich ebenso entscheiden, keine Begründung zu geben. Keine Begründung zu geben, hieße aber, den Adressaten des Briefes – neben dem direkt adressierten Bundespräsidenten handelt es sich beim Offenen Brief ja, wie eingangs beschrieben, um die interessierte Öffentlichkeit, potenziell alle – mit bloßen Behauptungen abzuspeisen. Für einen Offenen Brief mit Anspruch auf rationale Beweisführung ist diese Alternative faktisch nicht gegeben, ohne sich selbst zu einem nicht ernstzunehmenden Nörgler zu degradieren, der es bei Vorwürfen belässt. Die doppelte Verneinung „nicht vorenthalten" verstärkt die stilisierte Entscheidungsposition, was sich im Vergleich zur positiven Formulierung etwa bei ‚will Ihnen die Begründung (…) geben' zeigt, denn die Begründung ist er der Leserschaft objektiv in der Logik des Offenen Briefes schuldig. In dieser Inkonsistenz bestätigt sich die erweiterte Facette der habituellen *Überheblichkeit* (H_2). Die Handlungsregel, auf die wir dies bringen können, lautet: ‚Wem gegenüber immer du deine Argumente vorträgst, mache deutlich, dass du dich auf der höheren Warte befindest!' (HR_2) Der Einschub „von zahlreichen Fachleuten geteilt" lässt inhaltlich erwarten, dass er sich auf die „Begründung" bezieht, die dadurch eine größere Glaubwürdigkeit erhalten würde. Aber grammatisch steht „die" durch die Rezensregel (s. den Exkurs in Loer 2021 [OHWP Interviews], S. 117 f.) und den Plural des zugehörigen Verbs im Bezug zu den „Behauptungen". Dadurch, dass „zahlreiche Fachleute" seine Behauptungen – statt seiner Begründung – teilen, geraten sie allerdings nicht zu einem geeigneten Beleg. Das Teilen von Behauptungen erfordert, anders als das Teilen von Begründungen, nicht einen (argumentativen) Austausch, sondern kann schlicht festgestellt werden. Im Deutungsmuster der *libertären Selbstbezogenheit* fällt dies nicht auf, da dieses Teilen ja als eines von autonomen Monaden gesehen wird, die eben nicht durch Austausch, sondern durch prästabilierte Harmonie „miteinander vollkommen übereinstimmen" (Leibniz 1696/1880, S. 500; s. o., Abschn. 3.2). Indem die Gruppe der ‚zahlreichen

Fachleute' hier zudem anonym und auch im Hinblick auf ihre Fachexpertise unbestimmt bleibt (sind es Juristen, Virologen oder andere?), ist der Einschub ein bloßer Anspruch, der seiner Einlösung noch harrt. Sollte er nicht eingelöst werden,
käme ihm die Funktion zu, durch ‚name dropping' zu beeindrucken. So zielt der
Hinweis auf gute Gründe im ersten Anlauf ins Leere. Die Argumente müssten nun
ausgeführt werden.

> Auch wenn ich mich damit der Gefahr aussetze, durch die Äußerung von nicht
> konformen Ansichten in den heute üblichen Strudel aus Heuchelei,
> Scheinheiligkeit, Opportunismus und Böswilligkeit gezogen zu werden.

Auch der Rest des Absatzes bietet aber keine sachhaltigen Argumente, sondern gibt
Rahmenbedingungen des Diskurses an, in dem Kölsch sich sieht. Diese werden als
„Gefahr" markiert dann, wenn sie nicht übereinstimmen – mit dem Mainstream,
kann hier ergänzt werden. Nun kann das Äußern von strittigen („nicht konformen")
Argumenten dort eine Gefahr darstellen, wo Meinungsfreiheit nicht garantiert
wird, wie etwa in Diktaturen oder Autokratien.[155] Die Gefahr kann von der Ausgrenzung aus beruflichen oder politischen Funktionen, über Inhaftierung und Ver-
schleppung bis hin zum Tod reichen. Auch in Demokratien kann das Äußern von
Argumenten zum Ausschluss führen, wenn im beruflichen Kontext etwa ein Chef
eine Beförderung oder Gehaltserhöhung ablehnt, weil sich der Betroffene nicht
konform verhalten hat; in einem Rechtsstaat können dagegen aber Rechtsmittel
eingelegt werden. In der Rahmung, die Kölsch hier vornimmt, erweckt er den An-
schein, sich aktiv der „Gefahr" auszusetzen, sie also in Kauf zu nehmen, womit er
sich in eine Reihe mit zu Unrecht Bedrohten, Unterdrückten oder Ausgegrenzten
wie in Autokratien oder Diktaturen stellt. Diese Selbststilisierung als Widerstandskämpfer kennen wir bereits vom Beginn der Analyse (H_3).
   Worin die Gefahr besteht, wird nun folgerichtig näher erläutert. Sie muss sich in
einem Offenen Brief an den Bundespräsidenten auf etwas beziehen, wofür das
Staatsoberhaupt selbst Verantwortung trägt, etwa indem er Rechtsverstöße im Hinblick auf die Meinungsfreiheit wissentlich oder unwissentlich zulässt. Unter er-
neuter Nutzung einer Metapher – ‚in einen Strudel gezogen zu werden' – be-

---

[155] Um zwei Beispiele zu nennen von Ländern, in denen die Äußerung der eigenen Meinung
gefährlich ist: Regelmäßig warnt das Auswärtige Amt vor willkürlichen Festnahmen, Straf-
verfolgung und Ausreisesperren in der Türkei und Russland aufgrund von unerwünschten
Äußerungen gegenüber der Regierungspolitik oder den Staatschefs. (S.: https://www.auswa
ertiges-amt.de/de/ReiseUndSicherheit/tuerkeisicherheit/201962#content_1 u.: https://www.
auswaertiges-amt.de/de/ReiseUndSicherheit/russischefoederationsicherheit/201536#con-
tent_1; zuletzt angesehen am 27. Okt. 2025)

schreibt Kölsch die vermutete Gefahr emotionalisiert und als lebensbedrohlich. Denn ein Strudel ist bildlich abgeleitet von dem Naturphänomen eines Wasserwirbels, der meist in fließenden Gewässern auftritt und Wasser nach unten zieht. Für einen Schwimmer ist eine solche Stelle je nach Stärke der Verwirbelung insofern gefährlich, wenn nicht gar lebensgefährlich, als es nur unter großem Krafteinsatz und mit Geschick und Mut möglich ist, sich dem Sog zu entziehen, indem er nach unten durchtaucht.

In dieser Rahmung als lebensbedrohliche Situation sieht Kölsch nun metaphorisch anstelle des Wassers bestimmte Haltungen als treibende Kräfte, die allesamt moralisch negativ konnotiert sind. „Heuchelei" bezeichnet ein Vorspielen falscher Gefühle in strategischer Absicht (vgl. Streitbörger 2020; das Wort leitet sich vom unterwürfigen Ducken des Hundes vor seinem Gegenspieler ab – s. Grimm und Grimm 1877/1984, Sp. 1279). Ebenso ist „Scheinheiligkeit" ein Ausdruck von Doppelmoral, hier wird Gläubigkeit vorgetäuscht. „Opportunismus" bezeichnet eine Anpassung aus Nützlichkeitserwägungen. Bei „Böswilligkeit" steckt die böse Absicht des Handelnden bereits im Wortstamm.

Allen Begriffen gemeinsam ist das absichtsvolle Handeln zur Erzielung eines Zweckes, also strategisches Handeln, das andere als Mittel missbraucht. Dabei sind alle Zwecke egoistischer Natur und durch die einzige Orientierung am Eigennutz moralisch nicht tragfähig – wie oben schon ausgeführt: aus Gründen der notwendigen Reziprozität der Handlungsorientierungen – und daher negativ konnotiert. Besteht nun der Strudel aus diesen negativen Beweggründen, dann liegt die „Gefahr" gemäß der Deutung von Kölsch darin, moralisch vergiftet zu werden, weil man sich dem Strudel nur schwer entziehen kann (D_{2b}).

Dass ein solcher Strudel existiert, wird hier unbegründet unterstellt. Zudem wird er behandelt wie eine Regel, Sitte oder ungeschriebenes Gesetz („üblich") neueren Datums („heute"). Der Autor grenzt sich (als Schwimmer) vom Bösen (Strudel) ab und stellt sich selbst als Opfer (des Strudels) dar. Indem hier im Bild des Strudels ein Naturphänomen zum Verursacher seiner Gefährdung wird, bleibt wiederum ein aktives Subjekt, z. B. kritisierbare politische Entscheidungsträger oder angebbare Diskursgegner, verborgen. Die Behauptungen bleiben unüberprüfbar und erweisen sich, gekleidet in die Metapher, als emotional statt als rational. Als Opfer – zumal einer Naturgewalt – deutet Kölsch seine Gegner als mächtig, aber undefinierbar und nicht zu überzeugen. In dieser Haltung schreibt er die Verantwortung für den von ihm kritisierten moralischen Abgrund anderen zu, ist selbst aus der Verantwortung entlassen und befindet sich auf der moralisch richtigen Seite. Diese Weltsicht entspricht wiederum der oben bereits rekonstruierten moralischen Selbstüberhöhung und verdeutlicht nochmals den Widerspruch, in den sich Kölsch hier begibt: Einerseits beurteilt er die Gegenseite als moralisch minderwertig in einer egoistischen Verdorbenheit, andererseits haben wir oben gesehen, dass er selbst tatsächlich nur solange das Gemeinwohl im Sinn hat, wie ihm zu dienen seinen eigenen Auffassungen entspricht (DR$_3$). Dass er seinerseits also egoistisch handelt, bleibt für ihn latent, da erneut seine Überheblichkeit seinen Blick auf sich selbst verstellt. Die moralische Selbstüberhöhung paart sich hier mit einer von Verantwortung entlastenden Opferhaltung und die wiederum als reine Behauptung und Diffamierung der opaken Gegenseite in Erscheinung tritt. Offen bleibt, wer diese negativ konnotierten Haltungen zeigt: alle anderen, eine Mehrheit (wg. „üblich") oder alle Konformen, alle „staatlichen Organe".

Darüber könnte der Gegenstand der Gefährdung Aufschluss geben, der noch zu rekonstruieren ist. Es ist nicht das Hervorbringen von strittigen Argumenten, also ein rationaler Streit um das bessere Argument, sondern die „Äußerung von nicht konformen Ansichten", die ihn in „Gefahr" bringt. ‚Konform' impliziert eine Ähnlichkeit und Gleichförmigkeit. Beziehen sich diese auf „Ansichten", dann ist damit eine Übereinstimmung mit Normen oder auch kollektiven Überzeugungen des Richtigen (objektiv) und Guten (normativ) bezeichnet. Jemand der sich nicht konform äußert, stellt sich also gängigen Deutungen und geltenden Normen entgegen. Im Positiven verstehen wir darunter einen nicht angepassten, kreativen Freigeist, der sein Leben nach eigenen (mutigen, da nicht von der Mehrheit geteilten und dadurch legitimierten) Ansichten gestaltet. Der Grad des Nicht-Angepasstseins kann bis zum zivilen Ungehorsam reichen z. B. als Widerstand gegen einen Unrechtsstaat und gegen Unterdrückung. Im Negativen wäre es etwa ein Exzentriker oder Egomane, der a-sozial nur sich selbst sieht und dem Gemeinsinn oder auch Solidarität sowie die Bereitschaft sich unterzuordnen fehlt. Obwohl meist im positiven Sinne verstanden, bleib in dem gewählten Satz die Ausrichtung offen. Unterstellt wird vom Autor allerdings die positive Handlungsabsicht: Er begibt sich in Lebensgefahr im übertragenen Sinne, hier also bezogen auf den – überspitzt formuliert – sozialen Tod durch moralisch vergiftete Kräfte, die ihn mit Böswilligkeit etc. strafen werden.

Die „Äußerung von nicht konformen Ansichten" ist damit für Kölsch ein Akt heldenhafter Aufrichtigkeit zur Rettung der Gesellschaft vor ihrem Untergang in moralischer Verwerflichkeit, denn er unterstellt, es gäbe ‚konforme Ansichten', die er eben nicht teilt, weil sie verwerflich sind (H$_3$). Die Handlungsregel, die wir hier bestimmen können, lautet: ‚Wann immer es eine herrschende Meinung gibt, vertrete furchtlos eine abweichende Meinung!' (HR$_3$); wie wir es im ersten Fall einmal bestimmen konten (vgl. Abschn. 3.2) impliziert diese Handlungsregel zugleich eine Deutungsregel: ‚Wann immer eine Meinung vom Mainstream vertreten wird, ist meine abweichende Meinung stets richtig'. Diese Deutungsregel wird von dem rekonstruierten Deutungsmuster der *libertären Selbstbezogenheit* generiert und wir sehen auch hier im Zusammenspiel von Handlungs- und Deutungsregel eine Kopplung zwischen Habitus und Deutunsgmuster am Werke. – Mit der hier untersuchten Handlung bestätigt sich die oben formulierte Fallstrukturhypothese einer *Selbstmarginalisierung*, wobei Kölsch entlang moralischer Kategorien eine klare Trennung zwischen Gut und Böse zieht. Die Inhalte seiner Non-Konformität sowie die damit verbundenen Begründungen für seine Behauptung der Unverhältnismäßigkeit der Maßnahmen und die Verletzung des Rechtsstaatsprinzips fehlen noch immer, müssten nun also folgen.

> Wenn jemand wie ich von der Eigenverantwortung des Individuums ausgeht, dann ist es erst einmal meine eigene Aufgabe, dafür zu sorgen, nicht krank zu werden. Ich weiß, dass ich bei Übergewicht, Diabetes, schwachem Immunsystem oder als Raucher gefährdet bin, an Covid-19 zu erkranken. Hier kann der Einzelne in vielfältiger Hinsicht auch von staatlichen Institutionen Unterstützung erhalten. Unterstützung darin, als Gefährdeter (wie auch die alten Menschen) nicht dem Virus ausgeliefert zu sein. Hier haben die staatlichen Organe versagt.

Im Satzbeginn unterläuft Kölsch erneut eine Selbstüberhöhung, indem er „wie ich" nicht durch Kommata als Einschub markiert. Denn mit: ‚Wenn jemand, wie (z. B.) ich, von der Eigenverantwortung des Individuums ausgeht', wenn also „wie ich" ein Einschub wäre, ergäbe sich die Bedeutung: ‚jedermann, der wie ich von der Eigenverantwortung des Individuums ausgeht'. In der gewählten Formulierung hingegen wird Kölsch als exemplarisch herausgestellt – im Sinne von: ‚Wenn jemand wie ich (ein bekannter Fleischliebhaber) sagt: Esst vegan!, dann hat das besonderes Gewicht.' Damit wird eine besondere Bedeutsamkeit prätendiert. Denn er sagt konstatiert ja nicht lediglich eine Tatsache: ‚Wenn jemand wie ich (ein Richter) von der Eigenverantwortung des Individuums ausgeht, dann ist das nicht überraschend'; sondern er zieht eine Schlussfolgerung, führt den Gedanken also inhaltlich weiter.

Gegenstand seiner Annahme ist zunächst die Gültigkeit des Grundsatzes der „Eigenverantwortung des Individuums". Im juristischen Kontext – z. B. des Grundgesetztes – basieren die Freiheitsrechte auf dieser Annahme. Auch soziologisch betrachtet gerät damit die für ein Funktionieren von Gesellschaft nötige Balance zwischen Eigeninteresse und Gemeinwohlbindung in den Blick. Da Handeln sich nicht im Einzelnen (juristisch) kontrollieren und lenken lässt, muss jede Gesellschaft darauf vertrauen, dass die ihr Angehörenden Verantwortung für das eigene Handeln übernehmen, womit also auch immer die gegenseitigen Folgen des eigenen Handelns für andere mitbedacht werden. Da es sich bei diesem Prinzip um eine Grundstruktur von Gesellschaft handelt, ist sie nicht eine Ansichtssache, von der man ausgehen kann oder nicht. Kölsch stellt sie jedoch so dar, indem er betont, dass er selbst sich für dieses Prinzip ausspricht. Damit suggeriert er, für andere sei die Geltung dieses Prinzips fraglich. In der Fortsetzung des Satzes entscheidet sich nun, welche Deutungen zur Autonomie und Reziprozität in seiner Ansicht enthalten sind, die er für sich beansprucht, anderen aber abspricht. Insofern empfiehlt sich hier eine detaillierte Sequenzanalyse.

    …/ dann \…

Es folgt der Bedingung (wenn) des Nebensatzes nun im Hauptsatz die Folge (dann). Es können sich verschiedene Folgen aus dem genannten Grundsatz der Eigenverantwortung ergeben, die hier besonders aufschlussreich für die Rekonstruktion der Deutung sind. An dieser Stelle kann sich in der gezogenen Schlussfolgerung eine Deutung von Verantwortung zeigen, die in Widerspruch zur oben gefundenen Haltung einer nur fiktiven Gemeinwohlbindung steht. Dieser Widerspruch müsste durch ein entsprechendes Deutungsmuster für Kölsch eskamotiert werden. Denkbar sind z. B. Folgen wie: ‚dann nötigt ihm die Pandemie Rücksicht auf seine Mitmenschen ab' (reziproke Deutung von Autonomie) oder: ‚dann muss er sich den politischen Entscheidungsprozess und die getroffenen Maßnahmen sehr genau anschauen, um sich ein eigenes Urteil zu bilden' (reziproke, aber skeptische Deutung von Autonomie) oder: ‚dann muss er alles in seiner Macht stehende tun, um sich selbst zu schützen' (in dieser scheinbar selbstbezogenen Deutung von Autonomie läge eine reziproke Qualität dann vor, wenn mit dem Selbstschutz auch der Schutz der anderen einherginge, es läge eine individualistisch verkürzte Deutung von Autonomie vor, wenn die anderen keine Erwähnung fänden).

    …/ ist es erst einmal \…

Statt wie in den gefundenen beispielhaften Anschlussstellen, mit dem handelnden Subjekt (jemand) fortzufahren, wählt Kölsch die Form einer allgemeinen Regel, die eine Chronologie von Handlungen oder Konsequenzen einleitet („erst einmal"). Worin könnte die Regel bestehen? Z. B.: ‚dann ist es erst einmal wichtig, sich zu informieren, um angemessene Entscheidungen zu treffen' (reziproke Verantwortung) oder: ‚dann ist es erst einmal angebracht, Ruhe zu bewahren' (auch hier handelt das eigenverantwortliche Individuum reziprok). Demgegenüber würde die Adressierung des Staates als Subjekt nicht funktionieren, denn eine Fortsetzung wie: ‚dann ist es erst einmal wichtig, dass der Staat sich heraushält aus meinen Entscheidungen' – würde keine sinnvolle Chronologie beginnen, wird doch in dieser Ergänzung ein Grundsatz angesprochen, der nicht nur im ersten Moment bedeutsam wäre.

…/ meine eigene Aufgabe, \…

Im Wechsel des Subjekts „jemand" („wie ich") zu ich („meine Aufgabe") wird die oben schon angeklungene Selbstüberhöhung nun explizit. Konnte eingangs noch gelten, dass er sich selbst als Teil des generalisierten „jemand" sieht, engt er die Verallgemeinerung auf sich persönlich ein. Dies könnte in einer Autonomievorstellung gründen, die eine auf sich selbst bezogene Deutung hervorbringt. In der Verantwortung des einzelnen klingt in der begonnenen Chronologie das Subsidiaritätsprinzip (Papst Pius XI 1931, Abs. 29) an, nach dem zunächst der Einzelne für sich sorgt und erst, wenn dies nicht gelingt, die nächst höhere Instanz hilft, z. B. die kommunale Fürsorge. Eine reziproke Struktur enthält diese Deutung von Autonomie insofern, als dem Subsidiaritätsprinzip der Gedanke innewohnt, der Einzelnen trage zum Gemeinwohl bei, indem er nicht unnötig staatliche Hilfen in Anspruch nimmt.

…/ dafür zu sorgen, \…

Auch diese Fortsetzung lässt weiterhin das subsidiäre Prinzip zu und zwar in der reziproken Deutung von Autonomie in Form der Sorge für sich, für andere und die Einhaltung der Prinzipien der Eigenverantwortung als Basis der Freiheitsrechte. So könnte Kölsch hinweisen auf die Handlungsmöglichkeiten des Einzelnen beim Eindämmen der Pandemie, also etwa: andere nicht leichtsinnig zu gefährden.

…/ nicht krank zu werden.

Aus all den Möglichkeiten, die die Satzkonstruktion folgenreichen Handelns aus dem Grundsatz der Eigenverantwortung eröffnet, wählt Kölsch die eigene Gesundheit. Da der Satz hier endet, ist die Aussage auch nicht mit dem Zusatz versehen, inwiefern die eigene Gesundheit Teil der Sorge für andere oder für das Gesamte ist (etwa: nicht krank und dadurch keine Gefahr für andere zu werden). Eigenverantwortung – so muss hier resümierend festgehalten werden – bezieht sich in der Deutung von Kölsch auf sich selbst und endet dort auch. Eine Reziprozität als rückbezüglicher Teil der Eigenverantwortung auf andere ist nicht erkennbar.

Auch der Rest dieses Abschnittes bleibt in dieser Sichtweise insofern Kölsch nun Gruppen nennt, die besonders ‚gefährdet sind, an Covid zu erkranken‘. Diese müssen also ihre Eigenverantwortung besonders ernst nehmen. Und nur für diese ‚Gefährdeten‘ sieht Kölsch den Staat in einer Fürsorgeaufgabe, einen eigenen Anteil an der Fürsorge sieht er nicht.

Als Begründung seiner Behauptung der Unverhältnismäßigkeit funktioniert diese Argumentation erst, wenn Kölsch nun eine Abgrenzung zum Rest der Bevölkerung zieht. Denn bisher ließen sich die Maßnahmen ja noch als Schutz eben dieser Gefährdeten verteidigen. Bevor er dazu kommt, schließt er jedoch einen Vorwurf an die „staatlichen Organe" an, indem er ihnen attestiert „versagt" zu haben. Auch diese vernichtend kritische Behauptung bleibt unbegründet, nicht nur in den dann folgenden Zeilen, sondern durch die folgenden Abschnitte hindurch. Erst eineinhalb Seiten später liefert Kölsch eine ökonomische und soziale Bilanzierung der Maßnahmen-Folgen sowie am Ende des Briefes einige Argumente, die sich explizit auf die Unverhältnismäßigkeit beziehen, weshalb wir diese Stellen zur Falsifizierung im nächsten Schritt (4) zur Analyse heranziehen werden. An der aktuellen Briefstelle wiederholt sich nur die oben bereits rekonstruierte Haltung einer moralischen Selbstüberhöhung und Überheblichkeit. Das Verständnis von Autonomie, das Kölsch hier zeigt, lässt sich mit dem bisher rekonstruierten Deutungsmuster der *libertären Selbstbezogenheit* mit seinem Schlüsselkonzept einer *monadischen Autonomie* erklären. Allenfalls als engagierter Bürger und in seiner Berufsrolle als Richter handelt Kölsch in Bezug auf die Handlungsfolgen für das Gemeinwesen und nur dann, wenn die prästabilierte Harmonie gegeben ist. Dieses Engagement ist getragen durch seine Überzeugungen des Richtigen und Guten, wobei er auf seiner eigenen Deutungskompetenz in der Einschätzung der Lage beharrt, worin sich erneut eine Haltung der *Selbstüberhöhung bei gleichzeitiger Selbstmarginalisierung* ausdrückt. Da er eine Begründung seiner Vorwürfe an die staatlichen Organe – sowohl hinsichtlich ihres ‚Versagens‘ beim Schutz der Gefährdeten und im übergeordneten Zusammenhang der Unverhältnismäßigkeit der Maßnahmen als auch der behaupteten Verwerflichkeit des Mainstreams – immer noch schuldig ist, muss für die Ergänzung und Präzisierung des gefundenen Deutungsmusters eine weitere Stelle untersucht werden. Die Gegenseite zu den Gefährdeten – also alle anderen Bürger – thematisiert der Autor in den folgenden

Abschnitten direkt im Anschluss an die vorhergehende Stelle. Überprüfen wir also, ob nun ein Argument sichtbar wird.

> Der Blickwinkel, das Menschenbild, ist ein ganz anderer geworden. Der Bürger wird pauschal als Gefährder angesehen. Dadurch wird ein Spaltvirus in die Gesellschaft getragen, (Abstand halten, Masken tragen, Testungen als Zugangsvoraussetzungen usw.).
> Dieses einseitige und mit dem Grundgesetz nicht vereinbare Menschenbild liefert eine ideologische Rechtfertigung, die gesamte Bevölkerung „wegzusperren", von einem Lockdown in den anderen zu schicken, die nachweislich wirkungslos verpuffen.

Statt das vorher beklagte Versagen der staatlichen Organe zu belegen, wechselt Kölsch zu einer Einschätzung der Implikationen staatlichen Handelns, wiederum ohne konkrete Subjekte zu benennen. Es muss sich um die „staatlichen Organe" handeln, ein anderes Subjekt war im vorangegangenen Absatz nicht erschienen, von denen eine veränderte Auffassung vom Bürger ausgeht. Da der Abschnitt eine Transformation beschreibt oder zumindest behauptet, bietet er sich hier nochmals für eine detaillierte Sequenzanalyse an. Denn in solchen Wandlungsprozessen bzw. der Sicht des Forschungssubjektes darauf lassen sich sowohl besonders gut Deutungen rekonstruieren, da der Wandel erläutert werden muss, als auch Haltungen rekonstruieren, die sich in der Bezugnahme auf den Wandel zeigen.

> Der Blickwinkel, das Menschenbild, ist ein ganz anderer geworden.

„Der Blickwinkel" ist hier Subjekt des Satzes. Ein Blickwinkel beeinflusst in einem physischen Verständnis des Begriffs das Blickfeld, also das, was im Auge des Betrachters visuell erscheint. Ein „ganz anderer" Blickwinkel ermöglicht demnach die Fokussierung anderer visueller Ziele. So könnte man – mit Bezug zur Pandemie – etwa anstatt auf die Erkrankten und Zustände in den Kliniken auf die Solidaritätsaktivitäten in Nachbarschaften schauen und damit den Blick von beängstigenden, belastenden Geschehnissen auf ermutigende, entlastende lenken. Im übertragenen Sinne lässt sich als Blickwinkel ein bestimmter Standpunkt bezeichnen, aus dem ein Thema betrachtet wird. Wechselt der Blickwinkel, nimmt man eine andere Perspektive ein, etwa aus einer anderen theoretischen Konzeption (sachlich), aus den Augen einer anderen Person (sozial) oder aus einer anderen Einstellung heraus (normativ). In Bezug auf die Pandemie könnte also Kölsch hier argumentieren: Während die Regierung zu Beginn alle Bürger schützen wollte, hat sie ihren Blickwinkel geändert und sorgt sich entlang der Triage nur noch um diejenigen, die eine reelle Überlebenschance haben. Sodann könnte Kölsch Gründe nennen, um seinen Vorwurf des Versagen der „staatlichen Organe" zu erhärten.

Zunächst müssen wir den Einschub zwischen den Kommata noch hinzuziehen. Das „Menschenbild" stellt eine Spezifizierung des „Blickwinkels" dar. Es ist keine Aufzählung, da das anschließende Verb im Singular steht. Die staatlichen Organe blicken also konkret auf Menschen nun ‚ganz anders' als zuvor. Ein Menschenbild „stellt eine Deutung von Lebenszusammenhängen und -wirklichkeiten dar" (Liebermann 2012b, S. 13) und besteht aus Annahmen über Handlungsweisen, Werte und Ziele. Da Menschenbilder als Deutungen in einem je konkreten Gemeinwesen im Prozess der Sozialisation, getragen von den eigenen Lebensüberzeugungen (Liebermann 2012b, S. 12) entstehen und die darin vorherrschenden Menschenbilder und Deutungsmuster aufnehmen, sind sie für den Einzelnen schwer auf Distanz zu bringen oder gar zu verändern, zumal sie sich meist unbewusst im Erfahrungsprozess herausbilden. Was für den Einzelnen gilt, betrifft ein Aggregat wie die hier adressierten staatlichen Organe zwar abgeschwächt, weil sich die personelle Zusammensetzung dieser ‚Organe' oder Institutionen ändern können, aber es läge ihm ein längerer Prozess zugrunde: Eine Veränderung des Menschenbildes müsste sich im politischen Prozess in Form von verfassungsrechtlichen Entscheidungen zeigen, die letztlich Einfluss auf die politische Ordnung nähmen. Denn die republikanisch verfasste Demokratie basiert auf dem Menschenbild des mündigen, autonomiefähigen Bürgers, der Freiheit in Abhängigkeit von anderen und vom Gemeinwesen genießt und Solidarität übt. So könnte im Zusammenhang des Versagensvorwurfs daraus folgen: Früher hat der Staat den Bürger als schützenswert an Leib und Würde angesehen, jetzt lässt er die Gefährdeten allein. Oder: Früher ging der Staat davon aus, dass die Grundsätze einer funktionierenden Demokratie – die Solidarverpflichtung z. B. – Bestand hätten, nun zweifelt er daran und geht dazu über, sie zu kontrollieren und zu sanktionieren.

Der Bürger wird pauschal als Gefährder angesehen.

Nun führt Kölsch den ‚ganz anderen' Blickwinkel auf Menschen aus, indem er wiederum eine Behauptung aufstellt. Insbesondere die ‚pauschale' Bewertung von Bürgern ist strafrechtlich von Belang, weil sie – würde diese Behauptung zutreffen – einen Verstoß gegen individuelle Freiheitsrechte darstellte. Auch in der Gefahrenabwehr, die im Polizei- und Ordnungsrecht (POR) juristisch geregelt ist, muss zwischen Ziel (Gefahrenabwehr) und Mittel (z. B. Überwachung) eine individuell prüfbare Verhältnismäßigkeit gesichert sein. Eine ‚pauschale' Behandlung von Personengruppen – in der Behauptung von Kölsch sind es alle Bürger – widerspricht diesem Grundsatz. Der Begriff „Gefährder" wurde 2004 in die polizeifachliche Terminologie eingeführt. Unter Gefährder versteht das Bundeskriminalamt Personen, die aufgrund bestimmter Tatsachen „die Annahme rechtfertigen, dass sie politisch motivierte Straftaten von erheblicher Bedeutung, insbesondere solche im Sinne des § 100a der Strafprozessordnung,[156] begehen wird".[157] Im Jahr 2018 hat der Begriff „Gefährder" eine hitzige Debatte um die Ausweitung der polizeilichen Befugnisse bei „drohender Gefahr" in einigen Bundesländern ausgelöst. Im Kern entbrannte die Kontroverse um den Normenwiderspruch zwischen innerer Sicherheit bzw. Schutz vor Gefahr (durch u. a. terroristische Gewalt) und dem Schutz der Privatsphäre durch Ausweitung von z. B. Abhör-Maßnahmen, die dem Gesetzgeber den Vorwurf einbrachten, einen Spitzelstaat zu errichten.[158] So wurde er zu einem Kampfbegriff. Da anzunehmen ist, dass Kölsch die Kontroverse kennt, nimmt er diese widerständige Konnotation mindestens in Kauf oder stimmt der Kritik sogar zu, indem er diesen Begriff verwendet. Eine Zustimmung steht insofern in Passung zu seinem Deutungsmuster als mit der Kritik am Gefährder-Begriff der Schutz der Privatsphäre über den Schutz des Gemeinwesens gestellt wurde. Zudem stellt „Gefährder" die Gegenseite zu den vorher als „Gefährdete" bezeichnete Gruppe von gesundheitlich Beeinträchtigten dar. Der Vorwurf heißt in Langschrift also: Dem Staat gelingt es nicht, die Gefährdeten zu schützen, stattdessen unterwirft er alle Bürger – unabhängig vom Grad ihrer Betroffenheit von Gefahr – einem Generalverdacht.

▶ Bei dem juristischen (und politischen) (Fach-)Wissen, das wir hier heranziehen, handelt es sich nicht um Wissen um den (äußeren) Kontext, sondern um Regelwissen: Wissen um die Regeln der (Fach-)Sprachverwendung. Bezogen auf den Fall stellt es sich als Wissen um übergreifende Regeln (Parameter I oder Eröffnungsparameter) dar, die dem Fall Handlungsoptionen eröffnen, aus denen er dann gemäß seiner fallspezifischen Regeln (Parameter II oder Auswahl- bzw.

---

[156] Im § 100a der Strafprozessordnung werden eine Reihe „schwerer Straftaten" gelistet, sie reichen von Hochverrat über Sportwettbetrug bis zur Bestechlichkeit und rechtfertigen dem Gesetz nach Telefonüberwachung. https://www.gesetze-im-internet.de/stpo/__100a.html; zuletzt angesehen am 27. Okt. 2025.

[157] https://www.bka.de/DE/UnsereAufgaben/Deliktsbereiche/PMK/pmk_node.html; zuletzt angesehen am 27. Okt. 2025.

[158] https://www.bpb.de/politik/hintergrund-aktuell/269454/neue-polizeigesetze; zuletzt angesehen am 27. Okt. 2025.

Entscheidungsparameter; s. Glossar) auswählt.[159] Es geht also darum, aufgrund derjenigen Regeln, die für Kölsch Eröffnungsparameter darstellen, die ihm (nicht notwendigerweise bewusst) zur Verfügung stehenden Deutungsoptionen und damit die Lesarten seiner Äußerungen entwerfen zu können.

Dabei sei nochmals bemerkt, dass Kölsch keinen Akteur benennt, sondern entpersonalisierte Passivkonstruktionen verwendet, sodass Verantwortliche nicht adressiert werden. Für den Charakter des Offenen Briefes liegt darin eine Inkonsistenz ebenso wie in der offensichtlichen Übertreibung und den Behauptungen ohne Begründung. Welches Deutungsmuster lässt diese Inkonsistenz für Kölsch konsistent erscheinen? Wir haben oben gesehen, dass Kölsch sich in besonders herausgehobener Form für eine moralische Instanz hält, sich selbst als Opfer stilisiert und marginalisiert sowie sich als Kämpfer für Recht und Ordnung inszeniert. Einem Generalverdacht unterzogen zu werden, muss jeden rechtschaffenen Bürger beleidigen und in seiner Ehre kränken, besonders aber jemanden, der sich für gebunden an das Gemeinwesen hält. Kölsch kann mit dieser Darstellung der Sachlage also seine Haltung als *durchblickerhafter Kümmerer und Kämpfer* aufrechterhalten, ohne seine fehlende Gemeinwohlbindung außerhalb einer prästabilierten Harmonie zu bemerken. Dass er keine Belege für seine Behauptungen vorlegt, erspart ihm die Erschütterung seiner Haltung und die Infragestellung seiner Selbst-Deutung als rechtschaffen. Dies umso mehr als ohne Adressierung konkreter politischer Verantwortlicher keine Überprüfung seiner Vorwürfe erfolgen kann ebenso wenig wie eine sachgebundene Kontroverse mit den Verantwortlichen. Die Deutung, die hier aufscheint in Form einer Schuldzuschreibung an den Staat, wird durch das Deutungsmuster der *libertären Selbstbezogenheit* mit dem Kern der *monadischen Autonomie* generiert. Insofern steht der Habitus einer moralisierenden *Selbstüberschätzung* bei gleichzeitiger Selbstmarginalisierung in Passung zu diesem Deutungsmuster. Indem Kölsch keine Argumente anführt, erreicht er nicht solche Leser, die anderer Ansicht sind, sondern – analog zur fehlenden Bereitschaft Guérots, andere Meinungen ernstzunehmen und zu diskutieren – Gleichgesinnte und zwar nicht auf einer rational-kognitiven, sondern einer emotionalen Ebene. Wie bei Guérot findet sich auch bei Kölsch zudem ein Passungsverhältnis zwischen seinem Habitus und dem Deutungsmuster der libertären Selbstbezogenheit.

Einem Rechtsstaat ist kaum mehr vorzuwerfen als der hier behauptete Rechtsbruch. Kölsch müsste ihn nun belegen. Aufgrund seiner juristischen Expertise können wir die Begründung auch erwarten. Bisher konnte aufgrund der reinen Be-

---

[159] Zur genaueren Bestimmung der Parameter in konstitutionstheoretischer Hinsicht einerseits, in methodologischer Hinsicht andererseits s. Loer 2006 [Streit], S. 362–365.

hauptung auch die Transformationsdynamik des ‚veränderten Menschenbildes'
nicht rekonstruiert werden. Doch Kölsch bietet erneut keine Begründungen, sondern nennt Folgen, die sich aus dem vorgeworfenen Handeln seiner Ansicht nach
ergeben:

> Dadurch wird ein Spaltvirus in die Gesellschaft getragen, (Abstand halten,
> Masken tragen, Testungen als Zugangsvoraussetzungen usw.).

Dieser Satz zieht aus dem Vorwurf des Generalverdachts den Schluss, letzterer
würde zur Spaltung der Gesellschaft führen. Auch hier ist eine Inkonsistenz enthalten, denn der Verlauf des Spalts wird nicht deutlich. Wer wird von wem ab-
gespalten durch den Generalverdacht? Betrachten wir die Wortwahl genauer, zeigt
sich ein Wortspiel zwischen ‚Spaltpilz' (eine aus der Biologie stammende Bezeichnung für ein Bakterium), der im übertragenen Sinn als Gefahr für eine Einheit
(Partei, Organisation, gesellschaftliche Gruppen, ganze Gesellschaft) verwendet
wird, einerseits und dem Virus andererseits. Verbunden zu einem „Spaltvirus" wird
nun Covid-19 nicht mehr als Krankheitserreger gesehen, sondern als Mittel der
Spaltung. Indem der Generalverdacht als aktiver Träger der Spaltung zum ver-
ursachenden Subjekt wird, lautet der Vorwurf: Durch das neue Menschenbild spal-
ten die staatlichen Organe die Gesellschaft. Anhand der Beispiele in Klammern
„(Abstand halten, Masken tragen, Testungen als Zugangsvoraussetzungen usw.)"
erscheint es so, als führten die genannten Maßnahmen selbst zu einer Spaltung.
Inhaltlich ist auch diese Aussage inkonsistent, denn alleine der Abstand oder die
Maske oder die Testung bedeuten zunächst eine räumliche Distanz und nicht eine
Spaltung. Konsistent wird diese Aussage nur unter der Zusatzannahme, dass die
Maßnahmen nicht angebracht waren, sondern allein Ergebnis des Generalverdachts ungenannter Verantwortlicher gegenüber allen Bürgern sind. Jenen wird
damit vorgeworfen, die Gesellschaft zwischen Befürwortern und Gegnern dieser
Maßnahmen zu spalten. In der Logik dieser Argumentation wird die Spaltung zum
eigentlichen Zweck der Maßnahmen. Dieser Vorwurf entspricht der oben schon gefundenen Struktur eines Verschwörungsdenkens. Da Kölschs Freiheitsverständnis
einem Begriff monadischer Autonomie entspringt, stellt jede Maßnahme eine (unzulässige) Beschränkung dar, was zu der Annahme verdeckter Motive bei den staatlichen Organen führt.

> Dieses einseitige und mit dem Grundgesetz nicht vereinbare Menschenbild \...

Nochmals wird das Menschenbild zum Subjekt und damit unterschlagen, dass es
Entscheider sind, die sich dieser Auffassung bedienen – unabhängig davon, ob die
Behauptung wahrheitsgemäß ist. Es wird nun als ‚einseitig und mit dem Grund-
gesetz nicht vereinbar' qualifiziert, wieder bloß postuliert. Die Einseitigkeit muss

sich auf den allgemeinen Verdacht des Bürgers, Gefährder zu sein beziehen. Was könnte die zweite, aus der Sicht von Kölsch fehlende Seite sein? Es muss ein Verständnis sein, dass den Bürger nicht als Gefahr, sondern als verantwortungsvolles Mitglied der Gemeinschaft ansieht, dem zu vertrauen jede Demokratie bedarf. Die Loyalität des Bürgers zum Gemeinwesen lässt sich nicht verordnen, vielmehr muss dieses jene voraussetzen und zugleich für Rahmenbedingungen sorgen, die ihr zur Entfaltung verhelfen. Wäre Kölschs Vorwurf zutreffend, dann wäre tatsächlich die Demokratie in Gefahr und die Vereinbarkeit mit dem Grundgesetz nicht gegeben. Konkret wäre die Grundlage der politischen Ordnung gestört: das Vertrauen in den Bürger. In seinem Vorwurf ist aber ein weitergehendes Verständnis angelegt: eines, nach welchem der Staat den Bürger in Ruhe lassen und nicht einschränken soll, damit er seine Entscheidungen autonom treffen kann. Auch dieses Verständnis lässt sich aus dem Deutungsmuster der *libertären Selbstbezogenheit* mit dem Schlüsselkonzept der *monadischen Autonomie* ableiten und passt zu dem ebenfalls dadurch generierten individualistisch verengten Freiheitsverständnis. Dieses Freiheitsverständnis ist seinerseits einseitig im Sinne der fehlenden Reziprozität, einer Bindung an die Solidarverpflichtung. So meint es Kölsch jedoch nicht: Er wirft die Einseitigkeit der Gegenseite vor, ohne zu erkennen, dass sein eigenes Verständnis von Freiheit einseitig ist. Hier liegt die gleiche Struktur der Deutung vor, die wir als *Verantwortungumkehr* ähnlich bei Guérot rekonstruieren konnten. Hier wie dort hat es die Funktion zu entlasten aus der Begründungsverpflichtung und damit Schutz davor zu bieten, seine eigene Haltung infrage zu stellen. Wie im Absatz zuvor deutlich wurde, fehlt die sachhaltige Begründung für den Vorwurf des Generalverdachts noch, und stattdessen wurden erneut verborgene Zwecke staatlichen Handelns gemutmaßt.

> …/ liefert eine ideologische Rechtfertigung, die gesamte Bevölkerung „wegzusperren", von einem Lockdown in den anderen zu schicken, die nachweislich wirkungslos verpuffen.

Die Mutmaßung wird nun explizit, indem der Vorwurf der Spaltung und die Kritik an der Verfassungswidrigkeit des Generalverdachts gesteigert wird zur Unterstellung einer anderen als der vorgegebenen Absicht des Schutzes der Gesundheit. Wie oben (‚angebliche Bekämpfung') gezeigt wurde, wirft Kölsch den staatlichen Organen fehlende Glaubwürdigkeit und das Verfolgen anderer, geheimer Zwecke vor, wie es auch an dieser Stelle wiederum auftritt. Die Maßnahmen werden zu einer ‚ideologischen Rechtfertigung', also zu einer aus strategischen Zwecken angeführten Begründung für folgenreiches Handeln, nämlich für ein ‚Wegsperren‘ der Bevölkerung. Durch die um den Ausdruck „wegzusperren" gesetzten Anführungsstriche stellt dieser entweder ein Zitat dar oder es wird eine Distanzierung markiert. Da die staatlichen Organe selbst diesen Ausdruck nicht verwenden, so dass er ein Zitat sein könnte, trifft letzteres zu. Eine ironische Brechung – als eine Form der Distanzierung – ist nicht zu erkennen, so muss sie sich auf die wörtliche Bedeutung des Ausdrucks beziehen. Diese Distanzierung ist insofern passend, als die Bevölkerung nicht physisch eingesperrt, also etwa gewaltsam in Gefängnisse gebracht wird. Doch auch in dem übertragenen Sinn des Wegsperrens bleibt der Vorwurf, die Maßnahmen dienten lediglich als Vorwand. ‚Die gesamte Bevölkerung „wegzusperren"‘ als Zweck staatlichen Handelns passt zu Diktaturen, nicht zu Demokratien. Hier wird also eine gewaltige Anklage erhoben gegen die politisch Verantwortlichen, die weiterhin unbenannt bleiben. Was mit „wegsperren" im übertragenen Sinne gemeint ist, zeigt der Nachsatz: In der Aufeinanderfolge von „Lockdowns" – also das Schließen von öffentlichen und privatwirtschaftlichen Einrichtungen (von Einzelhandelsgeschäften, über Schulen, Krankenhäusern, Pflegeheimen bis zu Theatern, auch Freiflächen wie Sportstätten und Spielplätze) – sieht Kölsch hier nicht die Kontaktverbote aus Gründen der Eindämmung der Verbreitung des Virus, sondern den lebenspraktischen Effekt der Einschränkung der Bewegungsfreiheit als Zweck. Dies so als beabsichtigten Freiheitsentzug anzusehen, bedeutet, den von Regierungsseite genannten Zweck zu leugnen und einseitig (!) auf die einschränkenden und nicht die ermöglichenden Folgen zu schauen. Wir finden hier erneut ein Argumentationsmuster, das auch bei Guérot zutage trat: Die *Verantwortungsumkehr*, indem der anderen Seite vorgeworfen wird, was man aber selbst vornimmt (s. o. in Abschn. 3.2). Hier bei Kölsch sehen wir den Vorwurf der Einseitigkeit an die staatlichen Organe, den Bürger als Gefährder zu betrachten und zu behandeln. Er selbst betrachtet aber seinerseits die Maßnahmen einseitig aus der Perspektive des in seiner Bewegungsfreiheit Eingeschränkten. Auch diese Deutung lässt sich als durch das rekonstruierte Deutungsmuster generiert erkennen. Bekräftig wird Kölschs Vorwurf erneut durch eine bloße Behauptung.

Uns geht es hier nicht darum, die Maßnahmen zu diskutieren,[160] sondern um die Rekonstruktion des Deutungsmusters und der Haltung, die sich in diesen Dar-

---

[160] Argumentativ hätte Kölsch sich hier z. B. auf ein früheres Dokument der WHO (z. B. World Health Organization 2020) beziehen können, in dem Lockdowns als staatliche Maßnahme zur Seuchenbekämpfung gerade nicht empfohlen werden, da sie keine eindeutigen Effekte erzielen würden – so argumentiert etwa Armin von Bogdandy vom Max-Planck-Institut aus rechtswissenschaftlicher Sicht (2020). Die Tatsache, dass Kölsch hier keinen Bezug herstellt, obgleich er nahegelegen hätte, ist an dieser Stelle gerade deshalb besonders aufschlussreich.

stellungen zeigen. Im begründungslosen Vorbringen von Vorwürfen, im begründungslosen Aufstellen von Behauptungen und in der Vermeidung der konkreten Benennung von Verantwortlichen, kommen einerseits das von uns rekonstruierte Deutungsmuster der *libertären Selbstbezogenheit* mit dem Schlüsselkonzept der *monadischen Autonomie* zum Ausdruck, das unter Anzweiflung staatlicher Glaubwürdigkeit zur pauschalen (!) Ablehnung staatlicher Maßnahmen führt, andererseits die Haltung einer *durchblickerhaften moralischen Selbstüberhöhung*, die zu einem *Gestus des Kämpfers* für Freiheitsrechte führt.

(4) Versuch der Falsifizierung der Fallstrukturhypothese
Nach der Bestimmung der Deutungsmuster und des Habitus können nun gedankenexperimentell Falsifizierungsmöglichkeiten entworfen werden. In Bezug auf die Deutungsmuster wären es im Fall von Kölsch solche Deutungen, die (DM.F.a) eine Verbindung mit der Gemeinschaft betonen, entweder, indem er auf Ebene seiner kritischen Haltung der staatlichen Organe gegenüber Besorgnis zum Ausdruck bringt oder gar Wege aufzeigt, die seiner Ansicht nach bestehende Gefährdung der politischen Ordnung als Demokratie abzuschwächen oder zu beseitigen oder – etwas kleiner gefasst – (DM.F.b) er sich selbst in seinem konkreten Handeln verbunden zu seinen Mitmenschen deutet, indem er die Folgen seines Handelns für andere bedenkt, also eine Solidarverpflichtung erkennen lässt. In Bezug auf seine Habitusformation müssten wir Haltungen finden, in denen er sich (HF.F.a) bereit zeigt, seine Vorwürfe zu begründen statt sie durchblickerhaft zu behaupten und dabei von seiner selbsterhöhten Position hinabzusteigen auf Augenhöhe mit den von ihm Kritisierten sowie (HF.F.b) erkennen lassen, dass seine Gemeinschaftsbindung nicht fiktiv ist und nur unter Harmonie zwischen seinen Ansichten und denen der staatlichen Organe besteht, sondern dass er eine Bereitschaft zur Auseinandersetzung mit konträren Meinungen zeigt.

Sowohl für die Überprüfung der Bereitschaft zur rationalen Begründung der Vorwürfe (DM.F.a) als auch seiner Verbundenheit mit dem Gemeinwesen (HF.F.a), bietet sich eine Stelle etwa in der Mitte des Briefes an, an der Kölsch die Folgen der Maßnahmen beschreibt und damit eine Bilanzierung zur Einschätzung der Verhältnismäßigkeit vorlegen könnte:

> Ihnen, Herr Bundespräsident, sind sicherlich die Folgen für das Leben und die Gesundheit der Bürger zugetragen worden. Es wären zu nennen: Zunahme von Suiziden infolge von Arbeitslosigkeit und Konkursen; gesundheitliche Beeinträchtigungen infolge mangelnder Bewegung; Unterlassen von Operationen, stationären Behandlungen, Arztbesuchen, weil Patienten glauben, sie könnten von

> Covid 19 infiziert werden oder weil keine ausreichende Zahl von Betten zur
> Verfügung standen, da sie reserviert waren für Covid-19-Fälle (ohne belegt zu
> sein); Zunahme von Depressionen infolge sozialer Isolation; Zunahme häuslicher
> Gewalt gegen Kinder und Frauen; von den eingetretenen, nicht aufholbaren
> Bildungsdefiziten durch Schulschließungen (besonders bei sog. bildungsfernen
> Elternhäusern) will ich erst gar nicht ausführlich sprechen.

Ohne die Feinanalyse der einzelnen Formulierungen darzustellen, lässt sich zunächst eine Frontstellung gegen das Staatsoberhaupt erkennen, die die Ausführungen rahmt: Indem der Bundespräsident bezeichnet wird als jemand, dem die Folgen der staatlichen Entscheidungen im Leben der Bürger „zugetragen" werden
müssen, unterstellt ihm Kölsch Abgehobenheit von den Sorgen der Bevölkerung.
Zu den Aufgaben des Bundespräsidenten gehört aber gerade, zur Integration und
Einheit des Landes beizutragen und darin enthalten ist, „Vorurteile abzubauen,
Bürgerinteressen zu artikulieren, die öffentliche Diskussion zu beeinflussen, Kritik
zu üben, Anregungen und Vorschläge zu machen".[161] Insofern würde eine hier
unterstellte passive Abwartehaltung den originären Aufgaben widersprechen, der
Bundespräsident würde ihnen nicht gerecht. Nun äußert Kölsch aber die Vermutung, dass er informiert ist („sicherlich"), was der Unterstellung der Passivität nicht
ihre Schärfe nimmt, sondern sie bestätigt und dadurch eine Ironie erzeugt, denn die
darauf genannten „Folgen für das Leben und die Gesundheit der Bürger" sind allgemein bekannt und bedürfen nicht einer besonderen Übermittlung, vor allem
nicht für das Staatsoberhaupt. Mit dieser Frontstellung des Absenders gegen den
Adressaten folgt Kölsch seiner vorwurfsvollen Deutung der ‚staatlichen Organe'
als anderer Ziele verdächtig. Auch habituell sehen wir an dieser Stelle die schon
bekannte Struktur der *moralischen Überheblichkeit*. Daher kann der Beginn dieses
Absatzes noch keine Falisfizierung begründen.

Gegenstand der Aufzählung der Maßnahmenfolgen ist nun eine Reihe von
Handlungen, die in ein kausales Verhältnis zu den Corona-Maßnahmen gestellt
werden. So folgt nach Kölschs Darstellung die „Zunahme von Suiziden" aus
„Arbeitslosigkeit und Konkursen". Dabei verzichtet Kölsch sowohl auf den Beleg
gestiegener Suizide und gestiegener Arbeitslosen- und Konkurszahlen als auch des
Zusammenhangs zwischen beiden Phänomenen. Ebenso verfährt er mit den anderen genannten Vorgängen („Unterlassen von Operationen ....", „Zunahmen von
Depressionen" etc.). Damit erhält dieser Absatz mit Argumenten den Charakter
eines politischen Streits, etwa in einem Parlament oder unter Bekannten und Freunden, in dem keine zitierbaren Quellen zur Hand sind und auch nicht erwartet wer-

---

[161] https://www.bundespraesident.de/DE/amt-und-aufgaben/rolle-im-staat/rolle-im-staat_
node.html; zuletzt angesehen am 12. Febr. 2025.

den. Für eine Beweisführung in einem Offenen Brief wären an dieser Stelle jedoch Belege angemessen. Bleiben sie aus, handelt es sich um eine Rhetorik des Vorwurfs. Für den Falsifikationsversuch bzgl. der Verbundenheit mit dem Gemeinwesen auf Deutungsebene und der Bereitschaft zur Argumentation auf habitueller Ebene lässt sich hier festhalten, dass sich Kölsch auf den ersten Blick auf die Seite der Betroffenen stellt und insofern sich selbst mit ihnen verbunden deutet. Dass die Maßnahmen negative Folgen hatten, hat weder jemand unter den politisch Verantwortlichen noch in der Bevölkerung bezweifelt oder geleugnet. Für eine Bilanzierung der Maßnahmen müssten nun die (behaupteten) negativen Folgen zu ihren positiven Folgen ins Verhältnis gesetzt werden. Aber hier – wie auch oben schon – wird ausschließlich die Perspektive der von den Maßnahmen Betroffenen, nicht aber die Perspektive der von einer (möglichen) Ansteckung Betroffenen eingenommen. Somit ist an diesem Abschnitt der Falsifizierungsversuch gescheitert.

Eine weitere Stelle im Anschluss an die vorherige scheint zur Falsifizierung geeignet, weil sich Kölsch hier explizit mit der Rechtsnorm der Verhältnismäßigkeit beschäftigt und diesbezüglich eine Begründung zu erwarten ist. Die Maßnahmen seien nur gerechtfertigt, schreibt er kurz nach der oben zitierten Stelle, „wenn außergewöhnliche konkrete Gefahren drohen, die mit milderen Mitteln, als die bisher angewandten, nicht abgewendet werden können." Die hier genannte Bedingung entspricht dem juristischen Grundsatz der Verhältnismäßigkeit staatlicher Maßnahmen, insbesondere der Gefahrenabwehr[162] und ist nicht kontrovers. Gegenstand des Vorwurfs der Unverhältnismäßigkeit sind vielmehr die von Kölsch monierten Maßnahmen zur Eindämmung der Pandemie. Kölsch fährt wenige Zeilen später fort:

> Bei der Bewertung darf jedoch nicht übersehen werden, dass es sich um eine konkrete Gefahr handeln muss. Das berücksichtigen die Maßnahmen nicht ausreichend. Ich werde, obwohl bei mir keine Symptome von Covid-19 erkennbar sind, als gefährlich für andere eingeschätzt. \…

Das Polizei- und Ordnungsrecht kennt mehrere Gefahrenbegriffe und unterscheidet z. B. zwischen konkreter und abstrakter Gefahr.[163] In unserer Analyse geht es allerdings nicht um eine Beurteilung der Maßnahmen, für die ein u. a. juristisches Fachwissen nötig wäre, sondern um die Rekonstruktion der Argumentation. Gesetzt den Fall, dass auch für die Maßnahmen gegen die Verbreitung der Covid-Infektionen

---

[162] https://www.bmj.de/DE/rechtsstaat_kompakt/rechtsstaat_grundlagen/verhaeltnismaessigkeit/verhaeltnismaessigkeit_node.html; zuletzt angesehen am 13. Febr. 2025.
[163] Vgl. Ennuschat o.J., S. 23 f..

und zur Aufrechterhaltung der Funktionsfähigkeit des Gesundheitssystems eine „konkrete Gefahr" vorliegen muss, entwickelt Kölsch nun seine Begründung der Unverhältnismäßigkeit der Maßnahmen. Nochmals – wie schon oben an der Stelle zum „Menschenbild" des „Gefährders" – konstatiert Kölsch die Verallgemeinerung jeden Bürgers als gefährlich. Wie stark er hier emotional involviert ist, zeigt sich am Wechsel des Subjekts von den „Maßnahmen" zum „Ich". Nun spricht er in der Perspektive des Betroffenen vom Generalverdacht, wie er es oben nannte. Wenn alle Bürger pauschal als „gefährlich für andere eingeschätzt" werden, ist dem Einzelnen die Handhabe über das eigene Handeln genommen. Darin drückt sich eine Ohnmacht gegenüber staatlichen Bestimmungen aus, die – wenn sie willkürlich getroffen werden – die Verantwortung des Einzelnen untergraben. Eine reflexartige Abwehr auf eine solche individuelle Entmachtung im Entzug der eigenen Entscheidungsfreiheit ist emotional nachzuempfinden und rational dann begründbar, wenn den staatlichen Entscheidungen keine (tragfähige) Begründung zugrunde liegt. Genau an dieser Stelle müsste Kölsch nun den Beweis der fehlenden Begründung liefern:

> …/ Mir wird die Möglichkeit genommen, selbst zu entscheiden, \…

Kölsch beginnt mit der Feststellung des Entzugs der Entscheidungsfreiheit. Eine Falsifikation sowohl bzgl. der fehlenden Begründungen als auch bzgl. der fehlenden Gemeinwohlverpflichtung läge vor, würde er etwa wie folgt fortfahren: ‚obwohl die Gefahrenlage nicht so ernsthaft ist wie behauptet' oder: ‚obwohl wir Bürger selber gut erkennen können, wie wir uns und unsere Mitmenschen schützen können'. Doch Kölsch ergänzt:

> …/ welchen Risiken ich mich aussetze. \…

Mit dem Blick auf die eigenen Risiken bestätigt er wiederum das oben rekonstruierte Deutungsmuster der *libertären Selbstbezogenheit* mit dem Schlüsselkonzept der *monadischen Autonomie.*

> …/ Das von unserem Grundgesetz skizzierte freie Subjekt, das selbst
> verantwortlich ist für seine und die Gesundheit der Mitmenschen, ist aufgehoben.
> \…

Auch im nächsten Satz folgt keine weitere Begründung. Nochmals wird allgemein auf die grundgesetzlich verankerte Handlungsfreiheit rekurriert. Das „freie Subjekt" wird nun aber nicht nur in seiner Verantwortung für sich selbst adressiert, sondern die Verantwortung für „die Gesundheit der Mitmenschen" ergänzt. Hier könnte nun ein Selbstverständnis als reziprok mit dem Gemeinwesen verbunden zutage treten. Dazu müsste nun eine Begründung für die Aufmerksamkeit auf die Gesundheit der Mitmenschen erfolgen. Bisher liegen nur Behauptungen vor, die (diffusen) Entscheidungsträgern vorwerfen, das ‚freie Subjekt aufgehoben' zu haben.

> …/ Hier handelt es sich nicht um eine juristische Finesse. Es geht um massive praktische Folgen. Ich muss jetzt den staatlichen Stellen beweisen, (z. B. durch Testnachweise; Impfnachweise; Tragen von Masken) dass ich nicht von SARS-CoV-2 infiziert bin. Ich bekomme meine Grundrechte erst zurück, wenn ich meine Gesundheit nachgewiesen habe. Eine absurde Vorstellung, etwas zurückzubekommen, was mir von Geburt an zusteht. Freiheit ist nicht mehr gemäß den rechtsstaatlichen Prinzipien prinzipiell unbegrenzt, sondern wird obrigkeitsstaatlich gewährt, wenn gerade kein Virus (oder z. B. demnächst eventuell Klimagase), gegen das man sich in staatlicher Fürsorge wappnen muss, zu befürchten ist.

Dem Einwand, Kölsch würde hier juristische Feinheiten diskutieren, kommt er zuvor und zählt nochmals „massive praktische Folgen" der Maßnahmen auf, wiederum aus der Perspektive des Betroffenen, des seiner Entscheidungsfreiheit beraubten Subjekts. Die Notwendigkeit von Nachweisen, nicht infiziert und damit keine Gefahr für seine Mitmenschen zu sein, interpretiert Kölsch hier als Zumutung. Er sieht darin eine Beweislastumkehr von der Unschuldsvermutung des Bürgers zur Beweispflicht der Gesundheit. Statt sich aber mit deren Kritik auseinanderzusetzen, z. B. indem er Nutzen und Gefahren solcher Maßnahmen medizinisch, sozial oder juristisch erörtert, behauptet er pauschal (!), dass seine „Grundrechte" ihm solange entzogen seien, bis er die Tests vorlegt. Darin findet sich die an früherer Stelle (s. o.) bereits rekonstruierte Übertreibung als rhetorische Figur zur Untermauerung seiner durchblickerhaften Selbststilisierung als Kämpfer für die Einhaltung der Verfassungsrechte. Denn dem Einzelnen sind ja weder sämtliche Freiheitsrechte entzogen, noch ist „Freiheit gemäß den rechtsstaatlichen Prinzipien prinzipiell unbegrenzt", wie er hier behauptet.[164] Indem

---

[164] Zudem „waren Grundrechtseinschränkungen keineswegs ungewöhnlich. Juristisch gesehen standen die Eindämmungsmaßnahmen von Anfang an auf relativ sicheren Füßen. Bei aller berechtigten Kritik an der Umsetzung von Maßnahmen stand die Verfassungskonformität nie grundsätzlich in Frage, im Gegenteil. Wegen der Schutzpflicht des Staates und seiner

Kölsch die prinzipielle Unbegrenztheit zum Maßstab der Beurteilung der Situation macht, zeigt sich nicht nur ein weiteres Mal das liberalistische, individualistische Freiheitsverständnis, das auf das Schlüsselkonzept der *monadischen Autonomie* zurückzuführen ist. Rhetorisch und inhaltsleer, d. h. ohne Argumente zu nennen, baut er vielmehr den Bürger auf der einen Seite und die staatlichen Stellen als Urheber der Freiheitsbeschneidung auf der anderen Seite als Fronten auf. Die Anzweiflung der staatlichen Glaubwürdigkeit erweist sich als vom rekonstruierten Deutungsmuster hervorgebracht, indem Kölsch den „staatlichen Stellen" ‚obrigkeitsstaatliches' Vorgehen vorwirft. Die Glaubwürdigkeit der staatlichen Entscheidungen zieht er insofern in Zweifel als es in seiner Sicht beliebig erscheint, warum die Freiheit beschnitten wird: ob ein Virus oder Klimagase der Anlass sind – entscheidend ist für Kölsch allein der Eingriff in die Freiheitsrechte selbst. Die Frontenbildung der obrigkeitsstaatlichen Übergriffigkeit auf der einen und der von grundrechtlichen Einschränkungen Betroffenen auf der anderen Seite ersetzt an dieser Stelle die noch ausstehende Begründung für seine Aufmerksamkeit für die Gesundheit seiner Mitmenschen und seine Verbundenheit mit dem Gemeinwohl. Eine Falsifizierung hat diese Sequenzstelle nicht erbracht.

Eine Stelle gegen Ende des Briefes scheint sich zur Falsifikation zu eignen, weil hier Argumente für den Vorwurf der Beseitigung des Föderalismus vorgebracht werden.

> § 28b IfSG eröffnet der Exekutive (RKI) die Möglichkeit, die Voraussetzungen der Freiheitseingriffe selbst zu bestimmen und durch Erhöhung oder Senkung der Testzahlen die Höhe der Inzidenzwerte zu bestimmen und damit auch für ihre politischen Absichten zu benutzen.

Erneut greift Kölsch hier das Infektionsschutzgesetz auf und beleuchtet die darin festgelegte Rolle des Robert Koch-Instituts im Prozess der Entscheidungsfindung. Durch die Kopplung der Maßnahmen an die Inzidenzwerte wird dem Institut faktische Entscheidungsmacht übertragen, die ihm als Teil der Exekutive nicht zusteht. Soweit ist die Darstellung nachvollziehbar, insofern man die Prämisse teilt, dass mit der Höhe der Tests auch die Inzidenzwerte steigen mit den daran gekoppelten Konsequenzen. Dies muss aber nicht der Fall sein, denn mit vermehrten Tests steigen auch die Fälle der Nicht-Infizierten durch die Erhöhung der Grundgesamtheit. Doch konzentrieren wir uns auf die Argumentation von Kölsch:

---

im Grundgesetz verankerten Verpflichtung, Leben und körperliche Unversehrtheit seiner Bürger:innen [sic!] zu schützen, waren Einschränkungen ‚verfassungsrechtlich sogar geboten' [Kumm 2020, S. 14]." (Thießen 2021, S. 74).

> …/ die Höhe der Inzidenzwerte zu bestimmen und damit auch für ihre politischen
> Absichten zu benutzen. […]

Im Anschluss an die Feststellung der Rolle des RKI – die man nachvollziehen
kann, aber nicht muss[165] – ergänzt Kölsch („und") den Verdacht des Eigennutzes.
Diesen sieht er für zwangsläufig real vorhanden („damit auch"), wird aber auch in
den nachfolgenden Zeilen nicht genauer bestimmt. Der im Diffusen gehaltene Verdacht gleicht der oben rekonstruierten Deutung staatlichen Handelns als unglaub-
würdig und von niederen moralischen Absichten getragen. Damit kommt erneut
die habituelle Disposition der Selbstüberhöhung zum Tragen.

> […] Mit Erschrecken stelle ich fest, dass die Rechtsprechung bis auf wenige
> Ausnahmen, die hier von mir angesprochenen Bedenken nicht angeht. Anhängige
> Hauptverfahren werden hinausgezögert und sind im Entscheidungszeitpunkt nur
> noch eine historische Reminiszenz. Bei Eilverfahren berufen sich Gerichte in der
> Regel auf das RKI und zeigen damit, dass im Zusammenhang mit dem IfSG die
> Gleichschaltung der drei Staatgewalten – orchestriert von einem Großteil der
> Medien – wie von selbst stattgefunden hat. Die von dem GG gewollte gegenseitige
> Kontrolle von Legislative, Exekutive und Rechtsprechung findet nicht mehr statt.

Kölsch bringt zunächst sein „Erschrecken" zum Ausdruck und bezieht sich auf die
Ebene seiner beruflichen Expertise, dadurch dass er sich über die akute Rechtsprechung äußert. Auch für sie unterstellt er fachfremde Absichten, indem er mut-
maßt, die Verfahren „werden hinausgezögert", als gäbe es etwas zu verheimlichen
oder zu blockieren, was durch zeitige Rechtsprechung ans Licht käme. Interessant
ist nun seine Einschätzung der Eilverfahren: Indem sich die Judikative bei der
Urteilsfindung auf die Exekutive (RKI) bezieht, und das Infektionsschutzgesetz
durch die Legislative beschlossen wurde, das dem RKI die skizzierte Macht zu-

---

[165] Vgl.: Es „zielten viele Beschlüsse von Gesundheitsmaßnahmen keineswegs an den Parlamenten vorbei, wie Kritiker einer ‚Stunde der Exekutive' bemängelten. Sowohl den Bundes-
tags- als auch den Landtagsbeschlüssen gingen meist intensive Debatten in den Parlamenten
voraus. Für Rheinland-Pfalz haben Julia Jennewein und Simone Korte-Bernhardt angesichts
der umfangreichen Einbindung von Landtagsabgeordneten sogar von einer ‚Stunde der
Landesparlamente' (Jennewein und Korte-Bernhardt 2021, S. 102) gesprochen. Auch die
Verabschiedung des nordrhein-westfälischen ‚Epidemiegesetzes' Mitte April 2020 war das
Ergebnis eines engen Austausches mit der Opposition, die maßgebliche Änderungen im Gesetz durchsetzte." (Thießen 2021, S. 73) „Und selbstverständlich stellten auch die Neu-
fassungen des Infektionsschutzgesetzes (IfSG) sämtliche Maßnahmen unter Parlamentsvor-
behalt und versahen diese mit einer zeitlichen Befristung. Diese Befristungen boten dann bis
zum Frühsommer 2021 hinein wiederholt Anlässe für Debatten" (Thießen 2021, S. 74).

spricht, erkennt Kölsch eine „Gleichschaltung der drei Staatsgewalten". Diese Argumentation ist nachvollziehbar, wie oben schon die Abwehr eines Generalverdachtes. Knüpft er nun daran eine begründete Sorge um das Gemeinwesen, die zur Falsifikation der Hypothese einer bloß fiktiven Gemeinschaftsbindung (HF.F.a) und einer fehlenden Verantwortung für das Gemeinwohl (DM.F.a) führt? Zum einen fällt auf, dass erneut Belege für beide Urteile fehlen, sowohl für die Verzögerung der Hauptverfahren als auch für die Berufung der Eilverfahren auf das RKI. Für den Offenen Brief wäre eine Beweisführung hier angebracht. Zum anderen ist die Wortwahl der „Gleichschaltung" ein extremer Vorwurf, entstammt der Begriff doch dem Nationalsozialismus[166] und bezeichnet Maßnahmen der Errichtung und Aufrechterhaltung einer Diktatur. Anders als an anderen Stellen des Briefes verallgemeinert Kölsch hier allerdings nicht grundsätzlich, sondern begrenzt den Vorwurf der „Gleichschaltung" auf den „Zusammenhang mit dem IfSG". Diese weniger starke Übertreibung hebt der Einschub „orchestriert von einem Großteil der Medien" wieder auf. Zwar wird nicht über alle Medien verallgemeinert, doch zeigt die verwendete Metapher zweierlei: erstens bedeutet ‚orchestrieren' im Bereich der Musik das Instrumentieren einer Komposition. Im übertragenen Sinn liegt laut Kölsch ein vollendetes Werk vor (hier die Gleichschaltung), das von einem Experten wie etwa einem Komponisten für das Orchester (hier die Medien) bearbeitet wird. Damit werden die Medien in diesem Bild zum vermittelnden Akteur zwischen dem Vorgang der Gleichschaltung und dem Publikum (den entmachteten Bürgern). Zweitens sieht Kölsch damit nicht nur drei Staatsgewalten ihrer Eigenständigkeit beraubt, sondern auch die oft so genannte „vierte" Staatsgewalt der Medien, die im besten Fall eines investigativen, ausgewogen berichtenden Journalismus eine weitere Kontrollebene in einer Demokratie darstellen. Auch diese steht nun seiner Ansicht nach im Bunde mit der Vereinheitlichung der Herrschaft. Einen größeren Vorwurf kann man einer Demokratie nicht machen, wenn man ihr – und sei es nur begrenzt auf das IfSG – diktatorische Strukturen vorwirft. Zudem beschreibt Kölsch hier explizit einen Vorgang, der sich hinter dem Rücken von Verantwortlichen vollzieht („wie von selbst"). Sprach er bisher diffus von ‚staatlichen Organen' oder ‚staatlichen Stellen', so bringt er hier diesen Mechanismus einer fehlenden Verantwortung von Entscheidungsträgern direkt zum Ausdruck. Übrig bleibt Kölsch als Mahner gegen erkanntes Unrecht in der bereits rekonstruierten Fallstruktur einer Selbst-Deutung als Kämpfer für die demokratische Ordnung. Ließe sich darin noch eine Verpflichtung auf das Gemeinwohl sehen, so begibt er sich auch an dieser Stelle in die durchblickerhafte Selbst-Marginalisie-

---

[166] Vgl. Erdmann 1976/1980, Kap. 7: Die Gleichschaltung der Gesellschaft und der deutschen Volksgruppen (S. 90–109).

rung als Teil einer abgeschotteten Gewissensgemeinschaft, die auf der prästabilierten Harmonie der Gleichgesinnten beruht.

Auch der Schlussabsatz des Briefes bietet sich für die überprüfende Analyse an, weil er verspricht, markant zu bündeln, worum es dem Absender geht. Zugleich liest er sich auf den ersten Blick als geeignet für eine Falsifikation:

> Sehr geehrter Herr Bundespräsident, seien Sie versichert, dass ich nach gewissenhafter und vorurteilsloser Prüfung, so wie ich das in meinem Beruf vor einem Urteilsspruch stets versucht habe, die geschilderte rechtliche Verwilderung nicht akzeptieren kann. Deshalb protestiere ich dagegen, indem ich Ihnen das Bundesverdienstkreuz zurückgebe.
>
> Mit vorzüglicher Hochachtung
> Dr. Manfred Kölsch

Betrachten wir den Abschlussabsatz kontextfrei – also unter Absehung auch des inneren Kontextes, der durch die vorangegangene Analyse entstanden ist, und der eine herablassende Haltung gegenüber den staatlichen Organen offenbart hatte –, dann zeigt sich zunächst eine dem Amt angemessene Formulierung. Ungewöhnlich ist eher, den abschließenden Absatz nochmals mit einer Anrede zu beginnen. Eine Funktion hat diese Anrede-Wiederholung darin, wie ein Fazit den Bogen vom Anfang zum Ende zu spannen. Wir können insofern eine resümierende Begründung für die Rückgabe des Bundesverdienstkreuzes erwarten. „… seien Sie" ist ein Imperativ und müsste nun von einer höflichen Formel begleitet werden (etwa: ‚seien Sie versichert, dass ich nur das Beste für unser Land will'), um nicht despektierlich zu sein. Folgerichtig fährt Kölsch mit „ich" als Subjekt fort. Es geht also um seine eigene Verantwortung, Haltung oder Absicht; „nach gewissenhafter und vorurteilsloser Prüfung" betont einerseits sein sorgfältiges Vorgehen, was als ehrwürdig und respektvoll dem Adressaten gegenüber verstanden werden kann. Andererseits stellt er sich als derjenige, der eine Prüfung vornimmt, über den Adressaten. Diese Hierarchisierung lässt sich an Kontexten erkennen, in denen eine Prüfung erfolgt, so etwa in Verwaltungskontexten wie der Gewährleistung eines Versicherungsanspruchs oder der Berechnung der Höhe des Bafögs. Als Bürger kann ich in meiner Verantwortung gegenüber den demokratischen Prozessen auch aufmerksam verfolgen, wie es zu welchen Entscheidungen kommt, aber diese als Prüfung zu bezeichnen entbehrt des instutionalisierten Kontextes der Beispiele. Zudem wird die vorgenommene Prüfung als „gewissenhaft" und „vorurteilslos" ausgezeichnet. Dieser Vorgang führt zu einer besonderen Betonung dieser Qualitäten, als seien sie nicht zu erwarten und müssten deshalb besonders hervorgehoben werden. Eine Prüfung wie in den gedankenexperimentell angeführten Beispielen, ist aber immer gewissenhaft und vorurteilslos, sonst ist es keine Prüfung, sondern ein Werturteil oder eine strategische Handlung zur Verfolgung eigener Interessen auf Kosten anderer. Diese Haltung kennen wir aus der rekonstruierten Struktur des Vorwurfs von Kölsch an den ‚heute üblichen Strudel aus Heuchelei …'. Hier nun versichert er, dass er selbst keineswegs eine solche moralisch verwerfliche Haltung einnimmt – und also wiederum in seiner moralischen Selbsterhöhung urteilt. Der Bezug auf seine entsprechende Arbeitsweise als Richter stellt die Prüfung in den hier als passend rekonstruierten institutionellen Kontext, macht aber gleichzeitig den Bundespräsidenten zu einem Angeklagten, als sei der Gerichtskontext tatsächlich der Handlungsrahmen. Kölsch handelt hier aber faktisch als Bürger, nicht in seiner Berufsrolle. In der Anmaßung eines Urteilsspruchs überschreitet er seine Position als Bürger. „… die geschilderte rechtliche Verwilderung nicht akzeptieren kann", lautet nun sein Urteil. Eine Schilderung ersetzt allerdings keine Begründung, sondern aus dem Geschilderten müssten im Zuge einer rationalen Argumentation Gründe für eine Beurteilung abgeleitet werden. Seine Schilderung hält Kölsch aber für einen hinreichenden Beleg.

Gegenstand seines Urteils nennt er „rechtliche Verwilderung", als handele es sich bei der Verfassung um einen Garten, der von Unkraut übersät ist. Als Resümee ist diese Metapher nicht nur deplaziert, weil sie – nimmt man die Vorwürfe der Beseitigung des Rechtsstaats von Kölsch ernst – das Problem verniedlicht, sondern auch weil sie inhaltlich nicht zu den Vorwürfen passt, reicht doch gegen Verwilderung eines Gartens das Handanlegen eines erfahrenen Gärtners. „Deshalb protestiere ich dagegen, indem ich …", suggeriert eine geleistete Beweisführung („deshalb"), vollzieht aber – anders als Guérot – in praktischer Weise die Konsequenz aus seinem Urteil in Form einer Distanzierung von einem Gemeinwesen, dessen verfassungsmäßige Ordnung er nicht gewährleistet sieht. Mit seiner Schlussformel „Mit vorzüglicher Hochachtung" wählt Kölsch die höchste Form für eine förmliche Schlussfomel in Amtsschreiben wie sie v. a. im gerichtlichen Kontext üblich ist. Er führt auch den Doktor-Titel, der formal kein Bestandteil des Namens ist, an. Dies wäre „im Kontext einer inneruniversitären Kontroverse, in deren Verlauf jemand einen offenen Brief an einen Hochschulpräsidenten richtet [sinnvoll], ist jedoch unangebracht, wenn es um" außerakademische öffentliche Angelegenheiten geht. (Franzmann 2023, S. 176) In einem solchen Fall fügt ein akademischer Titel „dem Brief nicht nur nichts hinzu, sondern vermittelt sogar den Eindruck, dass der Unterzeichner seinem Anliegen und seiner Argumentation nicht recht traut, bzw. dass er aus dem akademischen Titel auch in der politischen Öffentlichkeit ein gesteigertes Recht auf Gehör ableitet. Da es in Demokratien jedoch nicht Bürger erster Klasse (mit Professorentitel) und solche einer zweiten Klasse gibt, verwiese ein solches Gebaren letztlich nur auf Reste ständischer

Demokratievorstellungen" (Franzmann 2023, S. 176 f.) – oder verweist, wie hier, auf den gesteigerten Anspruch des Gewichts der Ausführungen und der Richtigkeit des eigenen Tuns. Vor dem Hintergrund des inneren Kontextes unserer Rekonstruktion der Mutmaßungen und Vorwürfe verdeckter Zwecke staatlichen Handelns gerät dieser Abschluss nochmals zur Bestätigung der Haltung von Kölsch: einer Überhöhung seiner Person, hier als Richter, der ein Urteil fällt, seine berufliche Qualifizierung als Handlungsrahmen setzend und seinen Bürgerstatus überschreitend.

(5) Zusammenfassende Erkenntnisse zu Deutungsmustern und Habitus[167]

Zusammenfassende Erkenntnisse zum Deutungsmuster

Auch für diesen Fall soll folgende Skizze (Abb. 3.3) – wie schon im ersten – eine verdichtende Zusammenfassung der Ergebnisse veranschaulichen. Deutungen (D), die aus Regeln (DR) generiert werden, stehen z. T. in Widerspruch zueinander (Blitz). Prinzipien (Prz), die aus dem Schlüsselkonzept des Deutungsmusters (SK) generiert werden, lassen diese Widersprüche konsistent erscheinen, so dass sie dem handelnden Subjekt nicht als Widerspruch ins Bewusstsein treten.

Ebenso wie im ersten Fall haben wir zunächst im analysierten Text Deutungen (D) vorgefunden, die wir auf Deutungsregeln (DR) bringen können. Zwischen einzelnen Deutungen haben wir Inkonsistenzen festgestellt (im Schema oben als Blitz oberhalb des Ovals dargestellt). Die Inkonsistenzen fielen dem Autor des Offenen Briefes augenscheinlich nicht auf, andernfalls hätte er sie bearbeiten können. Deshalb haben wir nach einem Zusammenhang zwischen den Deutungen bzw. den sie generierenden Deutungsregeln gesucht, der zugleich erklärte, dass die Inkonsistenzen nicht gesehen wurden. Diesen Zusammenhang fanden wir auch bei Kölsch im Schlüsselkonzept (SK) der *monadischen Autonomie*, aus dem Prinzipien (Prz) hervorgehen, die die Inkonsistenz zwischen den Deutungen als konsistent erscheinen lassen – im Schema durch die Lichtstrahlen angedeutet, die das Überblenden der Inkonsistenzen (Blitz) symbolisieren.

Die schematische Abbildung soll das Musterhafte des Gesamtzusammenhangs des Deutungsmusters veranschaulichen. Im Einzelnen haben wir die Deutungen gefunden, ‚die Corona-Maßnahmen sind unverhältnismäßig' (D_1), welche durch

---

[167] In Kap. 2 haben wir darauf hingewiesen, dass aufgrund der Ausrichtung des vorliegenden Buches auf die Rekonstruktion von Deutungsmustern und Habitusformationen deren Genese nur beim ersten Fall knapp exemplarisch angerissen wird. An die Stelle dieses sonst durchzuführenden Schrittes tritt in diesem und den weiteren Fällen die Darstellung *zusammenfassende Erkenntnisse* zu Deutungsmuster und Habitus des jeweiligen Falles.

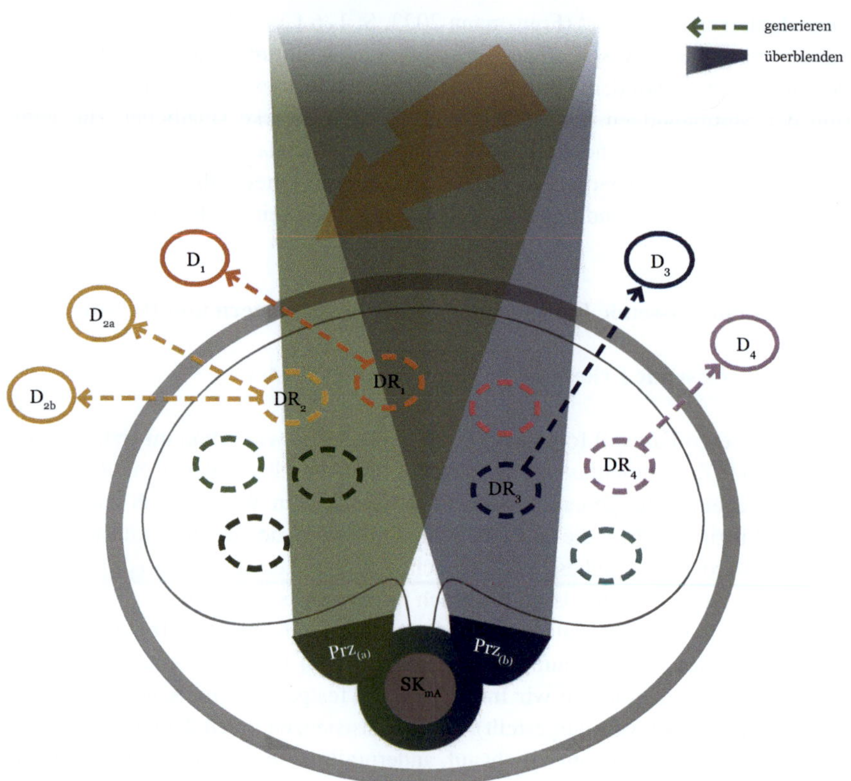

Abb. 3.3 Schematische Darstellung des Deutungsmusters der *libertären Selbstbezogenheit* mit dem Schlüsselkonzept der *monadischen Autonomie* im Fall Kölsch (Erläuterung der Siglen im Text) (Idee: T. Loer/U. Fischer; Umsetzung: Nadine Roskamp (Dortmund))

die folgende Deutungsregel[168] generiert wird: ‚Wann immer etwas die Möglichkeit zur eigenmächtigen Entscheidung einschränkt, ist es illegitim (z. B.: unverhältnismäßig)‘ (DR₁) sowie die ‚aufrichtige Parteinahme ist ein heroischer Akt‘ (D₂ᵦ), zurückzuführen auf die Deutungsregel ‚Wann immer moralische Bewertungen konfligieren, zählt das eigene für Gut-Halten; alles andere ist moralisch verwerf-

---

[168] Hier formulieren wir die Deutungsregeln explizit, die wir wir in diesem Fall Laufe der Analyse nur implizit bestimmt haben.

lich oder gar bedrohlich' (DR$_2$). Dem gegenüber stehen die Deutungen ‚Mein Protest gegen die Corona-Maßnahmen dient dem Gemeinwohl' (D$_3$), die auf die Regel zurückzuführen ist ‚Wann immer meine Gemeinwohlorientierung thematisch ist, gehe davon aus, dass sie vorliegt' (DR$_3$) Die Inkonsistenz zwischen den Deutungen D$_1$ und D$_{2b}$ einerseits und der Deutung D$_3$ andererseits besteht darin, dass im ersten Fall die Gemeinwohlbindung negiert wird, im zweiten hingegen wird sie als selbstverständlich geltend betont.

Auch die Deutung ‚staatliche Organe lügen und verfolgen moralisch verwerfliche Zwecke' (D$_{2a}$), die ebenfalls auf die Deutungsregel DR$_2$ zurückzuführen ist, steht in Widerspruch zur Selbst-Deutung als engagierter Bürger für das Gemeinwesen (D$_4$), die sich aus der Deutungsregel ergibt ‚Wann immer mein Engagement in Zweifel steht, irren die anderen' (DR$_4$).

▶ An dieser aus einem Deutungsmuster hervorgehenden (Selbst-) Deutung lässt sich der Unterschied zwischen Deutungsmuster und Habitus verdeutlichen: Die Selbst-Deutung als engagierter Bürger für das Gemeinwesen (D$_4$) kann – wie es hier der Fall ist – offensiv selbstbewusst aus einer Haltung einer *durchblickerhaften Selbstüberhöhung* vorgetragen und verteidigt werden; sie könnte aber auch mit einem Habitus verknüpft sein, der sich darin ausdrückt, dass der Handelnde sich selbst zwar auch bei Widerspruch weiterhin als engagierter Bürger für das Gemeinwesen begreift, dies aber allenfalls defensiv vertritt und sein Engagement im Stillen ausübt. – Wir sehen also, dass es zwar Passungsverhältnisse zwischen Deutungsmuster und Habitus gibt (s. u.), dass aber beide analytisch voneinander unabhängig sind und folglich auch unabhängig voneinander bestimmt werden müssen.

Betrachten wir die inkonsistenten Deutungen im Lichte des rekonstruierten Schlüsselkonzeptes *monadische Autonomie* (SK$_{mA}$) und der von ihm hervorgebrachten Prinzipien – ‚eine Lebenspraxis ist dann autonom, wenn sie ihre Entscheidungen eigenmächtig treffen kann' (Prz$_a$) und ‚die Autonomie einer Lebenspraxis wird eingeschränkt, wenn sie nicht eigenmächtig entscheiden kann, was dem Gemeinwohl dient' (Prz$_b$) – lässt sich ein Zusammenhang unter den Deutungsregeln erkennen sowie ein nun konsistent erscheinender Zusammenhang zwischen den Deutungen. So werden die in der Analyse rekonstruierten Inkonsistenzen überblendet und dadurch für den Fall zum Verschwinden gebracht. Das Verhältnis der Deutungsregeln zu den Prinzipien und dem Schlüsselkonzept kann als kompatibel gelten, insofern die Regeln zwar aus ihm abgeleitet werden können, aber nicht deterministisch aus ihm hervorgehen müssen. Eher sind die rekonstruierten Deutungsregeln als Auswahlen aus einem durch das Schlüsselkonzept eröffneten Optionenraum zu verstehen. Ihr systematischer Zusammenhang wird durch die aus dem Schlüsselkonzept hervorgehenden Prinzipien gebildet. Wie im ersten Fall zeigt sich auch hier, dass sich das Musterhafte des Deutungsmusters aus dem Zusammenspiel von Schlüsselkonzept, Prinzipen und Deutungsregeln ergibt. Damit können wir auch hier festhalten, dass das erste der in Abschn. 1.3 herausgearbeiteten heuristische Merkmale[169] erfüllt ist; das entsprechende Deutungsmuster haben wir auf den Begriff der *libertären Selbstbezogenheit* gebracht. Auch das zweite bis fünfte Merkmal[170] haben sich als im Zuge dieser zweiten Fallanalyse als zutreffend erwiesen. Und auch hier kann aus dem rekonstruierten Schlüsselkonzept mit seinen Prinzipien die Tatsache erklärt werden, dass die Inskonsistenzen dem Briefschreiber konsistent erscheinen; damit kann auch hier gezeigt werden, dass auch das sechste Merkmal[171] zutrifft. – Diese Momente weiter aufzuschließen um den Begriff des Deutungsmusters prägnanter zu fassen, wird das Kap. 4 dienen.

Zusammenfassende Erkenntnisse zum Habitus

Analog zum ersten Fall stellt folgende Skizze (Abb. 3.4) eine verdichtende Zusammenfassung der Erkenntnisse zum Habitus dar. In der Analyse haben wir in sich durchaus konsistente Handlungen (H) auf eine Maxime[172] zurückgeführt. Dies soll nun anhand einer schematischen Darstellung nochmals systematisch erläutert werden.

Auch im Fall Kölsch führen wir drei exemplarische Handlungen an mit dem ,Schreiben wiederholter Briefe an den Bundespräsidenten' (H_1), dem ,überheblichen bis herablassenden Gehabe gegenüber dem Bundespräsidenten' (H_2), das sich v. a. in der emotionalisierten Polemik und der Rhetorik der Übertreibung zeigte, sowie dem ,Gehabe als furchtloser Kämpfer gegenüber vermeintlich Ver-

---

[169] (1) Deutungsmuster sind *erkenntnislogisch wie Theorien* als Argumentationszusammenhänge strukturiert.

[170] (2) Deutungsmuster operieren als ,tacit knowing'. / (3) Deutungsmuster reagieren auf deutungsbedürftige *Handlungsprobleme*. / (4) Deutungsmuster strukturieren und orientieren die Alltagspraxis. / (5) Deutungsmuster *bringen für die* individuelle Lebenspraxis angemessene *Deutungen hervor*.

[171] (6) Deutungsmuster lassen *Inkonsistenzen als konsistent erscheinen*.

[172] Wir verwenden hier Maxime im praktischen Sinne und bezeichnen mit ihr eine rekonstruierbare höchste „handlungsleitende Regel" (Bubner und Dierse 1980, Sp. 943); s. dazu den diesbezüglichen Abschnitt und die entsprechenden Fußnoten in Abschn. 3.2.

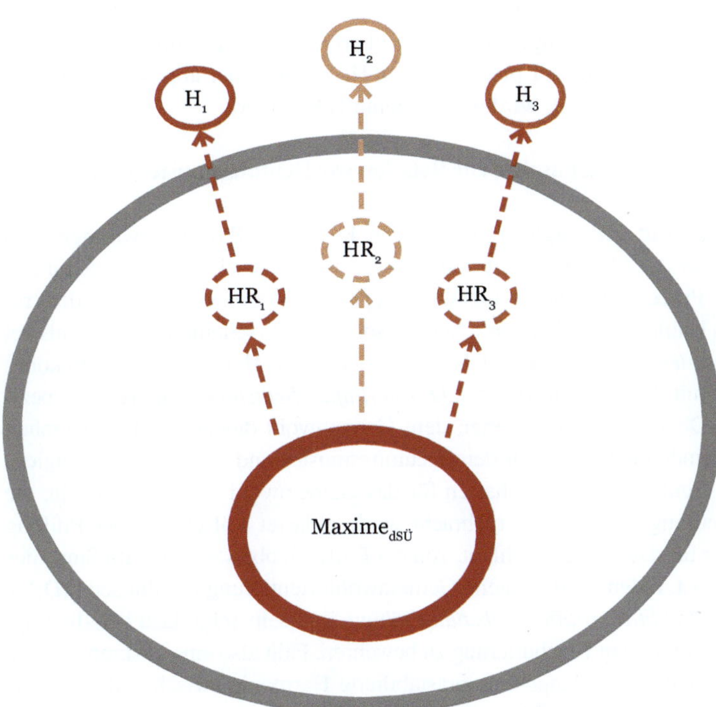

Abb. 3.4 Schematische Darstellung des Habitus der durchblickerhaften Selbstüberhöhung (Fall Kölsch) (Erläuterung der Siglen im Text) (Idee: T. Loer/U. Fischer; Umsetzung: Nadine Roskamp (Dortmund))

fassung brechende staatliche Autorität' (H_3). Die entsprechenden Handlungsregeln lassen sich in etwa wie folgt formulieren: ‚Bei auffälligen Missständen in der Gesellschaft verlange vom höchstrangigen Vertreter Abhilfe!' (HR_1) – ‚Wem gegenüber immer du deine Argumente vorträgst, mache deutlich, dass du dich auf der höheren Warte befindest!' (HR_2) – ‚Wann immer es eine herrschende Meinung gibt, vertrete furchtlos eine abweichende Meinung!' (HR_3). Alle diese Handlungsregeln lassen sich auf eine Maxime zurückführen, der wir folgende Formulierung geben können: ‚Im Zweifel habe ich Recht und greife furchtlos entsprechend in das Geschehen ein.' (Maxime$_{dSÜ}$) Auf diese Maxime lässt sich der Habitus einer *durchblickerhaften Selbstüberhöhung* bringen, der sich durch das ganze Material zieht und entsprechend häufig zeigt. Durch diese habituelle Disposition wird auch der Widerspruch zwischen seiner Selbst-Deutung als engagierter, dem Gemeinwohl dienender Bürger einerseits und dem Autonomieverständnis als ausschließlich auf eigenmächtigen Entscheidungen beruhend überblendet. Das Fiktive seiner Gemeinwohlbindung, die auf der prästabilierten Harmonie einer abgeschotteten Gewissensgemeinschaft basiert, wird damit ebenfalls kaschiert.

Zusammenfassende Erkenntnisse zur Relation von Deutungsmuster und Habitus

Im Fall Kölsch tritt im Vergleich zum ersten Fall diese Passung zwischen dem Deutungsmuster der *libertären Selbstbezogenheit* mit seinen Deutungen, deren Regeln und den Prinzipien seines Schlüsselkonzeptes auf der einen Seite und dem rekonstruierten Habitus auf der anderen Seite besonders in Erscheinung. Anders als bei Guérot, wo wir *leerlaufenden Selbstcharismatisierung* als Habitus bestimmen konnten, geht hier mit dem Habitus der *durchblickerhaften Selbstüberhöhung* eine spezifische Selbst-Deutung als engagierter, dem Gemeinwohl dienender Bürger einher, das wie ein Bindeglied zwischen dem Deutungsmuster und dem Habitus fungiert. Diese Selbst-Deutung als rechtschaffen für das Gemeinwohl engagiert zu sein, die durch das Deutungsmuster hervorgebracht wird, entlastet Kölsch von der Prüfung dessen, was er für das Gemeinwohl tut, von der Prüfung, ob es wirklich im Sinne des Gemeinwohls ist, indem es die eigene Gemeinwohlorientierung absolut setzt (DR$_3$). Die Haltung *durchblickerhafter Selbstüberhöhung* ihrerseits trägt dazu bei, die fragliche Selbst-Deutung vor Erschütterung zu bewahren. Fällt also eine Diskrepanz zum Gemeinwohl nicht auf, solange eine prästabilierte Harmonie zwischen diesem und der Selbst-Deutung rechtschaffenen Engagements besteht, so wird die Diskrepanz dort, wo die prästabilierte Harmonie zerbröselt, durch das Deutungsmuster verdeckt. – Knapp und pointiert ausgedrückt: Wenn ich – und sei ich der einzige – stets von erhabener Warte den besten Durchblick habe (*durchblickerhafte Selbstüberhöhung*), dann ist auch meine Sicht der Dinge stets richtig – was durch die von der *libertären Selbstbezogenheit* generierten Deutungen belegt wird. – Der Frage des je spezifischen Passungsverhältnisses zwischen Habitus und Deutungsmuster wird in den beiden folgenden Fällen weiter nachzugehen sein.

(6) Überlegungen zu weitergehende Fragen
Bei Kölsch findet sich eine hohe Passung zwischen seiner selbstgewissen Abschottung, mit der er seine fiktive Bindung an das Gemeinwesen aufrechterhält, und sei-

ner moralischen Selbstüberhöhung, mit der er sich gegen Gegenargumente wappnet. Dazu passt auf Deutungsebene das Muster des liberalistischen Freiheitsverständnisses, das aus dem Schlüsselkonzept der *monadischen Autonomie* generiert wird. Hier fragt es sich nun insbesondere, ob und inwiefern die habituelle Selbstüberhöhung für die Übernahme des Deutungsmusters einer libertären Selbstbezogenheit bestimmend war, oder ob andersherum eine libertäre Auffassung von Freiheit und das generative Schlüsselkonzept der monadischen Autonomie wie ein Verstärker habitueller Überheblichkeit wirken. Es wäre also weiter zu ergründen, aus welchen Impulsen aus Deutungs- und Habitusebene sich genau die Passung zwischen beiden ergibt.

Zudem befinden wir uns im Gegensatz zur akademischen Welt von Guérot in einem anderen beruflichen Milieu. Als ehemaliger Richter hat er anders als die müßige wissenschaftliche Erkundung von Phänomenen ein Urteilsvermögen auf praktisches Handeln mit relevanter und reeller Wirkung für die betroffenen Angeklagten anzuwenden. Als Teil der Judikative steht Kölsch in besonderer Weise im Kontext staatlicher Gewalten. So ist zu fragen, wie er seine Tätigkeit ausgeübt hat, ob es innerhalb seines beruflichen Wirkens eine misstrauische Deutung der staatlichen Organe gab oder ob durch die Pandemie erst und inwiefern es zu einer Abschottung kam. Der Transformationsanstoß wäre in seiner Biografie zu rekonstruieren und in Kontrast zu setzen sowohl zu anderen Angehörigen der Judikative als auch der übrigen Gewalten.

3.4   Fallanalyse 3

3.4.1   Analyse der Pragmatischen Rahmung

Dieser und der folgende Fall werden anhand von Forschungsgesprächen rekonstruiert, weshalb wir die damit verbundene Pragmatische Rahmung explizieren müssen. – Zunächst ist ein *Gespräch* als Grundform aller Kommunikation zu betrachten. Eine Bedingung für ein Gespräch ist – wie oben zur Briefkommunikation (Abschn. 3.3) bereits ausgeführt – die Anwesenheit der beteiligten Personen in derselben Praxis-Raum-Zeitlichkeit. Dies ist im Forschungsgespräch in der Regel realisiert durch die physische Anwesenheit an derselben physischen Raum-Zeit-Stelle.[173] Für das

---

[173] Dabei ist zu beachten, „daß auch in den ‚natürlichen‘ *face-to-face*-Interaktionen es nicht die physikalisch-äußeren Bedingungen der Anwesenheit an einer gemeinsamen Raum-Zeit-Stelle sind, die einen sozialen Handlungsraum schon konstituieren" (Oevermann 1983 [Sache], S. 242; kursiv i. Orig.); vielmehr ist es die gattungskonstitutive strukturelle Rezi-

Forschungsgespräch nun gelten (a) wie für alle Gespräche gesprächskonstitutive Regeln – vgl. die in den „conversational implicatures" von Herbert Grice (1975/1989, S. 24–31) gefassten Regeln[174] sowie natürlich auch die von Paul Watzlawick so genannten metakommunikativen Axiome,[175] die im Protokoll des Forschungsgesprächs erhobenen Äußerungen pragmatisch rahmen. Darüber hinaus (b) gelten spezifische Regeln, wie die, dass der eine Gesprächsteilnehmer zu einem Themenfeld im wesentlichen Fragen stellt und Erzählungen wie Erläuterungen einfordert, und der andere Gesprächsteilnehmer diese liefert und jene beantwortet. Das Themenfeld wird dabei vorab von dem einen Gesprächspartner vorgegeben und vom anderen durch Beteiligung an dem Gespräch akzeptiert. Hierfür ist es wichtig zu sehen, dass dieses Akzeptieren freiwillig geschieht – aus der wie immer implizit bleibenden Bereitschaft heraus, am Erkenntnisfortschritt der Gemeinschaft, der man angehört, mitzuwirken.[176] Dieser spezifischen Rahmung ist die Verteilung der Gesprächsanteile ebenso zuzuschreiben wie die Tatsache, dass nur bestimmte Themen besprochen werden. Des weiteren begegnen sich aufgrund „der Forschungsfunktion des Gesprächs" (Oevermann 1988 [versozialwiss], S. 249) die Gesprächspartner rollenförmig.[177]

---

prozität, aufgrund derer wir in Situationen wahrnehmbarer Ko-Präsenz unvermeidlich aufeinander bezogen sind und nicht umhin können, diese strukturell unvermeidliche Beziehung zu gestalten, wobei „die gemeinsame raum-zeitliche Verortung durch Begrüßung in einen gemeinsamen sozialen Handlungsraum transformiert" wird (Oevermann 1983 [Sache], S. 242) – sei es positiv (wobei die gemeinsame raum-zeitliche Verortung etwa durch einen Austausch von Gaben in einen gemeinsamer Handlungsraum der Bindung transformiert wird) oder negativ (wobei die gemeinsame raum-zeitliche Verortung etwa durch einen Austausch von Kampfhandlungen in einen gemeinsamer Handlungsraum des Konflikts transformiert wird) oder aber auch (unter Vermeidung der Begrüßung) neutral (wobei die wechselseitige Bezugnahme in Gestalt eines gemeinsamen Handlungsraums der Kontiguität, also der Angrenzung in einem Punkt, latent belassen wird). – Vgl. hierzu Loer 2021 [Reziprozität], S. 141–160 und Loer 2024 [Transgress], S. 146–148.

[174] Grice fasst diese Regeln allerdings als präskriptive Maximen – etwa „Be relevant." (1975/1989, S. 27).

[175] Etwa das „Axiom: *Man kann nicht* nicht *kommunizieren.*" (Watzlawick et al. 1967/1996, S. 53; kursiv i. Orig.).

[176] Deshalb ist es auch wichtig, als Forscher genau dieses Ziel der Forschung: den Erkenntnisfortschritt, nicht mit anderen möglichen Zielen, die der Gesprächspartner mit dem Forschungsgespräch verbinden könnte, zu vermengen. Zu welchen Problemen es etwa führen kann, wenn politische Hoffnungen in das Forschungsgespräch gelegt werden, weil der Forscher als Vertreter einer politischen Instanz wahrgenommen wird, zeigt sich in einem großen Oral History-Projekt in Lettland (s. Loer 2013 [Dzīvesstāsts]).

[177] Vgl. u. den Exkurs zu diffusen und spezifischen Sozialbeziehungen. – Festgehalten sei noch, dass das Phänomen der sozialen Erwünschtheit (vgl. Esser 1986), anders als häufig angenommen, kein Moment der Pragmatischen Rahmung, sondern ein empirisch beobachtbarer Effekt ist, der also ein Explanandum darstellt.

3.4.2 Analyse des Forschungsgesprächs

(1) Bemerkung zur Analyse der datentypenspezifischen Eröffnung

Wie im Abschn. 1.2 angemerkt, muss die Protokollierung als Teil der Pragmatischen Rahmung des protokollierten Handelns bei der Analyse berücksichtigt werden. Hatten wir es in den Fallanalysen zuvor mit edierten Texten (Buch und Offener Brief) zu tun, liegt der hier vorzunehmenden Analyse ein Forschungsgespräch zugrunde. Es ist zum Zwecke der Forschung über die Haltungen und Deutungsmuster der Gegner der Corona-Maßnahmen explizit geführt worden. Wichtig sind zunächst folgende Fragen: Wie kam es zur Auswahl genau dieser Person, wie kam der Kontakt zustande und wie wurde das Gespräch vereinbart?

Der Kontakt zur hier am Gespräch teilnehmenden Person wurde über den Partner eines anderen Forschungsgesprächs hergestellt. In dessen Verlauf sprach dieser von einer Gruppe, die sich zu Zeiten der Lockdowns „heimlich traf". Auf der Suche nach einer – neben mehrheitlich männlichen Gesprächspartnern – weiblichen Person, die zudem nicht als politisch extrem gelten musste und auch eher neu politisiert worden war durch die Pandemie-Maßnahmen, wurde Kontakt zu dieser Person durch den ersten Gesprächspartner aufgenommen. Nachdem dieser ihre Bereitschaft zu einem Forschungsgespräch für unser „Projekt zum Thema Corona-Maßnahmen" – so allgemein war die Anfrage an ihn selbst gestellt worden – eingeholt hatte, meldete sich Milena Reinhold[178] per E-Mail bei Ute Fischer und signalisierte großes Interesse an dem Gespräch. Auf die in der Gesprächsanbahnung gestellte Frage danach, ob sie sich vorbereiten könne auf das Gespräch, antwortete die Forscherin: „Vorbereiten müssen Sie sich nicht, es ist ein offenes Interview über Ihre Ansichten." Die Formulierung vermeidet es sowohl, zu viel über die thematische Ausrichtung des Gesprächs vorwegzunehmen, als dass sie auch das Interesse an der von der Person vertretenen „Ansichten" – auch hier Fachbegriffe wie etwa Deutungen vermeidend – deutlich macht. Wie oben (zur „Datenerhebung" in Kap. 2) bereits betont, ist das aufrichtige Interesse ebenso wichtig wie die Neutralität des Forschers zum gegebenen Thema, auch wenn sich gerade bzgl. der Corona-Maßnahmen die Standpunkte oft stark konträr und emotional forciert gegenüber standen. Bei der Gesprächsanbahnung war es nun wichtig, keinen eigenen Standpunkt einzunehmen, um weder Konfrontation noch Vergemeinschaftungstendenzen aufkommen zu lassen. Wortgleich zur

---

[178] Da es sich um eine nicht-öffentliche Person handelt, sind sowohl der Name als auch Angaben, die zur Identifikation der Person führen könnten (z. B. Wohnort), zum Schutz der Person anonymisiert worden.

E-Mail-Formulierung des „offenen Gesprächs" antwortet Frau Reinhold: „Ich freue mich, Sie kennenzulernen und auf ein offenes Gespräch über ein Thema, das unser Leben nachhaltig verändert." In der Antwort setzt die Gesprächspartnerin bereits einen inhaltlichen Akzent auf die Folgen der Corona-Maßnahmen und schreibt ihnen weitreichende Bedeutung zu („unser Leben"). Damit deutet sich ein Gespräch an, in dem klare Standpunkte zu erwarten sind, die auch offen zur Sprache kommen werden. Das Gespräch fand nach Ende der Arbeitszeit von Frau Reinhold in ihrem Büroraum statt bei Kaffee und Gebäck.

Wir gehen bei der Analyse des Forschungsgesprächs ebenso wie in den vorherigen Fallanalysen in mehreren Schritten vor. Da der Beginn eines Gesprächs besonders aufschlussreich ist, da sich hier in prägnanter Weise die Interaktions- und Gesprächsdynamik einspurt, beginnt die Analyse mit dem *Gesprächsbeginn*. In der Praxis ist der wünschenswerte Umstand, dass der Beginn des Gesprächs auch mit der Audioaufzeichnung zusammenfällt, nicht immer gegeben, denn die Begrüßung vollzieht sich ja vor dem eigentlichen Gesprächsbeginn.[179] Also beginnt die Analyse mit dem Beginn der Aufnahme. Nach der ersten gewonnenen Fallstrukturhypothese hinsichtlich Deutungsmuster und Habitus von Frau Reinhold suchen wir im Fortgang des Transkriptes nach Stellen, die sich zur *Anreicherung und Präzisierung der Fallstrukturhypothese* eignen. Schließlich werden *kontrastiv ausgewählte Stellen* zur Falsifizierung herangezogen; die Begründung für die herangezogenen Stellen erfolgt je dort.

In diesem Fall handelt es sich beim Beginn der Aufzeichnung um eine thematisch einschlägige Stelle im Forschungsgespräch, so dass hier der erste mit dem zweiten Schrifft zusammenfällt.

(2) Analyse einer thematisch einschlägigen Stelle zur Bildung einer ersten Fallstrukturhypothese

> MR: #00:00:00# Kennengelernt. Wir sehen uns jeden Dienstag. \\...[180]

---

[179] Vgl. hierzu Loer 2021 [OHWP Interviews], S. 53–56. Auf das Einholen der Zustimmung zur Aufzeichnung sowie der datenschutzrechtlichen Rahmenbedingungen der Lagerung der Daten sowie der Zustimmung zur wissenschaftlichen Verwendung der anonymisierten Gesprächsanalyse wird hier nicht weiter eingegangen.

[180] MR = Frau Reinhold, M für Milena; I = Forscherin; in runden Klammern finden sich Beschreibungen von non-verbalem Hörbaren; \\... = Äußerung geht nach der hier wiedergegebenen Sequenz noch weiter; .../ = Äußerung hat vor der hier wiedergegebenen Sequenz bereits begonnen; die Zahlen zwischen den Nummern-Zeichen geben die Laufzeit der Aufzeichnung an. – S. die Verschriftungsregeln im Anhang.

Die Aufzeichnung des Interviews beginnt mitten im Satz von Frau Reinhold.[181] „Kennengelernt" steht für einen Prozess von gewisser Dauer (anders als: gesehen, getroffen). Dabei kann es sich um ein punktuelles Ereignis handeln (‚ich habe Herrn X bei einer Diskussionsveranstaltung kennengelernt'; ‚ich habe die Eigenschaften von Beton bei der Renovierung meines Hauses kennengelernt'), das aber in seiner Bedeutung in die Zukunft wirken kann (auf Herrn X kann man wieder zugehen, auf Beton wieder zurückgreifen). Es kann sich aber auch um den Beginn einer dauerhaften Beziehung oder Verbindung handeln (‚sie hat ihren Mann auf einer Party kennengelernt'; ‚sie hat ihre Firma auf einer Messe kennengelernt und sich dort beworben'). Wenn man etwas oder jemanden kennengelernt hat, ist man im Unterschied zu vorher bereichert, möglicherweise auch an schlechter Erfahrung (‚ich habe ihn erst richtig kennengelernt, als wir einen Konflikt miteinander hatten'). Mit dem Kennenlernen können neben einem rationalen Gehalt (Beton verarbeiten, erlangte Kenntnis ohne Wertung) auch Emotionen verbunden sein bzw. auch mit einer daraus folgenden gemeinsamen Praxis (‚kennengelernt und seitdem arbeiten wir zusammen, sind gut befreundet etc.'). In der Praxis des Interviews muss mit dem Kennenlernen eine Bedeutung zusammenhängen sowohl für das Thema des Forschungsgesprächs als auch für die Zukunft von Frau Reinhold, weil sie sonst nicht davon berichtet hätte (Relevanzregel; s. Loer 2021 [OHWP Interviews], S. 64).

Mit dem wiederkehrenden „wir sehen uns jeden Dienstag" ist eine persönliche Bindung konstituiert, die über einen rollenförmig zweckgerichteten Anlass hinausgeht (eben nicht: ‚ich sehe meinen Professor jeden Dienstag in der Vorlesung', sondern „wir sehen uns" als reziproker Vorgang). Die Möglichkeit, dass es sich um das Kennenlernen einer Sache (Beton) handelt, kann damit bereits verworfen werden. Eine Vergemeinschaftung ist als Rahmen angelegt, weil sich im „wir sehen uns" eine gegenseitige Wahrnehmung ausdrückt. Trotzdem kann der Rahmen auch zweckgebunden sein (‚wir sehen uns im Seminar jeden Dienstag'), ohne dass eine Vergemeinschaftung entsteht. Unklar ist an dieser Stelle, ob es sich beim „Wir" um zwei oder um mehr Personen handelt. Daher muss offenbleiben, was der führende Anlass der Treffen ist, ob privat, vergemeinschaftend oder zweckgebunden.

---

[181] Da wir es bei einem Forschungsgespräch konkret mit der Person des Gesprächspartner zu tun haben, bezeichnen wir sie mit dem mit dem Namenszusatz ‚Frau' (bzw. ‚Herr') versehenen (Familien-)Namen.

I: Achso. Okay.

Die Forscherin reagiert überrascht. Etwas an der Information der regelmäßigen Treffen muss von Bedeutung sein, entweder der Umstand, dass sie es nicht wusste, dann könnte es eine Scham ausdrücken über die Uninformiertheit, oder darüber, dass es Frau Reinhold ist, die es sagt. Darin würde sich eine Spannung zwischen der Forscherin und der Gesprächspartnerin zeigen im Sinne einer Konkurrenz um den Grad des Eingeweiht-Seins. Mit dem „Okay" wird diese Information zur Kenntnis genommen. Die Klarheit der Rollenverteilung im Forschungsgesprächs geht hier einen Moment verloren.

MR: Ja.

Die Bekräftigung der Information aus der ersten Äußerung fügt dieser mehr Bedeutung bei als es bei einer schlichten Bestätigung der Fall wäre (etwa bei einem einfachen Hm oder Nicken), sie unterstreicht einen Wissensvorsprung.

I: Das hat er mir nicht. {Also[182]

Dem Satz fehlt ein Verb. Zu ergänzen wäre etwa: ‚gesagt' (Information vorenthalten) oder ‚verraten' (ausgeschlossen aus einer Gruppe). Indem die konkrete Handlung unausgesprochen bleibt, kommt die oben anklingende Spannung noch einmal stärker zum Ausdruck: eine Spannung bezüglich der Zugehörigkeit (zur Gruppe der Informierten) oder eine Konkurrenz um die Vertrautheit zum anderen Teil des „Wir" (zweite Person oder ganze Gruppe). Konkurriert wird darum, wer über welches Wissen verfügt. Der unvollendete Satz verrät die Erwartung, informiert worden zu sein.

Entweder könnte mit „Also" nun eine Reaktion folgen als sachliche oder emotionale Konsequenz, nicht informiert worden zu sein (z. B. sachlich: ‚dann kann ich dieses Interview hier nicht führen', ‚dann ist die Vertrauensbasis für unsere Zusammenarbeit gestört'; oder emotional: ‚jetzt bin ich entrüstet, traurig, enttäuscht'). Oder es wird eine Zäsur markiert: ‚Also dann fangen wir mal an.'

MR:# 00:00:08# Aber} \\...

Da Frau Reinhold der Forscherin ins Wort fällt, ist es ihr offensichtlich dringlich, mit der entgegensetzenden Konjunktion „aber" etwas klarzustellen. Das Folgende muss sich hier also der Annahme entgegensetzen, die der Irritation der Forscherin darüber, nicht informiert zu sein über die Dienstagstreffen zugrunde liegt. Die Entgegensetzung hat damit die Funktion einer Beschwichtigung; es könnte weiter-

---

[182] Geschweifte Klammern umschließen gleichzeitig Gesprochenes.

gehen etwa im Sinne von: aber die Treffen sind nicht so ergiebig, nicht so wichtig, nicht so innig. Dies diente dem Spannungsabbau. – Auch die gegenteilige Fortsetzung wäre möglich, die der Annahme, die Forscherin hätte informiert werden müssen, widerspricht; dies wäre konfrontativ: ‚aber das geht Sie ja auch nichts an‘.

> …/ sei-seit Corona praktisch *haben wir uns so* [unverständlich]

Die Konfrontation erfolgt klarerweise nicht. In der kurzen Verzögerung, bis („sei-seit") „Corona" ausgesprochen wird, kommt eine Ambiguität zum Ausdruck. Die Lesart der Beschwichtigung wäre eindeutig, wenn es hieße: aber erst seit Corona. So aber wird der Fokus verschoben, was folgendes Beispiel deutlich machen kann: (1) A: ‚Ich bin Mitglied der FDP.‘ – B: ‚Das hat C mir gar nicht …‘ A: ‚aber erst seit dem Aus der Ampel.‘[183] (2) A: ‚Ich bin Mitglied der FDP.‘ – B: ‚Das hat C mir gar nicht …‘ A: ‚aber seit dem Aus der Ampel.‘ In (2) wird der Fokus von der Beschwichtigung (C konnte nicht wissen, dass A Mitglied der FDP ist, da er es *erst* beim Ampel-Aus wurde) zur Betonung der Relevanz des Anlasses verschoben: Dass die FDP die Ampel verlassen hat, war der bedeutsame Anlass, in sie einzutreten. Die Formulierung „seit Corona" erscheint hier als Signum für eine Zeitenwende, die selbstverständlich das Wissen um seine Bedeutung unterstellt. Die Dienstagstreffen werden als „praktische" Konsequenz der Corona-Maßnahmen eingestuft, womit die eigene Entscheidung zur Teilnahme heruntergespielt wird. Die unverständliche Passage wäre etwa zu ergänzen mit: ‚Seit Corona praktisch haben wir uns so verabredet, so gefunden, so getroffen, so verbündet …‘

> I: Ja aha. Das war der Anlass auch, oder?

Die Forscherin bietet ganz gemäß unserer Auslegung fragend eine Deutung an, nach der Corona der Anlass der Teilnahme von Frau Reinhold an den Treffen war.

> MR: Ja, genau. Das ist der Anlass.

Das Deutungsangebot wird wörtlich aufgegriffen. In der Änderung der Zeitform vom Präteritum zum Präsens („ist der Anlass" statt „war") kommt zum Ausdruck,

---

[183] Gemeint ist hier die sogenannte Ampel-Regierung, eine Koalition aus SPD, FDP und Grünen, die Deutschland vom 8. Dezember 2021 bis zum 7. November 2024 regierte und die mit dem – provozierten – Ausschluss der FDP-Minister aus der Regierung endete.

dass die Notwendigkeit der Selbstrechtfertigung der Teilnahme an der Gruppe noch akut besteht, als sei jede Woche aufs Neue ein Anlass gegeben.[184]

So kann an dieser Stelle nach der kurzen Eingangssequenz eine erste *Fallstrukturhypothese* gebildet werden: Auf der Deutungsebene erhält Corona fallspezifisch eine erhebliche Bedeutung, da es als Rechtfertigung der Teilnahme an einer Gruppe dient. Offensichtlich bietet Corona Frau Reinhold die Gelegenheit, sich zu vergemeinschaften – und dies vermutlich ohne sich wirklich einbringen zu müssen, da alle sich mit ihrer Corona-Deutung im Gleichklang befinden (H_1).[185] Habituell scheint sie daher auf eine unpraktische Form der Vergemeinschaftung ausgerichtet zu sein. Folglich können wir dieses Handeln aus folgender Handlungsregel ableiten: ‚Wann immer und nur dann, wenn sich die Möglichkeit einer sozialen Beziehung ohne praktisches Einbegriffensein ergibt, ergreife sie!‘ (HR_1)[186]

> MR: #00:00:47# Ja. Okay. Können Sie noch mal was zu Ihrem Hintergrund sagen? Also dem dem Anlass. (I: Ja Ich-) Ich hab mir hier nur so vier Stichpunkte gemacht. (I:Ja gerne) Nich viel

Die erste Frage stellt dann die Gesprächspartnerin selbst, was die Rollenverteilung weiter als prekär auszeichnet. Die Frage nach ihrem „Hintergrund" kann entweder persönlich gemeint sein im Sinne von Auskünften über die Person (ideologische Ausrichtung, Zugehörigkeit zu Gruppen) oder beruflich (wo ist Forschung angesiedelt, wo ist sie beschäftigt?). Beides zeugt von Neugierde und einer gewissen Vorsicht. Diese wird noch deutlicher im Nachsatz. Frau Reinhold hat sich vorbereitet („Stichpunkte gemacht"), die sie aus der prozesshaften Perspektive als Handlung beschreibt. Anders als Notizen sind „Stichpunkte" konkrete Aspekte. Auch sagt sie nicht ‚Fragen‘ aufgeschrieben, was offener formuliert wäre. Stichpunkte wirken wie eine Erinnerungsstütze, wie eine Arbeitsanweisung, die sie nun abarbeitet (wie z. B. Stichpunkte für einen Vortrag, der gehalten wird). Darin zeigt sich, dass sie die Offenheit einer für sie neuen Situation zu schließen versucht, indem sie durch eine dezidierte Vorbereitung Sicherheit für sich herstellt – und dies, obgleich in der Terminanbahnung per E-Mail versichert worden war, dass sie

---

[184] Diese Aktualität ist insofern aufschlussreich, als das Gespräch im April 2022 geführt wurde, als bereits die meisten Schutzmaßnahmen außer Kraft gesetzt wurden, insbesondere die Kontaktbeschränkungen (s.: https://www.bundesregierung.de/breg-de/aktuelles/gesetzliche-neuregelungen-2021026; aufgerufen 28. Okt. 2025).

[185] Die mit „H" und Index markierten Handlungem werden in der Zusammenfassung zur Erläuterung des Habitus wieder aufgegriffen.

[186] Die mit „HR" und Index markierte Handlungsregeln werden in der Zusammenfassung zur Erläuterung des Habitus wieder aufgegriffen.

sich nicht vorzubereiten brauche (s. o.). Indem Frau Reinhold zweimal betont, es seien „nur so vier Stichpunkte" und „nich viel", zeigt sich eine weitere Unsicherheit: die über die Angemessenheit dieses Vorgehens. Möglicherweise gibt es auch ein Misstrauen gegenüber staatlicher Forschung. Vielleicht wird dieser Punkt sogar zur Gretchenfrage, ob sie dem Forschungsgespräch zustimmt oder nicht. Für diese Deutung spricht – was wir hier nicht wiedergeben – der sehr große Aufwand, den im Folgenden die Forscherin betreibt, um genau zu erklären, in was für eine Art Forschung das Gespräch eingebunden ist (über eine Minute Redezeit, unterbrochen von Rückfragen und kurzen Bekundungen des Verstehens („Ah ja") und Einverständnisses („okay").

> [...]
> MR: #00:02:53# Das hatte ich mir auch als Frage aufgeschrieben. Also wie? Wie? Wie lang das? Also, was Sie damit machen, und wie Sie die Informationen verwerten. Ja.

Die Rückversicherungen abschließend, stellt Frau Reinhold fest, dass die Ausführungen der Forscherin zu ihren notierten Stichpunkten passen. Statt damit zufrieden zu sein, rekapituliert sie ihre eigenen Stichpunkte nochmals. Dabei gerät sie ins Stocken („Also wie? Wie? Wie lang das?"), was eine starke emotionale Bedeutung dieser Fragen indiziert. Die Fragen bleiben zunächst unklar. Die Frage nach der Länge könnte hindeuten auf den Umfang der Forschung, von dem sie möglicherweise deren Bedeutung und Reichweite ablesen könnte. Oder wie lange es dauert, bis Ergebnisse vorliegen. Darin würde eine Ungeduld hervortreten, die ihr Interesse an Ergebnissen ausdrückt. Wenn dieses Interesse nicht rein wissenschaftlicher Neugierde entspringt, sondern einem Wunsch nach praktischer Konsequenz, drückt sich darin ein technokratisches Politikverständnis aus im Sinne von Politik als Umsetzung wissenschaftlicher Erkenntnisse. In diese Richtung geht auch die zweite Frage nach der Verwertung. Es lässt sich etwa an die Beantragung eines Untersuchungsausschusses denken, für den die Erkenntnisse genutzt werden könnten. Einerseits drückt sich in diesen Nachfragen nochmals die Gewissenhaftigkeit von Frau Reinhold aus, mit der sie sich vorbereitet hat. Andererseits drückt sich darin, dass sie eine Verwertung annimmt und sich selbst als Informantin definiert, aus, dass sie sich als wichtig, quasi als Expertin bereift, die für ein Thema, Phänomen oder Problem verwertbare „Informationen" bietet und der Forscherin ermöglicht, Einfluss zu nehmen und etwas zu bewirken. Ein Anklang an Geheimdiensttätigkeit kommt zum Vorschein sowie eine Wissenschaftsgläubigkeit. Aufschlussreich ist auch die Art ihres Umgangs mit ihren Fragen, denn obwohl sie sie aufgeschrieben hat, liest sie sie nicht vor, sondern bleibt im Berichten darüber (H_2).

Ein solches Handeln lässt sich als durch folgende Handlungsregel hervorgebracht begreifen: ‚Wann immer du eigene Erfahrungen einbringen sollst, ersetze dies durch distanzierte Berichte!' (HR$_2$) Als Haltung zeigt sich im Umgang mit sich selbst somit eine gewisse praktische Gehemmtheit, ja eine Unlebendigkeit ihrer Praxis.

Nachdem der Beginn des Forschungsgesprächs doch drei Minuten in Anspruch genommen und sich ausgehend von der anfänglichen Irritation und der Vorsicht von Frau Reinhold mehrfach um die Rahmenbedingungen gedreht hat, stellt die Forscherin nun ihre inhaltliche Eingangsfrage, die an dieser Stelle noch zur Eingangssequenz zu rechnen ist.

> [...]
> I: #00:03:10# Ja super. Also erstmal nochmal herzlichen Dank, dass ich bei Ihnen sein darf und dann auch in so einem schönen Zusammenhang hier mit Bewirtung. Toll. (lacht) Und ich steige direkt ein mit meiner ersten Frage nämlich: Was ist Ihnen im Leben wichtig?

Eine Zäsur („Ja super", „erstmal") leitet den eigentlichen Interviewstart ein, gerät aber ein weiteres Mal zu einem Ausdruck der Dankbarkeit („nochmal"), hält die Beziehung aufrecht und offenbart die als prekär erlebte Gesprächssituation und -bereitschaft. Es wird gelobt und dann mit einem übertrieben erscheinenden Aufmacher (Showcharakter, der das Forschungsgespräch interessant macht) die erste Frage eingeleitet, als sei es immer noch nötig, die Gesprächsbereitschaft abzusichern. Die stark kontrovers geführte Auseinandersetzung um die Corona-Maßnahmen steigert die Prekarität, die potenziell jedem Forschungsthema zu eigen ist. So schwierig es sich herausstellte, überhaupt Personen zu finden, die einerseits Gegner der Maßnahmen waren, aber andererseits trotz deren Skepsis am „Wissenschaftsbetrieb" grundsätzlich zu einem Forschungsgespräch bereit waren, so vorsichtig bewegt sich die Forscherin in der Interaktion mit Frau Reinhold. Dabei gilt es, den eigenen politischen Standpunkt nicht zu offenbaren aus der aufrichtigen Neugierde, den Standpunkt von Frau Reinhold zu verstehen – auch und gerade entgegen den eigenen Überzeugungen.[187] Der Start des eigentlichen Forschungsgesprächs mutet forsch an, was der Rollenklärung dienen kann, aber auch selbstironisch (nach dem langen Vorlauf passt ‚direkt einsteigen' nicht). Die erste Frage ist sehr allgemein gestellt und eröffnet eine Menge möglicher Anschlüsse: Frau Reinhold könnte auf der Ebene ihrer konkreten Praxis antworten ebenso wie Werte

---

[187] Ein Versuch, besondere Haltungen dadurch herauszulocken, dass sich die Forscherin als Gleichgesinnte darstellte, verbietet sich nicht nur aus forschungsethischen Gründen, sondern wäre auch kontraproduktiv, erzeugte er doch eine unauthentische Gesprächsatmosphäre.

oder Lebensziele nennen. Für ein angekündigtes Gespräch über die Corona-Maßnahmen ist die Frage sehr persönlich und nicht themenfokussiert. Insofern könnte
sie auch zurückgewiesen werden (z. B.: ‚das war so aber nicht abgesprochen‘).

> MR: #00:03:28# Mhm (klappert mit Tasse) (4) (hörbares Ausatmen) Was ist mir
> im Leben wichtig? Hm (7) Oh. Was ist mir im Leben wichtig. Da muss ich echt
> drüber nachdenken. Also also soziale Kontakte, das ist das, was mir spontan
> einfällt. …\

Die langen Pausen deuten darauf hin, dass sich Frau Reinhold auf die Frage in ihrer
Tragweite einlässt. Sie lässt sie auf sich wirken und nimmt auch sich selbst und
ihre Antwort wichtig. Sie hat weder Floskeln greifbar noch setzt sie sich unter
Stress, schnell eine Antwort zu finden. Selbstdarstellung ist nicht ihre Sache. Auch
wiederholt sie zweimal genau die Frage, indem sie sie nicht umdeutet zu: ‚was ist
im Leben wichtig‘, sondern sich selbst fokussiert („mir“). Die Frage überrascht sie,
sie benötigt Zeit, hat den Anspruch, wahrhaftig zu antworten („echt“). Nach kurzem Anlauf („also also“) präsentiert sie ihre Schlussfolgerung aus ihrer Überlegung. Mit „soziale Kontakte“ nennt sie nun aber eine abstrakte Kategorie, anstatt
etwa konkret Werte zu nennen wie Aufrichtigkeit oder Gerechtigkeit oder konkrete
Aspekte in ihrem Leben wie etwa ihre Freunde oder gute Freunde zu haben. Diese
Subsumtion unter eine Kategorie bestärkt den bisher rekonstruierten Habitus einer
unlebendigen Praxis. Sie besitzt einen distanziert-kognitiven Zugang zur Welt, der
ihr reale soziale Interaktionen erschwert. Diese Unstimmigkeit zwischen ihrer Ko-
gnition und ihrer Praxis drückt sich zudem darin aus, dass sie ihre Antwort, obwohl
sie lange nach ihr suchen musste, als „spontanen“ Einfall bezeichnet. Darunter
könnte sich auch ein Anspruch verbergen, eigentlich profunder zu antworten, was
ebenfalls auf eine gewisse Unsicherheit hindeutet.

Den inneren Kontext und den mit dem Thema ‚Corona‘ gesetzten Rahmen berücksichtigend, stellt sich hier die Frage, ob die Nennung „soziale Kontakte“ gerade durch deren Beschränkung aufgrund der Corona-Maßnahmen angestoßen ist.
Diese Herkunft der Deutung verweist darauf, dass Frau Reinhold, ausgelöst durch
das Thema ‚Corona‘, nun einerseits kognitiv-abstrakt soziale Beziehungen als „im
Leben wichtig“ deutet (D_{1a}),[188] die sie andererseits aber offensichtlich praktisch

---

[188] Die mit ‚D‘ und Nummernindizes markierten Deutungen und die mit ‚DR‘ und Nummernindizes markierten Deutungsregeln werden wir in der Zusammenfassung (s. u.) wieder aufnehmen. Die Numerierung der Deutungen (D_n) und damit der Deutungsregeln (DR_n) haben
sich im Laufe der Analyse ergeben und erfolgt deshalb nicht unbedingt in der Reihenfolge
ihres Auftauchens in der Darstellung.

nicht als konkret-lebendige wichtig nimmt (D$_{2a}$). Diese beiden Deutungen stehen zueinander im Widerspruch und es wäre zum einen zu fragen, ob Frau Reinhold diesen Widerspruch bemerkt und wie sie, wenn sie den Widerspruch nicht bemerkt, für sich eine Kohärenz der sich widersprechenden Deutungen herstellt. Mit anderen Worten: Wie müsste ein Deutungsmuster beschaffen sein, das beide Deutungen hervorbringen könnte, und wie sähe dessen Schlüsselkonzept aus, das Prinzipien hervorbringt, die beide Deutungen zugleich als vereinbar erscheinen lassen? Ohne diese Fragen hier bereits beantworten zu können, können wir festhalten, dass angesichts der bisher rekonstruierten habituellen Disposition der praktischen Gehemmtheit und unlebendigen Praxis die beiden Deutungen insofern zusammengehen als die praktisch-konkrete so erscheint, als werde sie durch die Corona-Maßnahmen auferlegt: Die Maßnahmen der Kontaktbeschränkungen können dafür verantwortlich gemacht werden, dass soziale Beziehungen praktisch-konkret in den Hintergrund treten – soziale Beziehungen, die Frau Reinhold habituell praktisch nicht realisieren kann. Insofern könnte man sagen, dass es ein Passungsverhältnis zwischen den durch die Corona-Maßnahmen ermöglichten Deutungen (soziale Kontakte sind wichtig, aber nicht möglich) und der habituellen Einschränkung der Bindungsfähigkeit gibt. Die Corona-Maßnahmen kommen Frau Reinhold in der Bewältigung der Deutungsspannungen entgegen.

> …/ Also ohne das kann ich gar nicht. \…

Der Bezug für „das" sind die zuvor genannten sozialen Kontakte, die hier versachlicht („das") werden; der korrekte grammatische Bezug auf ‚die sozialen Kontakte' wäre ‚die'. Nochmals bleibt die Gelegenheit ungenutzt, konkreter zu benennen, was genau gemeint ist (ohne meine Freunde, meine Kollegen etc.). So bleibt es bei der Kategorisierung wie zuvor, die aber noch abstrakter gerät, weil der Gegenstand des Fehlens unbenannt bleibt (ohne meinen Kaffee am Morgen, ohne genug Schlaf als Beispiele für (Grund-) Bedürfnisse). Zudem bleibt auch unausgesprochen, was genau sie nicht kann (leben, aufstehen, Freude empfinden …); die Abstraktheit wird durch die Totalisierung („gar nicht") noch deutlicher.

Im inneren Kontext der Eingangsfrage nach dem, was ihr im Leben wichtig ist, sagt sie damit: Mir ist das wichtig, ohne das ich nicht kann. Durch diese Tautologie wird die Inhaltsleere ihrer bisherigen Antwort deutlich. Es kommt eine Haltung der Abhängigkeit (von etwas Unbestimmten) zum Ausdruck, der man die Haltung eines Ruhens in der eigenen Positionalität entgegenstellen kann. Man könnte die Haltung von Frau Reinhold in Anlehnung an Helmuth Plessner als Exzentrizität, nämlich sich von außen gemäß abstrakter Kategorien betrachtend, ohne Positionalität, nämlich ohne lebendige und unverzagte Mitte, bezeichnen.[189] Als Antwort auf die Frage: was sollte mir wichtig sein?, spricht Frau Reinhold nicht etwa über ihre (lebendige) Erfahrung, sondern eher über ihre Vorstellung von einem guten Leben, wie es sein sollte. Damit bestätigt sich auch hier noch einmal die Fallstrukturhypothese bezüglich des Habitus einer unlebendigen Praxis.

Frau Reinhold könnte im nun Folgenden diese Leerstelle mit lebendiger Erfahrung ausfüllen.

> .../ Also ohne Menschen, mit denen ich einen guten, intensiven Austausch habe
> \\...

Wortgleich beginnt sie den Satz („Also ohne") und setzt nun an die Leerstelle („das") das Konkrete, ohne das sie nicht leben kann, als sei sie nun angekommen in ihrer lebendigen Vorstellung von Wichtigem in ihrem Leben. Es besitzen demnach „Menschen" diese Wertigkeit. Damit ist sie bei der allgemeinsten (allgemeiner und grundlegender wären nur Nahrung oder Luft zum Atmen) und der zugleich selbstverständlichsten möglichen Aussage. Niemand kann ohne Menschen sein, denn das würde (vergeblich) versuchen, die wechselseitige Abhängigkeit voneinander zu negieren, die von Anbeginn des individuellen Lebens besteht. Indem sie explizit benannt wird, erweist sich aber diese Selbstverständlichkeit als fragil.[190] Im weiteren Verlauf des Satzes spezifiziert Frau Reinhold die für sie bedeutsamen Menschen, sie tastet sich weiter voran in ihre lebendige Vorstellung: es sind solche Menschen, mit denen sie „guten, intensiven Austausch" hat. Damit bewegt sie sich weg von der selbstverständlichen abstrakten Ebene des generalisierten Anderen auf die Ebene des spezifischen Anderen als Interaktionspartner und hier wiederum nochmals eingegrenzt auf denjenigen, mit dem sie in „Austausch" steht. „Austausch" bezieht sich auf rollenförmige Interaktion z. B. im Zusammenhang beruflicher Gesprächs- oder Verhandlungspartner, auch Politiker nutzen diese Formel

---

[189] Nach Plessner sind Lebewesen durch Positionalität gekennzeichnet, der Mensch durch exzentrische Positionalität. Vgl.: „Der Mensch als das lebendige Ding, das in die Mitte seiner Existenz gestellt ist, weiß diese Mitte, erlebt sie und ist darum über sie hinaus. [...] Ist das Leben des Tieres zentrisch, so ist das Leben des Menschen [...] exzentrisch." (Plessner 1928/1981, S. 364).

[190] Es findet sich hier eine aufschlussreiche Ähnlichkeit und zugleich Differenz zu der von Claudia Thiede bei einer ‚Alten Kämpferin' der NSDAP rekonstruierten „fragilen Identität" (2024, S. 152). Die habituell generierte Suche nach einer Gemeinschaft richtet sich dort auf eine politische Gemeinschaft, die abstrakt als ein Aufgehen im Ganzen einer volksnationalen Bewegung erfahren wird, was lebensgeschichtlich in der in der Adoleszenz erfahrenen volksnationalen Begeistung zu Beginn des Ersten Weltkriegs gründet. Demgegenüber wird bei Frau Reinhold eine – ebenfalls abstrakt bleibende – Gemeinschaft der „Menschen" visiert.

häufig vor der Presse („wir hatten einen guten, intensiven Austausch'), wenn sie nicht über die konkreten Inhalte oder Streitpunkte reden, sondern betonen wollen, dass der Kontakt aufrechterhalten wird, man im Gespräch bleibt (etwa bei Koalitionsverhandlungen). Im privaten Kontext kann die Rede von „intensivem Austausch" nur (selbst-)ironisch verwendet werden, z. B. nach einem Kneipenabend mit einem Freund würde es auf einen heftigen Streit hinweisen. Damit wird auch hier ein weiteres Mal deutlich, dass ihre reale Praxis keine wirkliche Nähe enthält, keine Inhalte, die sie als wichtig nennen kann.

Jede Aussage beginnt bisher mit „Also", als müsse Frau Reinhold jedes Mal schlussfolgern und sich so ihrer Aussagen selbst versichern. Denn steht ‚also' zu Beginn einer Äußerung, zeigt es an, dass der Sprecher stillschweigend Überlegungen angestellt hat, die er nunmehr zusammenfasst und erläutert oder weiterführt, oder in seiner inneren Realität, also seinem Verständnis der Situation nach, Voraussetzungen als gegeben sieht, die den Schluss erlauben (vgl. Loer 2021 [OHWP Interviews], S. 123). In der Regelmäßigkeit aber, in der Frau Reinhold ihre Sätze mit „also" beginnt, zeigt sich ein hoher Begründungsbedarf, eine starke Dringlichkeit, die darauf verweist, dass dem ‚Wichtigen' die praktische Selbstverständlichkeit ganz fehlt. Auch könnte das Bemühen eine Rolle spielen, sich intellektueller zu zeigen als sie ist, um einer Idee von wissenschaftlichem Interview zu entsprechen. Sie tut dies auf eine selbsttechnokratisierende Weise, indem sie sich Kategorien unterwirft, die abstrakt und inhaltsleer bleiben. In der wiederholten Weise, sich selbst unter abstrakte Schemata unterzuordnen, lässt sich eine Maxime ihres Handelns[191] erkennen, auf die ihr Habitus einer unlebendigen Praxis zu bringen ist, sie könnte lauten: ‚Im Zweifel vermeide konkretes verbindliches Handeln durch Subsumtion unter abstrakte Schemata'.

▶ Da diese erste inhaltliche Eingangssequenz noch weitergeht, folgen wir dem Verlauf noch ein wenig, um zu sehen, ob Frau Reinhold hier konkretere Aspekte benennt. Wie die Rekonstruktion im Folgenden zeigt, erschließt die Analyse hier wenig Neues. Im Darstellungsprozess könnte man nun hier entscheiden, die folgenden Sequenzanalysen in einen Bericht – z. B. aus formalen Vorgaben eines Zeitschriftenartikels von begrenzter Länge – nicht aufzunehmen und statt-

---

[191] Wie bereits im ersten Fall (Abschn. 3.2) erwähnt, verwenden wir hier Maxime im praktischen Sinne und bezeichnen mit ihr eine rekonstruierbare höchste „handlungsleitende Regel" (Bubner und Dierse 1980, Sp. 943). Auf eine solche höchste unausgesprochene Regel, der im Zweifel ohne Willen und Bewusstsein gefolgt wird (vgl. Loer 1996 [Halbbildung], S. 310–312), lässt sich, so unsere Annahme, der Habitus bringen. – Davon sind etwa ausgesprochene Maximen – wie die von Herrn Zunder in unserem vierten Fall – zu unterscheiden.

dessen darauf hinzuweisen, dass die Folgesequenzen keinen weiterführenden Aufschluss bieten. An dieser Stelle wollen wir die Sequenzanalyse dennoch weiter darstellen, um den Analyseprozess weiter zu zeigen.

> …/ Ähm und ähm vor allen Dingen auch Ähm Also ich bra- Also ich bin auch jemand, ich brauche auch intensive Kontakte. \…

Der Anlauf zur nächsten Aussage kündigt nach einem Stolpern („Ähm und Ähm") eine herausgehobene Besonderheit an („vor allen Dingen"), die aber sofort zurückgenommen wird als zusätzlicher Aspekt, der Frau Reinhold wichtig in ihrem Leben ist („auch"). Dann setzt sie erneut an, um darüber zu sprechen, was sie „bra-" (wahrscheinlich: brauche), womit nochmals eine Abhängigkeit zum Ausdruck gekommen wäre. Diese praktisch konkrete Selbst-Deutung ist ihr nicht möglich, was die obigen Ausführungen bestätigt. Frau Reinhold korrigiert den konkreten Selbstbezug zu einer abstrakten Selbstkategorisierung als Typus („jemand"). Damit wehrt sie zum einen ab, ein Niemand zu sein, keine Position zu haben, vergewissert sich exzentrisch ihrer Existenz. Zum anderen führt dieser neue Anlauf zur verdichtenden Wiederholung des vorher schon Gesagten: aus sozialen Kontakten und intensivem Austausch wird nun „intensive Kontakte". Die leerlaufenden Floskeln stehen für eine Dringlichkeit, ein drängendes Besprechen ohne Inhalt – und damit für eine Beschwörung der Existenz als solcher. Die Verzagtheit ihrer Existenz zeigt sich damit erneut. Durch die hier zutage tretende, als habituelle Grundstruktur rekonstruierte Bedrohlichkeit wird die Funktion der Ablehung der Corona-Maßnahmen ersichtlich: Insbesondere die Kontaktbeschränkungen bedeuten für Frau Reinhold aus ihrer Sicht eine existenzielle Bedrohung, verhindern sie doch genau den Austausch, ohne den sie nicht leben kann.

> …/ Also Also ich bin auch sehr gerne in Zweiergespräch und treffe mich sehr gerne mit einer Person und führe gerne längere intensivere Gespräche. \…

Wieder beginnt Frau Reinhold mit gesteigerter Dringlichkeit (doppeltes „also"). Sie spezifiziert nun die Form der Kontakte als „Zweiergespräch" mit „einer Person" und als „längere intensivere Gespräche". Person entstammt dem Feld rollenförmiger Sozialbeziehungen (,Meine Chefin ist eine geduldige Person.' Aber: ,Mein Freund ist ein geduldiger Mensch.'). Gespräche mit einer Person kann auch ein verdeckter Ermittler führen, da ist es sein Informant, die Zielperson etc. Im „Zweiergespräch" – abgegrenzt gegenüber Gesprächen in Gruppen – liegt ein geschützter Raum vor, eher störungsfrei, ohne Druck, sich zu vergleichen oder zu behaupten. Die Qualifizierung der Gespräche enthält eine Steigerung (,länger, intensiver') gegenüber anderen (kürzeren, weniger intensiven), die Dringlichkeit wird damit ebenfalls forciert, bleibt aber gleichzeitig abstrakt, da sie weder konkrete Personen noch Inhalte der Gespräche nennt. So geht es um das Gespräche-Führen an sich. Auch wenn es sich hier zunächst so anhört, als formulierte Frau Reinhold weniger abstrakt, indem sie einen emotionalen Bezug zum Gespräch herstellt („gerne"), zeigt sich doch auch an dieser Stelle die oben herausgearbeitete Struktur der fragilen Existenz, die sich vor dem Fehlen der lebendigen Praxis rettet in die Abstraktion.

> …/ So und ähm ich mag Menschen auch sehr gerne und im Kontakt mit ihnen zu sein ist mir sehr wichtig. \…

Mit dem „So" nimmt Frau Reinhold eine resümierende Zäsur vor (‚so, das fiel mir jetzt ein'; ‚so weit erst einmal'), nach der nun weitere Aspekte folgenden könnten, die ihr wichtig im Leben sind. Stattdessen kehrt sie zur Bedeutung von „Menschen" zurück (nachdem sie „Kontakte" und „Personen" eingeführt hatte). Die Art, wie sie es ausdrückt, entspricht sehr einfacher Sprache, wie man es sich im Stuhlkreis in der Grundschule vorstellen kann: ‚Ich mag Katzen und die Farbe rot sehr gerne'. Derart grundlegend und zugleich einfach – wie im kindlichen Blick – erscheint hier das Kontakt-Haben. Während sie zwei Sätze zuvor davon gesprochen hatte, Kontakte zu „brauchen", ordnet sie sie hier der Interviewfrage zu, die sich auf das richtete, was ihr „wichtig" im Leben sei. Damit schließt sich eine erste Sequenz, die die gezeigte Dramatik der zunächst ausgedrückten Abhängigkeit von Kontakten zu Menschen nun als emotionale („ich mag") und evaluative („ist mir sehr wichtig") Qualität entdramatisiert. Inhaltlich bleibt der Kontakt ebenso leer wie die Lebendigkeit erlebten Kontaktes weiterhin fehlt.

Im Kontext der Corona-Maßnahmen, die gerade die hier aufscheinenden Wertigkeiten verhindern, stellen die Maßnahmen eine Bedrohung der als fragil rekonstruierten Identität dar. Die abstrakte Vergemeinschaftungssehnsucht „mit Menschen" zeigt jedoch, dass Frau Reinhold intensive Nähe nicht leben kann, sondern nur zu abstrakten Kontakten fähig ist. Durch die Ablehnung der Maßnahmen kann sie diese Unlebendigkeit kaschieren und auf andere Verantwortliche, auf äußere Bedingungen verschieben.

In der Sequenzanalyse könnten wir nun gezielt weiterlesen und an einer Stelle stoppen, an der entweder weitere Aspekte von bedeutsamen Inhalten ihres Lebens genannt werden oder – falls dies nicht der Fall ist – an der die Corona-Maßnahmen thematisch werden, um die Fallstrukturhypothese zu erweitern. Doch zeigt sich in den unmittelbar folgenden Sätzen eine aufschlussreiche Vertiefung der Rekonstruktion des Habitus, so dass es lohnenswert scheint, diese Stellen in die Darstellung aufzunehmen.

> …/ Deswegen mag ich auch hier meine Arbeit sehr gern. Ich bin ja in der Beratung.
> Also hauptsächlich spreche ich den ganzen Tag mit Menschen […]

Das, was für Frau Reinholds Leben wichtig ist, gilt auch für ihre Arbeit. Diese Homologie ist keineswegs trivial. Denn man ist zwar während der Erwerbsarbeit kein anderer Mensch oder ist dort durch einen anderen Habitus bestimmt, aber die Interaktionseinbettung unterscheidet sich doch wesentlich, so dass wir nicht all unsere Eigenschaften dort auch zeigen können (etwa notorisch unpünktlich zu sein). Wenn wir Oevermann (1993 [supervisorPrx]) folgen, lässt sich das rollenförmige Handeln in der Zweckorientierung der Erwerbsarbeit unterscheiden vom nicht-rollenförmigen Handeln als ganze Person in diffusen Sozialbeziehungen.

Zum Unterschied zwischen diffusen und spezifischen Sozialbeziehungen
Die hier verwendete Unterscheidung, die uns oben (Abschn. 1.3) bereits einmal begegnete, geht auf eine der von Talcott Parsons herausgearbeiteten „pattern variables" von Handlungen zurück (s. etwa: Parsons und Shils 1951/1962, S. 77); für die soziologische Analyse von Familien, Professionen und weiteren Sozialbeziehungen hat Ulrich Oevermann sie fruchtbar gemacht (1976 [SozialisForsch], 2001 [GeneratBez]; 1996 [profess]).

Mit der Unterscheidung hängt der in der Geschichte der Soziologie wichtige Begriff der Rolle zusammen. Ralf Dahrendorf versuchte mit diesem Begriff gewissermaßen die Eigenständigkeit der Disziplin zu begründen (1959/1965). Die Soziologie betrachtet einem solchen Verständnis nach den Menschen nur, insofern und solange er ein Rollenträger ist; alles andere am Handeln wird dann an andere Disziplinen – z. B. die Psychologie – delegiert. Das führt etwa in der Familiensoziologie dazu, Familie als „durch eine bestimmte Rollenstruktur (Mutter/Vater/Tochter/Sohn/Enkel/Schwester usw. […])" (Nave-Herz 2002, S. 149) bestimmt zu konzipieren. Der Unterschied zwischen Organisationen und Familie kann so aber nicht gefasst werden: Während Organisationen aufgrund der Rollenstruktur auch nach Austausch von Rollenträgern dieselben bleiben, ist eine Familie nach Austausch des Personals mitnichten dieselbe. Die Sozialbeziehungen in Familien sind also keine spezifischen Sozialbeziehungen, die durch Rollendefinitionen hinreichend bestimmt sind, sondern diffuse Sozialbeziehungen, die von ganzen Personen eingegangen werden. Diese Differenz lässt sich am einfachsten durch die Frage der Einführung und Ausschließung von Themen verdeutlichen. In *diffusen Sozialbeziehungen* trägt derjenige die Beweislast, der ein Thema ausschließen möchte: so führt die grundsätzliche Weigerung eines

> Ehepartners mit dem anderen über ein bestimmtes Thema zu sprechen tendenziell zur Auflösung dieser Sozialbeziehung. In *spezifischen Sozialbeziehungen* hingegen trägt derjenige die Beweislast, der ein Thema einführen möchte, das nicht durch die Rollendefinition abgedeckt ist: so kann der Angestellte in der Postagentur sich ohne weiteres weigern, mit dem Kunden über die Krankheit von dessen Dackel zu sprechen. In die Rollendefinition gehen also spezifische Anforderungen ein, denen die Rollenträger qua Rollenträger gerecht werden müssen; alles, was darüber hinausgeht, ist Zutat der Person des Rollenträgers und vermengt so eine spezifische mit einer diffusen Sozialbeziehung oder handelt in einer spezifischen Sozialbeziehung nach dem Modell einer diffusen.

Diese Differenz ist hier insofern wichtig, als die Gleichsetzung beider Modi zu Vereinnahmungen und Grenzüberschreitungen im Berufskontext führen kann, insbesondere in personenbezogenen Dienstleistungen wie einer Beratungstätigkeit (vgl. Oevermann 1996 [profess], 2000 [SozBür]). Wenn Frau Reinhold nun die Wichtigkeit, die sie Menschen und dem intensiven Kontakt beimisst („ohne das kann ich gar nicht"), auch als Aspekt ihrer Arbeitsfreude ansieht, droht die Gefahr, die Klienten für die eigene Lebensfreude zu vereinnahmen. Hier deutet sich fehlende Professionalität im Sinne einer Rollenklarheit und einer angemessenen Distanz zu ihren Klienten an. Der eingangs genannte „Austausch" ist ein Vorgang auf Augenhöhe, bei dem sich beide Seiten einander öffnen und von sich oder über anderes erzählen bzw. berichten oder verhandeln. Beides – Inhalte wie Rollenverteilung – passen nicht zur Berater-Klienten-Beziehung in der der Berater sich abstinent verhält. Ohne den Nachsatz hätte sich die Aussage noch auf den Umgang mit den Kollegen im Team beziehen können, in dem Augenhöhe und Gegenseitigkeit besteht. Mit dem Nachsatz aber deutet sich die Gefahr an, die Klienten für eigene Zwecke (Freude an der Arbeit, Genuss, Lebenslust) zu instrumentalisieren. Die resümierende Erläuterung („Also") ihrer Haupttätigkeit ‚den ganzen Tag mit Menschen zu sprechen' (H_3) ist ebenfalls eine sehr rudimentäre Beschreibung ihrer Tätigkeit, die weder so in einem Stellenprofil auftauchen könnte (dafür ist sie zu wenig fachlich), noch einen lebendigen Bezug zu ihren Aufgaben herstellt, weil allein der Vorgang des Sprechens betont wird – als sei im Wesentlichen das Sprechen ihr Bezug zur Wirklichkeit und ihre berufliche Herausforderung. Zudem erscheint es wie der Versuch, den Verdacht, sie könnte menschenscheu sein, vorsorglich auszuräumen. Einer Handlungsregel, die dieses Handeln hervorbringt, können wir fol-

gende Form geben: ‚Halte andere Personen grundsätzlich auf Distanz!' (HR₃)
Dabei geht diese Handlungsregel mit einer Deutungsregel einher, die in wie folgt
lauten könnte: ‚alle sozialen Beziehungen sind persönlich'. Wie schon in den vorhergehenden Fällen sehen wir hier die wechselseitige Stabilisierung von Habitus
und Deutungsmuster.

> [...] Aber man kann natürlich jetzt noch mal \...

Wenige Sätze nach der vorher zitierten Stelle – wir wählen hier einschlägig thematische Stellen aus, verlassen also die strikte Sequenzialität der herangezogenen Äußerungen –, aber immer noch in der längeren ersten Antwort auf die Eingangsfrage
danach, was ihr wichtig im Leben ist, schlägt Frau Reinhold als allgemeine
Möglichkeit („man") vor, „nochmal" etwas zu tun. Ein möglicher Anschluss wäre
hier: ‚nochmal neu starten' (dann wäre ihre bisherige Darstellung eine Möglichkeit
unter anderen gewesen und relativ beliebig) oder ‚noch einmal die konkreten Menschen und Inhalte, Ereignisse oder Rahmenbedingungen beleuchten' (dann würde
sie ihre Lebensentscheidungen stark außenorientiert an Möglichkeiten binden, was
für ein schwaches Selbstvertrauen spräche).

> .../ so in verschiedene Richtungen \...

Das „so" ist vage und beliebig (man kann es so oder so machen). Hier legt sie sich
nicht fest. Auch die ‚verschiedenen Richtungen' scheinen beliebig, im besten
Falle offen für neue Anregungen, wie etwa: man kann dieses und jenes noch
hinzufügen (Familie, Beruf, Hobbies, Werte, Zukunft der Menschheit und des
Planeten ...).

> .../ auch überlegen. \...

Wieder nimmt sie einen Blick von außen auf sich selbst ein, als Beobachterin ihres
Lebens, Überlegens, Entscheidens. Sie spricht nicht aus ihrer eigenen Entscheidungsmitte heraus, sondern setzt sich zu sich selbst auf Distanz, als gäbe es
eine Instanz, unter deren Beobachtung sie ihr Leben führt.

> .../ Also mir ist es natürlich sehr wichtig, auch eine sehr sinnvolle Arbeit zu tun.
> Ich könnte nicht irgendwas machen, was für mich sinnfrei ist. \...

Nun folgt als nächster Aspekt, der ihr wichtig ist, die „Arbeit". Da sie zuvor schon
über ihre Beratungstätigkeit gesprochen hat, ist das praktische Tätigkeitsfeld der
Arbeit hier keine neue Richtung. Das Neue ihrer Betrachtung muss auf einer ande

ren Ebene liegen: möglich wäre hier ihre Bezahlung, emotionale Aspekte, die Art mit Herausforderungen umzugehen, Erwartungen an die berufliche Tätigkeit, Teamgeist etc. Als nicht nur wichtig, sondern „sehr wichtig" erscheint ihr „Arbeit" – und zwar nicht allgemein als Tätigkeit, sondern deren Sinnhaftigkeit. Hier reicht ihr nicht eine „sinnvolle Arbeit", sondern sie muss „sehr sinnvoll" sein. Der Sinn von Arbeit kann nun auf verschiedenen Ebenen verankert sein: im subjektiven Sinnerleben innerhalb des Arbeitsvollzugs, in gesellschaftlich verankerten objektiven Handlungsstrukturen sowie als normativer Ausdruck anerkannter Formen der Existenzsicherung (Fischer 2015 [Fundament]). Alle drei Aspekte könnten im Folgenden weiter ausgeführt werden. Stattdessen betont Frau Reinhold im Nachsatz durch die Negation, was sie nicht machen könnte, die Bedeutung als solche. „Sinnfreie" Arbeit ist ein eher jugendsprachlicher Begriff (statt sinnlos), bei dem unbestimmt bleibt, worin sie Sinn erlebt oder wo für sie die Grenze zu sinnlosen Tätigkeiten liegt. So bleibt die Rede vom Sinn inhaltsleer. Die bereits oben rekonstruierte Verzagtheit ihrer Existenz zeigt sich in dieser Leere erneut, ihr Selbstverhältnis erweist sich erneut als abstrakt-distanziert. Die folgenden Sätze eröffnen nun nochmals die Möglichkeit, dass Frau Reinhold die sinnstiftenden Aspekte ihrer Erwerbsarbeit anführt. Daher stellen wir die Analyse dieser weiteren Ausführungen innerhalb der Antwort auf die thematische Eingangsfrage abkürzend weiter dar.

> …/ Also jetzt ist es ja so, dass ich ähm Menschen begleite und berate, die praktisch ihre Arbeit verloren haben, also zum Teil freiwillig. Zum Teil wurden sie dazu gezwungen zu gehen. Und das finde ich ja total spannend, diese Übergangszeiten mit den Menschen zu gestalten, also ihnen Informationen zu geben, aber auch Richtung Coaching. Ähm Also da geht es auch um Lebensgestaltung. Wie bleibe ich gesund in so einer Phase, wie strukturiere ich meinen Alltag, solche Dinge und Menschen generell ähm zu stärken, ähm damit sie irgendwie ja gesund bleiben und auch selbstbestimmt ähm ähm leben? Deswegen finde ich auch FirmaX jetzt so schön im Vergleich zur Arbeitsagentur, weil wir haben nicht so ähm enge ähm Regularien wie bei der Arbeitsagentur. Ich habe ganz viel Zeit mit den Leuten, das ist sehr, sehr schön […]

Frau Reinhold springt vom allgemeinen Sinn direkt zurück zur Schilderung ihrer Tätigkeit. Nach „Also jetzt ist es ja so" könnte eine Zuordnung erfolgen zu sinnvoll bzw. sinnfrei. Doch sie beschreibt ein weiteres Mal ihre Begleitung und Beratung von Menschen, von der wir bereits erfahren haben, dass sie darunter versteht, ‚den ganzen Tag mit Menschen zu sprechen'. Hier spezifiziert sie den Anlass und das Ziel ihrer Gespräche. Dabei fällt die Formulierung „die praktisch ihre Arbeit verloren haben" auf, denn sie passt etwa zu Schlüssel verloren, geliebten Menschen verloren. Sie beschreibt also Ereignisse, die einem widerfahren und auf die man selbst keinen Einfluss hat, um dann im Nachsatz zu ergänzen, dass manche ihre Arbeit auch „freiwillig" verloren haben (D$_3$). Dieser Nachsatz passt nicht zu der vorherigen Herausstellung der Schicksalshaftigkeit (D$_4$), die Frau Reinhold offensichtlich nicht gelten lassen kann; so deutet sie sie zu einer souveränen Entscheidung um.

Neben denen, die gekündigt haben, berät Frau Reinhold auch Menschen, die „dazu gezwungen wurden zu gehen". Gegenstand des Verlustes ist die Erwerbsarbeit, der sie damit eine starke, wertvolle Bedeutung zuschreibt (wie Schlüssel, geliebter Mensch). Die Erfahrung des Verlusts hat für Frau Reinhold nun Bedeutung im Sinne ihrer Beratungsaufgabe, denn sie stellt heraus, dass sie mit hoher Emotionalität („total spannend") bei der Sache ist. Ohne den Nachsatz wäre die emotionale Selbstoffenbarung zynisch (etwa: ‚finde ich total spannend, wenn es Leuten schlecht geht und ich ihnen helfen kann'). Für Frau Reinhold sind die „Übergangszeiten" ihrer Klienten eine positive Herausforderung. Statt von „Übergangzeiten", was technokratisch, da funktional gesprochen ist (Frühstückszeit, Schulzeit, Wartezeit), hätte sie auch von Übergangsphase sprechen können, womit der Zustand und Prozess und nicht lediglich ein Zeitraum im Vordergrund gestanden hätte. Zugleich verbindet ein Übergang zwei Punkte (räumlich: Brücke vom einen zum anderen Ufer; zeitlich: von der Grundschule zur weiterführenden Schule), so dass der Gestaltungsraum beim Überschreiten nicht gegeben ist. Was gibt es also zu begleiten und zu beraten, wenn das Ziel feststeht?

Frau Reinhold sieht sich abermals als Informantin, indem sie „Informationen" für diese Übergangszeit bietet. Ohne den Nachsatz des „Coachings" wäre dies als Beratungsanteil sehr beschränkt. Das Coaching ist nachgeordnet („aber auch Richtung"), offenbar hat sie für fachliches Coaching keinen Auftrag, möglicherweise auch keine Ausbildung oder formale Berechtigung.[192] Unter dieser eingeschränkten

---

[192] Obgleich die Bezeichnung ‚Coaching' nicht geschützt ist und daher auch keine Qualifizierung voraussetzt (vgl. etwa Deutsche Gesellschaft für Supervision und Coaching oder Deutscher Coachingverband), existieren jedoch eine Reihe von Aus- und Weiterbildungsangeboten. Aus dem Werdegang von Frau Reinhold ist bekannt, dass sie ein Studium im Lehramt Primarstufe und eine Weiterbildung für Alphabetisierung absolviert hat und in der Erwachsenenbildung, auch freiberuflich tätig war. Dem Coaching als Form der Unterstützung „bei der Selbstreflexion und bei der Erprobung neuer Verhaltensweisen" (DGS: https://www.dgsv.de/beratung/supervision/; zuletzt angesehen am 28. Okt. 2025) ist Frau Reinholds Bildungsweg nah, aber eine spezifische Qualifizierung liegt nicht vor. Die testierbaren Daten wie Schulabschluss, Studium, Weiterbildungen und Erwerbstätigkeiten analysieren wir hier nicht systematisch, weil sie zur Fragestellung der Deutungsmuster und ihrer Genese keinen Aufschluss geben. Für die Analyse der Habitusformation wären hingegen umfangreichere Erhebungen und Analysen nötig. Die biografischen Informationen dienen

Form des Coachings „geht es auch um Lebensgestaltung", was für den Übergang ein hoher Anspruch ist, für den sie weder eine Grundlage noch Gestaltungsspielräume besitzt. Die abstrakte Formulierung „Lebensgestaltung" präzisiert Frau Reinhold im Nachsatz durch „gesund bleiben" und „Alltag strukturieren", die sie in Fragen an sich selbst stellt. Sie versetzt sich damit in die Position der Klienten und stellt sich vor, dass die genannten Fragen auch ihnen wichtig sind. Abermals werden die Klienten selbst aber nicht konkret dargestellt, sie verbleiben in der abstrakten Kategorie „Menschen". Es wäre aus Beratersicht ja fraglich, inwiefern jemand, der selbst eine Stelle gekündigt hat, diese Entscheidung nicht schon im Hinblick auf seine Gesundheit und aufgrund einer eigenen Alltagsstruktur getroffen hat. Indem sie von außen auf die vermeintlichen Fragen der Klienten schaut, subsumiert sie auch ihre Beratungspraxis unter die eingeführten abstrakten Kategorien. Folgerichtig wechselt ihre Darstellung aus der Ich-Perspektive des Klienten in die Beraterposition und benennt ihr Ziel, „Menschen generell ähm zu stärken, ähm damit sie irgendwie ja gesund bleiben und auch selbstbestimmt ähm ähm leben". Da diejenigen, die selbst gekündigt haben, in dieser Entscheidung ihre Selbstbestimmung zum Ausdruck gebracht haben, kann sich Frau Reinholds Anliegen, die Selbstbestimmung zu stärken nur auf diejenigen beziehen, denen gekündigt wurde. Dabei schildert sie ihr Anliegen in paradoxer Weise: Sie gibt das Ziel der Selbstbestimmung vor. ,Sei selbstbestimmt' ist aber eine in sich widersprüchliche Aufforderung. Hier zeigt sich die Professionalisierungsbedürftigkeit der Beratertätigkeit, weil der ihr zugrundeliegende Widerspruch zum Ausdruck kommt, dass einerseits die Autonomie gefährdet ist, wenn ein Beratungsanliegen vorliegt, und andererseits der Berater entsprechend kompetent diese Widersprüchlichkeit bearbeiten und die Autonomie schützen muss. Da Frau Reinhold die Selbstbestimmung benennt, ist ihr das Problem bekannt. Sie sieht es aber nicht aus der Perspektive der professionellen Praxis, sondern als Zielpunkt ihrer Begleitung der Klienten. Selbstbestimmtes Leben ist für Frau Reinhold ein Wert, der ihre Arbeit leitet. Doch wieder hat sie ein Problem, diesen Wert mit einer lebenspraktischen Füllung zu versehen. Sie unterbricht sich (zweimaliges „ähm"), bevor sie es ausspricht. Die zur professionellen Distanz gehörende Unterscheidung zwischen den Zielen ihrer Klienten und ihrem eigenen Beratungsziel ist instabil.

Aufschlussreich für ihr Arbeitsverständnis ist der Vergleich ihrer Firma mit der Arbeitsagentur, deren Vorteil sie in weniger ,engen Regularien' sieht, vor allem bezogen auf die Gesprächslänge. Eingeleitet mit „deswegen" kommt hier die Deu-

---

hier abkürzend dazu, die Vermutung einer fehlenden Ausbildung zu untermauern. Auch ohne diese Zusatzinformationen lässt sich aus den Formulierungen von Frau Reinhold erkennen, dass ihr eine professionalisierte Basis ihrer Beratungstätigkeit fehlt, wie oben gezeigt wurde.

tung zum Vorschein, Selbstbestimmung bestehe in der Abwesenheit von Regularien. Es ist, „viel Zeit" zu haben, für Beratungsgespräche durchaus vorteilhaft, wie es auch weniger Vorgaben für den Ablauf der Beratungssituation sind. Indem ihr diese Bedingungen wichtig sind zu erwähnen, zeigt sie zum einen eine Sensibilität für Zwangskontexte, wie sie in der Arbeitsagentur gegeben sind und die sie aus professioneller Sicht in Zweifel zieht. Zum anderen aber mündet ihr Lob auf die Firma darin, nicht nur viel, sondern „ganz viel Zeit" und nicht für Beratungsgespräche, sondern „mit den Leuten zu haben". Klienten werden nun allgemein zu „Leuten" und – wie oben schon gesehen – zum Anlass ihrer Freude. Hierin zeigt sich, dass es nicht um eine praktische Beziehung zum Anderen geht, sondern um dessen Vernutzung für den eigenen Lustgewinn. Ihr Resümee zum Sinn ihrer Arbeit lautet schließlich: „Das ist sehr sehr schön", also eine egozentrische Perspektive auf die Begleitung ihrer Klienten im Sinne ihrer Freude an langen Gesprächen generell. Es muss angenommen werden, dass ihr eine grundständige Qualifizierung für Beratung und daher auch eine professionelle Rollenklarheit fehlen (s. Fn. 18).

Wir lassen hier einige kurze Rückfragen nach organsiatorischen Rahmenbedingungen ihrer Arbeit aus, an die anschließend Frau Reinhold die Eingangsfrage (was ihr im Leben wichtig ist), noch einmal eigenständig aufnimmt und nun einen anderen Aspekt erwähnt, der die bisherige Fallstrukturhypothese erweitern könnte.

> […] Und ansonsten bin ich sehr gerne in der Natur. Sehr viel also draußen, wenn's geht. (I: mhm) Also sehr naturverbunden. Würde auch gerne auf dem Land leben. So und brauch halt immer wieder so die Zeit für mich. Also so auch in die Ruhe zu gehen und auch immer wieder zu gucken Wo bin ich, wo stehe ich, was will ich? Das ist ganz wichtig und ich bin auch ganz- Ich male gerne- (I: Ja) Also so dieses Kreative, also sich in irgend ner Form anders auszudrücken, ist mir auch wichtig. Ich schreibe sehr gerne. (I: hm?) Ja, also das ist so, Werte. Ja und was mich so leitet, ich glaube, es ist, glaube ich, auch wirklich so Zufriedenheit, so zu leben und vielleicht hin und wieder anderen Menschen etwas mitzugeben von der eigenen Kraft, wenn man sie halt hat.

Zum Abschluss der Eingangssequenz als Antwort auf die erste Frage der Forscherin führt Frau Reinhold einen weiteren Aspekt ein, der ihr wichtig im Leben ist, nämlich ‚draußen in der Natur' zu sein. Wenn sie nicht (rollenförmig) in Gesprächen mit Menschen ist, dann („ansonsten") zieht es sie (privat) in die „Natur". Auch hier findet sich keine konkrete Erzählung, sondern eine kategoriale Auflistung: Frau Reinhold verleiht sich selbst ein Etikett („naturverbunden") anstatt ihr Erleben und dessen Qualität konkret zu beschreiben (ich gehe gerne in den Wald, ich mag den Geruch, den Wind zu spüren draußen etc.). Ihr Wunsch danach „auf dem Land [zu] leben", bleibt im Konjunktiv. Es hindert sie etwas (Unausgesprochenes), ihren Wunsch umzusetzen. Ähnlich eingeschränkt stellt sie ihren Wunsch danach, draußen zu sein, dar, durch die Bedingung, „wenn's geht". „Zeit für sich" zu haben, ist ihr nicht nur wichtig, sondern ein Grundbedürfnis für sie. Die Beschreibung spricht für gelingende Selbstsorge, das Wahrnehmen eigener Bedürfnisse und Selbstachtung. Indem sie es extra betont, scheint aber diese Gewissheit ebenfalls prekär zu sein. „In die Ruhe zu gehen", als weitere Erläuterung, klingt programmatisch, als sei die Ruhe ein Ort. Zu dieser Programmatik passt ihre Selbstreflektion über den Sinn ihres Lebens. Sie stellt sich die existenziellen Grundfragen („wo stehe ich, was will ich?"). Hier zeigt sie sich stark reflektiert und auf der ernsthaften Suche nach authentischer Lebensführung. Scheinbar in Widerspruch zu vorher (schlichte Sprache, unreflektiert) zeigt sich hier wiederholt eine Gewissenhaftigkeit und ein Ernst, mit denen Frau Reinhold ihr Leben zu meistern versucht. Durch die explizite Frage nach dem Sinn, scheint auch er prekär, ihre Unsicherheit kommt erneut zum Ausdruck.

Mit „und ich bin auch ganz" fügt Frau Reinhold einen weiteren Aspekt zu den Wichtigkeiten ihres Lebens. Sie könnte einführen: ganz interessiert an, ganz innig verbunden mit, ganz neugierig, ganz ehrlich… Im Kontext des folgenden Satzes „Ich male gerne- (I: Ja) Also so dieses Kreative," hätte sie auch fortfahren können: ich bin auch ganz kreativ. Aber statt dieser Selbstbeschreibung, die entweder selbstbewusst oder auch eitel verstanden werden kann, wählt sie einen neuen Anfang, indem sie auf einen Oberbegriff zurückgreift und sich als Subjekt des Satzes tilgt („dieses Kreative"). Als „irgend ne Form sich auszudrücken", wählt sie neben der Malerei auch das Schreiben. Hier spricht sie eine schöpferische Form der Auseinandersetzung mit der Welt an, die den Wunsch nach authentischen Wegen der Lebensführung zum Ausdruck bringt. Dabei bleibt sie aber wiederum vage („irgend ner Form") und kategorial („dieses Kreative"). In dieser unkonkreten Bezeichnung für Formen der freien Entfaltung ihrer Potenziale, Interessen und Vorstellungen zeigt sich ein abstrakter Freiheitsbegriff, hier bezogen auf ihr eigenes Handeln. Wenn bereits das eigene Handeln abstrakt bleibt, ist es für die verallgemeinerte Ebene gesellschaftlich verankerter Freiheit und Freiheitsrechte erst recht anzunehmen. So deutet sich an dieser Stelle an, dass sich auch Frau Reinholds Selbst- und Weltdeutungen aus einem *libertären* Deutungsmuster speisen, dessen Schlüsselkonzept das der *monadischen Autonomie* ist. Schließlich resümiert sie ein weiteres Mal: „Ja, also das ist so, Werte" und vollendet den Satz gebrochen, indem sie das Gesagte als „Werte" klassifiziert. Sie erlebt ihre Praxis durch eine normative Bewertung ihres Handelns, deren Inhalt sie erneut ausspart. So bleiben auch Werte als mögliche Leitlinien abstrakt. Dass sie ihr Leben anhand gängiger Klischees deutet – hier geht es um die Deutungshandlung –, bestätigt die oben rekonstruierte Fallstrukturhypothese einer habituell unlebendigen, verzagten Praxis einer Exzentrizität ohne Positionalität. Das Folgende dieser Äußerungssequenz fügt dem Ausgeführten nichts hinzu.

Zusammenfassend lässt sich als *Fallstrukturhypothese* bis hierher festhalten: Frau Reinhold zeigt habituell eine *unlebendige Praxis* und ein damit korrespondierendes *abstrakt-distanziertes Selbstverständnis*, das sich auch in ihrer Sinnsuche in künstlerischem Ausdruck zeigt. So ist ebenfalls der in ihrer Kreativität enthaltene Freiheitsbegriff abstrakt. Dieser passt auch zu dem hedonistisch wirkenden Lustgewinn in Gesprächen mit Menschen im beruflichen Kontext, die wie eine Kompensation fehlender praktischer Beziehungen wirken, für die sie ihre Klienten instrumentalisiert. Diese habituellen Dispositionen stehen insofern mit ihrer Deutung der Corona-Maßnahmen in Verbindung, als dass die Ablehnung der Maßnahmen einen Widerspruch verdeckt, der zwischen ihrer Deutung sozialer Beziehungen als wichtig – nämlich auf der kognitiv-abstrakten Seite – und zugleich als unwichtig in praktisch-konkreter Hinsicht besteht. Welches Deutungsmuster und welches diesem zugrundeliegende Schlüsselkonzept können den Widerspruch fallspezifisch auflösen?

(3) Anreicherung und Präzisierung der Fallstrukturhypothese
Aufgabe dieses Schrittes ist es beim gegenwärtigen Stand der Analyse nun, die Rekonstruktion der Fallstruktur zu präzisieren. Bezüglich des Habitus ist das Voranschreiten im Interview als konkretes Handeln entscheidend, bezüglich des Deutungsmusters werden wir uns thematisch einschlägigen Stellen widmen, die dezidierter auf die Corona-Maßnahmen Bezug nehmen. Eine solche folgt noch recht früh im Forschungsgespräch auf die Frage der Interviewerin: „Wie geht es Ihnen mit der Pandemie?"

MR: #00:11:08# (4) Ähm, ja. Eine totale Katastrophe. Ne? (lacht)

Die Frage richtet sich auf ein Gefühl oder einen Gemütszustand. Frau Reinhold könnte auch mit prägnanten Ereignissen antworten (z. B. ‚also die Lockdowns fand ich schrecklich'). Die lange Pause von vier Sekunden kann einerseits darauf verweisen, dass sie ihr Gefühl nicht benennen kann, oder nicht weiß, wie es ihr geht, oder aber darauf, dass sie derart leidet, dass sie in einer Art Schockstarre nicht antworten kann. Das Füllwort „ähm" überbrückt die Situation, bevor sie zu einem Entschluss kommt („ja"), der etwas von Bedeutung ankündigt. Sie antwortet nun weder mit ihrem Empfinden oder Erleben noch mit einem speziellen Ereignis, sondern liefert – wie häufig – eine Kategorie, diesmal von extremem Ausmaß („totale

Katastrophe"). Mit dem angehängten „ne?" sucht sie eine Vergewisserung im Gegenüber, das Lachen stellt ein Vergemeinschaftungsangebot dar, als sei mit der Kategorisierung alles geklärt und als würde die Forscherin selbstverständlich ihre Einschätzung teilen. Die Selbstverständlichkeit dieser Einschätzung wird durch das abschließende Lachen noch verstärkt.

Doch die Interviewerin ignoriert das Angebot und fragt nach: „Schildern Sie mal die Katastrophe."

> MR: Also, es war. Also, das war ja alles schlimm von Anfang, also von Anfang, von Anfang an, also wir stellen uns immer gerne ähm auch so die Frage, wie ging das eigentlich? Ähm Wie ging das eigentlich los, dass so ne Skepsis ange- Ähm losgegangen ist und man da so ganz den anderen Weg gegangen ist? (2) Also diese, also da, der also bei mir war die Initialzündung, diese Unverhältnismäßigkeit, und das kam ganz schnell auf, ganz schnell. Also ich war in X-Stadt noch gewesen und hatte echt totales Glück. Ich habe hier meine Stelle punktgenau zum Lockdown angetreten.

Die Antwort beginnt nach dem für Frau Reinhold typisch schlussfolgernden „Also" in der Struktur einer Erzählung („es war") und könnte nun fortgesetzt werden mit einer Schilderung von belastenden Ereignissen, die katastrophale Wirkungen für sie haben (z. B. also, es war ja so, dass man getrennt wurde von seinen Liebsten). Stattdessen bricht der Satz ab, die Erzählung wird nicht vollzogen, als würde sie die Form der Erzählung beherrschen, aber keinen Inhalt benennen können, so bleibt sie leer. Auch im nächsten Anlauf („Also, das war ja") fehlt ein Bezug für das „Das" (grammatisch kann es sich nicht auf ‚die' Katastrophe beziehen), im „ja" wird wieder Zustimmung durch die Forscherin unterstellt. Dadurch entgeht Frau Reinhold einer Begründungsverpflichtung für ihre Aussage. Die Charakterisierung des Zustandes („schlimm") verwendet ein weiteres Mal kindliche Sprache, hier für etwas Unerfreuliches, noch dazu in der Totalität eines „alles" (etwa: In der Kita war heute alles schlimm), die keine Differenzierung enthält und abstrakt bleibt. Mit dreimaliger Wiederholung erhält der Beginn („von Anfang") als Start eines Prozesses besondere Bedeutung, wobei sich die Wiederholung in der Rhythmik steigert: „von Anfang, also von Anfang, von Anfang an" als würde sie sich an die Dringlichkeit dieses Ereignisses plastisch erinnern und sich in den Anfang hineindenken. Allerdings bleibt auch dies merkwürdig abstrakt. Schließlich setzt Frau Reinhold ein viertes Mal mit „also" an, um ihre Schlüsse zu präsentieren, wobei sie ihren Satzplan ändert: Sie wechselt die Perspektive aus einem „wir", mit dem entweder die Dienstagsgruppe, also ihre Gesinnungsgemeinschaft, gemeint sein kann, oder das verallgemeinerte Wir der politischen Gemeinschaft, als eine gesellschaftliche Konvention, sich die Frage zu stellen, ‚wie etwas eigentlich ging'. Nun spricht Frau

Reinhold wieder im Präteritum der Erzählstruktur, sie schildert einen Prozess, der eine Frage aufwirft, die selbst gemeinschaftsbildend ist, weil das Fragestellen zu einer Routine geworden ist („gerne" im Sinne von immer wieder). Dabei zielt sie nicht auf das Funktionieren von etwas (wie ging das eigentlich, dass sich die Räder drehten oder auch wie ging das eigentlich, dass die Ministerpräsidentenkonferenz Beschlüsse fassen konnte am Parlament vorbei?), sondern sie korrigiert sich nach kurzem „ähm" und geht zum Beginn zurück („wie ging das eigentlich los?"), also zu dem schon formelhaft, wiederholt beschworenen „Anfang". Hier ist zunächst wiederum ein unbestimmtes „das" Platzhalter für einen Inhalt, der nun noch kommen müsste, weil ‚die' Katastrophe auch hier grammatisch nicht anschlussfähig ist. Die Satzergänzung „… dass so ne Skepsis ange- ähm losgegangen ist" dreht eine weitere Runde um das Losgehen: Sie stellt zur Erklärung der Katastrophe die Frage, wie es losgegangen ist, dass eine „Skepsis losgegangen ist", die zu einem „anderen Weg" führte. Dies ist eine sehr nebelhafte Formulierung für ein Ereignis, dass Frau Reinhold als „Katastrophe" eingeführt hat. Es gibt keine konkrete Erfahrung, kein Ereignis, das als katastrophal zu beschreiben ist. Indem sie „ange-", also vermutlich angefangen in „losgegangen" ändert, personifiziert sie die Skepsis als beweglichen Agenten mit eigenem Willen, bleibt dabei aber allgemein („so ne", also irgendeine). Die Spannung zwischen Dramatisierung und mangelnder Konkretion zeigt, dass nicht ein konkretes Ereignis für sie bedeutsam ist. Welche Relevanz (Relevanzregel, vgl. Loer 2021 [OHWP Interviews], S. 64) kann diese Äußerung gleichwohl haben?

In der Gegenüberstellung von „wir" und „man" werden zwei verschiedene Umgangsformen eingeführt: „Wir" fragen uns, und „man" ist „ganz den anderen Weg gegangen". Die Skepsis gehört also zu den anderen („man"), die deswegen vollständig („ganz") andere Entscheidungen getroffen haben. Interessant ist hier eine Umkehr der üblich gewordenen Wortverwendung der Skeptiker, die eher den Maßnahmengegnern zugeschrieben wird. Indem Frau Reinhold die „Skepsis" generalisierend einem unpersönlichen Subjekt zuschreibt, das den einen Weg verlassen hat, distanziert sie sich davon, an dieser Entscheidung beteiligt zu sein. Die Erklärung, worauf oder wogegen sich die Skepsis richtet und um wessen Skepsis es sich handelt, bleibt auch in den folgenden Zeilen aus. Im Kontext der Corona-Maßnahmen könnte es auch sein, dass Frau Reinhold sich mit „man" auf die Regierenden bezieht, die dem Volk und seiner Eigenverantwortung misstrauen und deshalb Maßnahmen wie den „Lockdown" getroffen haben. Diese Unbestimmtheit macht erneut deutlich, dass Frau Reinhold sich hier nicht auf eine konkrete Erfahrung bezieht. Auch dass sie ihren mehrfach begonnenen Satzplan („Also diese, also da, der also") nicht ausführt, sondern wieder neu einsetzt: „bei mir war die Initialzündung, diese Unverhältnismäßigkeit", ohne näher zu bestimmen, was genau bei ihr ‚gezündet' hat. Zudem lässt der technische Ausdruck einer Initialzündung, als wäre ein Motor in ihr in Gang gekommen, kein Erleben, keine konkrete Erfahrung erkennen. „Diese Unverhältnismäßigkeit" unterstellt ein weiteres Mal Einverständnis des Gegenübers (Sie wissen schon, diese …). „Unverhältnismäßigkeit" wird hier als Formel verwendet, die im Diskurs der Maßnahmen-Gegner gesetzt ist (siehe vorangegangene Analysen in den Abschn. 3.2, Guérot, und 3.3, Kölsch) und klischeehaft wie ein etabliertes Argument, einer Trumpfkarte gleich, verwendet wird. Spätestens hier müsste zur Füllung der Einschätzung als Katastrophe nun konkreter das Unverhältnismäßige beschrieben werden, um auch zu verdeutlichen, zu was die Zündung führte. Doch solche Ausführungen erfolgen nicht, weshalb auf die Darstellung der Rekonstruktion der folgenden Zeilen verzichtet wird.

Indem eine derart einschneidende Erfahrung wie eine Katastrophe nicht mit konkreten Ereignissen gefüllt wird, bleibt die gesamte Erzählung unlebendig. Hier bestätigt sich der oben rekonstruierte Habitus der unlebendigen Praxis nochmals, ohne dass eine weitere Facette hinzukommt. Dass Frau Reinhold hier von „Glück" spricht, ändert nichts an der auf den Habitus bezogenen Fallstrukturhypothese, weil auch dieses Glückserleben formal bleibt, da sie es an das Antreten einer Stelle knüpft, mit dem keine reelle Praxis verbunden ist. Angesichts der Bedeutsamkeit ihres Stellenwechsels mitten im Lockdown hätte sie auf die Interviewfrage, wie es ihr mit der Pandemie geht, statt mit „Katastrophe" auch mit Glücksfall antworten können. Im Unterschied zu vielen Menschen, die durch die Lockdowns mit Verdienstausfällen umgehen (z. B. Freiberufler) bzw. unter Mehrarbeit bis zur Erschöpfung arbeiten mussten (Handel, Gesundheitswesen), kann sie tatsächlich von Glück sprechen. Was sie eine Katastrophe nennt, muss sich also auf die Folgen der Lockdowns für andere Personen beziehen. Auf diese Weise schließt sie nach einer kurzen Erläuterung ihrer vorherigen freiberuflichen Arbeit an:

> […] Eigentlich hatte ich ganz, ganz viel Glück, aber es ist natürlich katastrophal zu sehen. Also für mich persönlich hatte ich Glück. Aber was mit dieser ganzen Umgebung passiert. Ja? (I: mhm) Also dass das ähm viele ä Geschäfte schließen, dass die Gastronomie nicht mehr arbeiten kann. Freunde von mir, die haben seit 20 Jahren- Theater, die konnten nicht mehr arbeiten, die sind jetzt ausgewandert nach Dänemark. (I: mhm) Also d-ähm Leute, die ihrer beruflichen Tätigkeit nicht mehr nachkommen können, denen denen es verboten wird zu arbeiten. Diese, diese, also diese Grundrechte, die total fest verankert sind in unserem Staat, die wurden einfach über den Haufen geworfen. Die Reisefreiheit, das Recht und das Recht auf Bildung….

Ihr ‚persönliches Glück' setzt Frau Reinhold nun ins Verhältnis zu etwas Anderem („aber"). Die Entgegensetzung eignet sich dazu, die Unverhältnismäßigkeit konkret zu benennen, um ihre Ablehnung der Maßnahmen zu begründen und die Relevanz, die sie dieser Deutung zuschreibt, kenntlich zu machen. Hier könnte sich auch ein nicht monadisches Autonomieverständnis zeigen, indem Frau Reinhold einen reziproken Bezug zur Gemeinschaft herstellt. Die Gelegenheit ergreift Frau Reinhold jedoch nicht, sondern bleibt weiter abstrakt („dieser ganzen Umgebung", „viele Geschäfte schließen", „die Gastronomie nicht mehr arbeiten kann"). Erst als sie auf ihre „Freunde" kommt, ändert sich die Darstellung auf den ersten Blick, indem sie scheinbar konkreter wird und von Personen spricht, mit denen sie in einer freundschaftlichen Beziehung steht. Doch auch hier gerät der Bericht bruchstückhaft, so fehlt das Verb in der Beschreibung des Theaters (haben die Freunde Theater gespielt oder haben sie ein Theater betrieben?). Das Auswandern der Freunde nach „Dänemark" wird hier als Folge eines Berufsverbotes dargestellt, was überraschend ist, wenn man bedenkt, dass ein Auswandern einiges an Vorbereitung umfasst, schließlich spricht sie nicht von Flucht. Die Aussage erscheint damit überdramatisiert, zumal in Dänemark 2021 ebenfalls die 3G-Regel zur Anwendung kam und nur über den Sommer 2021 die Maßnahmen im Vergleich zu Deutschland deutlich gelockert waren aufgrund der hohen Impfquote.[193] Die im Beispiel genannten Freunde müssen also, um die Auswanderung mit der Möglichkeit zu arbeiten zu begründen, selbst geimpft sein und sich den dänischen Regelungen unterworfen haben. Somit erscheint das Beispiel ihrer Freunde und der staatlichen Politik in Dänemark als konstruiert. Eine Begründung der Unverhältnismäßigkeit fehlt bisher, stattdessen wird die reine Empörung über das Arbeitsverbot geäußert. Ein Verständnis von Freiheit als eines reziproken Verhältnisses ist damit bisher nicht zu finden; im Gegenteil: auch hier stehen die (Folgen der) Freiheitseinschränkungen im Vordergrund wie in den beiden ersten Fällen – bei Guérot und Kölsch – auch.

Die Darstellung der beruflichen Folgen der Corona-Maßnahmen folgt einer spezifischen Auslegung des Grundrechts, da in der deutschen Verfassung kein Recht auf Arbeit[194] formuliert ist. So bleibt die Einschätzung des Arbeitsverbotes wiederum abstrakt. Bisher liegt ihre Deutung der Corona-Maßnahmen auf der Ebene einer Kritik an staatlichen Entscheidungen ohne Begründung, also um der

---

[193] Eine Studie des wissenschaftlichen Dienstes des Bundestages vom Dezember 2021 schildert etwa die rasche Entscheidung der dänischen Regierung zum Lockdown sowie die mit Herstellung von Impfstoffen zügige Rückkehr zur Öffnung von Geschäften, Schulen und anderen Einrichtungen aufgrund der hohen Impfbereitschaft und des hohen Vertrauens in die staatliche Politik (Deutscher Bundestag 2022).

[194] Das Recht auf Arbeit findet sich zwar in Landesverfassungen wie denen von Bayern, Berlin, Brandenburg, Bremen, Hessen, Nordrhein-Westfalen, Saarland und Sachsen, nicht aber im Grundgesetz (vgl. Deutscher Bundestag 2019, S. 3 ff.).

bloßen Kritik der Einschränkungen willen. Auch die weiteren genannten „Grundrechte" („Reisefreiheit, das Recht und das Recht auf Bildung" – wobei auch in der Wiederholung des Rechts ohne Bestimmung, welches sie meint, eine weitere Überdramatisierung zu erkennen ist) bleiben zunächst formelhaft in ihrer bloßen Aufzählung und als „diese Grundrechte" auch wieder distanziert. Hier bezieht sich Frau Reinhold auf das Grundgesetz Artikel 11, Satz (1) „Alle Deutschen genießen Freizügigkeit im ganzen Bundesgebiet." Jedoch ist dieser Satz durch Satz (2) eingeschränkt, nach dem in bestimmten Fällen die Reisefreiheit ausgesetzt werden kann, insbesondere im Fall einer Seuchengefahr.[195]

Bezogen auf die Erwähnung der Grundrechte fällt auf, dass Frau Reinhold stets nur die eine Seite: die Freiheit, nicht aber deren Kehrseite: die Verantwortung und das damit unter Umständen einhergehende Erfordernis von Einschränkungen, erwähnt. Erst dies zusammen machte aber ein Verständnis von Freiheit als eines reziproken Verhältnisses aus, zu dem es gehört, die Grenze der Freiheit des Einzelnen anzuerkennen, sobald die Freiheit anderer, das Wohl der Gemeinschaft oder die staatliche Sicherheit gefährdet sind. Es liegt nahe, dass Frau Reinholds Deutung von Freiheit durch das in den vorangegangenen Fällen rekonstruierte Deutungsmuster der *libertären Selbstbezogenheit* mit dem Schlüsselkonzept der *monadischen Autonomie* generiert wird. Dies muss im Folgenden überprüft werden. Die Darstellung der verletzten Grundrechte an dieser Stelle zeigt eine interessante Struktur: Was Frau Reinhold als „Verbot zu arbeiten" darstellt, ist faktisch eine Nebenfolge der Kontaktverbote wie auch das Verbot zu reisen und das verletzte Recht auf Bildung. Hier wird es aber – strukturhomolog zu den bereits dargestellten Fällen Kölsch und Guérot – als eigentlicher Zweck interpretiert. Die Katastrophen-Einschätzung beruht auf dieser Umdeutung des Zweckes und seiner Nebenfolgen, deren Unerwünschtheit niemand bestreiten würde. Dafür nimmt Frau Reinhold in Kauf, dass ihre Erzählung inhaltsleer und inkohärent ist, was auch für ihre Metaphern gilt, wie hier „die fest verankerten Grundrechte einfach über den Haufen geworfen werden" – eine feste Verankerung (wörtlich etwa ein Stahlträger, der in Beton gegossen oder verschraubt ist) kann nicht über den Haufen geworfen werden. Dadurch erschöpfen sie sich in bloßer Dramatisierung.

---

[195] (2) Dieses Recht darf nur durch Gesetz oder auf Grund eines Gesetzes und nur für die Fälle eingeschränkt werden, in denen eine ausreichende Lebensgrundlage nicht vorhanden ist und der Allgemeinheit daraus besondere Lasten entstehen würden oder in denen es zur Abwehr einer drohenden Gefahr für den Bestand oder die freiheitliche demokratische Grundordnung des Bundes oder eines Landes, zur Bekämpfung von Seuchengefahr, Naturkatastrophen oder besonders schweren Unglücksfällen, zum Schutze der Jugend vor Verwahrlosung oder um strafbaren Handlungen vorzubeugen, erforderlich ist. (Art. 11 GG).

An der hier zitierten Sequenz findet sich dennoch ein affirmativer Bezug zum Staat in der Darstellung der festen Verankerung der Grundrechte „in unserem Staat". Indem sich Frau Reinhold in das Wir einbezieht, versteht sie sich als Staatsbürgerin, ihre Kritik bezieht sich auf die Regierenden, denen sie vorwirft, Grundrechte zu brechen. Die Begründung müsste nun folgen. Die Unterscheidung zwischen Regierung und Staat scheint instruktiv zum Verständnis der Kritik und ist beim Versuch der Falsifizierung erneut zu beachten, wenn ihr Demokratieverständnis daraufhin untersucht wird, welche Form der Gemeinschaftsbindung und welches Solidarverständnis es enthält bzw. ob sich ein abstraktes, auf seine eigene Betroffenheit hin verengtes Freiheitsverständnis zeigt.

Als *Fallstrukturhypothese* können wir bis hierhin festhalten: Die Einschätzung der Maßnahmen als Katastrophe der Unverhältnismäßigkeit beruht auf formelhaften, inhaltsleeren, distanziert vorgetragenen Diskurspartikeln der Gleichgesinnten. Die Umdeutungen (Zweck und Nebenfolge der Maßnahmen) erfüllen die Funktion der Schuldzuschreibung an (hier noch unbenannte) Verantwortungsträger (Regierende) und dienen der Verlagerung der Problemlösung nach außen. Eine Toleranz gegenüber Ambivalenzen und Ambiguitäten ist auf diese Weise nicht erforderlich, was als Hinweis für eine fehlende Bereitschaft oder fehlendes Vermögen zum Aushalten von Widersprüchen zu sehen ist.

Im Zusammenhang mit der Erforschung von Vorurteilen (Frenkel-Brunswik 1950a, b; vgl. Ackermann et al. 1950/1977) hat Else Frenkel-Brunswik folgende psychische Zusammenhänge herausgearbeitet: „There is more than an empirical affinity between the strength of hostility, of power-orientation, of externalization, and of rigid stereotyping, on the one hand, and the intolerance of ambiguity, on the other, there is a similar affinity between the orientation toward love and the acceptance of drive-impulses, on the one hand, and a general flexibility, on the other." (1949, S. 141) Die erstgenannte psychische Formation scheint in einem Passungsverhältnis zu dem hier rekonstruierten Deutungsmuster zu stehen. Es ist aber festzuhalten, dass letzteres analytisch unabhängig von psychischen Dispositionen ist und unabhängig von ihnen operiert. Dies gilt auch bzgl. der Relation zwischen Deutungsmuster und Habitus. Uns geht es hier um diese beiden sozialen Strukturierungsebenen; die Erforschung von deren Verschränkung mit der Ebene der psychischen Strukturbildung stellt nach wie vor ein Desiderat dar (s. hierzu des näheren Kap. 4, Exkurs *zur Differenz von Deutungsmuster und Habitus zu psychischen Formationen*).

Für die Erweiterung der Fallstrukturhypothese betrachten wir noch einmal eine Stelle, in der die Kritik der behaupteten Unverhältnismäßigkeit thematisch wird. Dabei sind wir weiterhin auf der Suche nach einem Deutungsmuster, das die nicht-reziproke Deutung von Freiheit hervorbringt.

Frau Reinhold nennt zusätzlich zu den oben schon analysierten Folgen der Maßnahmen wie eingeschränkte Reisefreiheit, Berufsfreiheit, Recht auf Bildung noch weitere: die gesundheitlichen Folgen abgesagter Operationen, nicht realisierte Vorsorgeuntersuchungen, die Testungen v. a. von Schulkindern als „Eingriff in die körperliche Unversehrtheit". Allen genannten Folgen ist gemeinsam, dass Frau Reinhold hier ausschließlich die Seite der Betroffenheit von den Maßnahmen betrachtet, nicht aber deren beabsichtigte Wirkung zum Schutz der Bevölkerung und zur Eindämmung der Verbreitung des Virus. So schlussfolgert sie in der bekannten Formel „also":

> MR: #00:14:40# Also das war alles so heftig und das wegen eines Virus, was vielleicht gefährlich ist (.) aber *so*[196] gefährlich, dass man das gesellschaftliche, soziale, politische Leben (2) völlig zum Stillstand bringt. Also das, ähm dass das möglich war, das ist für mich immer noch ein Schock. Das ist für mich wirklich ein Schock.

Unter „das alles" resümiert Frau Reinhold die genannten Folgen der Maßnahmen und qualifiziert sie als „so heftig", ohne aber den begonnenen Vergleich (so – wie) bzw. eine Konsequenz (so – dass) auszuführen oder den Satz zu vervollständigen. Darin kommt erneut eine leerlaufende Dramatisierung zum Ausdruck. Mit dem gewählten Adjektiv lassen sich physische Wirkungen z. B. eines Faustschlags oder einer Lärmbelästigung (heftiger Donner) beschreiben. Frau Reinhold empfindet die Maßnahmen als überaus belastend (eine positive Beschreibung einer „heftigen" Erfahrung lässt sich nicht finden; so sagt man etwa nicht ‚heftige Freude' und als ‚heftige Überraschung' bezeichnet man nur negative Überraschungen). Zur Begründung wägt sie im Folgenden ab zwischen der Gefährlichkeit des Virus („vielleicht gefährlich") und den Folgen der Maßnahmen nun nicht mehr für den Einzelnen, sondern das allgemeine „Leben" betreffend, also das Miteinander in verschiedener Hinsicht des Politischen und Sozialen. Sie nimmt damit eine Perspektive auf das Ganze ein, die auf den ersten Blick wie eine reziproke Sichtweise erscheint, indem sie Sorgen um das Gemeinwesen zum Ausdruck bringt. Allerdings bleibt

---

[196] Frau Reinhold betont oft sehr prägnant; diesen Ausdrucksaspekt, der, wie eine kursorische Überprüfung ergab, die Analyse bestätigt und unterstützt, konnten wir hier aus forschungsökonomischen Gründen nicht berücksichtigen; die vorliegende Verschriftung hatte die Betonung nicht festgehalten. Hier haben wir ihn einmal korrigierend ergänzt.

ihre Einschätzung auch hier einseitig auf die negativen Folgen der Maßnahmen bezogen, ohne deren Sinn abzuwägen, und zeigt in der Formulierung erneut eine
Überdramatisierung, denn ein „völliger Stillstand" galt auch nicht in den Phasen
der Lockdowns. Die Unvollständigkeit der Abwägung zeigt sich auch darin, dass
ihr Satz, wie erwähnt, abbricht (es fehlt: ‚aber so gefährlich, dass man … auch wieder nicht'). Dabei maßt sie sich keine genauere Einschätzung der Gefährlichkeit
des Virus an. An dieser Stelle zumindest folgt stattdessen die Beschreibung ihrer
nachhaltig wirksamen körperlichen Reaktion („immer noch ein Schock") auf die
politischen Entscheidungen. Darin, dass sie den „Schock" als anhaltend beschreibt,
wird erneut eine leerlaufende Dramatisierung deutlich, denn befindet man sich tatsächlich im Schockzustand,[197] kann man diesen schwerlich darstellen; eine metaphorische Übertreibung dient der Dramatisierung. Wie oben wird auch an dieser
Stelle kein Verantwortlicher genannt, sondern das allgemeine „man" steht für die
Entscheidungsverantwortlichen. Hier entzieht sich Frau Reinhold durch die –
klischeeartig dargebotene – emotionale Reaktion einer Argumentation. Die Forscherin fragte nun noch einmal nach Gründen für die Einschätzung der Unverhältnismäßigkeit der Maßnahmen.

> […] Also. Also, ich schätze es nicht als so sehr ähm gefährlich ein. Also, ich
> glaube, ich hab also ich hab tatsächlich viel auf den Seiten des RKI auch gelesen
> und ich weiß ja auch, dass es meiner wahrscheinlich- Also die Wahrscheinlichkeit,
> dass ich schwer erkranke bei 0,1 oder 0,01 % liegt. Und ich bin ein gesunder
> Mensch und die Wahrscheinlichkeit dass ich daran sterbe ist sehr sehr gering. […]

Doppelt schlussfolgernd präzisiert Frau Reinhold die Gefährlichkeit des Virus als
„nicht als so sehr gefährlich". Etwas nicht so sehr Gefährliches muss man nicht
fürchten, dafür sind auch keine Schutzmaßnahmen erforderlich, und schon gar
keine drastischen. Vor diesem Hintergrund ist zunächst ihre schockierte Reaktion
auf die politischen Entscheidungen verständlich in dem Sinne, dass sie nicht nachvollziehbar sind und angesichts ihrer weitreichenden Folgen auch abzulehnen.
Eine Regierung, die ohne Grund schwerwiegende Eingriffe in Grundrechte vornimmt, ist mit guten Gründen zu kritisieren. Wie weit reicht nun die Beweisführung
von Frau Reinhold? Zur Einschätzung der Gefährlichkeit des Virus zieht sie ihre
eigene Gefährdung, als Person zu erkranken und zu sterben heran. Dabei bezieht
sie sich mit dem RKI – dem Robert Koch-Institut (s. Abschn. 3.2, Fn. 88) – auf eine

---

[197] „Akutes bis subakutes, fortschreitendes, generalisiertes Kreislaufversagen mit intra-
zellulärem Sauerstoffmangel der Organe und lebensbedrohlicher Gefährdung der Vital-
funktionen." (Pschyrembel online, https://www.pschyrembel.de/Schock/K0KHK/doc/; zuletzt angesehen am 28. Okt. 2025).

staatliche Quelle und schränkt die Gefahreneinschätzung auf gesunde Personen ihres eigenen Alters ein. Diese Erkenntnis ist erstens nicht umstritten und zweitens auch nicht die Begründung für die weitreichenden Schutzmaßnahmen. Damit führt Frau Reinhold eine Schein-Argumentation vor. Wäre Deutschland ein Land gesunder 50-Jähriger gewesen, hätte wohl keine Regierung derlei Maßnahmen getroffen. An dieser Stelle wird nun deutlich, dass auch Frau Reinholds Deutungen – analog zu den beiden ersten Fallrekonstruktionen – durch ein Deutungsmuster *libertärer Selbstbezogenheit* generiert werden, als dessen Schlüsselkonzept *monadische Autonomie* gelten muss. Dies zeigt sich eben daran, dass sie allein ihre eigene Gefährdung zum Maßstab nimmt. Entsprechend sehen auch die von ihr im Folgenden vorgeschlagenen Maßnahmen aus, wie z. B. den Schutz der Alten und Kranken durch Hygienemaßnahmen in Krankenhäusern ohne weitere einschneidende Maßnahmen für den Rest der Bevölkerung. Ihre Abwägung resultiert in einer Aufrechnung:

> [...] Aber vielleicht muss man das auch in (.) Kauf nehmen, dass Menschen wie bei einer Grippe sterben. Und (1) also Menschen also daran zu hindern, zu lernen, sich zu entwickeln, dass Leute ihre Existenz verlieren. Das sind ja Schäden, die über die ganzen Jahre hinweg sich noch (.) auswirken werden und das vernichtet ja auch ganz viel. Also ich muss mir doch überlegen, also ob ich schwer erkranke und sterbe oder Leben generell vernichten möchte.

Etwas „in Kauf zu nehmen" bezieht sich auf eine hinzunehmende Nebenfolge bei der Verfolgung eines Zwecks. Frau Reinhold nimmt damit eine rationale Beweisführung vor. In diesem Fall besteht der Zweck in der Aufrechterhaltung des vorher als Gegenfolie aufgemachten „gesellschaftlichen, sozialen und politischen Lebens". Demnach war vor Einführung der Corona-Maßnahmen dieses Leben vorhanden und bildet den Maßstab für die Einschätzung der politischen Entscheidungen. Die konkrete Nebenfolge, die sie hier betrachtet, klingt sachlich: Bei einer Grippe sterben Menschen, Corona ist wie eine Grippe, also ist das Sterben von Menschen eine üblicherweise auftretende Folge. In dieser Gleichsetzung normalisiert Frau Reinhold Corona als Krankheit wie eine Grippe und damit auch die auftretenden Gefährdungen als solche einer Grippe. Da bei einer Grippewelle keine einschneidenden Maßnahmen für die Allgemeinheit getroffen werden, sind aus ihrer Sicht alle Corona-Maßnahmen, die über die bekannten Grippeschutzimpfungen für vulnerable Gruppen hinausgehen, nicht zu rechtfertigen und im Sinne der Gewährleistung der oben eingeführten Verfassungsrechte abzulehnen. In sich ist diese Argumentation konsistent, beruht aber auf der Prämisse einer Gleichsetzung von Corona und einer Grippe.

Betrachten wir die erneute Darstellung der Folgewirkungen der Corona-Maßnahmen, fällt auf, dass hier abermals ein Subjekt fehlt, das „Menschen daran hindert zu lernen, sich zu entwickeln, dass Leute ihre Existenz verlieren". Die Maßnahmen haben diese Wirkung aus sich heraus, führen ein Eigenleben und zeitigen schließlich Langzeitschäden („vernichtet ja auch ganz viel"), die bei der Abwägung der Unverhältnismäßigkeit berücksichtigt werden müssen. Der letzte Satz kündigt eine abschließende Abwägung an („also"), hier schwankt aber das Subjekt, so dass schließlich die Gedankenführung bricht. Frau Reinhold beginnt mit der Selbstperspektive („ich"), nimmt sich also in die Pflicht zu „überlegen". Zu dieser Überlegung gehört die Eigenverantwortung hinsichtlich der eigenen Gesundheitsgefährdung („ob ich schwer erkranke und sterbe"). Anschließen könnte hier eine Konsequenz, je nachdem zu welcher Bevölkerungsgruppe man selbst gehört (z. B. ‚und mich entsprechend schützen'). Wobei die Konsequenz zu erkranken und zu sterben hier im Indikativ nicht in den Modus des Überlegens passt, als sei krank zu werden und zu sterben Gegenstand der eigenen Entscheidung. So kann z. B. eine Selbstmordabsicht so nicht formuliert werden, müsste sie doch heißen: ‚überlegen, ob ich sterben will'. Über einen vorauszuahnenden Tod könnte nur gesagt werden: ‚überlegen, ob ich sterben muss'. Mit der Indikativ-Formulierung schreibt sich Frau Reinhold Entscheidungsmacht zu und entzieht sich damit schicksalhaften Ereignissen, über die sie keine Kontrolle hat. Sie verschleiert so den Kontrollverlust, der angesichts von Krankheit und Tod zum Leben eines jeden gehört. Statt der Konsequenz des Überlegens bietet Frau Reinhold eine alternative Überlegung in der Logik: ‚Ich muss mir überlegen, ob ich erkranke und sterbe oder ob ich etwas anderes tue' (z. B. Medikamente nehme, im Haus bleibe, mich von Kranken fernhalte). Damit sagt sie zum einen, dass die Möglichkeit zu erkranken und zu sterben existiert, und es dann zum anderen in die eigene Verantwortung fällt, wie damit umzugehen ist.

Die Entscheidungsalternative, die Frau Reinhold nun aufbaut, ist inhaltlich ambivalent. Für beide Alternativen, was es zu überlegen gilt, das gleiche Subjekt („ich muss überlegen") anzunehmen, ist in sich nur logisch, wenn der Handelnde in seinem eigenen Umgang mit dem Infiziertsein andere gefährdet. Dann kann „ich überlegen, ob ich erkranke und sterbe oder Leben generell vernichten möchte", indem ich etwa als erkrankte Person in ein Seniorenheim laufe und dort andere infiziere. Diese Satzbedeutung ist unwahrscheinlich. Vor dem Hintergrund ihrer Abwägung zuvor („Schäden", die sich lange „noch auswirken werden") ist anzunehmen, dass Frau Reinhold zwei Subjekte im Sinn hat: einerseits ihre eigene Verantwortung für ihre Gesundheit sowie andererseits die Verantwortung der Regierenden für die ‚Vernichtung von Leben'. Aber was sie sagt, unterläuft diese wahrscheinliche Bedeutung.

▶ Methodisch ist an dieser Stelle der Umgang mit dem Unterschied zwischen
Sagen und Meinen wichtig. Die Objektive Hermeneutik hält sich strikt an den
Text als Protokoll des Handelns, in dem seine objektive Bedeutung (eben das
Gesagte) zum Ausdruck kommt. Dass es hier eine inhaltliche Unstimmigkeit
gibt, ist motiviert, was es zu entschlüsseln gilt. Es lassen sich gerade an solchen
widersprüchlichen Stellen das Muster der Deutung und seine Funktion rekonstruieren.

Die unwahrscheinliche Satzbedeutung in ihrer Widersprüchlichkeit zeigt, wie weit
Frau Reinhold die Eigenverantwortung fasst: Es liegt demnach in der Entscheidung
des Einzelnen, wie er mit sich selbst als Gefahr für sich und andere umgeht. Wenn
aber die Gefährdung anderer zu einer gleichwertigen Entscheidung gehört, als
könne sich ein jeder überlegen, wie er mit Gesetzen umgeht – ob er z. B. das Recht
auf Leben eines Gegenübers achtet oder nicht – negiert Frau Reinhold nicht nur die
Reziprozität des Lebens. Vielmehr zeigt sie auch erneut ihre einseitige Interpretation des Verfassungsrechts, das sie oben zwar angemahnt und als Maßstab
ihrer Kritik eingeführt hat, das sie aber nur in Betracht zieht, wenn es um den
Schutz der eigenen, abstrakten Autonomie geht und nicht um den Schutz der Gemeinschaft. Sie stellt hier ein weiteres Mal die Freiheit des eigenen Handelns über
die Verantwortung füreinander, worin sich das Deutungsmuster *libertären Selbstbezogenheit* zeigt.

Eine weitere Stelle kann der Anreicherung der Bestimmung der Fallstruktur im
Hinblick auf den Zusammenhang von Deutungsmuster und Habitus dienen. Frau
Reinhold spricht dort über die Ziele der Politiker; wie sie dies tut, ist auf-
schlussreich.

> MR: #00:28:43# Und ähm also das war ja eine Belastung und dann immer so
> diese Themen und letztendlich natürlich auch der Gedanke, dass die Regierung
> damit halt auch was anderes verfolgt, Ne? (I: Ja?) Weil das einfach (.) also für
> mich war das halt so extrem, dass man sich natürlich fragen muss, (.) geht es hier
> eigentlich um Corona die ganze Zeit?

Frau Reinhold reagiert hier auf die Notwendigkeit, sich testen zu lassen, um in ihr
Büro zu gehen, und erlebt diesen Umstand als „Belastung". Wie oben schon mehrfach gezeigt, nimmt sie auch an dieser Stelle den einseitigen Blick auf die Beein-
trächtigung durch die Maßnahmen ein, nicht aber deren möglichen Zweck und
Nutzen, um nicht vom Virus selbst betroffen zu sein. Nicht nur der Zwang zur Testung belastet sie demnach, sondern auch die Konfrontation mit ‚diesen Themen'.
An der Stelle vorher im Forschungsgespräch (hier ausgelassen) stellte sie den

Bezug zur Berichterstattung her und unterschied zwischen der Einseitigkeit der Medien und den ganz anderen Informationen in ihrer Dienstagsgruppe. Die Verschiedenheit inhaltlicher Positionen und Argumente belastet sie stark (wie z. B. ‚und dann immer so dieser Regen‘, ‚und dann immer so dieser Streit‘). Darin kommt zum Ausdruck, dass die inhaltliche Auseinandersetzung mit anderen Positionen ihr – vorsichtig ausgedrückt – nicht behagt. Sie nimmt es nicht als Bereicherung, sondern als Einschränkung wahr, wenn es erforderlich ist, auf Argumente anderer einzugehen. Dies ist aber nur dann nicht der Fall, wenn man sich unter Gleichgesinnten befindet. Auch sie bedarf also einer *prästabilierten Harmonie*, welche Struktur wir auch in den anderen Fällen rekonstruieren konnten. Zur Aufzählung der Belastungsfaktoren kommt als dritter („und") ein Misstrauen in die Regierung hinzu. Dieses erscheint ihr als „natürlich", und somit als nicht begründungsbedürftig, was auch im „halt" zum Ausdruck kommt. Die selbstverständliche Skepsis impliziert eine Deutung von Regierungshandeln als primär die Freiheit einschränkend. Dabei ist auffällig, dass sie das Misstrauen zum einen als ‚Gedanken‘ einführt, was ja einen Begründungsanspruch dafür impliziert, dass „die Regierung damit halt auch was anderes verfolgt", zum anderen aber als skeptische Frage, ob das Handlungsziel der Regierung sich wirklich auf die Pandemie richtet. Der Gedanke und die Frage führt sie beide auf die abstrakte Aussage zurück, ‚das (was?) sei für sie extrem‘ gewesen.

Hier schiebt Frau Reinhold zwei Satzpläne ineinder. Im ersten Satz (A) wird das Auftauchen des „Gedankens" auf das ‚Extrem-Sein für sie‘ zurückgeführt („weil"); im zweiten Satz (B) folgt aus dem ‚Extrem-Sein für sie‘ die Notwendigkeit sich zu fragen ‚ob es um Corona geht‘. Dabei basiert beide Male die Begründung auf ihrer Empfindung, dass etwas („das") „so extrem" war. Mit dem Objekt „das" ist im unmittelbaren Kontext der Sequenzstelle die Testungspflicht und die Konfrontation mit differierenden Betrachtungsweisen des Virus angesprochen, im übergeordneten Kontext der bisherigen Analyse gehören alle genannten Maßnahmen hinzu (Impfpflicht, Lockdowns etc.) sowie deren Folgen (Einschränkung der Freiheitsrechte). Etwas als „extrem" zu erleben, liegt auf der gleichen emotionalen Ebene der Betroffenheit wie die zuvor genannten Empfindungen („Schock", „schockiert"). Frau Reinhold argumentiert nicht, sondern reagiert emotional auf die Bedrohungslage, die in ihrer Sicht nicht durch das Virus verursacht wird, sondern durch die Maßnahmen. Die emotionale Belastung führt sie zu einer diffusen Vermutung ‚anderer‘ Ziele, die sie nicht näher benennt, obwohl sie prätendiert, zu argumentieren. Die Funktion des bisher gefundenen Deutungsmusters, das für Frau Reinhold die Ablehnung der Maßnahmen kohärent erscheinen lässt, zeigt sich auch hier: Die Ablehnung ist Ausdruck eines monadischen Verständnisses von Autonomie, das bei ihr zudem abstrakt bleibt; dies verdeckt eine diffus empfundene existenzielle Bedrohung ihrer Identität und die Unlebendigkeit ihrer eigenen Lebenspraxis. Statt inhaltlicher Gründe der Ablehnung werden abstrakte Emotionen angeführt. Somit zeigt sich eine Struktur, die dem Abwehrmechanismus der Projektion ähnelt;[198] sie hat hier aber keine psychische Funktion, sondern die des Verbergens der Inkonsistenz der Deutungen. Das Deutungsmuster, das die Deutung hervorbringt, das Regierungshandeln sei von geheimen Zielen, letztlich dem, sich der Bürger zu bemächtigen, geleitet, hat hier die Funktion, Frau Reinholds verzagte und fragile Existenz zu kaschieren. Die Bedrohung wird nach außen verlagert, was umso besser funktioniert, je weniger widerlegbare sachliche Argumente geliefert werden.

> I: Was vermuten Sie da? Haben sie ne These?
> MR: Also ich gehör- ich bin im. Äh Also ich höre mir das immer so an, Ne? dass es halt diesen Klaus Schwab gibt und diese Runden, die sich treffen und dann äh hm mh so Ideen haben, wie man die Gesellschaft ähm verändern möchte. (I: mhmh) (3) Also. (5) Ich. Also, das b-. Ich. Es wird-also ich kann das-. Ich kann das nicht wirklich einschätzen, ob das Bargeld endgültig ab- ähm abgeschafft werden (schluckt) ähm soll, ob es ähm. Es geht sicherlich auch darum, die Digitalisierung anzuschieben und dadurch die Leute auch (.) mehr zu kontrollieren.

Auch im Anschluss an die Aufforderung der Forscherin, ihre Vermutung zu präzisieren, findet sich die gleiche Struktur. Zunächst versucht Frau Reinhold, sich in einer Gruppe oder in einer Denkweise zu verorten („ich gehör- ich bin im"). Dieser Versuch bricht aber ab, und sie stellt sich als passiv Zuhörende dar. Wenn andere über Klaus Schwab[199] sprechen und über Treffen, so präsentiert sie sich wie ein Zaungast, der keine Verantwortung hat – weder für das Reden, dem sie zuhört, noch für die Ansichten und Vorgänge, über die gesprochen wird. Der Name Klaus

---

[198] Der Abwehrmechanismus der Projektion ist eine „Operation, durch die das Subjekt Qualitäten, Gefühle, Wünsche, sogar ‚Objekte', die es verkennt oder in sich ablehnt, aus sich ausschließt und in dem Anderen, Person oder Sache, lokalisiert. Es handelt sich hier um eine Abwehr […], die man […] auch in ‚normalen' Denkformen wie dem Aberglauben" findet (Laplanche und Pontalis 1967/1982, S. 400).

[199] Klaus Schwab ist der Begründer des Weltwirtschaftsforums, das sich jährlich in Davos trifft. Sein Buch, gemeinsam verfasst mit Thierry Malleret, „COVID-19: Der Große Umbruch." (Forum Publishing, Genf 2020) bzw. die gleichnamige Initiative „The Great Reset" des Weltwirtschaftsforums thematisiert ausgehend von der Pandemie und der mit ihr einhergehenden weltweiten Krise des Kapitalismus eine neue Gestaltung mit stärkerem Bezug auf gesellschaftliche Werte wie Gerechtigkeit und Nachhaltigkeit, die den Shareholder-Value getriebenen Kapitalismus durch eine stärkere Beachtung der Stakeholder-Value ablösen soll. Die Kritik an diesem Vorstoß reicht vom Vorwurf des Etikettenschwindels über ein reines Re-Branding bis zu verschwörungsideologischen Vorwürfen einer Weltherrschaft durch Finanzeliten (vgl. z. B. Kullik 2021; Mudde 2020).

Schwab wird dabei als eingeführt unterstellte Referenz genannt. So entzieht sich Frau Reinhold auch an dieser Stelle einer Begründung und Erklärung. Argumente sind für sie nicht aufgrund ihrer möglichen Sachhaltigkeit von Interesse, wie sich auch in den folgenden Zeilen zeigt: Die Beschreibung der Idee „wie man die Gesellschaft ähm verändern möchte" ist so allgemein gehalten, dass sich daran keine konkrete Kritik anschließen lässt. Ein Argument wird aus dem Nennen des Namens Schwab nur dann, wenn er in einer spezifischen Weise betrachtet wird, wie ein name-dropping entweder als Vorbild oder Gegner. Da Frau Reinhold keine Position erkennen lässt und keine Inhalte nennt, fungiert diese Aussage im Sinne einer unterstellten Gleichgesinntheit mit der Forscherin wie oben mehrfach schon sichtbar wurde (etwa: ‚Sie wissen schon, Klaus Schwab und sein Great Reset'). In diesem Gestus kommt zum Ausdruck, dass Frau Reinhold eine Begründung für gegeben hält.

Wie wenig sie zugleich eine Argumentation zustande bringt, zeigt die Reihe von Anläufen, die Frau Reinhold benötigt, um zu Inhalten vorzudringen. Sie verstolpert sich geradezu, bis sie zu der Selbstoffenbarung kommt, dass ihr das Einschätzungsvermögen fehlt, um die Themen ‚Bargeld abzuschaffen', ‚Digitalisierung voranzutreiben' und schließlich darüber ‚Kontrolle auszuüben' zu beurteilen. So bleibt von den diffusen Vorwürfen, die Regierung verfolge andere Ziele als die Eindämmung der Pandemie, allein ein vager Verdacht, es ginge darum, ‚die Leute mehr zu kontrollieren'. Dieser Vorwurfskern ist aufschlussreich für die Rekonstruktion des Deutungsmusters, wird doch erneut deutlich, dass an allen Maßnahmen, über deren Sinnhaftigkeit diskutiert werden müsste, nur die Seite der Einschränkung der Autonomie wahrgenommen wird. Um die Gefahr eines drohenden Überwachungsstaates zu begründen, müsste Frau Reinhold mehr Belege anbieten. Die Abwehr-Argumentation fällt hier in sich zusammen und hinterlässt das Bild einer emotional auf die gesellschaftliche Situation reagierenden Person. So bestätigt sich die bisherige Fallstrukturhypothese. Es bleibt die eingangs bereits rekonstruierte Struktur eines Passungsverhältnisses zwischen der habituellen Verzagtheit ihrer Existenz und prekären Identität einerseits und der Funktion, die die Ablehnung der Corona-Maßnahmen für sie hat, andererseits: nämlich das widersprüchliche Spannungsverhältnis zu verdecken, das zwischen der Deutung sozialer Beziehungen als zwar kognitiv-abstrakt wichtig, aber praktisch für sie nicht lebendig zu vollziehen, besteht. Indem Frau Reinhold Argumente durch abstrakte Emotionen ersetzt, sichert sie die Projektion ab, mit der sie die existenzielle Bedrohung nach außen – in die Ablehnung der Maßnahmen und Schuldzuschreibungen an ein diffuses, regierendes Subjekt – verlagern kann. Hier zeigt sich die Passung von Deutungsmuster und psychischer Funktion (s. dazu des näheren den entsprechenden Exkurs in Kap. 4):

Das Deutungsmuster der *libertären Selbstbezogenheit* mit dem Schlüsselkonzept der *monadischen Autonomie* und seinem individualistisch verengten Freiheitsverständnis steht in Passung zu der psychischen Abwehr, denn die Ablehnung der Maßnahmen basiert auf der nicht begründeten Prämisse ihrer (nicht hinterfragten) Unverhältnismäßigkeit, so dass aufgrund des eindimensionalen Freiheitsbegriffs einzig die Freiheitseinschränkung wahrgenommenen wird.

(4) Versuch der Falsifizierung der Fallstrukturhypothese
Ausgehend von der rekonstruierten Fallstrukturhypothese lassen sich nun gedankenexperimentell Falsifikatoren konstruieren. Vergleichbar mit den beiden ersten Fällen müssten wir im Material einerseits (DM.F) Deutungen finden, die nicht von dem rekonstruierten Deutungsmuster der *libertären Selbstbezogenheit* hervorgebracht worden sein können. In Bezug auf die Ablehnung der Maßnahmen (DM.F.a) würde dies bedeuten, dass sie sachlich begründet statt emotional unterlegt würde und zudem (DM.F.b) ein Freiheits- und Politikverständnis zutage träte, das nicht nur die eigene Betroffenheit zum Fokus machte, sondern eine Solidaritätsverpflichtung und Verantwortung für die Gemeinschaft erkennen ließe. Andererseits (HF.F) müssten wir bezogen auf den Habitus Stellen finden, in denen sowohl (HF.F.a) eine lebendige Praxis in sozialen Beziehungen zum Ausdruck käme als auch (HF.F.b) eine habituelle Sicherheit ihrer Identität, was nicht Ausfluss des rekonstruierten Habitus sein könnte.

Im gesamten Forschungsgespräch lassen sich keine Sequenzen finden, an denen der rekonstruierte Habitus einer unlebendigen Praxis falsifiziert werden kann. Selbst an Stellen, an denen Frau Reinhold über ihre sozialen Beziehungen zu Freunden und ihrer Familie trotz der Kontaktbeschränkungen spricht, bleibt die auffindbare Struktur der Selbsttechnokratisierung und klischeehaften Bezugnahme verhaftet, die sich zu Beginn gezeigt hat. Bezüglich des zweiten Falsifizierungskandidaten könnte ein selbstsicherer Umgang mit dem Kontrollverlust infolge der Pandemie in der Darstellung der Gruppentreffen zutage treten. Daher analysieren wir diese späte Stelle im Transkript zuerst. Danach werden zwei Sequenzen herangezogen, an denen sich Deutungen zum Demokratieverständnis finden und damit eine Möglichkeit gegeben ist, dass sich sowohl Verantwortung für die Gemeinschaft als auch Argumente statt abstrakter Emotionen zeigen.

> MR: #01:01:01# (einatmen) (1) Ähm, also das Ziel ist Vernetzung. Also dass es einen Ort (.) gibt, an dem man (1) frei kommunizieren kann, \...

Die Forscherin hatte als Impuls nach den Zielen der Gruppe gefragt sowie einer möglichen Programmatik, was sie zu erreichen versuche. Mit „Vernetzung" nennt

Frau Reinhold eine Form der Kooperation statt eines Inhalts. Die Gruppe trifft sich demnach, um sich zu treffen. Vernetzungen haben in modernen Gesellschaften vor allem in wirtschaftlichen oder zweckgebundenen sozialen und politischen Kontexten eine hohe Bedeutung außerhalb der Strukturen von Hierarchie oder marktförmiger Konkurrenz (vgl. Blum und Schubert 2011, S. 63 f., grundlegend dazu Mayntz 1997).[200] Anders als es Frau Reinhold hier darstellt, sind Netzwerke aber themenbezogen. Was ist also Gegenstand der Gruppentreffen? Sie bilden einen „Ort"; Frau Reinhold stellt sich hier eine räumliche Realisierung für physische Treffen in Präsenz vor. Gerade dieser Aspekt sozialer Begegnungen war zu Zeiten der Kontaktbeschränkungen prekär und zum Teil aufgrund von Verboten unmöglich. Welchen Grund kann es nun für das Zusammenkommen trotz Verboten geben? Die Treffen können selbst Form eines Widerstandes gegen die abgelehnten Regeln sein: Wir treffen uns, um zu demonstrieren, dass die Verbote unangemessen sind. Da sie aber geheim stattfinden und nur einem bestimmten Kreis speziell Eingeladener zugänglich sind, entfällt dieses Motiv. Dann muss der Ort den Charakter eines Geheimbundes haben, ein freier Raum in einer unfreien Umgebung. In diesem Sinne fährt sie auch fort, indem sie nun den Ort als einen solchen charakterisiert, „an dem man (1) frei kommunizieren kann". Damit bringt sie im Umkehrschluss zum Ausdruck, dass außerhalb dieses Ortes nicht frei gesprochen werden kann. Sie stellt die Gruppe also als demokratische Insel innerhalb einer undemokratischen Umgebung dar und wirft damit der aktuellen Regierung vor, undemokratische Strukturen zumindest zu tolerieren, wenn nicht gar zu verantworten. Die freie Kommunikation, die sie hier als Qualität besonders heraushebt, wäre nun eine Gelegenheit, auch die rekonstruierte Deutungsstruktur einer Vermeidung von sachlichen Argumenten zu widerlegen. Sie fährt fort:

> …/ indem man sich, an dem man sich auch in-an-in den Arm nimmt, in dem man(.) irgendwie miteinander umgeht, wie man immer miteinander umgegangen ist, in dem es keine Masken gibt, keinen Abstand, keine Angst, sondern (.) Austausch miteinander. Also das ist das. Das ist das größte Ziel, dass es einen Ort(.) gibt, an dem wir Menschen sein dürfen, frei sein können.

Frau Reinhold schließt mit einer Modalverbindung an: „indem" beschreibt das Mittel zum Zweck des Hauptsatzes, also hier der freien Kommunikation. Es folgt

---

[200] So organisieren sich themenbezogen soziale Dienste als Netzwerke wie z. B. „Frühe Hilfen des Kreises Unna" zur Unterstützung und Beratung von Eltern mit Kindern bis drei Jahren. (https://www.kreis-unna.de/Kurzmen%C3%BC/Fr%C3%BChe-Hilfen.php?object=tx,3674.5.1&ModID=7&FID=3674.9227.1&NavID=3674.7 – zuletzt gesehen 28. Okt. 2025).

im weiteren Satzverlauf, nach einer Korrektur, eine physische Form des Kontaktes als Umarmung. Im ursprünglichen Satzplan hätte also die freie Kommunikation durch die physische Nähe stattgefunden. Auch hier läge eine emotionale Füllung einer inhaltlichen Leerstelle (worüber wird frei gesprochen?) vor. Allerdings verwandelt Frau Reinhold durch die Korrektur den modalen Anschluss in einen Relativsatz, der als weitere Qualität des Ortes neben der Kommunikation („auch") die Umarmung aufzählt. Sich in den Arm zu nehmen kann mehrere Funktionen haben: es kann Trost spenden, Mitgefühl ausdrücken, Halt geben, Zugehörigkeit manifestieren oder einfach eine Begrüßung unter sich Nahestehenden sein. In allen Fällen stellt es eine körperlich Nähe her, die gerade einen Gegenpol zu den Kontaktbeschränkungen bildet und unabhängig von Inhalten ist. Frau Reinhold findet an diesem Ort also Nähe, die ihr außerhalb fehlt. Als weiteres Merkmal des Ortes folgen Umgangsweisen, die sie als Gegenüberstellung eines heute-früher einführt. Wie eine Suchbewegung („irgendwie") stellt sich an diesem besonderen Ort eine Umgangsweise ein, wie sie früher üblich war („wie man immer miteinander umgegangen ist"). In dieser Entgegensetzung wird das gute Alte dem aktuell Schlechten gegenübergestellt. Zu den positiv bewerteten üblichen Umgangweisen gehört die Freiheit von Einschränkungen wie Masken zu tragen, Abstände einzuhalten und Angst zu haben. In der Dramatisierung, die wir aus früheren Stellen im Forschungsgespräch schon kennen, spitzt Frau Reinhold das Gruppentreffen als Hort des ‚Menschseins' zu, das für sie in einem „Austausch" gipfelt, als sei außerhalb die Welt in Angst und Schrecken versetzt und Austausch nicht möglich. Und wie eine Bestärkung am Ende, folgt die Wiederholung ihrer Auffassung vom Menschsein als Frei-Sein.

Zusammengefasst findet sich in dieser Sequenz zum einen keine Widerlegung ihrer fragilen Identität, da sich der selbstsichere Umgang mit der Pandemie darin erschöpft, sich einen Ort zu suchen, an dem sie sich so verhalten kann, wie es vor der Pandemie möglich war. Darin, dass wiederum sachliche Argumente nicht zum Tragen kommen, zeigt sich zum anderen nochmals die Deutung der Corona-Maßnahmen allein unter der Perspektive der Beschränkungen der persönlichen Freiheit; so bestätigt sich das Deutungsmuster *libertärer Selbstbezogenheit* mit dem Schlüsselkonzept der *monadischen Autonomie*; auch dass ein „Austausch" letztlich als Gleichklang unter der Bedingung prästabilierter Harmonie gedeutet wird, bestätigt die Rekonstruktion.

Es soll jedoch im Folgenden noch ein weiterer Versuch unternommen werden, das Politikverständnis von Frau Reinhold darauf hin zu untersuchen, ob sich hier reziproke, auf die Gemeinschaft bezogene Aspekte und doch noch eine sachhaltige Kritik an den Maßnahmen finden. Dazu ziehen wir eine Stelle heran, an der sie sich als Demokratin bezeichnet.

> MR: #00:49:08# ... also ich bin wirklich Demokratin und ich wünsche mir einfach in einer Demokratie zu leben, (I: Ja.) Das heißt heißt Vielfalt, das heißt Abstimmung, das heißt (.) hm Strukturen, Gruppen, ähm die sich mit Dingen befassen und weiß ich nicht informieren. (I: hm?) Ja und äh immer wieder zu äh zu Lösungen kommen, um ähm wo viele Leute auch eingebunden sind und zufrieden sein können

Der hier zitierten Stelle war eine Beschreibung mancher Gruppenmitglieder vorangegangen, die sich den Reichsbürgern zugehörig fühlen. Von diesen grenzt sie sich ab und bekennt sich explizit zu demokratischen Auffassungen. In der Betonung („ich bin wirklich") wehrt sie sich gegen einen unterstellten Zweifel und eine mögliche Nähe zu undemokratischen Gruppierungen. Indem sie als Demokratin ihren Wunsch ausdrückt in einer Demokratie zu leben, lässt sie Raum für Kritik am demokratischen Zustand des Landes, die sie aber nicht ausführt. Stattdessen nennt sie mit „Vielfalt" und „Abstimmung" Merkmale einer Demokratie, die in bekannter Weise abstrakt bleiben und damit auch nicht kritisch zu überprüfen und zu diskutieren sind. Als nächstes geht sie auf „Gruppen" ein, zu der ihre eigene Dienstagsgruppe gehören kann, weil sie sich mit „Dingen befasst". Auch hier wird der Gegenstand der Informationen, die sie sammeln, und das Thema, mit dem sie sich beschäftigen, nicht benannt. Es bleibt ein abstraktes Demokratieprinzip, das sie hier einführt: „Gruppen" ‚kommen zu Lösungen', diese ‚einzubinden macht sie zufrieden'. Die Floskeln bleiben wiederum unerklärt und abstrakt. Es entsteht das Bild einer Demokratie, in der „viele Leute" Wissen einbringen und damit Gehör („eingebunden") und Anerkennung finden. In der Idee, gemeinsam zu Lösungen zu kommen, steckt ein partizipatives Verständnis, nach dem jeder an Entscheidungsprozessen teilnehmen kann. In der gemeinsam gefundenen Lösung ist der Auseinandersetzungsprozess kontroverser Interessen und Meinungen ausgeblendet. Es ist ein harmonisches Bild von Partizipation, wie es der oben rekonstruierten Struktur entspricht, nach der Frau Reinhold von Auseinandersetzungen gestresst ist. „Vielfalt" erschließt sich im Rückgriff auf das Einbringen von Wissen aus unterschiedlichen Quellen, wiederum aus sehr impliziter Darstellung. Als könne sie nicht rundheraus sagen, was sie sich wünscht, also etwa: Der Standpunkt ihrer Gruppe (der Corona-Maßnahmengegner) solle bei Abstimmungen berücksichtigt werden und in die Entscheidungsfindung einfließen. Sie nimmt offenbar die derzeitigen Entscheidungen als einseitig (im Unterschied zu „Vielfalt") informiert wahr. Als Kritik an den Corona-Maßnahmen lässt sich an dieser Darstellung nur ableiten, dass die Entscheidungsfindung ohne Einbeziehung von Gruppen wie ihrer vollzogen wurde. Eine Falsifizierung des Deutungsmusters scheitert hier.

Eine weitere Stelle kurz danach im Forschungsgespräch wird etwas genauer und soll daher ebenfalls für einen Falsifizierungsversuch genutzt werden.

> I: #00:51:40# Wie sieht eine Gesellschaft aus, in der Sie gern leben würden?
> MR: (3) Puh, da muss ich echt- da könnte ich echt so ein bisschen- müsst ich echt ähm ähm brainstormen. Also so- wichtig ist, dass alle verschiedenen ähm Informationsquellen verfügbar sind ja und verschiedene Meinungen, auch radikale Meinungen, auch, dass man etwas ähm stehen lässt. Also ich fand es sehr faszinierend, jetzt zum Beispiel zu sehen, ähm dass ich mich in irgendeiner Form radikalisierte, weil meine Angst m- also oder meine Bedenken nicht gesehen und gehört wird und wie sehr ich mich anderen zuwende, die vielleicht noch radikaler sind. Ich glaube, wenn man viel mehr nebeneinander stehen lassen würde, gäbe es weniger Radikalisierung.

Frau Reinhold braucht drei Sekunden, um mit der Antwort zu beginnen. Sie lässt sich ein und liefert kein vorgefertigtes Programm. So zeigt sich auch in der ersten Zeile ihrer Anläufe eine Verunsicherung bei gleichzeitigem Verpflichtungsgefühl („muss ich echt") zu einer konsistenten Antwort. Eine konkrete Vorstellung einer besseren Gesellschaft hat sie nicht ad hoc parat („müsst ich echt brainstormen", also erst einmal probehalber, unsystematisch Ideen nennen). Hier ist sie zurückhaltend und kann keinen Gegenentwurf liefern, nachdem sie zuvor die gegenwärtige Politik kritisiert hatte. Nach einem schlussfolgernden „Also" erscheint ihr als wichtigstes Merkmal einer Gesellschaft die ‚Verfügbarkeit aller Informationsquellen und auch radikale Meinungen stehen zu lassen'. Dies impliziert, dass in der gegenwärtigen Gesellschaft diese, ihr wichtigen Kriterien nicht erfüllt sind. Welche Quellen sind nicht zugänglich? Welche Meinungen dürfen nicht geäußert werden? Sie könnte das Löschen oder Blockieren von Kanälen meinen, das stattfindet bei der Verbreitung von Falschmeldungen. Sie könnte auch Bezug nehmen auf einseitige Besetzung von Talkshows oder auf Sprachregelungen im öffentlich-rechtlichen Rundfunk in der Darstellung der Impfungen und weiterer Maßnahmen. Im Wunsch, dass ‚radikale Meinungen stehen gelassen werden' findet sich erneut ein Demokratieverständnis des Nebeneinanders. Die konstitutive Basis der Demokratie – der Meinungsstreit aufgrund von Interessendivergenz, aber auch aufgrund legitimer Unterschiede in der rationalen Begründungslogik von Sachverhalten – wird hier ausgeblendet, Demokratie wird damit zu einem belanglosen und folgenlosen Nebeneinander, das letztlich als prästabilierte Harmonie vorgestellt wird, in der jeder ohne Begrenzung seine Autonomie ausleben kann. Der illusorische Charakter dieser Vorstellung wird nicht gesehen.

So spricht sie hier erneut verklausuliert und lässt auch keine Vorstellung von Reziprozität erkennen. Sie hätte etwa sagen können: eine Gesellschaft, die ich mir wünsche, sorgt konsequent für Meinungsfreiheit und sichert die Möglichkeit konstruktiver Auseinandersetzungen. Stattdessen wünscht sie sich – bescheiden – auch etwas Radikales sagen zu dürfen, das dann bestehen bleibt und nicht gelöscht wird. Frau Reinhold zeichnet ein Bild einer Gesellschaft der Berührungs- und zugleich Belanglosigkeit entgegen ihrem Ziel, Anerkennung für ihre Meinung zu erfahren. So reduziert sich ihr Wunsch an eine bessere Gesellschaft auf das Sein-Dürfen qua Sagen-Dürfen. Ihr Anerkennungswunsch bleibt unverbunden, ist nicht auf Erwiderung angelegt. Diese Folgerung kann hindeuten auf die Grunderfahrung unzureichender Anerkennung, aus der der Wunsch entsteht, Teil eines Ganzen zu sein, ohne Kritik standhalten zu müssen. Denn in ihrem Gesellschaftsmodell ist sie vor Kritik geschützt, wenn ihre Äußerung radikaler Meinungen ohne Erwiderung anderer bleibt. Sie wünscht sich keinen Diskurs, weil sie der Auseinandersetzung nicht standhält. Ihre Kritik an den Corona-Maßnahmen und an der von ihr beobachteten Leugnung Andersdenkender verdeckt diese Grunderfahrung. Die Maßnahmen-Kritik dient hier ein weiteres Mal zur Abwehr der Unsicherheit der eigenen Identität.

Statt weitere Merkmale einer wünschenswerten Gesellschaft zu beschreiben, thematisiert Frau Reinhold ihre eigene Radikalisierungserfahrung im Sinne einer Zuwendung zu Menschen mit noch radikaleren Standpunkten als ihrem eigenen. Diese Hinwendung führt sie auf die Erfahrung zurück, dass die ‚eigene Angst und Bedenken nicht gesehen und gehört wurden'. Dabei vermisst sie die Anerkennung sowohl emotionaler Anteile („Angst") als auch kognitiver („Bedenken"). Gesehen und gehört zu werden, ist bei aller inhaltlichen Abstraktion zugleich so konkretistisch, dass es einem kindlichen Bedürfnis gleichkommt. Die Anmutung des Kindlichen beruht darauf, dass die Reaktion einer Bürgerin übertrieben erscheint, sich von einem Gemeinwesen bzw. einer Regierung abzuwenden, weil ihre Angst nicht gesehen und ihre Bedenken nicht gehört werden. Woran hätte sie ablesen können, wenn dies der Fall war? In einer Demokratie ist das Erfüllen von Wünschen nicht auf direktem Weg möglich. Allenfalls können Bürgeranhörungen, das Vorsprechen in der Bürgersprechstunde, Eingaben beim Petitionsausschuss u. v. m. diesen Vorgang einleiten, ohne dass man daraus die Erwartung ableiten kann, dass die eigene Position direkten Einfluss auf demokratische Entscheidungen nimmt. Wenn also das Politikverständnis von Frau Reinhold das Gesehen- und Gehört-Werden umfasst, müsste für eine Loyalität und Stärkung der Bindung an das Gemeinwesen eine Form gefunden werden, dass Angst und Bedenken offensichtlich ernstgenommen werden. – Die Formulierungen, die Frau Reinhold hier wählt, entsprechen der rekonstruierten Fallstruktur.

Eine weitere Stelle soll hier als Falsifizierungsversuch genutzt werden, an der Frau Reinhold über ihr politisches Engagement spricht, das die Übernahme von Verantwortung zeigen könnte. Die Frage der Forscherin zuvor nahm den Faden von

Frau Reinhold auf, mit dem sie eine ideale Gesellschaft als eine solche bezeichnete, die die Unterschiedlichkeit von Bedürfnissen berücksichtigt, und gibt die Gelegenheit, die eigenen Bedürfnisse zu formulieren.

> MR: #00:53:58# Hm. (9) hm Also, ich hab mich Ja Also Ich bin jemand so. Also ich würd mich nicht. Ich kann- Ich habe keine Lust, mich dauerhaft so zu engagieren. Ich kann gut für eine einzige Sache brennen und da bleibe ich dann dran. Und dann ist das dann abgeschlossen. Also mein Ding sind so eher Bürgerinitiativen und ich war auch in einer Bürgerinitiative sehr aktiv, so die letzten Jahre, also es ging um Straßenumbenennung. Die XY-Straße in Y-Stadt. Da habe ich mit, wir haben das ja dann auch verloren letztendlich. Ähm diese ähm Bürgerabstimmung.

Die neunsekündige Pause sowie auch die die mehrfachen Ansätze, über sich selbst zu sprechen, bestätigen zunächst die bisher herausgearbeitete Struktur einen fragilen Identität. Insbesondere die Selbstkategorisierung als Typus („ich bin jemand") ist aus der Eingangssequenz bereits bekannt. Daher stellen wir hier nicht die Feinanalyse ihrer Überlegungen dar, sondern konzentrieren uns auf die Darstellung ihres Engagements. Frau Reinhold zählt sich zu projektförmig Engagierten, wie es in der Forschung seit den 1980er-Jahren (vgl. Uehlinger 1988) als Formwandel des politischen Engagements bekannt ist. Gegenüber einer Partei, die ein Spektrum von Themen bearbeitet und auf Dauer angelegt ist, zeichnen sich die hier genannten „Bürgerinitiativen" dadurch aus, dass sie sich themenspezifisch einem Ziel widmen und sich nach Abschluss des konkreten Anliegens auflösen (Pötzsch 2009, S. 54). Sie als „mein Ding" zu bezeichnen, rückt das Engagement in den Bereich von Freizeit und Unterhaltung (‚mein Ding sind Popkonzerte, Hanteltraining' o. ä.), die sich durch den eigenen Genuss auszeichnen und gerade nicht durch ihre Gemeinwohlbindung. Auch die „Sache", für die sie ‚brennt' wird in der genannten Bürgerinitiative nicht plastisch, sie bleibt als Straßenumbenennung kategorial. Selbst ihre eigene Aktivität in der Initiative kann sie nicht ausführen („Da habe ich mit" statt etwa ‚da habe ich mitgearbeitet, mitgestaltet, mit Informationen verbreitet, Unterschriften gesammelt' etc.), sondern wechselt den Satzplan zur Ergebnisdarstellung der Abstimmung. Ein konkretes ‚Brennen' für das Ziel der Umbenennung ist nicht erkennbar, so dass ihre Selbstdarstellung hier wiederum dem Muster des von sich selbst distanzierten, abstrakten Selbstverständnisses entspricht.

Eine letzte Stelle, die ihre politische Überzeugung zum Thema hat, kann für Konkretisierung sorgen und den Gemeinwohlbezug nachweisen. Auf die Frage der Forscherin, ob sie es richtig verstanden habe, dass sie erst durch Corona politisch aktiv wurde, antwortet Frau Reinhold:

> MR: #00:57:11# Nee, nee, das stimmt nicht. Also politisch bin ich schon seit eh und je. (I: Achso) Ja, ja, also politisch bin ich schon seit eh und je. Also das habe ich auch davor gemacht und das ist mir halt total wichtig. Mich immer, (I: Hm Ja) dass wir uns erinnern, was im Dritten Reich passiert ist, weil das so eine Katastrophe. Ähm Also das ist halt einfach sehr, sehr schlimm. (I: Hm) Und viele wir müssen uns dieser Opfer erinnern und niemals in die Lage kommen, etwas Ähnliches zu tun.

‚Politisch zu sein' beschreibt die Haltung einer Person, die sich als Teil der politischen Gemeinschaft sieht und sich als solche informiert und mitdenkt sowie häufig auch selber aktiv mitarbeitet. Ihrem Selbstverständnis nach ist das bei Frau Reinhold der Fall und grundlegend mit ihrer Person verbunden („seit eh und je"), also eine habituelle Disposition der Gemeinschaftsbindung durch Meinungsbildung. Eine Verantwortungsübernhme in Form eines praktischen Vollzugs ist damit nicht zwangsläufig verbunden, wie die rein programmatische Ausformung des ‚Politischen' im Fall Guérot zeigt. Thematisch fokussiert sie ihre unvollständig ausformulierte Aktivität („das ist mir halt total wichtig. Mich immer" zu informieren, ließe sich ergänzen, oder einzubringen, mitzumachen, zu unterstützen – aber die konkrete Handlung bleibt unerwähnt) auf die Erinnerung an die „Katastrophe" des „Dritten Reiches". Wie eine Katastrophe, so bricht auch das Dritte Reich in Frau Reinholds Darstellung herein, Subjekte und Verantwortliche, Entwicklungslinien der Geschehnisse oder auch aktuelle Gefahren werden nicht benannt und ihre Darstellung bleibt subsumierend und abstrakt. Frau Reinholds Impuls resultiert aus der Vergegenwärtigung der Vielzahl von Opfern, derer es zu erinnern gelte. Die weitere Satzverknüpfung ist allerdings eine Aufzählung, so dass die Erinnerung an die Opfer nicht (modal) zur Verhinderung einer Wiederholung führt, sondern es handelt sich um zwei eigenständige Aspekte: die Erinnerung und das Vermeiden der eigenen Schuld. Wie wenig sie von der Dynamik vor Augen hat, die eine Gefahr von Radikalisierung und Diktatur herbeiführen könnte, zeigen die Formulierung „was … passiert ist", „niemals in die Lage kommen, etwas Ähnliches zu tun", die sich auch für die Beschreibung äußerer Umstände anbieten (es ist jemandem etwas passiert, es ist jemand in die Lage gekommen). Interessant daran ist, dass Frau Reinhold an zwei früheren Stellen im Forschungsgespräch von einer ‚Dynamik wie im Dritten Reich' spricht und dabei ihren eigenen Opferstatus beschreibt als Ausgegrenzte und mit Fehlinformationen Versorgte (Minute 34: „das geht alles Richtung Drittes Reich ja, letztendlich von der Dynamik her auch Gleichschaltung", „und wir Ungeimpften (…) wir waren ausgeschlossen" und ähnlich Minute 37). So müsste für eine konsistente Argumentation Frau Reinhold hier oder an den vorherigen Stellen diese Verbindungen ausführen. Ohne diese sachhaltigen Erklärungen bleiben aber beide Stellen – sowohl das Damals wie das Heute – inhaltsleer und durch die Einordnung als „Katastrophe" wiederum emotional bedeutsam.

Allein das „wir" zeigt ihre Bindung an diese historisch verankerte Verantwortung, die Zukunft der Demokratie zu schützen. Als Falsifizierung des Deutungsmusters der *libertären Selbstbezogenheit* reicht dies aber nicht aus.

(5) Zusammenfassende Erkenntnisse zu Deutungsmustern und Habitus

Zusammenfassende Erkenntnisse zum Deutungsmuster

Wie für alle vier Fälle soll auch hier folgende Skizze (Abb. 3.5) die Ergebnisse anschaulich verdichten.

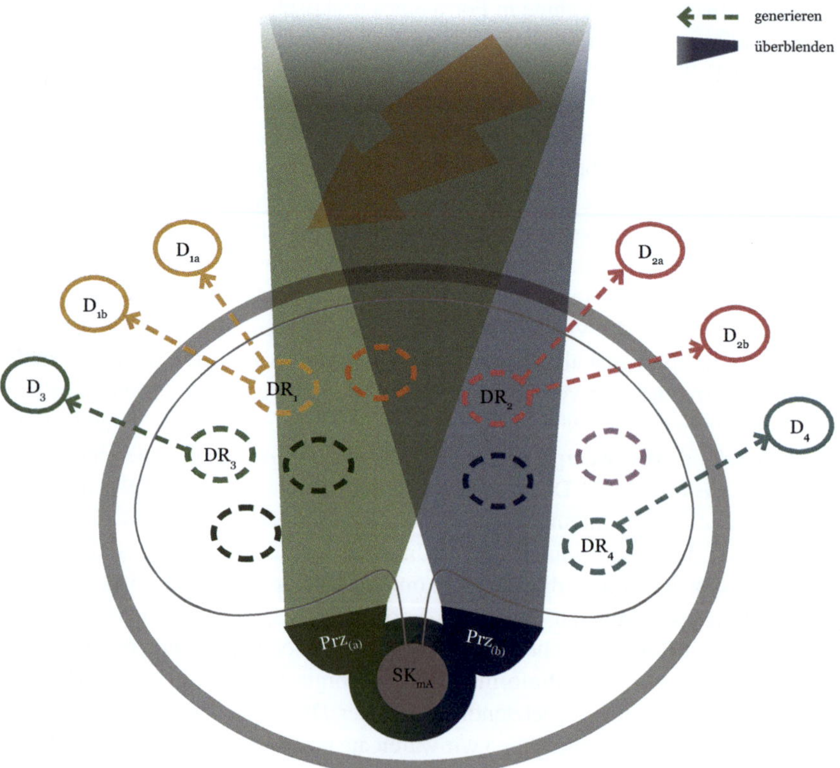

Abb. 3.5 Schematische Darstellung des Deutungsmusters der *libertären Selbstbezogenheit* mit dem Schlüsselkonzept der *monadischen Autonomie* im Fall Reinhold (Erläuterung der Siglen im Text) *(Idee: T. Loer/U. Fischer; Umsetzung: Nadine Roskamp (Dortmund))*

Die im analysierten Text rekonstruierten Deutungen (D) konnten wir auf Deutungsregeln (DR) bringen. Zwischen einzelnen Deutungen haben wir – wie in den anderen Fällen auch – Inkonsistenzen festgestellt (im Schema oben als Blitz oberhalb des Ovals dargestellt). Da die Zeit zum Nachdenken und für die Reflektion des Gesagten im Gespräch kurz ist, fallen den Beteiligten in der Gesprächssituation Inkonsistenzen weniger auf als bei edierten Texten. Daraus erwachsen Vor- und Nachteile für die Analyse: Einerseits finden sich innerhalb eines Forschungsgesprächs häufiger widersprüchliche Deutungen; andererseits sind sie weniger aussagekräftig als bei redigierten und also willentlich veröffentlichten Äußerungen. Die Analyse des Forschungsgesprächs mit Frau Reinhold machte jedoch das Phänomen der Inkonsistenzen und ihre Bedeutung für Deutungsmuster nochmals besonders plastisch: Auch wenn das flüchtig Gesprochene unreflektiert zum Ausdruck gebracht wird, so manifestiert sich in der Häufung identischer Deutungen und ihrer Erzeugung durch die Deutungsregeln deren Wirksamkeit. Sie brechen sich Bahn durch das nicht-bewusste oder auch nicht-strategische sprachliche Handeln und treten daher offensichtlicher zutage. Bei der Suche nach dem Zusammenhang zwischen den Deutungen bzw. den sie generierenden Deutungsregeln einerseits und einem Mechanismus, der die Inkonsistenzen überblendet, so dass sie nicht ins Bewusstsein treten, andererseits fanden wir auch bei Reinhold das Schlüsselkonzept (SK) der *monadischen Autonomie*. Aus ihm gehen Prinzipien (Prz) hervor, die die Inkonsistenz zwischen den Deutungen als konsistent erscheinen lassen (im Schema durch die Lichtstrahlen angedeutet, die das Überblenden der Inkonsistenzen (Blitz) symbolisieren).

Das Musterhafte des Gesamtzusammenhangs des Deutungsmusters zeigt sich hier im Einzelnen in folgenden widersprüchlichen Deutungen: Auf der einen Seite fanden wir die Deutungen ‚soziale Beziehungen unter Maßnahmengegnern sind wichtig‘ (D_{1a}) sowie ‚soziale Beziehungen sind leider aufgrund von Corona-Maßnahmen nicht möglich‘ (D_{1b}), beide generiert durch die Deutungsregel ‚Immer wenn es um Menschen geht, sind soziale Beziehungen wichtig‘ (DR_1). Auf der anderen Seite konnten wir Deutungen rekonstruieren, die dazu in Widerspruch stehen: „soziale Beziehungen sind unwichtig, wenn sie praktisch-konkret werden“ (D_{2a}) ‚Beratung ist ein Gespräch mit Menschen‘ (D_{2b}), zurückzuführen auf die Deutungsregel ‚Immer wenn es um die Qualität von sozialen Beziehungen geht, gibt es keinen Unterschied zwischen diffusen und spezifischen Sozialbeziehungen‘ (DR_2).[201] Auch die Deutungen ‚Arbeitslosigkeit ist erzwungen‘ (D_3), die der Regel folgt ‚alles Handeln ist schicksalhaft‘ (DR_3) und die Deutung ‚Arbeitslosigkeit ist

---

[201] Siehe zur Unterscheidung zwischen spezifischen und diffusen Sozialbeziehungen den obigen Exkurs.

freiwillig' (D_4), die ihrerseits durch die Regel ‚alles Handeln ist eigenmächtig' generiert ist, stehen in einem Widerspruch zueinander.

Die Frage, wie ein Deutungsmuster beschaffen sein müsste, aus dem diese widersprüchlichen Deutungen hervorgehen können, konnte auch für Frau Reinhold mit dem Schlüsselkonzept *monadische Autonomie* (SK_{mA}) beantwortet werden sowie den von ihm hervorgebrachte Prinzipien – ‚autonom handeln heißt, sich gegen Einschränkungen zu wehren' (Prz_a) und ‚autonom handeln bedeutet Unabhängigkeit von reziproken Beziehungen' (Prz_b). Denn im Lichte dieser Prinzipien wird die Inkonsistenz zwischen den widersprüchlichen Deutungen unsichtbar und sie erscheinen nun als konsistent. Zugleich stiften das Schlüsselkonzept und dessen Prinzipien einen Zusammenhang unter den Deutungsregeln, der als kompatibel gelten kann, insofern die Regeln zwar aus ihm abgeleitet werden können, aber nicht deterministisch aus ihm hervorgehen müssen. Das Schlüsselkonzept eröffnet einen Optionenraum, aus dem die rekonstruierten Deutungsregeln als Auswahlen zu verstehen sind. Ihr systematischer Zusammenhang wird durch die aus dem Schlüsselkonzept hervorgehenden Prinzipien gebildet. Das Musterhafte des Deutungsmusters ist folglich Ausfluss dieses Zusammenspiel von Schlüsselkonzept, Prinzipen und Deutungsregeln. Damit können wir festhalten, dass das erste der in Abschn. 1.3 herausgearbeiteten heuristische Merkmale[202] erfüllt ist; das entsprechende Deutungsmuster haben wir auf den Begriff der *libertären Selbstbezogenheit* gebracht. Aber nicht nur das erste, sondern auch das zweite bis fünfte Merkmal[203] können als im Zuge dieser Analyse als zutreffend erwiesen gelten. Das zur Erklärung der Tatsache, dass die Inskonsistenzen der Autorin konsistent erscheinen, rekonstruierte Schlüsselkonzept mit seinen Prinzipien schließlich zeigt, dass auch das sechste Merkmal[204] als zutreffend gelten muss. – Diese Momente sollen in Kap. 4 weiter aufgeschlossen werden, um den Begriff des Deutungsmusters prägnanter zu fassen.

Zusammenfassende Erkenntnisse zum Habitus

Im Folgenden sollen – mit vergleichbarem Schema (Abb. 3.6) – knapp die Erkenntnisse zum Habitus verdichtend veranschaulicht werden. In sich durchaus konsis-

---

[202] (1) Deutungsmuster sind *erkenntnislogisch wie Theorien* als Argumentationszusammenhänge strukturiert.

[203] (2) Deutungsmuster operieren als ‚tacit knowing'. / (3) Deutungsmuster reagieren auf deutungsbedürftige *Handlungsprobleme*. / (4) Deutungsmuster strukturieren und orientieren die Alltagspraxis. / (5) Deutungsmuster *bringen für die* individuelle Lebenspraxis angemessene *Deutungen hervor*.

[204] (6) Deutungsmuster lassen *Inkonsistenzen als konsistent erscheinen*.

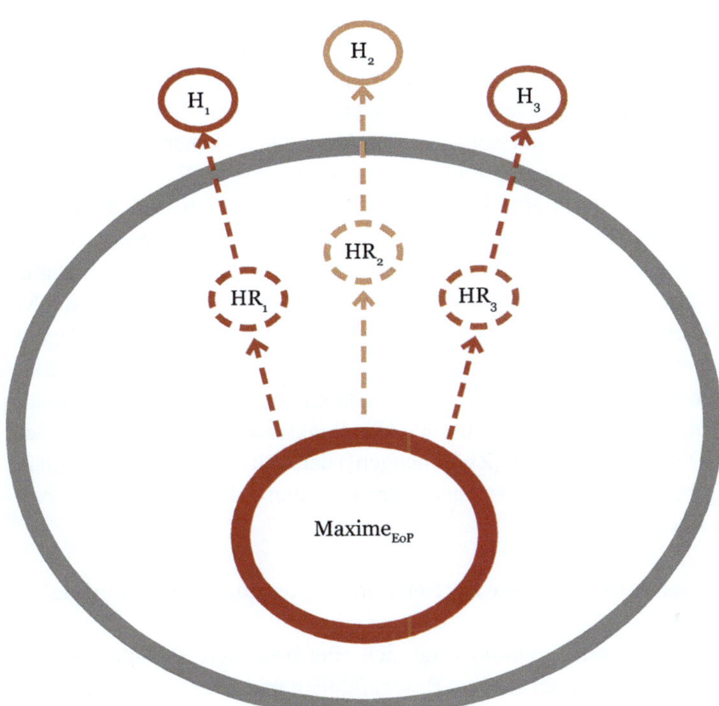

Abb. 3.6 Schematische Darstellung des Habitus der *unlebendigen Praxis, Exzentrizität ohne Positionalität* (Fall Reinhold) (Erläuterung der Siglen im folgenden Text) *(Idee: T. Loer/U. Fischer; Umsetzung: Nadine Roskamp (Dortmund))*

tente Handlungen (H) konnten wir auf einen Habitus zurückführen, der als ‚*unlebendige Praxis, Exzentrizität ohne Positionalität*' bezeichnet werden kann.

Auch im Fall von Frau Reinhold können wir ihre Handlungen (H) als durch Handlungsregeln (HR) generiert bestimmen, die ihrerseits auf eine Maxime zurückzuführen sind. Diese können wir folgendermaßen formulieren: ‚Im Zweifel vermeide ich konkretes verbindliches Handeln, und zwar durch durch Subsumtion unter abstrakte Schemata' (Maxime$_{EoP}$). Sie stellt den Kern des Habitus dar, den wir auf den Begriff der *unlebendigen Praxis mit einer Exzentrizität ohne Positionalität* gebracht haben. Beispielhaft seien die folgenden drei Handlungen aufgeführt: ‚Gruppenvergemeinschaftung in Form eines Austauschs (gleicher Meinungen)‘ (H_1), ‚Gesprächspraxis des Nachfragens in Form einer Beschreibung der Fragen und damit einer äußerlichen Sicht auf sich selbst‘ (H_2) sowie ‚Beratung in Form eines Gesprächs mit Menschen‘ (H_3). Die entsprechenden Handlungsregeln, die aus der Maxime$_{EoP}$ hervorgehen, lassen sich in etwa wie folgt formulieren: ‚Wann immer und nur dann, wenn sich die Möglichkeit einer sozialen Beziehung ohne praktisches Einbegriffensein ergibt, ergreife sie!‘ (HR_1) – ‚Wann immer du eigene Erfahrungen einbringen sollst, ersetze dies durch distanzierte Berichte!‘ (HR_2) – ‚Halte andere Personen grundsätzlich auf Distanz!‘ (HR_3).

Frau Reinhold wurde in eine Habitusformation enkulturiert (vgl. Oevermann 1996 [profess], S. 120), die einer von uns in einer früheren Arbeit rekonstruierten vergleichbar ist, nämlich der Halbbildung als eines subsumtionslogischen Habitus (Loer 1996 [Halbbildung], S. 316–321). Als Kern dieses Habitus konnte die Maxime ‚Bei Krisen und Unsicherheiten verlasse ich mich auf approbierte Wege der Welterschließung (Safer experience)‘ (Loer 1996 [Halbbildung], S. 320) bestimmt werden. Zudem konnte aufgezeigt werden, dass die entsprechende Habitusformation die Lösung eines generationenspezifischen Handlungsproblems (Loer 1996 [Halbbildung], S. 196–248; Loer 1999 [Zwischengen]) darstellt. – Inwiefern hier ein Zusammenhang besteht und ggf. welcher, wäre in weiterer Forschung zu Habitusformationen zu untersuchen.

Zusammenfassende Erkenntnisse zur Relation von Deutungsmuster und Habitus

Gerade im Fall von Frau Reinhold zeigt sich eine besondere Passung zwischen dem Deutungsmuster in seiner inneren Beschaffenheit und ihrer habituellen Disposition. Wie wir rekonstruiert haben, liegt Frau Reinholds Habitus zugrunde, dass sie nicht in der Lage ist, soziale Beziehungen in lebendiger Praxis zu realisieren, obgleich sie sie zugleich als wichtig deutet. Dieser Widerspruch wird in ihrem Fall durch eine Projektion der Gründe für diese Haltung nach außen befriedet, wozu die Ablehnung der Corona-Maßnahmen eine passende Möglichkeit bietet. Dabei ist ihre Ablehnung dadurch gegen Widerlegung gesichert, dass sie kaum inhaltliche Gründe anführt und sich stattdessen auf abstrakte Emotionen beruft. Auf diesem Weg schützt Frau Reinhold ihre fragile Identität und imprägniert sich gegen Angriffe von außen, die sachhaltige Argumente für sie darstellen könnten.

Es liegt hier also eine doppelte Passung vor: einerseits überblenden die Prinzipien des Deutungsmusters der *monadischen Autonomie* Frau Reinholds inkonsistente Deutungen (soziale Beziehungen sind wichtig, aber zugleich unwichtig); andererseits verdeckt das Deutungsmuster der *libertären Selbstbezogenheit* ihre habituelle Schwierigkeit, lebendige Beziehungen zu führen.

(6) Überlegungen zu weitergehende Fragen

Für die weitere Forschung nach der Genese der Bildung des bei Frau Reinhold rekonstruierten Habitus wäre die Analyse der testierbaren Daten (biografische Angaben zum Geburtsdatum, zur Familiekonstellation, zum Bildungsweg etc.) erforderlich. Sie wurden zwar erhoben, im Rahmen dieser Einführung kann ihre Analyse aber nicht in der nötigen Tiefe dargestellt werden. Der oben geäußerten Vermutung, dass die Bildung das Habitus mit einer Grunderfahrung unzureichender Anerkennung einherging, wäre in der Analyse weiterer Daten nachzugehen. Die Anhaltspunkte zur fallspezifischen Passung zwischen dieser habituellen Disposition und der Ablehung der Maßnahmen auf der Grundlage des Deutungsmusters eines *libertären Selbstbezugs* mit dem Schlüsselkonzept der *monadischen Autonomie* führen neben den nicht bantworteten Fragen zur Genese der Fallstrukturgesetzlichkeit zu weiteren offenen Fragen. So wäre es interessant, zu rekonstruieren, wie Frau Reinhold ohne die Ablehnung der Corona-Maßnahmen ihren inneren Widerstreit zwischen den kognitiv-abstrakt als wichtig erachteten sozialen Beziehungen und ihrer praktisch-konkret nicht gelebten Praxis beschwichtigen konnte. Es fanden sich im Forschungsgespräch keine Anhaltspunkte für eine Habitustransformation infolge der Pandemie. Allenfalls hat sich durch die Verstärkung der Wahrnehmung eines Kontrollverlustes durch die neuartige Krise und die damit einhergehende Aufhebung bisheriger Routinen („wie man immer miteinander umgegangen ist") die Bedrohung intensiviert. Dies würde die gesteigerte Dringlichkeit des Selbstschutzes erklären. Im Vergleich mit maximal ähnlichen habituellen Dispositionen und maximal gegensätzlichen Deutungen (Akzeptanz der Maßnahmen) könnte genauer der Zusammenhang zwischen dem Deutungsmuster der *libertären Selbstbezogenheit* und der Ablehnung oder Akzeptanz der Maßnahmen aufgeklärt werden. Umgekehrt könnte der Vergleich mit habituell differenten, selbstsicheren Personen, aber gleichem Deutungsmuster überprüfen, wie eng die Kopplung zu begreifen ist. Ein solcher Kontrastfall liegt mit dem vierten, im Folgenden präsentierten Fall, Herrn Zunder, vor.

3.5   Fallanalyse 4

3.5.1   Analyse der Pragmatischen Rahmung und der fallspezifischen Situationsmerkmale

Wir haben zum vorhergehenden Fall ausgeführt, welche pragmatischen Effekte der Datentypus Forschungsgespräch mit sich bringt; auf diese werden wir im Laufe der Analyse entsprechend eingehen. Nun seien hier noch die besonderen Umstände dieses Forschungsgesprächs im Hinblick auf die Pragmatische Rahmung betrachtet.

Zunächst stellt sich stets die Frage, wie der Gesprächspartner für ein Forschungsgespräch kontaktiert und gewonnen wurde. Hier war es ein E-Mail-Anschreiben, das wir nur im Hinblick auf die für die Pragmatische Rahmung relevanten Aspekte heranziehen. Darin hieß es:

> Meine Fragestellung bezieht sich auf die Entwicklung unserer Demokratie und des sozialen Zusammenhalts. Mich interessiert insbesondere die ernst zu nehmende Kritik an den Maßnahmen. Als Sozialwissenschaftlerin arbeite ich mit offenen Interviews, die vollständig anonymisiert ausgewertet werden.

> [Als Absender war Ute Fischer mit ihrer vollständigen institutionellen Signatur als Fachhochschulprofessorin angegeben.]

Der letzte Aspekt macht deutlich, dass der Gesprächspartner auf seine Bereitschaft hin angesprochen wurde, am Erkenntnisfortschritt der Gemeinschaft, der er angehört, mitzuwirken – und nicht etwa als Interessenvertreter, der das Gespräch (etwa wie ein Medieninterview) nutzen könnte, seine Interessen zu propagieren.

Das Thema, zu dem das Forschungsgespräch geführt werden soll, adressiert den angefragten Gesprächspartner als eine Person, die zu einem politisch aktuellen Thema eine bestimmte Position vertritt, die wir, angesichts der im ersten Abschnitt dieses Kapitels herausgearbeiteten Deutungs- und Handlungsprobleme, als kritisch gegenüber den politisch getroffenen Entscheidungen bestimmen können. Ein glühender Anhänger des in der Debatte sogenannten ‚Teams Vorsicht‘ würde sinnvollerweise anders angeschrieben.

Beide Aspekte zusammennehmend ist zu erwarten, dass der Gesprächspartner seine kritische Position darstellt, aber nicht etwa dafür agitiert.

Da das Forschungsgespräch in dem Sitz des Unternehmens, das der Gesprächsteilnehmer leitet, stattfindet, werden als nächster Schritt die sich daraus ergebenden fallspezifischen Situationsmerkmale analysiert. Datengrundlage ist das schriftlich fixierte Erinnerungsprotokoll[205] der Forscherin.

---

[205] S. die Glosse *Ausdrucksgestalt, beschreibende*.

> Die Forscherin wurde von einer Mitarbeiterin der Firma des Gesprächspartners,
> in der das Forschungsgespräch stattfinden sollte, aus dem Foyer im Erdgeschoss
> in den größten Besprechungsraum im ersten Stock mit Mitteltisch und Platz für
> zwölf Personen geführt.

Dieses Setting spricht für eine sachliche Atmosphäre, wobei die sachliche Angemessenheit des großen Raumes infrage steht, würde sich doch für ein Gespräch zu zweit ein kleinerer Besprechungsraum besser eignen – dass ein solcher nach Eintreffen des Gesprächspartners aufgesucht wird, ist unwahrscheinlich, da andernfalls das Foyer als Ort des Wartens hätte dienen können. Der Raum wird gewissermaßen präsentiert als Ausweis der Bedeutsamkeit des Unternehmens.

> An den Wänden des Raumes sowie im Foyer hängen großformatige Farbfotos
> mit ähnlichem Motiv: der Gesprächspartner mit einem prominenten Politiker
> (von Laschet bis Höcke, quer durch die im Bundestag vertretenen Parteien).

Die obige Deutung bestätigt sich, wobei die Präsentation der Bedeutsamkeit des Unternehmens zugespitzt wird auf die Präsentation der Bedeutsamkeit des Unternehmers. Offensichtlich ist dem Gesprächspartner eine Betonung seiner Bedeutung sowohl vor den den Besprechungsraum nutzenden Mitarbeitern als auch vor allfälligen Besuchern wichtig. Auch wenn wir hier keineswegs auf eine psychische Formation schließen wollen,[206] so lässt sich – personalisiert gesprochen – der Eindruck von Eitelkeit nicht von der Hand weisen. Wichtig ist dem Unternehmer dabei offensichtlich, seine Vernetzung in die Politik hinein darzustellen und dabei eine politische Offenheit zu präsentieren. Das mag einerseit im Interesse des Unternehmens liegen, andererseits könnte man sagen, dass Herr Zunder mit allen gut Freund sein und zugleich aber eine Äquidistanz einhalten möchte. Damit liegt eine Struktur vor, die Christopher Lasch in seiner sozialpsychologischen Bestimmung des Narzissmus wie folgt formuliert: „dependence on the vicarious warmth provided by others combined with a fear of dependence" (Lasch 1979, S. 74).[207]

---

[206] Eine Analogie zur Struktur des Narzissmus, bei dem „Geliebtwerden das Ziel und die Befriedigung" darstellt (Freud 1914/1981, S. 165), lässt sich gleichwohl feststellen.

[207] Zur Problematik der Abgrenzung von psychischer Formation und Habitus s. den Exkurs in Kap. 4.

3.5.2   Analyse des Forschungsgesprächs

(1) Analyse der datentypenspezifischen Eröffnung

> Der Gesprächspartner, Herr Zunder, kommt mit zwanzig minütiger Verspätung,
> wobei nach etwa zehn Minuten eine Mitarbeiterin die Forscherin darüber
> informiert, dass Herr Zunder sich verspäten würde, aber unterwegs sei.

Die Regel einer (zeitlichen) Vereinbarung impliziert *qua* Vereinbarung, dass sie
eingehalten wird – so wie die Regel des Versprechens impliziert, dass es gehalten
wird. Eine Abweichung von einer Regel, wie hier die Verspätung bei einer Verab-
redung, ist stets begründungsbedürftig.

Über vermeintlichen Kulturzentrismus
Hier könnte uns der Vorwurf eines Germanozentrismus gemacht werden, ein
Ausgehen von einer rein deutschen Vorstellung von Pünktlichkeit (im Kontrast etwa zu einem lateinamerikanischen Verständnis von Pünktlichkeit, wo
bis zu zwei Stunden Verspätung als normal gelten). Dieser – in wissensozio-
logischer Literatur verbreitete – Einwand unterscheidet nicht zwischen konstitutiven Regeln, auf die wir uns hier beziehen, und kulturspezifischen regulativen Regeln.
   „I want to clarify a distinction between two different sorts of rules, which
I shall call *regulative* and *constitutive* rules. […] constitutive rules do not
merely regulate, they create or define new forms of behavior. The rules of
football or chess, for example, do not merely regulate playing football or
chess, but as it were they create the very possibility of playing such games.
The activities of playing football or chess are constituted by acting in accor-
dance with (at least a large subset of) the appropriate rules. […] Constitutive
rules constitute (and also regulate) an activity the existence of which is logically dependent on the rules." (Searle 1969/1983a, S. 33 f.; kursiv i. Orig.) –
In diesem Sinne *konstituieren* die Regeln der Vereinbarung die Handlung des
Vereinbarens, sie bringen sie erst hervor; ein konstitutives Merkmal der Vereinbarung ist deren Einhaltung. – Insofern ist die Abweichung von einem
konstitutiven Merkmal einer Handlung begründungsbedürftig.
   Kulturspezifische Regeln nun regulieren Handlungen, die bereits konstituiert sind; sie bringen sie nicht hervor: „we might say that regulative rules
regulate antecendently or independently existing forms of behavior; for
example, many rules of etiquette regulate inter-personal relationships which
exist independently of the rules. […] Regulative rules regulate a pre-existing

activity, an activity whose existence is logically independent of the rules." (Searle 1969/1983a, S. 33 f.)

Eine Abweichung von konstitutiven Merkmalen könnte nun in einer spezifischen Kultur normalisiert sein, so dass sie für den Angehörigen der Kultur implizit immer schon begründet erscheint. Für sie gilt dann schlicht: „This is how we do things around here."[208] Für unseren Fall müssen wir also prüfen, ob er einer Kultur angehört, in der eine Abweichung von dem für Vereinbarungen konstitutiven Merkmal der Einhaltung als normal gilt; dann wäre für ihn die Begründungsbedürftigkeit kulturspezifisch aufgehoben und wir hätten kein Erklärungsproblem (es sei denn, wir würden die einbettende Kultur zum Fall machen) (vgl. hierzu Funcke und Loer 2019 [Einleitung], S. 21–25, Loer 2022 [OHWP Photos], S. 102 f., 2023 [Annulliert], S. 215 f.)

Der konstatierten Begründungsbedürftigkeit wird nun von Herrn Zunder[209] hier (zunächst zumindest) nicht nachgekommen. Da wir für die einbettende Kultur nun eine normalisierte Abweichung von dem konstitutiven Merkmal der Einhaltung von Verabredungen nicht unterstellen können, müssen wir diese Abweichung (und ihre etwaige Normalisierung) unserem Fall zurechnen. Insofern stellt die Tatsache, dass die Forscherin warten gelassen wird, eine Missachtung dar, die folglich einer Entschuldigung bedürfte. Unabhängig von der Entschuldigung muss man sie – sofern nicht tatsächlich höhere Gewalt, also ein unabwendbares, von Herrn Zunder nicht zu verantwortendes Ereignis ihn aufhielt – als eine Demonstration dessen verstehen, dass Herr Zunder die Prioritäten setzt, was erneut die Bedeutsamkeit des Unternehmers unterstreicht.

> Herr Zunder erscheint dann dynamischen Schrittes im Besprechungsraum; in schwarzem Anzug, weißem Hemd mit schwarzer Krawatte, Sonnenbrille und einem In-ear-Headset.

Die Formulierung „erscheint […] dynamischen Schrittes" berücksichtigen wir hier nicht, stellt sie doch eine „rekonstruierende Konservierung" dar, die eine am

---

[208] So lautet eine bündige Definition von Organisationskultur (Bright und Parkin 1997, S. 13).

[209] Da wir es bei einem Forschungsgespräch konkret mit der Person des Gesprächspartners zu tun haben, bezeichnen wir sie mit dem mit dem Namenszusatz ‚Herr' (bzw. ‚Frau') versehenen (Familien-)Namen.

Datenmaterial nicht überprüfbare Deutung enthält.[210] Die Bekleidung hingegen ist sachlich notiert. Der schwarze Anzug in Kombination mit einer schwarzen Krawatte lässt vermuten, dass Herr Zunder von einer Trauerfeier zur Besprechung kommt, was die Verspätung erklären könnte, kann man doch bei solch einer Veranstaltung leicht in unerwartete Gespräche verwickelt werden, ohne diese formal abbrechen zu können. Das Tragen einer Sonnenbrille in einem Gebäude ist erklärungsbedürftig,[211] sind doch die Lichtverhältnisse in der Regel dort nicht so, dass der Nachteil des verhüllten Blicks (vgl. Hartewig 2009) vom Vorteil des Lichtschutzes für die Augen aufgewogen würde. Herr Zunder muss also an einer besonderen Lichtempfindlichkeit leiden. Dass er ein In-ear-Headset trägt, wäre für ein soeben unterwegs geführtes Telefonat funktional; wenn man allerdings gedankenexperimentell ein vergleichbares Beispiel entwirft: Herr Zunder käme mit einem Telefon in der Hand bzw. am Ohr in den Raum, so zeigt sich, dass die vergangene Funktionalität des In-ear-Headsets sein Tragen nicht erklären kann. Zusammen mit dem inneren Kontext der bisherigen Analyse der fallspezifischen Situationsmerkmale und der Eröffnung, müssen wir eher davon ausgehen, dass die Aufmachung dadurch motiviert ist, die Bedeutsamkeit zu markieren. Allerdings wird dies dadurch konterkariert, dass das Gesamt von Kleidung und Aufmachung eher zu einem Leibwächter als zu einem Unternehmer passt,[212] wobei, wenn ersterer letzteren schützen soll, damit ebenfalls dessen Bedeutsamkeit unterstrichen würde. Wir haben hier also eine paradoxe Struktur vorliegen, dass eine Person permanent ihre eigene Bedeutsamkeit herauskehrt – und das um den Preis, dass sie sich als ihr eigener Leibwächter und damit als ihr eigener Bediensteter inszeniert. Dieses Handeln (H_1)[213] ließe sich erklären, wenn wir es als Derivat einer Haltung verstehen, die die Welt als eher einschüchternd begreift, weshalb zum Schutz die

---

[210] „Im Gegensatz zu den audiovisuellen Reproduktionsmedien, die die *registrierende Konservierung* eines Ereignisses ermöglichen, ist die sprachliche Vergegenwärtigung eines abgelaufenen Geschehens immer eine *rekonstruierende Konservierung.*" Entsprechend „impliziert die retrospektive – sprachliche oder nichtsprachliche – Darstellung eines Ereignisses immer eine *Deutung*. Nachträgliche Thematisierungen bilden gegenüber dem primären Sinnzusammenhang des sich vollziehenden Geschehens einen sekundären Sinnzusammenhang, in dem das vergangene und seinem aktuellen Sinn nach abgeschlossene Geschehen interpretativ neu erschaffen, eben re-konstruiert wird." (Bergmann 1985, S. 305; kursiv i. Orig.) – S. die Glosse *Ausdrucksgestalt, beschreibende* im.

[211] Auch wenn, wie die Forscherin sich erinnert, der Tag, an dem das Forschungsgespräch geführt wurde – es war ein 15. Juli – sonnig war.

[212] Zur Analyse von Kleidung s. Jahn/Nolten 2018.

[213] Die mit dem Buchstaben ‚H' und Nummernindizes markierten Handlungen werden wir in der Zusammenfassung (s. u.) wieder aufnehmen.

eigene Größe herausgekehrt werden muss – wie das laute Pfeifen im Wald. Insofern können wir hier eine Handlungsregel als zugrundeliegend erachten, die lautet: ‚Wann immer du dich einer möglichen Einschüchterung gegenüber siehst, trete betont selbstsicher auf!' (HR$_1$)

> Herr Zunder entschuldigt sich damit, aufgehalten worden zu sein, aber dies sei direkt mit dem Thema verbunden.

Die zu erwartende Entschuldigung erfolgt, wobei Herr Zunder mit der Begründung direkt *in medias res* geht, was ihn als sachorientierte Person ausweist und unterstreicht, wie knapp bemessen seine Zeit ist. Dies könnte einerseits Ausdruck seines habituellen Unternehmertums sein, andererseits aber auch die Inszenierung der Bedeutsamkeit fortsetzen. – Methodisch ist dies ein interessanter Punkt, da die bisherige Rekonstruktion letzteres erwarten lässt, wir aber die andere Bedeutung aufrechterhalten müssen, könnte die bisherige Rekonstruktion doch dadurch falisfiziert werden.

> In Herrn Zunders beim Betreten des Raums bereits begonnene Äußerung, deren Beginn demgemäß noch nicht aufgezeichnet wurde, startet die Forscherin mit dem Hinweis „ich schalte das Aufnahmegerät einmal ein, wie angekündigt" die Aufzeichnung.

Da die Aufzeichnung angekündgt war, dürfte Herr Zunder allenfalls darüber überrascht sein, dass er unterbrochen wird; insofern wäre es möglich, dass er das kommentiert, oder – quasi für die Aufzeichnung – seine Äußerung neu beginnt. Beides wäre ein Eingehen auf die Situation

> HZ: (nicht bestimmbares Geraschel) #00:00:01-2# bin dafür bekannt, \\...[214]

Das Geraschel sind (der Erinnerung der Forscherin nach) Geräusche, die entstehen, als Herr Zunder sich hinsetzt, während er weiterspricht. Anders, als soeben angenommen, lässt Herr Zunder sich also nicht unterbrechen, was zeigt, dass er die Ankündigung und den Beginn der Aufnahme als für ihn nicht relevanten technischen Vorgang deutet. In der beim Start der Aufnahme bereits laufenden Äußerung

---

[214] HZ = Herr Zunder; I = Forscherin; in runden Klammern finden sich Beschreibungen von non-verbalem Hörbaren; \\... = Äußerung geht nach der hier wiedergegebenen Sequenz noch weiter; .../ = Äußerung hat vor der hier wiedergegebenen Sequenz bereits begonnen; die Zahlen zwischen den Nummern-Zeichen geben die Laufzeit der Aufzeichnung an. – S. die Verschriftungsregeln im Anhang.

muss dem „bin dafür bekannt" ein Subjekt vorausgegangen sein: ‚ich bin dafür bekannt'. Im Anschluss an die erinnerte Entschuldigung, könnte es um deren Fortsetzung gehen, i. S. v. ‚ich bin dafür bekannt, eigentlich pünktlich zu sein, aber heute kam etwas dazwischen'. Wie aber auch die Fortsetzung lautet, stellt Herr Zunder seine Bedeutsamkeit heraus, da für etwas bekannt zu sein voraussetzt, dass man in dem Kreis derer, unter denen man für etwas bekannt ist, eine gewisse Relevanz hat. Wenn nun Herr Zunder diesen Kreis nicht benennt (i. S. v.: ‚unter meinen engeren Freunden/unter meinen Unternehmerkollegen/in meiner Firma bin ich dafür bekannt'), unterstellt er seine Relevanz für eine Öffentlichkeit, der die Forscherin potenziell auch angehört.

> …/ dass ich immer \…

Bezogen auf die Verspätung könnte Herr Zunder hier nun nicht behaupten: ‚ich bin dafür bekannt, dass ich immer pünktlich bin', denn zumindest in diesem Falle träfe es nicht zu. Insofern kommt eine gegenteilige Äußerung in Betracht – etwa: ‚ich bin dafür bekannt, dass ich immer zwanzig Minuten zu spät komme'. Das wäre allerdings eine Aufhebung der zuvor ausgesprochenen Entschuldigung und stellte gegenüber der Forscherin geradezu einen Affront dar. Konsistent hingegen wäre eine Formulierung wie die folgende: ‚ich bin dafür bekannt, dass ich immer pünktlich bin, wenn es irgend möglich ist'. Damit würde die Verspätung zu einer – Herrn Zunder nicht zurechenbaren – Ausnahme markiert.

> …/ versuche \…

Hier könnte Herr Zunder nun in der oben entworfenen Weise konsistent fortfahren: ‚ich bin dafür bekannt, dass ich immer versuche, pünktlich zu sein'. Dies wiederum wäre eine relevante Äußerung allenfalls, wenn es hieße: ‚ich bin dafür bekannt, dass ich immer versuche, pünktlich zu sein, und es nie schaffe'. Fragen wir uns einmal, was überhaupt als Entschuldigung für eine Verspätung gelten kann. Entweder wurde der Verspätete durch eine von ihm nicht zu verantwortende Einschränkung an der Pünktlichkeit gehindert oder er hat eine Alternativhandlung vollzogen, die entweder normativ gerechtfertigt (‚ich habe einer hilfsbedürftigen Person über die Straße geholfen') oder u.U. normalisierbar[215] (‚ich kann mich nicht enthalten, mehrere Dinge gleichzeitig zu erledigen') ist. Zur bisherigen Formulierung würde nur das letztere passen – etwa: ‚ich bin dafür bekannt, dass ich

---

[215] Zur Frage der Normalisierung von normabweichendem Handeln s. Loer 2008 [Norm], S. 175 ff.

immer versuche, mehrere Dinge gleichzeitig zu tun, was manchmal leider zu Verspätungen führt'. – Erhalten bleibt auf jeden Fall das Herausstellen der eigenen Bedeutsamkeit.

> .../ zu sagen, was ich denke. \...

Es stellt sich nun die Frage, inwiefern die von Herrn Zunder hier benannte Eigenschaft, für die bekannt zu sein er herausstellt, einen die Verspätung entschuldigenden Grund abgeben kann. Er betont einen Freimut, der durchaus zu dem oben als eine Deutung erwogenen habituellen Unternehmertum passen würde (vgl. Loer 2006 [UnterHab], S. 29–33); allerdings läuft das Herausstellen des Freimuts dem tendenziell entgegen und spricht für die Unterstreichung der eigenen Bedeutsamkeit – hier in Form der eigenen Prinzipientreue und Unabhängigkeit. Hinzu kommt, dass die hier herausgestellte Maxime[216] der Aufrichtigkeit dogmatisch und überheblich ist, denn einerseits sind durchaus Situationen denkbar, in denen es besser ist, nicht zu sagen, was man denkt – so könnte es z. B. das Gegenüber beleidigen oder es könnte etwas sein, das das Gegenüber nicht verstehen würde oder das anmaßend wäre, eine Grenzüberschreitung, zu intim o. ä. Auch könnte der so ausgeprägte Freimut, der selbst über den Mut eines Immanuel Kant hinausgeht,[217] dem Sprecher selbst schaden.[218] Zudem geht Herr Zunder wie selbstverständlich davon aus, dass seine Gedanken auch stets relevant sind. Alles zusammen genommen haben wir es hier mit einer doch eher erstarrten Form von Autonomie, d. h. mit einer Person zu tun, die sich um des Behauptens selbst willen um jeden Preis behaupten möchte – wir können dies tentativ auf den Begriff der *exaltierten Selbstbehauptung* bringen.

Herr Zunder hatte seine Entschuldigung damit begonnen, dass der Grund seiner Verspätung etwas mit dem Thema des Forschungsgesprächs zu tun hätte, insofern müssen wir annehmen, dass er davon ausgeht, dass das herausgestellte Prinzip des Freimuts das entsprechende Thema betrifft. Angesichts der Benennung des Themas in der Anfrage für ein Forschungsgespräch (s.o.) stellt sich die Frage, wie

---

[216] Anders als im Sinne der Maxime des Habitus (s. u, Fn. 272) ist Maxime hier dem Sinne gebraucht, wie Immnuel Kant sie in der ‚Metaphysik der Sitten' bestimmt: „das subjektive Prinzip zu handeln, was sich das Subjekt selbst zur Regel macht (wie es nämlich handeln will):" (1797–98/1977, S. 332; AB 26).

[217] Kant sagte von sich einmal, dass er „vieles mit der allerkläresten Überzeugung und zu meiner großen Zufriedenheit" denke, was er „niemals den Muth haben werde zu sagen" (Kant 1900, S. 66 – Brief an Moses Mendelssohn v. 8. Apr. 1766).

[218] Vgl.: „Sagen, was man denkt, ist manchmal die größte Torheit" (von Ebner-Eschenbach 1879/1952, S. 28).

Herr Zunder darauf kommt, dass freimütiges Aussprechen von Gedanken zum Forschungsthema gehört. Offensichtlich ist die Frage des unerschrockenen Vertretens seiner Position für Herrn Zunder mit der Kritik an den Corona-Maßnahmen verbunden – so als sei ein Aussprechen dieser Kritik eine heroische Tat.

…/ [I: Ja][219] \…

Die Forscherin indiziert, dass sie zuhört, stimmt aber auch beiläufig zu, dass das Thema des Forschungsgesprächs mit der Aussage von Herrn Zunder zusammenhängt.

…/ damit macht man \…

Durch die Wortstellung ist klar, dass es sich bei „damit" um ein Adverb handelt, das hier rückverweist auf das zuvor Gesagte als dasjenige, mit dem man, indem man es tut, etwas (anderes) bewirkt (etwa: ‚Ich trommle mit den Fingern, damit mache ich ihn nervös.'). Was nun lässt sich damit bewirken, dass man immer sagt, was man denkt? Wir hatten oben festgestellt, dass dogmatische Aufrichtigkeit durchaus Folgen zeitigen kann, die für den Gesprächspartner oder für den Sprecher nachteilig sein können. Insofern könnte hier ein ‚unter Umständen' oder ähnliches folgen; andernfalls müsste eine stets eintretende Folge benannt werden, die unabhängig von dem je konkreten Inhalt der geäußerten Gedanken sein müsste – etwa: ‚damit macht man klar, dass man ein aufrichtiger Mensch ist'.

…/ sich nicht nur Freunde; (.)[220] \…

Herr Zunder benennt implizit eine mögliche Folge des freimütigen Redens, nämlich, dass man sich Freunde macht; allerdings in Form einer „quantitativen Korrektur" mittels des „zweiteilige[n] Adversativ-Junktor[s] *nicht nur – sondern auch*, der dem ersten Konjunkt [hier: man macht sich Freunde] ein (nicht erwartetes) zweites Konjunkt [hier noch offen, es könnte ein Gegensatz – etwa: ‚Feinde', oder zumindest: ‚Gegner' – folgen] als Teilkorrektur anfügt." (Weinrich 1993, S. 817) Indem Herr Zunder etwas als nicht zu erwarten darstellt, das gemäß unserer obigen Überlegungen zum freimütigen Aussprechen aller Gedanken durchaus zu erwarten ist, nämlich, sich unbeliebt zu machen, betont er dies und

---

[219] In eckigen Klammern finden sich kurze Einschübe des jeweils angegebenen Gesprächspartners.

[220] (.) = kurze Pause (ca. 1 Sek.).

stellt so heraus, dass es ihm nicht darauf ankommt, sich Freunde zu machen, dass er vielmehr allfällige Feindschaften um seiner Prinzipientreue willen in Kauf nimmt und es zugunsten seiner Aufrichtigkeit auf sich nimmt, durch sein Auftreten Freunde von Nicht-Freunden zu trennen. Betont wird das noch durch die Stimmsenkung, die andeutet, dass das zweite Konjunkt nicht ausgesprochen werden muss. – Darin bestätigt sich die bereits rekonstruierte Struktur der erstarrten Form von Autonomie und der exaltierten Selbstbehauptung, die darin besteht, ohne Rücksicht auf die konkreten Umstände seinen Prinzipien zu folgen. Da eine solche Form des Handelns nicht mit sachhaltiger Anerkennung rechnen kann, muss der Handelnde sich stets anders der Anerkennung vergewissern; dies kann durch die permanente Betonung der eigenen Bedeutsamkeit versucht werden. Das Pfeifen im Wald speist sich also nicht aus einer Angst vor unbekannten Gefahren (s. o.), sondern aus einer Sorge darum, nicht beachtet zu werden.

Diese erstarrte Form von Autonomie zeigt sich auch darin, dass Herr Zunder seine Maxime des situationsunabhängigen Aussprechens seiner Gedanken ihrerseits unabhängig von der konkreten Situation des Forschungsgesprächs äußert. Als dessen Auftakt erhält dieser erste Satz so den Charakter einer Vorstellung seiner Person. Somit sagt Herr Zunder nicht nur, dass er ohne Rücksicht auf die jeweilige Situation seiner Maxime folgt, sondern er vollzieht es zugleich (H_2). Er folgt also der Handlungsregel: ‚Folge einer einmal gewählten Maxime ohne Abweichung in jedweder Situation!' (HR_2) Herr Zunder bestimmt so zeitlich wie inhaltlich das Gesprächsgeschehen. Dass er sein Handeln als Versuch einführt, erscheint damit als Understatement – woran sollte der Versuch scheitern?

   …/ Aber

Herr Zunder schließt adversativ an. Indem er das ‚sondern auch' nicht ausspricht und somit den zweiten Teil des Adversativ-Junktors nur andeutet, indem er also nicht explizit benennt, dass er sich durch sein Verhalten Feinde macht, unterstellt Herr Zunder, die Gesprächspartnerin würde seine Einschätzung kennen, und macht sie so zur Eingeweihten. – Was könnte er dem soeben Gesagten (‚man macht sich nicht nur Freunde') nun entgegensetzen („Aber")? Es wäre möglich, (a) gegenüber den benannten negativen Folgen die positiven hervorzukehren (etwa: ‚nicht nur Freunde, aber oftmals eben durchaus auch'); sodann (b) wäre es möglich, die Aussage als für die Situation des Forschungsgesprächs wenig relevant zu relativieren (etwa: ‚aber das tut hier ja nichts zur Sache'); schließlich (c) könnte die Aussage in ihrer Bedeutsamtkeit relativiert werden (etwa: ‚aber das ist ja auch nicht schlimm'). – Bevor er fortfahren kann, unterbricht die Forscherin Herrn Zunder.

Das ist an dieser Stelle durch die Gesprächsführung nicht motiviert und so ist zu vermuten, dass die Suggestion des Eingeweihtseins hier verfängt.

> I: Ähm Ja, Aber da geht es ja auch nicht immer drum. Ne? (lacht {lacht)[221]

Indem die Forscherin die Konsequenz bestätigt und die von Herrn Zunder begonnene Adversation fortführt, was geradezu ein Einschwingen in seine Rede darstellt,[222] übernimmt sie die angebotene Sichtweise einer prinzipienfesten, ja heroischen Haltung und lässt sich, wie soeben vermutet, zur Eingeweihten machen. Darüber hinaus vergemeinschaftet sie sich durch ihr Lachen mit ihrem Gesprächspartner. Zugleich verzichtet sie darauf, die Rolle des Fragenden zu füllen und die Gesprächsführung in die eigene Hand zu nehmen, ja sie gibt sie durch die bestätigende Nachfrage („Ne?") zurück an Herrn Zunder.

> #00:00:08-9# – HZ: Es} \...

Zu vermuten ist, dass Herr Zunder nun die Aussage der Forscherin aufnimmt und herausstellt, um was es statt des Bestrebens, sich immer Freunde zu machen, geht; was ihm also wichtig ist – dass er in das Lachen hinein spricht, betont die Wichtigkeit.

> .../ schafft eben die Möglichkeit, [I: Ja] \...

Das stete Aussprechen dessen, was er denkt, eröffnet eine Möglichkeit – und zwar, wie die Modalpartikel „eben" ausdrückt, erwartbarerweise.[223] Man ist nun aber ge-

---

[221] Zwischen geschweiften Klammern steht, was von beiden Gesprächspartnern gleichzeitig geäußert wird.

[222] Ein solches Einschwingen, das als ‚tuning' bezeichnet wird, stellt einen wichtigen Mechanismus des Spracherwerbs dar, bei dem die Mutter ihre Äußerungen – zunächst rein auf der Ebene der Intonation – mit denen des Kindes gleichstimmt (tuned). Es handelt sich um eine Dimension der „child directed speech" (Snow 1986, S. 69). Mütter passen dabei ihre Intonation dem Singsang ihrer Kinder an und geben diesen so eine Antwort (und gewissermaßen Macht über die Äußerung der Mutter), was für den Spracherwerb relevant ist. Die Voraussetzung für das ‚tuning' ist eine ‚Einfühlung' in das Kind. Wenn dieses Phänomen – in semantischer Variante – in Gesprächen unter Erwachsenen auftritt, stimmt der eine Gesprächspartner dem anderen vorausgreifend zu, indem er ihm beistimmt. Dies gibt Aufschluss über die Gesprächsdynamik (zum Tuning s. auch: Stern et al. 1975).

[223] „Die Modalpartikeln *eben* und *halt* haben die gleiche Bedeutung, die mit dem Merkmal ‹ERWARTUNG› beschrieben werden kann." (Weinrich 1993, S. 848; kursiv u. Kapitälchen i. Orig.).

spannt darauf, auf was für eine Möglichkeit Herr Zunder sich bezieht, denn gedankenexperimentell ist es uns nicht gelungen, eine solche zu entwerfen. Die Forscherin, die ihn ja affirmiert, nimmt den Satz offensichtlich als abgeschlossen wahr; damit würde er sich auf die vorhergehende Äußerung beziehen – so wie etwa in folgendem Beispiel: ‚A: Der Autor, der im Vorjahr auf einer der vier Weltempfänger-Bestenlisten steht, wird automatisch für den LiBeraturpreis nominiert. – B: Aber da bekommt man ja auch nicht immer einen Preis. Ne? – A: Es schafft eben die Möglichkeit.' Damit würde Herr Zunder das Aussprechen der Gedanken als (durchaus anstrebenswerte) Ermöglichung dafür sehen, ‚sich nicht nur Freunde zu machen'. Damit müssten wir ein leerlaufendes Provozieren als Motiv annehmen, dessen Erfolgskriterium lauten könnte: ‚Viel Feind, viel Ehr'.[224] Auf der Habitusebene fände sich damit eine rücksichtslose Selbstbehauptung, und zwar nicht um einer Sache, sondern um ihrer selbst bzw. um der Anerkennung als eines Besonderen willen, was mit der oben bereits rekonstruierten Haltung korrespondierte. Besonders ist Herr Zunder aber nicht aufgrund eines positiven Inhalts, sondern aufgrund der Differenz um ihrer selbst willen.

▶ Ein Moment des konkreten Analyseprozesses ist das Erzählen von Geschichten, in die eine Äußerung passen würde bzw. wie sie fortgeführt werden könnten (s. o., Kap. 2); dieses Erzählen kann – wie man hier sieht – scheitern. Der Grund hierfür kann einerseits eine durch verschiedene Bedingungen eingeschränkte Performanz, also eine eingeschränkte Realisierung der Sprach- und/oder Handlungskompetenz[225] des Forschers sein; dafür trifft die Kunstlehre der Objektiven Hermeneutik Vorkehrungen – so dient etwa das Prinzip der diskursiven

---

[224] Allerdings würde man damit den so lautenden Wahlspruch Georg von Frundsbergs (1473–1528) missverstehen, ging es in ihm doch darum, aus der (Über-) Zahl der in der Schlacht von La Motta (1513) vernichtend besiegten Feinde die gewonnene Ehre abzuleiten, und nicht darum, sich um der Ehre willen viele zum Feind zu machen...

[225] Der Kompetenzbegriff wird heute meist verkürzt im Sinne von Fähigkeit verwendet – verbreitet ist ein solches Verständnis besonders in Didaktik und Pädagogik (vgl. kritisch dazu Twardella 2010 u. Gruschka 2011, S. 39–65) –, weshalb darauf hingewiesen sei, dass wir uns hier auf die Kompetenztheorien vom Typus der Chomskyschen Grammatiktheorie (s. Chomsky 1965, 1986, 1988) und der Piagetschen Theorie der Entwicklung von epistemischer (s. Piaget 1926, 1927) und moralische Kompetenz (s. Piaget 1932/1957; vgl. Oevermann 1976 [Piaget]) beziehen. Kompetenztheorien decken „die Ebene der universalen Ausstattungen und Bewußtseinsstrukturen und die (quasi-universellen) Prozesse ihrer Entfaltung" ab; Performanztheorien beziehen „sich auf die Ebene der Bedingung der handlungspraktischen Realisierung dieser Kompetenzen in der konkreten Lebensgeschichte und damit auf die Ebene der individuellen Differenzen" (Oevermann 1976 [Sozialis-Forsch], S. 38).

Analyse u. a. dazu, „die einzelnen, individualspezifischen Beschränkungen der Interpreten" auszugleichen (Oevermann et al. 1979 [Methodologie], S. 393; s. Glossar). Andererseits kann das Scheitern aber auch in dem zu analysierenden Text begründet liegen, der eine neue, bisher nicht realisierte aber retrospektiv konsistente Wendung nehmen könnte, weil im Sprechen eine mögliche Fortsetzung erst entworfen, erst in die Welt gesetzt wird.[226] Beides würde durch die weitergehende Analyse aufgedeckt.

> …/ Ich sag das immer so \…

Herr Zunder führt den Satz (zunächst) nicht fort, was die obige Deutung bestätigen würde. Damit spricht er also abstrakt von der Möglichkeit als Möglichkeit überhaupt; es bestätigt sich, dass habituell ein inhaltsloses, abstraktes sich Behaupten vorliegt. – Hier bezieht er sich nun auf eine Aussageroutine, die das aktuell geführte Gespräch zu einer von vielen Variationen eines Gesprächstypus macht. – Allerdings könnte das Fokus-Pronomen „das" auch ein „Vorsignal" (Weinrich 1993, S. 405) sein und auf etwas Kommendes verweisen.

> …/ als Beispiel, \…

Nunmehr ist klar, dass letzteres der Fall ist; die leichte Stimmhebung markiert, dass Herr Zunder das Kommende als Beispiel ausweist. Der Relevanzregel[227] gemäß muss das Beispiel das zuvor Gesagte: dass das Aussprechen der Gedanken eine (bestimmte) Möglichkeit schafft, exemplifizieren.

> …/ Ich weiß heute nicht mehr, (') \…

Herr Zunder leitet das Beispiel als konkretes ein – ähnlich wie etwa eine sehr konkrete Erinnerung wie folgt eingeleitet und dargestellt werden könnte: ‚Ich weiß heute nicht mehr, wo ich es gelesen habe, dass noch nie ein Kardinal aus Afrika zum Papst gewählt wurde, aber das ist doch empörend.' Dass Herr Zunder eine kurze Pause macht, könnte darauf verweisen, dass er noch überlegt, wie es genau war …

---

[226] Vgl. hierzu das klassische Beispiel der Rede von Graf Mirabeau in Heinrich von Kleist Essay ‚Über die allmähliche Verfertigung der Gedanken beim Reden' (1878/1982, S. 320 f.).

[227] Die Relevanzregel besagt, dass jede Handlung, also auch jede Äußerung in einer bestimmten Situation zunächst objektiv beansprucht, relevant für die Situation zu sein (vgl. den Exkurs in Loer 2021 [OHWP Interviews], S. 64).

.../ was ich (') \...

Es geht in der Erinnerung um etwas, was Herr Zunder selbst getan hat; die Pause
verweist erneut darauf, dass er versucht, sich zu erinnern...

.../ vor zwanzig Jahren in der Besprechung \...

Eine konkrete Begebenheit, die so lange her ist, in ihrer Konkretion zu erinnern,
wäre in der Tat bemerkenswert und würde auf eine Besonderheit verweisen.
Gleichwohl führt Herr Zunder ja das Nicht-mehr-Wissen ein als Rahmung für ein
konkret Erinnertes, das dann diese Besonderheit aufweisen muss. Zudem muss es
sich um eine bestimmte Besprechung handeln, was im bestimmten Artikel zum
Ausdruck kommt.

.../ X Y \...

Mit den Platzhaltern „X Y" wird die bestimmte Besprechung zwar als Beispiel angeführt, aber eben nicht als konkretes, sondern als beliebiges Beispiel, was der
Rahmung widerspricht.

.../ am Ort A B C \...

Die Beliebigkeit wird durch die unspezifische Benennung des Ortes durch Platzhalter noch gesteigert; damit muss eine Besonderheit vorbereitet werden, die gerade aufgrund der Beliebigkeit des nicht mehr Erinnerten besonders hervorsticht:
‚Ich weiß heut nicht mehr, ob ich vor vierzig Jahren Zigarren der Marke X Y in
dem Laden A B C gekauft habe, aber dass ich mit American Express bezahlt habe,
weiß ich genau (denn ich war der erste in unserem Dorf, der eine Kreditkarte besaß
und ich zahlte immer damit).'

.../ ge*sagt* habe; \...

Nun liegt es vom inneren Kontext her ebenso wie von der Betonung von „ge*sagt*"
her, die eine Entgegensetzung erwarten lässt, nahe, dass Herr Zunder, der ja ‚versucht immer zu sagen, was er denkt', zwar ‚nicht mehr weiß, was er vor zwanzig
Jahren in der Besprechung X Y am Ort ABC gesagt hat, aber genau weiß, dass er
gesagt hat, was er gedacht hat (da er es immer tut)'. Herr Zunder stellt also erneut
heraus, dass er prinzipienfest ist. Irritierend ist allerdings, dass er etwas als konkretes Beispiel einführt, was weniger eine Exemplifizierung als eine Wiederholung

seiner Maxime ist. Denn wenn er nicht mehr weiß, was er zu dem damaligen Zeitpunkt gesagt hat, und wenn die Maxime gilt, so weiß er auch nicht mehr, was er zu dem damaligen Zeitpunkt gedacht hat; ein konkretes Beispiel würde aber genau das erfordern. Es geht also nur um ein Prinzip, dargestellt an einer typischen Situation. Der konkrete Inhalt ist demgemäß beliebig für die hier herausgestellte Maxime. – Um unser Beispiel anzupassen: ‚Ich zahle meine Zigarren immer mit der Kreditkarte des Landes, aus dem sie stammen!‘ ‚Ich weiß heut nicht mehr, ob ich vor vierzig Jahren Zigarren der Marke X Y in dem Laden A B C gekauft habe, aber dass ich mit der Kreditkarte des Landes, aus dem sie stammen, bezahlt habe, weiß ich genau.‘ Das konkrete Beispiel ist eine Tautologie der Maxime. – Wenn Herr Zunder so fortfahren und dies damit zutreffen würde, läge eine Bestätigung der rekonstruierten Struktur des Herauskehrens der eigenen Besonderheit als prinzipientreu (s. o.) vor. – Wenn Herr Zunder etwas anderes folgen ließe, würde er damit die Funktion des Beispiels für seine Maxime endgültig unterlaufen; das Beispiel wäre als konkretes nur prätendiert zur Bestärkung der Prinzipientreue. – Mit der leichten Stimmsenkung, die einen Abschluss des Satzes andeutet, überlässt Herr Zunder aber u. U. auch die Fortsetzung der Forscherin, die sich ja denken kann, dass er auch damals gesagt hat, was er gedacht hat.

  …\ [I: mhm] aber ich weiß ganz genau, \…

Die Forscherin stimmt zwar zu, reagiert aber auf die Stimmsenkung nicht als Turn-taking-Signal. Insofern muss Herr Zunder nun ausführen, was er zunächst nur andeutete, dabei betont er den Gegensatz noch durch die Qualifikation des Gewussten als „ganz genau" Gewussten.

> Als objektiv-hermeneutischer Sozialforscher bedienen wir uns der Regeln der Organisation von Konversationen – wie etwa der Regeln des *Turn-taking*, also der Übernahme- bzw. Übergabe der Rede durch bzw. an einen anderen Sprecher in einer Konversation – für die Analyse von Erscheinungsformen menschlicher Praxis, in denen sie gelten; den Regeln selbst wenden wir uns nur dann zu, wenn Strittigkeiten geklärt werden müssen. Gleichwohl ist die Untersuchung der Regeln selbst für die Grundlegung der Forschung durchaus relevant. Eine der frühesten Formulierungen zum hier erwähnten Phänomen des turn-taking findet sich bei Erving Goffman: „Once a state of talk has been ratified, cues must be available for requesting the floor and giving it up, for informing the speaker as to the stability of the focus of attention he is receiving. Intimate collaboration must be sustained to ensure that

one turn at talking neither overlaps the previous one too much, nor wants for inoffensive conversational supply, for someone's turn must always and exclusively be in progress." (1964, S. 136) Die Konversationsanalyse hat sich seitdem ausgiebig damit beschäftigt; eine entsprechende grundlegende Darstellung haben Harvey Sacks, Emanuel Abraham Schegloff und Gail Jefferson (1974) gegeben. Dabei ist für die Konversationsanalyse kennzeichnend, dass sie eine „investigation of the organization of turn-taking per se" (Sacks/Schegloff/Jefferson 1974, S. 699) betreibt, also die Regeln der Organisation von Konversation selbst untersucht und nicht – wie eben in der materialen Sozialforschung – die Praxis, die diesen Regeln folgt.

…/ was ich gesagt *hätte*.

Der so fortgesetzte, mit „aber" eingeleitete Satz passt mit dem Vorhergehenden offensichtlich nicht zusammen, weshalb wir ihn zunächst für sich betrachten. Der Konjunktiv II hat hier die Funktion eines Irrealis und es stellt sich die Frage, welches die Bedingung sein könnte, auf die Herr Zunder sich hier implizit bezieht. Gehen wir die Möglichkeiten durch:

a.1 ‚Aber ich weiß ganz genau, was ich gesagt hätte, wenn ich an deiner Stelle gewesen und so beleidigt worden wäre.'
a.2 ‚Aber ich weiß ganz genau, was ich gesagt hätte, wenn ich dabei gewesen wäre, als der Vorwurf der Rechtsbeugung erhoben wurde.'
b.1 ‚Aber ich weiß ganz genau, was ich gesagt hätte, als gefragt wurde, was der beste Film des Jahres sei, wenn es mir, aufgrund meiner Kehlkopfentzündung nicht unmöglich gewesen wäre, zu sprechen.'
b.2 ‚Aber ich weiß ganz genau, was ich gesagt hätte, als der Vorwurf der Rechtsbeugung erhoben wurde, wenn der Richter mir nicht das Wort entzogen hätte.'

In den ersten beiden Beispiele ist der Irrealis dadurch gerechtfertigt, dass der Sprecher in der fraglichen Situation nicht betroffen bzw. nicht anwesend war; in den zweiten beiden Beispielen dadurch, dass er entweder physisch oder normativ am Sprechen gehindert war. Ziehen wir nun den inneren Kontext heran, so können a.2 und b.1 ausgeschlossen werden, denn sowohl die Anwesenheit als auch die Fähigkeit zu sprechen sind Voraussetzung dafür, nicht erinnern zu können, was man gesagt hat. Beides wird durch den Satz „Ich weiß heute nicht mehr, (.) was ich […] gesagt habe." negiert, der ja impliziert, *dass* er etwas gesagt hat. – Die

Möglichkeit a.1 würde nur Sinn ergeben, wenn es sich tatsächlich um ein konkretes Ereignis und um ein einmaliges und einschneidendes Erlebnis gehandelt hätte (Z. hat etwas gesagt, dessen Erinnerung verblasst vor der Erinnerung an die Empörung über die Beleidigung, die A. erfahren hat). – Auch b.2 verweist auf ein konkretes Ereignis in seiner Spezifität und kommt damit ebenfalls nicht in Betracht. Es geht hier also einerseits um die konkrete Erinnerung an das tatsächlich Gesagte – die Herr Zunder nicht hat – und andererseits um das abstrakte Wissen um das potenziell Gesagte. Damit weist Herr Zunder sich habituell erneut als ein inhaltsloser Rigorist aus, der sein Leben nicht konkret erinnert, sondern abstrakten Prinzipien untergeordnet weiß.[228] – Dadurch, dass Herr Zunder nun „hätte“ betont und damit einen anderen Gegensatz, nämliche den zu „habe“ aufmacht, wird die Orientierung auf abstrakte Prinzipien noch betont: Es kommt ihm nicht auf die konkrete Wirklichkeit (‚gesagt *habe*‘) an, sondern auf die abstrakte Möglichkeit („gesagt *hätte*“) (H$_2$).

> I: Aha; okay, #00:00:24-5#

Dies Äußerung von Herrn Zunder irritiert die Forscherin offensichtlich, die Zeit zu gewinnen sucht und zugleich die Irritation mit der leichten Stimmhebung bei „okay“ nur andeutet und somit letztlich zustimmt. Nun könnte Herr Zunder seinerseits die Irritation bemerken, darauf eingehen und sich somit als gesprächssensibel erweisen – was angesichts des bisher rekonstruierten Habitus überraschend wäre; andererseits könnte er sich auf die eröffnete Weise weiter darstellen.

> HZ: Ja? [I: mmh] Deswegen weiß ichs dann eben *doch*.

Mit dem rückversichernden „Ja?“ stellt Herr Zunder sicher, dass die Gesprächspartnerin folgen kann, ohne aber die Verstehbarkeit des Gesagten infrage zu stellen. – So ist „Ja?“ als Rückversicherung etwa bei folgende Äußerung möglich: ‚Es war deutlich, dass er mich mit dem Blick zum Schweigen bringen wollte. Ja?‘ Bei einer zweifelnden Äußerung wie der folgenden hingegen, wäre ein angehängte „Ja?“ eine echte Rückfrage: ‚Wollte er mich mit dem Blick zum Schweigen bringen? Ja?‘ Die Schlussfolgerung von Herrn Zunders beispielhafter Ausführung stellt einen Zirkelschluss dar, in dem die Erzählung ihren Höhepunkt findet: Er weiß (doch), was er gesagt hat (a), obwohl er nicht weiß, was er gesagt hat (¬ a),

---

[228] Folgendes Beispiel: „Ich weiß nicht mehr, was ich sagen wollte, aber ich sagte: ‚Ich will‘, und stockte.“ (von Goethe 1829/1982, S. 132) bringt demgegenüber eine konkrete Erinnerung an das tatsächliche Geschehen zum Ausdruck.

weil er weiß, was er gesagt hätte (b). Damit bestätigt sich die obige Lesart, dass es sich bei der Erzählung um die Darstellung der eigenen Standhaftigkeit im Hinblick auf die Prinzipientreue handelt. Allerdings lässt sich von dem, was man gesagt hätte, nur dann auf das tatsächlich Gesagte schließen, wenn man die Umstände konkret erinnert – es sei denn, man würde, wie ein Automat, bei jedem Anlass stets das Gleiche sagen. Diese Implikation nimmt Herr Zunder in Kauf – ohne sie zu bemerken –, und prätendiert so, er sei aufgrund seiner Prinzipientreue jederzeit Herr der Situation.

Das Auftreten in einer Besprechung, um das es hier geht, ist in analytischem Sinne als Krise zu betrachten, da man sich dort als Teilnehmer bewähren muss.

Über Krise und Unsicherheit

Wenn man in eine Krise gerät, wenn also die eingespielten Routinen versagen, und einem eine sachangemessenen Lösung der Krise nicht gelingt, so wird man unter Umständen unsicher. Mit dieser Unsicherheit kann man nun in verschiedener Weise umgehen. Eine davon kann in dem Versuch münden, einen Rückhalt in sachunangemessenen Routinen zu finden. Unsicherheit entsteht also nicht aus der Krise per se, sondern geht aus dem Misslingen des Versuchs, eine angemessene Krisenlösung zu finden, hervor. Es können also Routinen, die oberflächlich betrachtet die Sicherheit des Handelnden ausstrahlen, objektiv Ausdruck von Unsicherheit sein.

Für das Entstehen von Unsicherheit ist also nicht die äußere Realität, nicht die veränderte Handlungskonstellation als solche verantwortlich. Diese kann uns lediglich in eine Krise stürzen. Ein möglicherweise folgendes Scheitern im Versuch, die Krise zu lösen, bedeutet dann entweder die weitere Virulenz der Krise oder führt zum Akzeptieren des Scheiterns. Dies beides bedeutet nun nicht Unsicherheit. Für das Entstehen von Unsicherheit ist vielmehr die Haltung, die das Subjekt zur Krise einnehmen kann, entscheidend.

Wenn nun also jemand eine habituelle Offenheit gegenüber Krisen an den Tag legt, wenn er mit Freimut gestaltend auf die Herausforderungen seines Lebens antwortet, so kann er zwar in der Lösung der Krisen scheitern, aber er ist nicht unsicher. Wem umgekehrt die „verborgene Prädikation" der Krise als Krise (Heckel 2004, S. 10) nicht gelingt, wer die Krise, die als Krise immer die einer konkreten Lebenspraxis ist, nicht als *seine* Krise realisiert, wird sich in Routinen flüchten, die unangemessen sind. Da dieser Rückgriff auf Routinen aber die Krisenhaftigkeit der Situation verdeckt, da das Handlungsproblem, das die Krise auslöste, *scheinbar* gelöst ist, bleibt der betroffenen Lebenspraxis auch verborgen, dass sie die Krise nicht realisiert. Sie kann sich in Sicherheit wiegen (vgl. Loer 2006 [Unsicherheit], S. 4575–4576).

Entsprechend findet Herr Zunder offenbar Sicherheit in einer rigorosen Prinzipientreue, die unabhängig vom konkreten Inhalt auf seiner Maxime aufruht, unabhängig vom konkreten Kontext stets zu versuchen, zu sagen, was er denkt. Damit können wir zwischen den beiden oben erwogenen Fallstrukturhypothesen entscheiden: Es handelt sich nicht um habituellen Freimut eines Unternehmers, sondern um die Prätention von Bedeutsamkeit. Bei einem Unternehmer muss dieser Freimut gepaart sein mit einer habituellen Offenheit und Neugier auf die Welt. Dies genau widerspricht aber dem Ruhen in der eigenen Bedeutsamkeit. Dazu passt, dass in der Äußerung von Herrn Zunder Probleme der Grenzüberschreitung, die mit dem unbedingten Anwenden der Maxime verbunden sein können, um des Bestands der Maxime willen ausgeklammert werden. Zu unterscheiden ist diese Haltung auch von einem moralischen Rigorismus, der nämlich würde eine inhaltliche Bindung an moralische Normen voraussetzen, was sich bis hierher nicht zeigt. Man könnte sagen, Herr Zunder trägt eine Charaktermaske und zeigt sich so als in einer „vom ‚wahren‘ Menschsein entfremdeten Existenz" handelnd (Hartfiel und Hillmann 1972/1982, S. 114).[229] – Offensichtlich führt die Krisenhaftigkeit einer Besprechung, die wie gesagt darin besteht, sich als Teilnehmer bewähren zu müssen, also Anerkennung für sein Agieren zu erlangen, dazu, dass Herr Zunder in Unsicherheit gerät und diese auf die erläuterte Weise durch die Ausbildung einer prätenziösen Routine nämlich immer zu sagen, was er denkt, zu überwinden sucht.

(2) Analyse einer thematisch einschlägigen Stelle zur Bildung einer ersten Fallstrukturhypothese

Zwar haben wir bezüglich Herrn Zunders Habitus bereits eine Fallstrukturhypothese bilden können, jedoch gab es im Beginn des Gesprächs noch keinen Anhaltspunkt für die Rekonstruktion eines auf die Coronamaßnahmen bezogenen Deutungsmusters; deshalb soll nun eine entsprechend thematisch einschlägige Stelle herangezogen werden. Da das Thema in der Passage eingeführt wird, die unmittelbar an die bisher analysierte Eingangssequenz anschließt, fahren wir an der Stelle fort.

---

[229] Ob und ggf. inwiefern er sich im Marxschen Sinne der Verwendung von „Charaktermaske" als „Personifikation ökonomischer Verhältnisse und damit Träger bestimmter Interessen" (Matzner 1964, S. 130) erweist, ist damit allerdings noch nicht ausgemacht.

> I: Ja, (lacht) okay. Ja. Sie wollten gerade loslegen, weil Sie fanden, dass es n
> Thema ist, was Sie gerade erlebt haben. (kichert)

Die Forscherin bezieht sich auf das Gesprächsthema, ohne es aber zu benennen. Damit fordert sie Herrn Zunder indirekt auf, nun den angekündigten Bezug zum Thema herzustellen. Das Lachen zu Beginn der Äußerung kommentiert indirekt die Merkwürdigkeit der Schlussfolgerung von Herrn Zunder; das oben als Einschwingen Bezeichnete wird aber zugleich mit dem Kichern noch erheblich verstärkt, so dass Herr Zunder davon ausgehen kann, dass es ihm überlassen ist, den Gesprächsverlauf zu bestimmen.

> #00:00:34-3# – HZ: (2) \...

Da Herr Zunder eingangs unvermittelt sagte, seine Verspätung habe mit dem Thema zu tun, wäre zu erwarten, dass er unmittelbar mit einer Erläuterung beginnt. Dass er sich stattdessen zwei Sekunden Pause nimmt, ist vermutlich darauf zurückzuführen, dass er überlegt, wie der Zusammenhang zum Thema herzustellen und explizit darzustellen ist. Dass Herr Zunder eine so lange Pause macht, ohne sie durch lautliche Partikeln zu füllen,[230] markiert eine Sicherheit in der Gesprächsführung, die allerdings erneut prätendiert sein könnte.

> .../ ich erlebt habe, \...

Herr Zunder übernimmt die Formulierung der Frage, was nun seinerseits wie ein Tuning wirkt; da aber zuvor eine längere Pause schon anzeigte, dass er überlegen muss, hat die Wiederholung der Formulierung offenbar ebenfalls die Funktion des Zeitgewinns.

---

[230] Vgl.: „Zur Überbrückung von momentanen Formulierungsschwierigkeiten und Wortfindungsproblemen dienen vor allem vokalische Lautäußerungen von unterschiedlicher Dehnung, die bei der Wiedergabe mündlicher Rede meistens durch solche Annäherungen wie *äh* oder *öh* ausgedrückt werden. Man nennt soche Sprechersignale auch ‚gefüllte Pausen‘, da sie dem Hörer signalisieren, daß der Sprecher trotz der Informationspause die Sprecherrolle (noch) zu behalten wünscht." (Weinrich 1993, S. 833; kursiv i. Orig.; Lautschrift getilgt) – Der Vorschlag, jene Partikeln wie „äh", „mmh" u. ä. ‚Konsideratoren‘ zu nennen, den Loer 1996 [Halbbildung], S. 124, Fn. 46 machte, und danach des öfteren wiederholte, wird hiermit zurückgezogen; zwar indizieren die lautlichen Partikeln, also die gefüllten Pausen, häufig ein Überlegen, aber das ist bereits eine Frage der Deutung und überschreitet somit die Benennung.

...,/ was ich gerade (.) äh \...

Nochmals scheint Herr Zunder auf die Formulierung der Frage zurückzugreifen. Es scheint, als müsse er sich, was er eingangs gesagt hat, mühsam ins Gedächtnis zurückrufen – oder doch zumindest dessen Zusammenhang mit dem Thema erst herstellen. Die kurze leere und die gefüllte Pause bringen dies ebenfalls zum Ausdruck. Dass Herr Zunder hier nicht flüssig auf sein konkretes Erlebnis zurückgreift, würde dazu passen, dass ihm eher Grundsätzliches als konkrete Erfahrungen wichtig sind.

...,/ als als eins meiner Hauptprojekte \...

Die Verdopplung von „als" lässt noch einmal das Zögern deutlich werden. Mit der Äußerung ‚was ich gerade als eins meiner Hauptprojekte erlebe' würde Herr Zunder eine Sache von der subjektiven Ebene des Erlebens her bestimmen. Dabei bleibt offen, ob dies seinem Habitus zuzurechnen ist oder – was dann seinereits habituell begründet wäre – dem leeren Anknüpfen an Gesagtes. Zugleich zeigt er sich als vielbeschäftigter Unternehmer, der nicht nur viele Projekte verfolgt, unter denen sich möglicherweise ein Hauptprojekt findet, sondern sogar mehrere Hauptprojekte.

...,/ vor mir herschiebe, [I: mmh] \...

Nun zeigt sich, dass Herr Zunder während des Sprechens seinen Satzplan geändert hat und nicht die Subjektivierung, die das Verb ‚erleben' hier zum Ausdruck gebracht hätte, vollzieht. Die komplexe Äußerung muss genauer betrachtet werden. Formal lässt sich, was sie impliziert, wie folgt darstellen: ‚A schiebt X als Y vor sich her'. Man schiebt eine zu erledigende Aufgabe vor sich her, wenn sie einerseits weniger angenehm, andererseits nicht so wichtig ist, wie andere anstehende Aufgaben. In dem Sinne könnte man die Formel wie folgt füllen: ‚A schiebt X als weniger wichtig vor sich her'. Damit würde die Bestimmung der Wichtigkeit von A's Einschätzung abhängen. Setzt man nun Herrn Zunders Bestimmung ein, so ergibt sich: ‚A schiebt X als eins seiner Hauptprojekte vor sich her', womit zumindest dieses Hauptprojekt entgegen der Wortbedeutung als weniger wichtig ausgewiesen würde. Lautete der Teilsatz ‚eines meiner Hauptprojekt, das ich gerade vor mir herschiebe', so wäre er stimmig, wenn auch Prokrastination vermutet werden müsste. Schließlich könnte Herr Zunder die Außenwirkung im Blick haben: ‚A schiebt X vor sich her, von dem er so tut, als ob es Y wäre', also: ‚A schiebt X, das er als eins seiner Hauptprojekte ausgibt, vor sich her'. Damit käme unfreiwillig zum Ausdruck, dass dieses Projekt, dass Herr Zunder vor sich herschiebt und das in Wirklichkeit weniger wichtig ist, vom ihm als Hauptprojekt nur ausgegeben wird. Im Selbstverständnis würde Herr Zunder – ganz gemäß unserer obigen Deutung – seine eigene Bedeutsamkeit herauskehren; gleichzeitig würde sich ihm aber die Unstimmigkeit mitteilen, was die Notwendigkeit, seine Größe herauszukehren, verstärkt. Wir hätten es hier gewissermaßen mit einem *circulus vitiosus* von Selbstzweifel und Selbstüberhöhung zu tun.

> …/ äh ich hab ja immer, \…

Herr Zunder beginnt nach kurzem Zögern einen neuen Satz, der bis auf weiteres als Einschub verstanden werden muss. Im Zögern kommt u. U. zum Ausdruck, dass der rekonstruierte Widerspruch sich ihm im Aussprechen als Unstimmigkeit bemerkbar macht. Mit dem Einschub appelliert Herr Zunder an ein bekanntes („ja")[231] Wissen über sich selbst, das dem eingangs mitgeteilten („dass ich immer versuche zu sagen, was ich denke") vergleichbar ist; zwar bezieht er sich jetzt auf die Vergangenheit, aber dadurch, dass er, was er getan hat, „immer" getan hat, wird zugleich seine Beständigkeit betont. Es könnte Herrn Zunder im Aussprechen die Überbetonung seiner Projekte aufgefallen sein, so dass er nun erläuternd relativiert i. S. v.: ‚ich hab ja immer mehrere Projekte laufen'. Die leichte Stimmhebung deutet allerdings an, dass das zugehörige Partizip noch auf sich warten lassen und ein weiterer Einschub erfolgen wird (etwa: ‚ich hab ja immer, mal wenige, mal viele, jedenfalls mehrere Projekte laufen'). Eine solche verschachtelte Redeweise erfordert eine klare Argumentationsstruktur, zu der gehört, dass die jeweiligen Einschübe eine entsprechende Relevanz haben.[232] Liegt eine solche nicht vor, kommt darin eben eine Unklarheit des Denkens zum Ausdruck – aber stets in konkreter Gestalt, die aufgeschlossen werden kann und die aufgeschlossen werden muss, um die Fallstruktur des Sprechenden zu rekonstruieren.

> …/ ich nehme an, \…

Der weitere Einschub kann motiviert sein durch die Bekanntheitsunterstellung („ja"), derer Herr Zunder sich möglicherweise nun nachträglich vergewissert (‚ich nehme an, Sie wissen das').

---

[231] „Die Bedeutung der Partikel [sc.: ja] kann […] mit dem Merkmal ‹BEKANNT› beschrieben werden." (Weinrich 1993, S. 844; Kapitälchen i. Orig.).

[232] In elaborierter Form kann man dies bei Theodor W. Adorno beobachten; etwa: Adorno/ Gehlen 1965: Min. 0:41–1:23.

> …/ darüber ist auch \\…

Das Präpositional-Adverb „darüber" verweist gemäß der Rezens-Regel auf das zuvor An- aber noch nicht Ausgesprochene („ich hab ja immer"). Das Fokus-Adverb „auch" könnte nun eine Ausweitung[233] bezüglich des Kreises derer, denen mit „ja" unterstellt wurde, dass ihnen die auszuführende Tatsache bekannt ist – etwa: ‚ich nehme an, darüber ist auch ihnen berichtet worden'. Dies würde die Unterstellung, dass etwas über Herrn Zunder allgemein bekannt ist, noch betonen.

> …/ die Empfehlung irgendwie *gekommen* [betont artikuliert gesprochen], (.) äh (.) \\…

Dass es eine „Empfehlung" gab, ist auf das zurückzuführen, was über Herrn Zunder allgemein bekannt ist. Dem inneren Kontext nach muss es um das Thema des Forschungsgesprächs gehen, so dass Herr Zunder sich als für das Thema geeignet empfohlen sieht. In der Anfrage-E-Mail schrieb die Forscherin allerdings: „durch eine Kollegin auf Sie aufmerksam geworden". Was kann bezüglich dessen empfohlen werden, dass jemand „ja immer" etwas (getan) hat? Möglich wären positive Einschätzungen – etwa: ‚Herr Z. hat immer ein offenes Ohr', ‚Herr Z. hat immer etwas zu sagen', oder aber eine generelle Bekanntheit: ‚Herr Z. hat immer viele Vorträge gehalten'. In Herrn Zunders Formulierung wären dies Aussagen, mit denen er sich selbst bzw. die Folgen seines Handelns charakterisiert. In den ersten beiden Beispielen müsste die empfehlende Person Herrn Zunder gut kennen, im zweiten Fall gehörte sie zum öffentlichen Publikum. In jedem Fall ist es eine positive Begründung, die erneut zum Ausdruck bringt, dass Herr Zunder sehr überzeugt ist von seiner Bedeutung. Dass Herr Zunder annimmt, dass „die Empfehlung irgendwie [über X] gekommen" sei, dass also das Thema des Forschungsgesprächs *auf unbestimmte Weise* mit seiner positiv eingeschätzten bekannten Eigenschaft X, seinem positiv eingeschätzten bekannten Tun X zusammenhängt, überlässt es einerseits dem Hörer, die Leerstelle auszufüllen (vgl. Weinrich 1993, S. 475), bringt andererseits aber die Überzeugung zum Ausruck, *dass* es einen Zusammenhang mit X gibt, er also zu Recht als entsprechend bedeutend für das Gesprächsthema wahrgenommen wurde. – Die Bedeutsamkeit wird durch die betonte Artikulation noch unterstrichen; zugleich erlaubt sie, da sie das Sprechtempo verlangsamt, den weiteren Aussageverlauf zu bedenken.

---

[233] ‚Auch' gehört zu den Fokus-Adverbien, „die dem Hörer anzeigen, daß er ein zusätzliches Element beachten soll (Merkmal ‹AUSWEITUNG›)." (Weinrich 1993, S. 844; Kapitälchen i. Orig.).

.../ ich äh hab ja immer so einen \...

Herr Zunder nimmt nun den Satzbeginn von vor dem Einschub wörtlich wieder auf. Was zeigen die folgenden Beispielsätze? ‚Ich hab ja immer so einen Hunger, wenn ich vom Schwimmen komme‘, ‚ich hab ja immer so einen Kater am Neujahrsmorgen‘, ‚ich hab ja immer so ein schlechtes Gewissen, wenn ich wieder wegfahre‘. Mit „so“ wird hier implizit ein Vergleich aufgemacht, der, dadurch, dass er nicht ausgesprochen wird, die Bedeutung des so gerahmten Prädikats hervorhebt.[234] Es könnte aber auch vorverweisen auf eine nachfolgende Bestimmung: ‚ich hab ja immer so einen Hunger, wenn ich vom Schwimmen komme, wie sonst nur im Ramadan bei Beginn der Nacht‘.

.../ Leitspruch; \...

Da ein „Leitspruch“ nicht – wie etwa Hunger – eine allgemein bekannte Qualität hat, sondern ein je besonderer sein muss, kann es sich hier nur um einen Vorverweis handeln: „ich äh hab ja immer so einen Leitspruch“, ‚nämlich folgenden: ...‘. Was ist nun ein „Leitspruch“? Anders als eine Maxime wird ein Leitspruch auch ausgegeben, öffentlich propagiert wie bei Organisationen – z. B. bei den Pfadfindern (‚Jeden Tag eine gute Tat‘), dem Lions Club (‚wir dienen‘) –, die damit auch programmatisch für eine bestimmte Haltung einstehen.

.../ ich sage \...

Herr Zunder benennt nun nicht schlicht den Leitspruch, der ein Zitat sein könnte, sondern markiert mit „ich sage“ sich selbst als Quelle des Leitspruchs. Damit macht er sich nicht lediglich zum Sprecher einer (nun noch zu enthüllenden) Botschaft;[235] vielmehr erhebt er den Anspruch einer Verkündigung (sei es mit religiösem, sei es mit weltlichem Gehalt) als Herr und Gott oder Herrscher und König selbst.[236] Er beansprucht damit Auserwähltheit und Macht im Sinne von Webers Begriff der charismatischen Herrschaft (1922/1985c, S. 140–148). Der angekündigte Leitspruch wird als besondere und originäre Maxime gerahmt.

---

[234] Der Komparativ-Juktor ‚so‘ (Weinrich 1993, S. 788 f.) fungiert hier gleichsam als Rahmen-Adverb (Weinrich 1993, S. 583–586).

[235] Wie etwa ein alttestamentarischer Prophet, der mit Äußerungen wie „Hört, ihr Himmel! Erde, horch auf! / Denn der Herr spricht“ (Bibel 1980/1985, S. 1033; Jes. 1,2) „Sprachrohr [ist] für jemanden, der selbst nicht in Erscheinung tritt“ (Twardella 2003/2004, S. 20).

[236] Vgl. die häufigen einleitenden Worte Jesu – etwa: „Ich sage euch: Wer hat, dem wird gegeben werden; wer aber nicht hat, dem wird auch noch weggenommen, was er hat.“ (Bibel 1980/1985, S. 1493; Luk. 19,26).

...../ wir halten uns an die Regeln, \...

Der Leitspruch[237] ist nun alles andere als originär, er spricht eine Selbstverständlichkeit aus. Das gegenteilige Handeln wäre erklärungsbedürftig. Indem die Regelbefolgung als besondere Haltung herausgestellt wird, müssen im folgenden Gründe genannt werden, sich nicht an Regeln zu halten, denen entgegen an der benannten Haltung festgehalten wird: etwa: ‚wir halten uns an die Regeln, auch wenn die Versuchung der Abweichung groß ist‘, oder: ‚wir halten uns an die Regeln, auch wenn sie noch so widersinnig sind‘.[238] Das erste Beispiel spräche für (moralische) Standhaftigkeit, das zweite für (moralischen) Rigorismus. Allerdings könnten „die Regeln" ja noch spezifiziert werden (‚wir halten uns an die Regeln, die wir für sinnvoll halten‘), was das Ausgeführte modifizieren würde. Wenn Herr Zunder aber das Einhalten von Regeln generell explizit zu einem Leitspruch erhebt, kehrt er die Begründungsbedürftigkeit um, was zum Ausdruck bringt, dass er die Regeln entweder generell für fragwürdig hält, für deren Einhaltung er einsteht und deren Einhaltung er von einem Kollektiv, dem er angehört („wir"), erwartet; oder aber, dass er angesichts einer Krise befürchtet, die Geltung der Regeln durchsetzen zu müssen. Letzteres ist allerdings weniger wahrscheinlich, da ein „Leitspruch" generelle Geltung haben dürfte. Die Regeleinhaltung wird mit dem „Leitspruch" starr und unabhängig vom konkreten Kontext verlangt, in dem es ja auch Gründe geben könnte, von den Regeln abzuweichen; ähnlich hatte Herr Zunder seine Eingangsmaxime der Aufrichtigkeit herausgestellt. Ein starres Festhalten an Maximen dient der Orientierung und Sicherheit, was offensichtlich Ausfluss des rekonstruierten Habitus ist.

...../ [I: mhm] #00:00:53-5# ja \...

Die Forscherin zeigt kurz ihre Aufmerksamkeit an, und ermuntert damit Herrn Zunder, nach seiner leichten Stimmhebung fortzufahren. Dieser setzt aber neu ein; insofern erhebt er tatsächlich das Einhalten von Regeln generell zu einem Leitspruch – mit der soeben ausgeführten Implikation des Infrage-Stellens der Regeln.

---

[237] Wir gehen hier der Einfacheit halber davon aus, dass Herr Zunder ‚Regeln‘ i. S. v. ‚Normen‘ verwendet – zur Differenzierung im Regelbegriff s. Loer 2008 [Norm] u. 2021 [Reziprozität], S. 154–158.

[238] Wie es etwa für übertrieben bürokratische Regeln gilt, die deutliche unbeabsichtigte Nebenfolgen zeitigen – wie z. B. die EU-Vorgaben zur Form von Gemüse, insbes. die sprichwörtlichen Gurken, die bei falscher Krümmung vernichtet werden müssen – s. Verordnung (EWG) Nr. 1677/88 der Kommission vom 15. Juni 1988 zur Festsetzung von Qualitätsnormen für Gurken.

Die Dialogpartikel „ja", lässt eine Spezifizierung (‚ja sogar an solche Regeln, die…') oder eine Kommentierung (‚ja das hätten sie nicht gedacht') erwarten.

> …/ jetzt könnte man \…

Herr Zunder kommentiert seine Äußerung in allgemeiner Form,[239] die einen Einwand (etwa i. S. v. ‚jetzt könnte man meinen, das sei trivial') oder einer Ergänzung (etwa i. S. v. ‚jetzt könnte man hinzufügen: ‹wenn es sich um sinnvolle Regeln handelt›') erwarten lässt, der aber zurückgewiesen werden wird (‚ist es aber mitnichten' bzw. ‚aber das verseht sich ja von selbst'). Dass Herr Zunder so (‚jetzt, nachdem man das gehört hat, …') fortfährt, zeigt, dass er die Fragwürdigkeit der Äußerung zumindest ahnt.

> …/ in Klammern noch äh \…

Etwas „in Klammern" hinzufügen heißt, der Hauptaussage eine – weniger wichtige – Ergänzung oder Qualifizierung beizugesellen. Insofern wird kein Einwand erfolgen.

> …/ denken \…

Was ist der Unterschied zwischen ‚etwas in Klammern noch hinzufügen' und ‚etwas in Klammern noch denken'? Ein vom Verb bestimmter Unterschied besteht darin, dass man im ersten Fall der Hauptaussage, wie soeben gesagt, eine Ergänzung oder Qualifizierung beigesellt. Im zweiten hingegen, zumal in Verbindung mit dem Konjunktiv, wird die Hauptaussage durch die gedachte Nebenaussage infrage gestellt (‚nun könnte man denken, es wäre ganz anders'); zudem wird das Denken, dadurch, dass es „in Klammern" geschieht, zu einem quasi heimlichen Akt, der aber als solcher doch inszeniert wird – wie ein *Beiseite-Sprechen* auf der Theaterbühne.

> …/ wir halten vielleicht nichts *von* den Regeln, \…

Hier bringt Herr Zunder als Möglichkeit ins Spiel, was wir oben mit dem Beispiel ‚wir halten uns an die Regeln, auch wenn sie noch so widersinnig sind' als Rigorismus angesprochen haben. Der „Leitspruch" verlangt, sich auch dann an die Regeln

---

[239] „Was ‚man' tut oder tun sollte, gilt für alle oder die meisten Menschen, ohne Rücksicht auf Gesprächsrolle, Geschlecht und Zahl." (Weinrich 1993, S. 100).

zu halten, wenn die eigene subjektive Einschätzung von deren fehlender Sinnhaftigkeit dem entgegensteht. Die Betonung legt den Satzakzent (vgl. Eisenberg
1999/2001, S. 26) auf „von" und lässt einen Gegensatz dazu erwarten. Welche prä-
positionalen Konstruktionen mit dem Verb „halten" und dem Objekt „Regeln" sind
neben ‚etwas von den Regeln halten' möglich? (a) ‚Wir halten viel/etwas *auf* die
Regeln' – (b) ‚Wir halten *zu* den Regeln' – (c) ‚Wir halten es *mit* den Regeln'. Mit
der Präposition ‚auf' wird ähnliches ausgedrückt, wie mit der Präposition ‚von', so
dass kein echter Gegensatz aufgerufen wäre. Anders bei den Präpositionen ‚zu'
und ‚mit': man könnte nichts *von* und doch *zu* den den Regeln halten, wie man es
auch *mit* den den Regeln halten könnte, ohne etwas *von* ihnen zu halten. Beides
würde zu der bisherigen Aussage passen, dass der „Leitspruch" verlangt „wir halten uns an die Regeln", obwohl „wir [...] vielleicht nichts *von* den Regeln" halten. – Wenn das Kollektivsubjekt, für das Herr Zunder hier spricht, nun tatsächlich
nichts von den Regeln hält, sie also als zu kritisieren betrachtet, aber dennoch an
ihnen festhält, so handelt es gegen die eigene Überzeugung. Dieser „Leitspruch"
würde dann gegen Herrn Zunders zuerst geäußerte Maxime des aufrichtigen Sa-
gens was er denkt, verstoßen. Insofern müssen wir davon ausgehen, dass „man"
heimlich denkt, was nur vermeintlich der Fall ist; darauf verweist auch das Adverb
„vielleicht", das die Geltung der Aussage einschränkt.

> .../ aber \...

Die Entgegenstellung mit „aber" kann auf verschiedenen Ebenen liegen: (d) es
könnte der durch die Betonung der Präposition aufgerufene Gegensatz (b, c) expliziert werden, was dann die Haltung zu den Regeln, die in dem „Leitspruch" ausgesprochen ist, in das in der Klammer Gedachte hineinholen würde: ‚man könnte
denken ‹wir halten vielleicht nichts von den Regeln, aber wir halten zu den Regeln›'; (e) es könnte das in der Klammer Gedachte zurückgewiesen werden: ‚man
könnte denken ‹wir halten vielleicht nichts von den Regeln›, aber das stimmt
nicht'; (f) schließlich kann die Relevanz der ganzen Aussage infrage gestellt werden: ‚«man könnte denken ‹wir halten vielleicht nichts von den Regeln›», aber das
interessiert Sie vermutlich nicht'.[240] Aufgrund der Einschränkung mit dem
Geltungs-Adverb ist die Variante (e) naheliegend.

---

[240] In halben Guillemets eingeschlossen jeweils das, was Gegenstand dessen ist, was man
denken könnte; in Guillemets eingeschlossen das, was Gegenstand dessen ist, was vermutlich nicht interessiert.

…/ wir machen s Beste draus. \…

Wenn wir das von Herrn Zunder Geäußerte in die Konstruktion (d) einfügen, so würde die Tatsache, dass ‚wir das Beste draus machen' dem ‚wir halten nichts von den Regeln' entgegengesetzt; das ‚da' aus ‚daraus' („draus") würde sich somit auf die Regeln beziehen: ‚wir machen das Beste aus den Regeln, von denen wir nichts halten'. Dann müsste Herr Zunder – anders als die Stimmsenkung markiert – fortfahren; etwa wie folgt: ‚ich habe den Leitspruch ‹wir halten uns an die Regeln›, man könnte denken: ‹wir halten vielleicht nichts von den Regeln, aber wir machen das Beste aus den Regeln›, das aber trifft nicht zu; wir halten uns wirklich an die Regeln'. Die Konstruktion (e): ‚man könnte denken ‹wir halten vielleicht nichts von den Regeln›, aber wir machen das Beste draus', ergibt allerdings auch keinen Sinn. Da das ‚da' aus ‚daraus' („draus") sich auf die Regeln beziehen muss, lautete die Äußerung ausgeführt wie folgt: ‚man könnte denken ‹wir halten vielleicht nichts von den Regeln›, aber wir machen das Beste aus den Regeln'. Nun geht es aber nur darum, sich entweder an die Regeln zu halten oder nicht, nicht aber darum, die Regeln etwa zu verändern. Insofern müssen wir eine erweiterte entgegensetzende Rede annehmen – wir haben:

I.   A hat „Leitspruch" X | mit A = „ich" und X = „wir halten uns an die Regeln"
II. B denkt (in Klammern) Y | mit B = „man" und Y = „wir halten vielleicht nichts *von* den Regeln"
III. C macht Aussage Z | mit C = „wir" und Z = „wir machen s Beste draus"

Die Aussagen X und Y stehen zueinander in einem Gegensatz, wenn man ein mit der Einschätzung konsistentes Handeln (sagen, was man denkt) unterstellt:

1. $Y \longleftrightarrow X$ (‚wir halten nichts von den Regeln [aber] wir halten uns an die Regeln')

Das „aber", mit dem die Aussage Z eingeleitet wird, kann nun diese Aussage Z in Gegensatz zur Aussage Y bringen:

2. $Y \longleftrightarrow Z$ (‚wir halten nichts von den Regeln, aber wir machen das Beste draus')

oder aber in Gegensatz zum Aussagengegensatz $X \longleftrightarrow Y$:

3. $(X \longleftrightarrow Y) \longleftrightarrow Z$ ((‚wir halten uns an die Regeln [aber] wir halten nichts von den Regeln [dies scheint ein Gegensatz zu sein]), aber wir machen das Beste draus'.)

Wie verhält es sich nun mit den jeweiligen Subjekten, denen die einzelnen Aussagen zugeordnet sind? Da gilt: A ∈ C, da also der Sprecher Zunder, der im Text mit dem Pronomen „ich" repräsentiert ist, zum im Text mit „wir" repräsentierten Kollektiv gehört, ist er sowohl Subjekt (Sprecher) der Aussage X wie der Aussage Z. Sprecher B hingegen ist ein Subjekt, das für „die meisten Menschen, ohne Rücksicht auf Gesprächsrolle, Geschlecht und Zahl" (s. Fn. 239) steht; damit allerdings gilt – zumindest als denkmöglich – auch A ∈ B, also der Sprecher Zunder ist ebenfalls (als) Teil des Subjekts (Sprechers) der Aussage Y (denkbar). Damit haben wir folgende Gedankenbewegung, die dem Subjekt des Sprechers Zunder zugerechnet werden kann, vorliegen: ‚Zwar halten wir uns grundsätzlich und immer („Leitspruch") an die Regeln, halten aber nichts von ihnen; dem Dilemma entgehen wir, indem wir das Beste daraus machen'.

Nun fragt man sich, was das sein kann: ‚das Beste draus machen', wenn doch mit dem „Leitspruch" bereits eine Seite des primären Gegensatzes als gültig ausgezeichnet ist. ‚Das Beste draus machen' ist Ausdruck einer pragmatischen Haltung, die mit der Befolgung des Leitspruchs nicht zusammengeht. Darüberhinaus würde, wie oben erwähnt, eine pragmatische Haltung auch gegen Herrn Zunders zuerst geäußerte Maxime stets aufrichtig zu sagen, was er denkt, verstoßen. Wie lassen sich diese Widersprüche konsistent deuten, zumindest so, dass sie Herrn Zunder als konsistent erscheinen?

Halten wir noch einmal fest: Der Widerspruch besteht zwischen dem gleichzeitigen Festhalten an der Maxime der Aufrichtigkeit (M.Aufr), an der Maxime der Regelbefolgung (M.Regel) und an der des pragmatischen Durchwurschtelns (M. Best). Dieser Widerspruch würde nur aufgehoben, wenn alle der folgenden Voraussetzungen zugleich gölten:

(α) Richtiges Handeln ist eines, dessen Maßstab im Handelnden selbst liegt – im Sinne von: ‚Ich bestimme, was es heißt, (M.Aufr) aufrichtig zu sein, (M. Regel) Regeln zu befolgen und (M.Best) das Beste draus zu machen.'

(β) Dieser Maßstab realisierte sich in seinem Handeln unmittelbar (etwa ohne auf Kompromisse angewiesen zu sein) – in dem Sinne, dass der Handelnde sich zum übergeordneten Entscheider über Ein/Aus der Maxime macht: ‚Indem ich A tue, ist A zu tun unmittelbar aufrichtig (M.Aufr); indem ich A tue, bedeutet A zu tun unmittelbar, Regeln zu befolgen (M.Regel); indem ich A tue, heißt A zu tun umittelbar, das Beste draus zu machen (M.Best).'

(γ) Diese Vorstellung bleibt unpraktisch abstrakt – denn es handelt sich letztlich darum, dass jeder (zumindest Herr Zunder) machen können soll, was er will. Damit wird die Notwendigkeit von Kompromissen in konkreten (u. U. konfliktuösen) Situationen und die Notwendigkeit der Bezugnahme auf andere wie durch einen Taschenspielertrick zum Verschwinden gebracht.

Ein Deutungsmuster, das diese Voraussetzungen vereint, kann die widersprüchlichen Deutungen, die Herr Zunder äußert, hervorbringen. Hier wird bereits deutlich, dass das in den vorherigen Fällen rekonstruierte Deutungsmuster der *libertären Selbstbezogenheit* ebenfalls bei Herrn Zunder wirksam ist. Das Schlüsselkonzept dieses Deutungsmusters lässt sich wie in den anderen unserer Fälle mit dem Terminus *monadische Autonomie* auf den Begriff bringen.

▶ **Zur abduktiven Erschließung des Deutungsmusters** – Wie sind wir auf die drei Voraussetzungen gekommen? (Vgl. o. Abschn. 3.3) Es handelt sich hier um einen abduktiven Schluss. „The form of inference [...] is this:

> The surprising fact, C, is observed;
> But if A were true, C would be a matter of course,
> Hence, there is reason to suspect that A is true." (Peirce 1903/1973, S. 254)

Überraschenderweise haben wir festgestellt, dass (C) Herr Zunder die einander widersprechenden Maximen M.Aufr, M.Regel und M.Best gleichzeitig vertritt; wenn es wahr wäre, dass (A) Herr Zunder einem Deutungsmuster anhängt, für das die Voraussetzungen (α), (β) und (γ) gelten, das also das Schlüsselkonzept der *monadischen Autonomie* als Kern enthält, wäre C eine Selbstverständlichkeit oder doch zumindest plausibilisiert, folglich gibt es Gründe anzunehmen, dass A gilt und Herr Zunder dem genannten Deutungsmuster anhängt.

Wir haben also nach einem Deutungsmuster gesucht, in dessen Licht zugleich das gleichzeitige Vertreten der Maximen M.Aufr, M.Regel und M.Best nicht als widersprüchlich erscheint. Dabei haben wir zuvor gesehen, dass das Deutungsmuster widersprüchliche Deutungen hervorzubringen in der Lage ist (s. hierzu Kap. 4).

Um diese Rekonstruktion abzusichern, müssen wir mit der Analyse an der vorliegenden Stelle noch fortfahren – so könnte ja trotz der Stimmsenkung mit einem Neuansatz die Konstruktion (d) aufgenommen werden. Allerdings müssten wir die bisherige Rekonstruktion (inkl. Stimmsenkung) als inneren Kontext in die Analyse mit hineinnehmen, so dass ein Neuansatz nicht ohne weiteres als Falsifikation zu gelten hätte.

 …/ [I: mhm ah ja mhm] #00:00:59-9# \\…

Der Reaktion der Forscherin ist zu entnehmen, dass ihr die Widersprüchlichkeit der Äußerung von Herrn Zunder nicht verborgen geblieben ist; sie konfrontiert ihn aber nicht damit.

 …/ äh das äh äh \\…

Herr Zunder knüpft mit dem Pronomen „das" an das Vorhergehende an. Dass es sich hier bei „das" um einen Artikel handelt, ist aufgrund der mit „äh äh" gefüllten Pause sehr unwahrscheinlich, denn es müsste dem Sprecher schon der Kasus (Neutrum) klar sein, ohne bereits das Nomen parat zu haben.[241] Der Rezensregel gemäß referiert „das" auf „wir machen s Beste draus"; damit könnte etwa der Widerspruch thematisiert werden, zumal die Äußerung der Forscherin ihn andeutet – etwa i. S. v.: ‚das widerspricht natürlich meinem Leitspruch, aber besondere Umstände erfordern manchmal besondere Maßnahmen'.

 …/ hat dann so Sachen zur Folge gehabt, \\…

Der pragmatische Umgang mit den Regeln hat unbestimmte, im Folgenden aber erläuterte Folgen gehabt. Der Kontrast mit der Äußerung ‚das hat zur Folge gehabt', zeigt, dass die Folgen, die Herr Zunder im Blick hat, eher mittelbar (‚mir ist ein Stein auf die Fliesen gefallen; das hat dann so Sachen zur Folge gehabt, wie dass wir die Kellertreppe eine Zeitlang nicht nutzen konnten, dass die Versicherung die Prämie erhöht hat usw.') oder auch merkwürdig (‚ich habe einmal vergessen, meine Miete zu bezahlen; das hat dann so Sachen zur Folge gehabt, dass meine Nachbarn mich nicht mehr gegrüßt haben, dass mein Fahrrad aus dem Hausflur verbannt wurde usw.') sind.

 …/ äh jetzt komm wa dann zu (.) Corona,(.) \\…

Da die Corona-Pandemie nicht die zu benennende Folge sein kann, werden hier offensichtlich in einem Einschub die Umstände benannt, innerhalb derer die zu benennenden Folgen aufgetreten sind. Dabei ist auffällig, dass Herr Zunder „Corona" als erwartetes Thema einführt, ohne dass es bisher benannt worden wäre. Er hat also aus der Anfrage genau diesen Zusammenhang als thematischen Fokus des

---

[241] Eine Konjunktion („dass") können wir hier noch nicht ausschließen, blenden dies aber in der Darstellung der Einfachheit halber zunächst aus.

Forschungsgesprächs wahrgenommen.[242] Implizit nimmt er die Frage nach dem, was er bei dem Grund für sein verzögertes Eintreffen erlebt habe, wieder auf, denn schon dort hatte er ja angedeutet, es habe mit dem Thema des Gesprächs zu tun.

> …/ äh da gibts jetzt aber n Unterschiede, \…

Statt nach dem Einschub zu den zu benennenden Folgen zurückzukehren, erfolgt eine Klarstellung bezüglich „Corona", worauf das Positions-Adverb „da" verweist; die Klarstellung richtet sich gegen von Herrn Zunder vermutete Missverständnisse,[243] indem er darauf hinweist, dass im Zusammenhang seiner Darstellung („jetzt") „Unterschiede" zu beachten sind, die vielleicht übersehen werden könnten. Darin, dass er vom Singular (Artikel ‚einen': „n") zum Plural wechselt („Unterschiede"), könnte einerseits zum Ausdruck kommen, dass ihm im Aussprechen klar wird, dass es mehrere „Unterschiede" zu beachten gilt, andererseits könnte es auch sein, dass sein Fokus auf den unterschiedenen Dingen liegt.

> …/ das eine ist Corona \…

Mit „das eine" wird ein Unterschied zwischen zwei Dingen aufgerufen, von denen eins mit „Corona" bezeichnet wird. Nun haben wir oben (Abschn. 3.1) gesehen, dass das Wort „Corona" im Laufe der Corona-Pandemie metonymisch (a) für diese selbst (etwa: ‚während Corona gingen viele Restaurants pleite'), aber (b) auch für die Erkrankung COVID-19 (etwa: ‚hattest du schon Corona?') verwendet wurde. Insofern haben wir hier eine Überschneidung vom Bemühen um Klarstellung (‚es gibt Unterschiede zu beachten') und unklarer Terminologie vorliegen.[244]

---

[242] Es war dort die Rede von „Forschung über die Folgen der Corona-Maßnahmen" und es hieß: „Mich interessiert insbesondere die ernst zu nehmende Kritik an den Maßnahmen."

[243] Mit der adversativen Partikel ‚aber' wendet der Sprecher sich gegen eine Erwartung, die hier eben lautet: ‚bei Corona gibt es keine Unterschiede'.

[244] Wenn nicht klar ist, auf welche Dinge sich die Unterscheidung bezieht, lässt sich auch kaum bestimmen in welcher Hinsicht ein Unterschied vorliegt. Bezüglich COVID-19 könnten etwa verschiedene Infektionskrankheiten im Hinblick auf ihre Infektiosität verglichen werden: ‚das eine ist Corona, das andere ist Aids – vor letzterem kann man sich effektiv schützen'. Bezüglich der Corona-Pandemie könnten verschiedene Pandemien im Hinblick auf die Effektivität der Medizin verglichen werden: ‚das eine ist Corona, das andere die Spanische Grippe – bei Corona haben wir rasch die Ursache erkannt und Impfstoffe zur Verfügung gehabt'.

> …/ und das andere ist Corona Poli*tik*. [I: mhm] Ne, [I: ja] \…

Die Dinge, die Herr Zunder im Hinblick auf ihren Unterschied benennt, sind nun eine Pandemie (und eine Erkrankung) einerseits und die darauf bezogenen „Politik", also der politische Umgang damit andererseits. Da diese sich selbstverständlich unterscheiden – es handelt sich bei einem Problem und der politischen Arbeit an seiner Lösung ja logischerweise immer um zwei verschiedene Dinge –, suggeriert Herr Zunder mit der Betonung des Unterschieds kontra-faktisch, dass andere etwas anderes behaupten, nämlich etwa, dass es keine Entscheidungen gab, sondern die Corona-Politik kausal aus Corona folgte. Herr Zunder macht deutlich, dass er die Wahrheit erkannt hat. Dass er eine bestimmte, nicht ohne weiteres bemerkbare Hinsicht der Unterscheidung anzielt, ist wegen der abschließenden Stimmsenkung unwahrscheinlich und zudem durch sein vergewisserndes Nachfragen ausgeschlossen, da die Forscherin ja nur einer Unterscheidung zustimmen kann, die sie kennt; sie wird damit in die Gruppe der Wissenden eingemeindet.

> …/ Also, wir wollen \…

Mit der Partikel ‚also' markiert Herr Zunder implizit eine Schlussfolgerung – etwa i. S. v.: ‚Daraus, dass ich diesen übersehenen Unterschied thematisiere, können Sie ersehen, …'. Wenn er (a) mit dem Pronomen die Forscherin einbezöge – etwa: ‚Also, wir wollen keine Zeit mehr verschwenden und zur Sache kommen' –, würde darin deutlich, dass er weiterhin die Gesprächsführung übernimmt. Er könnte allerdings (b) auch für ein anderes Kollektivsubjekt (Wir als Unternehmer, Wir, die Bürger, etc.) sprechen.

> …/ da ja ganz offen reden, \…

Es ist nun deutlich, dass die Lesart (a) zutrifft. Mit dem Adverb ‚da' positioniert er das folgend Geäußerte in den Rahmen des erwähnten Unterschieds und mit der Partikel ‚ja' setzt er ein Einverständnis darüber voraus. Dass Herr Zunder – obwohl er sich eingangs als jemanden präsentierte, der sagt, was er denkt – erwähnt, offen reden zu wollen, macht deutlich, dass es in dem Zusammenhang nicht vorausgesetzt werden kann; also gilt: ‚wir sind uns darüber einig, (auch) in diesem Zusammenhang, in dem das nicht unbedingt vorausgesetzt werden kann, offen zu reden'. Warum es nicht vorausgesetzt werden kann, kann auf eine Unsicherheit darüber, ob die Maxime, immer zu sagen, was man denkt, auch für die Forscherin gilt, verweisen oder aber auch auf etwas Unangenehmes, das man um des lieben Friedens willen unausgesprochen lässt. Wenn wir den inneren Kontext hinzunehmen, so fragt sich, was für Unangenehmes es bezüglich der Selbstverständlichkeit, dass es einen Unterschied zwischen Corona und Corona-Politik gibt, geben könnte, das den Frieden stört. Da es in der äußeren Realität nicht bestimmbar ist, muss es in der inneren Realität von Herrn Zunder vorliegen, d. h. er imaginiert eine solches Unangenehmes – und zwar so, dass er unterstellt, es sei auch für die Forscherin wahrnehmbar. Dieses Unangenehme kann mit dem weiteren Unterschied zusammenhängen, den er durch den Plural (s.o.) andeutete, aber bisher auszuführen nicht für erforderlich hielt. Die leichte Stimmhebung macht deutlich, dass der mit „Also" begonnene Einschub noch fortgeführt werden wird. Es könnte nun eine Begründung dafür folgen, dass es nicht vorausgesetzt werden kann, in dem thematischen Zusammenhang offen zu reden.

> …/ s kann {sein, [I: *ja* [kurz]]} \…

Während Herr Zunder eine Möglichkeit erwägt (u. U. um die Betonung des offenen Redens verständlich zu machen), beeilt die Forscherin sich, letzterem zuzustimmen, damit also dessen Selbstverständlichkeit – die im Rahmen des Forschungsgesprächs zweifellos gilt – hervorzukehren.

> …/ dass wir da unterschiedlicher Meinung sind, \…

Die Möglichkeit unterschiedlicher Meinung zu sein, die Herr Zunder anführt, kann nur dann die Betonung des offenen Redens verständlich machen, wenn man unterstellt, unterschiedliche Meinungen auszutauschen, sei unangenehm (D_1).[245] Der Austausch von Meinungen ist nun v. a. dann sinnvoll, wenn es sich um *unterschiedliche* Meinungen handelt, da so eine Transformation und Erweiterung des kollektiven Vorrats an Meinungen, Deutungen und Wissen befördert werden kann. Im Gegensatz dazu wird in der Äußerung von Herrn Zunder unterstellt, dass nur der Austausch von gleichen Meinungen, also die wechselseitige Bestätigung der Meinungen, nicht unangenehm ist. Dies lässt auf folgende Deutungsregel schließen: ‚Wann immer Meinungen vom Mainstream abweichen, wird dies sanktioniert.' (DR_1)

---

[245] Die mit ‚D' und Nummernindizes markierten Deutungen und die mit ‚DR' und Nummernindizes markierten Deutungsregeln werden wir in der Zusammenfassung (s. u.) wieder aufnehmen. Die Numerierung der Deutungen (D_n) und damit der Deutungsregeln (DR_n) haben sich im Laufe der Analyse ergeben und erfolgt deshalb nicht unbedingt in der Reihenfolge ihres Auftauchens in der Darstellung.

..../ aber \...

Nun könnte Herr Zunder, in einer erneuten Wendung[246] beschwichtigen – etwa indem er darauf verweist, dass in der besonderen Situation des Forschungsgesprächs keine gravierende Unannehmlichkeit zu erwarten ist.

...../ genau um diesen Wettstreit gehts ja. [I: ja] Ja? [I: ja] \...

Stattdessen erfolgt das Gegenteil – etwa i. S. v.: ‚Es könnte sein, dass wir auf dieser Esel-Wanderung nicht schnell vorankommen, aber genau um diese Entdeckung der Langsamkeit geht es ja‘; wie die Esel-Wanderung positiv als Entdeckung der Langsamkeit (um-) etikettiert wird, wird das Unterschiedlicher-Meinung-Sein positiv als Wettstreit ausgewiesen (D$_2$). Dies scheint in direktem Widerspruch zu dem soeben Rekonstruierten zu stehen, ist Voraussetzung für einen Wettstreit der Meinungen doch, dass unterschiedliche Meinungen ausgetauscht werden. Es stellt sich also die Frage, ob (a) die Rekonstruktion falsifiziert ist, (b) das Gesagte als Umgerahmtes zu verstehen ist (etwa i. S. v. Ironie) oder (c) für Herrn Zunder die Inkonsistenz latent bleibt und die Tatsache, dass er sie nicht bemerkt, daran liegt, dass er wie selbstverständlich einem Deutungsmuster anhängt, im Lichte von dessen Prinzipien die „inkonsistenten Argumentations- und Urteilsbasen als konsistent eingerichtet [...] und gültig“ übernommen und beibehalten wurden (Oevermann 2001 [DM Akt], S. 67)? Die Antwort auf diese Frage liegt in der Formulierung selbst, denn für einen Meinungs*wettstreit* ist zwar der Austausch unterschiedlicher Meinungen unabdingbar,[247] aber nicht in dem Sinne, dass die einzelnen Teilnehmer im Laufe dieses Wettstreits ihre Meinungen modifizieren müssten. Es geht bei einem Wettstreit vielmehr darum, einander zu übertreffen,[248] was – auch wenn am Ende einer gewonnen haben wird – damit vereinbar ist, dass jeder bei seiner Meinung bleibt. Wenn jeder bei seiner Meinung bleibt, ist er, unabhängig von allen anderen, Herr seiner Gedanken und seiner Entscheidungen. Demensprechend lässt sich festhalten, dass auch Herrn Zunders Deutungen des Phänomens ‚Austausch unterschiedlicher Meinungen‘ auf folgende Deutungsregel gebracht werden können: ‚Wann immer Meinungen ausgetauscht werden, bleiben sie unverändert.‘ (DR$_2$) Diese gehört offensichtlich zu einem Deutungsmuster, das wir in den anderen Fällen als Deutungsmuster der *liber-*

---

[246] Die allgemeine Bedeutung von Adversativ-Junktoren wie ‚aber‘ wird „mit dem Merkmal ‹WENDUNG›“ beschrieben (Weinrich 1993, S. 813; Kapitälchen i. Orig.).

[247] Dem Principle of Charity (s. o. Fn. 63 in Abschn. 3.2) folgend könnte man den Wettstreit der Meinungen als Ringen um das bessere Argument, also als demokratischen Meinungsaustausch deuten.

[248] Anders als bei ‚Austausch‘ klingt im ‚Wettstreit‘ die (sportliche) Ermittlung eines Siegers an.

tären Selbstbezogenheit mit dem Schlüsselkonzept *monadische Autonomie* rekonstruiert haben. Nun sind Meinungen zwar „Oberflächenphänomene; entsprechend sind sie weniger stabil und leichter beeinflußbar." (Oevermann 2001 [DM Akt], S. 42) Aus dem Schlüsselkonzept der *monadischen Autonomie* lässt sich aber Deutungsregel ableiten, dass Meinungen (und womöglich alle Wissens- und Bewusstseinsformationen; vgl. ebd.) einerseits wie Überzeugungen „mit einem konkreten, partikularen Subjekt bzw. einer konkreten Lebenspraxis verbunden sind und ihr zuzurechnen sind" (Oevermann 2006 [Wissen], S. 112) und andererseits so in der Verfügungsgewalt des Subjekts liegen, dass sie nicht argumentativ, sondern allein per monadisch-autonomer Entscheidung verändert werden können.[249] Dieser Deutungsregel folgend kann es einerseits unangenehm sein, unterschiedliche Meinungen offen auszusprechen, und können sie andererseits als in einem Wettbewerb stehend konzeptualisiert werden.

Da die Forscherin zustimmt, wäre das rückversichernde „Ja?", das sicherzustellen versucht, dass die Gesprächspartnerin folgen kann, nicht erforderlich. In der inneren Realität ist dies aber für Herrn Zunder offensichtlich gleichwohl der Fall, worin entweder eigene Zweifel an der Verstehbarkeit des Gesagten oder aber die (offensichtlich kontrafaktische) Überzeugung zum Ausdruck kommen, es mit einem (unterlegenen) Gegenüber zu tun zu haben, das dem eigenen Gedankengang nicht folgen kann.

> …/ Sonst kommt ja die Menschheit nicht weiter. #00:01:22-7#

„Sonst" ist hier i. S. v. ‚andernfalls' zu verstehen und muss sich gemäß der Rezensregel darauf beziehen, dass unterschiedliche Meinungen in einen Wettstreit treten. Dieser Wettstreit ist in Herrn Zunders Augen das Entwicklungsprinzip der „Menschheit". Obwohl es sich um ein banales Forschungsgespräch mit dem Thema „Folgen der Corona-Maßnahmen" und „ernst zu nehmende Kritik an den Maßnahmen" handelt, in dem Herr Zunder „ganz offen reden" will, nimmt er in Anspruch, zur Entwicklung der Gattung Mensch beitragen zu können. Dabei versteht er Entwicklung auf der Ebene der Meinung als eine Durchsetzung des Stärkeren[250] – was zu unterscheiden ist von gedanklicher Überlegenheit, die sich ja argumentativ erweisen müsste.

---

[249] Vgl.: „die natürlichen Veränderungen der Monaden kommen von einem *internen Prinzip,* umsomehr als eine äußere Ursache ihr Inneres nicht beeinflussen kann." (Leibniz 1714/2013, S. 10; kursiv i. Orig. gesperrt; eigene Übers.).

[250] Dies wird häufig als darwinistisch bezeichnet; bei Darwins „Natural Selection", geht es allerdings um das „principle of preservation, or the survival of the fittest" (1872/2022, S. 197; vgl. 1859/1967, S. 184), wobei der Grad der ‚fitness' sich gerade in einem Austausch mit der Umwelt bestimmt.

Wohlwollend könnte man hier eine Bereitschaft zum Dialog und eine Beachtung des demokratischen Prinzips unterstellen. Aber zum einen ist habituell keine Bereitschaft dazu zu erkennen: Herr Zunder gibt mit seinen Maximen und Leitsprüchen vor, welche Haltung akzeptabel ist, sowie er nahezu eineinhalb Minuten lang der Forscherin keinen Raum gewährt, ihre Themen zu plazieren (H_3). Er ist habituell nicht neugierig; vielmehr verschließt er sich in einem Von-sich-überzeugt-Sein – allerdings ohne Sachbindung. Die dem zugrundeliegende Handlungsregel können wir auf folgenden Imperativ bringen: ‚Setze in jedem Gespräch ohne Rücksicht auf dessen besonderen Verlauf das Thema!‘ (HR_3) Zum anderen verhindert das Deutungsmuster der *libertären Selbstbezogenheit* mit dem Schlüsselkonzept *monadische Autonomie* den sachbezogenen Austausch im Dialog.

Auf der Ebene des Habitus können wir bei Herrn Zunder ein Unsicherheit kompensierendes (vgl. o. zum lauten Pfeifen im Wald) übersteigertes Selbstbewusstsein feststellen, das u. a. mit einer übersteigerten Selbstcharismatisierung einhergeht. Dies mag – zumindest z. T. – seinen unternehmerischen Erfolg erklären, da für einen Unternehmer eine charismatische Konstitution unabdingbar ist.[251] Allerdings gehört zu der krisenlösenden Praxis des Unternehmers auch Neugier im Sinne einer Bereitschaft des Geistes, sich auf die Welt einzulassen (vgl. Loer 2006 [UnterHab], S. 18), und Freimut im Sinne der unaufgeregten Aufgeschlossenheit (vgl. Loer 2006 [UnterHab], S. 32). Dies finden wir bei Herrn Zunder nicht; sein Von-sich-überzeugt-Sein bleibt inhaltsleer.

(3) Anreicherung und Präzisierung der Fallstrukturhypothese
Wir haben bereits eine prägnante Fallstrukturhypothese sowohl bezüglich des Habitus und als auch bezüglich des Deutungsmusters rekonstruieren können. Allerdings stellte sich angesichts des unternehmerischen Erfolgs die Frage, inwiefern dieser mit dem rekonstruierten Habitus kompatibel und die Rekonstruktion damit tragfähig ist. Bezüglich des rekonstruierten Deutungsmusters ist an thematisch einschlägigen Stellen noch herauszuarbeiten, wie es im Hinblick auf die Corona-Maßnahmen operiert.

---

[251] „Charisma ist eine an die Person gebundene Überzeugung von außeralltäglichen Fähigkeiten ebendieser Person. Diese Überzeugung muss der Unternehmer selbst von sich haben – nur dann kann er die Schwierigkeiten meistern, die sich ihm jenseits bewährter Handlungslösungen auftun; diese Überzeugung muss er aber auch in anderen wecken: in Kapitalgebern, in Geschäftspartnern, in Mitarbeitern, in Kunden – nur so kann er gerade für seine innovativen, nach bewährten Kriterien (noch) nicht zu beurteilenden Unternehmungen Unterstützung, Vertrauen, Gefolgschaft und Zuspruch gewinnen. Er muss also als Person überzeugen." (Loer 2010 [UnterHand], S. 30).

In dem Forschungsgespräch gibt es einerseits Passagen, in denen Herr Zunder sich als „Vorzeige-Unternehmer" und als „Querdenker, aber noch positiv besetzt", präsentiert, andererseits solche, in denen er seine Ablehnung der Corona-Politik deutlich macht, die er als „absolut überhaupt nicht richtig", bezeichnet.

Wenden wir uns zunächst dem zu, was Herr Zunder öffentlich (aus Anonymisierungsgründen nennen wir die Quelle nicht) als seine persönliche Erfolge aufzählt; es fällt in verschiedene Kategorien:

a) *wissenschaftliche* Güte (er war an einer japanischen Universität Professor, ist an einer Universität in Mexico promoviert worden, an der eine Promotion ohne Studienabschluss absolviert werden kann; 2019 Science Award in Südkorea)
b) *wirtschaftlicher* Erfolg („Unternehmer des Jahres" 2011 für eine Großregion)
c) *technische* Innovationen (einige Patente, Mitglied in einigen Kooperationsprogrammen für Werkstoffentwicklung und Kernfusion)
d) *politischer* Einfluss (Fotos, Kontakte zu Entscheidungsträgern der Politik)
e) seine *Zeugungsfähigkeit* summiert Herr Zunder im Interview ebenfalls unter seine Erfolge (‚fünf Kinder bis jetzt' – s. Fn. 52)

Da die Spannung zwischen einem für erfolgreiche Unternehmer erforderlichen Habitus (s. Loer 2006 [UnterHab] und 2010 [UnterHand]) und dem von uns rekonstruierten Habitus aufschlussreich zu sein verspricht, suchen wir Stellen zu (b) heraus, in denen unternehmerisches Handeln zum Ausdruck kommt. – Im Anschluss an die Erzählung über eine Konferenz, bei der sowohl der Bundesminister für Gesundheit als auch der Minister für Arbeit, Gesundheit und Soziales des Landes Nordrhein-Westfalen anwesend waren, fährt Herr Zunder fort:

> [...] #00:05:31-8# und dann hab ich den beiden geschrieben und hab den'n gesagt, \\...

Herr Zunder stellt heraus, dass er eine persönliche, oder doch zumindest wenig formelle Beziehung zu den beiden Ministern hat – dies wird deutlich, wenn man seine Äußerung mit den alternativen Optionen ‚und habe ihnen mitgeteilt' bzw. ‚und habe ihnen vorgeschlagen' vergleicht. Zugleich aber wählt er, trotz des persönlichen Treffens, die Schriftlichkeit der Kommunikation, was eine gewisse Verbindlichkeit und Formalität impliziert.[252] Herr Zunder könnte nun einerseits die schriftliche Mitteilung in ihrer Verbindlichkeit formal korrekt zitieren, andererseits hat er

---

[252] S. hiezu die Ausführungen zur brieflichen Kommunikation in Abschn. 3.3.

aber mit dem letzten Verb den Fokus auf den Inhalt der Mitteilung gerichtet, so dass doch eher eine Zusammenfassung zu erwarten ist.

> …/ joa joa politisch (.) \…

Herr Zunder leitet die Mitteilung an die beiden Teilnehmer der Konferenz, an die er sich schriftlich wandte, sehr informell ein. Zugleich bringt „joa joa" zögerlich vorwegnehmend eine Einschränkung gegen mögliche Bedenken zum Ausdruck. Er fokussiert also den Inhalt und markiert zugleich die Vertrautheit. Dadurch, dass das Adjektiv oder Adverb vorangestellt ist, wird es hervorgehoben (vgl. Drosdowski 1984, S. 719) und ein möglicher Gegensatz eröffnet (‚politisch ist sein Vorgehen nicht, juristisch hingegen kann man es nennen' – ‚politisch sind mir die Hände gebunden, wirtschaftlich hingegen kann ich agieren').

> …/ können wir jetzt nicht mehr so \…

Ein weiterer Gegensatz wird aufgemacht: jetzt nicht mehr vs. einst noch. Es gab also offensichtlich eine Zeit, in der das Kollektivsubjekt, das hier Herrn Zunder und die beiden Adressaten seines Schreibens umfasst, politisch etwas bzw. etwas auf eine Weise („so") konnte, das es jetzt nicht mehr (auf diese Weise) kann. Das Politische war u. U. so etwas wie eine gemeinsame Basis, die verlorengegangen ist.

> …/ grad so doll \…

Wir müssen „grad" hier wohl als Adverb verstehen, das das Gesagte auf den Sprechzeitpunkt bezieht und damit einschränkt; es könnte sich also wieder ändern: ‚Zum Zeitpunkt -1 konnten wir politisch doll x-en; zum gegenwärtigen Zeitpunkt 0 können wir politisch nicht so doll x-en; zum Zeitpunkt +1 werden wir möglicherweise wieder politisch doll x-en können.' Der Verlust der Grundlage wird damit relativiert, als aufhebbar und damit nicht gravierend einschränkend – so könnte in einer Videokonferenz folgende Äußerung fallen: ‚Wir können zwar gerade nicht mehr miteinander reden, weil die Tonverbindung unterbrochen ist, aber per Chat können wir fortfahren in unserem Austausch.'

> …/ äh miteinander, \…

Die Tätigkeit, um die es geht – das ‚x-en' unserer obigen Konstruktion – wird nicht ausgesprochen; sie wird aber durch das Adverb eingeschränkt auf eine gemeinsame

Tätigkeit – etwa ‚politisch miteinander sprechen‘, ‚politisch miteinander handeln‘. Dadurch, dass das Verb nicht ausgesprochen wird – die leichte Stimmhebung nach „miteinander" macht es unwahrscheinlich, dass es noch folgt – wird eine grundsätzliche Beziehung ausgesagt: ‚politisch können wir jetzt gerade grundsätzlich nicht mehr miteinander auskommen‘. Zugleich wird, wie wir gesehen haben, diese grundsätzliche Differenz heruntergespielt. Herr Zunder schwankt also zwischen Betonung der Differenz und Abschwächung ihrer Bedeutung. Wir haben hier wieder das Muster der Herausstellung der Eigenständigkeit der Position bei gleichzeitigem Versuch, den Verlust von Anerkennung zu vermeiden, vorliegen.

> …/ aber (.) \…

Nun wird deutlich gemacht, dass die (vorübergehende) politische Differenz Herrn Zunder nicht daran hindert, sich den beiden Adressaten zuzuwenden und mit ihnen (vermutlich auf einem anderen Gebiet) zu kommunizieren oder gar zu kooperieren.

> …/ wenn ihr jetzt glaubt, \…

Diese Äußerung kennen wir aus Zusammenhängen wie (a) ‚Wenn ihr jetzt glaubt, dass X, dann täuscht ihr euch‘; eher selten heißt es (b) ‚Wenn ihr jetzt glaubt, dass X, dann habt ihr recht‘. Warum? Die (hypothetische) Bedingung enthält ein persönliches Überzeugtsein (‚glauben‘), das zu thematisieren ja nur relevant ist, wenn ihm etwas entgegensteht, das die Überzeugten übersehen oder falsch gedeutet haben. Es ist also hier zu erwarten, dass Herr Zunder unterstellt, die Adressaten seien aufgrund der Tatsache der politischen Differenz zu einer irrigen Überzeugung gelangt – i. S. v.: ‚Wir haben zwar eine politische Differenz, aber wenn ihr aufgrund dessen der Überzeugung seid, ich würde mit euch gar nicht mehr sprechen, dann täuscht ihr euch.‘

> …/ dass ihr der Bundesrepublik Deutschland eine Maske ins Gesicht ziehen müsst Ja? (.) und ähh \…

Die Bedingung – es ist nunmehr wieder offen, ob es sich um eine hypothetische oder eine faktische handelt – hat nun inhaltlich zunächst mit dem zuvor Gesagten nichts zu tun. Zugleich steht sie an der Stelle an der, wie soeben expliziert, eine irrige Annahme zu erwarten ist. Es muss sich also um eine Bedingung handeln, die es Herrn Zunder erlaubt, sich trotz der politischen Differenzen an die Adressaten zu wenden. Was ist der Inhalt der den Adressaten unterstellten oder bei ihnen offensichtlich vorliegenden Überzeugung? Offensichtlich wird hier die Bundesrepublik Deutschland bildhaft wie eine Person behandelt, der eine Maske aufgesetzt werden kann. Da es sich bei dieser bildhaften Person um ein staatliches Gebilde handelt, liegt es nahe, dass damit gesagt wird, die Überzeugung bestehe darin, allen Bürgern müsse „eine Maske ins Gesicht" gezogen werden. Mit der konkreten Formulierung wird – im Gegensatz zu ‚sich eine Maske aufsetzen muss' bzw. ‚eine Maske aufgesetzt werden muss' – der Akt des Aufsetzens einer Maske als übergriffiger Akt, der passiv erduldet werden muss, dargestellt. Wie kann nun solch ein Akt Bedingung für eine sich über die politischen Differenzen hinwegsetzende Interaktion von Herrn Zunder mit den Adressaten sein, die den Übergriff für erforderlich haltenden? Der Bedingung kann (a) eine Dringlichkeit anhaften, die Herrn Zunder trotz der politischen Differenzen Kontakt zu den Adressaten aufnehmen lässt, was (b) angesichts der Übergriffigkeit den Zweck haben muss, sie von ihrem Vorhaben abzubringen. – Etwa: ‚Wir haben politische Differenzen, aber wenn ihr jetzt glaubt, dass ihr die Kernkraft reaktivieren müsst, um die künftigen Generationen zu entlasten (Klimawandel), dann muss ich euch dringlich abraten, denn die künftigen Generationen werden durch den anfallenden Atommüll ebenfalls unzumutbar belastet.' – Wenn (b) nicht gälte, könnte es auch sein, dass Herr Zunder die Adressaten zu unterstützen beabsichtigt, allerdings wäre es dann stimmiger, wenn er statt „wenn ihr jetzt glaubt", gesagt hätte, ‚da ihr jetzt glaubt': ‚Wir haben politische Differenzen, aber da ihr jetzt glaubt, dass ihr die Kernkraft reaktivieren müsst, um den Klimawandel abzuwenden, werde ich euch mit allen Mitteln unterstützen.' – Die geplante Anfügung eines weiteren Inhalts der Überzeugung bricht Herr Zunder ab. Es wäre möglich, dass es ihn hier zunächst aufgrund der Empörung über die Übergriffigkeit drängt, weitere Punkte anzuführen (weshalb er die Konjunktion ausspricht), er aber dann die Komplexität der Aussage erkennt und deshalb abbricht. Somit lässt sich erwarten, dass nun ein massiver Einspruch erfolgt.

> …/ dann \…

Da der Bedingungssatz im Indikativ steht, handelt es sich um einen Realis, bei dem selbst dann, wenn die Bedingung hypothetisch ist, der Hauptsatz die bedingte Folge als real präsentieren muss (‚wenn a zutrifft, dann folgt daraus b').

> …/ würde ich euch empfehlen, (.) \…

Die Folge steht hier im Konjunktiv II (Futur), was retrospektiv eine weitere, irreale Bedingung ins Spiel (‚wenn ihr jetzt X glaubt *und ihr mich fragen würdet*, dann *würde* ich euch empfehlen') bringt. Insofern könnte die von einem „ähh" gefolgte

Konjunktion auch diese zusätzliche Bedingung ankündigen, die dann nicht ausgesprochen wird. Herr Zunder vermeidet das Aussprechen der irrealen Bedingung ‚ihr mich fragen würdet‘, die im Satzplan erforderlich und bereits vorgesehen ist. Darin kommt zum Ausdruck, dass es für ihn dieser Bedingung nicht bedarf, da er auch ungefragt seine Empfehlung gibt. Dies wiederum ist ein Derivat der Überzeugung von Herrn Zunder, dass er stets Relevantes beizutragen hat; zugleich wird überspielt, dass er faktisch nicht gefragt wurde. Dass anstatt eines massiven Einspruchs gegen die Übergriffigkeit lediglich eine Empfehlung angekündigt wird, was eine relativ schwache Folge darstellt, zeigt, dass die markierte Übergriffigkeit der Adressaten nicht zur Empörung führt, sondern nur nebenbei als solche markiert wird. Damit weist sich diese Rede als zynisch aus. Es könnte sich auch um eine indirekte Drohung handeln.

    …/ anstatt dass ihr \…

Nun wird die Empfehlung nicht ausgesprochen, sondern stattdessen zunächst das – gemessen an der späteren Empfehlung unpassende – Tun der Adressaten benannt. Damit wird die Empfehlung zu einer Belehrung.

    …/ das bei den wie Pilze aus dem Boden sprießenden fliegenden Händlern kauft,
    [I: mhm] \…

Mit „das" wird hier auf etwas Vorhergehendes referiert, als das sich nur das „der Bundesrepublik Deutschland die Maske ins Gesicht ziehen" anbietet. Es könnte also die damit bezeichnete Tätigkeit selbst sein, die quasi als Dienstleistung gekauft wird, oder Material, das erforderlich ist. Für die Wiedergabe eines formellen Schreibens bleibt Herr Zunder hier sehr unbestimmt, worin sich eine Distanzierung ausdrückt. – Das Kaufen bei „wie Pilze aus dem Boden sprießenden fliegenden Händlern" stellt eine wenig überlegte Handlung dar, bieten doch die fliegenden Händler zwar meist billig feil, aber sind eben nicht vertrauenswürdig und kaum haftbar zu machen. Dass sie „wie Pilze aus dem Boden sprießen[…]" weist sie zudem als Hasardeure aus, die eine sich bietende Gelegenheit rasch nutzen und somit auch in dieser Hinsicht wenig zuverlässig sind. – Damit wird aus der jetzt folgenden Empfehlung eine geradezu zwingende Alternative.

    …/ kauft es doch bei uns. [I: mhm] \…

Die Empfehlung erweist sich numehr – insbesondere durch die Modalpartikel „doch" mit ihren „Merkmalen ‹BEKANNT› und ‹WENDUNG›" (Weinrich 1993, S. 845; Kapitälchen i. Orig.) – als Verkaufsangebot, wobei wir davon ausgehen müssen, dass Herr Zunder mit der 1. Pers. Pl. auf sein Unternehmen referiert. Entsprechend wäre nun eine Detaillierung des Angebots mit Mengen- und Preisangaben und Lieferbedingungen zu erwarten – allerdings ist der Tonfall eher der eines lockeren Kneipengesprächs, in dem die Form und, da diese hier angebracht wäre, auch der Respekt verloren gehen.

> …/ Ich versteuer in Deutschland, \…

Stattdessen wird die Loyalität als Steuerzahler als Verkaufsargument hinzugefügt. Das kann nur dann ein solches sein, wenn die Adressaten, also die Kunden, den Kauf (zumindest anteilig) aus Steuermitteln begleichen. Bereits die Tätigkeit der Adressaten verweist ja darauf, dass es sich um staatliche oder staatlich legitimierte Akteure handelt, insofern wird dieses Argument zählen. – Darin, dass Herr Zunder hier in den Singular wechselt, drückt sich aus, dass er Unternehmen und Person amalgamiert.

> …/ mich könnta hier in'n Knast stecken, wenn ich nicht das liefer, was ich versprochen habe, [I: mhm] \…

Da wir gemäß der Sparsamkeitsregel nicht unterstellen, dass Herr Zunder sich selbst einen zweifelhaften Ruf als Händler zuschreibt, müssen wir davon ausgehen, dass er sich kontrastiv auf die von ihm angeführten ‚fliegenden Händler' bezieht. Allerdings beruft er sich nicht auf „Anstand und Sitte der ehrbaren Kaufleute, einschließlich deren sozialer und gesellschaftlicher Verantwortung" (Gesetz zur vorläufigen Regelung des Rechts der Industrie- und Handelskammern, § 1, Abs. 1, Nr. 3), sondern darauf, dass Geschäftspartner, die u.U. durch sein unternehmerisches Handeln zu schaden kommen, seiner für eine allfällige Sanktionierung habhaft werden können – anders eben als dies bei ‚fliegenden Händlern' der Fall ist. Das unterstellt den betrügerischen Hasardeur als Normalmodell des Unternehmers, was Ausfluss des Deutungsmusters der *libertären Selbstbezogenheit* sein könnte, wird doch wie selbstverständlich unterstellt, dass ihn nicht das Verantwortungsbewusstsein des Ehrbaren Kaufmanns, sondern allein das Eigeninteresse am Betrug hindert. – Die habituelle Selbstüberschätzung aus Selbstzweifel, die wir als Habitus bei Herrn Zunder rekonstruieren konnten, passt zu diesem Verständnis des Unternehmers als Hasardeur. Zu dessen habitueller Konstitution gehört Selbstüberschätzung, wenn er ohne Absicherung in einer Risikoabschätzung jedes Risiko als Chance ergreift. Diese Passung kann so verstanden werden, dass sich der Habitus der exaltierten Selbstbehauptung[253] hier das rekonstruierte Deutungsmuster mit dem Schlüsselkonzept der *monadischen Autonomie* gesucht hat.

> …/ perfekte Infrastruktur in China, drei M, der damalige quasi einzige [I: mhm] renommierte Maskenhersteller [I: mhm] ist seit Jahr*zehn*ten auf meiner Kundenliste und und und (.) [I: mhm] \…

Es werden nun weitere Punkte angeführt, die die angeschriebenen Minister überzeugen sollen, die (lediglich aus ihrer Sicht) erforderlichen Masken bei der Firma von Herrn Zunder zu kaufen. Diese Punkte sollen sachlich überzeugen. Angesichts der „Störungen internationaler Lieferketten" (Dany-Knedlik und Däges 2020) durch die Pandemie ist eine „perfekte Infrastruktur in China" von ebenso großem Vorteil wie gute Geschäftsbeziehungen zu einem ‚renommierten Maskenhersteller‘ es angesichts der explodierenden Nachfrage sein können. Dass Herr Zunder die Punkte hier stichwortartig anführt, bringt zum Ausdruck, dass er ihre Relevanz unterstellt. Die Benennung des Maskenherstellers 3 M als renommiert und die Betonung der langjährigen Geschäftsbeziehung stellen einerseits ein Sachargument dar, zugleich aber stellen sie das Renommee von Herrn Zunder heraus.

> …/ Ja, und dann habn wa also tatsächlich \…

„Ja" leitet hier offensichtlich die Folge der Bemühungen ein, wobei die Affirmation deutlich macht, dass es tatsächlich offen war, ob sie erfolgreich sein würden. Darüber hinaus richtet „also tatsächlich" sich gegen eine gegenteilige Erwartung (‚David hat zu seiner Steinschleuder gegriffen und hat dann Goliath also tatsächlich zu Fall gebracht‘) und bringt zum Ausdruck, dass Herr Zunder seinen eigenen Argumenten nicht recht getraut hat.

> …/ über (.) Ostern (.) Ostern 2020 kam dann (.) aus dem Büro NN ein Auftrag über 2 Millionen FFP2 Masken; ja, [hmm] (.) Die haben wir dann (.) \…

Auch wenn es rein sachlich so sein könnte, dass die Absendung des Auftrags vor Ostern, der Eingang nach Ostern erfolgte, hebt Herr Zunder mit der zeitlichen Be-

---

[253] Dieser Habitus bringt stimmig den oben bereits festgestellten Zynismus hervor: „Zynismus – das wissen wir aus Beobachtung und Erfahrung – stellt, weit verbreitet, eine Form der Selbstbehauptung dar. Wir spüren die Angst des Zynikers, sein Selbst zu verlieren, und wir spüren, daß ihm sein Zynismus Schutz gewährt gegen den drohenden Verlust des Selbst." (Heinrich 1964/1982, S. 131).

stimmung doch hervor, wie rasch der Erfolg seiner Bemühungen eingetreten ist.
Nun wird er offensichtlich berichten, wie die Auftragsbearbeitung vor sich ging.

> …/ Ich glaube am (.) Oster Freitag, wenn man so will, kam der Auftrag an [I:
> mhm] (1) Mega (1) \…

Da die fragliche Konferenz am 2. und 3. März 2020 stattfand[254] und Ostern 2020
auf den 12. und 13. Apr. fiel, verging offensichtlich doch einige Zeit, bis der Auftrag einging. Indem Herr Zunder bei der Benennung des Karfreitags auf die Bezeichnung des Osterfestes zurückgreift, knüpft er an die Erweckung eines Ein-
drucks von Dringlichkeit und raschem Erfolg an. Dass der Eingang des Auftrags
auf einem Feiertag registriert wurde, drückt aber vielmehr die Ungeduld von Herrn
Zunder aus. Mit der Pause erlaubt Herr Zunder es der Forscherin, seinen Erfolg zu
bewundern; da sie nicht reagiert, stellt er seinerseits nochmal die Großartigkeit
($\mu\acute{\epsilon}\gamma\alpha\varsigma$, mégas = groß) heraus.

> …/ Kardonnerstag noch n Tach vorher und \…

Offensichtlich kam der Auftrag einen Tag vor dem Feiertag an. Die Korrektur
nimmt nun aber nicht die Betonung der Dringlichkeit und des raschen Erfolgs zurück; vielmehr steigert sie sie noch insbesondere durch die eigenwillige Gestaltung
der Tagesbezeichnungen. Indem Herr Zunder den Gründonnerstag als „Kardon-
nerstag" bezeichnet, greift er nun auf die Bezeichnung „Kar" (althochdeutsch für
Trauer) zurück, die er zuvor bei „Oster Freitag" vermieden hatte. Mit dem Unterlaufen der offiziellen Bezeichnung christlicher Feiertage geriert er sich als wider-
ständig und steigert nochmals die Prätention seiner Eigenwilligkeit.

▶ Hier wird deutlich, wie wichtig es methodisch ist, sequenziell vorzugehen und
   so die sich in der sequenziellen Entfaltung der Äußerung aufbauende Bedeutung
   zu rekonstruieren. Bei einer rein inhaltlichen Betrachtung, bei der womöglich
   gar „Oster Freitag" als Synonym für Karfreitag gelten würde, wäre die in der
   Korrektur zum Ausdruck kommende Steigerung nicht fassbar. Es zeigt sich hier
   im Konkreten, wie die Sequenzanalyse die reale Entfaltung des Handelns, die
   ein konstitutives Moment des Gegenstands ‚Praxis' darstellt, in die Rekonstruktion aufnimmt.

---

[254] Sie finde „immer am ersten Montag und Dienstag im März" statt, sagt Herr Zunder
(00:02:28-8).

> .../ den (.) Osterdienstag. Ja? Das Wochenende rüber (.) ähh kam (lacht) ne
> Anzahlung über weiß ich nicht; sechs sieben Millionen Euro, bei der Volksbank in
> NN sind alle Alarmglocken angegangen und \...

Wir müssen hier die Feinanalyse nicht weiter darstellen, wird doch auch so deutlich, dass für Herrn Zunder nicht die erfolgreich produzierte oder zumindest durch unternehmerisches Handeln herbeibeführte sachhaltige Lösung eines Problems im Vordergrund steht, die ein Indikator für unternehmerischen Erfolg wäre, der sich dann auch in Rentabilität ausdrückt (vgl. Liebermann und Loer 2025). Vielmehr legt er den Akzent offensichtlich auf den überraschenden und als außergewöhnlich wahrgenommenen *Coup*, der ihm gelungen ist.

> .../ wir haben dann wirklich zwei Millionen (.) [I: mhm] dämliche Lappen
> [I: mhm] für vier Euro achtzig das Stück [I: mhm mhm] (flüstert) plus
> Märchensteuer an das Ministerium ver{scherbelt.

Die Missachtung des Kunden und der ganzen Transaktion, die etwas von einer Ohrfeige hat, macht deutlich, dass Herr Zunder tatsächlich nicht den Ehrbaren Kaufmann, sondern den einst als Schlawiner bezeichneten fahrenden Händler als Vorbild unternehmerischen Handelns hat. Der Schlawiner[255] steht eben nicht in Solidaritätsverpflichtung zu der Gemeinschaft, in der er – historisch als Hausierer – Handel treibt, insofern kann er trickreich auf eigene Rechnung agieren.

> #00:06:58-4# I: Aber} wenn ich Sie richtig verstehe, halten Sie eigentlich ja von
> den Masken gar nix,
> HZ: Ja Blödsinn
> I: aber den Auftrag macht man dann {trotzdem;
> 00:07:03-1 HZ: den} Das sag ich gerade; wir machen das Beste draus. [I: ja
> okay] Da kommen jetzt noch mehr {so Dinger.

Herr Zunder kündigt auf die skeptische Nachfrage der Forscherin stolz weitere Husarenstücke an. Sein Erfolg als Unternehmer beruht also nicht, oder doch weni-

---

[255] „Das Substantiv wurde wohl Anfang des 20. Jh.s im kaiserlichen Österreich gebildet, und zwar zu ‚Slowene‘ [...]. Slowenische Händler [sc.: Hausierer (https://www.duden.de/rechtschreibung/Schlawiner; zuletzt angesehen am 29. Okt. 2025)] galten als besonders gerissene Geschäftemacher." (Drosdowski 1997, S. 636) – Die so formulierte Erfahrung lässt sich soziologisch dadurch erklären, dass die in Österreich als fahrende Händler agierenden Slowenen in der Gemeinschaft ihrer Kunden nicht verankert und ihr gegenüber folglich auch nicht in gleicher Weise verpflichtet waren, weshalb sie den Kunden gegenüber – im Sinne einer Außenmoral – erfolgreich mit Tricks agierten, die gegenüber den Mitgliedern ihrer eigenen Gemeinschaft – im Sinne der Binnenmoral – nicht gestattet waren.

ger, auf der Entwicklung oder Auffindung von sachangemessenen Problemlösungen, die – sei es, weil die Probleme drängen (also ein Bedarf da ist), sei es, weil das Anbieten der Problemlösungen erst ein Bewusstsein für die Probleme weckt (also ein Bedarf generiert wird) – von potenziellen Nutzern wertgeschätzt werden und in einem potenziellen Markt Kunden finden.[256] Vielmehr beruht der Erfolg in schlauem Erspähen und geschicktem Ergreifen von Gewinnchancen. Diese unternehmerische Haltung, die vom unternehmerischen Habitus zu unterscheiden ist (vgl. hierzu Loer 2006 [UnterHab]), wird offensichtlich von dem von uns rekonstruierten Habitus einer exaltierten Selbstbehauptung hervorgebracht, die sich darin äußert, ohne Rücksicht auf die konkreten Umstände seinen Prinzipien zu folgen.[257] Der Selbstzweifler, der durch permanentes Initiieren[258] und Verströmen[259] sich seines Da-Seins vergewissert, überwindet die Selbstzweifel im hasardeurhaften[260] Ergreifen von Chancen, die ihm im Erfolgsfall Anerkennung in Form eines schnellen, clever eingefahrenen Gewinns zu verschaffen versprechen.

---

[256] Vgl. hierzu den aufschlussreichen Vortrag von Ludwig Joseph Brentano (1907) mit der Trias „Stoff", „Brauchbarkeit" (also Problemlösung) und „Wert".

[257] Hänzi, Matthies und Simon, die bei der Untersuchung von Erfolgsorientierungen vergleichbare Muster fanden, thematisieren die Folgen, die diese pezifische Form der Erfolgsorientierung ohne Sachbindung für den gesellschaftlichen Zusammenhalt hat: „Auf der Ebene gesellschaftlicher Solidaritätsbeziehungen [...] besteht eine virulente Problematik darin, dass Erfolg als überindividuelles Handlungsprimat keinerlei integrative Kraft besitzt. Wenn jeder nur noch sich selbst der Nächste ist, büßt die Gesellschaft auch jene normative Basis ein, auf der sich so etwas wie Gemeinsinn gründet" (2014, S. 24).

[258] Dies geht auf die Analyse folgender Stelle zurück, deren Darstellung hier nicht aufgenommen wurde: I: (...) Sie sagen ja jetzt als Antwort auf meine Frage, was Ihnen wichtig ist, {Äh / #00:17:30# HZ: So nein} die Frage habe ich noch nicht beantwortet. [I: genau (lacht)] Und wenn mich jemand fragt [I: Ja?] Was findest du denn toll? [I: Ja] Dann sind das aber nicht Nanostrukturen, [I: Sondern?] dann ist das eher. Das geht eher so in Richtung get things [wie ein Wort mit Akzent auf der ersten Silbe gesprochen und th wie ‚s'] scoring. Stillstand ist verboten. Hat mal irgendwo ne Zeitung geschrieben. Also einfach Sachen auf die Schiene setzen, [I: mhm mhm] das finde ich cool. \...

[259] Dies geht auf die Analyse folgender Stelle zurück, deren Darstellung hier nicht aufgenommen wurde: #00:14:28# HZ: Meine Kinder, (.) [I: mhm] meine Frau, [I: mhm] meine Familie / #00:14:33# I: mhm Wie viele Kinder? / #00:14:35# HZ: Fünf [I: Fünf?] Bis jetzt. [I: mmh] Bin noch nicht damit fertig. [I: ah oh- okay] Das hört meine Frau auch immer nicht so gern. \...

[260] Aufschlussreich ist, dass Herr Zunder dieses Hasardeurhafte seinerseits „den wie Pilze aus dem Boden sprießenden fliegenden Händlern" unterstellt, also suggeriert, er sei demgegenüber der Ehrbare Kaufmann.

▶ Mit der Benennung einerseits, der Wiedergabe der entsprechenden Sequenzstelle in der Fußnote andererseits wählen wir hier eine Darstellungsform, die es erlaubt, aufschlussreiche Ergebnisse aus analysiertem Material aufzunehmen und zugleich die Möglichkeit der Überprüfung zu eröffnen, ohne damit den Darstellungsumfang über Gebühr auszudehnen. Dieses Vorgehen kann als eine Antwort auf die Frage betrachtet werden, wie man in der Ergebnisdarstellung mit analysierten Stellen umgeht, deren Rekonstruktion nicht eigens Platz finden kann.

Zu Corona äußert Herr Zunder sich trotz der Bemühungen der Forscherin nicht systematisch; vielmehr gibt er immer eher sporadisch Einschätzungen zum besten. Eine solche Stelle wollen wir heranziehen, sie schließt nach einer Zwischenfrage an die soeben betrachtete Äußerung an:

> #00:07:22-9# Herr Zunder: …/ Dann so dann geht das so weiter. Dann kam als nächstes was kam denn als nächstes? Da kam die Geschichte mit den Teststellen; ne? \…

Herr Zunder bezieht sich hier auf die vorhergehende Äußerung, dass „noch mehr so Dinger" kommen und reiht „die Geschichte mit den Teststellen" in die Reihe seiner erfolgreichen Bemühungen, „das Beste draus" zu machen ein. Wir erwarten also eine aus seiner Sicht interessante Darlegung bezüglich der Teststellen, bei denen es sich, das sei der Abkürzung halber hier aus dem äußeren Kontext herangezogen, um Stellen zur Testung auf den Corona-Virus handelt. Wir dürfen erwarten, dass Herr Zunder entweder Teststellen mit Testmaterial beliefert oder eine Teststelle oder mehrere Teststellen als Dienstleistung im Auftrag der „zuständigen Stellen des öffentlichen Gesundheitsdienstes" (vgl. BMG 2020, § 6) betrieb.

> …/ freundliche Gesundheitsstelle [I: mhm] (.) \…

Es könnte nun sein, dass Herr Zunder die von ihm eingerichtete Teststelle „freundliche Gesundheitsstelle" genannt hatte. Damit würde er einerseits den Anspruch herauskehren, die von ihm angebotene Dienstleistung auf besonders zuvorkommende Weise zu erbringen, andererseits in dem Kompositum indirekt auf den Gesundheitsdienst als Auftraggeber verweisen. Noch im Erbringen einer erforderlichen und für den Klienten lästigen Dienstleistung würde er sich – ganz im Sinne des geschickten Ausnutzens von Chancen – um ein Alleinstellungsmerkmal bemühen.

…/ was vielleicht gesehen gehört, keine Ahnung, [I: hmm] \…

Herr Zunder macht die Forscherin, für den Fall, dass sie diese Bezeichnung wahrgenommen hat, auf seine Beziehung dazu aufmerksam.[261]

▶ Vergleichbare Fragen wie die folgenden stellen sich regelmäßig: Wie geht man mit Stellen um, die nicht direkt zur Forschungsfrage gehören, aber gleichwohl Aufschluss für den Gang der Rekonstruktion bieten? Wie detailliert muss man auf analysierte Stellen eingehen? Was muss in der Ergebnisdarstellung gezeigt werden, um die intersubjektive Nachvollziehbarkeit zu sichern? Hier muss stets fallspezifisch abgewogen werden, wie damit umzugehen ist. Verschiedene Möglichkeiten zeigen wir hier auf.

…/ Also die Leute müssen alle äh zum Testen, \…

Nun wird die Situation erläutert; wenn die ‚Leute alle zum Testen müssen‘, dann ist klar, dass jeder hier Kunde der Dienstleistung Teststelle ist; niemand kann auf die Dienstleistung verzichten. Auch wenn Herr Zunder hier eine unternehmerische Lösung eines echten Problems anbietet, weil der Bedarf objektiv vorhanden ist, so ist zugleich klar, dass der erwartbare Gewinn groß und sicher ist. Da das Präpositional-Adjunkt „zum Testen" vom Wortstamm her ja bereits eingeführt und erwartbar war, indiziert die Tatsache, dass Herr Zunder davor kurz zögert, eine gewisse Reserviertheit. Es deutet sich an, dass er eine Chance nutzt, die er von ihrem Inhalt her ablehnt – wie bei den Masken.

…/ müssen sich in der Nase rumbohren lassen [I: mhm] und so weiter. \…

Hier zeigt sich die bereits indizierte Distanz deutlich. In der Nase zu bohren gilt als unhöflich.[262] Sich in der Nase bohren zu lassen, lässt sich unmittelbar als übergriffig und erniedrigend empfinden (D$_{3a,\,b}$); ‚sich in der Nase *herum*bohren zu lassen‘ steigert dies noch. Indem Herr Zunder den für die Testung erforderlichen Nasopharyngealabstrich so herablassend beschreibt, wird zugleich beim Modalverb ‚müssen‘ der Akzent von der „zwingende[n] Folgerung aus einer Prämisse" (Weinrich 1993, S. 300): ‚wenn wir die Epidemie einschränken wollen, müssen wir durch

---

[261] Die Darstellung der Analyse wird hier stark abgekürzt; wir fokussieren uns auf die Äußerungen direkt zu den Corona-Maßnahmen.

[262] Um nur ein Beispiel zu zitieren: „Nie dürft ihr mit den Fingern bohren / In der Nase oder den Ohren." (von Adelfels, Marie 1894/2004, S. 1135).

Testungen die Verbreitung des Virus kontrollieren', auf den *Zwang*,[263] „die gesetzliche […] Verpflichtung" (Weinrich 1993, S. 300) verschoben. Diese wird dadurch, dass Herr Zunder, ohne sie auszusprechen, auf weitere erzwungene Maßnahmen verweist, noch gesteigert. Seine bereits mehrfach festgestellte Haltung des Zynismus zeigt sich hier erneut, wenn er sich selbst zum eigenen Vorteil zum Erfüllungsgehilfen einer Handlung macht, die er als Zwang verabscheut. Welches die weiteren Maßnahmen im Zusammenhang mit den Testzentren sein sollten, ist unklar („und so weiter"), was seinerseits eine Generalisierung zum Ausdruck bringt: „die Leute" stehen generell unter Zwang, sind in ihrer Freiheit beschränkt (D_{3c}). Diese Deutung lässt sich auf folgende Deutungsregel bringen: ‚Wann immer Freiheit eingeschränkt wird – gleich mit welcher Begründung und Legitimation –, handelt es sich um Zwang und einen Eingriff in die Persönlichkeit' (DR_3) und mittels des Prinzips, das jedes, eben auch jedes durch Solidaritätserfordernisse legitimierte Gebot vor allem eine Einschränkung der Freiheit darstellt, aus dem Schlüsselkonzept *monadische Autonomie* ableiten.

> …/ Finde ich unmöglich. \…

Wenn etwas „unmöglich" ist, so kann es ja nicht auftreten. Wenn wir hingegen etwas ‚unmöglich finden', so bewerten wir etwas als so gravierend unangemessen, dass es nicht möglich sein *sollte*. Indem Herr Zunder das Satzobjekt auslässt, bezieht er sich indirekt auf die Testpraxis (und die angedeuteten weiteren Maßnahmen), und betont zudem seine Empörung. Der Grund für die Empörung, die hier lediglich subjektiv deklariert wird, könnte für ihn die Einschränkung der Freiheit in dem o. g. Sinne sein.

> …/ Finde ich demütigend. \…

Die weitere Einschätzung der Testpraxis (und der angedeuteten weiteren Maßnahmen) als demütigend (D_{3b}) setzt die Einschätzung der Maßnahme als Zwang voraus – und zwar als nicht legitimierten Zwang. Wenn eine Maßnahme als legitimes Erfordernis gerahmt ist, kann sie, da sie ja nicht die Person als Person, sondern in einer bestimmten Eigenschaft – hier als potenziellen Virenträger – betrifft, nicht demütigend sein.

---

[263] ‚Müssen' ist durch das „semantischen Merkmal ‹GEBOT›" (Weinrich 1993, S. 300) gekennzeichnet.

Wir sehen also, dass die Deutungen, die Herr Zunder in bezug auf die Corona-Maßnahmen vorbringt, von dem von uns rekonstruierte Deutungsmuster generiert werden.

(4) Versuch der Falsifizierung der Fallstrukturhypothese

Vorbemerkung

Wie bereits mehrfach betont,[264] hängt es von der klaren Bestimmung einer Fallstrukturhypothese ab, ob sich Falsifikatoren benennen lassen. Auch im Fall, den wir in diesem Abschnitt untersuchen, müssten wir im Material Deutungen finden, die nicht von dem rekonstruierten Deutungsmuster der *libertären Selbstbezogenheit* mit seinem Schlüsselkonzept der *monadischen Autonomie* hervorgebracht worden sein können. Dies würde (DM.F) in bezug auf die Einschätzung der Corona-Maßnahmen bedeuten, dass ihre Ablehnung sachlich begründet würde und eben nicht aus einer die Solidaritätsverpflichtung ausblendenden Wahrnehmung der Maßnahmen als illegitimer Freiheitseinschränkung. Bezüglich der Habitusrekonstruktion wären Stellen aufschlussreich, in denen eine in sich ruhende, sachlich begründete Souveränität – sei es im unternehmerischen Handeln (HF.F.a), sei es im Umgang mit den Corona-Maßnahmen (HF.F.b) zum Ausdruck kommt. – Stellen, die Kandidaten für eine Falsifikation sind, sollen nun analysiert werden.

Zum rekonstruierten Deutungsmuster

Wir ziehen hier nun eine Stelle heran, in der sich a prima vista eine sachliche Begründung für ein Handeln gegen die Maßnahmen zur Eindämmung der Corona-Pandemie findet. Dabei werden wir nicht die detaillierte Sequenzanalyse darstellen, sondern den Gehalt der Argumente prüfen, um dann zu fragen, welche Deutung in diesen Argumenten impliziert ist und inwiefern sie nicht von dem rekonstruierten Deutungsmuster hervorgebracht werden kann.

> #00:12:47-9# HZ: Na ja, die Ausgangssperre war ne Allgemeinverfügung, [I: mmh] Die galt für Jeden. [I: ja genau] So, dann könnt sich aber (-.) jeder einzeln, [I: mmh] ist krass ja? [I: mhm] jeder einzeln konnte sich per allge gegen diese Allgemeinverfügung zur Wehr setzen, [I: mhm] per Klageerhebung [I: mhm mhm] am Verwaltungsgericht Arnsberg. [I: mhm] Und das hat eben ganz viele Menschen gemacht [I: aha okay] und die haben auch Recht bekommen. [I: ah ja

---

[264] Vgl. den Überblick über Schritte der Analyse in Kap. 2, hier den vierten Schritt.

> mhm] Und dann durften wir da hinlaufen und hätten da auch grillen können so
> nach dem Motto, die anderen mussten zu Hause aus dem Fenster rausgucken.
> [I: mhm] Und das zeigt ja, wie paradox das alles ist, [I: mhm mhm] wie abstrus
> und krude.

Herr Zunder führt hier ein Urteil des Verwaltungsgerichts Arnsberg vom 13. Apr. 2020 (6 L 291/21) an, um zu belegen, dass eine bestimmte Maßnahme zur Eindämmung der Corona-Pandemie, nämlich die Verhängung einer Ausgangsbeschränkung „paradox" und sachlich verfehlt war. Dabei nimmt er (a) die Möglichkeit, sich juristisch gegen staatliche Maßnahmen zur Wehr zu setzen, als Argument gegen diese Maßnahmen, und (b) die Tatsache, dass er als Kläger gegen eine Maßnahme Recht zugesprochen bekam, als Beleg für die sachliche Verfehltheit der Maßnahmen.

Wenn nun (ad a) Möglichkeit einer juristischen Überprüfung staatlicher Maßnahmen *nicht* gegeben wäre, müssten wir von einer mangelnden Gewaltenteilung und letztlich von einem autoritären Staat sprechen, der die Freiheit seiner Bürger ohne Begründung und letztlich mutwillig einschränkt. Dann also läge genau das vor, was Herr Zunder als jetzt vorliegend beklagt. – Der Landrat des Märkischen Kreises hat (ad b) das Urteil des Verwaltungsgerichts Arnsberg angefochten und erreicht, dass es durch das Oberverwaltungsgericht NRW neun Tage später, am 22. Apr. 2020, aufgehoben wurde (13 B 610/21). Damit ist der juristischen Einschätzung nach die Maßnahme, gegen die Herr Zunder sich verwahrte, sachlich gerechtfertigt.[265]

Wie lässt sich nun erklären, dass Herr Zunder weder den Widerspruch bzgl. des ersten Punkts sieht, noch bzgl. des zweiten Punkts erwähnt, dass das Urteil aufgehoben wurde? Dies ist nur möglich, wenn (ad a) jegliche – eben auch die legale und gar legitime – Beschneidung der Handlungsmöglichkeiten nur in ihrem einschränkenden, nicht aber in ihrem verpflichtenden und auch eröffnenden, nämlich Leben rettenden Charakter wahrgenommen wird und zudem (ad b) nur diejenigen Urteile für relevant gehalten werden, die diese Deutung unterstützen. Das aber sind Deutungen, die durch das Deutungsmuster der *libertären Selbstbezogenheit* mit dem Schlüsselkonzept der *monadische Autonomie* hervorgebracht werden.

Weitere Kandidaten zur Falsifikation der Rekonstruktion des Deutungsmusters haben sich nicht finden lassen. – Die Falsifikation muss also als gescheitert gelten.

---

[265] „Durchgreifende Bedenken an der Eignung der Ausgangsbeschränkung zur Eindämmung des Infektionsgeschehens ergeben sich nicht" (Oberverwaltungsgericht NRW 13 B 610/21, Abschn. 11, s. auch Abschn. 9).

Zur rekonstruierten Habitusformation

Einen Kandidaten für den Falsifikator HF.F.a (Souveränität im unternehmerischen Handeln) haben wir im Forschungsgespräch nicht finden können. Insofern wenden wir uns nun noch einer Stelle zu, die als Kandidat für den Falsifikator HF.F.b gelten kann, also wo *a prima vista* eine in sich ruhende, sachlich begründete Souveränität im Umgang mit den Corona-Maßnahmen zum Ausdruck kommt – es geht dabei um Hilfe für jemanden, der durch diese Maßnahmen in eine Notlage geraten war.

▶ Bei der Auswahl der Stelle müssen wir dies natürlich berücksichtigen. Generell gilt aber gemäß dem Prinzip der Kontextfreiheit, dass das bei der Auswahl einer Stelle notwendigerweise in Anschlag gebrachte Wissen um den Kontext für die Analyse ausgeblendet wird, wo er zu der zu analysierenden Stelle einen äußeren Kontext darstellt.

> I: Also wir waren bei dem Beispiel. Sie wollten mir erklären, was für Sie sinnvolle Hilfe ist.
> #01:15:30-0# HZ: Ja, genau. \…

Es darf aufgrund der emphatischen Zustimmung nun mit einer entsprechenden Erklärung gerechnet werden.

> …/ Also \…

Entsprechend setzt Herr Zunder zu einer zusammenfassenden Erläuterung an, denn wenn ‚also' zu Beginn einer Äußerung steht, zeigt es – wie es bereits im vorherigen Fall von Frau Reinhold deutlich wurde – an, dass der Sprecher stillschweigend Überlegungen angestellt hat, aus denen er nunmehr schlussfolgert.

> …/ sinnvoll sinnvolle Hilfe äh äh ist für mich zum Beispiel, \…

Offensichtlich steht ihm keine fertige Erläuterung zur Verfügung und er baut die Darstellung nun exemplarisch auf.

> …/ wenn ich jetzt in die direkte Hemisphäre gehe äh \…

Die genaue Analyse dieser rätselhaften Äußerung stellen wir hier nicht dar; da das Forschungesgespräch auf der nördlichen Halbkugel stattfindet, muss diese gemeint sein. Vor dem Hintergrund der Hilfe bezieht sich Herr Zunder vermutlich darauf, dass viele in der südlichen (ärmeren) Hemisphäre helfen wollen; dem stellt er entgegen, dass es sinnvoll ist, in der eigenen Hemisphäre zu helfen, also Solidarität mit der Nahgemeinschaft zu üben.

> .../ vor drei Wochen ist einer gekommen, dem wird gerade das Haus unterm Hintern weggepfändet, \...

Das Beispiel macht deutlich, dass jemand, der Rat oder Hilfe benötigt, zu Herrn Zunder wie zu einer Instanz kommt, die dies geben bzw. gewähren kann.

> .../ dem habe ich n paar tausend Euro gegeben, ja? und dem habe ich gesagt, {das kannst du *xxx* [unverständlich] #01:15:44-4#
> I: geliehen? Geschenkt?} #01:15:45-3#

Was der Grund für die Pfändung war, wird nicht erläutert. Ob es sich um sinnvolle Hilfe handelt, entscheidet sich für Herrn Zunder also nicht daran, ob der in Not Befindliche unverschuldet oder selbstverschuldet in die Not geraten ist; er scheint hier eine caritative Haltung an den Tag zu legen: demjenigen, der in Not ist, unabhängig vom Grund der Not zu helfen. Allerdings wurde zuvor deutlich, dass zunächst die Tatsache, dass er zu ihm gekommen ist, diesen Fall als Beispiel qualifiziert.

> HZ: äh geli-geliehen [I: mmh] ja, ich verschenke nichts. [I: mhm] Also ich sage dann, ich möchte das irgendwann wiederhaben. [I: mmh] Und du wirst dann irgendwann mal ne Möglichkeit finden, [I: mmh] und wirst Leistung erbringen können [I: mmh] und dann gibst du mir das bitte wieder. [I: mmh] Ja? Aber jetzt helfe ich dir gerne. Ungeprüft, ungefragt [I: mmh] Ja, ich kenne den schon länger, und so weiter [I: mmh] und so weiter. \...

Wir kürzen hier die Darstellung der Analyse mittels eines Vergleichs ab. Es ist verblüffend, wie homolog die Darstellung von Herrn Zunder zu der Szene am Beginn der Mafiafilm-Trilogie „The Godfather" (dt.: „Der Pate"; 1972, Regie: Francis Ford Coppola) ist.[266] Der um Hilfe – um „Gerechtigkeit" bittende Bestatter Bonasera (gespielt von Salvatore Corsitto) kommt zum Don Vito Corleone (gespielt von Marlon Brando) (s. Min. 4:31); als dieser ihm schließlich die Bitte gewährt, nachdem jener diesen als „Godfather" anerkannt hat, heißt es: „Irgendwann, möglicherweise aber auch nie, werde ich dich bitten, mir einen Gefallen zu tun." (Min. 6:08) Es wird scheinbar eine Gnade erteilt, die tatsächlich zu einer Abhängigkeit führt. In der Äußerung von Herrn Zunder wird dies letztere deutlich durch die Höflich-

---

[266] https://www.youtube.com/watch?v=YlLdGlaO4gk; zuletzt angesehen am 29. Okt. 2025.

keitsformel in „dann gibst du mir das bitte wieder", das eben hier keine Bitte, sondern eine Forderung ausdrückt, da ja das Wiedergeben durch das (futurisch verwendete) Präsenz als zukünftige Tatsache dargestellt wird. Zugleich kommt hier eine Forderung nach Selbstverantwortlichkeit verstanden als Selbstversorgung zum Ausdruck, die mit dem rekonstruierten Deutungsmuster einhergeht.

> …/ Äh äh das ist eine Hilfe, weil der (pocht auf Tisch) in einer Notlage ist. [I: mmh] Er kann dafür nichts. Ja? [I: mmh] \…

Die zunächst herausgestellte Bedingungslosigkeit einer sinnvollen Hilfe zeigt sich, nachdem die Positionen deutlich gemacht wurden, doch als an Kriterien gebunden, nämlich an das Bestehen einer Notlage und daran, dass der Hilfsbedürftige unverschuldet in sie geraten ist. Dass Herr Zunder hier nicht sagt: ‚das ist eine *sinnvolle* Hilfe, weil…‘, sondern schlicht: „das ist eine Hilfe, weil …" und dabei noch bestärkend auf den Tisch klopft, betont die die Unvermeidbarkeit als Definitionskriterium. Dies verweist wiederum auf das rekonstruierte Deutungsmuster, demgemäß alle solidarische Zuwendung letztlich als Übergriff gedeutet wird – es sei denn, sie wäre (wie eben Hilfe gemäß seiner Definition) nicht vermeidbar.

> …/ Das ist dieses ganze irrsinnige Umfeld, was da gerade passiert. Da ist er nicht der Einzige. [I: mmh] \…

Wir stellen hier nicht die Feinanalyse der Stelle dar und fügen zum raschen Verständnis auch Wissen um den zu dieser Stelle äußeren Kontext ein. Hier geht es um eine Hilfeleistung von Herrn Zunder für jemanden, der – so stellt es Herr Zunder dar – aufgrund der Umstände der Corona-Pandemie in eine Notlage geraten ist. Herr Zunder handelt hier offenbar sachangemessen und nüchtern. Die Pandemie bewirkt ein ‚irrsinniges Umfeld‘, in dem Notlagen entstehen, die zu Hilfe zwingen.

> …/ Und so weiter und so fort. [I: mmh] Ich habe äh aus dem Dunstkreis vom Autokorso, den haben wir mittlerweile schon zwölfmal gefahren, aus dem Dunstkreis vom Autokorso, da sind natürlich unheimlich viele Ungeimpfte; ja, äh da äh äh gibt es dann natürlich auch Jugendliche, äh die haben ein Maskenattest; ja? \…

Die Autokorsos wurden als Protestdemonstration gegen die Corona-Maßnahmen organisiert um der Maskenpflicht auf Versammlungen zu entkommen (vgl. Hercher 2022). Die Gegner der Corona-Maßnahmen waren zu großen Teilen auch Gegner der Impfung. Wenn nun diese mit Jugendlichen, die ein Attest zur Befreiung von der Maskenpflicht haben, also aufgrund einer medizinischen Indikation keine

Maske tragen,[267] zusammentreffen, ist die Gefahr der Infektion besonders groß. Herr Zunder scheint diese Gefahr anzusprechen.

> …/ und die fliegen dann aus die fl die werden dann aus ihrer Lehrstelle
> rausgeschmissen, ja, die dürfen das nicht mehr machen, das nicht mehr machen.
> \…

Dies ist eine dunkle Behauptung. Soll gesagt sein, dass die Jugendlichen (a) aufgrund einer Infektion und damit einhergehenden längeren Erkrankung, (b) aufgrund der Möglichkeit, sich bei dem Autokorso infiziert zu haben, oder (c) aufgrund des medizinische indizierten und attestierten Nicht-Masken-Tragens ihre Lehrstelle verlieren? Alles drei ist faktisch unzutreffend, da keiner der drei Gründe für eine Kündigung ausreicht. Offensichtlich operiert hier ein Vorurteil, das die Vermutung einer Diskriminierung als bare Münze ausgibt.[268]

> …/ Da fängt eine Person eine junge Dame bei uns eine Lehrstelle an, macht die
> dann eben hier. Hier ist eh Maskenverbot, da brauch man auch kein
> Maskenattest, ja? [I: mmh] und so weiter. Und so weiter. [I: mmh] So was, ob
> die das kann oder nicht, äh hat an der Stelle nicht interessiert, [I: mmh] \…

Hier wird deutlich, dass Herr Zunder unterstellt, dass die Jugendlichen mit einem Attest zur Befreiung von der Maskenpflicht aufgrund dieses Attestes diskriminiert werden. Dem wirkt er mit einer Einstellung einer betroffenen Person entgegen. Wenn sich nun „das" auf die Tätigkeit, für die die Person als Lehrling eingestellt wird, bezieht, so ist ungewöhnlich, dass ihre diesbezügliche Eignung keine Rolle spielt. Daran zeigt sich, dass es Herrn Zunder eher darauf ankommt, sich als Unterstützer der Diskriminierten zu inszenieren – und das um den Preis, die betreffende Person zu instrumentalisieren; denn auch der ‚jungen Dame' ist mittel- und erst recht langfristig nicht geholfen, wenn sie auf eine nicht passende Lehrstelle kommt,

---

[267] „Erwachsene, die unter einer Behinderung oder gesundheitlichen Einschränkung wie etwa Asthma leiden, schwerhörige oder gehörlose Menschen und ihre Begleitpersonen können sich oftmals von der Maskenpflicht befreien lassen. / Bei welchen Krankheiten das ärztliche Attest anerkannt wird, sollte man jedoch genau prüfen. Die Vorschriften zum Thema Maskenpflicht und die Corona-Regeln generell werden zwar in Berlin verhandelt, unterscheiden sich jedoch im Detail von Bundesland zu Bundesland" (Sicking 2020).

[268] Eine Kündigung aufgrund einer fehlenden Impfung war für bestimmte Berufe durchaus möglich (vgl. als ein Beispiel: https://www.bundesarbeitsgericht.de/presse/kuendigung-einer-nicht-gegen-das-coronavirus-geimpften-medizinischen-fachangestellten/?highlight=k%C3%BCndigung+impfverweigerung; zuletzt angesehen am 14. Mai 2025); allerdings ergab sich das nicht aus der Teilnahme an dem Autokorso.

denn dass eine Lehrstelle, die den primären Zweck hat, kurzfristig aus einer Notlage zu befreien, zu einer biografisch passenden Weichenstellung führt, ist unwahrscheinlich.

    …/ So was mache ich total gerne. [I: mmh] \…

Entsprechend stellt Herr Zunder auch heraus, dass ihm dieses Agieren Freude bereitet.

    …/ Ja, also im Rahmen äh der Möglichkeiten äh auf etwas \…

In der hier nachfolgenden Erläuterung könnte nun doch wiederum die Freude am Gelingen zum Ausdruck kommen, unter Anerkennung schwieriger Rahmenbedingungen eine Problemlösung zu erreichen (etwa: ‚auf etwas zu kommen, dass das Problem löst‘).

    …/ polarisie \…

Hier allerdings unterläuft Herrn Zunder nun eine Äußerung, deren Bedeutung er zwar im Aussprechen erkennt und entsprechend korrigiert, die aber doch zum Ausdruck bringt, dass es ihm nicht auf die Problemlösung ankommt, sondern auf das Polarisieren selbst, das die Lösung darstellt. Im Vordergrund steht das genussvolle Unterlaufen der Corona-Maßnahmen, also das Vorführen derjenigen, die sie verhängt haben und derjenigen, die sie befolgen.

    …/ nich polarisieren, fokussieren, \…

Durch die Korrektur, die Herr Zunder explizit vornimmt, zeigt, dass das Fokussieren, um das es ihm manifest geht, latent dem Polarisieren dient – es handelt sich hier, so kann man mit Freud sagen, um einen „Fall von Selbstverrat durch Versprechen" (1904/1955, S. 98).

    …/ ja wo man dann noch nebenbei noch was Gutes und meiner Meinung nach richtig Sinnvolles tun kann, das mach ich sofort. \…

Und selbst in der Erläuterung des Fokussierens wird noch deutlich, dass das Hauptziel seines Agierens hier nicht die Hilfe („was Gutes") und die Problemlösung („was […] richtig Sinnvolles") ist, erfolgen diese doch nur nebenbei. Das, was das Hauptziel ist, bleibt manifest unausgesprochen und verrät sich als latentes nur durch die sprachliche Fehlleistung. – Eine in sich ruhende, sachlich begründete

Souveränität im Umgang mit den Corona-Maßnahmen[269] liegt hier offensichtlich nicht vor. Insofern ist der Versuch einer Falsifikation gescheitert.

▶ Falls, wie hier, der Versuch einer Falsifizierung scheitert, ist dies der beste zu erzielende Beleg dafür, dass die in der Analyse erarbeiteten Rekonstruktionen, hier das rekonstruierte Deutungsmuster und den hier rekonstruierten Habitus, schlüssig sind. Sie werden auf diese Weise indirekt: durch den nicht gelingenden Versuch ihrer Widerlegung, bestätigt – dafür ist es unabdingbar, dass es sich um einen ernsthaften Versuch handelt, der diejenigen Stellen heranzieht, die eine maximale Chance auf Widerlegung bieten.

(5) Zu den zusammenfassenden Erkenntnissen[270]

Zusammenfassende Erkenntnisse zum Deutungsmuster

Die folgende Skizze soll, wie bereits bei den vorhergehenden Fällen, eine verdichtende Zusammenfassung der Erkenntnisse zum Deutungsmuster veranschaulichen (Abb. 3.7).

Wir haben im analysierten Text Deutungen (D) vorgefunden, die wir auf Deutungsregeln (DR) bringen konnten. Bei der Bestimmung der Deutungen haben wir zwischen ihnen Inkonsistenzen festgestellt, die dem Gesprächspartner offensichtich nicht auffielen; dies ist im Schema durch einen Blitz oberhalb des Ovals dargestellt. Wir haben dann nach einem Zusammenhang zwischen den Deutungen bzw. den sie generierenden Deutungsregeln gesucht, der zugleich erklärte, dass die Inkonsistenzen nicht gesehen wurden. Diesen Zusammenhang fanden wir in dem Schlüsselkonzept (SK) der *monadischen Autonomie*, aus dem Prinzipien (Prz) hervorgehen, die die Inkonsistenz zwischen den Deutungen als konsistent erscheinen lassen – im Schema durch das Abblenden des die Inkonsistenzen darstellenden Blitzes symbolisiert.

Im folgenden stellen wir, bezugnehmend auf das Schema, die im Text ausformulierten Erkenntnisse nochmals knapp dar. Wir stellten fest, dass Herr Zunder

---

[269] Damit ist auch deutlich, dass Herr Zunder nicht davon ausgeht, dass die Pandemie ein ‚irrsinniges Umfeld' bewirkt, sondern die Corona-Maßnahmen.

[270] In Kap. 2 haben wir bereits darauf hingewiesen, dass aufgrund der Ausrichtung des vorliegenden Buches auf die Rekonstruktion von Deutungsmustern und Habitus deren Genese nur beim ersten Fall knapp exemplarisch angerissen wurde. An die Stelle dieses sonst durchzuführenden Schrittes tritt in den Fällen zwei bis vier die Darstellung *zusammenfassende Erkenntnisse* zu Deutungsmuster und Habitus des jeweiligen Falles. – Allerdings kann in diesem vierten Fall ausgehend von unserer Rekonstruktion durchaus eine Vermutung zur Übernehme des Habitus angestellt werden, die wir unten wiedergeben.

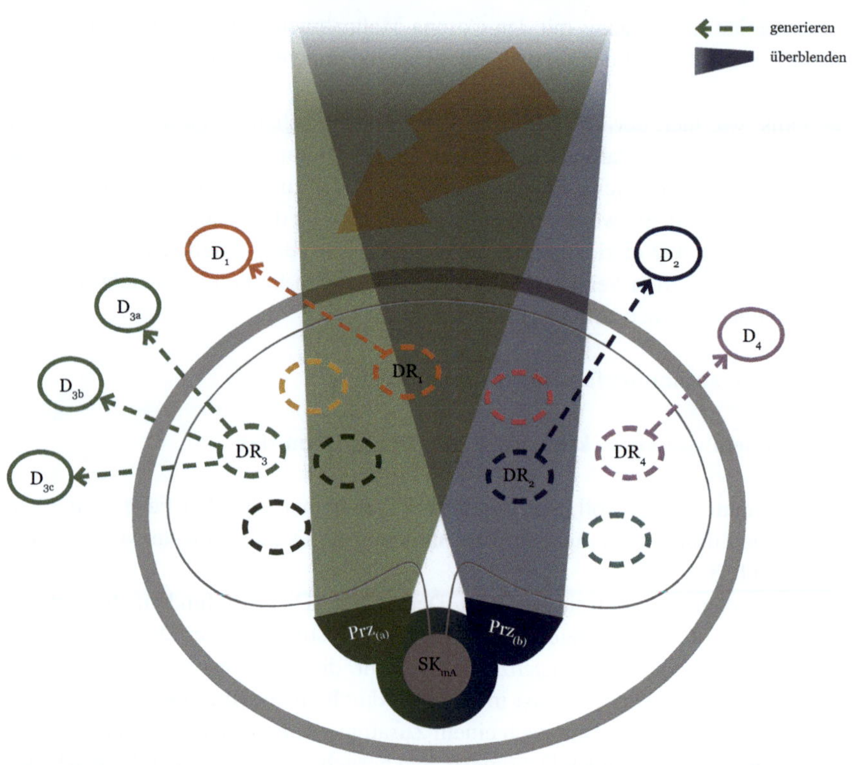

Abb. 3.7 Schematische Darstellung des Deutungsmusters der *libertären Selbstbezogenheit* mit dem Schlüsselkonzept der *monadischen Autonomie* im Fall Zunder (Erläuterung der Siglen im folgenden Text) (Idee: T. Loer/U. Fischer; Umsetzung: Nadine Roskamp (Dortmund))

das offene Äußern von Meinungen als unangenehm deutete (D₁). Dieser Einschätzung liegt die Deutungsregel zugrunde ‚Wann immer Meinungen vom Mainstream abweichen, wird dies sanktioniert.' (DR₁) Zugleich fanden wir die dazu in Spannung stehende Deutung des Austauschs von Meinungen als Wettstreit (D₂), welche von der Deutungsregel ‚Wann immer Meinungen ausgetauscht werden, bleiben sie unverändert.' (DR₂) hervorgebracht wird.

Ähnlich bei folgenden Deutungen: die Corona-Tests als übergriffig (D₃ₐ) und entwürdigend (D₃ᵦ) sowie als puren Zwang (D₃ᵨ), die durch die Deutungsregel ‚Wann immer Freiheit eingeschränkt wird – gleich mit welcher Begründung und Legitimation –, handelt es sich um Zwang und einen Eingriff in die Persönlichkeit' (DR₃) hervorgebracht werden und sich als inkonsistent erwiesen mit der Deutung des unternehmerischen Handelns als grundsätzlich vor allem pragmatisch (D_4) mit der Deutungsregel ‚Wann immer sich eine Gewinnchance bietet, wird sie ohne Bedenken genutzt‘ (DR_4).

Nachdem wir nun das Schlüsselkonzept *monadische Autonomie* (SK_{mA}) rekonstruiert und von ihm hervorgebrachte Prinzipien – ‚Richtig zu handeln heißt, dem eigenen Maßstab zu folgen.‘ (Prz_a) und ‚Dem eigenen Maßstab zu folgen ohne Rücksicht auf die reziproke Beziehung zu anderen, macht das Handeln unmittelbar zu einem richtigen.‘ (Prz_b) – bestimmen konnten, ließ sich zeigen, dass im Lichte dieser Prinzipien ein Zusammenhang unter den Deutungsregeln und ein nun konsistent erscheinender Zusammenhang zwischen den Deutungen wahrnehmbar sind und die Inkonsistenzen, die durch die Analyse aufgedeckt wurden, verschwinden. Die Deutungsregeln sind dabei mit den Prinzipien und dem Schlüsselkonzept kompatibel, können aus ihm abgeleitet werden, ohne allerdings zwingend aus ihm hervorzugehen. Es stellen also die rekonstruierten Deutungsregeln Auswahlen aus einem durch das Schlüsselkonzept eröffneten Optionenraum dar. Ihr systematischer Zusammenhang wird durch die aus dem Schlüsselkonzept hervorgehenden Prinzipien gebildet. Das Musterhafte des Deutungsmusters ist folglich Ausfluss dieses Zusammenspiels von Schlüsselkonzept, Prinzipen und Deutungsregeln. Damit können wir durch die Rekonstruktion des Deutungsmusters, das wir auf den Begriff der *libertären Selbstbezogenheit* gebracht haben, auch in diesem Fall zeigen, dass die Abschn. 1.3 herausgearbeiteten heuristische Merkmale[271] erfüllt sind – Diese Momente sollen in Kap. 4 weiter aufgeschlossen werden, um den Begriff des Deutungsmusters prägnanter zu fassen.

Zusammenfassende Erkenntnisse zum Habitus

Im folgenden sollen nun auch knapp die Erkenntnisse zum Habitus verdichtend veranschaulich werden. In sich durchaus konsistente Handlungen (H) konnten wir auf einen Habitus zurückführen, der als ‚*exaltierte Selbstbehauptung bei gleichzeitigem Bemühen um Anerkennung*‘ bezeichnet werden kann (Abb. 3.8). Wir ziehen hier exemplarisch drei Handlungen heran (s. o.): ‚Herausheben der eigenen Besonderheit‘ (H_1), ‚sich starr an Regeln halten‘ (H_2) sowie ‚etwas sagen

---

[271] (1) Deutungsmuster sind *erkenntnislogisch wie Theorien* als Argumentationszusammenhänge strukturiert. / (2) Deutungsmuster operieren als ‚tacit knowing‘. / (3) Deutungsmuster reagieren auf deutungsbedürftige *Handlungsprobleme*. / (4) Deutungsmuster strukturieren und orientieren die Alltagspraxis. / (5) Deutungsmuster *bringen für die* individuelle Lebenspraxis angemessene *Deutungen hervor*. / (6) Deutungsmuster lassen *Inkonsistenzen als konsistent erscheinen*.

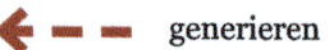

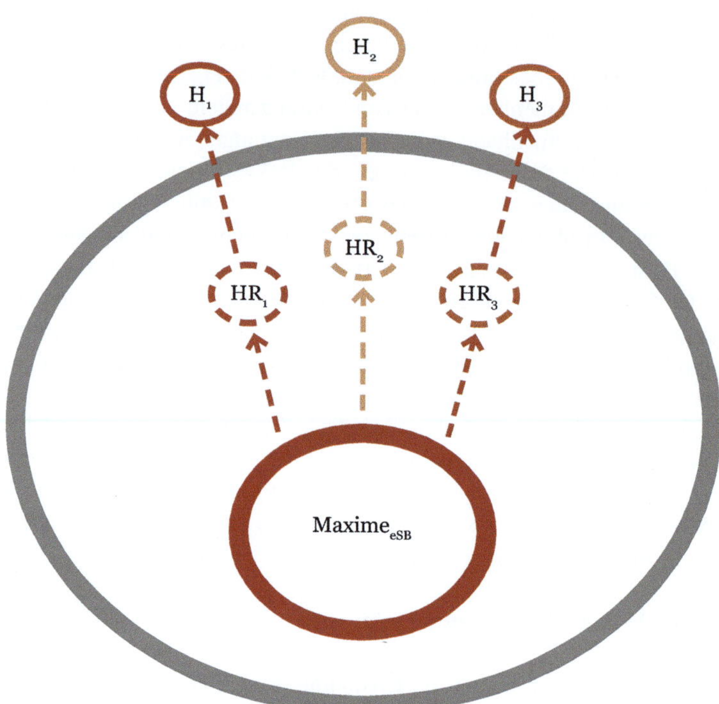

Abb. 3.8 Schematische Darstellung des Habitus der *exaltierten Selbstbehauptung bei gleichzeitigem Bemühen um Anerkennung* (Fall Zunder) (Erläuterung der Siglen im folgenden Text) (Idee: T. Loer/U. Fischer; Umsetzung: Nadine Roskamp (Dortmund))

ohne Rücksicht auf die Gesprächssituation' (H_3). Die entsprechenden Handlungsregeln lassen sich in etwa wie folgt formulieren: ,Wann immer du dich einer möglichen Einschüchterung gegenüber siehst, trete betont selbstsicher auf!' (HR_1) – ,Folge einer einmal gewählten Maxime ohne Abweichung in jedweder Situation!' (HR_2) – ,Setze in jedem Gespräch ohne Rücksicht auf dessen besonderen Verlauf das Thema!' (HR$_3$). Alle diese Handlungsregeln lassen sich auf eine Maxime[272] zurückführen, der wir folgende Formulierung geben können: ‚Im Zweifel tue ich das, was mich als besonderen und besonders souveränen Menschen erscheinen lässt' (Maxime$_{eSB}$). Dieser Habitus passt so gut zu dem rekonstruierten Deutungsmuster der *libertären Selbstbezogenheit* mit dem Schlüsselkonzept der *monadischen Autonomie*, dass man vermuten kann, dass die Übernahme des Deutungsmusters und die Enkulturation in die Habitusformation Hand in Hand gingen.

Zusammenfassende Erkenntnisse zur Relation von Deutungsmuster und Habitus

Das Passungsverhältnis vom bei Herrn Zunder rekonstruierten Habitus und dem Deutungsmuster der *libertären Selbstbezogenheit* liegt, wie soeben benannt, auf der Hand. Die von dem Schlüsselkonzept der *monadischen Autonomie* generierten Deutungsregeln können geradezu der Selbstrechtfertigung[273] angesichts der prätendierten Souveränität dienen. Dabei überblenden die Prinzipien die Inkonsistenzen, die sich daraus ergeben, dass die Souveränität sich als exaltierte Selbstbehauptung zeigt, die aber zugleich von einem verspürten Mangel an Anerkennung grundiert ist.

Kurze Ergänzung zur Genese des Habitus

Auch wenn wir, wie mehrfach ausgeführt, im Rahmen dieser Einführung die Rekonstruktion der *Bildung des Habitus* durch den Fall nicht leisten können, ist es doch naheliegend, dass hier eine nicht gelungene Ablösung in der Adoleszenz vorliegt. Der bei Herrn Zunder rekonstruierte Habitus gleicht nämlich der Struktur des adoleszenten Beharrens auf Autonomie mittels Abweichung (s. o.) und damit einhergehender Selbstcharismatisierung.

---

[272] Anders als bzgl. der ausgesprochenen Maxime von Herrn Zunder (s. o., Fn. 216) bezeichnen wir hier, wie bereits im ersten Fall angemerkt, mit ‚Maxime' eine rekonstruierbare höchste „handlungsleitende Regel" (Bubner und Dierse 1980, Sp. 943), der im Zweifel ohne Willen und Bewusstsein gefolgt wird (vgl. Loer 1996 [Halbbildung], S. 310–312), auf die sich, so unsere Annahme, der Habitus bringen lässt.

[273] Zur konstitutiven Funktion der Selbstrechtfertigung für die Lebenspraxis s. den Abschnitt *Entscheiden und Selbstrechtfertigung* in Abschn. 1.2.

Zum adoleszenten Beharren auf Autonomie durch Abweichung[274]
Bekanntermaßen begehen besonders Jugendliche des öfteren Normver-
letzungen, was in unserer Gesellschaft als normal gilt. Wir haben oben
(Abschn. 1.2) gesehen, dass im Handeln durch Regeln Optionen eröffnet
werden und es damit unumgänglich ist, sich zu entscheiden. Das heißt durch
die Konstitution von Handlungsoptionen wird das Subjekt der Handlung
überhaupt erst in die Lage gebracht, frei entscheiden zu können, wobei es
damit zugleich nicht umhin kann eine Entscheidung zu treffen. Jugendliche
können dies nun ‚nutzen', um sich in einem Entscheiden, das ihnen als Entscheidungsinstanz zurechenbar ist, als autonom zu erweisen. Darin: im Sich-
als-autonom-Erweisen, besteht eine der zentralen „developmental tasks"
(Havighurst 1953) in der Adoleszenz. Wenn der Jugendliche nun diejenige
Option wählt, die auch normativ geboten ist, wird nicht deutlich, dass es sich
um eine autonome Entscheidung handelt und nicht lediglich um das Befolgen einer Normvorgabe. Nur in dem Fall, in dem der Jugendliche eine
Option wählt, die normativ nicht bzw. normativ negativ ausgezeichnet ist,
kann er also deutlich machen, dass er sich tatsächlich autonom entschieden
hat. Die Normverletzung der Jugendlichen ist also Bestandteil der Lösung
eines spezifischen Handlungsproblems: der „Entwicklungsaufgabe" der
Autonomie-Erlangung.

Diese Struktur finden wir nun auch bei Herrn Zunder, der seine Besonderheit stets
durch Abweichung vom Gegebenen hervorkehrt; insofern wäre bei der
Untersuchung der Genese seines Habitus der Phase der Adoleszenz in nochmals
gesteigerter Weise Aufmerksamkeit zu schenken.

(6) Überlegungen zu weitergehende Fragen

Neben den weiteren Fragen zur Genese der Fallstrukturgesetzlichkeit wäre in
Bezug auf Herrn Zunder insbesondere zu klären, ob und wie die bisher rekonstruierte Fallstruktur auch seinen unternehmerischen Erfolg erklären könnte –
dies steht zwar inhaltlich nicht im Fokus unserer Frage, da es um die ablehnende
Haltung zu den Corona-Maßnahmen geht, gleichwohl könnte so die Rekonstruktion des Habitus erweitert und ihre Tragfähigkeit gesichert werden. Hierzu haben
wir oben (Abschnitt (3)) bereits erste, noch unzureichende Ergebnisse erarbeiten

---

[274]Vgl. hierzu Loer 2008 [Norm], S. 174–177.

können. – Für den Fokus unserer Fragestellung wäre die Haltung zur Demokratie und die Reichweite des Misstrauens in staatliche Institutionen weiter zu untersuchen, um so die Rekonstruktion des Deutungsmuster anzureichern.

3.6 Strukturgeneralisierung: libertäre Selbstbezogenheit, monadische Autonomie und korrespondierende Habitus

Die hier präsentierten Fallanalysen stehen für vier konkrete Beispiele von Personen, die die Maßnahmen zur Eindämmung der Corona-Pandemie abgelehnt haben. Gemessen an der Zahl von Gegnern der Maßnahmen sind diese Vier eine sehr kleine Auswahl von in Frage kommenden Personen. Denn auch wenn keine konkreten Schätzungen vorliegen und es sich bei den Maßnahmen-Gegnern – also denjenigen, die konkret Impfungen und 2G-Regelungen ablehnen – um eine Minderheit der erwachsenen Bevölkerung handelt, so nehmen sie aber je nach Maßnahme ein Drittel der repräsentativ Befragten einer Studie ein (Schulz und Faus 2022, S. 9). Dass sich die rekonstruktive Forschung anhand von „Einzelfällen" – wie es als Kritik oft abwertend vorgebracht wird – allgemeiner Phänomene annimmt, muss methodologisch begründet werden. In Frage stehen damit sowohl der erkenntnislogische Vorgang der Verallgemeinerbarkeit der gewonnen Erkenntnisse als auch ihre Reichweite. In Kap. 2 haben wir das Vorgehen der kontrastiven Fallauswahl besprochen. Streng genommen reicht aber ein einzelner Fall, um in seiner Gestalt Hinweise auf das Allgemeine zu erkennen.

Oevermann bezieht sich in der Begründung der Generalisierbarkeit auf die Dialektik von Allgemeinem und Besonderem und stellt fest: „Jede abgeschlossene Fallrekonstruktion stellt in sich eine Strukturgeneralisierung dar, insofern sie einen Typus repräsentiert, dessen Allgemeinheit unabhängig davon gilt, wie häufig er in einer Grundgesamtheit als ‚token' vorkommt." (Oevermann 2004 [quanti], S. 469)[275] Insofern können wir festhalten, dass sowohl die aus den Forschungsgesprächen mit Holger Zunder und Milena Reinhold als auch die aus den edierten Texten von Ulrike Guérot und Manfred Kölsch jeweils rekonstruierten Deutungsmuster und Habitus zwar Fallstrukturgesetzlichkeiten dieser Fälle prägen, aber zugleich Bildungsmög-

---

[275] Oevermann unterscheidet an der Stelle „Strukturgeneralisierungen in sechs verschiedenen Dimensionen" (ebd.; vgl. Oevermann 2000 [Fallrek], S. 116–129). diejenigen, die quasi „nebenbei vorgenommen" werden und sich lediglich unvermeidlicherweise mit ergeben (## 2, 3, 4 u. 6) nehmen wir hier nicht auf; vielmehr fokussieren wir diejenige Strukturgeneralisierung, die auf allgemeine Erkenntnis abzielt.

lichkeiten für viele andere Fälle darstellen. Auch andere Fälle könnten dem Deutungsmuster der *libertären Selbstbezogenheit* mit dem Schlüsselkonzept der *monadischen
Autonomie* anhängen und ein entsprechendes Verständnis von Freiheit und Solidarität entwickeln. Und auch andere Fälle können eine Haltung der Selbstüberhöhung
und des durchblickerhaften Kämpfers für die Demokratie bei gleichzeitiger Selbstmarginalisierung und der Selbstzuschreibung eines Opferstatus (Kölsch), eine Haltung der abgeschotteten Selbstgewissheit (Guérot und Kölsch) oder des distanzierten
Selbstverhältnisses einer verzagten Existenz (Reinhold) bzw. der rücksichtslosen
Selbstbehauptung eines inhaltslosen Rigoristen (Zunder) annehmen. Damit – sofern
wir einmal ohne die Analyse weiteren Datenmaterials diese vorsichtige Hypothese
über die bildungsgeschichtliche Motivierung der Übernahme des Deutungsmusters
und der Enkulturation in die entsprechende Habitusformation entwerfen dürfen –
können auch andere Fälle einer Irritation oder Schwächung der Identität vorbauen
und sich vor Kritik schützen. Der sich daraus ergebende Lebensmodus der Harmonie
ist eine Antwort auf die Sinnfrage, der möglicherweise etwas damit zu tun hat, dass
dessen Träger „in einer Epoche der gemachten Betten großgeworden" sind (Hartmann 2024, S. 40). Darüber stehen die Enkulturation in die entsprechende Habitusformation und die Übernahme des Deutungsmusters auch in Zusammenhang mit der
psychischen Formation, haben u. U. etwa eine psychologisch erklärbare Funktion
des Selbstschutzes. Der Zusammenhang von psychischer Formation und Habitus, der
in der Tradition der Kritischen Theorie mit dem Begriff des Sozialcharakters eher
verdeckt als aufgeklärt wurde, ist nach wie vor ein Forschungsdesiderat, das wir hier
nicht befriedigen können – einige Hinweise finden sich im Zuge der Begriffsklärung
in Kap. 4.

Weiterhin „stellt jede rekonstruierte Fallstruktur eine je konkrete Variante einer
einbettenden, übergeordneten Fallstrukturgesetzlichkeit dar und liefert über sie
eine allgemeine Erkenntnis" (Oevermann 1996/2004 [Manifest], S. 116) Hier
haben wir vier konkrete Fälle jeweils im Hinblick auf die bei ihnen wirkenden
Deutungsmuster und ihre Habitus untersucht, die je eine „konkrete Variante" der
Deutung des politischen Zusammenhalts in einer Krise wie der Haltung zu dieser
Krise darstellen. Die Fallrekonstruktionen lieferten insofern über diese beiden
Punkte „eine allgemeine Erkenntnis", als wir den Fällen entnehmen konnten, dass
das Deutungsmuster der *libertären Selbstbezogenheit* mit dem Schlüsselkonzept
der *monadischen Autonomie* es erlaubt, sich zu der Krise in einer *je spezifischen
Weise von kognitiven und emotionalen Herausforderungen zu entlasten bzw. aus
ihnen Kapital zu schlagen.* Zudem wurden entsprechende Habitus deutlich, die für
die (nicht nur) in der Corona-Krise zu findende unversöhnliche Spaltung zumindest
mit verantwortlich sind. Dadurch, dass die Fälle in der Dimension der Explizitheit
der Deutungen (s. Kap. 2) kontrastieren, haben wir eine relativ große Sicherheit er-

reicht, durch die Analysen der besonderen Fälle den Gegenstand des Deutungs-musters in seiner Allgemeinheit auf den Begriff gebracht zu haben (s. Kap. 2 zur Validität und zur kontrastiven Fallauswahl). Gleichwohl hätte eine Folgestudie auf größere und klarere Kontrastivität zu achten. – Zudem stellte jede der Fall-rekonstruktionen „eine lebenspraktische Problemlösung vor, die in einem Bil-dungs- und Individuierungsprozeß entwickelt wurde" (Oevermann 2004 [quanti], S. 469). Soweit wir Aussagen zur Genese der jeweiligen Deutungsmuster und Ha-bitus machen konnten (s. insbesondere den Abschnitt 5 der ersten Fallanalyse), haben wir andeuten können, dass diese eine Antwort auf ein Deutungs- bzw. Hand-lungsproblem darstellen: auf die Krise der politischen Gemeinschaft angesichts der Bedrohung durch einen Virus, und die damit verbundenen Herausforderungen der je spezifischen eigenen Lebenspraxis. Zu diesen Deutungs- und Handlungs-problemen ließen sich auch andere mögliche Antworten entwerfen, wozu wir durch die Entfaltung der Folie eines substanziell reziproken Freiheitsbegriffs Hinweise gegeben haben.

Nun stellt sich über die hier gefundenen Deutungsmuster und Habitus hinaus-gehend die Frage, in welchem Zusammenhang sie zueinander stehen und wie zwingend dieser ist. Mit anderen Worten: Führen die Haltungen von Selbstüber-höhung, der inszenierten Selbstbedeutsamkeit oder der abgeschotteten Selbstge-wissheit, der unlebendigen Praxis und erstarrter Autonomie mehr oder weniger automatisch zur Deutung der Corona-Maßnahmen als unverhältnismäßig und daher abzulehnende Freiheitseinschränkungen? Sind sie also zwangsläufig mit dem Deutungsmuster *libertärer Selbstbezogenheit* verknüpft? Die Passung zwi-schen den Ausformungen des Deutungsmusters und des Habitus wurde im jeweili-gen Fall von uns herausgearbeitet, etwa wenn die Unterstellung der Unverhältnis-mäßigkeit der Maßnahmen abgesichert wird durch Emotionen statt überprüfbarer Argumente und automatisch zur Annahme verborgener, undemokratischer Ziele des Regierungshandelns führt (wie bei Reinhold). Oder lassen sich andere Habitus denken, die ebenso zu einem Deutungsmuster der *libertären Selbstbezogenheit* kommen? Eine Folgestudie müsste in diesem Sinne kontrastive Fälle untersuchen: anders gelagerte Habitus bei möglicherweise gleichem Deutungsmuster ebenso wie ähnliche Habitus, die aber zu anderen Deutungen der Corona-Maßnahmen führen. Beide Richtungen sind denkbar, wenn auch nicht gleich wahrscheinlich.

Trotz dieser offenen Punkte lassen die Fallrekonstruktionen einige Schluss-folgerungen für die eingangs (Kap. 2) aufgeworfenen Fragen zu: Das Demokratie-verständnis, das sich in den Fällen findet, ist charakterisiert durch eine Gemein-schaftsbildung der like-minded (Guérot) bzw. der Guten (Kölsch) oder es wird als Nebeneinander von gleich-gültigen Standpunkten gesehen (Reinhold) bzw. als Wettstreit, in dem der Unterlegene untergeht (Zunder). Keineswegs aber findet sich ein deliberatives Ringen um das bessere Argument, um zu einer möglichst guten Krisenlösung zu gelangen, die die anderen Positionen würdigt und schließlich mehrheitsfähig ist. Allen Fällen gemein ist die Skepsis gegenüber den politischen Institutionen bzw. den politischen Verantwortungsträgern bis hin zur Wissenschaft und den Medien, denen unlautere Motive der Kontrolle und Unterwerfung unterstellt werden. Insofern herrscht starkes Misstrauen in das demokratische System und die politischen Prozesse. Als Mittel zur Stärkung der Demokratie und des gesellschaftlichen Zusammenhalts sehen die Protagonisten eine stärkere Transparenz und Repräsentanz ihrer eigenen Deutungen in der politischen Öffentlichkeit. Auf Grundlage des rekonstruierten Deutungsmusters der *libertären Selbstbezogenheit* und aufgrund der habituellen Selbstüberhöhung bedeutet diese Vorstellung allerdings die Durchsetzung der eigenen Überzeugung als der einzig wahren. Die Spanne für einen offenen Dialog ist damit von vornherein begrenzt, womit auch der gesellschaftliche Zusammenhalt nur unter Seinesgleichen – also als gespaltener – gedacht werden kann.

So bleibt schließlich fraglich, welche Maßnahmen, Prozesse oder Reformen nötig wären, um diese Deutungen und Haltungen zum Umgang mit einer weitreichenden Krise der Gesellschaft – wie es die Corona-Pandemie exemplarisch darstellt – zu öffnen hin zu einer Solidarität und Verantwortung umfassenden Vorstellung des Sozialen. Da habituelle Dispositionen nicht einfach veränderbar sind, sondern einen fallspezifischen Bildungsprozess voraussetzen, wäre zu überlegen, durch welches Äquivalent die Funktion gesichert wäre, die die Selbstüberhöhung erfüllt, ohne in Deutungsmuster der Abschottung und Selbstbezogenheit zu führen. Vertrauensbildende Maßnahmen, wie die konsequente und transparente Aufarbeitung der Corona-Politik, drängen sich hier auf, werden so in der politischen Öffentlichkeit diskutiert und länderspezifisch auch eingesetzt.[276] Unsere Analysen zeigen aber, dass auch das Misstrauen in die Institutionen eine selbstvergewissernde und gemeinschaftsbildende Funktion hat, die nicht einfach aufgegeben werden kann.

---

[276]Zum Beispiel Hessen, Sachsen und Brandenburg haben – v. a. auf Betreiben der AfD – solche Untersuchungsausschüsse eingesetzt. Siehe etwa hier: https://hessischer-landtag. de/pressemitteilungen/konstituierende-sitzung-des-untersuchungsausschusses-una-211-corona; oder hier: https://www.landtag.sachsen.de/de/parlament/ausschuesse-und-gremien/ausschuss/164 oder hier: https://www.landtag.brandenburg.de/de/meldungen/untersuchungsausschuss_7/1_informiert_ueber_den_abschluss_des_verfahrens/36052; und am 10.7.2025 beschloss der Bundestag die Einsetzung einer Enquete-Kommission „Aufarbeitung der Corona-Pandemie und Lehren für zukünftige pandemische Ereignisse" https://www.bundestag. de/dokumente/textarchiv/2025/kw26-de-corona-aufarbeitung-1094374 (alle zuletzt gesehen am 29. Okt. 2025).

Durch eine Erweiterung der Analysen um Fälle von Befürwortern der Maßnahmen könnten zukünftig Hinweise gewonnen werden auf Differenzen in Habitus und Deutungsmustern zu staatlichem Handeln, demokratischen Prozessen und schließlich zu individuellem verantwortungsvollen Handeln in Bezug auf den gesellschaftlichen Zusammenhalt. Anzunehmen ist, dass sich dort nicht nur andere habituelle Dispositionen finden, sondern diese auch mit anderen Deutungen verbunden sind, die ihrerseits von einem differierenden Deutungsmuster generiert werden. So wäre zu untersuchen, inwiefern sich ein Freiheitsverständnis zeigt, das Solidarität beinhaltet, und mit welchen habituellen Dispositionen es korrespondiert. Schließlich wäre es aufschlussreich, die Genese solcher Haltungen und Deutungen besser zu verstehen, um den demokratischen Prozess, seine Institutionen und das politischen Handeln insgesamt zu stärken.

3.7 Zur Ergebnisdarstellung – das Problem der Verdichtung

Den Begriff, auf den der Gegenstand in einer wissenschaftlichen Untersuchung gebracht wurde, klar und deutlich darzustellen, heißt stets, den Begriff zu explizieren und in dieser Explikation die Sache zum Sprechen zu bringen, nicht aber lediglich den Begriff zu benennen und die Sache ihm zu subsumieren. Es geht einerseits darum, die Entfaltung des Begriffs aus der Sache, die im Laufe der Untersuchung erfolgt, sichtbar zu machen und die Argumentation transparent zu halten. Dabei darf andererseits die begriffliche Explikation und damit die begriffliche Explizitheit und Prägnanz nicht einer vermeintlichen Lebendigkeit der Sache geopfert werden. Wir haben oben (s. Kap. 2) darauf hingewiesen, dass viele nicht-rekonstruktive unter den sogenannten qualitativen Methoden an die Stelle der zu explizierenden begrifflichen Totalität ein vollständiges Ausschöpfen in einem deskriptiven Sinne setzen. Dies stellt ein unergiebiges Verfahren dar, da an der Sache nichts aufgeschlossen wird. Eine analoge Gefahr besteht bei objektiv-hermeneutischen Fallanalysen darin, die Detailliertheit der Analyse, die wesentlich auf das Erwägen und Verwerfen einer Vielfalt von Geschichten und Lesarten angewiesen ist, in der Darstellung zu reproduzieren.[277] Dies führt nicht nur dazu, dass der Leser ermüdet,

---

[277] Solche wenig aufschlussreichen Ergebnisse finden sich manchmal in Qualifikationsarbeiten (durchaus bis zu Habilitationen), wenn diese auf gemeinsame Analysesitzungen zurückgehen und sich in großem Maße oder gar im wesentlichen darauf beschränken, die Sitzungsprotokolle wiederzugeben.

sondern bewirkt vor allem, dass die Prägnanz verlorengeht und eine begriffliche Bestimmung der Sache kaum entfaltet wird.

Für den Darstellungsprozess ist zunächst wichtig sich klarzumachen, dass er sich vom Erkenntnisprozess unterscheidet. Während die (gemeinsame) Analysetätigkeit zu genauesten und damit ausführlichen, oft seitenlangen Protokollen führt, gestaltet sich der Darstellungsprozess als Verdichtung. Die Kunst der Darstellung besteht folglich darin, aus der Fülle des Materials der Analyseprotokolle nicht nur die zum Verständnis der Fallstruktur relevanten Stellen auszuwählen, sondern aus den ebenfalls reichhaltigen Belegen zur Fallstruktur, ihren Anreicherungen, Vertiefungen, Ergänzungen und Falsifizierungen eine nochmalige Pointierung vorzunehmen. Man kann es sich vorstellen wie das Reduzieren einer schmackhaften Sauce: für die gewünschte Konsistenz braucht es nicht nur Zeit zum Ziehen, sondern das Ergebnis ist in der Menge weniger, aber dafür intensiver im Geschmack. Was genau zu den verwendeten Zutaten – den ausgewählten und pointiert dargestellten Stellen – gehört, entscheidet sich immer entlang der Fragestellung unter dem Kriterium der intersubjektiven Nachvollziehbarkeit. Eine Frage, die häufig von methodischen Anfängern gestellt wird, lautet: Wie viele Stellen sollen ausgewählt werden? Oder: Wie ausführlich muss deren Darstellung sein? Dies kann nicht allgemein, sondern immer nur am konkreten Fall beantwortet werden.

Die Gliederung jedoch ist allen dargestellten Fallrekonstruktionen gemein. Nicht zufällig folgt nach der Analyse der Pragmatischen Rahmung die Analyse der datentypischen Eröffnung und einer thematisch einschlägigen Stelle zur Bildung einer ersten Fallstrukturhypothese – in allen Fällen waren dies die Anfänge des jeweiligen Materials, ob Buchdeckel, Briefbeginn oder Beginn der Verschriftung des Forschungsgesprächs. Danach untersuchten wir Stellen zur Anreicherung und Präzisierung der Fallstrukturhypothese sowie immer auch Stellen mit der Absicht, die gefundenen Ergebnisse zu falsifizieren. Dieses Vorgehen ist nicht nur für den Analyseprozess wegweisend, sondern sollte auch jede Darstellung in der gebotenen Kürze aufweisen, um die Nachvollziehbarkeit der Ergebnisgenerierung zu sichern. Nicht immer stehen dafür genügend Druckseiten zur Verfügung; in manchen Fachartikeln gilt es aufgrund der Seitenvorgaben, erhebliche Verdichtungen vorzunehmen und bei der Auswahl an Sequenzstellen rigoros sparsam vorzugehen.

Abgesehen von diesen allgemeinen Empfehlungen müssen während des Darstellungsprozesses immer wieder konkrete Entscheidungen getroffen werden bzgl. der Intensität und Genauigkeit der Darstellung der analytischen Schritte. So haben wir bei der Analyse des Buches von Guérot (Abschn. 3.2, Abschnitt (1)) etwa auf die Komplexität und Vielschichtigkeit der zu analysierenden Sache hingewiesen, die entsprechend eine komplexe Darstellung erforderte. Damit sollten sowohl die Schlussfolgerungen aus der Analyse für den Leser nachvollziehbar als auch eine –

wenn auch lesefreundliche – Vereinfachung, die den Leser nicht ernst genommen hätte, vermieden werden. Auch hier liegt also eine Abwägung nach Angemessenheit vor, nämlich in diesem Fall der Komplexität der Sache.

Eine andere Form der abgekürzten, verdichteten Darstellung haben wir bei Zunder (Abschn. 3.5, Abschnitt (3)) genutzt. Hier stellte sich die Frage, wie zusätzlich analysierte Stellen genannt werden können, ohne ihre Feinanalyse aufnehmen zu müssen. Mit Hilfe einer Zitation der entsprechenden Sequenzstelle in der Fußnote wird dem Leser die Überprüfung ermöglicht und die Nachvollziehbarkeit gesichert, ohne den Umfang der Darstellung über Gebühr auszudehnen.

Um die detaillierte Lesartenpräsentation abzukürzen, haben wir darüberhinaus oftmals grammatische Termini verwendet und uns auch bei der expliziten Benennung der im Sprechen wirksamen Regeln grammatischer Darstellungen oder auch Wörterbuchbestimmungen bedient. Dies dient, darauf haben wir verwiesen, (s. o., Fn. 18 im Abschn. 3.2) lediglich der Abkürzung.

Ebenfalls bei Guérot – als unserem ersten, den Gegenstand aufschließenden und deshalb in der Darstellung umfangreichsten Fall – haben wir zudem auf eine Typik des Forschungsprozesses als Vorgang mit offenem Ausgang hingewiesen (Abschn. 3.2, Abschnitt (1)). Die eigentliche begriffliche Fassung des gefundenen Deutungsmusters mit seinem Schlüsselkonzept erfolgte erst im Laufe der Analysen und der Rekonstruktion dieses Musters. Im Prozess der Darstellung haben wir – anders als im Analyseprozess – die Einführung der Begrifflichkeit an der ersten Stelle vorgenommen, an der sich das Deutungsmuster mit seinem Schlüsselkonzept zeigt. Bei Guérot war es die Inkonsistenz, die wir bereits in der Analyse der Widmung des Buches (Abschnitt (1)) zwischen der Vorstellung der Lebensweise als (durch A) zu überwindender einerseits, als (durch B) anzustrebender andererseits festgestellt haben und die durch das Schlüsselkonzept der *monadischen Autonomie* als konsistent erschien. Was zunächst als gewagte Fallstrukturhypothese formuliert wurde, kristallisierte sich an weiteren Sequenzstellen als stimmig heraus. Was also während der Analyse noch offen bleiben musste, konnte in der Darstellung frühzeitig begrifflich geschlossen werden.

Bei der Anonymisierung als einem weiteren Aspekt, der bei der Darstellung häufig zu beachten ist, kann unterschiedlich verfahren werden. Nicht nur der Lesbarkeit dienlich ist es, wenn Namen pseudonymisiert werden; vielmehr sollte in einer gelungenen Darstellung einer Fallrekonstruktion der Fall dem Leser anschaulich vor Augen treten, was durch eine (deck-) namentliche Benennung unterstützt wird. Zudem kann bei der Pseudonymisierung, wenn der Aufwand nicht zu groß ist, auf Bedeutungshomologie geachtet werden – etwa indem der Klang des Klarnamens sowie seine kulturellen Konnotationen erhalten werden. Anders verhält es sich mit den Autoren der edierten Texte, die sich mit ihrer Publikation der

Öffentlichkeit stellen. Hier wäre eine Anonymisierung nicht nur künstlich, sondern würde auch die Entscheidung der Autoren, an die Öffentlichkeit zu treten, missachten. Gleichwohl gilt hier – wie in allen Fallrekonstruktionen – der unvoreingenommene, distanzierte Blick, der zwar ohne Wertung, aber mit analytischer Schärfe auch solche Deutungen und Habitus rekonstruiert, die der betreffenden Person selbst missfallen würden. Da die Trennung von Person und Sache alltagspraktisch anspruchsvoll durchzuhalten ist, wird es in der Objektiven Hermeneutik eher zu vermeiden versucht, den Personen, deren „Spuren" analysiert wurden, die Ergebnisse zu unterbreiten.

3.8   Reflexionen zum methodischen Vorgehen

Bei der Durchführung von Fallrekonstruktionen tauchen immer wieder Probleme bei der Analyse auf, die häufig in objektiv-hermeneutischen Studien bereits bewährte Lösungen gefunden haben, aber für den gerade betroffenen Forscher eine neue Herausforderung darstellen. Deshalb ist es hilfreich, diese Herausforderungen und ihre Bewältigungen zumindest in knappen Notizen festzuhalten. Manchmal ergeben sich daraus Klärungen für Unklarheiten, die bis dahin eher unterschwellig Probleme bereiteten oder gar nicht als solche gesehen wurden (vgl. etwa Loer 2015 [AG], 2016 [objektiv/latent], 2018 [Sqa]), 2018 [Lesarten]), 2018 [objDat], 2019 [testierbar]).

Im Folgenden benennen wir einige Aspekte des methodischen Vorgehens, die zu bedenken für Leser, die mit der Objektiven Hermeneutik edierte Texte oder Forschungsgespräche analysieren wollen, hilfreich sein könnte. Es handelt sich dabei nicht um eine systematische Darstellung, sondern eben um eine Benennung von Aspekten, die im Laufe der hier vorgestellten Analysen auftauchten.

- Es ist zwar nicht zu empfehlen, aber manchmal nicht zu vermeiden, *Personen zu analysieren, die man kennt.* Wie kann man eine solche Analyse vornehmen, als ob man die Person nicht kennte? In diesen Fällen dient der Text – ob als Buch oder als Transkript – der Herstellung einer wissenschaftlichen Distanz. Indem wir allein vom im Text Sichtbaren ausgehen, weil nur an den „Spuren", die sich hier zeigen, die methodischen Schritte erfolgen (Kontextvariation, Lesartenbildung, Fallstrukturhypothese), lässt sich eine künstliche Naivität als Haltung einnehmen, die den Blick offen hält für die Rekonstruktion.
- *Lesarten, zwischen denen wir* an der Stelle ihrer Bildung *nicht entscheiden konnten,* haben wir als Optionen mitgeführt, bis eine Lesart durch bekannt werdende Bedingungen der gegebenen Situation hinfällig wurde. Wenn es sich

dabei um eine Lesart handelt, die an der Stelle ihrer Bildung mit dem Text kompatibel und unabweisbar ist, so bleibt sie auch dann für die Analyse von Bedeutung, wenn sie im Verlauf der analysierten Handlung ausscheidet. Denn eben als von der analysierten Praxis ausgeschiedene Lesart, als Lesart, gegen die die analysierte Praxis sich entschieden hat, ist sie Moment der objektiven Sinnstruktur des untersuchten Handelns.

- Was (a) die *Explizitheit der Analyse* und (b) die *Explizitheit der Darstellung der Analyse* angeht, so ist nach dem Herausarbeiten einer Fallstrukturhypothese zunächst das Augenmerk auf deren Anreicherung und Präzisierung zu legen, was (ad a) zur Folge hat, dass nicht jede Äußerung in der anfänglichen Detailliertheit analysiert werden muss. Es lässt sich allerdings kein standardisiertes Maß der Detailliertheit festlegen. Es bedarf hier vielmehr einer aus der sorgfältigen Analyse sich speisenden Sensibilität, die (α) Offenheit für neue Aspekte mit (β) der Aufmerksamkeit auf Anreicherungs- und Präzisierungschancen verbindet (s. dazu auch Glosse ‚Prinzip des bösen Blicks‘). Auch gemessen an der weniger expliziten Analyse späterer Stellen wird (ad b) die Darstellung dieser Analyse nochmals eher ergebnisorientiert erfolgen und v. a. diejenigen Lesarten anführen, die die Reichhaltigkeit und Anschaulichkeit der Fallstrukturhypothese zu steigern in der Lage sind, ohne ihre detaillierte Herleitung zu entfalten (s. unter Abschn. 3.7 etwa die Ausführungen zur Fußnote mit einer weiteren Stelle, deren Analyse nicht aufgenommen wurde bei Zunder).

- Wenn wir während der Analyse auf ein *Handeln* stoßen, dass *auffällig widersprüchlich* ist, so ist es immer hilfreich, noch einmal zu prüfen, ob die Pragmatische Rahmung bestimmte Optionen eröffnet oder ausschließt, die zu dieser Widersprüchlichkeit führen. Dies war in der Analyse des Forschungsgesprächs mit Frau Reinhold der Fall, als der Beginn eine Irritation zeigte, die ihrerseits auf die prekäre Interviewsituation verwies. Prekär war die Situation insbesondere wegen des Misstrauens der Gegner der Corona-Maßnahmen gegenüber der Wissenschaft, weshalb die Interviewerin vorsichtig agierte statt ihre Rolle mit der nötigen Klarheit einzunehmen. Die gleiche Vorsicht trug im Forschungsgespräch mit Herrn Zunder dazu bei, dass die ersten Minuten des Gesprächs in seiner Regie lagen.

- Wenn die Fallstruktur prägnant herausgearbeitet und auf den Begriff gebracht worden ist, so stellt dies oftmals eine Art Brennglas dar, in dem die Fallgestalt auch bei der *bloßen Lektüre von weiteren Stellen* im Forschungsgespräch deutlich vor Augen tritt. Insofern kann an späteren Stellen der Analyse, bei denen es um das Auffinden weiterer Aspekte der Fallstruktur oder auch das Auffinden von Hinweisen zu ihrer Genese, also zur Bildungsgeschichte des Falles geht, auf genaue Analyse verzichtet werden. Allerdings muss man hier die Vorkehrung treffen, nicht auf eine Weise selektiv zu lesen, die es verhindert, nicht zur Fallrekonstruktion passende Momente im Datenmaterial zu übersehen. Bei der genauen Analyse wird dies durch das Wörtlichkeitsprinzip und das Totalitätsprinzip verhindert. Hier achtet man nun, während man einerseits durch das Brennglas der prägnanten Fallstrukturbestimmung die Fallgestalt wahrnimmt, andererseits gleichzeitig gezielt darauf, Stellen, man könnte sagen: unschöne Stellen[278] an dieser Fallgestalt zu entdecken, die die Fallstrukturrekonstruktion erschüttern könnten. Diese ebenfalls auf der Ebene der Kunstlehre liegende Vorkehrung könnte man das *Prinzip des bösen Blicks* nennen und stellt einen Vorgang dar, der zum konsequent falsifikatorischen Vorgehen führt.

- In allen vier Analysen stießen wir auf *weitergehende Fragen*, insbesondere, was die Genese der Fallstrukturen angeht. Üblicherweise ist es sehr hilfreich, zu Beginn der Bearbeitung einer Forschungsfrage einen ersten Fall ausführlich zu analysieren und die Rekrutierung weiterer tatsächlich sequenziell vorzunehmen. Dies erlaubt es, sowohl die Aufmerksamkeit während der je folgenden Forschungsgespräche zu schärfen und entsprechende Nachfragen zu stellen als auch die Erhebung testierbarer Daten zu verfeinern und ggf. auszuweiten (siehe z. B. Loer 2021 [OHWP Interviews]). Im hier vorliegenden Band fand zwar das Sampling sukzessive statt, aber aus forschungspragmatischen Gründen konnten die Analysen der frühen Auswahl nicht in der nötigen Tiefe fertiggestellt werden, bevor die Forschungsgespräche geführt wurden. Auch legte die dem Forschungsprojekt zugrundeliegende Forschungsfrage nach den Gründen für die vehementen Spaltungstendenzen in der Einschätzung der Corona-Maßnahmen den Schwerpunkt der Materialauswahl nicht auf die Genese von Deutungsmustern und Habitus. Daher mussten wir im Ausgang der Fallrekonstruktionen diese Erklärungen als offene Fragen der weiteren Forschung überlassen (jeweils Abschn. 6 der Fallanalysen).
- Wenn wir *vorliegende soziologische oder andere wissenschaftliche Erkenntnisse heranziehen*, so ist zu beachten, dass diese theoretisch abgesicherten Erkenntnisse ähnlich wie die Beiziehung von vorliegenden grammatischen oder konversationsanalytischen Regelrekonstruktionen eine abkürzende Funktion für die Analyse haben. Wenn wir etwa mit historischen Ereignissen oder Eigennamen zu tun haben – im Fall Guérot war es der genannte ‚Superspreading-Event von Ischgl' oder ‚die Bilder von Bergamo' –, müssen wir Lexikonwissen bemühen. Da die Eigennamen nicht per Regelwissen erschließbar sind, ziehen wir hier Wissen um den äußeren Kontext heran. Die daraus gefolgerten Schlüsse

---

[278] Es kann diese unschönen Stellen, die ja nicht unschön in Bezug auf einen äußeren Maßstab sind, freilich nur entdecken und als unschön bestimmen, wer zugleich strukturell liest.

stehen aber ebenso unter Falsifikationsvorbehalt wie die Schlüsse aus unseren Bedeutungsrekonstruktionen. Wir müssen hier, wie bei allem wissenschaftlichen Forschen einerseits die Erweiterung unserer Erkenntnisse im Blick haben und zielen diese u. a. dadurch an, dass wir auf vorliegenden gesicherten Erkenntnissen aufbauen; andererseits müssen wir aber auch hier die oben bereits einmal zitierte wichtige Einsicht Max Webers berücksichtigen: „Wissenschaftlich aber überholt zu werden, ist […] nicht nur unser aller Schicksal, sondern unser aller Zweck. Wir können nicht arbeiten, ohne zu hoffen, daß andere weiter kommen werden als wir." (1919/1985, S. 593) Denn jede Fallrekonstruktion kann – insbesondere wegen der unvermeidlichen Strukturgeneralisierung – dazu führen, dass bis dahin als gesichert erscheinende Erkenntnisse erschüttert werden und zu reformulieren, zu erweitern oder gar zu ersetzen sind.

- Im Versuch die *Genese der Fallstruktur* zu bestimmen, kommen wir häufig zu *Vermutungen*, die genauer zu prüfen das vorliegende Datenmaterial nicht erlaubt. Idealiter würde man aus diesem Grunde mit dem Gesprächspartner jeweils die Möglichkeit eines zweiten Forschungsgesprächs vereinbaren, das geführt werden sollte, *nachdem* die Fallrekonstruktion erfolgte, um dort Material zu erheben, aus dem offen gebliebene Fragen geklärt werden könnten. In der Forschungspraxis ist dies i. d. R. nur möglich, wenn die Analyse zeitlich nahe an die Erhebung anschließt und eine weitere Erhebung projekt-ökonomisch vorgesehen ist; auch die Bereitschaft des Gesprächspartners muss natürlich gegeben sein, was nicht immer der Fall ist.

Von der Heuristik zum Begriff

4

Im Abschn. 1.3 haben wir eingangs anhand der einschlägigen Literatur eine gegenstandstheoretische Heuristik entworfen von der ausgehend wir nach dem Durchgang durch die Fallanalysen nunmehr versuchen wollen, den Begriff des Deutungsmusters und den Begriff des Habitus zu entfalten. Die Begriffe gingen empirisch gesättigt aus den Fallanalysen hervor und mit ihnen konnten die dort vorgefundenen Phänomene erkenntnisreich aufgeschlossen werden.

Wir haben das Deutungsmuster der *libertären Selbstbezogenheit* rekonstruieren können, dessen *Inhalt* das Schlüsselkonzept ‚*monadische Autonomie*‘, die Prinzipien (*a*) und (*b*) und die *jeweiligen* Deutungsregeln und *jeweiligen* Deutungen sind. Diese Begriffe können dem Begriff dieses Deutungsmusters nicht entzogen werden, ohne ihn zu zerstören.[1] Dieses Deutungsmuster gehört aber nun seinerseits zum *Umfang* des Begriffs des Deutungsmusters selbst als eine Art von ihm.[2] In diesen Hinsichten gilt es hier, den Begriff des Deutungsmusters selbst zu explizieren.

---

[1] „Als *Inhalt* (comprehension) einer Idee wird die Gesamtheit der in der Idee enthaltenen Attribute (ihrer Oberbegriffe) verstanden, welche der Idee nicht geraubt werden können, ohne sie zu zerstören. So sind in der Idee des Dreiecks die Ausgedehntheit, die Figur, das Bestehen aus drei Seiten usw. enthalten." (Raili 1971, S. 808; kursiv i. Orig.).

[2] „Der *Umfang* (étendue) der Idee besteht aus den Subjekten dieser Idee, d. h. aus ihren Unterbegriffen. Der Umfang der Idee des Dreiecks besteht aus allen verschiedenen Arten des Dreiecks." (Raili 1971, S. 808; kursiv i. Orig.) – Weitere Arten des Deutungsmusters wären etwa das Deutungsmuster ‚Hexenmuster‘ (mit dem Schlüsselkonzept ‚Kausalität als Finalität‘) (vgl. Honegger 1978, S. 86; s. u.) und das Deutungsmuster ‚leerlaufendes Sich-Bewähren‘ (vgl. Fischer 2026 [Narrativ]).

U. Fischer, T. Loer, *Deutungsmuster und Habitus rekonstruieren*, Objektive Hermeneutik in Wissenschaft und Praxis,
https://doi.org/10.1007/978-3-658-49722-4_4

Des weiteren haben wir vier verschiedene Habitus rekonstruieren können, deren *Inhalt* vier verschiedene Maximen sind, die – vermittelt über spezifische Handlungsregeln – je spezifische unterschiedliche Handlungen generieren. Diese vier Habitus gehören ihrerseits zum *Umfang* des Begriffs des Habitus selbst als je eine Art von ihm. In diesen Hinsichten gilt es hier, den Begriff des Habitus selbst zu explizieren.

Wenn wir nun von den anhand der Literatur herauspräparierten heuristischen Merkmalen ausgehen, werden wir prüfen, ob und ggf. wie diese Merkmale im Gang durch die empirische Analyse zum Aufschluss der Fälle beigetragen haben, und andersherum werden wir prüfen, ob und ggf. wie die empirische Analyse zur inhaltlichen Anreicherung dieser Merkmale beigetragen hat. Danach werden wir den jeweiligen Begriff des Deutungsmusters bzw. des Habitus unter Berücksichtigung der genannten Hinsichten pointiert darstellen.

4.1   Der Begriff des Deutungsmusters

(1) Deutungsmuster sind *erkenntnislogisch wie Theorien* als Argumentationszusammenhänge strukturiert.

Das Ziel der Wissenschaft ist es, so können wir in Anlehnung an Popper sagen, *erklärende Theorien* zu finden, das heißt, Theorien, die bestimmte strukturelle Eigenschaften der Welt explizit beschreiben und uns erlauben, die beobachtbaren Phänomene als durch die strukturellen Eigenschaften und damit deren regelhaftem Zusammenhang zu erklären (vgl. Popper 1934/1971, S. 33, Fn. 1). Mit Hilfe von Deutungsmustern, so könnte man nun analog sagen, bringt die Lebenspraxis Erklärungen für deutungsbedürftige Phänomene hervor, die auf impliziten Annahmen über strukturelle Eigenschaften der Welt und damit deren regelhaften Zusammenhang beruhen. Wenn es nun bei Popper heißt, es gehe um das Finden von möglichst *wahren* erklärenden Theorien,[3] so müssen Deutungsmuster möglichst für die Lebenspraxis *tragfähige* Deutungen generieren (s. u.). Wir konnten in unseren Fallanalysen zeigen, dass in Schlüsselkonzept, Prinzipien und Deutungsregeln

---

[3] Hierin kommt zum Ausdruck, dass zwar gemäß dem Falsifikationismus „Theorien […] niemals empirisch verifizierbar" sind (Popper 1934/1971, S. 14), gleichwohl aber der Anspruch auf wahre Erkenntnis in folgendem Sinne aufrechterhalten werden muss: „what can in principle be so [sc.: by criticism] overthrown and yet resists all our critical efforts to do so may quite possibly be false, but is at any rate not unworthy of being seriously considered and perhaps even of being believed – though only tentatively." (Popper 1963/1974, S. 228).

eines Deutungsmusters systematische Annahmen über strukturelle Eigenschaften der Welt und damit deren regelhaften Zusammenhang impliziert sind; wir müssen ihnen also ihnen die Eigenschaft, erkenntnislogisch wie Theorien strukturiert zu sein, zuerkennen.

(2) Deutungsmuster operieren als ‚*tacit knowing*'.

Die Deutungen deutungsbedürftiger Phänomene werden nun auf eine Weise von Deutungsmustern hervorgebracht, dass wir uns dieser und ihrer Deutungsregeln nicht bewusst sind. So würde der Richter Kölsch (Fall 2) die Deutungsregel ‚Wann immer etwas die Möglichkeit zur Entscheidung nach eigenem Gutdünken einschränkt, ist es illegitim (z. B.: unverhältnismäßig).' nicht selbst formulieren, ja konfrontiert mit deren Formulierung sie womöglich gar zurückweisen; erst recht könnte er den Zusammenhang dieser Deutungsregel mit anderen, die wir bei ihm rekonstruieren konnten oder gar mit dem Schlüsselkonzept der monadischen Autonomie nicht explizieren. In gleicher Weise gilt dies für die anderen Fälle. Insofern müssen wir Deutungsmustern die Eigenschaft zuerkennen, dass sie als ‚tacit knowing' operieren.

(3) Deutungsmuster reagieren auf deutungsbedürftige *Handlungsprobleme*.

Die Formulierung dieses heuristischen Merkmals ist ambivalent: Einerseits könnte damit gemeint sein, dass Deutungsmuster ihren Ursprung in Deutungsproblemen haben, womit dasjenige deutungsbedürftige Handlungsproblem, das der Genese eines Deutungsmusters zugrundeliegt, thematisch wäre. Andererseits könnte damit gemeint sein, dass bereits etablierte Deutungsmuster Deutungen generieren, womit dasjenige deutungsbedürftige Handlungsproblem thematisch wäre, in Bezug auf das ein bereits erworbenes[4] Deutungsmuster, die Alltagspraxis strukturierend und orientierend, operiert.[5]

Für die Genese des Deutungsmusters der *libertären Selbstbezogenheit* konnten wir oben im Abschn. 3.2 plausible Vermutungen anstellen; bezogen auf die Genese müssen wir also davon ausgehen, dass das hier genannte heuristische Merkmal zu-

---

[4]Zum Erwerb s. u. den entsprechenden Abschnitt.

[5]Markus Hoffmann etwa, der unter dem Titel „Bezugsprobleme als zentrales Element von Deutungsmusteranalysen" (2019) das Thema der deutungsbedürftigen Handlungsprobleme behandelt, unterscheidet diese beiden Aspekte nicht. Zudem vermengt er sie zusätzlich mit der Frage der Bereichsspezifität von Deutungsmustern (s. den entsprechenden Abschnitt unten); sein Beitrag bietet eine Literaturübersicht.

trifft. – Das deutungsbedürftige Handlungsproblem, auf das das bereits etablierte, von uns rekonstruierte Deutunsmuster bezogen ist, haben wir in Abschn. 3.1 herausgearbeitet. In den Fallanalysen konnten wir dann zeigen, welche Deutungen das Deutungsmuster für das deutungsbedürftige Handlungsproblem generiert. Insofern trifft das hier genannte heuristische Merkmal auch in dieser Hinsicht zu.

Die Deutungsbedürftigkeit eines Handlungsproblems ergibt sich auch aus dem Interesse der Lebenspraxis, die als mit ihm konfrontiert sich erfährt. Insofern ist der Begriff des Interesses im Hinblick auf Deutungsmuster näher zu bestimmen.

Zum Verhältnis von Deutungsmuster und Interesse
Bei der Analyse unserer Fälle stand im Vordergrund, das Deutungsmuster zu rekonstruieren, das für die Lebenspraxis die Deutungsbedürftigkeit der Corona-Krise (s. Abschn. 3.1) bearbeitbar machte – man kann hier vom „Wirkungszusammenhang" (Lepsius 1986/1990, S. 33) des Deutungsmusters sprechen. Da die Corona-Krise sowohl durch die Infektionsgefahr wie durch die zu ihrer Bewältigung ergriffenen politischen Maßnahmen große Herausforderungen für die Alltagspraxis mit sich brachte, waren die Interessen der je betroffenen Lebenspraxis unmittelbar berührt. Wir haben oben (Abschn. 1.3) mit Neuendorff darauf hingewiesen, dass die Interessen der Subjekte grundlegend durch Deutungen geformt sind, die ihrerseits eben in Deutungsmustern gründen. In unseren Fallanalysen haben nun die Interessen über den Umgang der Fälle mit der Corona-Krise hinaus keine Rolle gespielt. Um „die Strebungen […], die – auf einer Kombination von objektiven Handlungsbedingungen und deren subjektiven Deutungen basierend – das Handeln langfristig ausrichten und bestimmen" (Oevermann 2001 [DM Akt], S. 44) oder gar „jene Strebungen […], die bei plausibel unterstellbarer Handlungsrationalität das Handeln von Menschen unter gegebenen objektiven Lebensbedingungen bestimmen sollten" (Oevermann 2001 [DM Akt], S. 44 f.), in den Blick zu nehmen, bedürfte es umfangreicherer Erhebungen eben auch zu den „objektiven Lebensbedingungen", die für die jeweilige Lebenspraxis gelten. Erst dann wäre es bezogen auf die Fälle möglich zu untersuchen, wie Deutungsmuster bzgl. des ‚Wirkungszusammenhangs' „an der subjektiven Vermittlung objektiver Interessenlagen maßgeblich beteiligt" sind (Oevermann 2001 [DM Akt], S. 45).
Für die Genese des von uns rekonstruierten Deutungsmusters, den „Entstehungszusammenhang" (Lepsius 1986/1990, S. 33), konnten wir den Zu-

sammenhang von Deutungsmuster und Interessen, den wir nicht näher untersucht haben, nur andeuten. In der historischen Situation, in der wir die Entstehung des Deutungsmusters der libertären Selbstbezogenheit verorten konnten (s. o., Abschn. 3.2 zum Deutschen Sonderweg), lag es einerseits im Interesse des Bürgertums, sich aus den feudalen Zwängen zu befreien, und andererseits zur Stabilisierung seiner Position eine nationale Einheit zu etablieren.

Andere Beispiele für den Zusammenhang von Interessen und der Entstehung eines Deutungsmusters finden sich bei Weber – so etwa bei der Herausarbeitung eines (nicht mit diesem Terminus bezeichneten) religiösen Deutungsmusters, das Weber wie folgt formuliert: „In der Regel bleibt die Bauernschaft auf Wettzauber und animistische Magie oder Ritualismus, auf dem Boden einer ethischen Religiosität aber auf eine streng formalistische Ethik, des ‚do ut des‘ dem Gott und Prister gegenüber, eingestellt." (1922/1985c, S. 286). Dieses Deutungsmuster bezieht Weber auf die Interessen des Bauern, die er anhand seiner Lebensumstände bestimmt: „Das Los des Bauern ist […] stark naturgebunden, […] sehr von organischen Prozessen und Naturereignissen abhängig und auch ökonomisch aus sich heraus so wenig auf rationale Systematisierung eingestellt" (1922/1985c, S. 285). Ähnlich stellt Weber den Zusammenhang bzgl. des Deutungsmusters des Kriegers fest: „Den Tod und die Irrationalitäten des menschlichen Schicksals innerlich zu bestehen, ist dem Krieger eine alltägliche Sache, und die Chancen und Abenteuer des Diesseits erfüllen sein Leben derart, daß er etwas anderes als den Schutz gegen bösen Zauber und zeremonielle, dem ständischen Würdegefühl adäquate und zu Bestandteilen der Standeskonvention werdende Riten, allenfalls priesterliche Gebete für Sieg oder glücklichen, in einen Heldenhimmel führenden Tod von einer Religiosität nicht verlangt und ungern akzeptiert." (1922/1985c, S. 288) – Weber bestimmt also aus den objektiven Handlungsproblemen, mit denen eine Kollektivitt aufgrund ihrer Lage erwartbar konfrontiert ist, deren Interessen und sieht in diesen Interessen die Systematik ihrer Weltdeutungen fundiert.

(4) Deutungsmuster *strukturieren und orientieren die Alltagspraxis.*

An unseren Fällen konnten wir zeigen, dass Oevermann von Deutungsmustern zu Recht behauptet: „sie sind „gewissermaßen die ‚Theorien‘ der Alltagserfahrung" und „organisieren die Alltagserfahrung […] wie Theorien das wissenschaftliche Datenmaterial"" (Oevermann 1973/2001 [DM], S. 10).

So zeigt sich vor allem, dass die Erfahrung der Einschränkung in den alltäglichen Abläufen – sei es, dass selbst Aufenthalte im Freien reguliert wurden (Fall 1, Guérot), dass Test- und Impfnachweise zu erbringen waren (Fall 2, Kölsch), dass die wirtschaftliche Existenz bedroht wurde (Fall 3, Reinhold; bei ihr allerdings nicht als konkrete Erfahrung), dass in das Hausrecht eingegriffen wurde (Fall 4, Zunder) – der Deutung und Orientierung bedurfte. Das von uns rekonstruierte Deutungsmuster der *libertären Selbstbezogenheit* mit seinem Schlüsselkonzept der *monadischen Autonomie* erlaubte mittels der von ihm generierten Deutungen angesichts praktischen Herausforderungen, vor denen jede Lebenspraxis stets steht, aus ihrer Sicht vernünftige Urteile zu fällen und zugleich ihrer Verankerung in der Praxis gerecht zu werden (vgl. Oevermann et al. 1991 [DM, HF], S. 1b-2a) – Insofern trifft auch dieses heuristische Merkmal auf Deutungsmuster zu.

(5) Deutungsmuster *bringen für die individuelle Lebenspraxis angemessene Deutungen hervor.*

Für das „vertrackte[...] Problem der Generativität" (Lüders und Meuser 1997, S. 75) konnten wir auf der Basis unserer Fallanalysen eine Lösung entwerfen, da wir die vorgefundenen Deutungen auf generative Deutungsregeln zurückführen konnten, die ihrerseits einem vom Schlüsselkonzept eröffneten Optionenraum angehörten. „Was den generativen Status von Deutungsmustern ausmacht, wie die generative Strukturlogik empirisch faßbar ist" (Meuser und Sackmann 1992b, S. 17), konnten wir so zeigen. Vor diesem Hintergrund können wir das von Meuser und Sackmann als grundlegend benannte „konzeptionelle Problem des Deutungsmusteransatzes: die Verortung der Schnittstelle von konstitutiven und regulativen Regeln" (Meuser und Sackmann 1992b, S. 17) wie folgt lösen.[6] Deutungsmuster generieren Deutungen nach dem Muster der Prädizierung „S: X $\in$ P", wobei ‚S' für ein Subjekt steht, ‚:' für den Akt des Prädizierens, ‚X' für ein noch nicht prädiziertes Wahrnehmungsereignis, das zunächst nur durch ein Hinweisen auf den Gegenstand bestimmt werden kann, und ‚P' für ein Prädikat, das S ihm zuordnet. Analog dazu vollzieht S eine Deutung gemäß einer (zu einem Deutungsmuster gehörenden) Deutungsregel; damit wird für S das deutungsbedürftige Phänomen X als ein D gedeutet.[7] So wird etwa die Deutung Guérots (s. Abschn. 3.2): „X (die Lebensweise LW.A.j) ist D_1 (durch A zu über-

---

[6]Zu dieser Unterscheidung s.: Searle 1969/1983a, S. 33 f., 1969/1983b, S. 54 f.; vgl. Loer 2021 [Reziprozität], S. 154 f.

[7]In dem Sinne sagt Oevermann, dass „soziale Deutungsmuster als Weltinterpretationen mit generativem Status gedacht werden" (Oevermann 1973/2001 [DM], S. 8).

winden)" durch eine Regel ‚Wann immer die Lebensweise Einschränkungen impliziert, muss sie verlassen werden.' (DR_1) generiert. Des weiteren wird etwa die Deutung Guérots (s. Abschn. 3.2): „X (die Lebensweise LW.A.j) ist D_2 (durch B anzustreben)" durch eine Regel ‚Wann immer die Lebensweise Einschränkungen impliziert, muss eine andere angestrebt werden.' (DR_2) generiert. Wenn nun sowohl DR_1 als auch DR_2 Momente eines Deutungsmusters sind, das über eine gewisse Stabilität verfügt, da das Subjekt sich mit den aus ihm generierten Deutungen die Welt gemäß seinen Interessen erklären kann, so wird zwar u. U. durch die Wahrnehmung einer nicht zur Deutung passenden Wirklichkeit die konkrete Deutung erschüttert werden können – etwa wenn sich erweist, dass A die Lebensweise LW.A.j keineswegs überwinden will –, es werden aber nicht das Deutungsmuster und seine Deutungsregeln sogleich transfomiert; eher wird die Deutung angepasst: „X (die Lebensweise LW.A.j) ist $D_{1(korr)}$ (durch A zu überwinden, sofern A kein Schlafschaf[8] ist)". Insofern generieren Deutungsmuster die Deutung der Welt für das deutende Subjekt, indem sie systematisch geregelt aus möglichen Deutungsoptionen eine bestimmte auswählen – oder auch neue hervorbringen.[9] Dabei erweist sich die relative Autonomie der Deutungsmuster darin, dass einzelne von ihnen hervorgebrachte Deutungen zwar an der Wirklichkeit scheitern können, dass sie als ganze aber durch ihre Generativität eine hohe Flexibilität aufweisen und sich mittels immer neuer Anpassungen der von ihnen hervorgebrachten Deutungen, die gleichsam perspektivierte Wirklichkeitsrekonstruktionen[10] darstellen, als besonders transformationsresistent erweisen.[11]

---

[8] „Brave und fügsame ‚Schlafschafe' heißt es […] über diejenigen, die den Gesundheitsratschlägen und staatlichen Auflagen folgen." (Sievi und Vondermaßen 2020).

[9] Das Paradebeispiel für letzteres ist die Genese und Entfaltung der Idee der Volkssouveränität, mit welcher der Französischen Revolution der Boden bereitet wurde (s. Kutzner 1997, 2004). Dass dieses Deutungsmuster von Anfang an auch widersprüchliche Deutungen hervorbrachte, darauf verweist François Furet: „So entwarf Sieyès die Grundlage einer Theorie der repräsentativen Regierung, schon vom Ursprung an hin- und hergerissen zwischen dem unveräußerlichen Charakter der Rechte der Nation und der deligierten Souveränität seiner Repräsentanten." (Furet 1988, S. 64; eig. Übersetzung).

[10] Anders als Neuendorff et al. es konzipierten, ist ein Deutungsmuster kein „Muster der Wirklichkeits*kon*struktion" (Böcker et al. 1998, S. 151; Kursivier. hinzugefügt), sondern muss – wie umgedeutet auch immer – die Wirklichkeit in seine Wirklichkeits*re*konstruktion aufnehmen.

[11] Ein sehr instruktives Beispiel findet sich bei Festinger, Riecken und Schachter, die die in der Mitte des vergangenen Jahrhunderts aktive Gruppe der „Seekers" in Chicago untersuchten (1956/1964). Nach Nicht-Eintreten einer prophezeiten Apokalypse brachten deren Mitglieder Deutungen hervor, die das Festhalten an der Prophezeiung ermöglichten – so wurden etwa Besucher (X) als die erwarteten „spacemen" (D) gedeutet (Festinger et al. 1956/1964, S. 208–215).

Insofern ist es nahezu unmöglich, den Raum möglicher Deutungsoptionen gedankenexperimentell exhaustiv zu entwerfen, weshalb wir hier auch nicht sinnnvoll von deutungskonstitutiven Regeln sprechen können. Man kann allerdings – wie wir es oben (s. Abschn. 3.1) getan haben – die deutungsbedürftigen Handlungsprobleme bestimmen, worin sich Grenzen der Sachangemessenheit von Deutungen zeigen. Innerhalb entsprechender Deutungsmuster können diese Grenzen aber durchaus überschritten werden, wobei sich Inkonsistenzen der Deutungen ergeben, die – wie wir es gesehen haben – durch die entsprechenden Prinzipien des Deutungsmusters überblendet werden. Deutungsmuster haben also in sich eine eigenlogische argumentative Struktur und bringen praktisch perspektivierte, der individuellen Lebenspraxis angemessen erscheinende Wirklichkeitsrekonstruktionen hervor.

Wirklichkeit und Wirklichkeitsrekonstruktion (Realität)
Wir haben oben zwischen *Wirklichkeit* und *Wirklichkeitsrekonstruktion (Realität)* unterschieden. Das soll hier ausgehend von dem wiederholt verwendeten Partizip Perfekt ‚gedeutet' erläutert werden. In substantivierter Form – das ‚Gedeutete' – wirft das Partizip Fragen auf, deren Beantwortung zur Klärung des Konzepts des Deutens (und damit des Begriffs des Deutungsmusters) beitragen kann. Das ‚Gedeutete' kann (a) das der Deutung als zu deutendes Zugrundeliegende bezeichnen, also die oben mit ‚X' markierte objektive *Wirklichkeit*. Diese wird in unseren Analysen in der Bestimmung des Deutungsproblems – wenn auch u. U. unvollständig und u. U. unzureichend – methodisch rekonstruiert. Das ‚Gedeutete' kann aber auch (b) das Ergebnis der Deutung bezeichnen, also gewissermaßen X als eine perspektivierte *Wirklichkeitsrekonstruktion* oder die in der Perspektive des Deutenden erscheinende *Realität*. Sprachlich scheint hier eine Amalgamierung beider: der objektiven Wirklichkeit und der praktisch perspektivierten Wirklichkeitsrekonstruktionen, also der Realität, vorzuliegen. Dabei ist unerheblich, ob das erfahrende Subjekt im Wortsinne mit dieser Wirklichkeit konfrontiert wird, sie ihm also von außen begegnet, oder ob es sich dabei um die Begegnung mit einer inneren Seelenregung handelt.[12]

---

[12] In dem Sinne sagt Freud: „Die psychoanalytische Annahme der unbewußten Seelentätigkeit erscheint uns [...] als die Fortsetzung der Korrektur, die K a n t an unserer Auffassung der äußeren Wahrnehmung vorgenommen hat. Wie K a n t uns gewarnt hat, die subjektive Bedingtheit unserer Wahrnehmung nicht zu übersehen und unsere Wahrnehmung nicht für

So kann man gemäß einer Formulierung des Grammatikers Heyse sagen, dass „das Gedeutete" beides *zugleich* benennt: sowohl das „durch die Thätigkeit B e w i r k t e " als auch „den G e g e n s t a n d, auf welchen dieselbe sich bezieht" (1814/1972, I, S. 438; gesperrt i. O.). Analytisch muss dies aber dennoch auseinandergehalten werden, da das Gedeutete (a), verstanden als der „G e g e n s t a n d, auf welchen dieselbe [sc.: die Tätigkeit des Deutens] sich bezieht", unabhängig von dieser Tätigkeit des Deutens gedacht werden muss und methodisch rekonstruiert werden kann. Mit dieser methodischen Rekonstruktion (Nomen actionis), die selbstverständlich unter Falsifikationsvorbehalt steht, kann dann das Gedeutete (b), verstanden als das „durch die Thätigkeit [des Deutens] B e w i r k t e ", abgeglichen und seinerseits in seiner spezifischen Perspektivität rekonstruiert werden.[13]

Eine Schwierigkeit, die hier nur angedeutet werden kann, ergibt sich allerdings daraus, dass unsere oben verwendete Formulierung von der Wahrnehmung einer nicht zur Deutung passenden Wirklichkeit eine Verkürzung darstellt; mit Recht halten Horkheimer und Adorno fest: „das Wahrnehmungsbild enthält [...] Begriffe und Urteile." (1944/1955, S. 222) Dies gilt auch für die Wahrnehmungsbilder, die der Rekonstruktion zugrundeliegen: „Zwischen dem wahrhaften Gegenstand und dem unbezweifelbaren Sinnesdatum, zwischen innen und außen, klafft ein Abgrund, den das Subjekt, auf eigene Gefahr, überbrücken muss." (Horkheimer und Adorno 1944/1955, S. 222) Wenn „unbestimmte Erfahrungsimpulse" (Oevermann 2004 [Adorno], S. 214)[14] sich dem Subjekt aufdrängen, so synthetisiert die-

---

identisch mit dem unerkennbaren Wahrgenommenen zu halten, so mahnt die Psychoanalyse, die Bewußtseinswahrnehmung nicht an die Stelle des unbewußten psychischen Vorganges zu setzen, welcher i h r Objekt ist. W i e das Physische, so braucht auch das Psychische nicht i n Wirklichkeit so zu sein, wie es uns erscheint." Beide, das innere Objekt wie das der Außenwelt, sind aber nicht „unerkennbar". (Freud 1913/1981, S. 270; Sperrung getilgt).

[13] Ein Problem des wissenssoziologischen Verständnisses von Deutungsmustern liegt hier begründet, da konstruktivistisch beide analytisch zu unterscheidenden Hinsichten ineins gesetzt werden.

[14] S. hierzu auch die Ausführungen Oevermanns zu Peirce' Modell der universalen Kategorien von Erkenntnis im Hinblick auf die Konstitution von Erfahrung (2006 [Wissen], S. 92–94).

ses sie zunächst in einem „image"[15]. „The image stands for the predicate" (Mead 1903, S. 37); mit diesem Bild sind also „Begriffe und Urteile" verknüpft. Die objektive Wirklichkeit des „unmittelbar gegebenen Hier und Jetzt der Wahrnehmung bzw. der Konfrontation mit der unbekannten, erfahrbaren Welt" (Oevermann 2006 [Wissen], S. 93),[16] ist nur in diesem Moment der Erfahrungskrise gegeben, deren Lösung „in der prädikativ rekonstruierten Welt des erkannten bzw. erkennbaren Begriffsallgemeinen" (Oevermann 2006 [Wissen], S. 93) besteht, ohne das nicht gedacht,[17] nicht gedeutet werden kann. Ob aber nun die Deutung intuitiv und implizit gemäß einem voreingerichteten, praktisch perspektivierten Deutungsmuster erfolgt, oder aber methodisch explizit, indem der Wirklichkeit (dem Gedeuteten (a)) die maximale, durch gezielte Falsifikationsversuche gesteigerte Chance gegeben wird, die Wirklichkeitsrekonstruktion (das Gedeutete (b)) zu erschüttern, macht den handlungslogisch bedeutsamen Unterschied zwischen Praxis und Wissenschaft aus.[18]

(6) Deutungsmuster lassen *Inkonsistenzen als konsistent erscheinen.*

Inkonsistenzen werden in den meisten Deutungsmusteranalysen nicht thematisiert, geschweige denn systematisch gesucht. Nicht untypisch ist es, dass bei Bestimmungen des „konzeptionellen Kern[s] der Deutungsmuster" (Pfister 2020, S. 154–161) nicht erwähnt wird, dass sie notwendig widersprüchliche Deutungen hervorbringen und für den Deutenden zugleich deren Widersprüchlichkeit eskamo-

---

[15] Vgl.: „The image whose meaning alone makes association conceivable, and which can only arise through its successful reconstruction of the object, can" not „be separated from the psychical state" (Mead 1903, S. 37). – „Neither elements nor image can be given in advance of the actual problem" (Mead 1903, S. 38).

[16] Adorno spricht hier vom „Nichtidentischen".

[17] Vgl.: „nicht aber kann ohne Identifikation gedacht werden, jede Bestimmung ist Identifikation. Aber eben sie nähert sich auch dem, was der Gegenstand selber ist als Nichtidentisches: indem sie es prägt, will sie von ihm sich prägen lassen." (Adorno 1966/1982, S. 152).

[18] Wir sehen hier erneut, dass zwischen Praxis und Wissenschaft kein erkenntnislogischer Unterschied besteht – beide stehen vor dem (Deutungs-) Problem, das Nichtidentische zu bestimmen, ohne es eingerichteten Begriffen zu subsumieren, und damit schlicht zu identifizieren.

tieren. Eine Ausnahme bildet Manuel Franzmann (2024), der verborgene Inkonsistenzen durchaus berücksichtigt. Allerdings versucht er die Inkonsistenzen als Phänomene eines Deutungsmusters in Transformation zu erklären, wohingegen Oevermann davon ausgeht und wir zeigen konnten, dass Deutungsmuster durch ein Schlüsselkonzept gekennzeichnet sind, das seinerseits Prinzipien hervorbringt, woraus sich erklärt, dass das jeweilige Deutungsmuster Inkonsistenzen *zugleich hervorbringt und durch Überblendung eskamotiert.* – Die Feststellung von inkohärenten Aussagen reicht demgemäß für die Bestimmung eines Deutungsmusters nicht aus – und seien es Inkohärenzen, die von mehreren geteilt werden. So hält etwa Stine Marg fest: „Sofern sich diese [sc.: „überindividuelle Orientierungen"] über mehrere Fokusgruppen hinweg und mit ähnlichen Semantiken, Thematisierungsroutinen und Bewertungsmaßstäben erfassen lassen, handelt es sich um Deutungsmuster, also überindividuelle, handlungsleitende Bewertungsmaßstäbe, deren ‚Rationalitäten' und Inkonsistenzen den Individuen nur bedingt bewusst verfügbar sind." (Marg 2019, S. 124). Darüber hinaus bedarf es vielmehr der Rekonstruktion der inneren Logik des Deutungsmusters, das die inkohärenten Aussagen hervorbringt und zugleich den sich Äußernden deren Inkohärenz verbirgt.[19]

Das Merkmal der Inkonsistenz wirft nun allerdings die Frage auf, ob nicht auch Deutungsmuster und ihre Schlüsselkonzepte rekonstruiert werden können, wenn sich keine widersprüchlichen Deutungen finden? Ist also die bestimmbare Inkonsistenz eher ein empirisch „zufälliges", wenn auch häufiges Phänomen? Um ein Beispiel für eine in sich relativ konsistent erscheinende Deutung zu nennen: Bei Markus Pohlmann findet erscheint die Auffassung der Eltern/Kind-Beziehung als ‚gleichgestellte Partnerschaft' (2022, S. 277 f.) als solche konsistente Deutung. Es könnte nun ja durchaus vorkommen, dass man im Material nur konsistente Deutungen einer Art findet – vielleicht auch, weil Bereiche, in denen sich zu den ersten inkonsistente Deutungen finden, u. U. gar nicht thematisch sind. Aufgrund der Funktion von Deutungsmustern (s. Merkmale 3 bis 5) ist zu erwarten, dass „Inkonsistenzen [...] für Deutungsmuster geradezu endemisch und typisch" sind (Oevermann 2001 [DM Akt], S. 67). Wir können es aber hier getrost weiterer Forschung überlassen, ob diese Aussage falsifiziert wird; für eine solche Falsifikation

---

[19] Marg stellt zwar sowohl die Inkonsistenz als auch die Latenz fest: „Diese in den Gesprächsverläufen sich offenbarende frappante Widersprüchlichkeit, die von keinem Gesprächsteilnehmenden [sic!] erkannt oder gar thematisiert wurde, kann als deutlich sichtbare Inkonsistenz des Deutungsmusters bezeichnet werden" (2019, S. 124); sie sieht aber nicht die Notwendigkeit der rekonstruktiven begrifflichen Bestimmung des Deutungsmusters.

wäre es jedenfalls sinnvoll, bei scheinbarer Konsistenz vorfindlicher Deutungen gezielt Bereiche aufzusuchen, wo sich, wenn überhaupt, Inkonsistenzen finden müssten.[20]

> Unter Berücksichtigung der zunächst heuristisch entwickelten und hier noch einmal retrospektiv auf ihr Zutreffen hin betrachteten Merkmale konnten wir in unseren Fallanalysen zeigen, dass *Deutungen*, die wir in den untersuchten Ausdrucksgestalten der Fälle fanden, sich auf *Deutungsregeln* zurückführen lassen, und dass *Inkonsistenzen zwischen den Deutungen* sich aus einem *Schlüsselkonzept* ableiten lassen, das sich zugleich zu *Prinzipien* entfalten lässt, die die Inkonsistenzen *überblenden* und damit für den Fall zum Verschwinden bringen. Dabei stellen die Deutungsregeln eine Selektion aus einem vom Schlüsselkonzept eröffneten Optionenraum dar. Das Gesamt dieser hier aufgeführten Begriffe in ihrem Zusammenhang bildet nun den *Begriff des Deutungsmusters*. Verschiedenen konkrete Deutungsmuster – wie eben das von uns rekonstruierte Deutungsmuster der *libertären Selbstbezogenheit* – gehören, wie oben bereits gesagt, zum Umfang des Begriffs des Deutungsmusters.

Vor dem Hintergrund dieser Begriffsbestimmung lassen sich nun einige Unklarheiten, die sich in den ersten Konzeptualisierungen des Deutungsmusters finden, benennen und beheben. So heißt es bei Oevermann:

> „Schlüsselkonzepte vertreten jene Prinzipien, in deren Licht diejenigen [Deutenden], die einem Deutungsmuster wie selbstverständlich anhängen, ihre durchaus unter anderen Gesichtspunkten inkonsistenten Argumentations- und Urteilsbasen als konsistent eingerichtet haben und gültig übernehmen und beibehalten können. Schlüsselkonzepte sind also – in sich ambivalent – zugleich die Prinzipien, mit denen die Probleme, vor die sich eine Alltagspraxis gestellt sieht, einerseits strukturiert als bestimmt und lösbar interpretiert werden können, und die andererseits gegen Argumente wirksam abdichten, mit denen die Inkonsistenzen in diesen Lösungen kenntlich gemacht werden können." (Oevermann 2001 [DM Akt], S. 67)

---

[20] Wenn etwa die Überlegungen Pohlmanns zum Deutungsmuster, das der Deutung der Eltern/Kind-Beziehung als ‚gleichgestellte Partnerschaft' zugrundeliegt, in empirische Forschung übersetzt würden, wäre es aufschlussreich, solche Situationen zu thematisieren, wo die elterliche Autorität der Sache nach unvermeidlich ist – etwa Situationen der potenziellen (Selbst-) Gefährdung des Kindes oder Situationen des Umgangs mit begrenzten Ressourcen (vgl. das Beispiel von Wernet im Exkurs *Zum Verständnis von Theorien*, Abschn. 1.3).

Hier sind sowohl die Beziehung zwischen dem Deutungsmuster und seinem Schlüsselkonzept als auch die Beziehung zwischen diesem und den Prinzipien unklar; sie sind jeweils nicht klar genug unterschieden und bestimmt. So fragt sich, was es heißt: „Schlüsselkonzepte *vertreten* jene Prinzipien" (Kursivier. hinzugefügt) und einen Satz später „Schlüsselkonzepte *sind* […] zugleich die Prinzipien" (Kursivier. hinzugefügt). Angesichts unserer empirischen Rekonstruktion und der daraus folgenden, oben formulierten begifflichen Bestimmung, lassen sich diese Unklarheiten vermeiden.

Abschließend sollen nun noch einige offene Punkte und sich aus dem Begriff des Deutungsmusters ergebende Anschlussfragen kurz beleuchtet werden.

(a) Wir waren des öfteren auf das Problem der *Differenz zwischen Deutungsmustern und psychischen Formationen* gestoßen. Es dürfte klar geworden sein, dass Deutungsmuster nicht schlicht „psychische Dispositionen mit kollektivem Status" sind (Oevermann 1981/2023 [Fallrek], S. 74); für Näheres s. u. den Exkurs *Zur Differenz von Deutungsmuster und Habitus zu psychischen Formationen.*

(b) Auf die *Abgrenzung des von uns herausgearbeiten Begriffs des Deutungsmusters zu sonstigen in der Literatur zu findenden Auffassungen* von Deutungsmustern – etwa in der dokumentarischen Methode (Bohnsack 1992) oder in der Wissenssoziologie (Lüders 1991; Meuser und Sackmann 1992b; Lüders und Meuser 1997) – können wir hier nicht eingehen. Die aus der rekonstruktiven Analyse gewonnene positive Begriffsbestimmung erlaubt aber dem Leser entsprechender Entwürfe leicht ein Urteil über deren Erklärungskraft.

(c) Für die *Abgrenzung des Begriffs des Deutungsmusters (und des Begriffs des Habitus) zu alternativen „Typen der Repräsentanz von Welt im kollektiven Bewusstsein"* (Oevermann 2001 [DM Akt], S. 42–45, Kursivier. hinzugefügt) beziehen wir uns auf den hier zitierten Text. Dabei lässt sich durch die Klärung, die wir in Bezug auf die Unterscheidung von Deutungsmustern und Habitus erreicht haben, die Differenz zu den Konzepten von Meinungen, Einstellungen, Ideologie, Interesse und Motivation prägnanter fassen. – „*Meinungen,* wie sie in der entsprechend bezeichneten Meinungsforschung ermittelt werden, sind im Vergleich zu Deutungsmustern Oberflächenphänomene." (Oevermann 2001 [DM Akt], S. 42; kursiv i. Orig.) Wir können nun sagen, dass Meinungen gleichsam Deutungen sind, die sich allenfalls im geringeren Gewissheitsgrad von Deutungen unterscheiden, die als (scheinbar argumentiv abgesicherte) Urteile auftreten. – „*Einstellungen,* wie sie die sozialpsychologische Forschung definiert, sind tiefer verankerte primär kognitive oder affektive Wertungen psychischer Objekte" (Oevermann 2001 [DM Akt], S. 42; kursiv i. Orig.), es „ist also eine bewertende Haltung, oder anders ausgedrückt: sind Affinitäten vs. Abneigungen, zentral." (Schuster und Frey 2002, S. 88). Vor dem Hintergrund unserer Klärungen können wir folglich sagen, dass Einstellungen sich aus Haltungen zur Welt ergeben, also insofern Derivate des Habitus sind. Nehmen wir etwa den Fall von Frau Reinhold, deren Habitus wir auf die Maxime ‚Im Zweifel vermeide ich konkretes verbindliches Handeln durch Subsumtion unter abstrakte Schemata' bringen konnten, so werden sich bei ihr Einstellungen finden lassen, die durch eine Affinität zu klar geregelten Situationen und eine Abneigung gegen Offenheiten gekennzeichnet sind. – „*Ideologien* bestehen [...] immer auch aus Mustern der Deutung gesellschaftlicher Wirklichkeit, aber sie sind funktional viel spezifischer und enger gefaßt als Deutungsmuster, weil sie auf die Funktion der Verteidigung einer Interessenlage oder der Manipulation von Realitätserkenntnis gegen die Logik des besseren Argumentes beschränkt sind" (Oevermann 2001 [DM Akt], S. 42; Kursivier. hinzugefügt). Deutungsmuster demgegenüber generieren, wie wir gesehen haben, Deutungen für alle deutungsbedürftigen Handlungsprobleme, mit denen eine Praxis konfrontiert ist. – Zur Abgrenzung von Deutungsmustern und *Interessen* s. den obigen Exkurs. – An der Ausformung von „*Motiven* des Handelns", unter denen „primär energetische Impulse zu verstehen [sind], die konstitutionell und genetisch in der psychischen Entwicklung wurzeln" sind „Deutungsmuster nur mittelbar und sekundär rahmend und interpretierend beteiligt" (Oevermann 2001 [DM Akt], S. 45; kursiv i. Orig.). Dem sind wir hier nicht näher nachgegangen, können aber etwa am Fall Zunder, dessen Habitus der Struktur des adoleszenten Beharrens auf Autonomie mittels Abweichung gleicht, Vermutungen darüber anstellen, dass die damit verknüpfte psychische Entwicklung die Motivation hervorbringt, sich etwa grundsätzlich gegen geltende Normen zu stellen, und dass das Deutungsmuster der libertären Selbstbezogenheit den Rahmen dafür bietet, diese Motivation zu realisieren – etwa indem Herr Zunder es aufgrund der Selbstdeutung als Unterstützer der Diskriminierten im eigenen Betrieb verbietet, Masken zu tragen. – Ein weiterer Terminus von dem der Begriff des Deutungsmusters abzugrenzen wäre und der zur Zeit Konjunktur hat, ist der des *Narrativs*. In den 1970er-Jahren hatte er v. a. in den Geschichtswissenschaften, der Ethnologie und der Kulturanthropologie, bereits Vorläufer; seit den 2010er-Jahren findet der Terminus des Narrativs vermehrt Verwendung in den Wirtschafts- und Sozialwissenschaften und ist auch in die Sprache des Journalismus und der Politik eingewandert. Auf den ersten Blick scheint es eine Verwandtschaft zum Begriff des Deutungsmusters zu geben. So wird etwa das Narrativ definiert als „sinnstiftende Erzählung"[21] oder als Erzählung, die der „Sinnstiftung und Legitimation von Strukturen oder auch politischen Zielen" dient (Kößler 2024). Da seine Bedeutung allerdings unbestimmt ist (vgl. Kaufmann 2024), verspricht eine Auseinandersetzung mit ihm in unserem Zusammenhang wenig Gewinn, weshalb auf die klärende Auseinandersetzung in Fischer 2026 [Narrativ] verwiesen sei.

(d) „Wir können nicht wissen, welche Seiten möglicher Erfahrung uns dieses System verschließt, eben weil wir in ihm leben." (Borkenau 1934/1971, S. 21) „Die Erfahrung besetzt diejenigen Punkte, die durch das sozial bestimmte Kategoriensystem freigegeben sind." (Borkenau 1934/1971, S. 71) – Wie kann es demjenigen, der einem Deutungsmuster anhängt, gelingen, in seiner Erfahrung dessen Grenzen zu *überschreiten*, wenn das, was Franz Borkenau über das moderne Kategoriensystem festhält, auch für Deutungsmuster gilt? Wie ist vor diesem Hintergrund eine gedankliche Revolution, wie neue Erfahrung möglich? Wir müssen unterstellen, dass allen Kategorien wie allen Deutungsmustern letzlich die gattungskonstitutiven Weltzugänge zugrundeliegen. So erlaubt die Sonnenhaftigkeit des Auges es nicht nur, die Sonne zu sehen, wie in Goethes notorischem Xenion festgehalten, sondern sie erlaubt es, alles von der Sonne Beschienene zu sehen – auch wenn es in unserem Kategoriensystem, in unseren Deutungen (noch) keinen Platz hat. Wenn wir im handelnden Umgang mit der Welt auf ein bisher nicht gedeutetes Phänomen stoßen, das Nichtidentische sich also in der Konfrontation mit der Welt bemerkbar macht, so kann uns dies – befördert u. U. durch eine entsprechende Haltung der Unvoreingenommenheit, die es erlaubt, sich dem Unbekannten zu öffnen – zu einer Erweiterung des Kategoriensystems, zu einer Erweiterung der genutzten Deutungsregeln aus dem Optionenraum unseres Deutungsmusters oder gar zur Transformation unseres Deutungsmusters selbst führen. Die Erforschung solcher Transformationsprozesse stellt nach wie vor ein Desiderat dar.[22]

---

[21] https://www.duden.de/rechtschreibung/Narrativ_Erzaehlung; zuletzt angesehen am 29. Okt. 2025.

[22] Franzmann verweist darauf, dass, wenn „praktische Umstände gegeben" sind, „die sie in den Aufmerksamkeitsfokus bringen und über die Reflexivität der Subjekte wirksam werden lassen", Inkonsistenzen in Deutungsmustern zu dessen „Transformation führen" können (2024, S. 131). Wie dies aber genau sich vollzieht, bleibt unbestimmt, bis auf die Annahme, dass es sich wahrscheinlich eher um eine „selbstbestimmte, neugierige Auseinandersetzung im ästhetischen Modus der bildenden Muße" handelt als um die Leistung eines Subjekts im Zuge „einer fremdbestimmten existenziellen Krisenbewältigung" (Franzmann 2024, S. 131).

(e) Gibt es (i) *bereichsspezifische* Deutungsmuster, die dasselbe Schlüsselkonzpt aufweisen, oder (ii) sind Deutungsmuster *bereichsübergreifend* und hat jedes Deutungsmuster ein eigenes Schlüsselkonzept? – Um diese Frage angemessen einzuorden, sei noch einmal das Beispiel eines Strukturkonflikts bezüglich der Bewährung im Feld der Familie einerseits und der Bewährung im Feld des Berufes andererseits (vgl. Fischer 2009 [Sinnstiftung], S. 39 f.) herangezogen (vgl. Abschn. 1.3). Nehmen wir einmal an, die traditionelle Aufgabenverteilung, der gemäß in einer Familie die Ehefrau allein für Kinder und Haushalt zuständig ist, während der Ehemann für das Einkommen sorgt, sei erodiert. Vor diesem Hintergrund sehen Eltern sich mit der Frage konfrontiert, ob sie ihr Kind frühzeitig in eine Kindertagesstätte geben sollen (HP1.Opt1) oder ob einer der beiden die Betreuung des Kindes zumindest bis zum Alter von etwa drei Jahren vollständig übernehmen soll (HP1.Opt2). Falls sie (gemäß ihrem Selbstverständnis) ein großes Interesse an beruflicher Karriere haben, werden sie die Option 1 wählen, aber diese angesichts der normativen Bedeutung der Sozialisation von Kindern kaum damit begründen, dass sie Karriere machen wollen. Stattdessen werden sie sich an passenden sozialisationstheoretischen Konzepten und normativen Vorstellungen orientieren und ihre Entscheidung für sich und andere etwa damit rechtfertigen, dass sie auf die Bedeutung sozialer Kontakte im frühkindlichen Alter verweisen (HP1.Da). Falls sie – oder einer der beiden – (gemäß ihrem Selbstverständnis) eher ein Interesse an einem ausgeprägten Familienleben haben, so werden sie die Option 2 wählen, und, sich an dazu passenden sozialisationstheoretischen Konzepten und normativen Vorstellungen orientierend, ihre Entscheidung für sich und andere etwa damit rechtfertigen, dass sie auf die Bedeutung der Bindung im frühkindlichen Alter verweisen (HP1.Db). Dabei sind die Begründungen HP1.Da bzw. HP1.Db dann als durch ein entsprechendes Deutungsmuster hervorgebracht zu begreifen, wenn sie nicht lediglich vorgeschoben werden, sondern weitere Deutungen[23] sich als dazu passend erweisen – etwa wenn bei der Frage der Gestaltung der Zeit mit dem Kind (HP2) eher Spielsachen, die pädagogisch als für die kognitive Entwicklung wertvoll ausgezeichnet sind, für wichtig erachtet werden (HP2.Da) oder eher die Bedeutung der gemeinsamen Gestaltung dieser Zeit hervorgehoben wird, unabhängig von den konkreten Gegenständen, die zum Spielen genutzt werden (was eben auch die Töpfe im Küchenschrank sein können) (HP2.Db). – Die Deutungen HP1.Da und HP2.Da einerseits und die Deutungen HP1.Db und HP2.Db andererseits stünden jeweils zueinander in einem

---

[23] Begründungen sind Deutungen, die in einer praktischen Funktion: eben der Angabe von Gründen für ein Handeln, vorgebracht werden.

Passungsverhältnis und man könnte vermuten, dass ihnen ein entsprechendes Deutungmuster zugrundliegt. Dieses könnte etwa einerseits ein Deutungsmuster sein, dass im Kern den Menschen als vor allem kognitives, rational sein Leben gestaltendes Wesen begreift (DM.A) bzw. andererseits ein Deutungsmuster, dass den Menschen als vor allem gemeinschaftsbezogenes und kreatives Wesen begreift (DM.B). Wir könnten von hier aus entwerfen, welche Deutungen weiter dazu passen würden. So wären in Bezug auf die Frage, wie mit (Haus-) Tieren umzugehen wäre (HP3) u. a. die beiden folgenden Optionen denkbar: ein utilitaristischer Umgang mit ihnen (HP3.Opt1), der mit der Begründung, Tiere seien Nutztiere (HP3.Da), einhergeht, oder aber ein vergemeinschaftender Umgang mit ihnen als ob sie Familienmitglieder wären (HP3.Opt2), der mit der Begründung, Tiere seien zugewandte Mitgeschöpfe (HP3.Db), einhergeht. Dabei ist klar, dass die Begründung HP3.Da mit den durch DM.A hervorgebrachten Deutungen, die Begründung HP3.Db mit den durch DM.B hervorgebrachten in einem Passungsverhältnis stünde und jeweils durch das gleiche, bereichsübergreifende Deutungsmster hervorgebracht worden sein könnte; demgemäß müssten wir die Frage (b) im Sinne von Antwort (ii) beantworten[24]. – Die konjunktivische Formulierung zeigt, dass auch hier noch Forschungsbedarf besteht.

(f) Wie haben wir uns nun den Erwerb von Deutungsmustern in der Sozialisation vorzustellen? Dieser Frage wollen wir uns am Beispiel eines Witzes nähern: „Fragt die Nonne in der Klosterschule: ‚Was ist das? Es hüpft von Ast zu Ast und hat einen buschigen Schwanz?' – Meldet sich Fritzchen: ‚Normal hätte ich gesagt, das ist ein Eichhörnchen. Aber wie ich den Laden hier kenne, ist das bestimmt wieder das liebe kleine Jesulein!'" – Wie können wir diesen Witz im Hinblick auf unsere Frage verstehen? Offensichtlich liegt ein Deutungsproblem vor, offensichtlich sind die Beteiligten mit einem deutungsbedürftigen Phänomen konfrontiert: ‚X hüpft von Ast zu Ast und hat einen buschigen Schwanz'. Fritzchen würde eigentlich einer von ihm als ‚normal' gekennzeichneten Deutungsregel, wir nennen sie DR_{bio} folgen und das Deutungsproblem wie folgt lösen: ‚X ist ein Eichhörnchen'. Dem steht allerdings eine andere, kulturspezifische Deutungsregel entgegen, nennen wir sie DR_{Klost}, der gemäß das Deutungsproblem wie folgt zu lösen ist: ‚X ist das liebe kleine Jesulein'. – An dieser Karikatur kann man sich nun gut die Einsozialisation in geltende Deutungsmuster veranschaulichen. Das die Welt entdeckende Kind stößt allenthalben auf

---

[24] In diesem Gedankenexperiment haben wir zur Beantwortung der Frage das Moment der Inkonsistenz ausgeblendet.

deutungsbedürftige Phänomene. Es erfährt in seinem Bemühen um Deutung Hilfe durch sein sozialisatorisches Milieu, das Deutungen bereitstellt. Beim Spracherwerb rekonstruiert es etwa aus einzelnen Sprechereignissen grammatische Regeln des Sprachgebrauchs und erwirbt sie als tacit knowing, d. h. ohne dass es diese Regeln etwa explizieren könnte.[25] Diese Regelrekonstruktion beim Spracherwerb kann man besonders gut an dem Phänomen der Übergeneralisierung sehen: So bilden Kinder dann etwa das Imperfekt gemäß der regelmäßigen Form auch bei unregelmäßigen Verben; dabei lautet die von ihnen aufgrund von Sprechereignissen rekonstruierte grammatische Regel GR_{Imp} wie folgt: ‚hänge zur Bildung des Imperfekts an den Verbstamm die der Person entsprechenden Imperfekt-Endungen an‘; z. B. ‚ich koche → koch + te → ich kochte‘. Nun lässt sich beobachten, dass Kinder diese Regel übergeneralisieren und auch unregelmäßige Verben entsprechend behandeln; z. B. ‚ich gehe → geh + te → ich *gehte‘.[26] In vergleichbarer Weise rekonstruiert das in einem Milieu sozialisierte Subjekt aus den für die Deutungsprobleme, mit denen es konfrontiert wird, angebotenen einzelnen Deutungsereignissen Deutungsregeln und erwirbt sie als tacit knowing, d. h. ohne dass es diese Regeln etwa explizieren könnte (im Witz gelingt dies Fritzchen allerdings nahezu). Die im Klostermilieu ‚gewonnene‘ Regel DR_{klost} lautet: ‚wenn Dir ein unbekanntes Lebewesen begegnet, ist es das liebe kleine Jesulein‘. – Nun können wir davon ausgehen, dass Kinder im Spracherwerb aus den rekonstruierten Regeln sich deren grammatischen Zusammenhang als tacit knowing erschließen und in der Lage sind, aus diesem Zusammenhang eigenständig sprachliche Äußerungen zu generieren. In analoger Weise erschließen sie sich auch im Erwerb von Deutungsmustern aus den rekonstruierten Deutungsregeln deren Zusammenhang, sodass sie dann mithilfe dieses Zusammenhangs, also mithilfe von Schlüsselkonzept, Prinzipien und Deutungsregeln, eigenständig Deutungen generieren können. – Wenn wir nun noch berücksichtigen, dass jede (neue) Prädizierung eines unbekannten Gegenstands durch ein Subjekt nicht nur die Bestimmung des Gegenstands als Gegenüber des Subjekts darstellt, sondern dadurch auch dem „Erfahrungshaushalt [des Subjekts] in seiner spezifischen Stellung zu seinem Gegenüber [...] hinzugefügt [...] und so zu einem Bestandteil des die Individuierung ausmachenden Bildungsprozesses“ wird (Oevermann 2006 [Wissen], S. 96), so sehen wir, dass der Deutungsmustererwerb zugleich in die Identitätsbildung des Individuums eingeht. – Auch hier hätte eine Fortsetzung in weiterer Forschung zu erfolgen.

---

[25] Vgl. hierzu etwa bzgl. für den Erwerb der Syntax: Peters 1986.

[26] Vgl. hierzu Goodluck 1986, hier: S. 54.

(g) Oben wurde erwähnt, dass nicht nur das von uns rekonstruierte Deutungsmuster der *libertären Selbstbezogenheit* sondern auch andere Deutungsmuster mit ggf. anderen Schlüsselkonzepten zum Umfang des Begriffs des Deutungsmusters gehören. Hierfür sei ein Beispiel aus den Anfängen der Deutungsmusterforschung herangezogen: Claudia Honegger hat in ihrer Studie über die Hexen der Neuzeit (1978) ein Deutungsmuster herausgearbeitet, dessen Schlüsselkonzept man mit ‚Kausalität als Finalität' benennen könnte – allerdings bedarf es dafür einer klärenden Korrektur der Ergebnisdarstellung von Honegger. Wenn es heißt: „das umgedeutete Maleficium [– sc.: Schadenszauber – gilt] als personalisierte Kausalerklärung für bestimmte Defekte [sc.: etwa Katastrophen, Missstände, Unglücksfälle], die mit der göttlichen Harmonie der Naturordnung nicht mehr in Einklang gebracht werden konnten" (Honegger 1978, S. 79), so benennt Honegger damit eine Deutung (die sie allerdings als Deutungsmuster bezeichnet). Man muss aber hier hinzu nehmen, dass Personen, hier Hexen, nur dann zu Schadenszauber gegen die göttliche Ordnung fähig sind, wenn sie dazu einen Pakt mit dem Bösen eingehen. Entscheidend ist dabei nun, dass aus dem Schlüsselkonzept ‚Kausalität als Finalität' einerseits die *höchst irrationale* „personalisierte Kausalerklärung für bestimmte Defekte" abgeleitet werden kann; diese weist ein Höchstmaß an Irrationalität auf, da in ihr von einem Teufelspakt und weiteren damit zusammenhängenden irrationalen Elementen (Apostasie, Satanskult, Sabbatbesuch, Teufelsbuhlschaft – Honegger 1978, S. 63) ausgegangen wird; andererseits lässt sich aus dem Schlüsselkonzept ‚Kausalität als Finalität' aber auch die *zunehmend rationale* Erklärung natürlicher Prozesse mittels Naturgesetzen verstehen. Diese „Entzauberung der Welt" (Honegger 1978, S. 73), unter der Max Weber, auf den Honegger sich bezieht, vor allem „die Ausschaltung der M a g i e als Heilsmittel" versteht (Weber 1904–05/1986, S. 114; gesperrt i. Orig.), bedeutet insofern eine *Rationalisierung*, als zwar davon ausgegangen wird, dass die Naturgesetze[27] in der „göttlichen Harmonie der Naturordnung" gründen, aber eben letztlich ohne weiteres göttliches Eingreifen ihre Wirkung entfalten. Damit wird sowohl die Kausalität in der Wirkung der Naturgesetze als auch die Kausalität in der Hervorbringung der „Störungen der natürlichen Ordnung" (Honegger 1978, S. 79), welche eben den Hexen „als intentional-verantwortlich bewirkte Handlungsresultate" zugerechnet wurden, als Finalität verstanden: auf den Absichten Gottes beruhende Finalität der göttlichen Weltordnung

---

[27] Vgl. hierzu: Borkenau 1934/1971.

einerseits, auf den Absichten der Hexen (und des sie bestimmenden Satans)[28] beruhende Finalität der „Defekte". Dass diese Finalität mit der „Entzauberung der Welt" einhergehen konnte, zeigt sich auch daran, dass „die Internalisierung des Hexenmusters eine ‚Entdämonisierung der Welt' auch auf der Ebene des Alltagsbewußtseins" darstellte (Honegger 1978, S. 86), denn „an die Stelle der ungreifbaren Dämonen [traten] einzelne, bestimmbare böse Personen, die für ihr ‚Tun' zur Verantwortung gezogen werden konnten." (Honegger 1978, S. 86) Die weitergehenden Implikationen dieser Entwicklung, die Honegger darlegt und insbesondere in der Entstehung des Konzepts des verantwortlichen Subjekts sieht (vgl. Honegger 1978, S. 102 f.), können hier nicht weiter verfolgt werden.

4.2   Der Begriff des Habitus bzw. der Habitusformation

Wenn wir hier nun versuchen, aus unseren Analysen den Begriff des Habitus bzw. der Habitusformation[29] zu bestimmen, so streben wir damit keineswegs Bourdieu nach, bei dem Max Miller „ein unablässiges theoretisches Bemühen" konstatierte, „mit der Habitustheorie eine Art gesellschaftstheoretischer Grundformel zu liefern" (Miller 1989, S. 196).[30] Wir werden vielmehr, wie bereits beim Begriff des Deutungsmusters, von den in Abschn. 1.3 herausgearbeiteten heuristischen Merkmalen ausgehen und, diese Hinsichten berücksichtigend, aus den Erkenntnissen der empirischen Analysen den Begriff des Habitus entfalten. Allerdings stand bei unseren Fallanalysen, insbesondere bei der Fallauswahl, das Deutungsmuster im Fokus, so dass wir von unseren Rekonstruktionen her nicht bzgl. aller Hinsichten belegende oder widersprechende Aussagen machen können. Insofern werden wir hier die heuristischen Merkmale von der entsprechenden Literatur her weiter zu konsilidieren versuchen.

---

[28] „Satan als Superakteur [...]. Dies entlastete jedoch in keiner Weise die Verfolgten: sie waren von mächtigen Agenzien getrieben und gleichwohl verantwortlich." (Honegger 1978, S. 80; Kursivier. getilgt).

[29] Wie in Abschn. 1.3 festgehalten sprechen wir von *Habitus*, wenn der Blick auf die *Grundhaltung eines konkreten Subjekts* gerichtet ist; von *Habitusformation* hingegen, wenn der Blick auf die *vom konkreten Subjekt ablösbare Systematik dieser Grundhaltung* gerichtet ist.

[30] Als weitere Literatur seien neben Miller genannt: Panofsky 1946/1975, Bourdieu 1967, 1967/1974, Matthiesen 1989, Cicourel 1989/1993 und Müller 1992 (bes. S. 242–259; s.a. Register), sowie natürlich Max Weber.

(1) Habitusformationen wirken *handlungslogisch wie Sitten*, deren Vorschriften das Handeln ‚gehorcht' (Bourdieu 1967, S. 158).[31]

In diesem Sinne stellt Kutzner fest, „dass der Habitus die Basis von Vergemeinschaftungen auf verschiedenen Ebenen (berufliche Sphäre, Zusammenleben in Gestalt von Nachbarschaften) ist." (2009, S. 77) Allerdings konnten wir in unseren Analysen diesen Aspekt des Habitus nicht untersuchen; hierzu hätte die Fallauswahl Vergemeinschaftungen als Träger der Habitusformation fokussieren und kontrastiv ausschreiten müssen. Für unsere Fallauswahl war aber die Bestimmung des Deutungsmusters leitend.

(2) Habitus operieren als den Handelnden selbstverständliche Haltungen, sind ihnen also in der Regel *nicht bewusst*, und der Reflexion nur sehr schwer zugänglich.[32]

Bei Herrn Zunder haben wir etwa als Ausfluss des rekonstruierten Habitus der exaltierten Selbstbehauptung ein starres Festhalten an Maximen festgestellt, was offensichtlich seiner Selbstdeutung als Chancen ergreifender erfolgreicher Unternehmer widerspricht. Es liegt auf der Hand, dass dieser Widerspruch und damit eben die habituelle erstarrten Form von Autonomie latent bleiben muss.

(3) Habitus werden „vor allem *in* den ontogenetischen *Krisen* der milieugebundenen Sozialisation *erworben*" (Oevermann 2001 [DM Akt], S. 46; Kursivierung hinzugefügt).

In der Regel bilden sich Habitus in sozialisatorisch bedeutsamen Phasen – etwa der Adoleszenz – als Grundhaltungen aus, die dann in sämtliche Entscheidungen des Handelnden prägend eingehen. – Wenn Oevermann von Habitusbildung als einer „Art Enkulturation in eine Habitusformation" (Oevermann 1996 [profess], S. 120) spricht, so ist damit nicht nur Integration in die Kultur (Enkulturation i. S. v. Sozialisation), sondern auch die Eigentätigkeit des Subjekts (Enkulturation i. S. v. Individuation) im Blick – und zwar in dem Sinne, wie „Bildung […] nichts anderes als Kultur nach der Seite ihrer subjektiven Zueignung" ist (Adorno 1957/1979, S. 94).

---

[31] Die Übersetzung von „obéissant" mit ‚folgend' (Bourdieu 1967/1974, S. 149), schwächt diese Bedeutung ab.

[32] Müller nennt dies Bourdieus „Unbewußtheitsannahme" (1992, S. 258); diese ist zwar zutreffend, bedarf aber genauerer empirischer Rekonstruktion und theoretischer Bestimmung.

Diese Konzeption ist eine ganz andere als die Bourdieus, wenn dieser etwa als ein Grundelement „unseres Habitus, eine mentale Struktur [bestimmt], die, da sie in alle auf eine bestimmte Weise sozialisierten Köpfe hineingebracht wurde, individuell und kollektiv zugleich ist", „ein Wahrnehmungs- und Gliederungsprinzip, ein *nomos*", „was wir alle im Kopf haben, weil wir es infolge einer Sozialisationsarbeit verinnerlicht haben" (Bourdieu 1991/1998, S. 128; kursiv i. Orig.).[33] Matthäus stellt zwar heraus, dass die „auf primärsozialisatorische Fremdbewertungen zurückgehende milieuspezifischen Selbstbewertung als grundlegende Strukturdimension des Habitus" zu betrachten ist (2014, S. 232), aber dabei ist eben zu berücksichtigen, dass „die Sozialisierung des Einzelnen [...] nicht nur durch autoritative Unterweisung [erfolgt], sondern [...] ebenso und noch viel mehr aus der unmittelbaren Anschauung der tatsächlichen sozialen Vorgänge [schöpft], in die das Individuum hineingestellt ist." (Francis 1957, S. 105) Die Enkulturation kann also – vorbehaltlich weiterer Forschung – so gedacht werden, dass das Subjekt mit einer Handlungskrise konfrontiert wird, für deren Lösung ihm von seiner für das Handlungsproblem relevanten Bezugskultur eine Handlungsweise angeboten wird, die sich dann in der Sache und in der Bezugsgemeinschaft bewähren muss. Wie beim Spracherwerb (s. o. zum Erwerb des Deutungsmusters) rekonstruiert das

---

[33] Was hier unterbestimmt als „verinnerlicht" übersetzt wurde, heißt im Original sehr viel deutlicher „c'est un principe de vision et de division commun, un *nomos*, que nous avons tous dans l'esprit, parce qu'il nous a été inculqué à travers un travail de socialisation [...]. Ce principe de construction est un des éléments constitutifs de notre *habitus*, une structure mentale qui, ayant inculquée dans tous les cerveaux socialisés d'une certaine façon, est à la foi individuelle et collective" (also: „das ist ein gemeinsames Prinzip der Sicht und der Unterteilung, ein *nomos*, das wir im Geist haben, weil es uns durch eine Arbeit der Sozialisation hindurch eingehämmert [wörtl.: eingestampft, da von lat. calx, calcis = Pferdehuf abgeleitet] wurde [...]. Dieses Konstruktionsprinzip ist ein konstitutives Element unseres *Habitus*, eine mentale Struktur, die, eingehämmert worden in all die auf eine bestimmte Weise sozialisierten Gehirne, zugleich individuell und kollektiv ist" – Bourdieu 1991/1994, S. 137; kursiv i. Orig.; unsere Übers.). – Vgl.: „Trotz seiner Kritik am Objektivismus zeichnet Bourdieu immer wieder das Bild des unterworfenen Menschen. Wenn er etwa in den frühen, bildungssoziologischen Schriften von ‚Einprägearbeit' (Bourdieu und Passeron 1973) spricht oder im Kontext der Explikation des Habitusbegriffs die Idee der Inkorporation bemüht, dann erscheinen die generativen Prinzipien nicht unter der Perspektive der Ermöglichung bzw. Konstitution von Sozialität schlechthin, sondern sie erscheinen wie ein gesellschaftliches Brandeisen, das sich unwiderruflich in die Subjekte einbrennt." (Rademacher und Wernet 2014, S. 164 f.) Bourdieus „Inkorporationsannahme" (Habitus als „ein Stück verinnerlichter Gesellschaft, deren Strukturen über die Sozialisation einverleibt werden" – Müller 1992, S. 258) ist allenfalls deskriptiv zutreffend, schließt aber die „Enkulturation" nicht auf. – S. Abschn. 1.3, Fn. 78.

Subjekt praktisch aus sich bewährenden Handlungsweisen Handlungsregeln und eine Maxime die diese Handlungsregeln hervorzubringen geeignet ist – ohne dass es diesen Zusammenhang artikulieren könnte. – Zu berücksichtigen ist, dass „die Habitusbildung […] nicht nur milieubedingten Einflüssen [unterliegt]. Sie vollzieht sich nicht nur in einem sozialen Raum der herrschenden Lebensstile, sie vollzieht sich auch in einem sozialen Raum der familialen (und als sekundäre Sozialisationsinstanz hinzukommend der schulischen) Interaktion. Diese sozialisatorischen Räume müssen gegenüber den sozialen Forderungen des Milieus als eigenständig strukturiert konzipiert werden." (Rademacher und Wernet 2014, S. 176) Insofern ist – worauf Sandra Rademacher und Andreas Wernet ebenfalls verweisen – zu berücksichtigen, was bereits Claude Lévi-Strauss festhielt: „Ein und dieselbe Ansammlung von Individuen, vorausgesetzt, dass sie in Zeit und Raum objektiv gegeben ist, gehört gleichzeitig mehreren Kultursystemen an: universell, kontinental, national, provinzial, lokal; und familial, beruflich, konfessionell, politisch etc." (Lévi-Strauss 1958/1974, S. 321; Übers. korr., s. Lévi-Strauss 1958, S. 325). Wenn Rademacher und Wernet daraus aber eine Kritik am Begriff des Habitus überhaupt machen,[34] indem sie gleichsam unterstellen, seine Brauchbarkeit setze voraus, es würde für alle diejenigen, die unter gleichen „sozialen Gegebenheiten" aufwachsen, einheitliche Habitus geben, schießen sie über das Ziel hinaus. So allgemein verwendet, schlösse der Begriff tatsächlich wenig auf und wäre deterministisch verengt. Bei weitergehenden Untersuchungen zum Habitus wäre zu fragen, ob der Habitus als Moment einer Fallstruktur möglicherweise auf verschiedene Habitusformationen zurückzuführen ist, in die das betreffende Subjekt enkulturiert wurde.[35] Sodann, müsste(n) die jeweilige(n) Habitusformation(en)

---

[34] „Der Habitus, der in seiner allgemeinsten Bestimmung als Niederschlag sozialer Gegebenheiten im Subjekt begrifflich gefasst werden kann, lässt in eben dieser Abstraktheit offen, auf welche Ebene des Sozialen der Begriff rekurriert, wenn die habituelle Verfasstheit eines Subjekts in den Blick genommen wird." (Rademacher und Wernet 2014, S. 180).

[35] Hier müsste auch der Frage nachgegangen werden, ob es sich wie beim Spracherwerb verhält, wo die Position der Muttersprache nur einmal besetzt werden kann und alle weiteren Sprachen als Fremdsprachen gelernt werden müssen. Dann gäbe es möglicherweise eine Habitusformation, in die enkulturiert zu werden bedeutet, einen primären Habitus auszubilden; alle weiteren Habitusformationen (etwa berufsspezifische), in die man enkulturiert wird, wären in Bezug auf den primären Habitus dann eben sekundär. Handeln gemäß der entsprechenden sekundären Habitus wäre folglich vom primären spezifisch ‚gefärbt' – so wie eben das Sprechen einer Fremdsprache durch die Muttersprache spezifisch ‚gefärbt' ist. – Da es uns hier auf die veranschaulichende Analogie ankommt, haben wir Forschungen zu bi- bzw. multilingualer Sprachsozialisation hier nicht thematisiert.

in ihrer Struktur bestimmt werden, bevor die Frage nach ihrer Gruppen- bzw. Klassenspezifität (Miller 1989, S. 197) gestellt werden kann.[36]

(4) Habitus *sind lebenspraxisbestimmend* (Oevermann 2001 [DM Akt], S. 46).

Dieser Aspekt ließ sich an unseren Fällen zeigen. Zur Veranschaulichung sei hier auf Frau Reinhold verwiesen, deren Habitus wir auf den Begriff der *unlebendigen Praxis mit einer Exzentrizität ohne Positionalität* gebracht haben, welcher sich zu der Maxime ‚Im Zweifel vermeide ich konkretes verbindliches Handeln durch Subsumtion unter abstrakte Schemata' entfalten ließ. In ihrer beruflichen Praxis folgt Frau Reinhold, wie wir zeigen konnten, offenbar der Handlungsregel ‚Halte andere Personen grundsätzlich auf Distanz!' Ein dieser Regel folgendes Handeln ist für eine professionalisierte Beratung kontraproduktiv;[37] gleichwohl bestimmt die dem zugrundeliegende Haltung Frau Reinholds Lebenspraxis.

(5) Habitusformationen erlauben es „alle charakteristischen [...] *Handlungen* einer Kultur zu *erzeugen* – und nur diese." (Bourdieu 1967/1974, S. 143; Übers. korr.; Kursivier. hinzugefügt)[38]

Auch diesen Aspekt konnten wir aufgrund der Ausrichtung unserer Fallanaysen nicht überprüfen; gleichwohl sei eine Anmerkung zu dessen Konzeptualisierung durch Bourdieu gemacht. Wenn er vom „Begriff des Habitus als generativer Grammatik" spricht (Bourdieu 1967/1974, S. 155), so bezieht er sich auf die Grammatiktheorie von Noam Chomsky, in der Sprache als generative Struktur begriffen wird, deren Algorithmen es ermöglichen, alle Sätze einer Sprache hervorzubringen. Dabei blendet Bourdieu aber einen wesentlichen Aspekt dieser Grammatiktheorie aus, nämlich, dass Chomsky „Generative Grammatiken als Theorien der Sprachkompetenz" begreift (1965/1972, S. 13–21). In diesem Zusammenhang macht

---

[36] Bourdieu allerdings geht von statistischen „Korrelationen zwischen sozialer Position und Lebensstil" (Miller 1989, S. 203) aus, und führt als theoretisches Konstrukt einen vermittelnden Habitus als strukturierende Struktur ein, ohne diesen in seiner spezifischen generativen Funktion zu bestimmen und als nächstes seine Genese zu klären.

[37] Vgl. hierzu Oevermann 1996 [profess], 2000 [SozBür], Liebermann und Loer 2009b, 2010a, b, Loer 2013 [Auxilium].

[38] Ils „permettent *d'engendrer* toutes [...] les *actions* caractéristique d'une culture, et celles-là seulement." (Bourdieu 1967, S. 152; Kursivier. hinzugefügt).

Chomsky „eine grundlegende Unterscheidung zwischen *Sprachkompetenz* [...] und *Sprachverwendung*" (1965/1972, S. 14; kursiv i. Orig.). Bezogen auf das Sprechen einer Sprache ist hier die Unterscheidung zwischen dem Eröffnungsparameter (Parameter I) und dem Auswahlparameter (Parameter II) in Anschlag zu bringen. Bourdieu macht diese Unterscheidung bezüglich des Habitus nicht,[39] so dass er mit der Architektonik der Kompetenztheorie (vgl. Oevermann o. J. [1973] [Kompetenz]) auch den eigentlichen Clou des Begriffs des Habitus verfehlt. Wenn ich einen Habitus rekonstruieren möchte, so hat er, methodologisch betrachtet,[40] den Status des Auswahlparameters inne und muss folglich anhand der Systematik bestimmt werden, die sich in der Auswahl aus durch übergreifende Regeln eröffneten Handlungsoptionen ausdrückt. In ähnlicher Form drückt sich die Sprechweise eines Sprechers in den sprachlichen Äußerungen aus, die eine systematische Auswahl des Sprechers aus von der Grammatik eröffneten Sprechoptionen darstellt. Der Habitus ist also ein Moment, der die Performanz des Handelns bestimmt, und liegt nicht auf der Ebene der Kompetenz. Wenn Guérot etwa von den beiden Möglichkeiten, die Sätze des Mottos ihrer Vorbemerkung aufeinanderfolgen zu lassen, eine bestimmte auswählt, so folgt sie damit einer Handlungsregel (etwa: ‚Von mehreren Möglichkeiten des stilisierten Ausdrucks wähle stets die dramatischere!‘), die sich aus ihrem Habitus der *leerlaufenden, mit abgeschotteter Gewissheit einhergehenden Selbstcharismatisierung* ableitet. Damit eröffnet der Habitus also nicht Handlungsoptionen, sondern geht, wie gesagt, in die Auswahl aus eröffneten Optionen ein. Wenn wir nun die Gemeinschaft bestimmen könnten, die Träger der entsprechenden Habitusformation ist, könnten wir dann sagen, dass diese Habitusformation es erlaubt, „alle charakteristischen [...] Handlungen" der Kultur jener Gemeinschaft „zu erzeugen – und nur diese" (Bourdieu 1967/1974, S. 143; Übers. korr.)? Dies wäre dann zutreffend, wenn wir unter dem ‚Erzeugen aller charakteristischen Handlungen‘ das systematische Auswählen aus eröffneten Handlungsoptionen verstehen würden (was den systematischen Ausschluss be-

---

[39] Auch wenn er die Unterscheidung de Saussures zwischen *Sprache* (*langue*) und *Rede* (bei de Saussure eigentlich *parole* – 1916/1971, S. 33 –, aber auch, was Bourdieu hier verwendet: *discours* – 1916/1971, S. 34) heranzieht (Bourdieu 1972/1979c, S. 152 bzw. 1972/2000c, S. 241 f.), so wird doch die entscheidende Differenz verwischt, wenn er vom „kulturellen Code, den der Schaffende seinem Werk mitgab" (Bourdieu 1972/1979c, S. 152) spricht; dies fällt erst recht auf, wenn man das Original heranzieht, wo die Rede ist „vom kulturellen Zeichen, das der Schöpfer in sein Werk eingebunden" hat („du chiffre culturel que le créteur a engagé dans son œuvre" – 1972/2000c, S. 242).

[40] Vgl. zum folgenden Loer 2006 [Streit], S. 362–364.

stimmter anderer Optionen einschließt). – Insofern ist die einfache Analogie von generativer Grammatik und Habitus nicht nur wenig aufschlussreich, sondern irreführend.[41]

(6) Habitusformationen schlagen sich als *modi operandi* in den von ihnen hervorgebrachten Handlungsobjektivationen, den *opus operata*, nieder und können aus diesen als deren Erklärungen rekonstruiert werden.

Auch diesen Aspekt müssen wir um die unter (5) gemachten Überlegungen ergänzen: Dass Habitusformationen sich als *modi operandi* in den von ihnen hervorgebrachten Handlungsobjektivationen, den *opus operata*, niederschlagen, ist so zu verstehen, dass die Systematik der Auswahl als *modus operandi* in der Struktur des *opus operatum* zu bestimmen ist, was für die Rekonstruktion bedeutet, dass die getroffenen Auswahlen sequenzanalytisch auf der Folie der Auswahloptionen abgebildet werden müssen.

Unter Berücksichtigung der zunächst heuristisch entwickelten Merkmale, die wir hier noch einmal retrospektiv auf ihr Zutreffen hin betrachteten, ohne – anders als beim Begriff des Deutungsmusters – dieses abschließend beurteilen zu können, konnten wir in unseren Fallanalysen zeigen, dass *Handlungen*, die wir in den untersuchten Ausdrucksgestalten der vier Fälle jeweils fanden, sich jeweils auf *Handlungsregeln* zurückführen lassen, die sich ihrerseits jeweils auf eine *Maxime* bringen lassen, die als Explikation des Begriffs, auf den wir den jeweiligen Habitus bringen konnten, zu verstehen sind. Dieser unausgesprochenen Maxime der Lebensführung wird im Zweifel gefolgt, sie liegt der Typik des Handelns zugrunde und drückt sich in ihr ohne Willen und Bewußtsein aus. Das Gesamt dieser hier aufgeführten Begriffe in ihrem Zusammenhang bildet nun den *Begriff des Habitus*. Dabei haben wir vier verschiedene konkrete Habitus rekonstruieren können: den Habitus der *leerlaufenden, mit abgeschotteter Gewissheit einhergehenden Selbstcharismatisierung* (Fall Guérot), den Habitus der *durchblicherhaften Selbstüberhöhung* (Fall Kölsch), den Habitus der der *unlebendigen Praxis, Exzentrizität ohne Positionalität* (Fall

---

[41] Bourdieus Bezeichnung des Habitus als *„nicht ausgewählte[...] Grundlage* aller ‚Auswahlentscheidungen‘“ (1980/1993, S. 114; kursiv i. Orig. – *„principe non choisi de tous les ‚choix‘“* – 1980, S. 102; kursiv i. Orig.) scheint den Habitus als Auswahlparameter zu fassen; das Verhältnis zum Verständnis des Habitus als generative Grammatik bleibt aber ungeklärt.

Reinhold) und den Habitus der *exaltierten Selbstbehauptung bei gleichzeitigem Bemühen um Anerkennung* (Fall Zunder) – diese gehören, wie oben bereits gesagt, zum Umfang des Begriffs des Habitus.

Abschließend seien nun noch einige offene Punkte und sich aus dem Begriff des Habitus ergebende Anschlussfragen kurz beleuchtet.

(a) Zur *Genese der Habitusformation* haben wir am Ende der ersten Fallanalyse einige Ausführungen gemacht und am Ende der vierten Fallanalyse eine kurze Ergänzung dazu angefügt. Dies sei hier noch einmal verallgemeinernd rekapituliert. – Für die Rekonstruktion der *Genese der Habitusformation* müssten die Gemeinschaften, denen der Fall angehört, als Trägergemeinschaften der Habitusformation – etwa das Milieu, die Region (vgl. Loer 2007 [Region]), die Generation (vgl. Loer 1999 [Zwischengen], Oevermann 2001 [Generat-Bez], Gärtner 2006, 2008) – im Hinblick auf die Handlungsprobleme untersucht werden, aufgrund von denen sich die Habitusformation als deren Lösung ausbildete. Ihren Ursprung haben Habitusformationen also in Handlungsproblemen, die durch gesellschaftliche Strukturkonflikte konstituiert werden, und für die eine Lösung zu entwickeln unabweisbar ist. Das heißt, dass eine Gemeinschaft in eine Handlungskrise gerät für deren Lösung sie eine Handlungsweise entwickelt – was etwa durch intellektuelle oder politische Führungsfiguren geschehen kann –, die sich sowohl in der Sache als auch in der Gemeinschaft, als Moment von deren Selbstverständnis, bewähren muss. – Für die Rekonstruktion der *Bildung des Habitus* durch den Fall bedürfte es weiterer, insbesondere solcher Daten, in denen sich Aufschlüsse über die Sozialisation fänden. Hierzu gehören etwa Genogramme (s. Hildenbrand 1999, 2005, 2018), mittels derer Rekonstruktion die familiale sozialisatorische Konstellation zu bestimmen wäre, biografische Forschungsgespräche, in denen die „vier große[n] Ablösungskrisen",[42] insbesondere die Adoleszenzkrise[43] thematisiert würden – s. oben unter (3) zur *Enkulturation in die Habitusformation*.

---

[42] „1. Die mit der Geburt erfolgende Ablösung aus der primärsymbiotischen Phase der Schwangerschaft, ihrerseits eine Phase verschärfter Krisenbewältigung;/2. Die Ablösung aus der sozialen Mutter-Kind-Symbiose in die manifeste Lebensform der ödipalen Triade/3. Die Ablösung aus der familialen ödipalen Triade in die Latenzphase und die schulische peer-group 4. Die Ablösung aus der Adoleszenzphase am Ende des Moratoriums der Adoleszenzkrisenbewältigung." (Oevermann 2009 [Biographie], S. 41).

[43] Vgl. die systematisch verdichtete Darstellung dazu in Oevermann 2005 [Trad], S. 25–27.

(b) Der Aspekt der Bewährung einer in der Lösung einer Krise geformten Habitus-
     formation für die Trägergemeinschaft ist auch wichtig, um zu verstehen, was
     es mit der von Bourdieu so genannten *Hysterese des Habitus* auf sich hat.
     Bourdieu meint damit das Phänomen, dass der unter vorangegangenen objek-
     tiven Möglichkeiten entstandene Habitus angesichts sich wandelnder objekti-
     ver Möglichkeiten schlecht an diese angepasst ist (vgl. Bourdieu 1980/1993,
     S. 116). Zwar ist für Bourdieu der Hysteresiseffekt schlicht „in der
     Konstitutionslogik eines jeden Habitus angelegt" (1972/1979c, S. 168), aber
     bei genauerer Betrachtung ist mit dieser „Stabilitätsannahme", der gemäß gilt:
     die mit dem Habitus verbundenen „Dispositionen bleiben über die Zeit hinweg
     stabil und leiten die individuellen Praxisstrategien auch dann noch an, wenn
     sie zur Struktur einer gewandelten Umwelt gar nicht länger passen" (Müller
     1992, S. 258), lediglich eine Beobachtung beschrieben; das Beobachtete stellt
     aber selbst ein erklärungsbedürftiges Phänomen dar. In analoger Weise hat
     C. G. Jung von „psychischer Trägheit" gesprochen, wovon Freud zu Recht
     sagte, es sei „ein anderer, kaum ein besserer Ausdruck für das, was wir in der
     Psychoanalyse eine F i x i e r u n g zu nennen gewohnt sind." (Freud 1915/1981,
     S. 246: gesperrt i. Orig.) Wie erst die „Fixierung" auf ein früheres Erlebnis die
     „psychische Trägheit" erklärt, so kann erst die Funktion der „Enkulturation in
     eine Habitusformation" (Oevermann) für die Aufrechterhaltung des Selbst die
     „Hysterese des Habitus" und die Funktion der Habitusformation für die Träger-
     gruppe die Hysterese der Habitusformation erklären. Mit dem Begriff der
     „Hysterese des Habitus" wird – wie Lou Andreas-Salomé in einem Brief an
     Freud es analog für den der „psychischen Trägheit" formuliert –, „das Wesent-
     liche daran, nämlich die Beziehung zum Vergangenen, *nicht* mit erfaßt" (Freud
     und Andreas-Salomé 1966/1980, S. 41; kursiv i. Orig.). Da aber im Begriff der
     Hysterese die Beziehung zur Ursprungssituation der Habitusformation nicht
     mit erfasst wird, wird auch weder die Frage nach dem Widerpart dieser Ur-
     sprungssituation in der gegenwärtigen Gemeinschaft, die Träger der Habitus-
     formation ist, noch die Frage nach der Passung, die der Habitus für seinen
     gegenwärtigen Träger als wesentliches Moment seines Selbst hat, aufgeworfen.
     Dort wo Bourdieu andeutet, dass etwa Generationenkonflikte so erklärt wer-
     den könnten (1972/1979c, S. 168 f.), scheint diese Überlegung auf, wird aber
     von Bourdieu nicht ausgeführt – und auch Christel Gärtner, die sich im Aus-
     gang von Shmuel N. Eisenstadt und Karl Mannheim sehr instruktiv mit der
     „Entstehung von neuen generationenspezifischen Habitusformen" (2013,
     S. 430) beschäftigt, spricht davon, dass „tradierten Habitusformen […] eine
     gewisse Beharrlichkeit eigen ist" (2013, S. 432), ohne dies auf die Konstitution
     der generationenspezifischen Habitusformation und deren Funktion für die
     Generation zu beziehen. Hier ist also noch ein bedeutendes Desiderat der For-
     schung und theoretischen Klärung festzustellen. Es bleibt aber festzuhalten,

dass man zunächst die Genese der jeweiligen Habitusformation, die sich an einem Handlungsproblem ausgebildet hat, untersuchen muss, bevor man letztlich klären kann, ob die vermutete Einheit eine real als solche strukturierte ist oder lediglich ein Beobachtungsartefakt darstellt: das Handlungsproblem ist nämlich das Einheit Stiftende. Durch diese Konzeptualisierung wird auch die Strukturierungsebene der Habitusformation von Strategien[44] und von psychischen Dispositionen unterschieden.

(c)   Auch beim *Habitus* stellt sich nämlich die Frage der *Differenz zu psychischen Formationen*; dieser sei nun in folgendem Exkurs *zur Differenz von Deutungsmuster und Habitus zu psychischen Formationen* nachgegangen.

Zur Differenz von Deutungsmuster und Habitus zu psychischen Formationen

Bei der Analyse des dritten Falles (Abschn. 3.4) hatten wir das Verhältnis von Deutungsmuster und Habitus zu psychischen Formationen angesprochen und dabei auf Else Frenkel-Brunswik verwiesen. Diese hatte bei der Erforschung von Vorurteilen (Frenkel-Brunswik 1950a, b; vgl. Ackermann et al. 1950/1977) folgende psychische Zusammenhänge herausgearbeitet: „There is more than an empirical affinity between the strength of hostility, of power-orientation, of externalization, and of rigid stereotyping, on the one hand, and the intolerance of ambiguity, on the other, there is a similar affinity between the orientation toward love and the acceptance of drive-impulses, on the one hand, and a general flexibility, on the other." (1949, S. 141) Die erstgenannte psychische Formation scheint in einem Passungsverhältnis zu dem hier rekonstruierten Deutungsmuster zu stehen. Es ist aber festzuhalten, dass letzteres analytisch unabhängig von psychischen Dispositionen ist und unabhängig von ihnen operiert. Dies gilt auch bzgl. der Relation zwischen Deutungsmuster und Habitus. Uns geht es hier um diese beiden sozialen

---

[44] Mit dem Begriff der Strategie vermengt etwa Aaron V. Cicourel den Begriff des Habitus, wenn er schreibt: „Intuitive kulturelle Strategien müssen für die Lösung alltäglicher Probleme erworben werden." (Cicourel 1989/1993, S. 158) Der Ausdruck ‚Strategien' wird auch von Bourdieu in Bezug auf den Habitus immer wieder benutzt („Strategien des Habitus" – 1980/1993, S. 102, Fn.; „er [sc.: der Habitus] liegt jener Verkettung von ‚Zügen' zugrunde, die objektiv wie Strategien organisiert sind, ohne das Ergebnis einer echten strategischen Absicht zu sein" – 1980/1993, S. 116), ohne dass sein Stellenwert grundlegend geklärt wäre. Zur Bezeichnung intuitiver Handlungsmuster ist er untauglich, da strategisches Handeln stets an bewusste Intentionen gebunden ist. Die „Strategieannahme" Bourdieus (Müller 1992, S. 258) führt nicht zu einer Klärung.

Strukturierungsebenen; die Erforschung von deren Verschränkung mit der Ebene der psychischen Strukturbildung stellt nach wie vor ein Desiderat dar.

An einem Beispiel Max Webers lässt sich die wichtige Differenz zwischen einem psychischen Charaktermerkmal und einem Habitus, der in Entscheidungssituationen stets bestimmte praktische Entscheidungen generiert, zeigen: „Ich erinnere mich [...] eines in seinem Geschäftsleben ungewöhnlich erfolgreichen und in seinem Alter sehr begüterten Fabrikanten, der, als ihm ärztlicherseits bei einer hartnäckigen Verdauungsschwäche der Genuß von einigen Austern täglich angeraten wurde, dazu nur mit der größten Schwierigkeit zu bewegen war. Sehr erhebliche Stiftungen zu wohltätigen Zwecken, die er schon bei Lebzeiten vornahm, und eine ‚offene Hand‘ zeigten andererseits, daß es sich dabei l e d i g l i c h um einen Rückstand jenes ‚asketischen‘ Empfindens handelte, welches den eigenen Genuß des Besitzes für sittlich bedenklich hält, nicht etwa um irgend etwas mit ‚Geiz‘ Verwandtes.“ (Weber 1904–05/1986, S. 189, Fn. 3; gesperrt i. Orig.) Weber nennt, was er hier als ‚asketisches Empfinden‘ bezeichnet, später den „Dauerhabitus des Erlösten“ (Weber 1915–19/1986, S. 541). Von diesem Habitus ist also die psychische Disposition ‚Geiz‘ zu unterscheiden.

Ausgehend von den Versuchen der Mitglieder des in die U.S.A. emigrierten Instituts für Sozialforschung hat das Konzept des Sozialcharakters Eingang in die Soziologie gefunden. Es geht auf Erich Fromm zurück, der versuchte, die beiden bei Weber klar geschiedenen Strukturierungsebenen zusammenzuzwingen. Indem er den Teil der „Charakterstruktur [von Personen einer Gruppe], welcher den meisten Mitgliedern der Gruppe gemeinsam ist“ in den Blick nimmt und „diesen Charakter als Gesellschafts-Charakter (*social character*)“ bezeichnet (Fromm 1941/1980, S. 220; kursiv i. Orig.), vermengt er, was der Sache nach Verschiedenes ist. In den Studien zur autoritären Persönlichkeit, für die Fromm den sozialpsychologischen Teil verfasste (Fromm 1936/1987), spricht Adorno dann – sei es mit distanzierenden Anführungszeichen, sei es ohne – vom ‚authoritarian character‘ und vom „fascist character“ bzw. vom „potentially fascist character“ (Adorno 1950, passim) und auch heute wird noch ungebrochen die Erklärungskraft des Konzepts (s. etwa Nachtwey und Amlinger 2021) unterstellt. An Webers Beispiel aber wird deutlich, dass Habitus und psychische Formation als analytisch unabhängig voneinander zu konzipieren sind und ihr empirisches Verhältnis jeweils fallspezifisch zu bestimmen ist.

Zwischen dem Deutungsmuster, dem jemand anhängt, und seiner psychischen Formation kann es nun – wie zwischen Deutungsmuster und Habitus – ein Passungsverhältnis geben (s. u.). Aber auch hier müssen wir folgendes analytisch unterscheiden: Generiert die in Rede stehende Strukturierungsebene spezifische Deutungen und sind diese unabhängig von der psychischen Valenz, die sie für denjenigen, der sie äußert, haben? Oder bringt die in Rede stehende Strukturierungsebene bei einer Person spezifische Affekte und ein spezifisches, affektiv bestimmtes Verhalten hervor, das wir seinem Charakter zuschreiben müssen? Die psychische Valenz kann bei unterschiedlichen Personen, die demselben Deutungsmuster anhängen, ja durchaus unterschiedlich sein und die Bildung des Charakters ist jeweils auf die je spezifische lebensgeschichtliche psychische Konstellation zurückzuführen. Dies zeigt Freud etwa exemplarisch brieflich für „diesen großartigen Lumpen Napoleon" (Freud an A. Zweig, 15. 7. 1934, Freud und Zweig 1968/1984, S. 96), dessen „großartigen Josef-Komplex" (Freud an A. Zweig, 6. XI. 1934, Freud und Zweig 1968/1984, S. 107) er als den „dämonische[n] Motor hinter seinem komplexen Lebensbild" vermutet (Freud an T. Mann, 29.9.1936, Freud 1936/1987, S. 680) und auf die Geschwisterstellung Napoleons und seine Mutterbindung zurückführt (Freud und Zweig 1968/1984, S. 107 f.; Freud 1936/1987, S. 680–682). Die psychische Formation, die Freud hier skizziert, steht einerseits in Passung zu der Selbst-Deutung Napoleons, die Tolstoi ihm zuschrieb: „daß seiner Ansicht nach alles, was er tat, gut war, […] einfach nur darum, weil er es war, der es getan hatte." (Tolstoi 1868/1988, S. 852; s. o., Abschn. 3.2, Fn. 79); andererseits steht aber diese Selbst-Deutung im Gegensatz zu der psychisch fundierten „Selbstbestrafung", die Freud als Motivierung für das Nichtvermeiden des Absehbaren Scheiterns im Russland-Feldzug bei Napoleon konstatiert (1936/1987, S. 682). Auch Deutungsmuster und psychische Formation (Charakter) sind also als analytisch unabhängig voneinander zu konzipieren und ihr empirisches Verhältnis ist jeweils fallspezifisch zu bestimmen. Durch das Ergebnis unserer theoretischen Explikation lässt sich die grundsätzliche Frage nach dem Passungsverhältnis zwischen psychischer Disposition und Deutungsmuster, von dem stets auszugehen ist, wie folgt formulieren: Wie wirkt die psychische Disposition bei der Auswahl der Deutungsregeln aus dem durch das Schlüsselkonzept des Deutungsmusters eröffneten Optionenraum und infolgedessen beim Hervorbringen der Deutungen mit?

4.3   Zu Differenz und Zusammenhang von Deutungsmuster und Habitus

Bereits im ersten Fall haben wir ein spezifisches Passungsverhältnis zwischen dem Deutungsmuster der *libertären Selbstbezogenheit* und dem fallspezifischen Habitus der *leerlaufenden Selbstcharismatisierung* mit *abgeschotteter Gewissheit* festgestellt. Dabei zeigt sich, dass das Deutungsmuster der *libertären Selbstbezogenheit* und der genannte Habitus sich wechselseitig stabilisieren. Um diese wechselseitige Stabilisierung begrifflich zu fassen, bedarf es der analytischen Unterscheidung von Deutungsmuster und Habitus.

Im zweiten Fall ließ sich zeigen, dass hier mit dem Habitus der *durchblickerhaften Selbstüberhöhung* eine spezifische Selbst-Deutung als engagierter, dem Gemeinwohl dienender Bürger einhergeht, das wie ein Bindeglied zwischen dem Deutungsmuster und dem Habitus fungiert. Diese Selbst-Deutung als rechtschaffen für das Gemeinwohl engagiert zu sein, die durch das Deutungsmuster hervorgebracht wird, dient der Selbstrechtfertigung[45] der Haltung *durchblickerhafter Selbstüberhöhung*, welche ihrerseits dazu beiträgt, die fragliche Selbst-Deutung vor Erschütterung zu bewahren. Auch dieses spezifische Passungsverhältnis zwischen Habitus und Deutungsmuster lässt sich nur auf der Basis von deren analytischer Unterscheidung auf den Begriff bringen.

Stärker als in den edierten Texten ließen sich in dem Forschungsgespräch, das der dritten Fallanalyse zugrundelag – obgleich es nicht als biografisches, sondern als themenfokussiertes Forschungsgespräch geführt wurde –, habituell geprägte Einflüsse auf die Funktion des Deutungsmusters erkennen. In diesem Fall zeigt sich, dass die Übernahme des Deutungsmusters mit dem Habitus der *unlebendigen Praxis (Exzentrizität ohne Positionalität)* verschränkt ist: Einerseits überblenden die Prinzipien des Schlüsselkonzeptes der *monadischen Autonomie* Frau Reinholds inkonsistente Deutungen (soziale Beziehungen sind wichtig, aber zugleich unwichtig); andererseits dienen die Deutungen – ähnlich wie im zweiten Fall – der Selbstfechtfertigung der habituelle Schwierigkeit, lebendige Beziehungen zu führen.

---

[45] Zur konstitutiven Funktion der Selbstrechtfertigung für die Lebenspraxis s. den Abschnitt *Entscheiden und Selbstrechtfertigung* in Abschn. 1.2.

Schließlich fand sich auch im vierten Fall ein Passungsverhältnis zwischen dem rekonstruierten Habitus und dem Deutungsmuster der *libertären Selbstbezogenheit*. Auch hier dienen die von dem Schlüsselkonzept der *monadischen Autonomie* generierten Deutungsregeln der Selbstrechtfertigung angesichts einer prätendierten Souveränität. Dabei überblenden die Prinzipien die Inkonsistenzen, die sich daraus ergeben, dass die Souveränität sich als *exaltierte Selbstbehauptung* zeigt, die aber zugleich von einem verspürten Mangel an Anerkennung grundiert ist.

Aus diesen in den Fallanalysen herausgearbeiteten je spezifischen Passungsverhältnissen zwischen dem jeweiligen Habitus und dem Deutungsmuster lässt sich (a) einerseits schließen, dass es trotz der analytischen Unabhängigkeit der beiden Strukturierungsebenen jeweils einen spezifischen, rekonstruktiv bestimmbaren empirischen Zusammenhang zwischen gibt, und (b) dass dieser Zusammenhang sich so herstellt, dass der jeweilige Habitus im Zusammenspiel mit dem Deutungsproblem für das Deutungen hervorgebracht werden, die Auswahl der Deutungsregeln aus dem vom Schlüsselkonzept des Deutungsmusters hervorgebrachten Optionenraum strukturiert – zumindest darf dies als fruchtbare heuristische Annahme für weitere Forschung gelten. Ein vielversprechender Weg für die nähere Bestimmung dieses Zusammenhangs dürfte die Untersuchung von Selbstdeutungen sein, die bezüglich des jeweiligen Habitus, wie wir in unseren Fällen herausarbeiten konnten, als Selbstrechtfertigungen (s. Fn. 39) dienen; diese Selbstdeutungen stellen offensichtlich so etwas wie ein Scharnier zwischen Deutungsmuster und Habitus dar.

Ausblick und offene Fragen

5

Im vorliegenden Buch sollten zunächst zwei Themen behandelt werden: Im Zentrum stand die methodische Frage der Rekonstruktion von Deutungsmustern und Habitus. Da diese Rekonstruktion selbstverständlich anhand empirischen Materials zu erfolgen hatte, wurde durch dessen Auswahl ein weiteres Thema bestimmt: Wir wählten den Umgang mit den Deutungs- und Handlungsproblemen, die die Corona-Pandemie aufwarf, um Deutungen und Haltungen zu analysieren, die als Antwort auf diese Probleme anzutreffen waren. Dabei beschränkten wir uns aus forschungsökonomischen Gründen auf die Reaktion von Gegnern der Maßnahmen, die zum Schutz vor Ansteckung des Einzelnen und zur Eindämmung der Pandemie zum Schutz der Gesellschaft getroffen worden waren. Da wir für die methodische Frage der Rekonstruktion aber weder auf eine ausgearbeitete Theorie der Deutungsmuster, noch auf eine ausgearbeitete Theorie der Habitus zurückgreifen konnten, ja feststellen mussten, dass die Gegenstände Deutungsmuster und Habitus, die ja zwei zentrale Gegenstände der soziologischen Forschung, insbesondere der Objektiven Hermeneutik darstellen, bisher keineswegs klar auf den Begriff gebracht worden waren, gesellte sich ein drittes Thema hinzu: eben die begriffliche Bestimmung der beiden Gegenstände. Im vorliegenden Band haben wir daher eingangs auf der Basis der vorliegenden Erkenntnisse eine Heuristik entworfen, auf deren Grundlage durch die empirische Analyse die begriffliche Klärung erarbeitet werden sollte. Letztere stand im vorhergehenden Kapitel im Fokus, in dem aber auch deutlich wurde, dass noch viele Fragen rund um die von uns gewonnenen Begriffe des Deutungsmusters und des Habitus offen geblieben sind.

Bezüglich aller drei Themen – des methodischen der Rekonstruktion von Deutungsmustern und Habitus, des empirischen der Bestimmung von Deutungs-

U. Fischer, T. Loer, *Deutungsmuster und Habitus rekonstruieren*, Objektive Hermeneutik in Wissenschaft und Praxis,
https://doi.org/10.1007/978-3-658-49722-4_5

mustern und Habitus von Gegnern der Corona-Maßnahmen und des theoretischen der Begriffe ‚Deutungsmuster' und ‚Habitus' – haben wir in den Fallrekonstruktionen und von ihnen ausgehend unsere Ergebnisse erarbeitet und in den vorhergehenden Kapiteln dargestellt. Hier wollen wir nun abschließend zu allen drei Themen – sofern nicht bereits benannt – einen Ausblick hinsichtlich offen gebliebener Aspekte und sich anschließender vertiefter Forschung formulieren.

5.1 Zur methodischen Frage der Rekonstruktion von Deutungsmustern und Habitus

Bei der Auswahl der Fälle für die Rekonstruktion von Deutungsmustern und Habitus konnten wir aus forschungs- und darstellungsökonomischen Gründen nicht – was in einem Lehrbuch zu schreiben merkwürdig klingen mag – lehrbuchmäßig vorgehen. Idealerweise sollte die Fallauswahl kontrastiv auf der Grundlage eines dimensionalen Auswahlrahmens und sequenziell erfolgen, d. h. erst nach Erhebung und Analyse eines Falles den nächsten zu erheben usw. (s. Glosse *Rekrutierung, kontrastive und sequenzielle*). Bei unserem Thema Deutungsmuster und Habitus wäre es nun sinnvoll gewesen, in zwei großen Phasen vorzugehen: Nachdem – auf der Basis kontrastiver und sequenzieller Fallauswahl – das Deutungsmuster, das die Fälle teilen, rekonstruiert worden ist, müsste in einer zweiten Phase bezüglich der rekonstruierten Habitus in ähnlicher Weise kontrastiver und sequenzieller rekrutiert werden, um dem Zusammenhang von spezifischen Habitus und dem gefundenen Deutungsmuster weiter nachzugehen. Dies wäre sowohl für eine weitere Studie zu den spezifischen Habitus von Gegnern der Corona-Maßnahmen wie auch für eine weitere Studie zur theoretischen Klärung des Zusammenhangs von Deutungsmustern und Habitus zu beachten.

5.2 Zur empirischen Frage der Deutungsmuster und Habitus im Hinblick auf die Corona-Krise (und darüber hinaus)

Die ausgewählten und hier präsentierten Fälle machen den Eindruck, etwas sonderlich zu sein angesichts der starken Reaktion einer Abschottung gegen staatliche Institutionen und Andersdenkende. So fragt es sich, wie aussagekräftig die Fälle generell für die Gegner der Maßnahmen sind. Wie zur Strukturgeneralisierung (Abschn. 3.6) erläutert, können wir trotz der geringen Zahl von einer Generalisierbarkeit des Deutungsmusters und auch der Habitus ausgehen, ohne damit etwas über die Häufigkeit ihres Auftretens sagen zu können. Wichtige weiterführende Fragen haben wir dort ebenfalls notiert: Welche anderen Deutungsmuster und Habitus lassen sich denken, die ebenfalls zur Ablehnung der Corona-Maßnahmen geführt haben?

Diejenigen Personen, die dem Deutungsmuster der libertären Selbstbezogenheit anhängen (A), kontrastieren einem Verständnis des Staatsbürgers als zugleich autonomen und selbstverantwortlichen Individuums und gemeinwohlverantwortlichem Angehörigen der politischen Vergemeinschaftung. Damit scheinen sie auf den ersten Blick jenen (B) zu gleichen, bei denen Ralf Dahrendorf in seiner Analyse der Probleme der deutschen Demokratie in den zwanziger und dreißiger Jahren des vorigen Jahrhunderts ein ‚vordemokratisches Verhalten‘ sowie „Sehnsucht und Ruf nach der Nestwärme der geschlossenen Gesellschaft" attestierte (1965, S. 417). Dem scheint auch so etwas wie eine Sehnsucht nach den like-minded zu entsprechen. Allerdings widerspricht dem zugleich die aus dem Deutungsmuster resultierende Ablehnung gegen jede Solidaritätsverpflichtung. Insofern präferieren die von Dahrendorf analysierten Demokratie-Gegner (B) Gewissheit gebende autoritäre Strukturen, die – im Sinne eines paternalistischen Staatsverständnisses – für Fürsorge, aber zugleich auch für Unterdrückung stehen. Demgegenüber koalieren die dem von uns rekonstruierten Deutunsgmuster Anhängenden (A) eher mit denjenigen Staatsbürgern, die einen paternalistischen Staat ablehnen. Da sie aber einen funktionierenden Staat erwarten, der sie in Ruhe lässt, diesen aber nicht vorfinden (vgl. die notorischen Einschränkungen bzgl. der Infrastruktur, etwa was den Bahnverkehr[1] angeht), steigert sich ihre Ablehnung einer Solidaritätsverpflichtung zum Protest. Darüber hinaus empfinden sie die zu einer offenen Gesellschaft gehörende Solidaritätsverpflichtung auch gegenüber ihren Minderheiten als „Moralspektakel" (Hübl 2024) und Bevormundung. Dies lässt sie als Anhänger einer traditionalen und autoritären Gesellschaft erscheinen, was sie wiederum mit den Vertretern eines „vordemokratischen Verhaltens" (Dahrendorf 1965, S. 417) teilen. Diese hier lediglich skizzierte Gemengelage kann die aufgeworfene Frage, warum Personen, die dem Deutungsmuster der libertären Selbstbezogenheit anhängen, zu autoritären Strukturen neigen, obwohl sie Paternalismus ablehnen, nur beleuchten, aber noch nicht genügend beantworten. Hier wäre von weiterer Forschung Aufschluss auch für die Klärung des beunruhigenden Zustands unserer Demokratie zu erwarten.

---

[1] Deutschland habe für „Pünktlichkeit, für Zuverlässigkeit und gute Architekten, gute Planung" gestanden, heute könne man nicht mal mehr mit der Bahn nach Berlin fahren, ohne eine Stunde Verspätung zu haben. (Mullis 2024, S. 13).

Auch welches genau die Form des guten Lebens ist, die, wie Uwe Vormbusch vermutet, „im Rahmen der Corona-Proteste zumindest implizit vertreten" wird (2022), müsste weiter untersucht werden.

Sodann wäre zu fragen, ob mit dem Deutungsmuster der libertären Selbstsbezogenheit ein Erklärungsansatz gefunden ist für die „Souveränitätsfiktion, in der sich auch Klimawandelleugnende [gemeint sind Leugner des menschengemachten Klimawandels] und ‚Querdenker' treffen" (Hoppe 2021);[2] von der man aber auch bzgl. der Aktivisten der sog. Letzten Generation sprechen kann.

Wie in Kap. 4 erwähnt wäre eine weitere wichtige Frage, die der Genese der spezifischen, von uns rekonstruierten Habitus. Hier könnte weitergehende Forschung ebenfalls zur Aufklärung des alltenhalben spürbaren Nachlassens der Gemeinschaftsorientierung – in der Presse und von Vertretern betroffener Insitutionen wie Feuerwehr und Polizei als „Verrohung"[3] beklagt – beitragen.

5.3   Zur theoretischen Frage der begrifflichen Bestimmung von Deutungsmuster und Habitus

Das Musterhafte des Deutungsmusters und die Beschaffenheit der Habitus wurde in den vier Fällen auf je eigene Weise deutlich. Das Deutungsmuster der *libertären Selbstbezogenheit* konnten wir in allen vier Fällen rekonstruieren. Ausgehend von Inkonsistenzen, die sich zwischen Deutungen innerhalb der einzelnen Fälle erkennen ließen, hatte die Suche nach einem Schlüsselkonzept, in dessen Licht die Deutungen als konsistent erschienen, zum Begriff der *monadischen Autonomie* geführt. Der Funktion der Überblendung, also das Unsichtbarmachen der Inkonsistenzen für den jeweiligen Fall, wurde durch Prinzipien übernommen. Sie hatten zwei Ausprägungen, die jeweils eine Qualität des Schlüsselkonzeptes besonders betont: auf der einen Seite stand die Autonomie im Vordergrund, auf der anderen Seite die Ab-

---

[2] Vgl. das, was Jan Rathje mit einem Ausdruck von Susann Bischof verschwörungsideologischen Souveränismus (auf Nachfrage teilte Bischof uns mit: „Es gibt einen unveröffentlichten Forschungsbericht, aber keine öffentlich zugängliche Darstellung." – E-Mail Susann Bischof an TL vom 16.5.2025) nennt und kennzeichnet als „das Bestreben […], individuelle oder Volkssouveränität sowie eine damit verbundene, als natürlich begriffene Ordnung gegen die herrschende gesellschaftliche und politische Ordnung (wieder)herstellen zu wollen, die als Mittel einer globalen Verschwörung mit dem Ziel der Vernichtung der Eigengruppe identifiziert wird" (Rathje 2021, S. 15).

[3] Etwa Erich Rettinghaus, Landesvorsitzender der Deutschen Polizeigewerkschaft (DPolG) NRW (Irsinghaus 2025).

lehnung der Reziprozität. Das Schlüsselkonzept eröffnet einen Optionenraum an Deutungsregeln, die wiederum die Deutungen generieren.

Die einzelnen Deutungen und ihre zugehörigen Regeln differerierten innerhalb des gleichen Deutungsmusters minimal. So unterscheidet sich etwa die Deutung Guérots ‚Die einschränkenden Corona-Maßnahmen sind willkürlicher, eigenmächtiger Zwang' mit der generierenden Deutungsregel ‚Demokratische Orientierung am Gemeinwohl ist illiberal' in der inhaltlichen Aussage geringfügig von der Deutung Zunders ‚Die Corona-Maßnahmen sind purer Zwang' mit der Deutungsregel ‚Wann immer Freiheit eingeschränkt wird – gleich mit welcher Begründung und Legitimation –, handelt es sich um Zwang und einen Eingriff in die Persönlichkeit'. Andere Deutungen und ihre Regeln unterschieden sich etwas deutlicher (etwa: Guérots Deutung ‚Politik impliziert Austausch von Meinungen', generiert durch die Regel ‚man muss auch die Gegenseite hören' gegenüber Zunders ‚offenes Äußern von Meinungen ist unangenehm' mit der Regel ‚Wann immer Meinungen vom Mainstream abweichen, wird dies sanktioniert'). Die unterschiedlichen Deutungen werden dennoch gleichermaßen von Regeln generiert, die sich im gleichen Optionenraum befinden, gehören also in ihrer Ausformung zum Deutungsmuster der *libertären Selbstbezogenheit*.

Im Ausgang dieser entdeckten Musterhaftigkeit der inneren Zusammenhänge des Deutungsmusters blieben einige Fragen offen:

- So ist es etwa noch zu ergründen, welche Ursachen es dafür gibt, dass bestimmte Deutungsregeln ausgewählt und damit in gewisser Weise aktiviert werden, andere hingegen nicht. Worin liegt der Auswahlmechanismus hier genau?
- Zudem stellt sich die Frage, ob es immer zwei Prinzipien sein müssen, die zum Überblenden der Widersprüche zwischen Deutungen nötig sind. In unserem Beispiel hatte die Gegenüberstellung der beiden Prinzipien mit zwei Qualitäten zu tun, die sich inhaltlich aus dem Schlüsselkonzept herleiten: das spezifisch einseitige Verständnis von Autonomie als eines, das Reziprozität ausblendet. Möglicherweise finden sich bei anderen empirischen Gegenständen keine zwei sich ergänzende Prinzipien oder es zeigen sich gar mehrere.
- An das Thema Widersprüche und ihre Ausblendung schließt sich die Frage an, inwiefern eine Bewusstwerdung und Verarbeitung widersprüchlicher Deutungen zu einer Transformation von Deutungsregeln oder einer Veränderung der Auswahl der Regeln aus dem Optionenraum und damit zu einer Minderung oder Beseitigung der Inkosistenzen führen kann. Da die uns umgebende und herausfordernde Realität aber widersprüchlich ist, könnte ein Resultat der Bewusstwerdung auch in einer veränderten habituellen Disposition bestehen, die mit Widersprüchen auf andere Weise umgehen lässt als sie auszublenden.

Bezüglich des Habitus fanden wir leichte Unterschiede zwischen den Fällen – so die *leerlaufende Selbstcharismatisierung* bei Guérot, die *durchblickerhafte Selbstüberhöhung* bei Kölsch, die *unlebendige Praxis* bei Reinhold und die *exaltierte Selbstbehauptung* bei Zunder. Bei Unterschieden zwischen den Habitus ließen sich die exemplarisch in ihrer Darstellung angeführten Handlungen jeweils auf Handlungsregeln zurückführen, die wiederum aus der jeweiligen Maxime, auf die sich der Habitus bringen ließ, generiert wurden. Dabei stellte die Maxime die Charakteristik des Habitus dar.

Wie oben bei der Strukturgeneralisierung (Abschn. 3.6) schon angesprochen, standen die – durchaus ja differierenden – Habitus in Passung zum Deutungsmuster der *libertären Selbstbezogenheit* insofern sie alle vier als Schutz vor Irritationen der Selbstbehauptung und Identität verstanden werden mussten (zu weiteren Überlegungen zum Zusammenhang des rekonstruierten Deutungsmusters mit den rekonstruierten Habitus s. den entsprechenden Abschnitt in Kap. 4). In der prästabilierten Harmonie als Lebensmodus liegt das Pendant dieser Abgrenzung gegen Andersdenkende als potenzielle Gefahr der inneren Sicherheit.

Weitere Fragen, wie etwa die der Musterhaftigkeit des Habitus wären in weitergehender Forschung zu beantworten.

Epilog und Glossar

6

6.1 Epilog

„A man with a conviction is a hard man to change. Tell him you disagree and he turns away. Show him facts or figures and he questions your sources. Appeal to logic and he fails to see your point." (Festinger et al. 1956/1964, S. 3)

Liest man diese Beobachtung von vor siebzig Jahren, so könnte man annehmen, dass das, was wir hier aufwendig untersuchten, längst bekannt und ein Allgemeinplatz sei. Allerdings konnten wir doch Mechanismen bestimmen, die das von aufmerksamen Forschern beobachtete Phänomen zu erklären beanspruchen können; das immerhin ist nicht nichts. Nicht zuletzt deshalb wird der vorliegende Band dem Leser, der sich bis zu dieser letzten Seite durchgearbeitet hat, nicht als eine Einführung in gängigem Sinne erschienen sein. Die Komplexität der Gegenstände, mit denen er sich beschäftigt: Deutungsmuster und Habitus, erforderten eine Darstellung, die in vielen Passagen als äußerst verwickelt, kompliziert im Wortsinne, erscheint – dies aber eben nur, weil die Sache selbst sich so gestaltet. Deshalb freuen wir uns an einer Äußerung Sigmund Freuds. Freud darf – als Träger des Goethe-Preises – sowohl als Vorbild wissenschaftlichen Schreibens gelten, wie er unstrittig ja auch ein Vorbild bei der wissenschaftlichen Erschließung der Welt darstellt. Konfrontiert mit einem Vereinfacher seiner Lehren – und damit implizit mit dem Vorwurf der (unnötigen) Kompliziertheit der Darstellung seiner eigenen theoretischen Erkenntnisse – schrieb er einmal: „Ich tröste mich damit, daß es keine Aufgabe der Wissenschaft ist, die Welt zu vereinfachen, wenigstens nicht die nächste." (Sigmund Freud an Lou Adreas-Salomé, 31. Jan. 1915, Freud und Andreas-Salomé

© Der/die Autor(en), exklusiv lizenziert an Springer Fachmedien Wiesbaden GmbH, ein Teil von Springer Nature 2025
U. Fischer, T. Loer, *Deutungsmuster und Habitus rekonstruieren*, Objektive Hermeneutik in Wissenschaft und Praxis,
https://doi.org/10.1007/978-3-658-49722-4_6

1966/1980, S. 29) – Dies teilen wir, obwohl ja, wenn man die Welt ein wenig besser versteht, doch auch eine einfachere Orientierung in ihr möglich sein könnte.
Ohne letzteres zu beanspruchen, hoffen wir zu ersterem beigetragen zu haben.

6.2   Glossar

In dem hier vorgelegten Glossar werden v. a. die für die Objektive Hermeneutik
spezifischen, aber auch einige weitere in dem vorliegenden Band relevante Termini
und Begriffe erläutert; es dient dabei der abkürzenden Erinnerung an die Ex-
plikationen dieser Termini und Begriffe im laufenden Text. Damit soll keineswegs
abfragbares Prüfungswissen bereitgestellt oder gar ein definitorisches Denken ge-
fördert werden, das die „Wahrheit" des Begriffs – womöglich autorisiert durch ein
entsprechendes Zitat – zu besitzen meint. Die abkürzende Erinnerung soll im
Gegenteil dazu dienen, das eigene Durchdenken der Sache anzuregen. – Außerdem
sei bzgl. der hier herangezogenen Formulierungen aus anderen Texten, insbesondere aus Texten aus der Entstehungszeit der Objektiven Hermeneutik,[1] darauf hingewiesen, dass Termini auftauchen, die später korrigiert wurden bzw. die wir für
korrekturbedürftig halten.[2]

Ausdrucksgestalt – Ausdrucksgestalten sind alle Objektivationen von Handeln, in
    denen die Bedeutung des Handelns zum Ausdruck kommt.[3] Jede Lebenspraxis
    (s. dort) hinterlässt in ihrem Handeln Spuren, die *qua Spuren von Handeln* Aus-
    drucksgestalten sind. Nur über Ausdrucksgestalten ist die sinnstrukturierte Welt
    „der methodisch kontrollierten Erkenntnis" zugänglich (Oevermann 1991 [Ge-
    netStrukturalismus], S. 302). Die Lebenspraxis und ihr Handeln kommt vermittels
    eines je spezifischen Ausdrucksmaterials bzw. einer Ausdrucksmaterialität
    (s. dort) und ihrer Regeln resp. Prinzipien zum Ausdruck. – s. auch: *Lebenspraxis,
    Protokoll, Text*

---

[1] Es ist dies v. a. Oevermann et al. 1979 [Methodologie].

[2] Es sind dies vor allem ‚latent' und ‚latente Sinnstruktur', ‚Interaktion' (nebst Komposita
und verwandten Ausdrücken) und ‚Interpretation' (nebst Komposita und verwandten Ausdrücken). Es gehören aber auch Weiterentwicklungen dazu wie die Unterscheidung von Entscheiden und Selbstrechtfertigen anstelle des von Oevermann verwendeten Begriffspaars
Entscheidungszwang und Begründungsverpflichtung.

[3] Einige Autoren engen den Begriff der Ausdrucksgestalt auf solche Objektivationen des
Handelns ein, in denen die Praxis *sich zum Ausdruck bringt* (etwa Zehentreiter 2008, s. dazu
Loer 2015 [AG]) und schließen solche aus, in denen die Praxis (lediglich) *zum Ausdruck
kommt* (etwa Wenzl und Wernet 2015, auch Wernet 2021, S. 18, s. dazu Loer 2015 [Diskurs]).

Ausdrucksgestalt, aufgezeichnete – „Aufgezeichnete Protokolle entstehen dadurch, daß eine Aufzeichnungsapparatur, also eine nicht-intelligente, rein technische Prozedur ohne eigene interpretierende oder erkennende Subjektivität, also ein Film- oder Fotogerät, ein Tonbandgerät oder auch ein Meßgerät, das Protokoll ausdrucksmaterial gesehen erzeugt. Die Subjektivität eines Protokollanten ist hier nur bei der Bedienung und Ausrichtung des Geräts beteiligt und – primär als Fehlerquelle – bei der Notierung der rein technischen Aufzeichnung." (Oevermann 2000 [Fallrek], S. 84) Videoaufzeichnungen von Handlungsverläufen sind exemplarische Fälle dieses Typus von Ausdrucksgestalten.

Ausdrucksgestalt, beschreibende – „beschreibende und/oder gestaltete Protokolle [gehen] immer durch eine subjektive Wahrnehmung der protokollierten Wirklichkeit, deren subjektive Interpretation und eine darauf folgende Gestaltung bzw. Objektivierung des Wahrgenommenen und Interpretierten in einer bestimmten Ausdrucksmaterialität hindurch. Solche Protokolle [...] sind aber [...] für den methodischen Zugriff auf die protokollierte Wirklichkeit [...] viel weniger geeignet, weil sie in sich schon mehrfach gestuft diese Wirklichkeit umgeformt und in eine Wirklichkeit des Protokollierenden verwandelt haben." (Oevermann 2000 [Fallrek], S. 84) Ethnographische Berichte sind exemplarische Fälle dieses Typus von Ausdrucksgestalten, die als „ein nach Möglichkeit zu vermeidender Ersatz für eine Aufzeichnung" (a. a. O., S. 113) gelten müssen.

Ausdrucksgestalt, ediert – Edierte Ausdrucksgestalten sind „solche Protokolle, bei denen die Protokollierungshandlung und die zu protokollierende Wirklichkeit als Praxis gewissermaßen zusammenfallen und – damit zusammenhängend – die Protokollierungshandlung bzw. der Protokollierungsvorgang vollständig in der Kontrolle der protokollierten Wirklichkeit verbleibt, so daß auch die Eröffnung und die Beschließung dieser Wirklichkeit mit der Eröffnung und Beschließung des Protokolls vollständig" (Oevermann 2000 [Fallrek], S. 83). Kunstwerke sind exemplarische Fälle dieses Typus von Ausdrucksgestalten, auch Bücher oder Videos auf online-Plattformen, die vom Urheber selbst veröffentlicht wurden zählen dazu.

Ausdrucksmaterial/Ausdrucksmaterialität – Als *Ausdrucksmaterial* bezeichnen wir das Material, welches gemäß geltender Regeln, Prinzipien und Verfahrensweisen Bedeutungsoptionen bietet und in dem Ausdrucksgestalten vorliegen. Die Spur, die das Handeln hinterlässt, ist eine authentische Ausdrucksgestalt insofern, als sie sich mit Hilfe der Regeln, die die Bedeutungsoptionen der Ausdrucksmaterialität konstituieren, lesen und sich damit die objektive Bedeutung des Handelns methodisch gültig rekonstruieren lässt. Die Regeln, Prinzipien und Verfahrensweisen gemäß derer das Material Bedeutungsoptionen bietet, müssen nicht notgedrungen solche der Ausdrucksmaterialität Sprache, sondern können auch solche der sinnesmodalitätenspezifischen Ausdrucksmaterialien, des ikonischen etwa, sein. „Sprache ist hier eine Ausdrucksmaterialität unter mehreren verfügbaren. Oder anders gesprochen: Ein Medium der symbolisch interpretierbaren Realisierung von Handlungen unter mehreren. – Zum anderen [...] ist natürlich Sprache als das ausgezeichnete System von Regeln und Elementen der Symbolisierung und des Ausdrucks anzusehen, das überhaupt erst die Konstitution von Bedeutungsfunktionen naturgeschichtlich gesehen ermöglicht und damit die voll ausgebildete sinnstrukturierte soziale Handlung allererst in die Welt treten läßt. Von da an auch wird es erst möglich, daß andere, vorsprachliche Ausdrucksformen vollgültig Handlungen zu realisieren und entsprechend auch zu protokollieren vermögen." (Oevermann 1986 [Kontroversen], S. 48) „Sinn- und Bedeutungszusammenhänge [sind] grundsätzlich abstrakt [...], das heißt als solche der sinnlichen Wahrnehmung entzogen. Dem entspricht kehrseitig, daß sie in verschiedenen Ausdrucksmaterialien funktional äquivalent realisiert werden können." (Oevermann 2000 [Fallrek], S. 85, Fn. 16)

Auswahlrahmen, dimensionaler – Vor der Erhebung von für die Fragestellung relevantem Datenmaterial sind die relevanten Dimensionen des Forschungsfeldes zu bestimmen und auf deren Grundlage dann ein *dimensionaler Auswahlrahmen* zu entwerfen ist. Mit dessen Hilfe werden mögliche Personen, etwa Gesprächspartner, oder auch Organisationen etc. als Fälle des Gegenstandes ausgewählt. Hierbei empfiehlt es sich in Form einer kontrastiven Fallauswahl, die Pole der relevanten Dimensionen mit Untersuchungssubjekten zu belegen, um so den Raum der möglichen Typen abzudecken.

Bedeutung, latente – Als latente Bedeutung wird diejenige objektive Bedeutung des untersuchten Handelns bezeichnet, die den beteiligten handelnden Subjekten nicht bewusst ist. – s. auch: *Sinnstruktur, latente*

Bedeutung, manifeste – Als manifeste Bedeutung wird diejenige objektive Bedeutung des untersuchten Handelns bezeichnet, die den beteiligten handelnden Subjekten bewusst ist. – s. auch: *Sinn, manifester*

Bedeutungskonstitution – Konstitutionstheoretisch betrachtet wird Bedeutung durch Regeln konstituiert, indem diese Handlungsoptionen eröffnen, die ihrerseits bestimmte Implikationen in Form von Anschlussmöglichkeiten haben. Zentral für die Konstitution von Handlungsbedeutung ist damit Sequentialität (s. dort) als „die mit jeder Einzelhandlung als Sequenzstelle sich von neuem vollziehende, durch Erzeugungsregeln generierte *Schließung vorausgehend eröffneter Möglichkeiten* und *Öffnung neuer Optionen in eine offene Zukunft*." (Oevermann 1996/2004 [Manifest], S. 107; kursiv i. Orig.)

Bedeutungsstruktur, objektive – „Interaktionstexte[4] konstituieren aufgrund rekonstruierbarer Regeln objektive Bedeutungsstrukturen […]. Die objektiven Bedeutungsstrukturen von Interaktionstexten […] sind Realität (und haben Bestand) analytisch (wenn auch nicht empirisch) unabhängig von der je konkreten intentionalen Repräsentanz der Interaktionsbedeutungen auf seiten der an der Interaktion beteiligten Subjekte. Man kann das auch so ausdrücken, daß ein Text, wenn er einmal produziert ist, eine eigengesetzliche, mit eigenen Verfahren zu rekonstruierende Realität konstituiert, die weder auf die Handlungsdispositionen und psychischen Begleitumstände auf seiten des Sprechers noch auf die innerpsychische Realität der Rezipienten zurückgeführt werden kann." (Oevermann et al. 1979 [Methodologie], S. 379) Im technisch engeren Sinne bezeichnen wird als objektive Bedeutungsstruktur die durch geltende Regeln konstituierte Bedeutungsstruktur der einzelnen Sequenzstelle. – s. auch: *Sinnstruktur, objektive*

Daten, objektive – „Zu den objektiven Daten zählen wir alle Daten, zu deren Gewinnung man nicht auf bezweifelbare interpretative Schlüsse angewiesen ist. Dazu gehören das Geburtsdatum, Geburtsort, Geschlecht, Wohnort, Ausbildung, Beruf, Heiratsdaten, Kinderzahl, Einwohnerzahlen, Wohnraumaufteilung und dergleichen. Bei der Rekonstruktionsarbeit interessieren die Daten nun nicht an sich, vielmehr aufgrund der Annahme, daß die hierin objektivierten Lebensumstände auf lebenspraktische Entscheidungen verweisen, die sich zu einer Typik des Handelns sukzessive verdichten. Das Verhältnis von objektiver Möglichkeit und faktisch gewählter Option unterliegt selbst wiederum einem kumulativen Prozeß. In dieser Kumulation liegt die objektive Einzigartigkeit eines biographischen Verlaufs. Beide Gegenüberstellungen sind des Weiteren Basis für die Rekonstruktion der Selbstthematisierung der Person oder der

---

[4]Zur „Kategorie der Interaktion" heißt es kurz nach der hier zitierten Stelle: Wir „gehen […] davon aus, daß die elementarste Einheit menschlichen Handelns und damit auch die kleinste analytische Einheit der Handlungstheorien die Interaktion ist. Bezogen darauf stellt das individuelle Handeln schon eine Abstraktion dar. […] Insofern ist der Begriff der Interaktion rein terminologisch im Grunde nicht haltbar und irreführend, weil er den Primat der einzelnen, isolierten Aktion präsupponiert, aus der sich als kleinste Einheit die Interaktion aggregiere. Zum anderen verwenden wir den Begriff der Interaktion […] zur Bezeichnung von Bedeutung tragenden Relationen zwischen Handlungseinheiten innerhalb eines Zeitintervalls. In dieser allgemeinen Sicht meint die Kategorie der Interaktion einen stetigen, ununterbrochenen zeitlichen Strom von Ereignissen in einem Beziehungssystem, unabhängig davon ob diese Ereignisse konkret Konstanz oder Veränderung, Ruhe oder Bewegung bedeuten, und sie bindet die sozialwissenschaftliche Relevanz dieser Ereignisse […] an deren objektive Bedeutsamkeit." (Oevermann et al. 1979 [Methodologie], S. 379 f.; vgl. Oevermann 1986 [Kontroversen], S. 60 ff.).

Familie. Selbstthematisierungen sind, wie vielfach begründet, ihrerseits selektiv, sie dienen dem Konsistenzbedarf der Person und sichern die Ansprechbarkeit in Austauschbeziehungen – als objektiv motivierte Bestandteile der Selbstvergewisserung müssen die entsprechenden Texte in den Biografieverlauf stimmig übersetzbar sein." (Allert 1993, S. 332) – s. aber: *Daten, testierbare*

Daten, testierbare – In der Objektiven Hermeneutik wird für einen bestimmten Datentypus der Terminus ‚objektive Daten' (s. dort) verwendet. Die begriffliche Bestimmung der als objektive Daten bezeichneten Daten, wie sie von Oevermann und nachfolgend Allert vorgenommen wurde, ist konsistent und ausreichend. Allerdings ist der Ausdruck ‚objektive Daten' terminologisch nicht hinreichend prägnant. Prägnanter ist es, diese Daten, bei denen es sich um diejenigen handelt, die unabhängig von subjektiver Selektivität erhoben und mittels unabhängiger Testate überprüft werden können, mit dem Terminus ‚testierbare Daten' auf den Begriff zu bringen. – Testierbaren Daten können nun in Abhängigkeit von der Fallbestimmung zwei unterschiedliche Rollen spielen (vgl. Loer 2019 [testierbar]). Die unterschiedliche Rolle der testierbaren Daten können an dem Beispiel der Genogrammanalyse (Hildenbrand 1999, 2005, 2018) verdeutlicht werden. Das Datum der Verehelichung von A und B und das Datum der Geburt von C als erstem Kind von A und B kann einerseits – dann nämlich wenn C die Lebenspraxis ist, die ich als Fall meines Gegenstands analysiere (in der Sprache Hildenbrands: wenn C als Ego gilt) – als Indikator für die Ausgangslage der Lebenspraxis, die ich als Fall von X (meinem Gegenstand) analysiere, gelten. Anhand dieser bestimme ich „die Hemmungen und die Chancen", die dieser Lebenspraxis in die Wiege gelegt wurden; sie stellen eine Konstellation dar, die in die Bildungsgeschichte der Lebenspraxis eingeht und an der sie sich abarbeitet. Andererseits können die genannten testierbaren Daten als Ausdrucksgestalt der untersuchten ehelichen und familialen Lebenspraxis von A und B analysiert werden, da „die hierin objektivierten Lebensumstände auf lebenspraktische Entscheidungen verweisen, die sich zu einer Typik des [ehelichen und familialen] Handelns [von A und B] sukzessive verdichten" (Allert 1993, S. 332).

Erfüllungsbedingungen, pragmatische – In der Objektiven Hermeneutik lehnt sich die Rede von Erfüllungsbedingungen von Äußerungen an die Searlsche Sprechakttheorie an (vgl. Searle 1969/1983a, S. 57–62, 1983, S. 10–13, Oevermann 2008/2016 [Abschiedsvorlesung], S. 59–63). Entscheidend ist, dass sich gemäß geltender Regeln „für die pragmatische Erfüllung" einer „Äußerung wesentliche Kontextbedingungen" (Oevermann et al. 1979 [Methodologie], S. 416) explizieren lassen, die eben aus einer Äußerung objektiv eine gelungene machen. Diese Bedingungen gehören gemäß diesen Regeln objektiv zur Wohlgeformtheit einer Äußerung. Das Konzept der pragmatischen Erfüllungsbedingungen ist nicht auf verbalsprachliche Äußerungen beschränkt, sondern ist auch bei in anderem Ausdrucksmaterial objektivierten Handlungen gültig (vgl. etwa für Photoanalysen Loer 2022 [OHWP Photos]).

Fallrekonstruktion – Fallrekonstruktion heißt Erschließung „einer wiedererkennbaren Fallstruktur, d. h. einer Art Identitätsformel der jeweiligen Lebenspraxis als Ergebnis ihres bisherigen Bildungsprozesses" (Oevermann 2013 [Erfahrungswiss], S. 75).

Fallstruktur – Fallstrukturen sind zu „denken als je eigenlogische, auf individuierende Bildungsprozesse zurückgehende Muster der Lebensführung und Erfahrungsverarbeitung, mehr noch: als je eigene, Anspruch auf Allgemeingültigkeit erhebende Lebens- und Weltentwürfe und Entscheidungszentren. Sie nehmen soziale Einflüsse in sich auf, aber sie werden nicht einfach durch sie programmiert; sie konstituieren sich in einer schon immer vorausgesetzten und gegebenen Sittlichkeit und Sozialität, aber sie eröffnen immer wieder von neuem mit ihrer eigenen Zukunft auch die Zukunft der sozialen Allgemeinheit und der Gesellschaft." (Oevermann 2000 [Fallrek], S. 123)

Fallstrukturgesetzlichkeit – „Diese ist nichts anderes als die Explikation der Systematik und Regelmäßigkeit, mit der die immer wiedererkennbare konkrete Fallstruktur sich sequentiell reproduktiv entfaltet und von der die mögliche Transformation ihren Ausgang nimmt. Es ist die Gesetzlichkeit, die das Zusammenspiel, die Wirkung und den Einfluß des Gesamts der dispositiven Faktoren bestimmt. Diese Faktoren bilden den Parameter II der Auswahlprinzipien [s. *Parameter*] in der Sequenzanalyse – gewissermaßen die Erzeugungsformel der Fallstruktur" (Oevermann 2000 [Fallrek], S. 119).[5] „Die ‚Fallstrukturgesetzlichkeit' erfüllt [...] einen Typus von Gesetz, der einerseits [...] singulär gilt, andererseits aber ‚fallintern' – für das ‚Universum' der Ereignisse einer konkreten Praxisform-Geschichte – als allgemeines Gesetz formuliert werden und zur Prämisse von Erklärungen bzw. von Prognosen gemacht werden kann [...]. Es ist insofern das „Lebensgesetz" „der je individuierten autonomen Lebenspraxis." (Oevermann 1993 [Subjektivität], S. 182)

Fallstrukturhypothese – Die Fallstrukturhypothese ist die im Laufe der Fallrekonstruktion vorläufig und eben hypothetisch bestimmte Falsstrukturgesetzlichkeit (s. dort; vgl. Oevermann 2000 [Fallrekonstruktion], S. 105 f.). Die als gültig rekonstruierte Fallstrukturgesetzlichkeit unterliegt – wie jede wissen-

---

[5] Als offenkundiger Druckfehler wurde „wieder erkennbare" zu „wiedererkennbare" korrigiert.

schaftliche Erkenntnis – dem Falsifikationisvorbehhalt, da eine Verifikation grundsätzlich nicht möglich ist.

Forschungsgespräch – Ein unstrukturiertes, lebendiges Forschungsgespräch ist am ehesten geeignet, unverfälschtes Handeln zu generieren. Dieser Typus eines zu Forschungszwecken durchgeführten Gesprächs zielt darauf, eine *mündliche Ausdrucksgestalt* zu evozieren, die besonders dafür geeignet ist, die Deutungsmuster wie auch den Habitus des Gesprächspartners zu rekonstruieren. Dabei stellt der Forscher Fragen und hört sorgfältig auf das, was sein Gesprächspartner ihm sagt, und versucht schon während des Gesprächs zu verstehen, was der Gesprächspartner durch seine Äußerungen objektiv zum Ausdruck bringt (vgl. Oevermann et al. 1980 [Logik Interpretation], S. 44, erste Fn.) – s. auch: *Gesprächsführung, rekonstruktive*; *Interview*

Gesprächsführung, rekonstruktive – Eine *rekonstruktive Gesprächsführung* bedeutet, dass der Forscher die Äußerungen des Gesprächspartners bereits während des Gesprächs in einer abgekürzten Weise analysiert – so wie der Psychoanalytiker die Äußerungen seines Patienten analysiert, indem er ein „Hören mit dem dritten Ohr" praktiziert (vgl. Theodor Reik 1948/1987); daraufhin kann er dann weiter nach dem fragen, was er für klärungs- und erläuterungsbedürftig hält. So erfährt sich der Gesprächspartner als ernstgenommen und ist seinerseits angeregt, die Fragen des Forschers ernsthaft zu beantworten und relevantes Material zu generieren.

Kontext, äußerer – Der äußere Kontext der jeweils zu analysierenden Textstelle entstammt einem Wissen, „das außerhalb der Sequenzanalyse gewonnen oder bezogen worden ist." (Oevermann 2000 [Fallrek], S. 95 f.) – Die „Beiziehung dieses ‚äußeren Kontextes'" ist „für die objektive Hermeneutik streng verboten [...], weil sonst immunisierende, ‚schlechte' Zirkularitäten zugelassen würden" (a. a. O., S. 96) – s. aber: *Prinzip der Kontextfreiheit.*

Kontext, innerer – Der innere Kontext der jeweils zu analysierenden Textstelle besteht in dem jeweils bis dahin rekonsturierten Fallwissen; er „wächst mit jeder weiteren Sequenzstelle", die analysiert wird, an. Das Wissen um diesen inneren Kontext kumuliert im Zuge der Sequenzanalyse (Oevermann 2000 [Fallrek], S. 95). „Der innere Kontext drückt die Selektivität" der Praxis, die „den Fall bildet, aus." (Oevermann et al. 1979 [Methodologie], S. 422). Die „Individualität des Falles [...] erscheint in der Sequenzanalyse als sukzessiv aufgebauter innerer Kontext." (Oevermann et al. 1979 [Methodologie], S. 426) Methodisch hat die Beiziehung des inneren Kontextes die Funktion, die Kumulativität der Analyse zu sichern, würde man doch sonst jede Sequenzstelle wie eine erste analysieren und nur deren jeweilige objektive Bedeutung bestimmen, ohne die objektive Sinnstruktur des zu analysierenden Textes herausarbeiten und eine Fallstrukturgesetzlichkeit rekonstruieren zu können.

Kunstlehre – Die Kunstlehre der Objektiven Hermeneutik versammelt Prinzipien (s. dort), deren Befolgung die forschungspraktische Realisierung des methodischen Vorgehens erleichtert, indem sie forschungspsychologische Hemmnisse zu überwinden und forschungsökonomische Herausforderungen zu meistern erlauben.[6] – Zur Kunstlehre gehören:

- die „triviale Forderung, daß nicht Subjekte, deren Sozialisationsprozeß noch nicht abgeschlossen ist, die Last der Interpretation von Interaktionstexten übernehmen können" (Oevermann et al. 1979 [Methodologie], S. 392);
- „die Forderung, daß die Interpreten mit der Lebenswelt, aus der das Datenmaterial stammt, möglichst gut vertraut sein sollten" (ebd. – s. dazu: *Naivität, künstliche*);
- „die Forderung, dass der Interpretationsprozeß durch einen differenzierten Einsatz einer Vielzahl von möglichst expliziten theoretischen Ansätzen, die als Heuristiken fungieren, angeleitet werden sollte" – „diese Theorien" liegen „als *Heuristiken,* auf der gleichen Stufe wie Elemente des Alltagswissens" (Oevermann et al. 1979 [Methodologie], S. 392; kursiv i. Orig.);
- „die Forderung, die einzelnen, individualspezifischen [z. B. neurotischen] Beschränkungen der Interpreten dadurch auszugleichen, daß die Interpretationen in einer Gruppe ständig kontrolliert werden" durch intensiven argumentativen Streit um die Lesarten (Oevermann et al. 1979 [Methodologie], S. 393);[7]

---

[6] Anschließend an das Verständnis „der vorkritischen Hermeneutik" als „ars interpretandi" (Frank 1977, S. 12) und an Schleiermacher (1838/1977, S. 81, passim; vgl. Szondi 1962/1967, S. 9) findet sich da und dort in der Literatur das Missverständnis, die *Methode* der Objektiven Hermeneutik *sei* eine *Kunstlehre* (vgl. etwa Wagner 1999, S. 43; Wernet 2021, S. 37 – mit Verweis auf Oevermann et al. 1979 [Methodologie], S. 391 f.; dort allerdings ist die Rede von den *„praktischen Verfahren* der objektiven Hermeneutik *als Kunstlehre"* – a. a. O., S. 391; Kursivierung hinzugefügt, UF/TL).

[7] Da die „extensive Sinnauslegung dem Alltagsverfahren der Sinninterpretation entgegen[läuft]" (Oevermann et al. 1976: [Beobachtungen], S. 287), ist „die Bearbeitung durch mehrere Interpreten" hilfreich. Insofern hilft das Prinzip der diskursiven Analyse, die forschungspsychologische Schwierigkeiten zu überwinden, die darin bestehen, möglichst alle passenden Typen von Lesarten zu produzieren und *zugleich* eine bestimmte, konturierte Deutung zu entwickeln und an ihr festzuhalten. Die *Geltung* einer Lesart wird allerdings durch methodische Überprüfung am Text und nicht durch Konsens oder Mehrheitsentscheid in einer Forschergruppe gesichert.

- die Prinzipien (s. *Prinzip der …*) der extensiven Sinnauslegung, der Sparsamkeit (s. hierzu auch: *Sparsamkeitsregel*), der Totalität, der Wörtlichkeit;
- außerdem das praktische Analysevorgehen in Form des Dreischritts: 1. Geschichten erzählen, 2. Lesarten zu ihnen bilden und 3. durch Zurücksetzung der Lesarten in den reellen Kontext die Fallstrukturhypothese bilden.

Lebenspraxis – „Unter Lebenspraxis wird in der objektiven Hermeneutik inhaltlich ein autonomes, selbst-transformatorisches, historisch konkretes Strukturgebilde gefaßt, das sich als widersprüchliche Einheit von Entscheidungszwang und Begründungsverpflichtung konstituiert." (Oevermann 1993 [Subjektivität], S. 178) – Die Lebenspraxis ist also eine Handlungsinstanz mit Entscheidungsmitte, die nicht umhin kann, Entscheidungen zu treffen. Da die Notwendigkeit der Entscheidung nur aus der Perspektive der – sich ihrer selbst krisenhaft bewusst werdenden – Praxis einen Zwang darstellt, analytisch betrachtet aber der Handelnde schlicht entscheidet, schlagen wir vor, nur von Entscheidung, nicht von Entscheidungs*zwang* zu sprechen. Die Lebenspraxis kann zugleich nicht umhin, all ihr Tun zu begründen – im Sinne des Rechtfertigens gegenüber sich selbst; von daher ist auch die Rede von Begründungs*verpflichtung* nicht prägnant genug. Es wäre insofern angemessener von einer *widersprüchliche Einheit von Entscheidung und Selbstrechtfertigung* zu sprechen (vgl. zu diesem Komplex: Loer 2007 [Region], S. 32–35).

Lesart – „Wir betrachten die Verbindung zwischen Äußerung und einer die Äußerung pragmatisch erfüllenden Kontextbedingung als eine Lesart." (Oevermann et al. 1979 [Methodologie], S. 415; s. auch: *Erfüllungsbedingungen, pragmatische*) Lesarten werden u. a. danach unterschieden, in welchem Verhältnis sie zur zu analysierenden Ausdrucksgestalt stehen. Eine Unterscheidung bezieht sich darauf, ob eine Lesart mit der Ausdrucksgestalt *kompatibel* oder *nicht kompatibel* ist. Dabei können die Lesarten, die nicht mit der Ausdrucksgestalt kompatibel sind, – wenn sie im Zuge der Interpretation überhaupt auftauchen[8] – relativ rasch ausgeschieden werden. Die zweite Unterscheidung bezieht sich darauf, ob die Lesart in bezug auf die Ausdrucksgestalt *unabweisbar*[9] ist oder *nicht.*

---

[8] Dies ist nicht mit dem methodischen Schritt der Analyse zu verwechseln, in dem es darum geht, nicht passende Kontexte gezielt aufzurufen; dabei geht es ja nicht um das Auffinden von Lesarten, sondern um das Eingrenzen des Raums möglicher Lesarten.

[9] In der Literatur findet sich die weniger tragfähige Rede von ‚erzwungenen Lesarten' (etwa Oevermann 2013 [Erfahrungswiss], S. 96 f.) oder auch von „indizierten Lesarten" (s. hierzu Loer 2025 [MethKunstSoz], S. 4).

Dabei sind diejenigen Lesarten, die mit der Ausdrucksgestalt kompatibel, aber
in bezug auf sie nicht unabweisbar sind, für die Analyse problematisch. Da für
sie „gilt, dass sie der ‚Fall sein können, aber nicht sein müssen‘, sind im Sinne
des [...] Wörtlichkeitsprinzips [s. *Prinzip der Wörtlichkeit*] unbedingt zu vermeiden, denn sie ‚vermüllen‘ die Analyse so wie degenerative Zusatzhypo-
thesen eine Erklärung nur trüben." Erst diese Unterscheidung von zwar kompa-
tiblen, aber nicht unabweisbaren Lesarten von solchen, die unabweisbar sind,
„ist für die Erklärungskraft der Analysen [...] entscheidend und ermöglicht erst
eine strikte Falsifikation." (Oevermann 2013 [Erfahrungswiss], S. 96 f.)

Naivetät, künstliche – s.: *Prinzip der der künstlichen Naivetät*

Notation – s.: *Verschriftung*

*Parameter I oder Eröffnungs- bzw. Erzeugungsparameter; Parameter II oder Aus-
wahl- bzw. Entscheidungsparameter*[10] – Diejenigen Regeln, die für die Praxis, die
unser Fall ist, Handlungsoptionen eröffnen, bezeichnen wir in der Objektiven
Hermeneutik im Hinblick auf die eröffneten Handlungsoptionen als *Eröffnungsparameter*, im Hinblick auf die Bedeutung der eröffneten Optionen als *Erzeugungsparameter*; diejenigen Prinzipien, Normen und Dispositionen, die die
Auswahl aus den eröffneten Optionen bestimmen, bezeichnen wir als *Auswahlparameter*; im engeren Sinne: wenn es sich, was ja meist zutrifft, um eine Praxis
mit Entscheidungsmitte handelt, ist die Bezeichnung ‚*Entscheidungsparameter*‘
angemessen, da die so bezeichneten Prinzipien, Normen und Dispositionen die
Entscheidung der Praxis hervorbringen. Die Unterscheidung ist also abhängig
von der Fallbestimmung. Wenn z. B. in einer bestimmten Region, etwa dem Ruhrgebiet, ein bestimmtes Wort, etwa ‚wacker‘, abweichend von der Hochsprache,
hier im Sinne von ‚rasch, schnell‘, benutzt wird, so liegt es gleichwohl so lange
auf der Ebene der Eröffnungs- bzw. Erzeugungsparameter, als wir nicht die Region selbst zum Gegenstand der Untersuchung machen, sondern z. B. einen Fall
von Hundehaltung in dieser Region untersuchen. Dem Hundehalter wird durch
die regionalen Sprachregeln die Verwendung des Wortes in dem spezifischen
Sinne eröffnet und dessen spezifische Bedeutung erzeugt. Wenn wir aber einen
Fall von ‚ruhrgebietlichem Handeln‘ untersuchen, also die Region selbst unser
Gegenstand ist, so liegt die Regel ‚wacker bedeutet rasch‘ auf der Ebene der Ent-
scheidungs- oder Auswahlparameter und gehört zur Struktur dieser Region.[11]

---

[10]Zur genaueren Bestimmung der Parameter in konstitutionstheoretischer Hinsicht einerseits, in methodologischer Hinsicht andererseits s. Loer 2006 [Streit], S. 362–365.

[11]Bzgl. einer Region, die ja selbst keine Entscheidungsmitte hat, sich aber als Kultur im Handeln der ihr Angehörigen manifestiert, wurde vorgeschlagen, von Einflussstruktur zu sprechen (s. Loer 2007 [Region], S. 267–274 u. 2006 [Einfluss]).

Principle of Charity – Im Alltag versuchen wir stets, das *Gemeinte* möglichst umgehend zu verstehen, da wir dort dem „principle of charity" (vgl. Wilson 1959, S. 532, Davidson 1974/2001, S. 197) folgen und Nachsicht bzgl. der Genauigkeit des Ausdrucks üben, um die Kommunikationspraxis in Gang zu halten.[12]

Prinzip des bösen Blicks – Wenn die Fallstruktur prägnant herausgearbeitet und auf den Begriff gebracht worden ist, so stellt diese Fallstrukturbestimmung eine Art Brennglas dar, in dem die Fallgestalt auch bei der bloßen Lektüre von Stellen im Datenmaterial deutlich vor Augen tritt. Sollte man sich dem Datenmaterial auf diese Weise zuwenden, so ist, während man einerseits durch das Brennglas der prägnanten Fallstrukturbestimmung die Fallgestalt wahrnimmt, andererseits gleichzeitig gezielt darauf zu achten, Stellen an dieser Fallgestalt zu entdecken, die die Fallstrukturrekonstruktion erschüttern könnten; man könnte sie als unschöne Stellen bezeichnen und diese auf der Ebene der Kunstlehre liegende Vorkehrung das *Prinzip des bösen Blicks* nennen.[13] Der „böse Blick" ist damit ein wesentliches Werkzeug zum Auffinden von Falisfikationsstellen.

Prinzip der diskursiven Analyse – Durch intensiven argumentativen Streit um die Lesarten in einer Forschergruppe können zum einen „die einzelnen, individualspezifischen [z. B. neurotischen] Beschränkungen der Interpreten" ausgeglichen, das Festhalten an Ideosynkrasien vermieden und „die Interpretationen in einer Gruppe ständig kontrolliert werden" (Oevermann et al. 1979 [Methodologie], S. 393); zum anderen zwingt die Diskussion in der Gruppe dazu, Lesarten und ihre Begründungen deutlich zu explizieren; zur Förderung dieses Effekts kann einer der Teilnehmer fallweise auch die Rolle eines Advocatus Diaboli einnehmen.

Prinzip der extensiven Sinnauslegung – Dieses Prinzip der Kunstlehre „bedeutet, die Alltagspraxis des Motivverstehens [die dem „principle of charity" (vgl. Wilson 1959, S. 532, Davidson 1974/2001, S. 197) folgt] gegen den Strich zu bürsten, indem gerade nicht möglichst treffsicher und möglichst schnell die Absicht des Handlungspartners entschlüsselt werden soll, sondern umgekehrt möglichst ausführlich, d. h. unter Einschluß auch der ‚unwahrscheinlichen' und vom Vorwissen über den Fall ausschließbaren Lesarten, und möglichst explizit alle Präsuppositionen des Textes erfaßt werden." (Oevermann et al. 1979 [Methodologie], S. 393) – Eine andere Formulierung mit etwas anderer Akzentuierung dieses Prinzips ist das *Prinzip der Wörtlichkeit*.

---

[12] Fälschlicherweise wird in einem Handbuch Objektive Hermeneutik das alltagspraktische „Principle of Charity" der Sparsamkeitsregel gleichgesetzt (o. V. 2023, S. 31).

[13] Man könnte sagen: „Wie der Blick des Basilisken S t e i n e sprengt" (Seligmann 1910, S. 227; Sperrung i. Orig.), so sprengt der böse Blick des Forschers seine eigene Rekonstruktion.

Prinzip der Kontextfreiheit – Dieses Prinzip der Kunstlehre ist bzgl. seiner Bezeichnung nicht ganz wörtlich zu nehmen. Es besagt, dass das Wissen um den äußeren Kontext (s. dort) nicht herangezogen werden darf um „vom Text gedeckte Rekonstruktionen" seiner objektiven Bedeutungsstruktur „als fallspezifisch unwahrscheinlich vorweg auszuscheiden. Andernfalls würden die Interpretationen von Szenen in einem ‚schlechten' Zirkel tatsächlich nur zum Ergebnis haben, was zuvor an Vorannahmen ‚hineingesteckt' wurde." (Oevermann et al. 1979 [Methodologie], S. 420) „Das Interpretationsverfahren vermeidet genau dadurch die viel beschworene schlechte Zirkularität hermeneutischer Verfahren" (Oevermann et al. 1979 [Methodologie], S. 423). Allerdings muss das Wissen um den äußeren Kontext „berücksichtigt werden, wenn anders bei abweichenden Fällen die besonders unwahrscheinlichen Lesarten forschungspsychologisch nicht realisiert würden." Es geht in beiden Hinsichten also darum, zu „einer möglichst extensiven Auslegung von Lesarten" zu kommen (Oevermann et al. 1979 [Methodologie], S. 423). Insbesondere beim ersten Schritt – dem Geschichten erzählen – wird der reelle Kontext weitestgehend ausgeblendet, um auf aussagekräftige Lesarten zu kommen – s. auch: *Prinzip der extensiven Sinnauslegung*

Prinzip der künstlichen Naivetät – Dieses Prinzip, auch als *Maxime der künstlichen Naivetät* bezeichnet, ist ein Prinzip der Kunstlehre der Objektiven Hermeneutik. Fallspezifisches Kontextwissen ist auszublenden, um uns zu weitestmöglicher Explikation fallspezifischer Aspekte zu zwingen; insofern fokussiert dieses Prinzip einen etwas anderen Aspekt als das verwandte Prinzip der Kontextfreiheit. – „Während der praktische Mensch das Befremdliche möglichst ohne Umwege zu beseitigen, also Naivetät zu vermeiden trachtet, versucht der Forscher so lange wie möglich, sich durch methodische Explikation im Stande der künstlichen Naivetät zu halten, also die Befremdlichkeit des Untersuchungsgegenstandes zu sichern statt zu beseitigen." (Oevermann 2001 [Scheideweg], S. 79) – Das Prinzip der künstlichen Naivetät ist zusammenzudenken mit der „Forderung, daß die Interpreten mit der Lebenswelt, aus der das Datenmaterial stammt, möglichst gut vertraut sein sollten." (Oevermann et al. 1979 [Methodologie], S. 392) – s. auch: *Prinzip der Kontextfreiheit*

Prinzip der Sparsamkeit – Das Prinzip der Sparsamkeit ist ein Prinzip der Kunstlehre, das dazu dient, die Sparsamkeitsregel (s. dort), die eine Regel der Methode darstellt,[14] einzuhalten. Das Prinzip der Sparsamkeit bedeutet, so lange

---

[14] In den Texten zur Objektiven Hermeneutik – auch in den von uns hier zitierten – ist dieser begriffliche Unterschied zwischen der *methodischen* Regel und dem Prinzip der *Kunstlehre* nur implizit enthalten und es wird terminologisch keine Unterscheidung gemacht.

wie möglich nur Lesarten heranzuziehen, die ohne fallspezifische Zusatzannahmen auskommen. – s. auch: *Prinzip der Kontextfreiheit, Prinzip der
künstlichen Naivität* und *Sparsamkeitsregel*

Prinzip der Totalität – Dieses methodische Prinzip ist der „Grundsatz, für jedes im
Protokoll enthaltene Element des Textes eine Motivierung zu explizieren, Text-
elemente nie als Produkte des Zufalls anzusehen." (Oevermann et al. 1979
[Methodologie], S. 394) Das Totalitätsprinzip[15] schreibt vor, „bei einem gegebenen Datum bzw. einer gegebenen Ausdrucksgestalt lückenlos die
Sequentialität zu rekonstruieren, also nichts Erschließbares auszulassen [...].
Auf diese Weise wird nicht nur das FalsifizierungsPotenzial [sic!] eines Datenmaterials voll ausgeschöpft, sondern auch die Prägnanz der Ausdrucksgestalt
maximal erhalten" (Oevermann 2013 [Erfahrungswiss], S. 78).

Prinzip der Wörtlichkeit – Dieses Prinzip der Kunstlehre „verpflichtet die Interpretation, den Text ‚auf die Goldwaage zu legen' in einer Weise, die uns in alltäglichen Verstehenskontexten als inadäquat und kleinlich erscheinen würde."
(Wernet 2000/2009, S. 24) Es wird also die wörtliche Bedeutung des Gesagten –
und nicht des Gemeinten – expliziert, zunächst unabhängig von ihren möglichen Umrahmungen wie etwa Ironie, metaphorische Verwendung o. ä. Das
Wörtlichkeitsprinzip schreibt vor, „nichts zu erschließen, was nicht im Material
selbst klar nachweisbar markiert ist, also keine noch so ‚gebildeten' Zuschreibungen vorzunehmen, von denen gilt, dass sie der Fall sein können, aber nicht
müssen." (Oevermann 2013 [Erfahrungswiss], S. 78) – S. auch: *Prinzip der extensiven Sinnauslegung*

Protokoll – „Unter dem Gesichtspunkt ihrer ausdrucksmaterialen, überdauernden
Objektivierung werden" Ausdrucksgestalten „als *Protokolle* behandelt. Dabei
kann es sich um gegenständliche Objektivierungen in Produkten, um hinterlassene Spuren, um Aufzeichnungen vermittels technischer Vorrichtungen, um intendierte Beschreibungen, um institutionelle Protokolle oder um künstlerische
oder sonstige bewußte Gestaltungen handeln, und die Ausdrucksmaterialität
kann sprachlich oder in irgendeinem anderen Medium der Spurenfixierung oder
der Gestaltung vorliegen. Protokolle, als die ausdrucksmateriale Seite von Ausdrucksgestalten, lassen sich selbstverständlich sinnlich wahrnehmen." (Oevermann 1996/2004 [Manifest], S. 104; kursiv i. Orig.) – s. auch: *Ausdrucksgestalt; Text*

---

[15] Wernet nennt dies das Prinzip der „Extensivität" (2000/2009, S. 91; 32–35), was aber nicht
mit dem o. g. Prinzip der extensiven Sinnauslegung zu verwechseln ist.

Rahmung, Pragmatische – Der Ausdruck meint „die Erhebungssituation oder generell: die pragmatische Rahmung der Erzeugung der [zu untersuchenden] Ausdrucksgestalt" (Oevermann 2000 [Fallrek], S. 78) „Der Generierung eines jeden
Datums liegt ein spezifisches soziales Arrangement zugrunde. [...] Dieses soziale Arrangement muß bei einer vom Forscher selbst vorgenommenen Datenerhebung bzw. -generierung genau vorbedacht sein. Bei der Sammlung von
Daten, die die untersuchte Wirklichkeit selbst produziert, muß der dabei mit-
beteiligte pragmatische Rahmen der Produktion genau rekonstruiert werden."
(Oevermann 1996/2004 [Manifest], S. 120) – Vor der Analyse jeglichen Materials ist die Frage zu beantworten, welche pragmatischen Bedingungen in die
Entstehung der Objektivation, anhand derer der Fall rekonstruiert werden soll,
eingegangen sind;[16] diese müssen bei der Analyse des Materials vorab berücksichtigt werden, um Artefakte zu vermeiden.

Realität, äußere/innere – Bei der Rekonstruktion der Bedeutung von Ausdrucksgestalten werden Lesarten gebildet, indem die pragmatischen Erfüllungsbedingungen der Ausdrucksgestalt expliziert werden. Sind nun diese Erfüllungsbedingungen in der äußeren Realität der Handlungssituation, die sich in
der Ausdrucksgestalt objektiviert hat nicht gegeben, so muss daraus geschlossen
werden, dass sie in der inneren Realität des Handelnden vorliegen.[17] Dies bedeutet, dass der Forscher „die in der *äußeren Realität* nicht feststellbaren pragmatischen Erfüllungsbedingungen der Äußerung in der *inneren Realität* des
Sprechers bzw. des handelnden Subjekts aufzusuchen" hat (Oevermann 1981,
1981/2023 [Fallrek], S. 54; Hervorhebung aus dem Originalmanuskript – 1981
[Strukturgen], S. 14 – berücksichtigt).

Regel, bedeutungserzeugende – s.: *Bedeutungskonstitution; Parameter*

Regelkonstitution von Bedeutung – s.: *Bedeutungskonstitution*

Rekrutierung, kontrastive und sequenzielle – Sequenzielle Rekrutierung findet auf
der Grundlage eines dimensionalen Auswahlrahmens statt, demgemäß der erste
Fall ausgewählt wird. Nach dessen Erhebung und der Analyse des Fallmaterials
wird kontrastiv dazu der zweite Fall ausgewählt, erhoben und analysiert.
Daraufhin werden auf der Grundlage von überprüften, präzisierten und erweiterten relevanten Dimensionen kontrastiv zu den beiden ersten der nächste
Fall ausgewählt. So weiterverfahrend werden dann schrittweise die nächsten
Fälle ausgewählt. Es werden also die Rekrutierungserfordernisse während der
laufenden Forschung, basierend auf den gewonnnen Erkenntnissen stets weiter-

---

[16] Wernet nennt dies die Klärung der „Interaktionseinbettung" (2000/2009, S. 57 ff.).

[17] Das schon klassisch zu nennende Beispiel hierfür ist „Mutti, wann krieg ich denn endlich
mal was zu essen. Ich hab so Hunger." (s. o. den Abschn. *Lesarten* in der Kap. 1).

entwickelt. Durch die kontrastive Rekrutierung kann das Forschungsfeld mit wenigen Fällen in seiner Multi-Dimensionalität erschlossen werden.[18]

Sequentialität – Sequentialität menschlicher Praxis ist Ausfluss der Regelgeleitetheit von Handeln, was bedeutet, dass dem Handelnden von den sein Handeln bestimmenden Regeln (Eröffnungsparameter) Handlungsmöglichkeiten eröffnet werden, wodurch die Freiheit des Handelnden als Entscheidungsinstanz konstituiert wird. Handeln ist dann Auswahl aus Optionen (Auswahlparameter), ein Antworten auf Optionen eröffnende Handlungen bzw. Konstellationen;[19] genau dies erfasst der Begriff der Sequentialität.

Sequenzanalyse – Die Sequenzanalyse stellt die methodische Inanspruchnahme von Erzeugungsparameter und Auswahlparameter dar. Sequenzanalyse hat die – durch in der zu untersuchenden Praxis geltende Regeln konstituierten – Optionen zu entwerfen und die realisierte Option zu diesen in Relation zu setzen, um die Bedeutung dieser Auswahl bestimmen zu können. Sequenzanalyse ist also konstitutionstheoretisch und methodologisch darin begründet, dass der Gegenstand Praxis sequentiell konstituiert ist (s. *Sequentialität*). Die Sequenzanalyse bildet das in der Sequentialität konstituierte Aufeinanderfolgen ab, indem sie auf der Folie der eröffneten Handlungsoptionen die Systematik der von der untersuchten Praxis getroffenen Auswahlen von Optionen – die Fallstrukturgesetzlichkeit – rekonstruiert.

Sinn, manifester – Als manifester Sinn wird derjenige Sinn bezeichnet, den ein beteiligtes handelndes Subjekt aus seiner Perspektive mit dem untersuchten Handeln verbindet. Darin geht v. a. die manifeste Bedeutung, also diejenige objektive Bedeutung des untersuchten Handelns ein, die dem beteiligten handelnden Subjekt bewusst ist (vgl. Loer 2016 [objektiv/latent]), sowie diejenige Bedeutung, die es zusätzlich (etwa projektiv) mit dem untersuchten Handeln verbindet.[20]

Sinnstruktur, latente – Die objektive Bedeutungsstruktur einer einzelnen Äußerung bzw. die objektive Sinnstruktur eines komplexeren Handlungsablaufs sind immer in Relation zu einer praktischen Perspektive latent; sie sind dann latent

---

[18] Durch forschungsökonomische Zwänge ist dieses Vorgehen oftmals so nicht durchführbar und muss abgekürzt werden.

[19] Dass es sich um ein zeitliches Aufeinanderfolgen handelt, ist demgegenüber sekundär (vgl. Loer 2010 [Videoaufz], S. 329 f.).

[20] Zu weiteren Dimensionen des Sinnbegriffs siehe Fischer (2015 [Fundament]).

für eine Praxis, wenn sie von dieser nicht subjektiv realisiert wurden. Der „Grenzfall der vollständigen subjektiv-intentionalen Realisierung der objektiven Bedeutungsstruktur einer einzelnen Äußerung bzw. der" objektiven „Sinnstruktur eines komplexeren Handlungsablaufs [tritt] empirisch so gut wie nie ein[…]." (Oevermann 1995 [Vorwort]: X)

Sinnstruktur, objektive – Die objektive Sinnstruktur von Ausdrucksgestalten wird durch Hinzuziehung des inneren Kontexts (s. dort) der Analyse vom Forscher auf der Folie der rekonstruierten, durch geltende Regeln konstituierten objektiven Bedeutungsstruktur (s. dort) der einzelnen Sequenzstellen herausgearbeitet (s. Loer 2016 [objektiv/latent]).

Sparsamkeitsregel – Die *Sparsamkeitsregel* ist eine Regel der Methode, deren forschungspraktische Realisierung durch das *Prinzip der Sparsamkeit* erleichtert wird.[21] Nach dieser Regel „ist man angehalten, die Äußerungen solange wie möglich mit der Unterstellung eines vernünftigen, sprachkompetenten […] Subjekts[, das die objektiven Bedeutungen seiner Äußerungen intentional realisiert hat,] zu interpretieren." (Leber 1994)[22] – „Eine Sparsamkeitsregel ist einzuhalten, der zufolge die Grundannahme von Vernünftigkeit, Rationalität und Normalität solange aufrechtzuerhalten ist, bis es nicht mehr möglich ist, die andere, übergeordnete Grundannahme der Sinnstrukturiertheit der Ausdrucksgestalt aufrechtzuerhalten, ohne Zusatzannahmen von Gestörtheit einzuführen." (Oevermann 2013 [Erfahrungswiss], S. 78 f.)

Strukturgeneralisierung – „Jede abgeschlossene Fallrekonstruktion stellt in sich eine Strukturgeneralisierung dar, insofern sie einen Typus repräsentiert, dessen Allgemeinheit unabhängig davon gilt, wie häufig er in einer Grundgesamtheit

---

[21] In den Texten zur Objektiven Hermeneutik – auch in den von uns hier zitierten – ist dieser begriffliche Unterschied zwischen der *methodischen* Regel und dem Prinzip der *Kunstlehre* nur implizit enthalten und es wird terminologisch keine Unterscheidung gemacht.

[22] Die Sparsamkeitsregel ist durchaus kein Spezifikum der Objektiven Hermeneutik; im Allgemeinen besagt sie, „daß bei allen Erklärungsprozessen diejenigen Ansätze zu bevorzugen sind, die mit einem Minimum von Faktoren, Hypothesen und Entitäten auskommen." (Cloeren 1995, Sp. 1300) – Dies geht zurück auf das „Wilhelm von Ockham zugeschriebene Ökonomie- oder Sparsamkeitsprinzip" (Cloeren 1984, S. 1094): „Pluralitas non est ponenda sine necessitate" – „Eine Vielheit darf nicht ohne Notwendigkeit zugrunde gelegt werden" (Guillelmus de Ockham zit. n.: Cloeren 1984, S. 1094). Ockhams Rasiermesser, wie dieses Prinzip genannt wird, hatte seinerseits viele Vorläufer (s. Cloeren 1984); Charles Sanders Peirce gab ihm die treffende Formulierung, „that not more independent elements are to be supposed than necessary." (Peirce 1891/1998, S. 20; s., S. 1891/1976, S. 278).

als ‚token' vorkommt." (Oevermann 2004 [quanti], S. 469)[23] „Insofern stellt
jede rekonstruierte Fallstruktur eine je konkrete Variante einer einbettenden,
übergeordneten Fallstrukturgesetzlichkeit dar und liefert über sie eine allgemeine Erkenntnis" (Oevermann 1996/2004 [Manifest], S. 116); dies kann
eine Erkenntnis über den Forschungsgegenstand sein – so stellt etwa eine konkrete Familie, die als Fall des Gegenstands Familie überhaupt untersucht wird,
eine „konkrete Variante" von familialer Praxis dar und „liefert über sie eine allgemeine Erkenntnis"; es kann aber auch eine nicht im Fokus der jeweiligen Forschung stehende ‚übergeordnete Fallstrukturgesetzlichkeit' sein – also etwa die
Pragmatik der Integration von Familie und Beruf. Zudem „stellt jede Fallrekonstruktion eine lebenspraktische Problemlösung vor, die in einem Bil-
dungs- und Individuierungsprozeß entwickelt wurde und im Prinzip von anderen Lebenspraxen als Vorbild oder Modell gewählt werden könnte." (Oevermann 2004 [quanti], S. 469) Insofern stellt jede Fallrekonstruktion in all diesen
Hinsichten zugleich eine Strukturgeneralisierung dar, die Erkenntnisse über den
Gegenstand, als Fall von dem die untersuchte Praxis analysiert wird, und über
weitere Ebenen (etwa: Milieu, Region, politische Gemeinschaft, Berufsgruppe,
Organisation usw.) denen sie angehört, liefert. Die Fälle sind zugleich als Variationen des Themas des Gegenstandes, von dem sie Fälle sind, zu betrachten. In
jeder Variation ist das allgemeine Thema in einer Besonderung enthalten. Kontrastive Variationen erlauben dabei, das Thema in seiner Allgemeinheit rascher
zu erfassen.

Text – „Unter dem Gesichtspunkt der Strukturierung von Sinn und Bedeutung, also
dessen, was sie symbolisieren, werden Ausdrucksgestalten als *Texte* behandelt.
Für Texte gilt entsprechend, daß sie – wie die Bedeutungs- und Sinnstrukturen,
deren Zusammenhang sie herstellen – als solche der sinnlichen Wahrnehmung
verschlossen sind und nur ‚gelesen' werden können. Unter diesen methodologisch erweiterten Textbegriff fallen selbstverständlich nicht nur die schriftsprachlichen Texte der Literaturwissenschaften, sondern alle Ausdrucksgestalten menschlicher Praxis bis hin zu Landschaften, Erinnerungen und Dingen der materialen Alltagskultur." (Oevermann 1996/2004 [Manifest], S. 103 f.;
kursiv i. Orig.) Text ist also jede Ausdrucksgestalt im Hinblick auf die Bedeutung, die sie gemäß geltenden Regeln, Prinzipien und Verfahrensweisen (und

---

[23] Wir fokussieren hier diejenige Dimension der Strukturgeneralisierung, die auf allgemeine
Erkenntnis abzielt; zu weitern Dimensionen (vgl. Oevermann 2000 [Fallrek], S. 116–129).

diese müssen nicht notgedrungen solche der Ausdrucksmaterialität Sprache, sondern können auch solche der sinnesmodalitätenspezifischen Ausdrucksmaterialien, des ikonischen etwa, sein) konstituiert; dabei ist mitzudenken, dass jede einmal konstituierte Bedeutung sprachlich ausdrückbar ist.[24] – s. auch: *Ausdrucksgestalt*; *Protokoll*

Totalitätsprinzip – s.: *Prinzip der Totalität*

Transkription – s.: *Verschriftung*

Verschriftung – Da wissenschaftliches Verstehen einer Handlung voraussetzt, dass wir uns die Handlung müßig vor Augen führen und festhalten, bedarf es zur Analyse dieser Handlung deren Objektivierung in einer Ausdrucksgestalt. Wenn diese Ausdrucksgestalt aber, wie es z. B. für Audioaufzeichnungen gilt, die Flüchtigkeit der Handlung als in der Zeit ablaufendes Ereignis teilen, so müssen wir diese Ausdrucksgestalten aufbereiten, sie gewissermaßen stillstellen. Bei Audiodaten gelingt uns dies durch Verschriftung, d. h. dadurch, dass wir Phoneme und anderes akustisch Wahrnehmbares in Grapheme und andere lesbare Zeichen transformieren und so in eine andauernder Präsenz bringen.[25] Die Verschriftung sollte gemäß einheitlicher Regeln[26] erfolgen und ein der Fragestellung angemessenes Maß an Detailliertheit aufweisen.[27]

Wörtlichkeitsprinzip – s. *Prinzip der Wörtlichkeit*; s. auch: *Prinzip der extensiven Sinnauslegung*

---

[24] Vgl. das von J. R. Searle herausgearbeitete „principle of expressibility" (1969/1983a, S. 19 ff.): „whatever can be meant can be said" (a. a. O., S. 19).

[25] In den meisten Darstellungen von Methoden, die mit verschriftetem Material arbeiten, wird von Transkription und Transkript gesprochen. Wir bevorzugen die Termini ‚Verschriftung' oder ‚Notation', da Transkription wörtlich genommen die Übertragung von einer Schrift in eine andere, nicht aber von Phonemen in Grapheme bezeichnet. – Auch der Terminus ‚Verschriftlichung' wird manchmal anstelle von ‚Verschriftung' verwendet (s. etwa Maiwald 2023, S. 125, 145); im Unterschied zu ‚verschriften' bedeutet aber ‚verschriftlichen' nicht, Audiomaterial in Schrift zu überführen, sondern mündliche Ausführungen (also etwa das Ergebnis einer Verhandlung) schriftlich festzuhalten.

[26] Die hier im Anhang wiedergegebenen und von uns verwendeten haben sich weitgehend bewährt.

[27] Vgl. die Bemerkung von Kowal und O'Connell: „Die Auswahl der zu transkribierenden [sc.: zu verschriftenden] Verhaltensmerkmale (verbale, prosodische, parasprachliche und außersprachliche) [...] wird immer von der Zielsetzung und Fragestellung eines spezifischen Forschungsprojekts bestimmt." (2000, S. 439).

Verschriftungsregeln[1]

Kennzeichnung	Zeitangabe (wird durch f4/f5 automatisch gesetzt) Sprecherkürzel – z. B.:
	I: #00:00:00-0# xxxx
	MR: #00:00:14-5# xxxx
	I: #00:00:56-0# xxxx
	…
kurze Pause	(.)
lange Pause (n Sekunden)	(n) (Für n Sekunden, n > 1)
lang gesprochen	füüür, jaaa
non verbal	(lacht), (hüstelt), (räuspert sich)
	(Lachen), (Hüsteln), (Räuspern) wenn Person nicht zuzuordnen
Ausschnitte	\… = Äußerung geht nach der hier wiedergegebenen Sequenz noch weiter;
	…/ = Äußerung hat vor der hier wiedergegebenen Sequenz bereits begonnen
Auslassung	[…] wenn vor der zitierten Stelle eine Äußerung nicht zitiert wurde

---

[1] Bei Verwendung der sogenannten Transkriptionssoftware f4 bzw. f5 (www.audiotranskription.de). – In den meisten Darstellungen von Methoden, die mit verschriftlichtem Material arbeiten, wird hier von Transkription und Transkript gesprochen. Wir bevorzugen den Terminus ‚Verschriftung‘, da Transkription wörtlich genommen die Übertragung von einer Schrift in eine andere, nicht aber von Phonemen in Grapheme bezeichnet.

Gleichzeitigkeit	die gleichzeitig gesprochenen Worte werden in { } eingeklammert:
	I: #00:00:00-0# xxxxxxx xxx xxxx {xxxxxx
	MR: #00:00:14-5# xxxxx} xxxx xxxxx
Kurze Einschübe	Wenn eine Person in der Rede der anderen kurze Bemerkungen einschiebt, z.B. MR: #00:01:00# xxxxx (I: aha) xxxxx
Unverständliches	*xxxxx* [eigene Interpretation] oder [unverständlich]
Betont	*xxxxx*
Kommentierung des Gesprochenen	*xxxx xxxxx* [laut] (Dies gilt auch für leise gesprochene Passagen und andere Kommentierungen wie schnell gesprochen etc.; keine Fußnoten einfügen)
Ausruf	!
starke Stimmhebung	?
leichte Stimmhebung	,
Stimmsenkung	.
leichte Stimmsenkung	;
schwebend	=

D.h.: Satzzeichen haben keine Interpunktions-, sondern Intonationsfunktion: Sie geben die Satzmelodie wieder.

Bitte alles ausschreiben:	nicht „z. B."	sondern „zum Beispiel"
	nicht „wird's"	sondern „wirds"
	alle Zahlen, auch Jahreszahlen müssen ausgeschrieben werden.	

Bitte alles wörtlich verschriftlichen; z. B.: Fehler des Sprechers nicht korrigieren, Dialekt beibehalten.

Literatur

Objektiv-hermeneutische Rekonstruktionen von Deutungsmustern[1]

Honegger, Claudia (1978): Die Hexen der Neuzeit. Analysen zur Anderen Seite der okzidentalen Rationalisierung. In: dies. (ed.), Die Hexen der Neuzeit. Studien zur Sozialgeschichte eines kulturellen Deutungsmusters, Frankfurt/M.: Suhrkamp, S. 21–151

Neuendorff, Hartmut (1980): Der Deutungsmusteransatz zur Rekonstruktion der Strukturen des Arbeiterbewußtseins. In: Braun, Karl-Heinz; Heinz-Osterkamp, Ute; Werner, Harald; Wilhelmer, Bernhard (ed.), Kapitalistische Krise, Arbeiterbewußtsein, Persönlichkeitsentwicklung, Köln, 27–52

Neuendorff, Hartmut; Sabel, Charles F. (1978): Zur relativen Autonomie der Deutungsmuster. In: Bolte, Karl Martin (ed.), Materialien aus der soziologischen Forschung, Darmstadt, 842–863

---

[1] Die hier, nach Erscheinungsjahr geordnet, aufgeführten objektiv-hermeneutischen Analysen von Deutungsmustern sind in der Regel nicht zur Darstellung der Methode, sondern im Rahmen von gegenstandsbezogenen Forschungen entstanden und als solche ausgearbeitet worden; sie exemplifizieren in unterschiedlich expliziter Weise meist aber auch das methodische Vorgehen. Das jeweils zu findende Verständnis von Deutungsmustern ist durchaus uneinheitlich. Aus der Perspektive unserer Begriffsklärung betrachtet, handelt es sich in manchen Arbeiten eher um Deutungskonglomerat, in manchen bloß um (mehr oder weniger systematischen) Deutungen. Eine Vollständigkeit wird nicht beansprucht; ich danke den Kolleginnen und Kollegen, die mir Literaturhinweise zukommen ließen. – Weitere publizierte wie nicht publizierte Arbeiten finden sich unter dem Schlagworten ‚Deutungsmuster‘, ‚Habitus‘ und ‚Habitusformation‘ auch in der Literaturdatenbank der *Arbeitsgemeinschaft Objektive Hermeneutik* verzeichnet: https://agoh.de/bibliographie/literaturdatenbank/startseite. html, sowie auf den Seiten des *Instituts für hermeneutische Sozial- und Kulturforschung*: https://www.ihsk.de/publikationen.htm.

415

Oevermann, Ulrich; Roethe, Thomas (o.J. [1981]): Konstanz und Veränderung in der Struktur sozialer Deutungsmuster – eine exemplarische Fallanalyse anhand von zwei in zehnjährigem Abstand durchgeführte[n] Interviews einer Familie. o. O. [Dortmund] (Tpskr., 63 S.)

Neuendorff, Hartmut (1984): e. In: Kerber, Harald; Schmieder, Arnold (ed.), Handbuch Soziologie. Zur Theorie und Praxis sozialer Beziehungen, Reinbek: Rowohlt, 271–274

Neuendorff, Hartmut (1985): Deutungsmuster Arbeit in der Krise? In: Deutsche Gesellschaft für Soziologie (ed.), Berichtsband über die Sektionssitzungen des Dortmunder Soziologentages 1984

Härtel, Ulrich; Neuendorff, Hartmut; Matthiesen, Ulf (1986): Kontinuität und Wandel arbeitsbezogener Deutungsmuster und Lebensentwürfe – Überlegungen zum Programm einer kultursoziologischen Analyse von Berufsbiographien. In: Brose, Hanns Georg (ed.), Berufsbiographien im Wandel, Opladen: Westdeutscher Verlag, 264–290

Becker, Christa; Böcker, Heinz; Neuendorff, Hartmut; Rüßler, Harald; Matthiesen, Ulf (1987): Kontrastierende Fallanalysen zum Wandel von arbeitsbezogenen Deutungsmustern und Lebensentwürfen in einer Stahlstadt. Dortmund (Forschungsbericht)

Matthiesen, Ulf; Neuendorff, Hartmut (1989): Reproduktionsansatz oder Deutungsmusteranalyse. Wie lassen sich Formen des Arbeitsverständnisses rekonstruieren? In: Brock, Ditmar (ed.): Subjektivität im gesellschaftlichen Wandel. Umbrüche im beruflichen Sozialisationsprozeß. München: Verl. Dt. Jugendinst.: 77–99

Neuendorff, Hartmut (1991): Deutungsmuster und Arbeitsgestaltung. In: Peter, Gerd (ed.), Arbeitsforschung? Methodologische und theoretische Reflexion, Dortmund

Becker, Christa; Böcker, Heinz; Fischer, Ute Luise; Grote, Christiane; Matthiesen, Ulf; Neuendorff, Hartmut; Rüßler, Harald; Weißbach, Barbara (1998): Kontrastierende Fallanalysen zum Wandel von arbeitsbezogenen Deutungsmustern und Lebensentwürfen in einer Stahlstadt. Dortmund (Schlussbericht)

Böcker, Heinz; Neuendorff, Hartmut; Rüßler, Harald (1998): ‚Hörder Milieu‘. Deutungsmusteranalysen als Zugang zur Rekonstruktion intermediärer Sozialstrukturen – an Fällen. In: Matthiesen, Ulf (ed.), Die Räume der Milieus. Neue Tendenzen in der sozial- und raumwissenschaftlichen Milieuforschung, in der Stadt- und Raumplanung, Berlin: Sigma, 151–175

Haupert, Bernhard (2000): Zwischen Anpassung und Widerstand: Priester in der NS-Zeit. Rekonstruktion politischer und sozialer Deutungsmuster. In: Kraimer 2000, S. 415–462

Fischer, Ute L.; Großer, Caroline; Liebermann, Sascha (2002): Die Beharrlichkeit der Deutungsmuster – Handlungsprobleme und erwerbsbezogene Deutungsmuster unter Bedingungen der Transformation in Sachsen. In: Journal für Psychologie 10(3), 279–292

Liebermann, Sascha (2002): Die Krise der Arbeitsgesellschaft im Bewußtsein deutscher Unternehmensführer. Eine Deutungsmusteranalyse. Frankfurt/M.: Humanities Online

Kutzner, Stefan (2002): Familienpolitik in der Schweiz. Deutungsmuster der regierenden Parteien. In: sozialersinn 3(3): 59 98

Franzmann, Andreas (2003): Der „gebildete Laie“ als Adressat des Forschers. Sequenzielle Analyse von Titel und Vorrede zur ersten Ausgabe von Justus von Liebigs „Chemischen Briefen“ von 1844. In: Kretschmann, Carsten (ed.), Wissenspopularisierung. Konzepte der Wissensverbreitung im Wandel, Berlin: Akademie Verlag, 232–255

Neuendorff, Hartmut (2003): Leisungsbedeutsame Deutungsmuster und Habitusformationen in den jungen Generationen der Bundesrepublik Deutschland. Dortmund (Skizze/Projektantrag)

Franzmann, Andreas (2004): Die Krise Frankreichs von 1870 und ihre Ausdeutung durch den Wissenschaftler Louis Pasteur. Eine Deutungsmusteranalyse. In: Kretschmann, Carsten; Pahl, Henning; Scholz, Peter (ed.), Wissen in der Krise. Institutionen des Wissens im gesellschaftlichen Wandel, Berlin: Akademie Verlag, 117–156

Kutzner, Stefan (2004): Die Französische Revolution als fortschreitende Autonomisierung des Politischen. In: Sozialer Sinn 5(1), S. 95–122

Streckeisen, Ursula; Hänzi, Dennis; Hungerbühler, Andrea; Tritten, Sybille (2006). Fördern und Auslesen. Deutungsmuster von Lehrpersonen zu einem beruflichen Handlungsproblem. In: Rehberg, Karl-Siegbert (ed.): Soziale Ungleichheit, kulturelle Unterschiede: Verhandlungen des 32. Kongresses der Deutschen Gesellschaft für Soziologie in München. Teilbd. 1 und 2. Frankfurt/M.: Campus, S. 4363–4372

Kutzner, Stefan (2007): Das Menschenbild in der Schweizer Sozialhilfe: Utilitaristische Deutungen und paternalistische Interventionen im „aktivierenden" Hilfesystem. In: Ludwig-Mayerhofer, Wolfgang; Behrend, Olaf; Sondermann, Ariadne (ed.), Fallverstehen und Deutungsmacht. Akteure in der Sozialverwaltung und ihre Klienten, Opladen, Farmington Hills: Verlag Barbara Budrich, 143–166

Rumpf, Lorenz (2007): Die Rekonstruktion kulturspezifischer Deutungsmuster als Aufgabe der Klassischen Philologie. Beobachtungen zu Streit und Stasis bei Ennius, Livius, Dionysios von Halikarnassos, Cicero und Piaton. In: Süßmann, Johannes; Scholz, Susanne; Engel, Gisela (eds.): Fallstudien. Theorie – Geschichte – Methode. Berlin: trafo, S 127–139

Streckeisen, Ursula; Hänzi, Dennis; Hungerbühler, Andrea (2007): Fördern und Auslesen. Deutungsmuster von Lehrpersonen zu einem beruflichen Dilemma, Wiesbaden: VS Verlag

Kutzner, Stefan (2015): Autonomie und Symbiose als kulturelle Leitbilder. Familienideale in Deutschland und Frankreich. In: Rademacher, Sandra; Wernet, Andreas (ed.): Bildungsqualen. Bielefeld: transcript, 211–226

Schäfer, Robert (2015): Die gegensätzlichen Gegensätze touristischer Traumbilder. In: Sozialer Sinn 16(1), S. 49–70.

Czarny, Moritz (2016): Humor im Fokus Fallrekonstruktiver Sozialer Arbeit. Eine Einzelfallstudie im Kontext jugendlicher Devianz und Wohnungslosigkeit. Ibbenbüren: Münstermann

Liebermann, Sascha (2016): Autonomie und Verantwortung im Studium. Zur Diskussion über Anwesenheitspflicht in Lehrveranstaltungen und ihre Aufhebung. In: Sozialer Sinn 17(1), S. 143–163.

Twardella, Johannes (2016): Der Lehrer als Erbe der prophetischen Mission. Rekonstruktion eines Textes von Fethullah Gülen. In: Sozialer Sinn 17(1), S. 69–94.

Schalljo, Martin (2018): Managerhandeln im globalen Kontext. Deutungsmuster bei internationalen Unternehmensübernahmen. Bielefeld: transcript

Liebermann, Sascha (2019): „…ich möchte unabhängig sein…". Autonomie in der öffentlichen Diskussion um ein Bedingungsloses Grundeinkommen. Eine exemplarische Deutungsmusteranalyse. In: Funcke, Dorett; Loer, Thomas (ed.), Vom Fall zur Theorie. Auf dem Pfad der rekonstruktiven Sozialforschung, Wiesbaden: Springer VS, 255–288

Schalljo, Martin (2019): Deutungsmuster als Vertiefung der Erkenntnisperspektive auf den Raum. Das Analysebeispiel von Nähe- und Distanzproduktionen bei internationalen Unternehmensübernahmen. In: Bögelein/Vetter 2019a, S. 60–81

Kutzner, Stefan (2020): Familie und Staat: Zur Entwicklung des Familienleitbildes in Deutschland im Familienrecht. In: Funcke, Dorett (ed.): Rekonstruktive Paar- und Familienforschung. Wiesbaden: Springer VS, 315–353

Liebermann, Sascha; Muijsson, Hendrik (2020): Familiale Vergemeinschaftung oder Betreuungsarrangement? Deutungsmuster zu Familie in der öffentlichen Diskussion und bei Eltern eines zweijährigen Kindes. In: Funcke, Dorett (ed.): Rekonstruktive Paar- und Familienforschung. Wiesbaden: Springer VS, S. 43–82

Maiwald, Kai-Olaf (2020): Das Kind als autarke Persönlichkeit. Zu einem modernen Typus von Erziehungshandeln und einem darauf bezogenen jugendlichen Selbstverhältnis. In: Sozialer Sinn 21(2), S. 311–356

Czarny, Moritz (2022). Zum Phänomen der Muße – bildungs- und professionstheoretische Perspektiven. In: Bromberg, Kirstin; Kraimer, Klaus (ed.): Dem Phänomen auf der Spur. Forschendes Lehren und Studieren – Rekonstruktive Forschung – Erzeugung neuen Wissens. Wiesbaden: Springer VS, 235–255

Czarny, Moritz (2023). Muße – eine pädagogische Studie. Bildungstheoretische, professionslogische und fallrekonstruktive Perspektiven

Schmidt, Andreas (2023): „…würde ich mich mit schuldig fühlen." Eine exemplarische Fallstudie zum Widerstand gegen die Coronapolitik. Frankfurt/M. (Unveröff. Masterarbeit, Goethe-Universität, Fachbereich Gesellschaftswissenschaften)

Franzmann, Manuel (2024): Die Hitlerbewegung als ‚Freiheitsbewegung'. Deutungsmusteranalyse des Lebenslaufs von Ernst Seyffardt. In: Garz, Detlef; Welter, Nicole (ed.): Autobiographien von überzeugten Nazis und von vertriebenen Deutschen. Neue Ansichten auf zwei Forschungsprojekte aus den 1930er Jahren. Leverkusen: Barbara Budrich, S. 105–138

Objektiv-hermeneutische Rekonstruktionen von Habitus(formationen)[2,3]

Loer, Thomas (1996): Halbbildung und Autonomie. Über Struktureigenschaften der Rezeption bildender Kunst. Opladen: Westdeutscher Verlag (Mit einem Vorwort von Ulrich Oevermann)

---

[2] Die hier, nach Erscheinungsjahr geordnet, aufgeführten objektiv-hermeneutischen Analysen von Habitusformationen sind in der Regel nicht zur Darstellung der Methode, sondern im Rahmen von gegenstandsbezogenen Forschungen entstanden und als solche ausgearbeitet worden; sie exemplifizieren in unterschiedlich expliziter Weise meist aber auch das methodische Vorgehen. Eine Vollständigkeit wird nicht beansprucht; ich danke den Kolleginnen und Kollegen, die mir Literaturhinweise zukommen ließen. – Weitere publizierte wie nicht publizierte Arbeiten finden sich unter den Schlagworten ‚Habitus' und ‚Habitusformation' auch in der Literaturdatenbank der *Arbeitsgemeinschaft Objektive Hermeneutik* verzeichnet: https://agoh. de/bibliographie/literaturdatenbank/startseite.html, sowie auf den Seiten des *Instituts für hermeneutische Sozial- und Kulturforschung*: https://www.ihsk.de/publikationen.htm.

[3] Literatur von Ulrich Oevermann als Allein- oder als Erstautor ist hier unabhängig von den Koautoren nach Ersterscheinungsdatum geordnet.

Wernet, Andreas (1997): Professioneller Habitus im Recht. Untersuchungen zur Professionalisierungsbedürftigkeit der Strafrechtspflege und zum Professionshabitus von Strafverteidigern. Berlin: Edition Sigma (Mit einem Vorwort von Ulrich Oevermann)

Loer, Thomas (1999): Nationalsozialismus in der Zwischengeneration. Zum Zusammenhang von Zeitgeschichte, Generation und Biographie – Skizze anläßlich einer Fallstudie. In: Keller, Barbara (ed.), Erinnerungspolitiken, Biographien und kollektive Identitäten, Bonn: APP u DBV, 375–398

Schallberger, Peter (2003): Identitätsbildung in Familie und Milieu. Zwei mikrosoziologische Untersuchungen, Frankfurt/M.: Campus

Allert, Tilman (2005): Vom Landesvater zum Bundesvater? Biografische Disposition und professionelles Profil in der Amtsführung des Bundespräsidenten Johannes Rau. Sozialer Sinn 6(2), S. 331–352

Gärtner, Christel (2006): Generationenspezifische Bewährungsmythen und Habitusformationen. Ein Beitrag zur Validierung eines Modells der Formation historischer Generationen, durchgeführt an Fallbeispielen der Geburtsjahrgänge von 1918 bis 1935 in Deutschland. (Unveröff. Habilitationsschrift, Fachbereich Gesellschaftswissenschaft, Goethe-Universität Frankfurt/M.) Frankfurt/M.

Loer, Thomas (2006): Zum Unternehmerhabitus – eine kultursoziologische Bestimmung im Hinblick auf Schumpeter. Karlsruhe: Universitätsverlag Karlsruhe

Loer, Thomas (2007): Die Region. Eine Begriffsbestimmung am Fall des Ruhrgebiets. Stuttgart: Lucius & Lucius

Fischer, Ute Luise (2009): Anerkennung, Integration und Geschlecht. Zur Sinnstiftung des modernen Subjekts. Bielefeld: Transcript

Kutzner, Stefan (2009): Exklusion als Prozess. Eine exemplarische Rekonstruktion einer Migrationsbiographie. In: Sozialer Sinn 10(1), S. 73–98.

Hänzi, Denis; Matthies, Hildegard (2014): Leidenschaft – Pflicht – Not. Antriebsstrukturen und Erfolgskonzeptionen bei Spitzenkräften der Wissenschaft und Wirtschaft. In: dies.; Simon, Dagmar (ed.): Erfolg. Konstellationen und Paradoxien einer gesellschaftlichen Leitorientierung. (Leviathan Sonderband 29). Baden-Baden: Nomos, S. 246–264

Matthäus, Sandra (2014): Was strukturiert eigentlich der Habitus? Oder, der wertende Selbst-/Weltbezug als eigentliches tertium comparationis der verschiedenen Habitusformen. In: Sozialer Sinn 15(2), S. 219–252.

Czarny, Moritz (2016): Humor im Fokus Fallrekonstruktiver Sozialer Arbeit. Eine Einzelfallstudie im Kontext jugendlicher Devianz und Wohnungslosigkeit. Ibbenbüren: Münstermann

Fuchs, Philipp; Gellermann, Jan F.C.; Kutzner, Stefan (2018): Die Ausbildungsverlierer? Fallstudien zu Entkopplungsprozessen von Jugendlichen beim Übergang in das Erwerbsleben. Weinheim, Basel: Beltz Juventa

Czarny, Moritz (2022). Zum Phänomen der Muße – bildungs- und professionstheoretische Perspektiven. In: Bromberg, Kirstin; Kraimer, Klaus (ed.): Dem Phänomen auf der Spur. Forschendes Lehren und Studieren – Rekonstruktive Forschung – Erzeugung neuen Wissens. Wiesbaden: Springer VS, 235–255

Czarny, Moritz (2023). Muße – eine pädagogische Studie. Bildungstheoretische, professionslogische und fallrekonstruktive Perspektiven

Verwendete Literatur

Acham, Karl (ed.) (1978): Methodologische Probleme der Sozialwissenschaften. Darmstadt: Wissenschaftliche Buchgesellschaft

Acham, Karl (2002): Objektivität. In: Endruweit/Trommsdorff 2002, 390 f.

Ackermann, Nathan W.; Adorno, Theodor W.; Bettelheim, Bruno; Frenkel-Brunswik, Else; Jahoda, Marie; Janowitz, Morris; Levinson, Daniel J.; Sanford, R. Nevitt (1950/1977): Der autoritäre Charakter. (Studien über Autorität und Vorurteil; 2) Amsterdam: de Munter

Adler, Patricia A.; Adler, Peter (1994): Observational Techniques. In: Denzin, Norman K.; Lincoln, Yvonna S. (ed.), Handbook of Qualitative Research, Thousand Oaks, London, New Delhi: Sage, 377–392

Adloff, Frank (2020): Zeit, Angst und (k)ein Ende der Hybris. In: Volkmer, Michael; Werner, Karin (ed.), Die Corona-Gesellschaft. Analysen zur Lage und Perspektiven für die Zukunft, Bielefeld: Transcript, 145–153

Adorno, Theodor W. (1950): Types and Syndroms. In: ders. et al. 1950, S. 744–783

Adorno, Theodor W. (1957/1979): Soziologie und empirische Forschung. In: ders., Soziologische Schriften I, Frankfurt/M.: Suhrkamp, S. 196–216

Adorno, Theodor W. (1959/1979): Theorie der Halbbildung. In: ders., Soziologische Schriften I, Frankfurt/M.: Suhrkamp, S. 93–121

Adorno, Theodor W. (1962): Titel. Paraphrasen zu Lessing. In: Akzente 9(3): 278–287

Adorno, Theodor W. (1965/1990): Wagners Aktualität. In: ders., Musikalische Schriften III, Frankfurt/M.: Suhrkamp, 543–564 [Musikalische Schriften I-III; Gesammelte Schriften, Bd. 16]

Adorno, Theodor W. (1966/1982): Negative Dialektik. Frankfurt/M.: Suhrkamp

Adorno, Theodor W. (1970/1982): Ästhetische Theorie. Hg. v. Adorno, Gretel; Tiedemann, Rolf. Frankfurt/M.: Suhrkamp

Adorno, Theodor W. (1973/1982): Philosophische Terminologie. Zur Einleitung. Frankfurt/M.: Suhrkamp [Philosophische Terminologie, Bd. 1]

Adorno, Theodor W.; Frenkel-Brunswik, Else; Levinson, Daniel J.; Sanford, R. Nevitt (1950): The Authoritarian Personality. New York: Harper und Brothers (https://ajcarchives.org/Portal/Default/en-US/RecordView/Index/383; zuletzt angesehen am 30. Okt. 2025)

Adorno, Theodor W.; Gehlen, Arnold (1965): Ist die Soziologie eine Wissenschaft von Menschen? (SWF 1965; Quelle: https://ubu.com/media/sound/adorno_theodor/radio/Adorno-Theodor_Radio_Gehlen-Arnold_Part-1.mp3, Radio Interviews, Nr. 5, Part 1; zuletzt angesehen am 30. Okt. 2025)

Adorno, Th. W.; von Haselberg, P. (1965): Über die geschichtliche Angemessenheit des Bewußtseins. In: Akzente 12(6), S. 487–497

Allert, Tilman (1976): Legitimation und gesellschaftliche Deutungsmuster. Zur Kritik der politischen Krisentheorie. In: Ebbinghausen, Rolf (ed.): Bürgerlicher Staat und politische Legitimation, Frankfurt/M.: Suhrkamp, 217–244

Allert, Tilman (1993): Familie und Milieu. Die Wechselwirkung von Binnenstruktur und Außenbeziehung am Beispiel der Familie Albert Einsteins. In: Jung/Müller-Doohm 1993, S. 329–357

Allert, Tilman (1998): Die Familie. Fallstudien zur Unverwüstlichkeit einer Lebensform. Berlin: Walter de Gruyter

Andresen, Ute (1992/1999): Versteh mich nicht so schnell. Gedichte lesen mit Kindern. München: Beltz

Apel, Karl-Otto (1978): Neue Versuche über Erklären und Verstehen. Frankfurt/M.: Suhrkamp

Apel, Karl-Otto (1979): Die Erklären-Verstehen-Kontroverse in transzendentalpragmatischer Sicht. Frankfurt/M.: Suhrkamp

Apel, K.-O. (2001): Verstehen. In: Ritter, Joachim; Gründer, Karlfried; Gabriel, Gottfried, Historisches Wörterbuch der Philosophie: U–V, Darmstadt: Wissenschaftliche Buchgesellschaft, 918–938 [Historisches Wörterbuch der Philosophie, Bd. 11]

Austin, J. L. (1955/1962): How to do Things with Words. Oxford (The William James Lectures delivered at Harvard University in 1955)

Bataille, Georges (1956): La Souveraineté [Teil 1]. In: Monde nouveau 101–103: 15–30

Bataille, Georges (1956/1978): Die Souveränität. In: ders., Die psychologische Struktur des Faschismus. Die Souveränität, München: Matthes & Seitz Verlag, 45–86

Beck, Silke; Nardmann, Julian (2021): Wissenschaftliche Rückendeckung für politische Alternativlosigkeit? Kontroversen um Expertisen in der deutschen Corona-Politik. In: Büttner/Laux 2021: 187–214

Becker, Christa; Böcker, Heinz; Neuendorff, Hartmut; Rüßler, Harald; Matthiesen, Ulf (1987): Kontrastierende Fallanalysen zum Wandel von arbeitsbezogenen Deutungsmustern und Lebensentwürfen in einer Stahlstadt. Dortmund (Forschungsbericht)

Becker, Christa; Böcker, Heinz; Fischer, Ute Luise; Grote, Christiane; Matthiesen, Ulf; Neuendorff, Hartmut; Rüßler, Harald; Weißbach, Barbara (1998): Kontrastierende Fallanalysen zum Wandel von arbeitsbezogenen Deutungsmustern und Lebensentwürfen in einer Stahlstadt. Dortmund (Schlussbericht)

Becker-Lenz, Roland; Franzmann, Andreas; Jansen, Axel; Jung, Matthias (ed.) (2016): Die Methodenschule der Objektiven Hermeneutik. Eine Bestandsaufnahme. Wiesbaden: Springer VS

Becker, Michael (2010): Eine universelle Kompositionslehre. Zudem eine universelle Kunsttheorie sowie künstlerische Methodenlehre. Norderstedt: Books on Demand

Belaval, Y. [Yvon Belaval] (1974): Harmonie, prästabilisierte. In: Ritter, Joachim (ed.), Historisches Wörterbuch der Philosophie, Bd. 3: G-H, Darmstadt: Wissenschaftliche Buchgesellschaft, 1001 ff.

Benda, Ernst (1997): Rechtsstaat – Rechtspolitik. In: Andersen, Uwe; Woyke, Wichard (ed.), Handwörterbuch des politischen Systems der Bundesrepublik Deutschland, Bonn: Bundeszentrale für politische Bildung, 477–480

Benedetti, Arnaud (2022): „Nous sommes en guerre": Que se cache-t-il derrière la rhétorique d'Emmanuel Macron ? In: Le Figaro, 8.9.2022

Bergmann, Jörg R. (1985): Flüchtigkeit und methodische Fixierung sozialer Wirklichkeit. Aufzeichnungen als Daten der interpretativen Soziologie. In: Bonß, Wolfgang; Hartmann, Heinz (ed.), Entzauberte Wissenschaft. Zur Relativität und Geltung soziologischer Forschung, Göttingen: Schwartz, 299–320

Bibel (1980/1985): Neue Jerusalemer Bibel. Freiburg, Basel, Wien: Herder (Einheitsübersetzung mit dem Kommentar der Jerusalemer Bibel. Neu bearbeitete und erweiterte Ausgabe. Deutsch herausgegeben von Alfons Deissler und Anton Vögtle in Verbindung mit Johannes M. Nützel)

Bierwisch, Manfred (2002): Erklären in der Linguistik – Aspekte und Kontroversen. In: Krämer, Sybille; König, Ekkehard (ed.), Gibt es eine Sprache hinter dem Sprechen?, Frankfurt/M.: Suhrkamp, 151–189

Blum, Sonja/Schubert, Klaus (Hg.) (2011): Politikfeldanalyse. Wiesbaden, S. 61–68

Blumenberg, Hans (1971/1981): Anthropologische Annäherung an die Aktualität der Rhetorik. In: ders., Wirklichkeiten in denen wir Leben. Aufsätze und eine Rede, Stuttgart: Philipp Reclam jun., S. 104–136

BMG – Bundesministerium für Gesundheit (2020): Verordnung zum Anspruch auf bestimmte Testungen für den Nachweis des Vorliegens einer Infektion mit dem Coronavirus SARS-CoV-2 vom 8. Juni 2020 (https://www.bundesanzeiger.de/pub/publication/tStb7Z9SHEGX5Lep0Ha?0; zuletzt angesehen am 30. Okt. 2025)

BMI (Bundesministerium des Innern) (2010): Ratgeber für Anschriften und Anreden. Berlin: Bundesministerium des Innern (7. überarbeitete Fassung)

Böcker, Heinz; Neuendorff, Hartmut; Rüßler, Harald (1998): ‚Hörder Milieu‘. Deutungsmusteranalysen als Zugang zur Rekonstruktion intermediärer Sozialstrukturen – an Fällen. In: Matthiesen, Ulf (ed.), Die Räume der Milieus. Neue Tendenzen in der sozial- und raumwissenschaftlichen Milieuforschung, in der Stadt- und Raumplanung, Berlin: Sigma, 151–175

Bogdandy, Arnim von (2020): Die WHO, die Pandemie und die multilaterale Weltordnung. Max-Planck-Gesellschaft, 24.4.2020 https://www.mpg.de/14740381/interview-bogdadny-who-pandemie-weltordnung (zuletzt angesehen am 30. Okt. 2025)

Bögelein, Nicole; Vetter, Nicole (ed.) (2019a): Der Deutungsmusteransatz, Bestandsaufnahme und methodische Fortentwicklung. Weinheim, Basel: Beltz Juventa

Bögelein, Nicole; Vetter, Nicole (2019b): Deutungsmuster als Forschungsinstrument – Grundlegende Perspektiven. In: dies. 2019a, 12–38

Bohnsack, Ralf (1992): Dokumentarische Interpretation von Orientierungsmustern. Verstehen-Interpretieren-Typenbildung in wissenssoziologischer Analyse. In: Meuser/Sackmann 1992a, 139–160

Borkenau, Franz (1934/1971): Der Begriff des Naturgesetzes. In: ders.: Der Übergang vom feudalen zum bürgerlichen Weltbild. Studien zur Geschichte der Philosophie der Manufakturperiode. Darmstadt: Wiss. Buchges., S. 15–96

Bouchard, Thomas J. (1976): Field Research Methods: Interviewing, Questionnaires, Participant Observation, Systematic Observation, Unobtrusive Measure. In: Dunnette, Marvin D. (ed.), Handbook of Industrial and Organizational Psychology, Chicago: Rand McNally, 363–413

Bourdieu, Pierre (1967): Postface. In: In: Panofsky 1967, S. 133–167

Bourdieu, Pierre (1967/1974): Der Habitus als Vermittlung zwischen Struktur und Praxis. In: ders.: Zur Soziologie der symbolischen Formen. Frankfurt/M.: Suhrkamp 1974, S. 125–158

Bourdieu, Pierre (1972/1979a): Entwurf einer Theorie der Praxis auf der ethnologischen Grundlage der kabylischen Gesellschaft. Frankfurt/M.: Suhrkamp

Bourdieu, Pierre (1972/1979b): Die Verwandtschaft als Vorstellung und Wille. In: ders. 1972/1979a, S. 66–136, 405–441

Bourdieu, Pierre (1972/1979c): Entwurf einer Theorie der Praxis. In: ders. 1972/1979a, S. 137–388, 442–494

Bourdieu, Pierre (1972/2000a): Esquisse d'une théorie de la pratique précédé de Trois études d'ethnologie kabyle. Paris: Édition du Seuil

Bourdieu, Pierre (1972/2000b): La parenté comme représentation et comme volonté. In: ders. 1972/2000a, S. 83–186, 201–215

Bourdieu, Pierre (1972/2000c): Esquisse d'une théorie de la pratique. In: ders. 1972/2000a, S. 217–415

Bourdieu, Pierre (1974/1981): Klassenschicksal, individuelles Handeln und das Gesetz der Wahrscheinlichkeit. In: ders.; Boltanski, Luc; de Saint Martin, Monique; Maladier, Pascale, Titel und Stelle. Über die Reproduktion sozialer Macht, Frankfurt/M.: EVA, 169–226

Bourdieu, Pierre (1979): La distinction. Critique sociale du jugement. Paris: Éditions de minuit

Bourdieu, Pierre (1979/1983): Die feinen Unterschiede. Kritik der gesellschaftlichen Urteilskraft. Frankfurt/M.: Suhrkamp

Bourdieu, Pierre (1980): Le sens pratique. Paris: Les édition de minuits

Bourdieu, Pierre (1980/1993): Sozialer Sinn. Kritik der theoretischen Vernunft. Frankfurt/M.: Suhrkamp

Bourdieu, Pierre (1985/1992): Von der Regel zu den Strategien [Interview mit Pierre Lamaison]. In: ders., Rede und Antwort, Frankfurt/M.: Suhrkamp, 79–98

Bourdieu, Pierre (1989/1998a): Die „sowjetische" Variante und das politische Kapital. In: Bourdieu 1994/1998, S. 28–32

Bourdieu, Pierre (1989/1998b): Das neue Kapital. In: Bourdieu 1994/1998, S. 33–52

Bourdieu, Pierre (1989/1998c): Die scholastische Sicht. In: Bourdieu 1994/1998, S. 201–218

Bourdieu, Pierre (1991/1994): Esprit d'état. Genèse et structure du champ bureaucratique. In: ders. 1994, S. 99–146

Bourdieu, Pierre (1991/1998): Staatsgeist. Genese und Struktur des bürokratischen Feldes. In: ders. 1994/1998, S. 91–136

Bourdieu, Pierre; Passeron, Jean-Claude (1973): Grundlagen einer Theorie der symbolischen Gewalt Frankfurt/M.: Suhrkamp

Bourdieu, Pierre; Schultheis, Franz (2001/2021): Mit dem Objektiv sehen. Im Umkreis der Fotografie. In: In: Schultheis/Egger 2021, S. 43–59

Bourdieu, Pierre; Yamamoto, Tetsuij (1989/1994): Entretien sur la pratique, le temps et l'histoire. In: Bourdieu 1994, S. 169–173

Braudel, Fernand (1958): La longue durée. In: Annales Économies Sociétés Civilisations, S. 725–753

Brentano, Lujo (1907): Der Unternehmer. Berlin: Verlag von Leonhard Simion Nf. (Vortrag gehalten am 3. Januar 1907 in der Volkswirtschaftlichen Gesellschaft in Berlin)

Bright, David; Parkin, Bill (ed.) (1997): Human Resource Management: Concepts and Practices. Sunderland: Business Education Publishers Ltd.

Brockhaus (1996–23): Dreiundzwanzigster Band. Leipzig, Mannheim: F.A. Brockhaus [Brockhaus – Die Enzyklopädie in vierundzwanzig Bänden, Bd. 23]

Brzoska, Michael (1989): Militärisch-industrieller Komplex in der Bundesrepublik und Rüstungsexportpolitik. In: GMH 39(8): 501–512

Bubner, Rüdiger; Dierse, Ulrich (1980): Maxime. In: Ritter, Joachim; Gründer, Karlfried, Historisches Wörterbuch der Philosophie: L–Mn, Darmstadt: Wissenschaftliche Buchgesellschaft, Sp. 941–944 [Historisches Wörterbuch der Philosophie, Bd. 5]

Bühler, Karl (1934/1982): Sprachtheorie. Die Darstellungsfunktion der Sprache. Stuttgart, New York: Gustav Fischer Verlag

Bujard, Martin; von den Driesch, Ellen; Ruckdeschel, Kerstin; Laß, Inga; Thönnissen, Carolin; Schumann, Almut; Schneider, Norbert F. (2021): Belastungen von Kindern, Jugendli-

chen und Eltern in der Corona-Pandemie [BIB.BEVÖLKERUNGS.STUDIEN 2 | 2021].
    Wiesbaden: Bundesinstitut für Bevölkerungsforschung (BiB)
Bundespräsidialamt (2017): Verdienstorden der Bundesrepublik Deutschland. Berlin
Burkholz, Roland; Gärtner, Christel; Zehentreiter, Ferdinand (ed.) (2001): Materialität des
    Geistes. Zur Sache Kultur – im Diskurs mit Ulrich Oevermann. Weilerswist: Velbrück
Butter, Michael (2018): »Nichts ist, wie es scheint«. Über Verschwörungstheorien. Berlin:
    Suhrkamp
Büttner, Sebastian; Laux, Thomas (eds.) (2021): Umstrittene Expertise Zur Wissensproble-
    matik der Politik (Leviathan Sonderband 38). Baden-Baden: Nomos
Camic, Charles (1986): The Matter of Habit. In: AJS 91(5), S. 1039–1087
Chiozzi, Paolo (1984): Visuelle Anthropologie. Funktion und Strategien des ethnographi-
    schen Films. In: Müller, Ernst Wilhelm; König, René; Koepping, Klaus-Peter; Drechsel,
    Paul (ed.), Ethnologie als Sozialwissenschaft, Opladen: Westdeutscher Verlag, 488–512
Chomsky, Noam (1965): Aspects of the Theory of Syntax. Cambridge/MA: The Massachu-
    setts Institute of Technology
Chomsky, Noam (1965/1972): Aspekte der Syntaxtheorie. Frankfurt/M.: Suhrkamp
Chomsky, Noam (1986): Kowledge of Language: Its Nature, Origin, and Use. New York,
    Westport/Conn., London: Praeger
Chomsky, Noam (1988): Lectures on Government and Binding. The Pisa Lectures. Dord-
    recht, Providence: Foris Publications
Cicourel, Aaron V. (1989/1993): Habitusaspekte im Entwicklungs- und Erwachsenenalter.
    In: Gunter Gebauer u. Chrisoph Wulf (Hg): Praxis und Ästhetik. Neue Perspektiven im
    Denken Pierre Bourdieus. Frankfurt/M.: Suhrkamp: 148–173
Clausen, Lars (1994): Krasser sozialer Wandel. Wiesbaden: Springer
Cloeren, H. J. (1984): Ockham's razor. In: Ritter, Joachim; Gründer, Karlfried (ed.), Histo-
    risches Wörterbuch der Philosophie: Mo-O, Darmstadt: Wissenschaftliche Buchgesell-
    schaft, 1094 ff. [Historisches Wörterbuch der Philosophie, Bd. 6]
Cloeren, Hermann J. (1995): Sparsamkeitsprinzip. In: Ritter, Joachim, Historisches Wör-
    terbuch der Philosophie: Se–Sp, Darmstadt: Wissenschaftliche Buchgesellschaft, Sp.
    1300–1304 [Historisches Wörterbuch der Philosophie, Bd. 9]
Count, Earl Wendel (1970/1973): The Biogenesis of Human Socialitiy. An Essay in Compara-
    tive Vertrebrate Sociology. In: ders., Being and Becoming Human. Essays on the Biogram,
    New York, Cincinatti, Toronto, London, Melbourne: D. Van Nostrand Company, 1–117
Crane, Harry (2020a): Naive Probabilism. In: Researchers One (9.3.2020; https://www.re-
    searchers.one/article/2020-03-9; zuletzt angesehen am 30. Okt. 2025)
Crane, Harry (2020b): A Fiasco in the Making: More Data is Not the Answer to the Co-
    ronavirus Pandemic. In: Researchers One (17.3.2020; https://www.researchers.one/ar-
    ticle/2020-03-10; zuletzt angesehen am 30. Okt. 2025)
Dahrendorf, Ralf (1959/1965): Homo Sociologicus. Ein Versuch zur Geschichte, Bedeutung
    und Kritik der Kategorie der sozialen Rolle. Köln, Opladen: Westdeutscher Verlag
Dahrendorf, Ralf (1965): Gesellschaft und Demokratie in Deutschland. München: R. Piper
    & Co Verlag
Dany-Knedlik, Geraldine; Däges, Veronika (2020): Corona-Krise: Welche Folgen hat die
    Pandemie für die Wirtschaft? In: Bundeszentrale für Politische Bildung (https://www.
    bpb.de/themen/gesundheit/coronavirus/310192; zuletzt angesehen am 30. Okt. 2025)
Darwin, Charles (1859/1967): Die Entstehung der Arten durch natürliche Zuchtwahl. Stutt-
    gart: Philopp Reclam jun.
Darwin, Charles (1872/2022): The Origin of Species by Means of Natural Selection. Or, the
    Preservation of Favoured Races in the Struggle for Life (6th Edition; https://www.guten-
    berg.org/ebooks/2009; zuletzt angesehen am 30. Okt. 2025)

Darwin, Charles (1899/2012): The Expression of Emotion in Man and Animals. New York: D. Appleton and Company (With Photographic And Other Illustrations; The Project Gutenberg EBook #1227; Release Date: March, 1998; Last Updated: October 24, 2012; http://www.gutenberg.org/ebooks/1227; zuletzt angesehen am 30. Okt. 2025)

Davidson, Donald (1974/2001): On the Very Idea of a Conceptual Scheme [1974]. In: ders., Inquiries into Truth and Interpretation, Oxford: Clarendon Press, 183–198

Denzin, Norman K.; Lincoln, Yvonna S. (ed.) (1994): Handbook of Qualitative Research. Thousand Oaks, London, New Delhi: Sage

Deutscher Bundestag (2019): Recht auf Arbeit. Ausgestaltung und Rechtswirkung in den Verfassungen der Bundesländer und der EU-Mitgliedstaaten. Wissenschaftliche Dienste, Deutscher Bundestag WD 3 – 3000 – 119/19. https://www.bundestag.de/resource/blob/651648/7335937f1dc32cead84b41f05e54513c/WD-3-119-19-pdf.pdf (zuletzt angesehen am 30. Okt. 2025)

Deutscher Bundestag (2022): Pandemiebewältigung in Dänemark. Wissenschaftliche Dienste, Deutscher Bundestag WD 9 – 3000 – 100/21. https://www.bundestag.de/resource/blob/878372/0c4add786203200028fa8c45f725102e/WD-9-100-21-pdf.pdf (zuletzt angesehen am 30. Okt. 2025)

Dewe, Bernd (1984): Deutungsmuster. In: Kerber, Harald; Schmieder, Arnold (ed.), Handbuch Soziologie. Zur Theorie und Praxis sozialer Beziehungen, Reinbek: Rowohlt, 76–81

dpa [Deutsche Presse-Agentur GmbH] (2025): Politologin wehrt sich gegen Vorwürfe. In: Hellweger Anzeiger, 17.5.2025

Drever, James; Fröhlich, Werner D. (1968/1977): dtv-Wörterbuch zur Psychologie. München: Deutscher Taschenbuch Verlag

Drosdowski, Günther (ed.) (1984): Grammatik der deutschen Gegenwartssprache. Mannheim, Wien, Zürich: Dudenverlag [Der Duden in 10 Bänden. Das Standardwerk zur deutschen Sprache, Bd. 4]

Drosdowski, Günther (Bearb.) (1997): Etymologie. Herkunfstwörterbuch der deutschen Sprache. Mannheim, Leipzig, Wien, Zürich: Dudenverlag [Der Duden in 12 Bänden. Das Standardwerk zur deutschen Sprache, Bd. 7]

Droysen, Johann Gustav (1882/1960): Historik. Vorlesungen über Enzyklopädie und Methodologie der Geschichte.Hg. v. Hübner, Rudolf. München, Berlin: Oldenbourg

Duden (1997 [FWB]): Fremdwörterbuch. Mannheim, Leipzig, Wien, Zürich: Dudenverlag

Duden (2001 [FWB]): Das Fremdwörterbuch. Mannheim: Bibliographisches Institut & F. A. Brockhaus AG (CD-ROM)

Duden (2001 [UWB]): Deutsches Universalwörterbuch. Mannheim: Bibliographisches Institut & F. A. Brockhaus AG (CD-ROM)

Eder, Klaus (ed.) (1989): Klassenlage, Lebensstil und kulurelle Praxis. Beiträge zur Auseinandersetzung mit Pierre Bourdieus Klassentheorie, Frankfurt/M.: Suhrkamp

Eisenberg, Peter (1998): Das Wort. Stuttgart, Weimar: Verlag J.B. Metzler [Grundriß der deutschen Grammatik, Bd. 1]

Eisenberg, Peter (1999/2001): Der Satz. Stuttgart, Weimar: Verlag J.B. Metzler [Grundriß der deutschen Grammatik, Bd. 2]

Endruweit, Günter; Trommsdorff, Gisela (ed.) (2., völlig neu bearb. u. erw.. Aufl. 2002): Wörterbuch der Soziologie. Stuttgart: Lucius & Lucius

Ennuschat, Jörg (o.J.): Basiswissen Polizei- und Ordnungsrecht. Lektion 4 (https://www.fernuni-hagen.de/videostreaming/ls_ennuschat/55213/55213_04.pdf; zuletzt angesehen am 27. Okt. 2025

Erdmann, Karl Dietrich (1976/1980): Deutschland unter der Herrschaft des Nationalsozialismus 1933–1939. München: Deutscher Taschenbuch Verlag [Gebhardt Handbuch der deutschen Geschichte, Bd. 20]

Esser, Elmar (2023): Israels Rechtsstaat in der Krise. In: Legal Trbune Online, 26.7.2023 (https://www.lto.de/recht/hintergruende/h/israel-supreme-court-justiz-demokratie-proteste-ende-rechtsstaat/; zzuletzt angesehen am 30. Okt. 2025)

Esser, Hartmut (1986): Können Befragte lügen? Zum Konzept des „wahren Wertes" im Rahmen der handlungstheoretischen Erklärung von Situationseinflüssen bei der Befragung. In: KZfSS 38(2), S. 314–336

Festinger, Leon; Riecken, Henry W.; Schachter, Stanley (1956/1964): When Prophecy Fails. A Social and Psychological Study of a Modern Group that Predicted the Destruction of the World. New York, Evanston, London: Harper & Row

Fichte, Johann Gottlieb (1808/o.J.): Reden an die deutsche Nation. Leipzig: Philipp Reclam jun.

Fichte, Johann Gottlieb (1794/1971): Grundlage der gesammten Wissenschaftslehre, als Handschrift für seine Zuhörer. In: ders., Zur theoretischen Philosophie I, Berlin: Walter de Guyter & Co. [Fichtes Werke, Bd. I]

Fichte, Johann Gottlieb (1796/1991): Grundlage des Naturrechts nach Prinzipien der Wissenschaftslehre. Hamburg: Felix Meiner Verlag

Fielding, Nigel; Thomas, Hilary (2001): Qualitative Interviewing. In: Gilbert, Nigel (ed.), Researching Social Life, London: Sage, 123–144

Fietze, Beate (2009): Historische Generationen. Über einen sozialen Mechanismus kulturellen Wandels und kollektiver Kreativität. Bielefeld: Transcript

Fischer, Ute Luise (2009 [Sinnstiftung]): Anerkennung, Integration und Geschlecht. Zur Sinnstiftung des modernen Subjekts. Bielefeld: Transcript

Fischer, Ute Luise (2010): Kennen, Erkennen, Anerkennen – Die Beratungstriade als innovativer Ansatz in der Gründungsberatung für Migrantinnen In: Bührmann, Andrea D./ Fischer, Ute L./Jasper, Gerda (Hrsg.): Migrantinnen gründen Unternehmen. Empirische Analysen des Gründungsgeschehens und innovative Beratungskonzepte. München u. Mering: Hampp-Verlag, S. 167–176.

Fischer, Ute (2015 [Fundament]): Sinn braucht ein Fundament – Überlegungen zur Struktur der Anerkennung. In: ARBEIT, Zeitschrift für Arbeitsforschung, Arbeitsgestaltung und Arbeitspolitik, Heft 1–2/2015, S. 87–104

Fischer, Ute (2019 [Kohäsion]): Sozialpolitische Dimensionen von sozialem Wandel und Kohäsion. In: Dannenbeck, Clemens/; hiessen, Barbara; Wolff, Mechthild (ed.): Sozialer Wandel und Kohäsion. Ambivalente Veränderungsdynamiken. Wiesbaden: VS-Verlag: 61–77

Fischer, Ute (2022 [Sehnsucht]): Sehnsucht nach Gemeinschaft und Sinn: was sich in der Frontenbildung entlang der Corona-Maßnahmen zeigt und wie ein Dialog (wieder) möglich wird. In: Czeremin, Liane; Brenn, Amat Al-Aziz (ed.): Blickpunkt Migrationsgesellschaft: Im Dialog mit der beweglichen Mitte. Gegen Vergessen – für Demokratie e.V., Berlin S. 33–46

Fischer, Ute (2022 [Brennglas]): Brennglas Corona – Was die Positionen zu den Maßnahmen über den Zustand von Demokratie und Gesellschaft verdeutlichen. Abendvortrag Fribis Lecture Series, Freiburg 26. Juli 2022 (Film: https://www.youtube.com/watch?v=_aaxnHIMRp0; zuletzt angesehen am 30. Okt. 2025)

Fischer, Ute (2023 [polarisiert]): Polarisierte Gesellschaft? Zusammenhalt braucht Sinnerfahrung. In: Ästhetik & Kommunikation 190/191, S. 22–29

Fischer, Ute (2026 [Narrativ]): Das Narrativ als falsche Hoffnung. Zur Unterscheidung von Erzählung und Gegenstand. In: Leon Hartmann, Gudrun Kaufmann, Sebastian Kaufmann & Robert Krause (Hg.): Das Bedingungslose Grundeinkommen als ökonomisches Narrativ? Berlin: LIT (im Erscheinen)

Fischer, Ute L.; Großer, Caroline; Liebermann, Sascha (2002): Die Beharrlichkeit der Deutungsmuster – Handlungsprobleme und erwerbsbezogene Deutungsmuster unter Bedingungen der Transformation in Sachsen. In: Journal für Psychologie 10(3), 279–292

Flick, Uwe; von Kardorff, Ernst; Steinke, Ines (ed.) (2000): Qualitative Forschung. Ein Handbuch. Reinbek bei Hamburg: Rowohlt Taschenbuch Verlag

Florack, Martin; Korte, Karl-Rudolf; Schwanholz, Julia (ed.) (2021): Coronakratie. Demokratisches Regieren in Ausnahmezeiten, Frankfurt/M.

Fontana, Andrea; Frey, James H. (1994): Interviewing. The Art of Science. In: Denzin, Norman K.; Lincoln, Yvonna S. (ed.), Handbook of Qualitative Research, Thousand Oaks, London, New Delhi: Sage, 361–376

Francis, E. K. (1955): In Search of Utopia. The Mennonites in Manitoba. Glencoe/Ill: The Free Press

Francis, E. K. (1957): Wissenschaftliche Grundlagen soziologischen Denkens. München: Lehnen Verlag

Frangenberg, Thomas (1989): Nachwort. In: Panofsky 1951/1989, S. 115–135

Frank, Manfred (1977): Einleitung. In: Schleiermacher 1977, S. 7–67

Franzmann, Andreas (2003a): Der „gebildete Laie" als Adressat des Forschers. Sequenzielle Analyse von Titel und Vorrede zur ersten Ausgabe von Justus von Liebigs „Chemischen Briefen" von 1844. In: Kretschmann, Carsten (ed.), Wissenspopularisierung. Konzepte der Wissensverbreitung im Wandel, Berlin: Akademie Verlag, 232–255

Franzmann, Andreas (2003b): Der Intellektuelle im totalitären Machtgefüge. Die Fortsetzung der deutschen Sonderwegslogik im kadersozialistischen Illusionismus einer progressiven Kulturnation – Sequenzanalyse der Protesterklärung gegen die Ausbürgerung von Wolf Biermann aus der DDR vom 17. November 1976. In: ders.; Liebermann, Sascha; Tykwer, Jörg (ed.), Die Macht des Geistes. Soziologische Fallanalysen zum Strukturtyp des Intellektuellen, Frankfurt/M.: Humanities Online, 395–450

Franzmann, Andreas (2004): Die Krise Frankreichs von 1870 und ihre Ausdeutung durch den Wissenschaftler Louis Pasteur. Eine Deutungsmusteranalyse. In: Kretschmann, Carsten; Pahl, Henning; Scholz, Peter (ed.), Wissen in der Krise. Institutionen des Wissens im gesellschaftlichen Wandel, Berlin: Akademie Verlag, 117–156

Franzmann, Andreas (2007/2018): Deutungsmuster-Analyse, in: Schützeichel, Rainer (Hg.): Handbuch Wissenssoziologie und Wissensforschung, Köln: Herbert von Halem Verlag, 191–198

Franzmann, Andreas (2008): Biographische Ursprungskonstellationen des Wissenschaftlerberufs. In: Sozialer Sinn 9(2), S. 329–355

Franzmann, Andreas (2012): Die Disziplin der Neugierde. Der professionalisierte Habitus in den Erfahrungswissenschaften. Bielefeld: Transcript

Franzmann, Andreas (2016): Entstehungskontexte und Entwicklungsphasen der Objektiven Hermeneutik als einer Methodenschule. Eine Skizze. In: Becker-Lenz et al. 2016, S. 1–42

Franzmann, Andreas (2023): Briefe. In: ders. et al. 2023a, 151–179

Franzmann, Andreas; Bauder, Tristan (ed.) (2024): Urszenen der Wissenschaft. Anfänge des Forschens in Biographien von Wissenschaftlerinnen und Wissenschaftlern. Wiesbaden: Springer VS

Franzmann, Andreas; Rychner, Marianne; Scheid, Claudia; Twardella, Johannes (ed.) (2023a): Handbuch Objektive Hermeneutik. Wiesbaden: Barbara Budrich

Franzmann, Andreas; Rychner, Marianne; Scheid, Claudia; Twardella, Johannes (2023b): Vorwort. In: Franzmann et al. 2023a: 7–12

Franzmann, Manuel (2014): Materiale Analyse des säkularisierten Glaubens als Beitrag zu einem empirisch gesättigten Säkularisierungsbegriff. In: Hainz, Michael; Pickel, Gert; Pollack, Detlef; Libiszowska-Żółtkowska, Maria; Firlit, Elżbieta (ed.), Zwischen Säkularisierung und religiöser Vitalisierung. Religiosität in Deutschland und Polen im Vergleich, Wiesbaden: Springer VS, 127–133

Franzmann, Manuel (2017): Säkularisierter Glaube. Fallrekonstruktionen zur fortgeschrittenen Säkularisierung des Subjekts. Weinheim: Beltz Juventa

Franzmann, Manuel (2024): Die Hitlerbewegung als ‚Freiheitsbewegung'. Deutungsmusteranalyse des Lebenslaufs von Ernst Seyffardt. In: Garz/Welter 2024, S. 105–138

Franzmann, Andreas; Bauder, Tristan (ed.) (2025): Urszenen der Wissenschaft. Anfänge des Forschens in Biographien von Wissenschaftlerinnen und Wissenschaftlern. Wiesbaden: Springer VS

Franzmann, Manuel; Gärtner, Christel; Köck, Nicole (ed.) (2006): Religiosität in der säkularisierten Welt. Theoretische und empirische Beiträge zur Säkularisierungsdebatte in der Religionssoziologie. Wiesbaden: VS Verlag für Sozialwissenschaften (Veröffentlichungen der Sektion Religionssoziologie der Deutschen Gesellschaft für Soziologie. Band 11)

Fraser, Nancy (2007): Die Transnationalisierung der Öffentlichkeit. Legitimität und Effektivität der öffentlichen Meinung in einer postwestfälischen Welt. In: Niesen/Herborth 2007: 224–253

Frege, Friedrich Ludwig Gottlob (1892): Über Sinn und Bedeutung. In: Zeitschrift für Philosophie und philosophische Kritik, S. 25–50

Frei, Nadine; Nachtwey, Oliver (2021a): Quellen des „Querdenkertums". Eine politische Soziologie der Corona-Proteste in Baden-Württemberg. Basel: Fachbereich Soziologie, Universität Basel (Unter Mitarbeit von Verena Hartleitner, Matthias Zaugg, Iljana Schubert und Annika Sohre)

Frei, Nadine; Nachtwey, Oliver (2021b): Wer sind die Querdenker_innen? In: Friedrich-Ebert-Stiftung: Demokratie im Ausnahmezustand. Wie verändert die Corona-Krise Recht, Politik, Gesellschaft? (https://library.fes.de/pdf-files/dialog/18030.pdf; zuletzt angesehen am 30. Okt. 2025)

Frei, Nadine; Schäfer, Robert; Nachtwey, Oliver (2021): Die Proteste gegen die Corona-Maßnahmen. Eine soziologische Annäherung. In: FJSB 2: 249–258

Frenkel-Brunswik, Else (1949): Intolerance of ambiguity as an emotional and perceptual personality variable. In: Journal of Personality 18(1), S. 108–143

Frenkel-Brunswik, Else (1950a): Dynamic and Cognitive Personalityorganization as Seen Through the Interviews. In: Adorno et al. 1950, S. 442–467

Frenkel-Brunswik, Else (1950b): Comprehensive Scores and Summary of Interview Results. In: Adorno et al. 1950, S. 468–486

Freud, Sigmund (1904/1955): Zur Psychopathologie des Alltagslebens (Über Vergessen, Versprechen, Vergreifen, Aberglaube und Irrtum). Frankfurt/M.: S. Fischer Verlag [Gesammelte Werke. Chronologisch geordnet, Bd. 4]

Freud, Sigmund (1905/1991): Bruchstück einer Hysterie-Analyse. In: ders., Werke aus den Jahren 1904–1905, Frankfurt/M.: S. Fischer Verlag, 161–286 [Gesammelte Werke. Chronologisch geordnet, Bd. 5]

Freud, Sigmund (1910/1990): Die psychogene Sehstörung in psychoanalytischer Auffassung. In: ders. 1945/1990, S. 93–102

Freud, Sigmund (1912/1990): Zur Dynamik der Übertragung. In: ders. 1945/1990, S. 364–374

Freud, Sigmund (1913/1961): Totem und Tabu. Einige Übereinstimmungen im Seelenleben der Wilden und der Neurotiker. Frankfurt/M.: S. Fischer Verlag [Gesammelte Werke. Chronologisch geordnet, Bd. IX]

Freud, Sigmund (1913/1981): Das Unbewußte. In: ders., Werke aus den Jahren 1913–1917, Frankfurt/M.: S. Fischer, 263–303 [Gesammelte Werke. Chronologisch geordnet, Bd. 10]

Freud, Sigmund (1913/1990a): Das Interesse an der Psychoanalyse. In: ders. 1945/1990, S. 389–420

Freud, Sigmund (1913/1990b): Die Disposition zur Zwangsneurose. In: ders. 1945/1990, S. 441–452

Freud, Sigmund (1914/1981): Zur Einführung des Narzißmus. In: ders., Werke aus den Jahren 1913–1917, Frankfurt/M.: S. Fischer, 137–170 [Gesammelte Werke. Chronologisch geordnet, Bd. 10]

Freud, Sigmund (1915/1981): Mitteilung eines der psychoanalytischen Theorie widersprechenden Falles von Paranoia. In: ders., Werke aus den Jahren 1913–1917, Frankfurt/M.: S. Fischer, 233–246 [Gesammelte Werke. Chronologisch geordnet, Bd. 10]

Freud, Sigmund (1917/1973): Vorlesungen zur Einführung in die Psychoanalyse. Frankfurt/M.: S. Fischer Verlag [Gesammelte Werke. Chronologisch geordnet, Bd. 11]

Freud, Sigmund (1923/1967): Das Ich und das Es., 234- Frankfurt/M.: S. Fischer Verlag [Gesammelte Werke. Chronologisch geordnet, Bd. 13]

Freud, Sigmund (1925/1991): Die Widerstände gegen die Psychoanalyse. In: ders., Werke aus den Jahren 1925–1931, Frankfurt/M.: S. Fischer, 97–110 [Gesammelte Werke. Chronologisch geordnet, Bd. 14]

Freud, Sigmund (1936/1981): Brief an Romain Rolland (Eine Erinnerungsstörung auf der Akropolis). In: ders., Werke aus den Jahren 1932–1939, Frankfurt/M.: S. Fischer Verlag, S. 250–257 [Gesammelte Werke. Chronologisch geordnet, Bd. 16]

Freud, Sigmund (1936/1987): Brief an Thomas Mann [29.9.1936]. In: ders., Nachtragsband. Texte aus den Jahren 1885 bis 1938, Frankfurt/M.: S. Fischer Verlag, S. 679–682 [Gesammelte Werke. Chronologisch geordnet]

Freud, Sigm. (1945/1990): Werke aus den Jahren 1909–1913. Frankfurt/M.: S. Fischer Verlag (Unter Mitwirkung von Marie Bonapart, Prinzessin Georg von Griechenland herausgegeben) [Gesammelte Werke. Chronologisch geordnet, Bd. 8]

Freud, Sigmund; Adreas-Salomé, Lou (1966/1980): Briefwechsel. Frankfurt/M.: S. Fischer

Freud, Sigmund; Zweig, Arnold (1968/1984): Briefwechsel. Hg. v. Freud, Ernst L. Frankfurt/M.: Fischer Taschenbuch Verlag

Frey, Christiane; Hebekus, Uwe; Martyn, David (ed.) (2020): Säkularisierung. Grundlagentexte zur Theoriegeschichte. Berlin: Suhrkamp

Friedrich-Ebert-Stiftung (2021): Demokratie im Ausnahmezustand. Wie verändert die Coronakrise Politik, Recht und Gesellschaft? (https://www.fes.de/referat-demokratie-gesellschaft-innovation/demokratie-im-ausnahmezustand; zuletzt angesehen am 30. Okt. 2025)

Fröhlich, Gerhard; Rehbein, Boike (ed.) (2014): Bourdieu-Handbuch. Leben – Werk – Wirkung. Stuttgart, Weimar: Verlag J. B. Metzler

Fromm, Erich (1936/1987): Theoretische Entwürfe über Autorität und Familie. Sozialpsychologischer Teil. In: Institut für Sozialforschung, Studien über Autorität und Familie. Forschungsberichte aus dem Institut für Sozialforschung, Lüneburg: Dietrich zu Klampen Verlag, S. 77–135

Fromm, Erich (1941/1980): Die Furcht vor der Freiheit. Frankfurt/M.: Europäische Verlagsanstalt

Funcke, Dorett (ed.) (2020): Rekonstruktive Paar- und Familienforschung. Wiesbaden: Springer VS

Funcke, Dorett; Hildenbrand, Bruno (2018): Ursprünge und Kontinuität der Kernfamilie. Einführung in die Familiensoziologie. Wiesbaden: Springer VS

Funcke, Dorett; Loer, Thomas (ed.) (2019): Vom Fall zur Theorie. Auf dem Pfad der rekonstruktiven Sozialforschung. Wiesbaden: Springer VS

Funcke, Dorett; Loer, Thomas (2019 [Einleitung]): Von der Forschungsfrage über Feld und Fall zur Theorie – Zur Einleitung. In: dies. 2019, S. 1–56

Furet, François (1988): La Révolution. De Turgot à Jules Ferry 1770–1880. Paris: Hachette

[Grunow, Dieter] D. G. (1994): Interview. In: Fuchs-Heinritz, Werner; Lautmann, Rüdiger; Rammstedt, Otthein; Wienold, Hanns (ed.), Lexikon zur Soziologic, Opladen: Westdeutscher Verlag, 315 f.

Gabriel, G. (1972): Eigenname. In: Ritter, Joachim (ed.), Historisches Wörterbuch der Philosophie: D-F, Darmstadt: Wissenschaftliche Buchgesellschaft, Sp. 333 [Historisches Wörterbuch der Philosophie, Bd. 2]

Garfinkel, Harold (1964/1984): Studies of the routine grounds of everyday activities. In: ders., Studies in Ethnomethodology, Cambridge: Polity, 35–75

Gamm, Gerhard (2022): Hegel oder die Abenteuer des Geistes. Wiesbaden: S. Marix

Gärtner, Christel (2006): Generationenspezifische Bewährungsmythen und Habitusformationen. Ein Beitrag zur Validierung eines Modells der Formation historischer Generationen, durchgeführt an Fallbeispielen der Geburtsjahrgänge von 1918 bis 1935 in Deutschland. (Unveröff. Habilitationsschrift, Fachbereich Gesellschaftswissenschaft, Goethe-Universität Frankfurt/M.) Frankfurt/M.

Gärtner, Christel (2008): Der Zusammenhang von Religion und Generation. In: Rehberg, Karl-Siegbert (ed.), Die Natur der Gesellschaft. Verhandlungen des 33. Kongresses der Deutschen Gesellschaft für Soziologie in Kassel 2006. CD-ROM, Frankfurt/M., New York: Campus, 2396–2407

Gärtner, Christel (2011): Das Theodizeeproblem unter säkularen Bedingungen – Anschlüsse an Max Webers Religionssoziologie. In: Bienfait, A. (Hg.): Religionen verstehen. Zur Aktualität von Max Webers Religionssoziologie. Wiesbaden: VS Verlag für Sozialwissenschaften, 271 – 289

Gärtner, Christel (2013): Generationenabfolge – ein Faktor des Wandels in Modernisierungsprozessen. Shmuel N. Eisenstadts Beitrag zur Generationensoziologie. In: Österreichische Zeitschrift für Soziologie 38, S. 415–436

Gärtner, Christel (2019): Ulrich Oevermann: Ein Modell der Struktur von Religiosität. Zugleich ein Strukturmodell von Lebenspraxis und sozialer Zeit (1995). In: dies.; Pickel, Gert (eds.): Schlüsselwerke der Religionssoziologie. Wiesbaden: Springer VS, S. 469–479

Garz, Detlef; Kraimer, Klaus (ed.) (1994): Die Welt als Text. Theorie, Kritik und Praxis der objektiven Hermeneutik, Frankfurt/M.: Suhrkamp

Garz, Detlef; Kraimer, Klaus; Riemann, Gerhard (ed.) (2019): Im Gespräch mit Ulrich Oevermann und Fritz Schütze. Einblicke in die biographischen Voraussetzungen, die Entstehungsgeschichte und die Gestalt rekonstruktiver Forschungsansätze. Opladen, Berlin, Toronto: Barbara Budrich

Garz, Detlef; Welter, Nicole (ed.) (2024): Autobiographien von überzeugten Nazis und von vertriebenen Deutschen. Neue Ansichten auf zwei Forschungsprojekte aus den 1930er Jahren. Leverkusen: Barbara Budrich

Gauck, Joachim (2009): Winter im Sommer – Frühling im Herbst. Erinnerungen. Berlin: Siedler

Gauck, Joachim (2012): Freiheit. Ein Plädoyer. München: Kösel

Gauck, Joachim (2019): Toleranz: einfach schwer. Freiburg i. Br., Basel, Wien: Herder

Gehlen, Arnold (1940/1986): Der Mensch. Seine Natur und seine Stellung in der Welt. Wiesbaden: AULA-Verlag [Studienausgabe der Hauptwerke, Bd. 1]

Gehlen, Arnold (1955): Die Sozialstrukturen primitiver Gesellschaften. In: ders.; Schelsky, Helmut (ed.), Soziologie. Ein Lehr- und Handbuch zur modernen Gesellschaftskunde, Düsseldorf, Köln: Eugen Diederichs, 13–45

Gehlen, Arnold (1956/1986): Urmensch und Spätkultur. Philosophische Ergebnisse und Aussagen. Wiesbaden: AULA-Verlag (Mit fünf Abbildungen) [Studienausgabe der Hauptwerke, Bd. 3]

Geiger, Theodor (1964): Vorstudien zu einer Soziologie des Rechts. Neuwied, Berlin: Luchterhand (Mit einer Enleitung und internationalen Bibliographie zur Rechtssoziologie von Paul Trappe)

Geißler, Rainer (1992/2008): Die Sozialstruktur Deutschlands. Zur gesellschaftlichen Entwicklung mit einer Bilanz zur Vereinigung. Wiesbaden: VS Verlag für Sozialwissenschaften

Gemoll, Wilhelm (1954/1979): Griechisch-deutsches Schul- und Handwörterbuch. München, Wien: Freytag, Hölder-Pichler-Tempsky (Durchgesehen und erweitert von Karl Vretska. Mit einer Einführung in die Sprachgeschichte von Heinz Kronasser)

Georges, Karl Ernst (1913–18/2002): Lateinisch – Deutsch. Ausführliches Handwörterbuch. Berlin: Directmedia Publishing (Elektronische Ausgabe der 8. Auflage (1913/1918). Digitale Bibliothek Band 69)

Girtler, Roland (4., völlig neu bearb. Aufl. 2001): Methoden der Feldforschung. Wien, Köln, Weimar: Böhlau

Glaser, Barney/ Strauss, Anselm (1967): The Discovery of Grounded Theory Strategies for Qualitative Research, Chicago: Aldine Publishing Company

Glück, Helmut (ed.) (1993): Metzler Lexikon Sprache. Stuttgart, Weimar: Verlag J. B. Metzler

Goffman, Erving (1956): The Presentation of Self in Everyday Life. Edinburgh: University of Edinburgh Social Sciences Research Centre

Goffman, Erving (1956/1969): Wir alle spielen Theater. Die Selbstdarstellung im Alltag. München: Piper (Übersetzt von Peter Weber-Schäfer)

Goffman, Erving (1963/1966): Behavior in Public Places. Notes on the Social Organization of Gatherings. New York, London: The Free Press, Collier-Macmillan

Goffman, Erving (1964): The Neglected Situation. In: Gumperz, John J.; Hymes, Dell Hathaway (ed.), The ethnography of communication, Menasha/Wisconsin: American Anthropological Association, 133–136

Gogol, Nikolai (1942/1989): Der Mantel. In: ders., Der Mantel. Erzählungen, Berlin, Weimar: Aufbau-Verlag, 191–228

Gold, Raymond L. (1958): Roles in Sociological Field Observations. In: Social Forces 36(3), S. 217–223

Goodluck, Helen (1986): Language acquisition and linguistic theory. In: Fletcher, Paul; Garman, Michael (ed.), Language acquisition. Studies in first language development, Cambridge, London, New York, New Rochell, Melbourne & Sydney: Cambridge University Press, S. 49–68

Grathoff, Richard (1989/1995): Milieu und Lebenswelt. Einführung in die phänomenologische Soziologie und die sozialphänomenologische Forschung. Frankfurt/M. Suhrkamp

Greenson, Ralph R. (1965): The Working Alliance and the Transference Neurosis. In: Psychoanal Q, Jg. 34, S. 155–181

Greenson, Ralph R. (1965/1966): Das Arbeitsbündnis und die Übertragungsneurose. In: Psyche 20(2), S. 81–103

Greshoff, Rainer; Kneer, Georg; Schneider, Wolfgang Ludwig (ed.) (2008): Verstehen und Erklären. Sozial- und Kulturwissenschaftliche Perspektiven. München: Wilhelm Fink

Grice, Herbert Paul (1975/1989): Logic and Conversation. In: ders., Studies in the Way of Words, Cambridge, London: Harvard University Press, 22–40

Grimm, Jacob; Grimm, Wilhelm (1819/2012): Aschenputtel. In: ders., Märchen 1, Leipzig: Haffmans Verlag bei Zweitausendeins, 163–172 [Kinder- & Hausmärchen. Ganz große Ausgabe in 3 Bänden, Bd. 1]

Grimm, Jacob; Grimm, Wilhelm (1854/1984): Erster Band. A – Biermolke. München: Deutscher Taschenbuch Verlag (Nachdruck Leipzig: S. Hirzel 1854) [Deutsches Wörterbuch, Bd. 1]

Grimm, Jacob; Grimm, Wilhelm (1877/1984): Vierten Bandes Zweite Abteilung H – Juzen. München: dtv (Bearbeitet von Moriz Heyne) [Deutsches Wörterbuch, Bd. 10]

Grimm, Jacob; Grimm, Wilhelm (1885/1984): Sechster Band. L – Mythisch. München: dtv (Bearbeitet von Moritz Heyne) [Deutsches Wörterbuch, Bd. 12]

Grimm, Jacob; Grimm, Wilhelm (1889/1984): Siebenter Band. N – Quurren. München: dtv (Bearbeitet von Matthias von Lexer. Leipzig: S. Hirzel 1889) [Deutsches Wörterbuch, Bd. 13]

Grimm, Jacob (1935/1984): Vierter Band. I. Abteilung 6. Teil. Greander – Gymnastik. München: Deutscher Taschenbuch Verlag (Bearbeitet von Arthur Hübner und Hans Neumann in Verbindung mit der Arbeitsstelle des Deutschen Wörterbuchs. Leipzig: Hirzel 1935. Nachdruck) [Deutsches Wörterbuch, Bd. 9]

Grimm, Jacob (1960/1991): Vierzehnter Band II. Abteilung. Wilb – Ysop. München: Deutscher Taschenbuch Verlag (Bearbeitet von Ludwig Sütterlin. Leipzig 1960. Reprint als: Deutsches Wörterbuch von Jacob und Wilhelm Grimm. Band 30) [Deutsches Wörterbuch, Bd. 30]

Grömling, Michael; Hentze, Tobias; Schäfer, Holger (2022): Wirtschaftliche Auswirkungen der Corona-Pandemie in Deutschland. In: Vierteljahresschrift zur empirischen Wirtschaftsforschung 49(1), S. 41–72

Gruschka, Andreas (2011): Verstehen lehren. Ein Plädoyer für guten Unterricht. Stuttgart: Philipp Reclam jun.

Guérot, Ulrike (2022): Wer schweigt, stimmt zu. Über den Zustand unserer Zeit und darüber, wie wir leben wollen. Frankfurt/M.: Westend-Verlag

Gysi, Gabriele (ed.) (2024): Der Fall Ulrike Guérot. Versuche einer öffentlichen Hinrichtung. Frankfurt/M.: Westend-Verlag

Habermas, Jürgen (1970/1982): Der Universalitätsanspruch der Hermeneutik (1970). In: ders., Zur Logik der Sozialwissenschaften, Frankfurt/M.: Suhrkamp, 331–366

Habermas, Jürgen (1973): Legitimationsprobleme im Spätkapitalismus. Frankfurt/M.: Suhrkamp Verlag

Habermas, Jürgen (1974/1984): Überlegungen zur Kommunikationspathologie. In: ders., Vorstudien und Ergänzungen zur Theorie des kommunikativen Handelns, Frankfurt/M.: Suhrkamp Verlag, 226–270

Habermas, Jürgen (ed.) (1979a): Nation und Republik. Frankfurt/M.: Suhrkamp [Stichworte zur ‚Geistigen Situation der Zeit‘, Bd. 1]

Habermas, Jürgen (ed.) (1979b): Politik und Kultur. Frankfurt/M.: Suhrkamp [Stichworte zur ‚Geistigen Situation der Zeit‘, Bd. 2]

Habermas, Jürgen (1979c): Einleitung. In: Habermas 1979a: 7–35

Habermas, Jürgen (2021): Corona und der Schutz des Lebens. Zur Grundrechtsdebatte in der pandemischen Ausnahmesituation. In: Blätter für deutsche und internationale Politik. H. 9, online-Ausgabe (27 S.)

Habermas, Jürgen (2022a): Ein neuer Strukturwandel der Öffentlichkeit und die deliberative Politik. Berlin: Suhrkamp

Habermas, Jürgen (2022b): Überlegungen und Hypothesen zu einem erneuten Strukturwandel der politischen Öffentlichkeit. In: ders. 2022a, S. 9–67

Habermas, Jürgen (2022c): Was heißt „deliberative Demokratie"? Einwände und Missverständnisse. In: ders. 2022a, S. 89–109

Habermas, Jürgen (2024): Bildung als Erfahrung. Erinnerung an Oskar Negt. In: Soziolpolis, 12.02.2024 (https://www.soziopolis.de/bildung-als-erfahrung.html; zuletzt angesehen am 30. Okt. 2025)

Hall, Edward T. (1969): The Hidden Dimension. Garden City/NY: Doubleday

Hänzi, Denis; Matthies, Hildegard; Simon, Dagmar (2014): Einleitung. In: dies.; Simon, Dagmar (ed.): Erfolg. Konstellationen und Paradoxien einer gesellschaftlichen Leitorientierung. (Leviathan Sonderband 29). Baden-Baden: Nomos, S. 7–26

Hartfiel, Günter; Hillmann, Karl-Heinz (1972/1982): Wörterbuch der Soziologie. Stuttgart: Kröner (KTA 410)

Härtel, Ulrich; Neuendorff, Hartmut; Matthiesen, Ulf (1986): Kontinuität und Wandel arbeitsbezogener Deutungsmuster und Lebensentwürfe – Überlegungen zum Programm einer kultursoziologischen Analyse von Berufsbiographien. In: Brose, Hanns Georg (ed.), Berufsbiographien im Wandel, Opladen: Westdeutscher Verlag, 264–290

Hartewig, Karin (2009): Der verhüllte Blick. Kleine Kulturgeschichte der Sonnenbrille. Marburg: Jonas Verlag

Hartmann, Jörg (2024): Der Lärm des Lebens. Frankfurt/M., Wien, Zürich: Büchergilde Gutenberg

Haupert, Bernhard (2000): Zwischen Anpassung und Widerstand: Priester in der NS-Zeit. Rekonstruktion politischer und sozialer Deutungsmuster. In: Kraimer 2000, S. 415–462

Havighurst, Robert James (1953): Human development and education. New York: Longmans & Green

Heckel, Stefan (2004): Projektantrag „Innovatives Berufshandeln". Dortmund (Projektantrag DFG, Typoskript, 26 S.)

Heine, Heinrich (1834/1981): Zur Geschichte der Religion und Philosophie in Deutschland. In: ders., Schriften 1831–1855, Frankfurt/M., Berlin, Wien: Ullstein, 505–641 [Sämtliche Schriften in zwölf Bänden, Bd. 9]

Heinrich, Klaus (1964/1982): Antike Kyniker und Zynismus in der Gegenwart. In: ders., Parmenides und Jona. Vier Studien über das Verhältnis von Philosophie und Mythologie. Basel; Frankfurt/M.: Stroemfeld; Roter Stern, 129–156

Hegel, Georg Friedrich Wilhelm (1821/1970): Grundlinien der Philosophie des Rechts oder Naturrecht und Staatswissenschaft im Grundrisse. Mit Hegels eigenhändigen Notizen und den mündlichen Zusätzen. Frankfurt/M.: Suhrkamp [Werke in 20 Bänden, Bd. 7]

Hegel, Georg Friedrich Wilhelm (1829/1982): Vorlesungen über die Beweise vom Dasein Gottes. In: ders., Vorlesungen über die Philosophie der Religion II. Vorlesungen über die Beweise vom Dasein Gottes, Frankfurt/M.: Suhrkamp, 345–535 [Werke in 20 Bänden, Bd. 17]

Henrich, Dieter (1966/1982): Fichtes ‚Ich'. In: ders., Selbstverhältnisse. Gedanken und Auslegungen zu den Grundlagen der klassischen deutschen Philosophie, Stuttgart: Philipp Reclam jun., 57–82

Hercher, Kay-Helge (2022): Impfkritiker machen ihrem Unmut Luft. Autokorso durch Siegen. In: Siegener Zeitung v. 5.2.2022 (https://www.siegener-zeitung.de/lokales/siegerland/siegen/autokorso-durch-siegen-impfkritiker-machen-ihrem-unmut-luft-FNLGHS5YN4JFBVRJMJPS7ZXBRL.html; zuletzt angesehen am 30. Okt. 2025)

Heyse, Johann Christian August (1814/1972): Theoretisch-praktische deutsche Grammatik oder Lehrbuch der deutschen Sprache. 2 Bde. Hildesheim, New York: Georg Olms Verlag

Heyse, Johann Christian August (1838/1972): Theoretisch-praktische deutsche Grammatik oder Lehrbuch der deutschen Sprache. Erster Band. Hildesheim, New York: Georg Olms Verlag

Hildenbrand, Bruno (1992): Zur Transformation von Orientierungsmustern in einer landwirtschaftlichen Familie und deren Scheitern. In: Meuser/Sackmann 1992a, 183–197

Hildenbrand, Bruno (1999): Fallrekonstruktive Familienforschung. Anleitungen für die Praxis. Opladen: Leske + Budrich

Hildenbrand, Bruno (2005): Einführung in die Genogrammarbeit. Heidelberg: Carl Auer-Systeme Verlag

Hildenbrand, Bruno (2018): Genogrammarbeit für Fortgeschrittene. Vom Vorgegebenen zum Aufgegebenen. Heidelberg: Carl-Auer Verlag GmbH

Hilgert, Markus (2024): Orientierung. In: Arsprototo. Das Magazin der Kulturstifung der Länder. H. 2, S. 5

Hindrichs, Gunnar (2022): Autoritär-kulturindustrieller Charakter. In: Psyche 76(4), S. 281–311

Hirschauer, Stefan (1999): Die Praxis der Fremdheit und die Minimierung von Anwesenheit. Eine Fahrstuhlfahrt. In: SozW 3, S. 221–245

Hirschi, Caspar (2021): Expertise in der Krise. Zur Totalisierung der Expertenrolle in der Euro-, Klima- und Coronakrise. In: Büttner/Laux 2021, 161–186

Hölldobler, Bert; Wilson, Edward O. (2009): The Superorganism. The Beauty, Elegance, and Strangeness of Insect Societies. New York, London: W. W. Norton & Company

Hoffmann, Markus (2019): Bezugsprobleme als zentrales Element von Deutungsmusteranalysen: Methodologische Bestimmungen und methodische Implikationen. In: Bögelein/Vetter 2019a, S. 204–225

Honegger, Claudia (1978): Die Hexen der Neuzeit. Analysen zur Anderen Seite der okzidentalen Rationalisierung. In: dies. (ed.), Die Hexen der Neuzeit. Studien zur Sozialgeschichte eines kulturellen Deutungsmusters, Frankfurt/M.: Suhrkamp, S. 21–151

Honegger, Claudia (2001): Deutungsmusteranalyse *reconsidered*. In: Burkholz/Gärtner/Zehentreiter, S. 107–136

Hoppe, Katharina (2021): Die Freiheit zur Verleugnung – oder: Keine Helden braucht das Land. In: Texte zur Kunst. This Is Tomorrow, 27. Jan. 2021 (https://www.textezurkunst.de/de/articles/katharina-hoppe-die-freiheit-zur-verleugnung-oder-keine-helden-braucht-das-land/; zuletzt angesehen am 30. Okt. 2025)

Hobsbawm, Eric (1959/2012): Primitive Rebels. Studies in archaic forms of social movement in the 19th and 20th centuries. London: Abacus

Hobsbawm, Eric (1969/2010): Bandits. London: The Orion Publishing Group

Hobsbawm, Eric (1998/2010): Uncommon People. Resistance, rebellion and jazz. London: The Orion Publishing Group

Hoffmeister, Johannes (ed.) (1955): Wörterbuch der philosophischen Begriffe. Hamburg: Verlag von Felix Meiner

Holder, Patricia (2014): Hexis (*héxis*). In: Fröhlich/Rehbein 2014, S. 124–127

Horkheimer, Max; Adorno, Theodor W. (1944/1955): Dialektik der Aufklärung. Philosophische Fragmente. Lichtenstein: Edition „Emigrant"

Hübl, Philipp (2024): Moralspektakel. Wie die richtige Haltung zum Statussymbol wurde und warum das die Welt nicht besser macht. Berlin: Siedler

Irsinghaus, Jörg (2025): Gefährliche Falschalarme. In: Hellweger Anzeiger, 19. Juli 2025

Itten, Johannes (1913–19/1990): Tagebücher. Stuttgart 1913–1916. Wien 1916–1919. Abbildungen und Transkriptionen. Wien: Löcker Verlag (Herausgegeben von Eva Badura-Triska)

Itten, Johannes (1930/1980): Elemente der Bildenden Kunst. Studienausgabe des Tagebuches. Ravensburg: Otto Maier Verlag

Itten, Johannes (1961/1987): Kunst der Farbe. Subjektives Erleben und objektives Erkennen als Wege zur Kunst. Ravensburg: Ravensburger Buchverlag (Studienausgabe)

Jäckel, Michael (ed.) (2008): Medienmacht und Gesellschaft. Zum Wandel öffentlicher Kommunikation. Frankfurt/M.: Campus-Verlag

Jaeggi, Urs (1979): Drinnen und draußen. In: Habermas 1979b: 443–473

Jahn, Ronny; Nolten, Andreas (2018): Berufe machen Kleider. Dem Geheimnis berufsspezifischen Anziehens auf der Spur. Göttingen: Vandenhoeck & Ruprecht

Jarvie, Ian C. (1970/1978): Verstehen und Erklären in Soziologie und Sozialanthropologie. In: Acham 1978, 224–252

Jaspers, Karl Theodor (1931/1949): Die geistige Situation der Zeit. Berlin: Göschen

Jennewein, Julia; Korte-Bernhardt, Simone (2021): Parlamentarismus in Ausnahmezeiten: Landesparlamente gestalten die Krise mit, in: Florack/Korte/Schwanholz 2021, 99–109

Jung, Matthias (2024): Biographische Ursprungskonstellationen in der Archäologie. In: Franzmann/Bauder 2024, S. 93–120

Jung, Thomas; Müller-Doohm, Stefan (ed.) (1993): „Wirklichkeit" im Deutungsprozeß. Verstehen und Methoden in den Kultur- und Sozialwissenschaften. Frankfurt/M.: Suhrkamp

Kant, Immanuel (1797–98/1977): Die Metaphysik der Sitten. Hg. v. Weischedel, Wilhelm. Frankfurt/M.: Suhrkamp Verlag [Werkausgabe, Bd. 8]

Kant, Immanuel (1900): Kant's Briefwechsel. Band I. 1747–1788. Berlin: Georg Reimer (Kant's Gesammelte Schriften, Band X)

Kastl, Jörg Michael (2007/2018): Habitus, in: Schützeichel, Rainer (Hg.): Handbuch Wissenssoziologie und Wissensforschung, Köln: Herbert von Halem Verlag, 375–387

Kaufmann, Sebastian (2024): Das bedingungslose Grundeinkommen als ökonomisches ‚Narrativ'?, In: Hartmann, Leon; Kaufmann, Sebastian; Neumärker, Bernhard; Sommer, Andreas Urs (eds.): Politische Partizipation und bedingungsloses Grundeinkommen – ‚Narrative' der Zukunft / Political Participation and Universal Basic Income – 'Narratives' of the Future, Münster 2024, S. 215–236

Kauppert, Michael; Leser, Irene (ed.) (2014): Hillarys Hand. Zur politischen Ikonographie der Gegenwart, Bielefeld: Transcript

Keck, Frédréric (2020): Refroidir la chaleur des crises. L'anthropologie européenne de Claude Lévi-Strauss. In: Le GrandContinent, 29 février 2020 (https://legrandcontinent.eu/fr/2020/02/29/anthropologie-europeenne-claude-levi-strauss/; zuletzt angesehen am 30. Okt. 2025))

Keller, Reiner; Truschkat, Inga (2014): Angelus Novus: Über alte und neue Wirklichkeiten der deutschen Universitäten. Sequenzanalyse und Deutungsmusterrekonstruktion in der Wissenssoziologischen Diskursanalyse. In: Nonhoff, Martin; Herschinger, Eva; Angermüller, Johannes; Macgilchrist, Felicitas; Reisigl, Martin; Wedl, Juliette; Ziem, Alexander (ed.), Methoden und Analysepraxis. Perspektiven auf Hochschulreformdiskurse, Bielefeld: transcript, 294–328 [Diskursforschung. Ein interdisziplinäres Handbuch, Bd. 2]

Keller, Reiner (2014): Wissenssoziologische Diskursforschung und Deutungsmusteranalyse. In: Behnke, Cornelia; Lengersdorf, Diana; Scholz, Sylka (eds.): Wissen – Methode – Geschlecht: Erfassen des fraglos Gegebenen. Wiesbaden: Springer VS

Kissler, Alexander (2023): Kündigung nach Plagiatsvorwürfen: Universität Bonn trennt sich von Ulrike Guérot. In: NZZ 24.3.2023 (https://www.nzz.ch/international/ulrike-guerot-universitaet-bonn-trennt-sich-von-der-politologin-ld.1727611; zuletzt angesehen am 30. Okt. 2025)

Klimke, Daniela; Lautmann, Rüdiger; Stäheli, Urs; Weischer, Christoph; Wienold, Hanns (ed.) (2020): Lexikon zur Soziologie. Wiesbaden: Springer VS

König, Gert; Pulte, Helmut (1998): Theorie II. 20. Jh. (Wissenschaftstheorie). In: Ritter, Joachim; Gründer, Karlfried, Historisches Wörterbuch der Philosophie: St-T, Darmstadt: Wissenschaftliche Buchgesellschaft, Sp. 1146–1154 [Historisches Wörterbuch der Philosophie, Bd. 10]

[Kößler, Reinhart] R.Kö. (2024): Narrativ. In: Benkel, Thorsten; Bührmann, Andrea D.; Klimke, Daniela; Lautmann, Rüdiger; Stäheli, Urs; Weischer, Christoph; Wienold, Hanns (eds.): Lexikon zur Soziologie. Wiesbaden: Springer VS, S. 860

Kowal, Sabine; O'Connell, Daniel C. (2000): Zur Transkription von Gesprächen. In: Flick/ von Kardorff/Steinke 2000, S. 437–447

Kraimer, Klaus (ed.) (2000): Die Fallrekonstruktion. Sinnverstehen in der sozialwissenschaftlichen Forschung, Frankfurt/M.: Suhrkamp

Kramer, Rolf-Torsten (2017): Sequenzanalytische Habitusrekonstruktion. Methodologische Überlegungen zu einer neuen Methode der Habitushermeneutik. In: Heinrich, Martin; Wernet, Andreas (ed.): Rekonstruktive Bildungsforschung. Wiesbaden: Springer VS, S. 243–267

Krebs, Sophia Victoria (2024): Briefe lesen. Semiotik, Materialität und Praxeologie im deutschen Brief von Mitte des 18. bis Mitte des 19. Jahrhunderts. Göttingen: Wallstein Verlag

Krieger, Leonard (1957): The German Idea of Freedom. History of a Political Tradition. Boston: Beacon Press

Krückeberg, E. (1976): Kritik, immanente. In: Ritter, Joachim; Gründer, Karlfried: Historisches Wörterbuch der Philosophie: I–K, Darmstadt: Wissenschaftliche Buchgesellschaft, Sp. 1292–1293 [Historisches Wörterbuch der Philosophie, Bd. 4]

Kullik, Jakob (2021): Klaus Schwab/Thierry Malleret: COVID-19: The Great Reset. Genf: World Economic Forum 2020, Edition 1.0, 280 Seiten. In: SIRIUS – Zeitschrift für Strategische Analysen 5 (3), S. 319–321. https://doi.org/10.1515/sirius-2021-3029.

Kumm, Mattias (2020): Arbeit am Exit als Staatspflicht. Regierungen müssen ihre Bürger vor dem Verlust der Freiheit schützen. In: WZB Mitteilungen 168 (Juni), 14–16

Kunst, Hermann (ed.) (1975): Evangelisches Staatslexikon. Stuttgart, Berlin: Kreuz Verlag (Begründet von Hermann Kunst & Siegfried Grundmann, 2., vollständig neu bearbeitete und erweiterte Auflage)

Kunze, Jürgen (1997): Typen der reflexiven Verbverwendung im Deutschen und ihre Herkunft. In: ZS 16(1/2), S. 83–180

Küpper, Heinz (1997/2000): Wörterbuch der deutschen Umgangssprache. Berlin: Directmedia (CD-ROM)

Kutzner, Stefan (1997): Die Autonomisierung des Politischen im Verlauf der Französischen Revolution. Fallanalysen zur Konstituierung des Volkssouveräns. Münster, New York, München, Berlin: Waxmann

Kutzner, Stefan (2004): Die Französische Revolution als fortschreitende Autonomisierung des Politischen. In: Sozialer Sinn 5(1), S. 95–122

Kutzner, Stefan (2009): Exklusion als Prozess. Eine exemplarische Rekonstruktion einer Migrationsbiographie. In: Sozialer Sinn 10(1), S. 73–98.

Kytzler, Bernhard; Redemund, Lutz (1992/2002): Unser tägliches LATEIN. Lexikon des lateinischen Spracherbes. Darmstadt: Wissenschaftliche Buchgesellschaft

Kytzler, Bernhard; Redemund, Lutz; Ebert, Klaus (2001/2002): Unser tägliches GRIE-CHISCH. Lexikon des griechischen Spracherbes. Darmstadt: Wissenschaftliche Buch-gesellschaft

Lamarque, Peter V.; Asher, R. E. (ed.) (1997): Concise Encyclopedia of Philosophy of Lan-guage. Oxford, New York, Tokyo: Pergamon

Lamberty, Pia; Holnburger, Josef; Goedeke Tort, Maheba (2022): Zwischen „Spaziergän-gen" und Aufmärschen: Das Protestpotential während der COVID-19-Pandemie. Berlin: CeMAS – Center für Monitoring, Analyse und Strategie (https://cemas.io/publikationen/zwischen-spaziergaengen-und-aufmaerschen-das-protestpotential-waehrend-der-covid-19-pandemie/2022-05-09_PolicyBriefProtestpotential.pdf; zuletzt angesehen am 30. Okt. 2025)

Lamer, Hans; Bux, Ernst; Schöne, Wilhelm (1933): Wörterbuch der Antike mit Berücksich-tigung ihres Fortwirkens. Leipzig: Alfred Kröner Verlag

Langewiesche, Dieter (1979/1994): Deutschland im Zeitalter der bürgerlichen Revolutionen. In: Conze, Werner; Hentschel, Volker (ed.), Deutsche Geschichte. Epochen und Daten, Freiburg, Würzburg: Verlag Ploetz, 180–193

Lanthony, Pierre (2006): Mit dem Auge malen: Die Sehweise der Künstler. Petersberg: Imhof

Laplanche, J.; Pontalis, Jean-Bertrand (1967/1982): Das Vokabular der Psychoanalyse. 2 Bde. Frankfurt/M.: Suhrkamp

Lasch, Christopher (1979): The Culture of Narcissism. American Life in an Age of Diminis-hing Expectations. New York: Warner Books

Lauenstein, Diether (1974): Das Ich und die Gesellschaft. Einführung in die philosophische Soziologie im Kontrast zu Max Weber und Jürgen Habermas in der Denkweise Plotins und Fichtes. Stuttgart: Verlag Freies Geistesleben

Leber, Martina (1994): Objektiv-hermeneutische Analyse einer Sequenz aus der vierzehnten Stunde einer psychoanalytischen Kurztherapie. In: Buchholz, Michael B.; Streeck, Ul-rich (ed.), Heilen, Forschen, Interaktion. Psychotherapie und qualitative Sozialforschung, Opladen: Westdeutscher Verlag, 225–259

Leber, Martina; Oevermann, Ulrich (1994): Möglichkeiten der Therapieverlaufs-Analyse in der Objektiven Hermeneutik. Eine exemplarische Analyse der ersten Minuten einer Fokaltherapie aus der Ulmer Textbank („Der Student'). In: Garz/Kraimer 1994, 383–427

Leibniz, Gottfried Wilhelm (1696/1880): Exrtrait d'une lettre de M. D. L. sur son Hypo-these de phiilosophie, et sur le probleme curieux, qu'un de sces amis propose au Mat-hematiciens, avec un éclaircissement sur quelques points contestés dans les Journaux precedens entre l'lauteur des principes de physique et celuy des objections. In: ders.: Die philosophischen Schriften. Hg. V. G. J. Gerhardt. Vierter Band. Berlin: Weidmannsche buchhandlung, S. 500–503

Leibniz, Gottfried Wilhelm (1714/2013): Die sogenannte Monadologie. In: ders., Leibniz sogenannte Monadologie und Principes de la nature et de la grâce fondés en raison, Berlin: de Gruyter, 5–41

Lepsius, M. Rainer (1963/1990): Kulturelle Dimensionen der sozialen Schichtung. In: ders. 1990, S. 96–116

Lepsius, M. Rainer (1986/1990): Interessen und Ideen. Die Zurechnungsproblematik bei Max Weber. In: ders. 1990, S. 31–43

Lepsius, M. Rainer (1990): Interessen, Ideen und Institutionen, Opladen: Westdeutscher Verlag

Leutner, Detlev (2002 [G]): Gültigkeit (Validität). In: Endruweit/Trommsdorff 2002, 209 f.

Leutner, Detlev (2002 [Z]): Zuverlässigkeit (Reliabilität). In: Endruweit/Trommsdorff 2002, 720 f.

Levi, Paul (1926): Die ‚stille' Koalition, in: Sozialistische Politik und Wirtschaft 4(46) (19.11.1926)

Lévi-Strauss, Claude (1958/1974): Anthropologie structurale. Paris: Plon

Lévi-Strauss, Claude (1958/1978): Strukturale Anthropologie. Frankfurt/M.: Suhrkamp

Lévi-Strauss, Claude (1973): Anthropologie structurale deux. Paris: Plon

Lévi-Strauss, Claude (1983): Le regard éloigné. Paris: Plon

Liebermann, Sascha (2005): Zur Bürgervergessenheit der deutschen Reformdebatte. Eine zeitdiagnostische Betrachtung. In: Sozialer Sinn 6(1), S. 131–142

Liebermann, Sascha (2012a): Germany: Basic Income in the German Debate. In: Murray, Matthew C.; Pateman, Carole (ed.), Basic Income Worldwide. Horizons of Reform, Basingstoke: Palgrave Macmillan, 173–199

Liebermann, Sascha (2012b): Das Menschenbild des Grundeinkommens – Wunschvorstellung oder Wirklichkeit? In: Werner, Götz W./Eichhorn, Wolfgang/Friedrich, Lothar (Hrsg.): Das Grundeinkommen Würdigung, Wertungen, Wege. Karlsruhe: KIT Scientific Publishing, 12–19

Liebermann, Sascha (2014): Success or failure? A discussion of the outcome of the ECI Unconditional Basic Income in Germany. In: Green European Journal: 26.2.2014

Liebermann, Sascha (2015): Aus dem Geist der Demokratie: Bedingungsloses Grundeinkommen. Frankfurt/M.: Humanities Online

Liebermann, Sascha (2019): „…ich möchte unabhängig sein…". Autonomie in der öffentlichen Diskussion um ein Bedingungsloses Grundeinkommen. Eine exemplarische Deutungsmusteranalyse. In: Funcke, Dorett; Loer, Thomas (ed.), Vom Fall zur Theorie. Auf dem Pfad der rekonstruktiven Sozialforschung, Wiesbaden: Springer VS, 255–288

Liebermann, Sascha (i. Vorber.): Politische Debatten analysieren. Eine Einführung am Beispiel der Debatte um das Bedingungslose Grundeinkommen. Wiesbaden: Springer VS [Objektive Hermeneutik in Wissenschaft und Praxis]

Liebermann, Sascha; Loer, Thomas (2009a): „Überflüssige", „Überzählige", „Entbehrliche". Konstitutionstheoretischen Leerstellen, diagnostische Verkürzungen. In: Sozialer Sinn 10(1), S. 153–179

Liebermann, Sascha; Loer, Thomas (2009b): Krisenbewältigung oder Verantwortungsdelegation? Analytische Anmerkungen zum Arbeitsbündnis in fallorientierter Beratung von Organisationen. In: AIS-Studien 1: 29–42 (https://www.academia.edu/2963231; zuletzt angesehen am 30. Okt. 2025)

Liebermann, Sascha; Loer, Thomas (2010a): Krisenbewältigung oder Verantwortungsdelegation? Analytische Anmerkungen zum Arbeitsbündnis in fallorientierter Beratung von Organisationen. In: Soeffner, Hans-Georg (ed.), Unsichere Zeiten. Herausforderungen gesellschaftlicher Transformationen. Verhandlungen des 34. Kongresses der Deutschen Gesellschaft für Soziologie in Jena 2008. CD-ROM, Wiesbaden: VS Verlag, Manuskripte/Sektionsveranstaltungen/Sektion_Arbeits- und Industriesoziologie; 17 S. (https://www.academia.edu/2963383; zuletzt angesehen am 30. Okt. 2025)

Liebermann, Sascha; Loer, Thomas (2010b): Autonomie in der Beratung – fördern, hemmen oder erodieren? Überlegungen zum besonderen Charakter des Arbeitsbündnisses in der Beratung von Organisationen. In: Busse, Stefan; Ehmer, Susanne (ed.), Wissen wir, was wir tun? Beraterisches Handeln in Supervision und Coaching, Köln: Vandenhoeck & Ruprecht, 166–191 (https://www.academia.edu/2963340; zuletzt angesehen am 30. Okt. 2025)

Liebermann, Sascha; Loer, Thomas (2025): Der Beitrag des Unternehmens zum Gemeinwohl ist die Wertschöpfung. In: Loer, Thomas; Häußner, Ludwig Paul (eds.): Entrepreneurship im Gespräch. Über unternehmerische Haltung und Verantwortung. Wiesbaden: Gabler, S. TBD

Loer, Thomas (2006 [Streit]): Streit statt Haft und Zwang – objektive Hermeneutik in der Diskussion. Methodologische und konstitutionstheoretische Klärungen, methodische Folgerungen und eine Marginalie zum Thomas-Theorem. In: Sozialer Sinn 7(2), S. 345–374

Loer, Thomas (2006 [Unsicherheit]): Unsicherheit als Krisensurrogat. In: Karl-Siegbert Rehberg (Ed.): Soziale Ungleichheit, Kulturelle Unterschiede. Verhandlungen des 32. Kongresses der Deutschen Gesellschaft für Soziologie in München 2004. CD-ROM, Frankfurt/M, New York: Campus, 4572–4582

Loer, Thomas (1996 [Halbbildung]): Halbbildung und Autonomie. Über Struktureigenschaften der Rezeption bildender Kunst. Opladen: Westdeutscher Verlag (Mit einem Vorwort von Ulrich Oevermann)

Loer, Thomas (1997 [Vermittlung]): Die Sache selbst und Vermittlung. Zeitgenössische Kunst, Irritation und Suggestivität. In: Stehr, Werner; Kirschenmann, Johannes (ed.), Materialien zur DOCUMENTA X. Ein Reader für Unterricht und Studium, Stuttgart: Cantz, 42–45

Loer, Thomas (1999 [Zwischengen]): Nationalsozialismus in der Zwischengeneration. Zum Zusammenhang von Zeitgeschichte, Generation und Biographie – Skizze anläßlich einer Fallstudie. In: Keller, Barbara (ed.), Erinnerungspolitiken, Biographien und kollektive Identitäten, Bonn: APP u DBV, 375–398

Loer, Thomas (2006 [Einflussstruktur]): ‚Embeddedness' oder Einflussstruktur? Soziologische Reflexionen zur Kulturspezifität von Handeln, diskutiert am Verhältnis von Vergemeinschaftung und Vergesellschaftung in der industriellen Kultur des Ruhrgebiets. In: Sociologia Internationalis 44(2), S. 217–251

Loer, Thomas (2006 [Streit]): Streit statt Haft und Zwang – objektive Hermeneutik in der Diskussion. Methodologische und konstitutionstheoretische Klärungen, methodische Folgerungen und eine Marginalie zum Thomas-Theorem. In: sozialer sinn 7(2), S. 345–374

Loer, Thomas (2006 [UnterHab]): Zum Unternehmerhabitus – eine kultursoziologische Bestimmung im Hinblick auf Schumpeter. Karlsruhe: Universitätsverlag Karlsruhe

Loer, Thomas (2007 [Region]): Die Region. Eine Begriffsbestimmung am Fall des Ruhrgebiets. Stuttgart: Lucius & Lucius

Loer, Thomas (2008 [Urszenen]): Urszenen der Erfahrung qua Urgrund der Erkenntnis. Eine Kindheitsszene Adornos als Modell. In: sozialer sinn 2, S. 357–369

Loer, Thomas (2009 [Team]): Die Sozialform des Teams als besondere Form von Kollegialität. Soziologische Konzeptualisierungen und analytische Erwägungen zur Praxis von Teamarbeit und -beratung. In: Kaegi, Urs; Müller, Silke (ed.), Change auf Teamebene. Multiperspektivische Betrachtungen zu Teams in organisationalen Veränderungsprozessen, Zürich: NZZ-libro, 41–58

Loer, Thomas (2010 [Videoaufz]): Videoaufzeichnungen in der interpretativen Sozialforschung. Anmerkungen zu Methodologie und Methode. In: Sozialer Sinn 11(2), S. 319–352

Loer, Thomas (2010 [HomoOec]): Das Bild vom Menschen – Nutzen, Rationalität und der Homo Oeconomicus. Tübingen (Vortrag und Diskussion im Rahmen der Vorlesungsreihe Studium Generale „Wirtschaftsethik – Eine Ehe zum Scheitern verurteilt?", Tübingen, 28. Apr. 2010); https://www.dropbox.com/s/igbmgm0rc03wd55/Loer%202010-ol-2%20 Menschenbild%20Kopie.mp3?dl=0; zuletzt angesehen am 30. Okt. 2025)

Loer, Thomas (2010 [UnterHand]): Unternehmerisches Handeln – Themen und Variationen. Präliminarien und materiale Skizze. Karlsruhe: KIT Scientific Publishing

Loer, Thomas (2013 [Auxilium]): Auxilium auxiliorum. Zu einem professionalisierungstheoretisch fundierten Verständnis von Supervision. In: Supervision 31(2), S. 8–19

Loer, Thomas (2013 [Dzīvesstāsts]): Dzīvesstāsts, method and praxis – A genre of social science data between scientific advances of knowledge and practical empowerment, and how objective hermeneutics can serve both. In: Garda-Rozenberga, Ieva (ed.), Mutvārdu vēsture: Dialogs ar sabiedrību / Oral History: Dialogue with Society, Riga: Institute of Philosophy and Sociology, University of Latvia, 39–56

Loer, Thomas (2013 [Stadt]): Zur eigenlogischen Struktur einer Stadt. Konstitutionstheoretische, methodologische und methodische Reflexionen zu ihrer Untersuchung. Frankfurt/M.: Humanities Online

Loer, Thomas (2013 [Weber]): [Rez. v.:] Max Weber, Max Webers vollständige Schriften zu wissenschaftlichen und politischen Berufen […]. In: Soziologische Revue 36(4), S. 483–486

Loer, Thomas (2014 [Sterben]): Selbstverlöschen. Erfahrung und Deutung des eigenen Sterbens. Frankfurt/M.: Humanities Online

Loer, Thomas (2015 [AG]): Forschungsnotiz zum Begriff der Ausdrucksgestalt. In: Sozialer Sinn 16(1), S. 71–84

Loer, Thomas (2015 [Diskurs]): Diskurspraxis – Konstitution und Gestaltung. Testierbare Daten – Methodologie der Rekonstruktion. Objektive Hermeneutik in der Diskussion. In: Sozialer Sinn 16(2), S. 291–317

Loer, Thomas (2016 [objektiv/latent]): Objektive Bedeutungsstruktur und latente Sinnstruktur. Eine Forschungsnotiz zu zwei klärungsbedürftigen Termini der Objektiven Hermeneutik. In: Sozialer Sinn 2, S. 355–382

Loer, Thomas (2017 [Latenz]): Welten der Latenz in Organisationen – ein Aufriss. In: Supervision 1 (Schwierige Operationen – Psychodynamisch orientierte Beratung in Organisationen; Heftverantwortliche: Ronny Jahn, Andreas Nolten), S. 15–20

Loer, Thomas (2018 [Lesarten]): Lesarten (Terminologie). In: AGOH Blog, S. 21.11.2018 (https://blog.agoh.de/2018/11/21/lesarten-terminologie/; zuletzt angesehen am 30. Okt. 2025)

Loer, Thomas (2018 [objDat]): ad „objektive Daten". In: oh-meth.blog, S. 8.11.2018 (https:// oh-meth.blogspot.com/2018/11/ad-objektive-daten.html; zuletzt angesehen am 30. Okt. 2025)

Loer, Thomas (2018 [Sqa]): Sequenzanalyse. In: oh-meth.blog, S. 8.11.2018 (https://oh-meth.blogspot.com/2018/11/sequenzanalyse.html; zuletzt angesehen am 30. Okt. 2025)

Loer, Thomas (2019 [Jahn/Nolten]): [Rez. v.] Ronny Jahn, Andreas Nolten: Berufe machen Kleider. Dem Geheimnis berufsspezifischen Anziehens auf der Spur […]. In: Sozialer Sinn 20(2), S. 401–405

Loer, Thomas (2019 [testierbar]): Die zwei verschiedenen Rollen testierbarer Daten in der Analyse. In: AGOH Blog, S. 2.4.2019 (https://blog.agoh.de/2019/04/02/die-zwei-verschiedenen-rollen-testierbarer-daten-in-der-analyse/; zuletzt angesehen am 30. Okt. 2025)

Loer, Thomas (2021 [Reziprozität]): Reziprozität. Annäherungen an eine Grundlegung der Kultur- und Sozialwissenschaften. Wiesbaden: Springer VS

Loer, Thomas (2021 [Zehentreiter]): [Rez. v.] Ferdinand Zehentreiter: Adorno. Spurlinien seines Denkens. [...]. In: sozialer sinn 22(2), S. 427–445

Loer, Thomas (2021 [OHWP Interviews]): Interviews analysieren. Eine Einführung am Beispiel von Forschungsgesprächen mit Hundehaltern. Wiesbaden: Springer VS [Objektive Hermeneutik in Wissenschaft und Praxis]

Loer, Thomas (2022 [Annahme]): Strukturelle Reziprozität und die Annahme des Anderen. In: Z'GuG 46(1): 153–181

Loer, Thomas (2022 [OHWP Photos]): Photographien analysieren. Eine Einführung am Beispiel von Philip-Lorca diCorcias ‚Streetwork‘, einem politischen Selfie und einer Photographie aus Auschwitz. Wiesbaden: Springer VS [Objektive Hermeneutik in Wissenschaft und Praxis]

Loer, Thomas (2023 [Gemälde]): Gemälde. In: Franzmann et al. (2023a), 302–334

Loer, Thomas (2023 [Videos]): Videos. In: Franzmann et al. (2023a), 372–404

Loer, Thomas (2023 [Annulliert]): Annullierte Reziprozität. Überlegungen zu einem zentralen Aspekt der nationalsozialistischen Vernichtungspraxis ausgehend von der Analyse einer Photographie aus Auschwitz. In: Zeitschrift für Genozidforschung 21(2), 203–231

Loer, Thomas (2024 [Transgress]): Reziprozität in Transgression. Zum Übergang zwischen negativer und positiver Reziprozität. In: Jung, Matthias (ed.): Konfliktvermeidung und Konfliktbeilegung in Gesellschaften ohne Zentralgewalt. Würzburg: Würzburg University Press, 121–153

Loer, Thomas (2025 [MethKunstSoz]): Objektive Hermeneutik als Methode der Kunstsoziologie. In: Bosch, Aida; Hieber, Lutz; Steuerwald, Christian (eds.): Handbuch Soziologie der Künste (https://doi.org/10.1007/978-3-658-34083-4_95-1)

Loer Thomas; Häußner, Ludwig Paul (ed.) (2025): Entrepreneurship im Gespräch. Über unternehmerische Haltung und Verantwortung. Wiesbaden: Gabler

Lorenz, Kuno (1971): Beweis. In: Ritter, Joachim (ed.), Historisches Wörterbuch der Philosophie: A–C, Basel und Stuttgart, Sp. 882–886 [Historisches Wörterbuch der Philosophie, Bd. 1]

Lück, Helmut E. (2002): Verfahren, nichtreaktive. In: Endruweit, Günter; Trommsdorff, Gisela (ed.), Wörterbuch der Soziologie, Stuttgart: Lucius & Lucius, 654 ff.

Lüdemann, Christian (1992): Deutungsmuster und das Modell rationalen Handelns: Eine Anwendung auf Deutungsmuster männlicher Sexualität. In: Meuser/Sackmann 1992a, 115–138

Lüders, Christian (1991): Deutungsmusteranalyse. Annäherungen an ein risikoreiches Konzept. In: Garz, Detlef; Kraimer, Klaus (ed.), Qualitativ-empirische Sozialforschung. Konzepte, Methoden, Analysen, Opladen: Westdeutscher Verlag, 377–408

Lüders, Christian; Meuser, Michael (1997): Deutungsmusteranalyse. In: Hitzler, Ronald; Honer, Anne (ed.): Sozialwissenschaftliche Hermeneutik. Opladen: Leske + Budrich, 57–80

Maiwald, Kai-Olaf (2005): Competence and Praxis: Sequential Analysis in German Sociology. In: FQS 6(3): Art. 31

Maiwald, Kai-Olaf (2020): Der Zwang zur Erziehung und die a-pädagogische Haltung moderner Eltern. Eine exemplarische Fallrekonstruktion zur Spannung von Asymmetrie und Symmetrie in Eltern-Kind-Beziehungen. In: Funcke 2020: 223–260

Maiwald, Kai-Olaf (2023): Forschungsinterviews. In: Franzmann et al. (2023a), 97–120

Mannheim, Karl (1923/1964): Beiträge zur Theorie der Weltanschauungs-Interpretation. In: ders. 1964, S. 91–154

Mannheim, Karl (1928/1964): Das Problem der Generationen. In: ders. 1964, S. 509–556

Mannheim, Karl (1964): Wissenssoziologie. Auswahl aus dem Werk, Berlin, Neuwied: Luchterhand

Marg, Stine (2019): Nach Pegida – Politische Orientierungen junger Menschen. Fokusgruppen als Instrument zur Deutungsmusteranalyse. In: Bögelein/Vetter 2019a, 107–127

Marperger, Paul Jakob (1708): Das in Natur- und Kunst-Sachen neu-eröffnete Kauffmanns-Magazin. Hamburg

Marx, Karl (1857–58/o.J.): Grundrisse der Kritik der politischen Ökonomie (Rohentwurf) 1857–1858. Anhang 1850–1859. Frankfurt/M., Wien: Europäische Verlagsanstalt; Europaverlag

Marx, Karl (1974) The Ethnological Notebooks of Karl Marx (Studies of Morgan, Phear, Maine, Lubbock). Transcribed and edited, with an introduction by Lawrence Krader. Assen: van Gorcum

Matthäus, Sandra (2014): Was strukturiert eigentlich der Habitus? Oder, der wertende Selbst-/Weltbezug als eigentliches tertium comparationis der verschiedenen Habitusformen. In: Sozialer Sinn 15(2), S. 219–252.

Matthiesen, Ulf (1989): „Bourdieu“ und „Konopka“. Imaginäres Rendezvous zwischen Habituskonstruktion und Deutungsmusterrekonstruktion. In: Eder 1989, S. 221–299.

Matthiesen, Ulf (1992): Lebensstile und Deutungsmuster. Randbemerkungen zu Problemen bei der Analyse einer zeitdiagnostischen Zentralkonstellation. In: Meuser/Sackmann 1992a, 103–113

Matthiesen, Ulf (1994): Standbein-Spielbein. Deutungsmusteranalysen im Spannungsfeld von objektiver Hernemeutik und Sozialphänomenologie. In: Garz/Kraimer 1994, 73–113

Matthiesen, Ulf; Neuendorff, Hartmut (1989): Reproduktionsansatz oder Deutungsmusteranalyse. Wie lassen sich Formen des Arbeitsverständnisses rekonstruieren? In: Brock, Ditmar (ed.): Subjektivität im gesellschaftlichen Wandel. Umbrüche im beruflichen Sozialisationsprozeß. München: Verl. Dt. Jugendinst.: 77–99

Matzner, Jutta (1964): Der Begriff der Charaktermaske bei Karl Marx. In: Soziale Welt 15(2): 130–139

Mauss, Marcel (1935/1960): Les techniques du corps. In: ders., Sociologie et anthropologie, Paris: Presses Universitaires de France, 363–386

Mauss, Marcel (1935/1975): Die Techniken des Körpers. In: Ders., Gabentausch. Soziologie und Psychologie. Todesvorstellung. Körpertechniken. Begriff der Person, Frankfurt/M., Berlin, Wien: Ullstein, 197–220 [Soziologie und Anthropologie, Bd. II]

Mayntz, Renate (1997): Soziale Dynamik und politische Steuerung: Theoretische und methodologische Überlegungen (Schriften des Max-Planck-Instituts für Gesellschaftsforschung, Köln; 29). Frankfurt/M.: Campus Verlag

McKechnie, Lynne E. F. (2008): Reactivity. In: Given, Lisa M. (ed.), The SAGE Encyclopedia of Qualitative Research Methods, Thousand Oaks, London, New Delhi, Singapore: Sage Publications, 729 f.

Mead, George Herbert (1934/2015): Mind, Self, and Society from the Standpoint of a Social Behaviorist. The Definitive Edition. Hg. v. Morris, Charles W. Chicago, London: University of Chicago Press (Annotated Edition by Daniel R. Huebner and Hans Joas)

Mead, George Herbert (1903): The Definition of the Psychical. In: University of Chicago, Decennial Publications of the University of Chicago, Chicago: University of Chicago Press, First Series, Vol. III, S. 77–112

Menge, Hermann (1978): Langenscheidts Taschenwörterbuch der lateinischen und deutschen Sprache. Berlin, München, Wien, Zürich: Langenscheidt

Merton, Robert K. (1936): The Unanticipated Consequences of Purposive Social Action. In: ASR 1(6), S. 894–904

Merton, Robert K. (1942/1973): The Normative Structure of Science (1942). In: ders., The Sociology of Science. Theoretical and Empirical Investigations, Chicago, London: The University of Chicago Press, 267–278

Merton, Robert K. (1949/1968): Social Theory and Social Structure, New York: The Free Press; London: Collier Macmillan Publishers

Merton, Robert K. (1965/1989): Auf den Schultern von Riesen. Ein Leitfaden durch das Labyrinth der Gelehrsamkeit. Frankfurt/M.: Athenäum

Metzdorf, Julie (2021): Der Militärkonvoi aus Bergamo: Wie eine Foto-Legende entsteht. Bayrischer Rundfunk 13.9.2021 (https://www.br.de/nachrichten/kultur/der-militaerkonvoi-aus-bergamo-wie-eine-foto-legende-entsteht,TJZE6AQ,TJZE6AQ; zuletzt angesehen am 30. Okt. 2025)

Meuser, Michael (1992): „Das kann doch nicht wahr sein". Positive Diskriminierung und Gerechtigkeit. In: Meuser/Sackmann 1992a, 89–102

[Meuser, Michael] M.M. (1994): Handlungsverstehen. In: Fuchs-Heinritz, Werner; Lautmann, Rüdiger; Rammstedt, Otthein; Wienold, Hanns (ed.), Lexikon zur Soziologie, Opladen: Westdeutscher Verlag, 267

Meuser, Michael; Sackmann, Reinhold (ed.) (1992a): Analyse sozialer Deutungsmuster. Beiträge zur empirischen Wissenssoziologie. Pfaffenweiler: Centaurus Verlagsgesellschaft

Meuser, Michael; Sackmann, Reinhold (1992b): Zur Einführung: Deutungsmusteransatz und empirische Wissenssoziologie. In: dies. 1992a, S. 9–38

Miller, Max (1989): Systematisch verzerrte Legitimationsdiskurse. Einige kritische Überlegungen zu Bourdieus Habitustheorie. In: Eder (1989): 191–219

Miller, Robert L. (2000): Researching Life Stories and Family Histories. London: Sage

Mills, C. Wright (1956): The Power Elite. London, Oxford, New York: Oxford University Press

Möllhoff, Gerhard (1992): „Querulanten". Anmerkungen zu einem unerschöpflichen Thema in der forensischen Psychologie. In: Binder, Hans (ed.), Macht und Ohnmacht des Aberglaubens. Magie – Wissenschaft – Pseudowissenschaft, Pähl: Verlag Hohe Warte, Franz von Bebenburg, 182–199

Mudde, Cas (2015): The problem with populism. In: The Guardian: 17.2.2015

Mudde, Cas (2020): The high priests of plutocracy all meet at Davos. What good can come from that? No amount of window dressing can change the nature of the World Economic Forum – a club for capitalism's elites. Hg. v. The Guardian. Online verfügbar unter https://www.theguardian.com/commentisfree/2020/jan/25/davos-world-economic-forum-capitalism-plutocracy; zuletzt angesehen am 30. Okt. 2025.

Müller, Hans-Peter (1992): Sozialstruktur und Lebensstile. Der neuere theoretische Diskurs über soziale Ungleichheit. Frankfurt/M.: Suhrkamp

Müller, Matthias (2013): Deutungsmusteranalyse in der soziologischen Sozialpolitikforschung. Überlegungen zu einem qualitativen Forschungsansatz. In: ZQF, 14(2), S. 295–310

Müller, Wolfgang (ed.) (1985): Bedeutungswörterbuch. Mannheim, Leipzig, Wien, Zürich: Dudenverlag [Der Duden in 12 Bänden. Das Standardwerk zur deutschen Sprache, Bd. 10]

Mullis, Daniel (2024): Der Aufstieg der Rechten in Krisenzeiten. Die Regression der Mitte. Stuttgart: Reclam

Münch, Richard (2021): Benevolenter Paternalismus: Regieren nach SARS-CoV-2. In: Büttner/Laux 2021, 411–432

Murphy, Peter (o.J.): Coherentism in Epistemology In: The Internet Encyclopedia of Philosophy (IEP) (https://iep.utm.edu/coherentism-in-epistemology/; zuletzt angesehen am 30. Okt. 2025)

Nachtwey, Oliver; Amlinger, Carolin (2021): Sozialer Wandel, Sozialcharakter und Verschwörungsdenken in der Spätmoderne. In: Aus Politik und Zeitgeschichte, 71(35–36), S. 13–19

Nachtwey, Oliver; Schäfer, Robert; Frei, Nadine (2020): Politische Soziologie der Corona-Proteste. Grundauswertung. 17.12.2020. Basel: Universität Basel, Institut für Soziologie (https://doi.org/10.31235/osf.io/zyp3f; zuletzt angesehen am 30. Okt. 2025)

Nagel, Ulrike (1992): Sozialarbeit als Krisenmanagement. In: Meuser/Sackmann 1992a, 71–87

Nagel, Thomas (1997/1999): Das letzte Wort. Stuttgart: Philipp Reclam jun. (Aus dem Englischen von Joachim Schulte)

Nave-Herz, Rosemarie (2002): Familiensoziologie. In: Endruweit/Trommsdorff 2002, S. 148–152

Nawalny, Aleksej (2024): Patriot. Meine Geschichte. Frankfurt/M.: S. Fischer

Neidhardt, Friedhelm (1998): Öffentlichkeit. In: Schäfers, Bernhard; Zapf, Wolfgang (ed.), Handwörterbuch zur Gesellschaft Deutschlands, Opladen: Leske + Budrich, 487–495

Nerius, Dieter (ed.) (2007): Deutsche Orthographie. Hildesheim: Olms (4., neu bearb. Aufl.)

Neuendorff, Hartmut (1973): Der Begriff des Interesses. Eine Studie zu den Gesellschaftstheorien von Hobbes, Smith und Marx. Frankfurt/M.: Suhrkamp

Neuendorff, Hartmut (1980): Der Deutungsmusteransatz zur Rekonstruktion der Strukturen des Arbeiterbewußtseins. In: Braun, Karl-Heinz; Heinz-Osterkamp, Ute; Werner, Harald; Wilhelmer, Bernhard (ed.), Kapitalistische Krise, Arbeiterbewußtsein, Persönlichkeitsentwicklung, Köln, 27–52

Neuendorff, Hartmut (1984): Interesse. In: Kerber, Harald; Schmieder, Arnold (ed.), Handbuch Soziologie. Zur Theorie und Praxis sozialer Beziehungen, Reinbek: Rowohlt, 271–274

Neuendorff, Hartmut (1985): Deutungsmuster Arbeit in der Krise?. In: Deutsche Gesellschaft für Soziologie (ed.), Berichtsband über die Sektionssitzungen des Dortmunder Soziologentages 1984,

Neuendorff, Hartmut (1991): Deutungsmuster und Arbeitsgestaltung. In: Peter, Gerd (ed.), Arbeitsforschung? Methodologische und theoretische Reflexion, Dortmund

Neuendorff, Hartmut (2003): Leisungsbedeutsame Deutungsmuster und Habitusformationen in den jungen Generationen der Bundesrepublik Deutschland. Dortmund (Skizze/Projektantrag)

Neuendorff, Hartmut (2004): Interesse. In: Haug, Wolfgang Fritz (ed.), Imperium – Justiz, Hamburg: Argument Verlag [Historisch-kritisches Wörterbuch des Marxismus, Bd. 6 Nr. 2]

Neuendorff, Hartmut; Neuendorff, Brigitte (1975): Soziologie. In: Kunst 1975: Sp. 2424–2432

Neuendorff, Hartmut; Sabel, Charles F. (1978): Zur relativen Autonomie der Deutungsmuster. In: Bolte, Karl Martin (ed.), Materialien aus der soziologischen Forschung, Darmstadt, 842–863

Niesen, Peter; Herborth, Benjamin (ed.) (2007): Anarchie der kommunikativen Freiheit. Jürgen Habermas und die Theorie der internationalen Politik. Berlin: Suhrkamp

Nietzsche, Friedrich (1886/1981): Jenseits von Gut und Böse. Vorspiel einer Philosophie der Zukunft. In: ders. 1981, S. 9–205

Nietzsche, Friedrich (1887/1981): Zur Genealogie der Moral. Eine Streitschrift. In: ders. 1981, S. 207–346

Nietzsche, Friedrich (1981): Jenseits von Gut und Böse. Zur Genealogie der Moral. Der Fall Wagner. Götzen-Dämmerung. Nietzsche contra Wagner. Ecce homo. Der Antichrist. Dionysos-Dithyramben. Autobiographisches aus den Jahren 1856–1869. Frühschriften. Hg. v. Schlechta, Karl. Frankfurt/M., Berlin, Wien: Ullstein [Werke, Bd. III]

Nissenbaum, Helen (2004): Privacy as Contextual Integrity. In: Washington Law Review 79(1), S. 119–157

Nsimba, Gloria (2015): Das ungenaue „genau". In: SN 65, S. 32

ntv (2020): Test in Superspreader-Gemeinde Was besagt die Ischgl-Studie? N-tv 25.6.2020 (https://www.n-tv.de/panorama/Was-besagt-die-Ischgl-Studie-article21871865.html; zuletzt angesehen am 30. Okt. 2025)

Oberverwaltungsgericht NRW, 13 B 610/21, Urteil vom 22. Apr. 2020 (https://www.justiz.nrw.de/nrwe/ovgs/ovg_nrw/j2021/13_B_610_21_Beschluss_20210422.html; zuletzt angesehen am 30. Okt. 2025)

Oevermann, Ulrich (1973/2001 [DM]): Zur Analyse der Struktur von sozialen Deutungsmustern (1973). In: Sozialer Sinn 1, S. 3–33

Oevermann, Ulrich (o.J. [1973] [Kompetenz]): Die Architektonik von Kompetenztheorien und ihre Bedeutung für eine Theorie der Bildungsprozesse. o. O. [Berlin] (Unterlage für forschungsstrategische Diskussionen im Max-Planck-Institut für Bildungsforschung anläßlich des 60. Geburtstags von Hellmut Becker; Tpskr., 55 S.)

Oevermann, Ulrich; Allert, Tilman; Gripp, Helga; Konau, Elisabeth; Krambeck, Jürgen; Schröder-Caesar, Erna; Schütze, Yvonne (1976 [Beobachtungen]): Beobachtungen zur Struktur der sozialisatorischen Interaktion. Theoretische und methodologische Fragen der Sozialisationsforschung. In: Lepsius, M. Rainer (ed.), Zwischenbilanz in der Soziologie, Stuttgart, 274–295

Oevermann, Ulrich (1976 [Piaget]): Piagets Bedeutung für die Soziologie. In: Hommage à Jean Piaget zum achtzigsten Geburtstag, Stuttgart: Klett, 36–41

Oevermann, Ulrich (1976 [SozialisForsch]): Programmatische Überlegungen zu einer Theorie und zur Strategie der Sozialisationsforschung. In: Hurrelmann, Klaus (ed.), Sozialisation und Lebenslauf. Empirie und Methodik sozialwissenschaftlicher Persönlichkeitsforschung, Hamburg, 34–52

Oevermann, Ulrich (1979 [Sozialisationstheorie]): Sozialisationstheorie. Ansätze zu einer soziologischen Sozialisationstheorie und ihre Konsequenzen für die allgemeine soziologische Analyse. In: Lüschen, Günther (ed.), Deutsche Soziologie seit 1945, Opladen: Westdeutscher Verlag, 143–168

Oevermann, Ulrich; Allert, Tilman; Konau, Elisabeth; Krambeck, Jürgen (1979 [Methodologie]): Die Methodologie einer „objektiven Hermeneutik" und ihre allgemeine foschungslogische Bedeutung in den Sozialwissenschaften. In: Soeffner, Hans-Georg (ed.), Interpretative Verfahren in den Sozial- und Textwissenschaften, Stuttgart: J. B. Metzlersche Verlagsbuchhandlung, 352–434

Oevermann, Ulrich; Allert, Tilman; Konau, Elisabeth (1980 [Logik Interpretation]): Zur Logik der Interpretation von Interviewtexten. Fallanalyse anhand eines Interviews mit einer Fernstudentin. In: Heinze, Th.; Klusemann, Hans-W.; Soeffner, Hans-Georg (ed.), Interpretationen einer Bildungsgeschichte. Überlegungen zu einer sozialwissenschaftlichen Hermeneutik, Bernsheim: päd. extra Buchverlag, 15–69

Oevermann, Ulrich (1981 [Fallrek]): Fallrekonstruktionen und Strukturgeneralisierung als Beitrag der objektiven Hermeneutik zur soziologisch-strukturtheoretischen Analyse. Frankfurt/M. (Tpskr., Ffm. 1981; 56 S.; http://publikationen.ub.uni-frankfurt.de/frontdoor/index/index/docId/4955; zuletzt angesehen am 30. Okt. 2025)

Oevermann, Ulrich (1981/2023 [Strukturgen]): Fallrekonstruktionen und Strukturgeneralisierung als Beitrag der objektiven Hermeneutik zur soziologisch-strukturtheoretischen Analyse. In: Franzmann et al. 2023a: 47–82

Oevermann, Ulrich (1983 [Sache]): Zur Sache. Die Bedeutung von Adornos methodologischem Selbstverständnis für die Begründung einer materialen soziologischen Strukturanalyse. In: von Friedeburg, Ludwig; Habermas, Jürgen (ed.), Adorno-Konferenz 1983, Frankfurt/M.: Suhrkamp, 234–289

Oevermann, Ulrich (1984 [description]): Il n'y a pas de problème de description dans les sciences sociales. Paris (Vortrag für das Kolloquium: „Décrire, un impératif?" im Maison des Sciences de l'Homme, Paris, (Dezember 13., 14., 15, 1984); Tpskr. 22 S.)

Oevermann, Ulrich (1984/1985 [décrire]): Il n'y a pas un problème du décrire dans les sciences sociales. In: Ackermann, Werner; Conein, Bernard Laurent; Guigues, Christiane; Quéré, Louis; Vidal, Daniel (ed.), Décrire: Un impératif? Description, explication, interpretation en sciences sociales. tome 1°, Paris: EHESS, 12–34 (Traduit de l'allemand par W. Ackermann et L. Quéré)

Oevermann, Ulrich (1985 [Identform]): Versozialwissenschaftlichung der Identitätsformation und Verweigerung von Lebenspraxis. Eine aktuelle Variante der Dialektik der Aufklärung. In: Lutz, Burkhard (ed.): Soziologie und gesellschaftliche Entwicklung. (Frankfurt/M., New York: Campus, 463–474

Oevermann, Ulrich (1986 [Kontroversen]): Kontroversen über sinnverstehende Soziologie. Einige wiederkehrende Probleme und Mißverständnisse in der Rezeption der „objektiven Hermeneutik". In: Aufenanger, Stefan; Lenssen, Margrit (ed.), Handlung und Sinnstruktur. Bedeutung und Anwendung der objektiven Hermeneutik, München: Kindt, 19–83

Oevermann, Ulrich (1988 [versozialwiss]): Eine exemplarische Fallrekonstruktion zum Typus versozialwissenschaftlichter Identitätsformation. In: Brose, Hanns Georg; Hildenbrand, Bruno (ed.), Vom Ende des Individuums zur Individualität ohne Ende, Opladen: Leske + Budrich, 243–286

Oevermann, Ulrich (1990 [Delacroix]): Eugène Delacroix – biographische Konstellation und künstlerisches Handeln. In: Georg Büchner Jahrbuch 1986/87, S. 12–58

Oevermann, Ulrich (1990 [Sonderweg]): Zwei Staaten oder Einheit? Der ‚dritte Weg' als Fortsetzung des deutschen Sonderwegs. In: Merkur 492: 91–106

Oevermann, Ulrich (1990 [strukturale]): Strukturale Hermeneutik als methodologische Grundlage für „Theorien der Subjektivität". Oldenburg (Vortrag zum Symposium „Verstehen und Methoden", in Oldenburg, am 6[.]9[.] 1990; Tpskr.; 78 S. + 12 S. (Zum Begriff der Lebenspraxis in der objektiven Hermeneutik) + 9 S. (Die Verfahren der Sequenzanalyse und die Fallrekonstruktion: Über den inneren Zusammenhang von objektiver Hermeneutik und Theorien der Individuierung und der Geschichte))

Oevermann, Ulrich (1991 [GenStrukt]): Genetischer Strukturalismus und das sozialwissenschaftliche Problem der Erklärung der Entstehung des Neuen. In: Müller-Doohm, Stefan (ed.), Jenseits der Utopie. Theoriekritik der Gegenwart, Frankfurt/M.: Suhrkamp, 267–336

Oevermann, Ulrich; Dorothera Wagner, Stan Albers (?), Thomas Loer, Kai-Olaf Maiwald (?) (1991 [DM, HF]): [Über Deutungsmuster und Habitusformationen]. Handschriftliche Diskussionsmitschrift, o. O. [Frankfurt/M.] 25. Apr. 1991 (angefertigt von Dorothea Wagner; sieben numerierte Blätter = 14 nachträgliche mit Seitennumer u. dem jeweiligen Zusatz „a" bzw. „b" paginierte Seiten)

Oevermann, Ulrich (1993 [Subjektivität]): Die objektive Hermeneutik als unverzichtbare methodologische Grundlage für die Analyse von Subjektivität. Zugleich eine Kritik der Tiefenhermeneutik. In: Jung/Müller-Doohm 1993, S. 106–189

Oevermann, Ulrich (1993 [supervisorPrx]): Struktureigenschaften supervisorischer Praxis. Exemplarische Sequenzanalyse des Sitzungsprotokolls der Supervision eines psychoanalytisch orientierten Therapie-Teams im Methodenmodell der objektiven Hermeneutik. In: Bardé, Benjamin (ed.), Therapeutische Teams. Theorie – Empirie – Klinik, Göttingen: Vandenhoeck & Ruprecht, 141–269

Leber, Martina; Oevermann, Ulrich (1994): Möglichkeiten der Therapieverlaufs-Analyse in der Objektiven Hermeneutik. Eine exemplarische Analyse der ersten Minuten einer Fokaltherapie aus der Ulmer Textbank (‚Der Student'). In: Garz/Kraimer 1994, 383–427

Oevermann, Ulrich (1995 [Vorwort]): Vorwort. In: Burkholz, Roland, Reflexe der Darwinismus-Debatte in der Theorie Freuds, Stuttgart-Bad Canstatt: frommann-holzboog, IX-XXI

Oevermann, Ulrich (1995 [Religiosität]): Ein Modell der Struktur von Religiosität. Zugleich ein Strukturmodell von Lebenspraxis und von sozialer Zeit. In: Wohlrab-Sahr, Monika (ed.), Biographie und Religion. Zwischen Ritual und Selbstsuche, Frankfurt/M., New York: Campus, 27–102

Oevermann, Ulrich (1995–96 [Sozialisationstheorie]): Vorlesungen zur Einführung in die soziologische Sozialisationstheorie 1995/96. Frankfurt/M. (unveröffentlichtes Vorlesungstranskript; protokolliert und transkribiert von Roland Burkholz; 241+ S.)

Oevermann, Ulrich (1996 [Krise&Muße]): Krise und Muße. Struktureigenschaften ästhetischer Erfahrung aus soziologischer Sicht. Frankfurt/M. (Vortrag am 19.6. in der Städel-Schule; Tpskr., Juni 1996, 46 S.; http://publikationen.ub.uni-frankfurt.de/frontdoor/index/index/docId/4953; zuletzt angesehen am 30. Okt. 2025)

Oevermann, Ulrich (1996 [profess]): Theoretische Skizze einer revidierten Theorie professionalisierten Handelns. In: Combe, Arno; Helsper, Werner (ed.), Pädagogische Professionalität. Untersuchungen zum Typus pädagogischen Handelns, Frankfurt/M.: Suhrkamp, 70–182

Oevermann, Ulrich (1996/2004 [Manifest]): Manifest der objektiv hermeneutischen Sozialforschung. In: Fikfak, Jurij; Adam, Frane; Garz, Detlef (eds.): Qualitative Research. Different Perspectives. Emerging Trends. Ljubljana: Inštitut za slovensko narodopisje ZRC SAZU, Založba ZRC: Fakulteta za socialno delo; Mainz: Pädagogisches Institut, Johann Gutenberg Universität; Nova Gorica: Politehnika, S. 101–133

Oevermann, Ulrich (1997 [werkimmanent]): Thesen zur Methodik der werkimmanenten Interpretation vom Standpunkt der objektiven Hermeneutik. Frankfurt/M. (Vorgelegt zur 4. Arbeitstagung der Arbeitsgemeinschaft objektive Hermeneutik e.V. „Immanenz oder Kontextabhängigkeit? Zur Methodik der Analyse von Werken und ästhetischen Ereignissen" am 26./27. April 1997 in Frankfurt am Main; Tpskr., April 1997, 32 S.; http://publikationen.ub.uni-frankfurt.de/frontdoor/index/index/docId/4950; zuletzt angesehen am 30. Okt. 2025)

Oevermann, Ulrich (1998 [Abduktion1]): Lebenspraxis, Krisenbewältigung und Konstitution von Erfahrung (Abduktion) als Grundprobleme in der Peirce'schen Philosophie und der modernen Soziologe. o. O. [Frankfurt/M.] (Tpskr., Dezember 1998; 54 S.)

Oevermann, Ulrich (o.J. [1998] [Abduktion2]): [zu: Lebenspraxis, Krisenbewältigung und Konstitution von Erfahrung (Abduktion) als Grundprobleme in der Peirce'schen Philosophie und der modernen Soziologie]. o. O. [Frankfurt/M.] (Tpskr., S. 29–66)

Oevermann, Ulrich (1998 [Gewalt]): Zur soziologischen Erklärung und öffentlichen Interpretation von Phänomenen der Gewalt und des bei Jugendlichen. Zugleich eine Analyse des kulturnationalen Syndroms. In: König, Hans-Dieter (ed.), Sozialpsychologie des Rechtsextremismus, Frankfurt/M.: Suhrkamp, 83–125

Oevermann, Ulrich (2000 [Fall Münch]): Mediziner in SS-Uniform. Professionalisierungstheoretische Deutung des Falles Münch. In: Kramer, Helgard (ed.), Die Gegenwart der NS-Vergangenheit, Berlin, Wien: Philo, 18–76

Oevermann, Ulrich (2000 [Fallrek]): Die Methode der Fallrekonstruktion in der Grundlagenforschung sowie der klinischen und pädagogischen Praxis. In: Kraimer 2000, 58–156

Oevermann, Ulrich (2000 [Farbe]): Die Farbe – Sinnliche Qualität, Unmittelbarkeit und Krisenkonstellation. – Ein Beitrag zur Konstitution von ästhetischer Erfahrung. In: Fehr, Michael (ed.), Die Farbe hat mich – Positionen zur nichtgegenständlichen Malerei, Essen: Klartext-Verlagsgesellschaft, 426–473

Oevermann, Ulrich (2000 [Gemeinschaft]): The analytical difference between community („Gemeinschaft") and society („Gesellschaft") and its consequences for the conceptualization of an education for European citizenship. o. O. [Frankfurt/M.] (Opening lecture at the Second European Conference of the CiCe (Children's Identity & Citizenship in Europe) in Athens, University of Athens, School of Philosophy, 3 – 6 May 2000; Tpskr.; 41 S.)

Oevermann, Ulrich (2000 [TheoriePraxis]): Das Verhältnis von Theorie und Praxis im theoretischen Denken von Jürgen Habermas – Einheit oder kategoriale Differenz? In: Müller-Doohm, Stefan (ed.), Das Interesse der Vernunft. Rückblicke auf das Werk von Jürgen Habermas seit ,Erkenntnis und Interesse', Frankfurt/M.: Suhrkamp, 411–464

Oevermann, Ulrich (2000 [SozBür]): Dienstleistungen der Sozialbürokratie aus professionalisierungstheoretischer Sicht. In: von Harrach, Eva-Marie; Loer, Thomas; Schmidtke, Oliver, Verwaltung des Sozialen. Formen der subjektiven Bewältigung eines Strukturkonflikts, Konstanz: UVK, S. 57–77

Oevermann, Ulrich (2001 [DM Akt]): Die Struktur sozialer Deutungsmuster – Versuch einer Aktualisierung. In: Sozialer Sinn 2(1), S. 35–81

Oevermann, Ulrich (2001 [GeneratBez]): Die Soziologie der Generationenbeziehungen und der historischen Generationen aus strukturalistischer Sicht und ihre Bedeutung für die Schulpädagogik. In: Kramer, Rolf-Torsten/; Helsper, Werner; Busse, Susann (ed.): Pädagogische Generationsbeziehungen: Jugendliche im Spannungsfeld von Schule und Familie. Opladen: Leske & Budrich, 78–127

Oevermann, Ulrich (2001 [Peirce]): Die Philosophie von Charles Sanders Peirce als Philosophie der Krise. In: Wagner, Hans-Josef, Objektive Hermeneutik und Bildung des Subjekts, Weilerswist: Velbrück Wissenschaft, 209–246

Oevermann, Ulrich (2001 [Scheideweg]): Das Verstehen des Fremden als Scheideweg hermeneutischer Methoden in den Erfahrungswissenschaften. In: ZBBS 2(1), S. 67–92

Oevermann, Ulrich (2003 [Intellektuelle]): Der Intellektuelle. Soziologische Strukturbestimmung des Komplementär von Öffentlichkeit. In: Franzmann, Andreas; Liebermann, Sascha; Tykwer, Jörg (ed.), Die Macht des Geistes. Soziologische Fallanalysen zum Strukturtyp des Intellektuellen, Frankfurt/M.: Humanities Online, 13–76

Oevermann, Ulrich (2003 [Normativität]): Regelgeleitetes Handeln, Normativität und Lebenspraxis. Zur Konstitutionstheorie der Sozialwissenschaften. In: Link, Jürgen; Loer, Thomas; Neuendorff, Hartmut (ed.), ‚Normalität' im Diskursnetz soziologischer Begriffe, Heidelberg: Synchron Wissenschaftsverlag der Autoren, 183–217

Oevermann, Ulrich (2004 [Adorno]): Adorno als empirischer Sozialforscher im Blickwinkel der heutigen Methodenlage. In: Gruschka, Andreas; Oevermann, Ulrich (ed.), Dic Lebendigkeit der kritischen Gesellschaftstheorie. Dokumentation der Arbeitstagung aus Anlass des 100. Geburtstages von Theodor W. Adorno. Johann Wolfgang Goethe-Universität Frankfurt/Main, 4.-6. Juli 2003, Wetzlar: Büchse der Pandora, 189–234

Oevermann, Ulrich (2004 [Objektivität]): Objektivität des Protokolls und Subjektivität als Forschungsgegenstand. In: ZBBS 2, S. 311–336

Oevermann, Ulrich (2004 [quanti]): Die elementare Problematik der Datenlage in der quantifizierenden Bildungs- und Sozialforschung. In: Sozialer Sinn 5(3), S. 413–476

Oevermann, Ulrich (2005 [Beruf]): Wissenschaft als Beruf – Die Professionalisierung wissenschaftlichen Handelns und die gegenwärtige Universitätsentwicklung. In: die hochschule 1: 15–51

Oevermann, Ulrich (2005 [Trad]): Soziologische Überlegungen zum Prozeß der Tradierung und zur Funktion von Traditionen. In: Larbig, Torsten; Wiedenhofer, Siegfried (eds.): Kulturelle und religiöse Traditionen. Beiträge zu einer interdisziplinären Traditionstheorie und Traditionsanalyse. Münster/Westf., S. 11–36

Oevermann, Ulrich (2006 [Wissen]): Wissen, Glauben, Überzeugung. Ein Vorschlag zu einer Theorie des Wissens aus krisentheoretischer Perspektive. In: Tänzler, Dirk; Knoblauch, Hubert; Soeffner, Hans-Georg (ed.), Neue Perspektiven der Wissenssoziologie, Konstanz: UVK, 79–118

Oevermann, Ulrich (2008 [Feldforsch]): Zur Differenz von praktischem und methodischem Verstehen in der ethnologischen Feldforschung – Eine rein textimmanente objektiv hermeneutische Sequenzanalyse von übersetzten Verbatim-Transkripten von Gruppendiskussionen in einer afrikanischen lokalen Kultur. In: Cappai, Gabriele (ed.), Forschen unter Bedingung kultureller Fremdheit, Wiesbaden: VS Verlag für Sozialwissenschaften, 145–233

Oevermann, Ulrich (2008/2016 [Abschiedsvorlesung]): „Krise und Routine" als analytisches Paradigma in den Sozialwissenschaften. In: Becker-Lenz et al. 2016, S. 43–114

Oevermann, Ulrich (2009 [Arbeitsbündnis]): Die Problematik der Strukturlogik des Arbeitsbündnisses und der Dynamik von Übertragung und Gegenübertragung in einer professionalisierten Praxis von Sozialarbeit. In: Becker-Lenz, Roland; Busse, Stefan; Ehlert, Gudrun; Müller, Silke (ed.), Professionalität in der Sozialen Arbeit, Wiesbaden: VS Verlag für Sozialwissenschaften, 113–142

Oevermann, Ulrich (2009 [Biographie]): Biographie, Krisenbewältigung und Bewährung. In: Bartmann, Sylke; Fehlhaber, Axel; Kirsch, Sandra; Lohfeld, Wiebke (ed.), „Natürlich stört das Leben ständig". Perspektiven auf Entwicklung und Erziehung, Wiesbaden: VS Verlag für Sozialwissenschaften, 35–55

Oevermann, Ulrich (2010 [DGS-Vortrag]): Krisenbewältigung versus Routinisierung im Verhältnis von Prozessen der Vergemeinschaftung und der Vergesellschaftung auf mikro- und makrosozialer Ebene. Versuch einer analytischen Klärung (Vortrag beim 35. Deutschen Soziologentag „Transnationale Vergesellschaftungen", 11.-15. Oktober 2010 in Frankfurt am Main; Tpskr., 19 S.)

Oevermann, Ulrich; Ilieva, Radostina; Müller, Kai; Steinecker, Julia; Härpfer, Claudius; Herrschaft, Felicia (2010 [Gegenbegriff]): „Der Gegenbegriff zur Natur ist nicht Gesellschaft, sondern Kultur." Gespräch mit Ulrich Oevermann. In: Herrschaft, Felicia; Lichtblau, Klaus (ed.), Soziologie in Frankfurt. Eine Zwischenbilanz, Wiesbaden: VS Verlag für Sozialwissenschaften, 369–406

Oevermann, Ulrich (2012): Eine Ergänzung zur These der Modernisierungsblockaden im Islam. In: Sozialer Sinn 13(2), S. 215–256

Oevermann, Ulrich (2013 [Erfahrungswiss]): Objektive Hermeneutik als Methodologie der Erfahrungswissenschaften von der sinnstrukturierten Welt. In: Langer, Phil C.; Kühner, Angela; Schweder, Panja (ed.), Reflexive Wissensproduktion. Anregungen zu einem kritischen Methodenverständnis in qualitativer Forschung, Wiesbaden: Springer Fachmedien, 69–98

Oevermann, Ulrich (2014 [Pressefoto]): Ein Pressefoto als Ausdrucksgestalt der archaischen Rachelogik eines Hegemons. Bildanalyse mit den Verfahren der objektiven Hermeneutik. In: Kauppert/Leser 2014, S. 31–57

Oevermann, Ulrich (2014 [Sozialisationsprozesse]): Sozialisationsprozesse als Dynamik der Strukturgesetzlichkeit der ödipalen Triade und als Prozesse der Erzeugung des Neuen durch Krisenbewältigung. In: Garz, Detlef; Zizek, Boris (ed.), Wie wir zu dem werden, was wir sind. Sozialisations-, biographie- und bildungstheoretische Aspekte, Wiesbaden: Springer VS, 15–69

Opielka, Michael; Müller, Matthias; Bendixen, Tim; Kreft, Jesco (2009/2010): Grundeinkommen und Werteorientierungen. Eine empirische Analyse. Wiesbaden: VS Verlag für Sozialwissenschaften

o. V. (2023): Einleitung. In: Franzmann et al. 2023a: 13–45

Panofsky, Erwin (1946/1975): Abt Suger von St. Denis (1946). In: ders.: Sinn und Bedeutung in der bildenden Kunst (Meaning in the Visual Arts). Köln: DuMont: 125–166

Panofsky, Erwin (1951): Gothic Architecture and Scholasticism. Latrobe: The Archabbey Press

Panofsky, Erwin (1951/1967): Architecture gothique et pensée scolastique. In: Panofsky 1967, S. 67–131

Panofsky, Erwin (1951/1989): Gotische Architektur und Scholastik. Zur Analogie von Kunst, Philosophie und Theologie im Mittelalter. Köln: DuMont

Panofsky, Erwin (1967): Architecture gothique et pensée scolastique. Précédé de L'Abbé Suger de Saint-Denis, Paris: Les Édition de Minuit (Traduction et postface de Pierre Bourdieu; deuxième édition revue et corrigée)

Panreck, Isabelle-Christine; Schmeitzner, Mike; Lindenberger, Thomas; Böttcher, Claudia; Tiepmar, Jochen (2021): Die „Spanische Grippe" und Covid-19 in Sachsen – ein intertemporaler Vergleich. In: Reichardt 2021: 91–122

Pantenburg, Johannes; Sepp, Benedikt (2021): Wissen, hausgemacht. Selbstverständnis, Expertisen und Hausverstand der ‚Querdenker'. In: Büttner/Laux 2021, 468–482

Papst Pius XI (1931): QUADRAGESIMO ANNO. Rom (https://www.iupax.at/dl/ MKNkJmoJOLmJqx4KJKJmMJmNMn/1931-pius-xi-quadragesimo-anno.pdf; zuletzt angesehen am 30. Okt. 2025)

Paris, Rainer (1992/2005): Halbglauben. Über paradoxe Gesellschaftserfahrung. In: ders., Normale Macht. Soziologische Essays, Konstanz: UVK Verlagsgesellschaft mbH, 109–123

Parsons, Talcott (1949/1964): The Structure of Social Action. A Study in Social Theory with Special Reference to a Group of Recent European Writers. Glencoe/Ill: The Free Press of Glencoe

Parsons, Talcott (1954): The Incest Taboo in Relation to Social Structure and the Socialization of the Child. In: The British Journal of Sociology 5(2): 101–117

Parsons, Talcott; Shils, Edward A. (1951/1962): Values, Motives, and Systems of Action. In: dies. (ed.), Toward a General Theory of Action, New York: Harper, S. 45–275

Pascal [Blaise Pascal] (1897/1976): Pensées. Paris: GF Flammarion

Peirce, Charles S. (1867/1931): On a New List of Categories. In: ders., Principles of Philosophy, Cambridge: Harvard University Press, 545–559 [Collected Papers, Bd. 1]

Peirce, Charles S. (1891/1976): Die Architektonik von Theorien. In: ders., Schriften zum Pragmatismus und Pragmatizismus, Frankfurt/M.: Suhrkamp Verlag, 266–287

Peirce, Charles S. (1891/1998): The Architecture of Theories. In: ders., Scientific Metaphysics, Ann Arbor/MI: UmMI Books on Demand, 11–27 [Collected Papers, Bd. 6]

Peirce, Charles S. (1903/1973): Lectures on Pragmatism. Vorlesungen über Pragmatismus. Hamburg: Meiner (Mit einer Einleitung und Anmerkungen herausgegeben von Elisabeth Walther. Englisch – deutsch)

Peirce, Charles S. (1903/1983): Phänomen und Logik der Zeichen. Frankfurt/M.: Suhrkamp (Herausgegeben und übersetzt von Helmut Pape)

Peters, Ann M. (1986): Early syntax. In: Fletcher, Paul; Garman, Michael (ed.), Language acquisition. Studies in first language development, Cambridge, London, New York, New Rochell, Melbourne & Sydney: Cambridge University Press, S. 307–325

Pfadenhauer, Michaela (2021): Erforderliche Expertise oder Herrschaft der grauen Herren? Eine professionssoziologische Perspektive auf Expertenwissen zu Beginn der Corona-Pandemie. In: Büttner/Laux 2021: 433–448

Pfister, Sandra Maria (2020): Deutungsmuster als forschungsheuristisches Konzept. Erkenntnisse aus der Rekonstruktion von Deutungsmustern der Katastrophe. In: Sozialer Sinn 21(1), S. 149–183

Piaget, Jean (1926): La Représentation du monde chez l'enfant. Paris: Presses Universitaires de France

Piaget, Jean (1926/1978): Das Weltbild des Kindes. Stuttgart: Klett-Cotta (Mit einer Einführung von Hans Aebli)

Piaget, Jean (1927): La causalité physique chez l'enfant. Paris: Félix Alcan

Piaget, Jean (1932/1957): Le jugement moral chez l'enfant. Paris: Presses Universitaires de France (PUF)

Pistone, Joseph D.; Woodley, Richard (1987/2006): Donnie Brasco: My Undercover Life in the Mafia. A true story. London: Hodder & Stoughton

Platon [Πλάτων] (1990): Πολιτεία. Der Staat. Darmstadt: WBG (Bearbeitet von Dietrich Kurz. Griechischer Text von Émile Chambry. Deutsche Übersetzung von Friedrich Schleiermacher) [Werke in acht Bänden. Griechisch und deutsch, Bd. 4]

Plessner, Helmuth (1928/1981): Die Stufen des Organischen und der Mensch. Einleitung in die philosophische Anthropologie. Frankfurt/M.: Suhrkamp Verlag [Gesammelte Schriften, Bd. IV]

Pohlmann, Markus (2022): Einführung in die Qualitative Sozialforschung. München: UVK Verlag

Polanyi, Michael (1962/1974): Personal Knowledge. Towards a Post-Critical Philosophy. Chicago: The University of Chicago Press

Polanyi, Michael (1966/1983): The Tacit Dimension. Gloucester/Mass.: Smith

Popper, Karl R. (1934/1971): Logik der Forschung. Tübingen: J. C. B. Mohr (Paul Siebeck)

Popper, Karl R. (1961/1989): Evolution and the Tree of Knowledge. In: ders. 1989, 256–284

Popper, Karl R. (1963/1974): Conjectures and Refutations. The Growth of Scientific Knowledge. London: Routledge and Kegan Paul

Popper, Karl R. (1967/1989): Epistemology Without a Knowing Subject. In: ders. 1989, 106–152

Popper, Karl R. (1970/1989): Two Faces of Common Sense: An Argument for Commonsense Realism and against the Commonsense Theory of Knowledge. In: ders. 1989, 32–105

Popper, Karl R. (1972/1984): Objektive Erkenntnis. Ein evolutionärer Entwurf. Hamburg: Hoffmann & Campe

Popper, Karl R. (1972/1989): Objective Knowledge: An Evolutionary Approach. Oxford: Clarendon Press

Poser, Hans (1984): Monade; Monas II. In: Ritter, Joachim; Gründer, Karlfried (ed.): Historisches Wörterbuch der Philosophie: Mo-O. Darmstadt: Wissenschaftliche Buchgesellschaft, Sp. 117–121 [Historisches Wörterbuch der Philosophie, Bd. 6]

Pötzsch, Horst (2009): Die deutsche Demokratie. Bonn: Bpb

Probst, Robert (2017) „Der Staat hat meinen Mann geopfert". In: SZ, 19. Okt. 2017 (https://www.sueddeutsche.de/politik/serie-deutscher-herbst-der-staat-hat-meinen-mann-geopfert-1.3715110?print=true&internal-referrer=www.sueddeutsche.de%2Fpolitik%2Fserie-deutscher-herbst-der-staat-hat-meinen-manngeopfert-1.3715110; zuletzt angesehen am 30. Okt. 2025)

Rademacher, Sandra; Wernet, Andreas (2014): „One Size Fits All" – Eine Kritik des Habitusbegriffs. In: Helsper, Werner; Kramer, Rolf-Torsten; Thiersch, Sven (eds.): Schülerhabitus. Theoretische und empirische Analysen zum Bourdieuschen Theorem der kulturellen Passung. Wiesbaden: Springer VS [Studien zur Schul- und Bildungsforschung 50], S. 159–182

Raili, Kauppi (1971): Begriffsinhalt/Begriffsumfang. In: Ritter, Joachim (ed.), Historisches Wörterbuch der Philosophie, Bd. 1: A–C, Basel, Stuttgart: Wiss. Buchges., Sp. 808–809

Rapley, Tim (2004): Interviews. In: Seale, Clive; Gobo, Giampietro; Gubrium, Jaber F.; Silverman, David (ed.), Qualitative Research Practice, London, Thousand Oaks, New Delhi: Sage, 15–33

Rathje, Jan (2021): Reichsbürger und Souveränismus, in: APuZ 71(35–36): 34–40

Rech, David (2021): „Da schlägt ein Herz". Schwere Zeiten für Tierheime. In: faz.net, S. 2.1.2021

Rehbein, Boike; Saalmann, Gernot (2014): Habitus (*habitus*). In: Fröhlich/Rehbein 2014, S. 110–118

Reichardt, Sven (ed.) (2021): Die Misstrauensgemeinschaft der Querdenker. Die Corona-Proteste aus kultur- und sozialwissenschaftlicher Perspektive. Frankfurt/M., New York: Campus

Reichertz, Jo (1981/1995): Objektive Hermeneutik. In: Flick, Uwe; von Kardorff, Ernst; Keupp, Heiner; von Rosenstiel, Lutz; Wolff, Stephan (ed.), Handbuch Qualitative Sozialforschung. Grundlagen, Konzepte, Methoden und Anwendungen, Weinheim: Beltz Psychologie Verlags Union, 223–228

Reichertz, Jo (1988): Verstehende Soziologie ohne Subjekt? Die objektive Hermeneutik als Metaphysik der Strukturen. In: KZfSS 2: 207–222

Reik, Theodor (1948/1987): Listening with the Third Ear. The Inner Experience of a Psychanalyst. New York: Farrar Straus, and Giroux

Reimann, Horst (1989): Kommunikation. In: Endruweit, Günter (ed.), Ich – Rückkopplung, München/Stuttgart: Deutscher Taschenbuch Verlag/Ferdinand Enke Verlag, 343–348 [Wörterbuch der Soziologie, Bd. 2]

Rimbaud, Arthur (1873/1982): Une Saison en Enfer. Eine Zeit in der Hölle. In: ders., Sämtliche Dichtungen. Französisch und Deutsch, Heidelberg: Verlag Lambert Schneider, 264–325

Ritter, Bertram (i. Vorber.): Klinische Soziologie und Fallverstehen im Praxisfeld der Hilfen zur Erziehung. Eine anwendungsorientierte Einführung in die Objektive Hermeneutik anhand von Analysen verschiedener Datentypen in Fallkontexten (Arbeitstitel) (mit Beiträgen von Thomas Loer). Wiesbaden: Springer VS [Objektive Hermeneutik in Wissenschaft und Praxis]

Robert, Paul (1973): Micro Robert. Dictionnaire du français primordial. Paris: Dictionnaire Le Robert (deux tomes)

Rohe, Karl (1978/1994): Politik. Begriffe und Wirklichkeiten. Stuttgart, Berlin, Köln: Verlag W. Kohlhammer

Rückert, Friedrich (1821/2002): Lyrische Gedichte. In: Keller, Gottfried, Gesammelte Gedichte, Berlin: Directmedia, 88253–88733 [Deutsche Lyrik von Luther bis Rilke]

Ryan, William (1971/2010): Blaming the victim. New York, Vintage Books (eBook-Ausgabe)

Sackmann, Reinhold (1992): Das Deutungsmuster „Generation". In: Meuser/Sackmann 1992a, 199–215

Sacks, Harvey; Schegloff, Emanuel Abraham; Jefferson, Gail (1974): A simplest systematics for the organization of turn-taking for conversation. In: Language 50. Jg., S. 696–735

Sapir, E. (1929): The Status of Linguistics as a Science. In: Language 5(4), S. 207–214

Schäfer, Robert; Frei, Nadine (2021): Rationalismus und Mystifikation: Zur formalen Pathetik des Dagegenseins. In: Z Religion Ges Polit: 391–410

Schäuble, Wolfgang (2024): Erinnerungen. Mein Leben in der Politik. Stuttgart: Klett-Cotta

Schetsche, Michael (1992): Sexuelle Selbstgefährdung des Kindes durch Onanie. Ein Modell zur Binnenstruktur von Deutungsmustern. In: Meuser/Sackmann 1992a, 49–69

Schischkoff, Georgi (ed.) (1978/1982): Philosophisches Wörterbuch. Stuttgart: Alfred Kröner Verlag

Schleiermacher, Friedrich (1838/1977): Hermeneutik und Kritik mit besonderer Beziehung auf das Neue Testament. In: ders. 1977, S. 79–306

Schleiermacher, F. D. E. (1977): Hermeneutik und Kritik. Mit einem Anhang sprachphilosophischer Texte Schleiermachers. Hg. v. Frank, Manfred. Frankfurt/M.: Suhrkamp (eingeleitet von Manfred Frank)

Schneider, Hans (1975): Maßnahmegesetz. In: Kunst 1975: Sp. 1545–1546

Schneider, Martin (2002): Teflon, Post-it und Viagra. Große Entdeckungen durch kleine Zufälle. Weinheim: Wiley-VCH

Schneider, Wolfgang Ludwig (2008): Verstehen und Erklären bei Ulrich Oevermann. In: Greshoff/Kneer/Schneider 2008, 333–363

Schoch, Agnes (1979): Vorarbeiten zu einer pädagogischen Kommunikationstheorie. Frankfurt/M.: Suhrkamp Verlag

Schröder, Frank; Schmidtke, Oliver (2021): Replik auf den Diskussionsanstoß zu „Gütekriterien qualitativer Forschung" von Jörg Strübing, Stefan Hirschauer, Ruth Ayaß, Uwe Krähnke und Thomas Scheffer. In: Sozialer Sinn 22(1), S. 261–286

Schrödinger, Erwin (1922/1997): Was ist ein Naturgesetz? (Antrittsrede an der Universität Zürich, 9. Dezember 1922). In: ders., Was ist ein Naturgesetz? Beiträge zum naturwissenschaftlichen Weltbild, München: R. Oldenbourg Verlag, 9–17

Schulz, Leonie/Faus, Rainer (2022): Gesellschaft im Corona-Stresstest. Sorgen und Hoffnungen in Zeiten der Pandemie. In: FES Diskurs, Januar 2022 (online abrufbar: https://library.fes.de/pdf-files/a-p-b/18758.pdf; zuletzt angesehen am 30. Okt. 2025)

Schulze, Gerhard (1992/1997): Die Erlebnisgesellschaft. Kultursoziologie der Gegenwart. Frankfurt/M., New York: Campus Verlag

Schütze, Yvonne (1992): Das Deutungsmuster „Mutterliebe" im historischen Wandel. In: Meuser/Sackmann 1992a, 39–48

Schuster, Beate; Frey, Dieter (2002): Einstellung. In: Endruweit/Trommsdorff 2002, S. 88–92

Searle, John R. (1969/1983a): Speech Acts. An Essay in the Philosophy of Language. Cambridge, London, New York, New Rochelle, Melbourne, Sydney: Cambridge University Press

Searle, John R. (1969/1983b): Sprechakte. Ein sprachphilosophischer Essay. Frankfurt/M.: Suhrkamp (Übersetzt von R. und R. Wiggershaus)

Searle, John R. (1979/1999): Expression and Meaning. Studies in the Theory of Speech Acts. Cambridge: Cambridge University Press

Searle, John R. (1983): Intentionality. An essay in the philosophy of mind. Cambridge, London, New York, New Rochelle, Melbourne, Sydney: Cambridge University Press

Seligmann, Siegfried (1910): Der böse Blick und Verwandtes. Ein Beitrag zur Geschichte des Aberglaubens aller Zeiten und Völker. Band 1. Berlin: Barsdorf

Seyfarth, Constans (2001): "Ein Gespenst geht um in unserem Leben". Max Webers Konzeption des modernen Berufsmenschentums. In: Burkholz/Gärtner/Zehentreiter, S. 163–184

Shaw, Marvin E. (1971/1981): Group Dynamics. The Psychology of Small Group Behavior. New York: McGraw-Hill

Sicking, Marzena (2020): Befreiung von der Maskenpflicht: Ärztliches Attest nur bei Indikation. In: Arzt&Wirtschaft, 10.9.2020 (https://www.arzt-wirtschaft.de/recht/medizinrecht/befreiung-von-der-maskenpflicht-aerztliches-attest-nur-bei-indikation; zuletzt angesehen am 30. Okt. 2025)

Siep, Ludwig (1985): Johann Gottlob Fichte (1762–1814). In: Höffe, Otfried (ed.), Von Immanuel Kant bis Jean-Paul Sartre, München: C. H. Beck, 40–92 [Klassiker der Philosophie, Bd. 2]

Sievi, Luzia; Vondermaßen, Marcel (2020): Schlafschafe und Covidioten. Über Moralisierung in politischen Debatten. In: Internationales Zentrum für Ethik in den Wissenschaften (ed.): Blog BedenkZeiten (15.10.2020) (https://uni-tuebingen.de/forschung/zentren-und-institute/internationales-zentrum-fuer-ethik-in-den-wissenschaften/publikationen/bedenkzeiten-bibliothek/weitere-blog-artikel/schlafschafe-und-covidioten/; zuletzt angesehen am 30. Okt. 2025)

Simmel, Georg (1908/1992): Soziologie. Untersuchungen über die Formen der Vergesellschaftung. Frankfurt/M.: Suhrkamp (Herausgegeben von Otthein Rammstedt) [Gesamtausgabe, Bd. 11]

Snow, Catherine E. (1986): Conversations with children. In: Fletcher, Paul; Garman, Michael (ed.), Language acquisition. Studies in first language development, Cambridge, London, New York, New Rochell, Melbourne & Sydney: Cambridge University Press, 68–89

Sombart, Nicolaus (1992): Nachrichten aus Ascona. Auf dem Weg zu einer kulturwissenschaftlichen Hermeneutik. In: Prigge, Walter (ed.), Städtische Intellektuelle. Urbane Milieus im 20. Jahrhundert, Frankfurt/M.: Fischer Taschenbuch Verlag, 107–117

Sperber, Dan; Wilson, Deirdre (1986): Relevance. Communication and Cognitioni. Oxford: Blackwell

Spoerl, Heinrich (1933/1973): Die Feuerzangenbowle. Eine Lausbüberei in der Kleinstadt. München: Deutscher Taschenbuch Verlag

Steinhart, Eric; Kittay, Eva (1997): Metaphor. In: Lamarque/Asher 1997, S. 151–156

Steinke, Ines (2000): Gütekriterien qualitativer Forschung. In: Flick, Uwe; von Kardorff, Ernst; Steinke, Ines (ed.), Qualitative Forschung. Ein Handbuch, Reinbek bei Hamburg: Rowohlt Taschenbuch Verlag, 319–331

Stekeler-Weithofer, Pirmin (1992): Satz vom ausgeschlossenen Dritten. In: Ritter, Joachim; Gründer, Karlfried (ed.), Historisches Wörterbuch der Philosophie: R-Sc, Darmstadt: Wissenschaftliche Buchgesellschaft, Sp. 1198–1202 [Historisches Wörterbuch der Philosophie, Bd. 8]

Stern, Daniel N.; Jaffe, J.; Bebee, B.; Bennett, S. (1975): Vocalizing in unisono and in alteration: Two modes of communication within the mother-infant dyad. In: Annals of the New York Academy of Sciences 263: 89–99

Stetter, Christian (1989): Gibt es ein graphemisches Teilsystem der Sprache? Die Großschreibung im Deutschen. In: Eisenberg, Peter; Günther, Hartmut (ed.), Schriftsysteme und Orthographie, Tübingen: Niemeyer, 297–320

Stetter, Christian (1990): Die Groß- und Kleinschreibung im Deutschen. Zur sprachanalytischen Begründung einer Theorie der Orthographie. In: ders. (ed.), Zu einer Theorie der Orthographie. interdisziplinäre Aspekte gegenwärtiger Schrift- und Orthographieforschung, Tübingen: Niemeyer, 196–220

Stowasser, J. M.; Petschenig, Michael; Skutsch, Franz (1979/1998): Stowasser. Lateinisch – deutsches Schulwörterbuch. München: Oldenbourg Schulbuchverlag

Streeck, Hendrik, Schulte, Beate, Kümmerer, Beate M. et al. (2020): Infection fatality rate of SARS-CoV2 in a super-spreading event in Germany. Nat Commun 11, 5829 (2020). https://doi.org/10.1038/s41467-020-19509-y

Streitbörger, Wolfgang (2020): Psychologie der Heuchelei. SWR2 Wissen. https://www.swr.de/swrkultur/wissen/Psychologie-der-Heuchelei,swr2-wissen-2020-01-30-100.html (zuletzt angesehen am 12. Aug. 2024)

Strübing, Jörg; Hirschauer, Stefan; Ayaß, Ruth; Krähnke, Uwe; Scheffer, Thomas (2018): Gütekriterien qualitativer Sozialforschung. Ein Diskussionsanstoß. In: Zeitschrift für Soziologie 47(2), S. 83–100

Suderland, Maja (2014): Hysteresis (*hystérésis*). In: Fröhlich/Rehbein 2014, S. 127–129

Sumner, William Graham (1906): Folkways. A Study of the Sociological Importance of Usages, Manners, Customs, Mores, and Morals. Boston, New York, Chicago, London, Atlanta, Dallas, Columbus & San Francisco: Ginn and Company

Suntrup, Jan Christoph (2018): Zwischen Herrschaftskontrolle und Verschwörungstheorie. Zur Ambivalenz von „Misstrauensdemokratien". In: Politische Vierteljahresschrift 59(2): 221–243

Sutter, Hansjörg (1997): Bildungsprozesse des Subjekts. Eine Rekonstruktion von Ulrich Oevermanns Theorie- und Forschungsprogramm. Opladen: Westdeutscher Verlag

Szondi, Peter (1962/1967): Über philologische Erkenntnis. In: ders., Hölderlin-Studien. Mit einem Traktat über philologische Erkenntnis, Frankfurt/M.: Insel Verlag, 9–30

Talbot, M. M. (1997): Relevance. In: Lamarque/Asher 1997, S. 445–447

Taylor, Charles [Charles Margrave Taylor] (2007): A Secular Age. Cambridge/Mass., London: The Belknap Press of Harvard University Press

Tenzer, Eva; Collin, Carolin (2021): Corona-Verlauf: Von symptomlos bis schwer erkrankt. In: apotheken-umschau.de (aktualisiert am 7.5.2021; https://www.apotheken-umschau. de/krankheiten-symptome/infektionskrankheiten/coronavirus/corona-verlauf-von-symptomlos-bis-schwer-erkrankt-723659.html; zuletzt angesehen am 30. Okt. 20254)

Thiede, Claudia (2024): ‚Stützen der Gesellschaft' – Fragile Identität und biographische Gefangenschaft ‚Alter Kämpferinnen' der NSDAP. In: Garz/Welter 2024, S. 139–169

Thießen, Malte (2021): Auf Abstand. Eine Gesellschaftsgeschichte der Coronapandemie. Frankfurt/M., New York: Campus

Thießen, Malte (2023): Rezensionsessay: Corona und die Geschichte der Gegenwart. Zeitenwenden (in) der zeithistorischen Forschung. In: Clio-online, 2023-2-019

Thomas, William I.; Thomas, Dorothy (1928): The Child in America. Behavior Problems and Programs. New York: Alfred A. Knopf

Thomé, Horst (2004): Weltanschauung. In: Ritter, Joachim; Gründer, Karlfried; Gabriel, Gottfried (ed.), Historisches Wörterbuch der Philosophie: W–Z, Darmstadt: Wissenschaftliche Buchgesellschaft, S. 453–460 [Historisches Wörterbuch der Philosophie, Bd. 12]

Tiger, Lionel (1994): A second look at the notion of biogrammar. In: Social Science Information. Information sur les sciences sociales 33(4), S. 579–593

Tiger, Lionel; Fox, Robin Lane (1971/1972): The Imperial Animal. London: Martin Secker & Warburg Ltd.

Tolstoi, Leo N. (1868/1988): Krieg und Frieden. Roman. Darmstadt: Wissensch. Buchges.

Tuma, René (2022): Im Auge des Orkans: Analysen, Befunde und Diagnosen zur Gesellschaft in der Coronapandemie. In Soziologische Revue 2022; 45(1), 77–90

Twardella, Johannes (2003/2004): Rationalisierungshindernisse im Islam? Der Koran soziologisch gelesen. In: ders., Moderner Islam. Fallstudien zur islamischen Religiosität in Deutschland, Hildesheim: Olms, 13–29

Twardella, Johannes (2010): Unterricht zwischen Krise und Routine. Wider eine kompetenztheoretische Verkürzung einer Theorie pädagogischer Professionalität. In: Sozialer Sinn 11(1), 79–93

Tyrell, Hartmann (2014): Säkularisierung – eine Skizze deutscher Debatten seit der Nachkriegszeit. In: Hainz, Michael; Pickel, Gert; Pollack, Detlef; Libiszowska-Żółtkowska, Maria; Firlit, Elżbieta (ed.), Zwischen Säkularisierung und religiöser Vitalisierung. Religiosität in Deutschland und Polen im Vergleich, Wiesbaden: Springer VS, 51–66

Uehlinger, Hans-Martin (1988): Politische Partizipation in der Bundesrepublik. Opladen: Westdeutscher Verlag.

Ullrich, Carsten G. (1999), Deutungsmusteranalyse und diskursives Interview, in: Zeitschrift für Soziologie 28(6), 429–447

Verwaltungsgericht Arnsberg, 6 L 291/21, Urteil vom 13. Apr. 2023 (https://www.justiz.nrw/nrwe/ovgs/vg_arnsberg/j2021/6_L_286_21_Beschluss_20210413.html; zzuletzt angesehen am 30. Okt. 2025)

Verwaltungsgericht Arnsberg, 6 K 812/21, Urteil vom 16. März 2023 (https://www.justiz.nrw/nrwe/ovgs/vg_arnsberg/j2023/6_K_812_21_Urteil_20230316.html; zuletzt angesehen am 30. Okt. 2025)

Vierkandt, Alfred (1931/1959): Gruppe. In: ders.; Briefs, G.; Eulenburg, F.; Oppenheimer, Franz; Sombart, Werner; Tönnies, Ferdinand; Weber, Alfred; von Wiese, Leopold (ed.), Handwörterbuch der Soziologie, Stuttgart: Ferdinand Enke Verlag, 239–253

Volkmann, Uwe (2025): Demokratischer Minimalismus. Zur Kapitulation der Demokratietheorie vor der gegenwärtigen Lage. In: Merkur 912, S. 5–19

von Adelfels, Marie (1894/2004): Des Kindes Anstandsbuch. Goldene Regeln in zierlichen Reimen für wohlerzogene Kinder und solche, die es werden wollen. Nebst einem Anhang: Hübsche und lehrreiche Märchen, Fabeln und Parabeln. Den lieben Kleinen zur Kurzweil, zum Nachdenken und zur Beherzigung. In: Zillig, Werner (ed.), Gutes Benehmen. Anstandsbücher von Knigge bis heute, Berlin: Directmedia, 1028–1197

von Alemann, Annette (2019): Deutungsmuster und Macht: Theoretisch-konzeptionelle Überlegungen zu einem vernachlässigten Zusammenhang. In: Bögelein/Vetter 2019a, 263–292

von Arnim, Luwig Achim (1810/2000): Armut, Reichtum, Schuld und Buße der Gräfin Dolores. Eine wahre Geschichte zur lehrreichen Unterhaltung armer Fräulein. In: Bertram, Mathias (ed.), Deutsche Literatur von Lessing bis Kafka. Basisbibliothek, Berlin: Directmedia Publishing, 48–958

von Ebner-Eschenbach, Marie (1879/1952): Aphorismen. Frankfurt/M.: Insel-Verlag

von Goethe, Johann Wolfgang (1829/1982): Wilhelm Meisters Wanderjahre oder die Entsagenden. In: ders., Romane und Novellen III, München: Deutscher Taschenbuch Verlag, 5–486 [Werke. Hamburger Ausgabe in 14 Bänden, Bd. 8]: 132

von Kleist, Heinrich (1878/1982): Über die allmähliche Verfertigung der Gedanken beim Reden. In: ders., Sämtliche Werke und Briefe in vier Bänden. Dritter Band, München, Wien: Carl Hanser, 319–324

von Ranke, Leopold (1824/1957): Vorrede der ersten Ausgabe – Oktober 1824. In: ders., Geschichten der romanischen und germanischen Völker von 1494–1514. Die Osmanen und die spanische Monarchie im 16. und 17. Jahrhundert, Hamburg: Standard-Verlag, 3 ff. [Historische Meisterwerke, Bd. 1 Nr. 1]

von Wright, Georg Henrik (1963/1971): Norm and action. A logical enqiry. London: Routledge & Kegan Paul

von Wright, Georg Henrik (1971): Explanation and Understanding. London: Routledge & Kegan Paul

Vormbusch, Uwe (2022): Corona und Kritik. In: Blog: Corona | Krise | Unsicherheit, Beitrag vom 24. Jan. 2022 (https://www.fernuni-hagen.de/forschung/schwerpunkte/gruppen/figurationen-von-unsicherheit/blog-corona-krise-unsicherheit.shtml; zuletzt angesehen am 30. Okt. 2025)

Laatz, Wilfried [W.La.] (1994): Modell, dezisionistisches – technokratisches – pragmatisches. In: Fuchs-Heinritz, Werner; Lautmann, Rüdiger; Rammstedt, Otthein; Wienold, Hanns (ed.), Lexikon zur Soziologie, Opladen: Westdeutscher Verlag, 446 f.

Wahrig, Gerhard (1968/1972): Deutsches Wörterbuch. Gütersloh, Berlin, München, Wien: Bertelsmann Lexikon-Verlag

Wagner, Hans-Josef (1999): Rekonstruktive Methodologie. Opladen: Leske + Budrich

Watzlawick, Paul; Beavin, Janet Helmick; Jackson, Don D. (1967): Pragmatics of Human Communication. A Study of Interactional Patterns, Pathologies, and Paradoxes. New York, London: W. W. Norton & Company

Watzlawick, Paul; Beavin, Janet Helmick; Jackson, Don D. (1967/1996): Menschliche Kommunikation. Formen, Störungen, Paradoxien. Bern, Göttingen, Toronto, Seattle: Verlag Hans Huber

Weber, Max (1903–06/1985): Roscher und Knies und die logischen Probleme der historischen Nationalökonomie. 1903–1906. In: ders. 1922/1985a, S. 1–145

Weber, Max (1904/1985): Die „Objektivität" sozialwissenschaftlicher und sozialpolitischer Erkenntnis. In: ders. 1922/1985a, S. 146–214

Weber, Max (1904–05/1986): Die protestantische Ethik und der Geist des Kapitalismus. In: ders.1920/1986, S. 17–206

Weber, Max (1906/1985): Kritische Studien auf dem Gebiet der kulturwissenschaftlichen Logik. 1906. II. Objektive Möglichkeit und adäquate Verursachung in der historischen Kausalbetrachtung. In: ders. 1922/1985a, S. 266–290

Weber, Max (1915–19/1986): Die Wirtschaftsethik der Weltreligionen. Vergleichende religionssoziologische Versuche. In: ders.1920/1986, S. 237–573

Weber, Max (1919/1980): Politik als Beruf. Vortrag [1919]. In: ders., Gesammelte politische Schriften, Tübingen: Mohr (Siebeck), S. 505–560

Weber, Max (1919/1985): Wissenschaft als Beruf. In: ders. 1922/1985a, S. 582–613

Weber, Max (1920/1986): Die protestantische Ethik und der Geist des Kapitalismus. Die protestantischen Sekten und der Geist des Kapitalismus. Die Wirtschaftsethik der Weltreligionen. Tübingen: Mohr (Siebeck), [Gesammelte Aufsätze zur Religionssoziologie, Bd. I]

Weber, Max (1922/1985a): Gesammelte Aufsätze zur Wissenschaftslehre. Tübingen: Mohr (Siebeck)

Weber, Max (1922/1985b): Die drei reinen Typen der legitimen Herrschaft. In: ders. 1922/1985a, S. 475–488

Weber, Max (1922/1985c): Wirtschaft und Gesellschaft. Grundriß der verstehenden Soziologie. Tübingen: Mohr (Siebeck)

Weber, Max (2010/2012): Max Webers vollständige Schriften zu wissenschaftlichen und politischen Berufen.Hg. v. Dreijmanis, John. Bremen, Oxford: Europäischer Hochschulverlag (mit einer Einleitung von John Dreijmanis. Übersetzung der Einleitung: Dirk Siepmann)

Weil, Simone (1934/2018): Réflexions sur les causes de la liberté et de l'oppression sociale (Texte écrit en1934). Chicoutimi (Québec): Les classiques des sciences solciales (http://classiques.uqac.ca)

Weinrich, Harald (1993): Textgrammatik der deutschen Sprache. Mannheim, Leipzig, Wien, Zürich: Dudenverlag (unter Mitarbeit von Maria Thurmair, Eva Brendl, Eva-Maria Willkop)

Wenzl, Thomas; Wernet, Andreas (2015): Fall*konstruktion* statt Fall*rekonstruktion*. Zum methodologischen Stellenwert der Analyse objektiver Daten. In: Sozialer Sinn 16(1), S. 85–101

Werner, Götz W.; Loer, Thomas; Dellbrügger, Peter; Eichhorn, Wolfgang; Kracht, Thomas; Presse, André; Schmidt, Enno (2009/2025): Entrepreneurship im Gespräch. In: Loer/Häußner 2025, S. 54–71

Wernet, Andreas (1997): Professioneller Habitus im Recht. Untersuchungen zur Professionalisierungsbedürftigkeit der Strafrechtspflege und zum Professionshabitus von Strafverteidigern. Berlin: Edition Sigma (Mit einem Vorwort von Ulrich Oevermann)

Wernet, Andreas (2000/2006): Einführung in die Interpretationstechnik der Objektiven Hermeneutik. Wiesbaden: VS Verlag für Sozialwissenschaften

Wernet, Andreas (2000/2009): Einführung in die Interpretationstechnik der Objektiven Hermeneutik. Wiesbaden: VS Verlag für Sozialwissenschaften

Wernet, Andreas (2019): Wie kommt man zu einer Fallstrukturhypothese?. In: Funcke/Loer 2019, S. 56–84

Wernet, Andreas (2021): Einladung zur Objektiven Hermeneutik. Ein Studienbuch für den Einstieg. Opladen: Barbara Budrich

Whorf, Benjamin Lee (1942/1982): Sprache Denken Wirklichkeit. Beiträge zur Metalinguistik und sprachphilosophie. Reinbek bei Hamburg: Rowohlt

Wilson, Neil L. (1959): Substances without Substrata. In: The Review of Metaphysics 4, S. 521–539

Winch, Peter (1970/1978): Replik [auf Ian C. Jarvies Aufsatz]. In: Acham 1978, 253–268

Winkler, Heinrich August (1981): Der deutsche Sonderweg. Eine Nachlese. In: Merkur 399: 793–804

Winkler, Heinrich August (2000a): Vom Ende des Alten Reiches bis zum Untergang der Weimarer Republik. München: C. H. Beck [Der lange Weg nach Westen, Bd. I]

Winkler, Heinrich August (2000b): Vom ‚Dritten Reich‘ bis zur Wiedervereinigung. München: C. H. Beck [Der lange Weg nach Westen, Bd. II]

Winkler, Heinrich August (2021): Gab es ihn doch, den deutschen Sonderweg? Anmerkungen zu einer Kontroverse. In: Merkur 865: 17–28

Wirth, Louis (1938): Urbanism as a Way of Life. In: AJS 44(1), S. 1–24

Wolf, Ursula (1993): Einleitung. In: ders. (ed.), Eigennamen. Dokumentation einer Kontroverse, Frankfurt/M.: Suhrkamp, 9–41

World Health Organisation (2020): Considerations for quarantine of individuals in the context of containment for coronavirus disease (COVID-19). (https://digitallibrary.un.org/record/3858913?v=pdfam; zuletzt angesehen am 30. Okt. 2025)

Zehentreiter, Ferdinand (2001): Systematische Einführung. Die Autonomie der Kultur in Ulrich Oevermanns Modell einer Erfahrungswissenschaft der sinnstrukturierten Welt. In: Burkholz/Gärtner/Zehentreiter, S. 11–104

Zehentreiter, Ferdinand (2008): Die Ausdrucksgestalt als grundlagentheoretisches Modell in den Sozial- und Kulturwissenschaften. Frankfurt/M.: Humanities Online

Zehentreiter, Ferdinand (2019): Adorno. Spurlinien seines Denkens. Eine Einführung. o. O. [Hofheim/Ts.]: Wolke Verlag

Zick, Andreas (2023): Die distanzierte Mitte – eine Annäherung an das Verhältnis der Mitte zur Demokratie in Krisenzeiten. In: ders./Küpper/Mokros 2023: 19–33

Zick, Andreas; Küpper, Beate; Mokros, Nico (ed.) (2023): Die distanzierte Mitte. Rechtsextreme und demokratiegefährdende Einstellungen in Deutschland 2022/23. Bonn: Dietz

Zifonun, Gisela (2018): Die demokratische Pflicht und das Sprachsystem: Erneute Diskussion um einen geschlechtergerechten Sprachgebrauch. In: IDS Sprachreport 34, S. 44–56

Zimmermann, Thomas (1984): Name III: Neuzeit. In: Ritter, Joachim; Gründer, Karlfried (ed.), Historisches Wörterbuch der Philosophie: Mo-O, Darmstadt: Wissenschaftliche Buchgesellschaft, Sp. 384–387 [Historisches Wörterbuch der Philosophie, Bd. 6]

Zizek, Boris (2012): Vollzug und Begründung, objektive und subjektive Daten – Eine Parallele?. In: Sozialer Sinn 13(1), S. 39–56

MIX
Papier aus verantwortungsvollen Quellen
Paper from responsible sources
FSC® C105338

If you have any concerns about our products,
you can contact us on
ProductSafety@springernature.com

In case Publisher is established outside the EU,
the EU authorized representative is:
**Springer Nature Customer Service Center GmbH
Europaplatz 3, 69115 Heidelberg, Germany**

Printed by Libri Plureos GmbH
in Hamburg, Germany